1982 年
《联合国海洋法公约》
评　注

第五卷

原书主编　麦隆·H. 诺德奎斯特

中译本主编　吕文正　毛　彬　唐　勇　贾　宇

审　　　定　毛　彬　吕文正

翻　　　译　焦永科　焦　健　秦　莉　万芳芳

海洋出版社

2022年·北京

图书在版编目（CIP）数据

1982 年《联合国海洋法公约》评注. 第五卷/（美）
麦隆·H. 诺德奎斯特（Myron H. Nordquist）等主编. ——
北京：海洋出版社，2022.3
书名原文：UNITED NATIONS CONVENTION ON THE LAW
OF THE SEA 1982 A COMMENTARY
ISBN 978-7-5210-0935-4

Ⅰ. ①1⋯　Ⅱ. ①麦⋯　Ⅲ. ①《联合国海洋法公约》
-研究　Ⅳ. ①D993. 5

中国版本图书馆 CIP 数据核字（2022）第 033653 号

图字：01-2015-5273

ⓒ 1989 by Center for Oceans Law of Policy Charlottesville, Virginia, USA, and Kluwer Academic Publishers, Dordrecht, The Netherlands

策划编辑：方　菁
责任编辑：任　玲
责任印制：安　淼

海洋出版社　　出版发行

http://www. oceanpress. com. cn
北京市海淀区大慧寺路 8 号　邮编：100081
鸿博昊天科技有限公司印刷　新华书店北京发行所经销
2022 年 3 月第 1 版　2022 年 3 月第 1 次印刷
开本：787 mm×1092 mm　1/16　印张：33. 75
字数：500 千字　定价：280. 00 元
发行部：010-62100090　邮购部：010-62100072

海洋版图书印、装错误可随时退换

1982 年
《联合国海洋法公约》
评　注

第五卷

麦隆·H. 诺德奎斯特　主编

沙卜泰·罗森　路易斯·B. 索恩　卷编辑

本系列丛书包括

1. 《公约》案文和介绍性材料，由迈隆·H. 诺德奎斯特编辑，1985 年
　　　　国际标准书号 ISBN 90-247-3145-3

2. 第二委员会：第一条至第一三二条，附件一和附件二，最后文件附件二（编辑中）

3. 第一委员会：第一三三条至第一九一条，附件三和附件四，最后文件附件一，决议二（编辑中）

4. 第三委员会：第一九二条至第二七八条，最后文件附件六，由沙卜泰·罗森和亚历山大·杨科夫编辑（编辑中）

5. 争端的解决的一般规定和最后条款：第二七九条至第三二〇条，附件五、附件六、附件七、附件八和附件九，最后文件附件一之决议一、决议三和决议四，由沙卜泰·罗森和路易斯·B. 索恩编辑。1989 年
　　　　国际标准书号 ISBN 90-247-3719-2

6. 条约、案例和附录综合清单系列综合索引；附加参考资料。

弗吉尼亚大学法学院海洋法律和政策中心

1982 年《联合国海洋法公约》评注

第五卷

第二七九条至第三二〇条

附件五至附件九

最后文件附件一之决议一、决议三和决议四

主　编　麦隆·H. 诺德奎斯特

卷编辑　沙卜泰·罗森　路易斯·B. 索恩

马迪努斯·尼伊霍夫出版社

多德雷赫特/波士顿/伦敦

编者的话

　　《1982年〈联合国海洋法公约〉评注》（以下简称《评注》）是在联合国原负责海洋法事务的副秘书长萨切雅·N. 南丹（Satya N. Nandan）大使的倡导下，由第三次联合国海洋法会议有关组织者和参加者、参加《联合国海洋法公约》（以下简称《公约》）的起草和磋商的有关外交官和学者以及联合国秘书处的一些关键人物分别撰写，由美国弗吉尼亚大学法学院海洋法和政策中心（该中心专门设立了编撰《评注》项目）负责编撰、出版。《评注》是对《公约》进行全面系统评注的系列丛书，由南丹大使任丛书的总编辑，共分七卷，为《公约》的每一条款和相关文件及附件的争论焦点和协商过程提供翔实的历史史料和必要的法律渊源，并以评注的方式加以客观的分析和解读。

　　《评注》系列丛书是公认的对《公约》进行全面理解和研究的权威著作。我们翻译出版该《评注》系列丛书，旨在使读者更好地了解第三次联合国海洋法会议的历史以及《公约》在制定过程中和在历次会议上对《公约》的每一条款及相关附件和文件进行争论的焦点和协商结果，追根溯源厘清认识，为我国海洋法研究和教学工作提供帮助和参考。

　　《评注》第五卷是该系列丛书中出版的第一本实质性卷。在《公约》的起草过程中，争端解决、一般条款和最后条款的制定，成为第三次联合国海洋法会议的关键问题。经过国际社会近10年的努力，终于解决了这些关键问题，结果分别体现在《公约》的第十五部分、第十六部分和第十七部分（第二七九条至第三二〇条），以及作为《公约》不可分割的组成部分的附件五、附件六、附件七、附件八、附件九和第三次联合国海洋法会议最后文件附件一的决议一、决议三和决议四中。本卷对《公约》的上述条款、附件和决议进行了详尽的评注，并披露了当时关于某些问题的鲜为人知的争议焦点和磋商结果。所有这些，都为我们更好地理解《公约》建立起来的国际海洋法律制度以及在该制度的框架内如何解决争端问题提供了极好的帮助和参考。

　　《评注》涉及的内容浩繁，发生的事件历史跨度大。我们翻译和编辑该《评注》系列丛书的原则是力求准确、尊重历史。原丛书资料来源中的文件，我国国内基本上没有馆藏，更没有中文译本。为便于读者查阅，译文的资料来源和脚注中所涉会议名称、文件名、书名、作者名等都尽量保持原文，脚注序号也按照原书章节中的序号编排，以便于读者查阅有关原始资料。

　　第五卷评注的内容涉及海洋法的方方面面，虽然这部分内容有《公约》的中文版，但对这些条款和文件的评注和解读的理解还是相当困难。另外，这部分的不同章节的内容由不同的撰稿人提供，虽然他们大多是制定《公约》的亲历者，但对问题的看法和角度不尽相同，有些地方存在歧义。凡此种种，为翻译和编辑工作带来了极大的挑战。编、译者除反复查阅历史资料外，还尽可能请教国内外有关专家和当事人，以免误译或误导。尽管如此，囿于能力水平，错漏在所难免，欢迎读者批评指正。

本卷的翻译和出版获得自然资源部第二海洋研究所李家彪所长和方银霞副所长的大力支持，以及国家重点研发计划课题（2017YFC140550，2017YFC1405504）和国家自然科学基金（41830537，41476048）的资助，谨表感谢。

编者

2021 年 8 月

前　言

第五卷是本系列丛书中出版的第一本实质性卷，该套书名为《1982 年联合国海洋法公约：评注》，介绍性卷已于 1985 年出版。该套丛书预计共有六卷，分八至九册出版（该丛书实际出版七卷，每卷一册——译者注）。本卷的编写与任何集体创作一样，代表了众多机构和个人的协作努力、支持和辛勤劳动。

对于纽约安德鲁·W. 梅隆基金会和东京日本造船工业基金会对这一项目宝贵的和一贯的支持，我们谨表示深切的谢意。在过去 5 年中，他们的慷慨资助使该项目得以持续。没有他们的支持，该项目不可能达到成功所必须的高学术水平和全球性参与。

特别感谢沙卜泰·罗森（Shabtai Rosenne）教授和路易斯·B. 索恩（Louis B. Sohn）教授对本卷的贡献。作为卷编者和主要撰稿人，他们与其他主要撰稿人、卷编者和主编密切合作，编写本卷所包含的评注，并在现阶段尽可能确保与本套丛书其他各卷的协调。

还要特别感谢其他主要撰稿人格里塔库马尔·E. 齐地（Gritakumar E. Chitty）和丹尼尔·维涅（Daniel Vignes），他们尽管承担着其他职责，但仍将大量时间用在对评注的起草。本项目还感谢那些对稿件草稿进行过审查并对评注的文字正在进行修改的个人，特别是卢修斯·卡夫利希（Lucius Caflisch）、陈德恭（Chen Degong）、古德蒙杜尔·艾里克森（Gudmundur Eiriksson）、武雄武男（Takeo Iguchi）、托马斯·A. 门萨（Thomas A. Mensah）和 L. 多利弗·M. 纳尔逊（L. Dolliver M. Nelson）。

感谢海洋法和政策中心及其工作人员。唐娜·D. 高内（Donna D. Ganoe），作为海洋中心的管理者，对项目的行政和预算方面进行了监督。如果没有琼·巴特勒（June Butler）的尽责服务，稿件的处理工作是不可能完成的，因为他肩负着文字处理和筹备印刷的重任。尼尔·R. 格兰迪（Neal R. Grandy）是项目协调人，同时又是研究助理和助理编辑，与撰稿人、编者和审稿人合作处理稿件事宜。此外，格兰迪先生还担任技术编辑，并与出版商就本书的设计和编排进行了密切合作。

我们还要感谢联合国副秘书长、联合国秘书长海洋法特别代表、联合国海洋事务和海洋法办公室主任萨切雅·N. 南丹（Satya N. Nandan）大使，他与沙卜泰·罗森一起担任该项目的总编。我们还感谢联合国海洋事务和海洋法办公室的工作人员，他们从一开始就支持这一项目。

其他机构和个人也直接或间接地为本卷的编写作出了贡献，在此一并感谢。

弗吉尼亚大学法学院国际和海洋法图书馆馆长玛格丽特·A. 艾考克（Margaret

A. Aycock）不厌其烦地帮助取得参考资料，法律图书馆档案员玛莎·特里姆布尔（Marsha Trimble）保存了大量的海洋法资料档案。此外，位于华盛顿哥伦比亚特区的凯利律师事务所（Kelley Drye & Warren）为该项目提供了会议设施和资源支持。

除弗吉尼亚大学外，卷编者们在编写本卷过程中所使用的大学图书馆还包括英国剑桥大学的乡绅法律图书馆和佐治亚大学（佐治亚州雅典）的法律图书馆，以及荷兰的阿姆斯特丹和乌得勒支大学。非常感谢他们的有益合作。

最后，特别感谢马丁努斯·尼霍夫出版社的工作人员为本书的出版提供的指导、合作和努力。

项目总监　　　　　　　　　　　　主编
约翰·诺顿·摩尔　　　　　　　　麦隆·H. 诺德奎斯特
弗吉尼亚州夏洛茨维尔　　　　　　华盛顿哥伦比亚特区

1988 年 8 月

目 次

· 1 ·

卷编者对第五卷的介绍

本卷对《联合国海洋法公约》（以下简称《公约》）第十五部分、第十六部分和第十七部分（第二七九条至第三二○条），以及作为《公约》不可分割部分的附件五、附件六、附件七、附件八、附件九和第三次联合国海洋法会议（UNCLOS III）最后文件附件一决议一、决议三和决议四的主题事项进行了评注。它们与《公约》构成了不可分割的一个整体。

本卷所关心的议题是《公约》中争端的解决（会议的关键问题之一）、一般条款和最后条款部分。会议设立的任何一个主要委员会都没有对这些议题进行深入讨论。但是，每一项议题在进入非正式全体会议审议前都经过了一个委员会的讨论阶段，偶尔在主管的主要委员会或全体会议上进行审查。非正式全体会议没有会议记录，但主持审议工作的海洋法会议主席（本书指第三次联合国海洋法会议主席，以下同——译者注）。向会议提交了关于非正式全体会议工作的正式报告，这些报告载有关于某项规定获得通过的情况的许多迹象和解释性材料。

在海底委员会 1972 年通过的与海洋法有关的主题和问题清单中，第 21 项议题的标题只是简单地定为"争端的解决"。[①] 1973 年，该委员会主席［汉密尔顿·雪莉·阿梅拉辛格（Hamilton Shirley Amerasinghe），后来任第三次联合国海洋法会议主席］提议，每个小组委员会都应审议这一议题，因为到目前为止该议题与每一个小组委员会的职权都相关。该提议得到海底委员会的批准。[②]正如下文（例如见 XV. 2 段）所讨论的那样，关于解决争端的各种提案的不同案文都提交给了海底委员会，这些提案既涉及体制安排，也涉及管辖权问题。但是，海底委员会本身或其任何小组委员会都没有深入讨论这一议题，这就意味着会议开始审查这一议题时实际上是从头开始。

1972 年的清单中没有提及第十六部分和第十七部分，即一般规定和最后条款的处理事项。

会议通过了 1972 年的清单，作为会议工作安排和议题分配的基础。[③]第 21 项议题

---

① 1972 年《海底委员会报告》，第 23 段，第 4、8 页。

② 见 A/AC. 138/L. 13，第 4 页，第 13 段；L. 13/Add. 1，第 3、8、10 页；L. 13/Rev. 1，第 4 页，第 13 段和第 21 项议题，第 7 页，第 17 段；以及 A/AC. 138/SR. 90-93，第 6、20-21 页（均为 1973 年，油印本）；A/AC. 138/L. 13/Rev. 1 部分转载于 1973 年《海底委员会报告》第 44、48 页，第 29 段（第 21 项议题）。

③ 见 A/CONF. 62/28 和 A/CONF. 62/29（均为 1974 年），《正式记录》第三卷第 57、59 页。

分配给所有主要委员会，由各委员会在其职责范围内处理该问题。但是，鉴于它对整个海洋法会议的重要性和兴趣，这个问题留待海洋法会议全体会议审议。④因此，在第三次联合国海洋法会议第四期会议（1976 年）期间举行的第 58 次至第 65 次全体会议上，就争端的解决问题举行了广泛的一般性辩论。⑤

各主要委员会都遵循了各自不同的程序对这一议题进行了讨论。

第一委员会主要关注国家管辖范围以外的海床和洋底国际制度引起的争端的管辖权问题。然而，除了提出它认为必要的调整外，它并不关心解决争端的体制方面的问题。关于解决"区域"争端的实质性方面的问题见《公约》第一八六条至第一九一条和《最后文件》附件一决议二第 5 段，体制方面的问题见附件六第三十五条至第四十条和《最后文件》附件一决议一第 10 段。

第二委员会本身没有讨论解决争端的问题。然而，1978 年为处理"核心"问题而成立的两个协商小组——关于解决与沿海国在专属经济区行使主权有关的争端问题的第五协商小组和关于相邻和相向国家之间海洋划界和有关争端的解决的第七协商小组，处理了第二委员会工作引起的有关解决争端的重大问题。⑥这些协商小组向全体会议正式报告，但第二委员会也对其报告提出了一些一般性意见。⑦在这项工作中，产生了第二九四条和第二九七条、第二九八条的一部分和第三〇〇条，第二六四条、第三〇九条和第三一〇条取得了其最后的形式。

第三委员会确实根据其任务规定讨论了解决争端的不同问题。大部分结论被吸收在关于解决争端的一般安排中。然而，在关于海洋科学研究的条款中，有必要保留关于解决争端的规定（第二六四条和第二六五条，在第四卷中讨论）。

虽然管辖范围自始至终主要是有关主要委员会的事项，但解决与《公约》的解释或适用有关的争端的各种体制和若干管辖方面的问题，主要是在非正式全体会议上审议的。这些讨论的结果已正式转交全体会议，在全体会议对记录进行辩论之后，再将接受的修改纳入即将修订的非正式综合协商案文中。

经过复杂的协商过程后，关于解决争端的规定现在都载入了第一八六条至第一九一条（见第三卷）、第二六四条和第二六五条（见第四卷）、第二七九条至第二九九条以及附件五至附件八和附件九第七条（所有内容均将在本卷中进行讨论）。

---

④ 见 A/CONF. 62/WP. 9（非正式单一协商案文，1975 年），导言，《正式记录》第五卷第 111 页。

⑤ 《正式记录》第五卷第 8-54 页。

⑥ A/CONF. 62/62（1978 年），《正式记录》第十卷第 6、7-8 页第 5（5）和第（7）段。

⑦ 例见第二委员会主席提交给全体会议的报告，A/CONF. 62/RCNG/1（1978 年），《正式记录》第十卷第 83-87 页；和 A/CONF. 62/RCNG/2（1978 年），同上，第 164-165 页。

第十六部分（第三〇〇条至第三〇四条）包括了源于会议的不同机构的一系列杂项的一般性规定。这些规定部分与解决争端有关，部分与最后条款有关（第三〇三条除外）。1972 年的主题和问题清单中没有出现《公约》最后条款的问题，但清单有这样的议题，即第 25 项议题"加强各国对有关海洋法的多边公约的普遍参与"。该议题被吸收到《公约》的参加条款（第三〇五条）中，同时也在《公约》中有关"普遍接受的国际规则和标准"的条款中得到了反映［例如第二一一条第 2、5 款和 6 款（c）项］。这些规定含蓄地使各种"与海洋法有关的多边公约"具有普遍效力。

有两项议程从大会在 1973 年第一期会议通过起一直执行到大会结束，成为大会的标准议题，即"根据联合国大会 1973 年 11 月 16 日第 3067（XXVIII）号决议第 3 段，通过一项关于海洋法所有事项的公约⑧和《会议最后文件》"，以及"公约和最后文件的签署"。⑨根据正常的条约制定的惯例，通过一项必要的公约，需要编写适当的最后条款（final clauses）或本书所称的最后条款（final provisions）。大会第七期会议（1978年）在第 95~98 次全体会议上就序言（在本系列丛书第一卷中进行了探讨）和最后条款举行了一般性辩论。⑩这些规定载于《公约》第十七部分（第三〇五条至第三二〇条）和附件九，以及《最后文件》附件一决议一、决议三和决议四（本系列丛书第三卷探讨了涉及《公约》开放供签署至生效期间产生的某些实质性问题的决议二，协商部分与最后条款的协商有关。）

在会议过程中，各种法律专家小组应运而生，有些是非正式的，另有一些则是由会议决定的。他们的文件的文号通常包含首字母"GLE"，再标上（或不标）其他识别标记。对于本卷中所涉及的问题，在 1974 年和 1975 年存在一个非正式的争端解决法律专家组（该小组早期出现的文件上边的文号标有符号"DSG/-"，后来的文件上边的文号标有符号"SD. Gp/-"）。1979 年，第一委员会成立了一个正式的法律专家组，负责解决与第十一部分有关的争端（文号为"GLE/-"），这些文件特别涉及第一八六条至第一九一条（见第三卷）和附件六第四节（第三十五条至第四十条）。关于最后条款（第十七部分），成立了一个正式的法律专家组（其文件标有"GLE/FC/-"文号）。

对《公约》第十五部分评注的导言是根据路易斯·B. 索恩教授起草的草案，以及沙卜泰·罗森教授对第十六部分和第十七部分起草的草案编写的。第二七九条至第二九九条的评注初稿由索恩教授编写，第三〇〇条至第三二〇条的评注初稿由罗森教授编写，附件五、附件七和附件八的评注初稿由丹尼尔·维涅（法国）编写，附件六

---

⑧　见本系列丛书第一卷第 188 页。

⑨　A/CONF. 62/1（1973），第 14 项议题，《正式记录》第三卷第 1 页。

⑩　《正式记录》第九卷第 28–40 页。

的评注初稿由格里塔库马尔·齐地先生编写，附件九的评注初稿由罗森教授编写，决议一、决议三和决议四的评注初稿由罗森教授编写。所有这些稿件的内容都由作者本人负责，并不反映与他们有联系或可能有联系的任何政府或国际组织的意见。本卷的内容由卷编者和项目编辑负责。

编者和主要作者的会议于1981年至1988年7月期间分别在夏洛茨维尔、纽约、英国剑桥、布鲁塞尔、乌得勒支和华盛顿特区举行。1981年，该材料在夏洛茨维尔由几名卷编写小组成员审查，1985年至1987年间，其他卷编写小组成员提交了书面评论。他们的意见在本卷的最后版本中得到了考虑。

沙卜泰·罗森/路易斯·B. 索恩

弗吉尼亚州夏洛茨维尔

1988 年 8 月

第五卷的主要撰稿人

　　格里塔库马尔·E. 齐地（Gritakumar E. Chitty） 是联合国负责联合国海洋法的副秘书长特别助理，从 1975 年至 1982 年担任第三次联合国海洋法会议全体会议（该全体会议实际上是代行了对《公约》争端的解决、序言、一般规定等部分进行磋商的主要委员会的职能）的秘书，参加了建立国际海底管理局和国际海洋法法庭筹备委员会的筹备工作。他还担任第五协商小组和关于第十一部分的争端解决法律专家组的秘书，以及七十七国集团关于同一议题的法律专家组的秘书。他目前是主管海洋事务和海洋法的联合国副秘书长特别助理，国际海底管理局和国际海洋法法庭筹备委员会第四特别委员会秘书，该委员会负责海洋法法庭的安排。

　　沙卜泰·罗森（Shabtai Rosenne） 1948 年至 1983 年担任以色列出席联合国大会代表团成员。他曾任出席第一次和第二次联合国海洋法会议的以色列代表团副团长，1971 年至 1973 年在海底委员会担任以色列观察员，以及出席第三次联合国海洋法会议（1973 年、1978 年至 1982 年）的以色列代表团团长。1982 年以无任所大使的职衔退休后，罗森大使一直担任剑桥大学、乌得勒支大学和阿姆斯特丹大学的客座教授。他是国际法学会会员，美国国际法学会名誉会员，美国国际法学会荣誉证书获得者。

　　路易斯·B. 索恩（Louis B. Sohn） 参加了成立联合国（1945 年）的旧金山会议，并为联合国编写了《联合国关于公海制度的立法汇编》（1951—1952 年）的前两卷。他于 1970 年参与了海洋法协商，并作为负责解决争端问题的美国代表团成员参加了第三次联合国海洋法会议。在 20 世纪 80 年代，他为美国法律学会起草了《外交关系法重述》中涉及海洋法、环境保护和对违反国际法行为的补救措施的部分。他在哈佛法学院教授国际法 35 年。1981 年被任命为佐治亚大学法学院国际法伍德拉夫教授。1988年 4 月，索恩教授成为美国国际法学会主席。

　　丹尼尔·维涅（Daniel Vignes） 是欧洲共同体部长理事会的高级法律顾问，也是海底委员会和第三次联合国海洋法会议各期会议的观察员。目前，他是欧洲共同体理事会发展合作部主任、国际法研究所成员、布鲁塞尔大学海洋法讲师和国际海洋法协会编委会执行秘书。

缩略语

Add.	Addendum 增编
AFDI	Annuaire Francais de Droit International 法国国际律师协会
a. i.	agenda item 议程项目
Am. J. Int'l L.	American Journal of International Law 美国国际法杂志
Bevans	C. I. Bevans（ed.）, *Treaties and Other International Agreements of the United States of America 1776—1949* C. I. Bevans 编《1776—1949 年美国条约和其他国际协定》
Brit. YB Int'l L.	British Year Book of International Law 英国国际法年鉴
Ch.	Chapter 章
CMLR	Common Market Law Reports 共同市场法报告
Corr.	Corrigendum 更正
CTS	Consolidated Treaty Series 条约大全
ECOSOC	［United Nations］ Economic and Social Council ［联合国］经济及社会理事会（经社理事会）
ECR	Reports of Cases before the Court of Justice of the European Communities 欧洲委员会向欧洲共同体法院提交的案件报告
EEC	European Economic Community 欧洲经济共同体
EEZ	Exclusive Economic Zone 专属经济区

ELGDC	English Language Group of the Drafting Committee 起草委员会英语小组
Eur. YB	European Yearbook 欧洲年鉴
FAO	［United Nations］Food and Agriculture Organization ［联合国］粮食及农业组织（粮农组织）
FC	Final Clauses（documents of the Informal Plenary） 最后条款（非正式全体会议文件）
FLGDC	French Language Group of the Drafting Committee 起草委员会法语小组
F. R. G.	Federal Republic of Germany 德意志联邦共和国
GAOR	［United Nations］General Assembly Official Records ［联合国］大会正式记录
G. D. R	German Democratic Republic 德意志民主共和国
GLE	Group of Legal Experts 法律专家小组
GLE/FC	Group of Legal Experts on the Final Clauses 关于最后条款的法律专家组
GLE/Part XI	Group of Legal Experts on the Settlement of Disputes relating to Part XI 关于第十一部分争端解决问题的法律专家组
GP	General Provisions（documents of the Informal Plenary） 一般规定（非正式全体会议文件）
ICAO	International Civil Aviation Organization 国际民航组织
ICJ	International Court of Justice 国际法院
ICNT	Informal Composite Negotiating Text 非正式综合协商案文
ICNT/Rev. l	Informal Composite Negotiating Text，Revision 1（1979） 非正式综合协商案文第一次修订稿（1979 年）
ICNT/Rev. 2	Informal Composite Negotiating Text，Revision 2（1980） 非正式综合协商案文第二次修订稿（1980 年）

ICNT/Rev. 3	Informal Composite Negotiating Text, Revision 3 (1980)
	非正式综合协商案文第三次修订稿（1980年）
ILC	International Law Commission
	国际法委员会
ILM	International Legal Materials
	国际法律资料
ILR	International Law Reports
	国际法报告
IMCO	Inter-Governmental Maritime Consultative Organization [now IMO]
	政府间海事协商组织［现为国际海事组织］
IMO	International Maritime Organization [formerly IMCO]
	国际海事组织［原为政府间海事协商组织］
IOC	Intergovernmental Oceanographic Commission
	政府间海洋学委员会
IOI	*International Organization and Integration*: *Annotated Basic Documents and Descriptive Directory of International Organizations and Arrangements* (P. J. G. Kapteyn et al., eds.), two volumes, in five books (1981—1984)
	《国际组织与一体化：国际组织和安排的基本文件和说明性目录》（P. J. G. Kapteyn等编），两卷，共五册（1981—1984年）
ISNT	Informal Single Negotiating Text
	非正式单一协商案文
LN	League of Nations
	国际联盟
LNOJ	League of Nations Official Journal
	国际联盟官方公报
LNTS	League of Nations Treaty Series
	国际联盟条约集
LOS	Law of the Sea
	海洋法
mimeo.	mimeographed
	油印本
NG5	Negotiating Group 5 (dealing with the settlement of disputes relating to the exercise of sovereign rights of coastal States in the EEZ)

第五协商小组（处理与沿海国在专属经济区行使主权有关的争端的解决）

NG7   Negotiating Group 7 （dealing with delimitation of maritime boundaries between adjacent and opposite States and settlement of disputes thereon）

第七协商小组（处理相邻和相对国家之间海洋边界的划定和争端的解决）

NGO   Non-Governmental Organization

非政府组织

OAU   Organization of African Unity

非洲统一组织（非统组织）

Off. Rec.   Official Records （unless otherwise noted，this refers to volumes of the *Official Records* of UNCLOS III）

《正式记录》（除非另有说明，指第三次联合国海洋法会议正式记录）

PC   Documents of the Informal Plenary on the Preparatory Commission

筹备委员会非正式全体会议的文件

PCIJ   Permanent Court of International Justice

常设国际法院

Platzöder   R. Platzöder （ed.），*Third United Nations Conference on the Law of the Sea：Documents* （1982，Volumes I-XVII to date）

R. Platzföder 编辑《第三次联合国海洋法会议文件集》（1982 年，第一卷至第十七卷至今）

Platzöder，Dokumente   *Dokumente der dritten Seerechtskonferenz der Vereinten Nationen* ［Materialeinsammlung für die deutsche Seerechtsdelegation，Stiftung Wissenschaft und Politik］

［第三次联合国海洋法会议文件（为德国海洋法代表团、科学和政治基金会收集的材料）］

New Yorker Sessionen 1976 （Band I-IV）

New Yorker Session 1977 （Band I-II）

Genfer Session 1978 （Band I-III）

New Yorker Session 1978 （Band I-II）

Genfer Session 1979 （Band I-III）

New Yorker Session 1979 （Band I-II）

New Yorker Session 1980（Band I-II）

Genfer Session 1980（Band I-III）

New Yorker und Genfer Sessionen 1981（Band I-II）

New Yorker Session 1982（Band I-III）

Schluss-Session 1982（Band I-III）

Rev.	Revision 修订版
RGDIP	Revue Générale de Droit International Public 《一般国际公法评论》
RIAA	Reports of International Arbitral Awards 国际仲裁裁决报告
RSNT	Revised Single Negotiating Text 修订后的单一协商案文
SBC Report 1969	Report of the Committee on the Peaceful Uses of the Sea-Bed and the Ocean Floor beyond the limits of National Jurisdiction, 24 GAOR, Supps. 22 and 22A（A/7622 and Add. 1） 1969 年海底委员会报告：和平利用国家管辖范围以外海床和洋底委员会的报告，《正式记录》第 24 卷和第 22 卷补编（A/7622 和 Add. 1）
SBC Report 1970	Id.，25 GAOR，Supp. 21（A/8021） 1970 年海底委员会报告：同上，《正式记录》第 25 卷，补编 21（A/8021）
SBC Report 1971	Id.，26 GAOR，Supp. 21（A/8421） 1971 年海底委员会报告：同上，《正式记录》第 26 卷，补编 21（A/8421）
SBC Report 1972	Id.，27 GAOR，Supp. 21（A/8721） 1972 年海底委员会报告：同上，《正式记录》第 27 卷，补编 21（A/8721）
SBC Report 1973	Id.，28 GAOR，Supp. 21，six volumes（A/9021） 1973 年海底委员会报告：同上，《正式记录》第 28 卷，补编 21（A/9021）1~6 卷
SD	Documents of the Informal Plenary on the Settlement of Disputes 关于解决争端问题的非正式全体会议文件
SD. Gp.	Informal Working Group on the Settlement of Disputes

关于解决争端问题的非正式工作组

TIAS	Treaties and Other International Acts Series（U. S. A. ）
	条约和其他国际条例汇编（美国）
TPIC	Informal documents of the First Committee on investment protection
	第一委员会关于保护投资的非正式文件
U. K.	United Kingdom
	联合王国（英国）
UKTS	United Kingdom Treaty Series
	联合王国条约汇编
UN	United Nations
	联合国
UNCITRAL	United Nations Commission on International Trade Law
	联合国国际贸易法委员会
UNCLOS I	［First］United Nations Conference on the Law of the Sea（1958）
	第一次联合国海洋法会议（1958 年）
UNCLOS II	Second United Nations Conference on the Law of the Sea（1960）
	第二次联合国海洋法会议（1960 年）
UNCLOS III	Third United Nations Conference on the Law of the Sea（1973－1982）
	第三次联合国海洋法会议（1973—1982 年）
UNEP	United Nations Environment Programme
	联合国环境规划署
UNESCO	United Nations Environmental（应该为：Educational——译者注）, Scientific and Cultural Organization
	联合国教育、科学及文化组织
UNJYB	United Nations Juridical Yearbook
	联合国司法年鉴
UNLT	United Nations Conference on the Law of Treaties
	联合国条约法会议
UNTS	United Nations Treaty Series
	联合国条约汇编
U. S. A.	United States of America
	美利坚合众国（美国）
USSR	Union of Soviet Socialist Republics
	苏维埃社会主义共和国（苏联）

WG. 21   Working Group of 21
              二十一国工作组
WHO   World Health Organization
              世界卫生组织
YB   Yearbook〔or：Year Book〕
              年鉴
ZaöRV   Zeitschrift für ausländisches öffentliches Recht und Völkerrecht
              外国公法与国际法杂志

判例表 *

《爱琴海大陆架案》（希腊诉土耳其），1978 年国际法院《判决、咨询意见和命令汇编》第 3 页。 **283.5（注 5）**

《安巴蒂洛斯案》（管辖权）（希腊诉联合王国），1952 年国际法院《判决、咨询意见和命令汇编》第 28 页（1966 年）。 **298（注 14）、306.2（注 2）**

《申请复核行政法庭第 158 号判决》（咨询意见），1973 年国际法院《判决、咨询意见和命令汇编》第 166 页。 **A. VI. 169（注 36）**

《申请修订和解释 1982 年 2 月 24 日的判决案》（突尼斯诉阿拉伯利比亚民众国），1985 年国际法院《判决、咨询意见和命令汇编》第 192 页。 **A. VII. 19（注 13）**

《阿兰扎门迪·奥萨案》［1982 年］执行案件审查，第 3927 页。 **305.13（注 8）**

《阿尔贝来兹·艾玛扎贝尔案》［1982 年］执行案件审查，第 1961 页。

305.13（注 8）

《庇护案》［见解释请求］。

《司法部长诉博戈亚案》［1980 年］，执行案件审查，第 2787 页；［1981 年］《共同市场法律评论》第 2 期第 193 页。 **305.13（注 8）**

《坎潘德盖·萨加扎苏案》［1982 年］执行案件审查，第 3847 页。 **305.13（注 8）**

《大陆架案》（阿拉伯利比亚民众国/马耳他），1985 年国际法院《判决、咨询意见和命令汇编》第 13 页。 **287.1（注 1）、298.31（注 49）、308.18（注 5）**

《大陆架案》（突尼斯/阿拉伯利比亚民众国），1982 年国际法院《判决、咨询意见和命令汇编》第 18 页。 **279.1（注 1）、287.1（注 1）、298.31（注 41）**

《缅因湾海域划界案》（加拿大/美国），1984 年国际法院《判决、咨询意见和命令汇编》第 246 页。 **287.1（注 1）、309.1（注 3）、A. VI. 89（注 23）**

《印度领土通行权案》（初步反对）（葡萄牙诉印度），1957 年国际法院《判决、咨询意见和命令汇编》第 125 页。 **298.44（注 65）**

《德国在波兰上西里西亚的某些利益案》（德国诉波兰），常设国际法院，A 辑，第 7 号（1926 年）。 **300.5（注 3）、305.20（注 18）**

《科孚海峡案》（案情）（联合王国诉阿尔巴尼亚），1949 年国际法院《判决、咨询意见和命令汇编》第 3 页。 **287.1（注 1）、302.3（注 1）**

---

* 黑体字是指正文中的段落和注释（n.）号。

《克鲁耶罗斯·托米和雅丽塔案》［1981 年］执行案件审查第 2997 页。

305.13（注 8）

《英吉利海峡大陆架仲裁案》（法国/联合王国）［1977 年和 1978 年］，《国际仲裁裁决报告》第十八卷，第 3 页（英文）；同上，第 130 页（法文）；《国际法评论》第 54 卷，第 6 页。

XVII.4（注 7）、309.1（注 3）

《希腊和土耳其人口交流案》（咨询意见），常设国际法院，B 辑，第 10 号（1925 年）。

310.1（注 2）

《圣劳伦斯湾内鱼片加工案》仲裁（加拿大/法国），《一般国际公法评论》第 90 卷，第 713 页（1986 年）［法文文本］。

311.11（注 11）、320.3（注 3）、A.VIII.5（注 8）

《渔业案》（联合王国诉挪威），1951 年国际法院《判决、咨询意见和命令汇编》第 116 页。

287.1（注 1）

《渔业管辖权案》（联合王国诉冰岛；德意志联邦共和国诉冰岛），1974 年国际法院《判决、咨询意见和命令汇编》第 3 页；同上。第 174 页。

287.1（注 1）

《自由区案》（法国/瑞士），常设国际法院，A 辑，第 46 号（1932 年）。

300.5（注 2）

《几内亚/几内亚比绍海洋划界仲裁案》，《一般国际公法评论》第 89 卷，第 484 页（1985 年）；英文译文在《国际法资料》第 25 卷，第 252 页（1986 年）。

XVII.4（注 9）

《伊朗伊斯兰共和国诉美利坚合众国案》，A/21 号案，伊朗-美国法庭主张报告第 14，第 324 页（1987 年）。

296.7（注 2）

《南非不顾安全理事会第 276（1970 年）号决议继续驻留纳米比亚（西南非洲）对各国的法律后果》（咨询意见），1971 年国际法院《判决、咨询意见和命令汇编》第 16 页。

305.8（注 7）

《马尔蒂科雷纳·奥塔戈案》［1982 年］执行案件审查第 3819 页。 305.13（注 8）

《马弗罗马蒂斯巴蒂斯坦租借权案》（希腊诉联合王国），常设国际法院，A 辑，第 2 号（1924 年）。

279.5（注 2）

《在尼加拉瓜境内和针对尼加拉瓜的军事和准军事活动案》（管辖权和可受理性）（尼加拉瓜诉美利坚合众国），1984 年国际法院《判决、咨询意见和命令汇编》第 392 页。

302.3（注 2）、306.2（注 4）、A.VI.157（注 35）

《北海大陆架案》（德意志联邦共和国/丹麦；德意志联邦共和国/荷兰），1969 年国际法院《判决、咨询意见和命令汇编》第 3 页。 279.1（注 1）、281.3（注 1）、283.5（注 4）、287.1（注 1）、298（注 13）、306.2（注 3）

《核试验案》（临时保护）（澳大利亚诉法国；新西兰诉法国），1973 年国际法院《判决、咨询意见和命令汇编》第 99 页；同上，第 135 页。

300.5（注 3）

《立陶宛与波兰之间的铁路交通案》（咨询意见），常设国际法院，A/B 辑，第 42 号（1931 年）。   **283.5**

《为联合国服务所受伤害的赔偿》（咨询意见），1949 年国际法院《判决、咨询意见和命令汇编》第 174 页。   **291.2（注 4）**

《请求解释 1950 年 10 月的判决》，在《庇护案》中（哥伦比亚/秘鲁），1950 年国际法院《判决、咨询意见和命令汇编》第 395 页。   **A. Ⅶ. 19（注 13）**

《对防止及惩治灭绝种族罪公约的保留》（咨询意见），1951 年国际法院《判决、咨询意见和命令汇编》第 15 页。   **305.20（注 17）**

《印度领土通行权案》（葡萄牙诉印度）（初步反对），1957 年国际法院《判决、咨询意见和命令汇编》第 125 页。   **298.44（注 65）**

《奥得河案》（德国诉波兰），常设国际法院，A 辑，第 23 号（1929 年）。

306.2（注 1）

《索科贝吉诉希腊国家案》（布鲁塞尔民事法庭），《国际法评论》第 18 期第 3 页（1951 年）；《国际法杂志》第 79 卷，第 244 页［总数］（1952 年）；《美国国际法期刊》第 47 期第 508 页（1953 年）。   **A. Ⅵ. 201（注 41）**

《纽里条约案》，常设国际法院，A 辑，第 3 号（1924 年）和第 4 号（1925 年）。

A. Ⅵ. 90（注 24）

《西撒哈拉案》（咨询意见），1975 年国际法院《判决、咨询意见和命令汇编》第 17 页。   **305.8（注 7）**

条约表 *

---

* 黑体字是指正文中的段落和注释（n. ）数字。

《建立欧洲经济共同体条约》（1957年），经修正（1972年）　　**282.1（注1）、293.1（注1）、A. VI. 203（注51）、A. VII. 19**

《维也纳条约法公约》　　（1969年）　　**300.4、304.3　XVII.1、XVII.4、A. VII. 12、305.9、305.19、305.20、305.23、306.2、306.3、307.3、308.4、309.2、309.9、310.5、311.3（注4）、311.7、311.9、312.1（注1）、312.2、312.17、314.3、316.2、316.5、317.1、317.9、318.3、319.2，A. V. 2、A. V. 24、A. VI. 117、A. VI. 129（注30）、A. IV. 1**

《维也纳国家和国际组织间或国际组织间条约法公约》（1986年）　　**300.4、XVII.1、XVII.12、306.2、306.3、307.3、309.2、314.3、316.5、317.1、318.3，A. VI. 117，A. IX. 1**

《关于各国在与具有普遍性的国际组织的关系中的代表权的维也纳公约》（1975年）　　**314.3（注1），A. V. 2**

《关于国家财产、档案和债务继承的维也纳公约》（1983年）　　**303.5（注4）**

《维也纳关于条约的国家继承公约》（1978年）　　**XVII.4、305.4、305.6、306.2**

文件说明

1968 年

1. 1967 年 12 月 18 日，联合国大会以第 2340（XXII）号决议设立了研究和平利用国家管辖范围以外的海床洋底特设委员会［以下简称为 ASBC（特设海底委员会）］。该特设委员会的文号为 A/AC. 135/-，正式文件分为以下几类：

委员会会议：简要记录编号为 A/AC. 135/SR. 1~36；供普遍分发的文件编号为 A/AC. 135/1~36；供有限分发的文件编号为 A/AC. 135/L. 1 至 L. 3；供限制分发的文件编号为 A/AC. 135/R. 1 至 R. 3。

第一工作组——法律工作组（WG. 1）：简要记录编号为 A/AC. 135/WG. 1/SR. 1~3 和 SR. 6~14（第四期和第五期会议无简要记录）。

第二工作组——经济和技术工作组（WG. 2）：简要记录编号为 A/AC. 135/WG. 2/SR. 1 和 SR. 7~15（第二期至第六期会议无简要记录）。

特设委员会报告见联合国文件 UN Doc. A/7230，《联大正式记录》第 23 卷补编第 30 号（1968 年）。

1969—1970 年

2. 1968 年 12 月 21 日，联合国大会以第 2467（XXIII）号决议设立了和平利用国家管辖范围以外的海床洋底委员会。之后的第 2750C（XXV）号决议（1970 年）和 2881（XXVI）号决议（1971 年）修改了该委员会的任务和组成。截至 1970 年，该委员会通过两个分委员会工作：法律分委员会（SC. 1）及经济和技术分委员会（SC. 2）。1971—1973 年，该委员会经过重新组织，被分为 3 个分委员会：第一分委员会（SC. I），即国际制度和国际机构分委员会；第二分委员会（SC. II），即海洋法分委员会；第三分委员会（SC. III），即污染、科学研究和技术转让分委员会。该委员会的文件符号为 A/AC. 138/-，其正式文件又分为以下几类：

委员会会议：简要记录编号为 A/AC. 138/SR. 1~104。供普遍分发的文件编号为 A/AC. 138/1~97；供有限分发的文件编号为 A/AC. 138/L. 1 至 L. 14。

法律分委员会（SC. 1）：简要记录编号为 A/AC. 138/SC. 1/ SR. 1~35。供普遍分发的文件编号为 A/AC. 138/SC. 1/1~10；供有限分发的文件编号为 A/AC. 138/SC. 1/L. 1 至 L. 6。

经济和技术分委员会（SC. 2）：简要记录编号为 A／AC. 138／SC. 2／SR. 1～40。供普遍分发的文件编号为 A／AC. 138／SC. 2／1～9；供有限分发的文件编号为 A／AC. 138／SC. 2／L. 1 至 L. 10。

1971—1973 年

第一分委员会（SC. I）：简要记录编号为 A／AC. 138／SC. 1／SR. 1～75；供有限分发的文件编号为 A／AC. 138／SC. I／L. 1 至 L. 28。

第二分委员会（SC. II）：简要记录编号为 A／AC. 138／SC. II／SR. 1～80；供有限分发的文件编号为 A／AC. 138／SC. II／L. 1 至 L. 63。

第三分委员会（SC. III）：简要记录编号为 A／AC. 138／SC. III／SR. 1～49；供有限分发的文件编号为 A／AC. 138／SC. III／L. 1 至 L. 56。

该委员会年度报告见 UN Doc. A／7622，《正式记录》第 24 卷，补编第 21 号（1969 年）；联合国文件 UN Doc. A／8021，《正式记录》第 25 卷，补编第 21 号（1970 年）；联合国文件 UN Doc. A／8421，《正式记录》第 26 卷，补编第 21 号（1971 年）；联合国文件 UN Doc. A／8721，《正式记录》第 27 卷，补编第 21 号（1972 年）；联合国文件 UN Doc. A／9021，《正式记录》第 28 卷，补编第 21 号（共 6 卷）（1973 年）。

1973—1982 年

3. 第三次联合国海洋法会议的文件符号是 A／CONF. 62／-。这一符号出现在会议的所有正式文件上。这些文件的最终形式大部分载于 17 卷《第三次联合国海洋法会议正式记录》上。

4. 众所周知，第三次联合国海洋法会议大部分是以"非正式"形式，即通过无会议记录的非公开会议进行的。由于非正式单一协商案文、订正的单一协商案文和非正式综合协商案文及其 3 个修订稿都是"非正式"文件，故提出的修改也只能是"非正式"的；尽管这些文件本身已作为会议文件印发，但《正式记录》只收录了前 3 个案文。

正式文件

5. 会议正式文件可分为以下几类：

全体会议：简要记录［SR］编号为 A／CONF. 62／SR. 1～184；于 1982 年 12 月在蒙特哥湾召开的最后会议的逐字记录［PV］为 185～193。供普遍分发的文件编号为 A／CONF. 62／1～123；供有限分发的文件编号为 A／CONF. 62／L. 1 至 L. 160。两者间的区别是一个联合国文件分发办法上的技术问题，"L."类文件不交托存图书馆托存。大部分"L."类文件收录在《正式记录》中。

6. 其他会议文件包括 A／CONF. 62／INF／1～17，包括代表团名单和其他会议官员名单（A/CONF. 62/INF/2 和 Rev. 1~3）（全部仅有版）；A/CONF. 62/Background Paper 1（仅有版），于 1974 年和 1975 年分别在加拉加斯和日内瓦进行会议的关于争端的解决问题的非正式工作组的报告（以原文件符号 SD. Gp/2nd Session/No. 1/Rev. 5）；A/CONF. 62/ RCNG/1 和 2，第八期会议（1978 年）期间编制的一系列报告，收录在《正式记录》第十卷；A/CONF. 62/WP. 1~11（工作文件）；A/CONF. 62/R. 1~7（限制分发，仅有版）；和 A/CONF. 62/WS/1~38（书面声明）。

7. 非正式全体会议：作为一个主要委员会进行工作，没有文件在 A/CONF. 62/-类下。

8. 总务委员会：简要记录编号为 A/CONF. 62/BUR/SR. 1~66；文件为 A/ CONF. 62/BUR/1~14。

9. 第一委员会：简要记录编号为 A/CONF. 62/C. 1/SR. 1~56；文件为 A/ CONF. 62/C. 1/L. 1 至 L. 30；和 A/CONF. 62/C. 1/WR/1~5（每周报告）。

10. 第二委员会：简要记录编号为 A/CONF. 62/C. 2/SR. 1~59；文件为 A/ CONF. 62/C. 2/L. 1 至 L. 101；和 A/CONF. 62/C. 2/WP. 1（与 A/CONF. 62/L. 8/Rev. 1 附件二附录一相同）。

11. 第三委员会：简要记录编号为 A/CONF. 62/C. 3/SR. 1~46；文件为 A/ CONF. 62/C. 3/L. 1 至 L. 34/Add. 1 和 2。

12. 供起草委员会使用的语词案文的编号为 A/CONF. 62/DC/WP. 1、2 和 3。

非正式文件

13. 会议非正式文件即被翻译成会议语言并由秘书处分发的文件（右上角带有文件号并标明原文语言）。这些文件有多种编号类别。会议文件符号"A/CONF. 62/-"不出现在除非正式单一协商案文、订正的单一协商案文和非正式综合协商案文以及供起草委员会使用的语词案文以外的其他文件的编号中。这些非正式文件几乎都未被《正式记录》收录。

14. 会议室文件（CRP）1~5 号为会议议事规则。

15. 各协商小组在第七期会议（1978 年）上确定的"核心"问题的文件编号为 NG1/1 至 NG1/18、NG2/1 至 NG2/12/Rev. 1、NG3/1 至 NG3/6、NG4/1 至 NG4/11、NG5/1 至 NG5/18、NG6/1 至 NG6/21 和 NG7/1 至 NG7/45。

16. 就序言部分召开的非正式全体会议的文件编号为 Preamble/1 和 Preamble/2。

17. 就争端的解决问题召开的非正式全体会议的文件编号为 SD/1 至 SD/4。

就一般规定召开的非正式全体会议的文件编号为 GP/1 至 GP/11。

就最后条款召开的非正式全体会议的文件编号 FC/1~31。非正式全体会议在第九期会议（1980 年）上设立的最后条款法律专家组的文件编号为 GLE/FC/1~18。

就筹备委员会召开的非正式全体会议的文件编号为 PC/1 和 PC/2。

就划界召开的非正式全体会议的文件编号为 DEL/1 和 DEL/2。

就最后文件召开的非正式全体会议的文件编号为 FA/1 和 FA/2。

18. 二十一国工作组的非正式文件的编号为 WG/21/1~3 和 WG/21/Informal Paper /1~18。

19. 第一工作组文件的编号为 C. 1/Working Paper/1~6。主席非正式说明的编号为 C. 1/PBE. 1~17。

20. 第一委员会于第八期会议期间设立的第一委员会关于第十一部分的争端的解决问题法律专家工作组的非正式文件的编号为 GLE/1~4；起草组文件的编号为 GLE/DG/1~5。

21. 第一委员会关于投资保护的非正式文件的编号为 TPIC/1~8。

22. 第二委员会的非正式文件使用以下几种编号：

Informal Working Paper No. 1~13/Rev. 2，第二期会议（1974 年）

C. 2/Blue Paper No. 1~14

C. 2/Informal Meeting/1~73

此外，1974—1980 年间的第二委员会非正式会议还收到了大量未编号的非正式提案。

23. 第三委员会的非正式文件使用以下几种编号：

SR/1 和 MSR/2~15（海洋科学研究）

CRP/Sc. Res. /1~42（科学研究）

MP/1~31（海洋污染）

CRP/MP/1~20/Add. 2（海洋污染）

TT/1（技术转让）

C. 3/Rep. 1

24. 起草委员会＊的非正式文件使用以下几种编号：

LGDC/1 至 Add. 5

LGDC/1/WP. 1 和 2

ALGDC/1~66（阿拉伯语语文组）

CLGDC/1~34（汉语语文组）

ELGDC/1~81（英语语文组）

FLGDC/1~78（法语语文组）

RLGDC/1~25（俄语语文组）

SLGDC/1~67（西班牙语语文组）

＊ 本列表包括关于部分、节和条标题的起草委员会文件。在几个语言小组都未提出提案的情况下，则没有起草委员会文件（如第八部分）。

GLE/CR/1~4（仅有西班牙语版本）

DC/Preamble

DC/Part I/Articles 1~1 *bis*

DC/Part II/Articles 2~33

DC/Part III/Articles 34~45

DC/Part IV/Articles 46~54

DC/Part V/Articles 55~75

DC/Part VI/Articles 76~85

DC/Part VII/Articles 86~120

DC/Part IX/Articles 122~123

DC/Part X/Articles 124~132

DC/Part XI/Articles 133~191

DC/Part XII/Articles 192~237

DC/Part XIII/Articles 238~265

DC/Part XIV/Articles 266~278

DC/Part XV/Articles 279~299

DC/Part XVI/Articles 300~304

DC/Part XVII/Articles 305~320

DC/Annex I

DC/Annex II/Articles 1~9

DC/Annex III/Articles 1~22

DC/Annex IV/Articles 1 ~13

DC/Annex V/Articles 1~14

DC/Annex VI/Articles 1~41

DC/Annex VII/Articles 1~13

DC/Annex VIII/Articles 1~5

DC/Annex IX/Articles 1~8

DC/Pending items 1 和 2

DC/Draft Decision

DC/Draft Resolution I

DC/Draft Resolution II

DC/Resolution II/Preamble 和 Operative Paragraphs 1~15

DC/Draft Resolution III

DC/General Recommendations 1~6

Informal Plenary/DC/1

IC/1~7

Informal Papers 1~32

CG/WP. 1~72

A/CONF. 62/DC/WP. 1~3

25. 以上所列文件对增编（Add.）、更正（Corr.）、修订（Rev.）和重发（标以星号"＊"）的标示，都遵循联合国通常的习惯。

26. 本系列最后一卷将包括正式和非正式会议文件的完整清单，并说明在哪里可以找到这些文件。

27. 包括正式和非正式文件在内的大多数会议文件，连同会议简要记录，均转载于经过系统整理后的由 R. Platzöder 所编《第三次联合国海洋法会议文件集》（*Third United Nations Conference on the Law of the Sea：Documents*）中（由纽约大洋出版公司出版）。截至目前，已出版了十七卷（计划出版十八卷）。

资料来源说明

本书中《公约》各条文本之后列出的第三次海洋法会议"资料来源"分为三类。

"资料来源"第一部分中（有时有"第一次会议""第二次会议"和"第三次会议"的标题），列出了和各条、附件和决议有关的正式文件。对这些文件的描述，见联合国秘书长海洋法特别代表办公室编辑的《列有参考文献的第三次联合国海洋法会议正式文件的主文件》（*Master File Containing References to Official Documents of the Third United Nations Conference on the Law of the Sea*）（联合国出版物销售号 E. 85. V. 9）。在适当之处，"第三次会议"标题下列出的文件中包括了海底特设委员会（1968 年）的文件（文件符号 A/AC. 135/-）和海底委员会（1969—1973 年）的文件（文件符号 A/AC. 138/-）。决定召开第三次海洋法会议的 1973 年 11 月 16 日联大第 3067 号（XXVIII）决议的第 6 款决定向海洋法会议提交海底委员会的工作报告，以及大会和委员会的一切其他有关文件（见第一卷，第 188 页）。标题为"初始文件"的会议议事规则第三十二条重复了这一决定。①秘书长在第二期会议（1974 年）上对这些文件的参照方法进行了解释。②

在"起草委员会"标题下，根据具体情况包括 1981 年和 1982 年起草委员会提交的包含其就案文的词语协调提出的建议的实质性报告。这些报告本身目前只有多种语言的油印本，是作为起草委员会主席转交报告的增编发布的。这些转交报告包括在《第三次联合国海洋法会议正式记录》中。③"资料来源"中仅列出了这些报告的增编。这一系列中每个文件的最后一个增编合并了非正式全体会议对这些起草委员会的报告进行审议后作出的修改，并被包括在"资料来源"中。查阅这些报告可以得知起草委员会提出的某项建议是否涉及会议的 6 种正式语言中的一种或多种或是涉及全部 6 种。如果是后一种情况，则该项建议可能更为重要。非正式全体会议审阅这些报告之后，

---

① 海洋法会议《议事规则》最初于 1974 年 6 月 27 日通过（A/CONF. 62/30，油印本），这套规则于 1974 年 7 月 12 日被修订并取代（A/CONF. 62/30/Rev. 1，联合国文件销售号 E. 74. I. 18）。后又于 1975 年 3 月 17 日修订（A/CONF. 62/30/Rev. 2，销售号 E. 76. I. 4）和 1980 年 3 月 6 日（A/CONF. 62/30/Rev. 3，销售号 E. 81. I. 5）。第一、二、三次修订分别转载于《第三次联合国海洋法会议文件集》第十三卷第 456、473 和 489 页。

② A/CONF. 62/L. 5（1974 年），《正式记录》第三卷第 83 页。

③ 见 A/CONF. 62/L. 67/Rev. 1（1981 年），《正式记录》第十五卷第 145 页；A/CONF. 62/L. 75（1981 年），同上，第 153 页；A/CONF. 62/L. 85（1982 年），《正式记录》第十六卷第 197 页；和 A/CONF. 62/L. 152（1982 年），《正式记录》第十七卷第 222 页。

起草委员会主席代表其本人、海洋法会议主席和有关的主要委员会主席向会议提交了正式报告，以向其通知非正式全体会议的决定；会议记录了这些决定。《正式记录》中包括了这些报告，"资料来源"也根据具体情况列出了这些报告。起草委员会包含其关于案文的多语种协调建议的较早的报告已全部发表在《正式记录》中。"资料来源"中没有列出这些报告，但评注在适当之处提及了这些报告。

《评注》还在适当之处包括了对《公约》各部分、节和条的标题的讨论，"资料来源"中也包含了处理这些问题的文件。在于 1982 年 9 月 24 日举行的第三次海洋法会议第 184 次会议上，④起草委员会主席指出：

> 在与 6 个语言小组的协调员进行磋商的基础上，认为《公约》各部分、节和条的标题有助于理解和澄清审议中的条款的意义。

主席提交给会议的关于起草委员会建议的报告中重复了这一陈述。⑤

在"非正式文件"标题下，按照委员会或会议机关，依时间顺序列出了所有送交会议的已知文件，无论这些文件是否有联合国文件符号或工号。这些文件的共有特征是不带有会议文件编号"A/CONF.62/-"。虽然这些非正式文件大多已以非正式的方式发表，但在本书的评注中也不能被忽视。然而，各主要委员会或较小分组的主席们处理这些非正式提案的方式并不统一。在某些情况下，提交给会议的正式文件中提及了这些非正式文件或将其全文附在正式文件之后。这种做法并没有改变这些文件的非正式特性，在"资料来源"的"非正式文件"标题下也列出了这些文件，并在必要之处列出。借此，这些文件也被收入会议《正式记录》的正式文件。这些文件的名录请见本卷的"文件说明"。其中部分文件提交给了会议，以便利协商。这些文件与作为各期会议工作基础的协商案文相关。由于这些案文是"协商案文"，不具有提案的正式地位，也不能提出正式修改。这些非正式文件可以显示出代表团的意图，因此在协商进程中有一定用处。在"资料来源"中列出这些文件不意味着作为一个整体的本项目、总编或任何分卷的编辑或供稿人关于这些文件的地位，特别是提出这些文件的代表团的可反对性的立场。

"资料来源"中未列出已记录并发表在会议《正式记录》中的正式辩论。对这些正式辩论的参照出现在不同的评注中，并在必要之处对有关详情做了注解。

此外，在《评注》中还可以偶尔遇到未注明来源的对会议或其主要委员会或其他机关的非正式会议讨论的参照。这些参照以编辑、作者或与本项目相关的其他人的个人知识为基础。已尽可能对这些引用做了独立核校。

---

④ 见文件《正式记录》第十七卷第 4 页，第 3 段。

⑤ A/CONF.62/L.160（1982 年），第 4 段，《正式记录》第十七卷第 225 页。

在第十五部分条款和附件五、附件六、附件七和附件八所列资料来源中，经常提到 1975 年 5 月 1 日第 SD. Gp/2nd Session/No. 1/Rev. 5 号非正式文件。这是非正式工作组在海洋法会议第二期会议和第三期会议期间（1974 年和 1975 年）就解决争端议题所准备的一份工作文件，已在下文第 XV. 4 段加以充分说明。工作组主席向海洋法会议主席和出席会议的所有代表团团长分送了该文件，已刊印在《国际法资料》第 14 卷，第 762 页（1975 年）和《第三次联合国海洋法会议文件集》第十二卷，第 108 页（文号 DSG/2nd Session/No. 1/Rev. 5）上。海洋法会议第四期会议（1976 年）期间在关于解决争端的一般性辩论中提到了这一点，后来作为 A/CONF. 62/Background Paper 1 分发，并转载于《第三次联合国海洋法会议文件集》第十二卷，第 194 页上，并以这种形式列为《正式记录》第六卷。

第十五部分

争端的解决

第十五部分　争端的解决

导　言

资料来源

1. A/AC. 138/53，第一五二条至一五四条，以及第一五九条至第一六五条，转载于 1971 年《海底委员会报告》，第 105、174 和 176~177 页（马耳他）。

2. A/AC. 138/97，转载于 1973 年《海底委员会报告》第二卷，第 22 页（美国）。

3. A/CONF. 62/L. 7（1974 年），《正式记录》第三卷，第 85 页（澳大利亚等）。

4. A/CONF. 62/WP. 9（非正式单一协商案文，第四部分，1975 年），《正式记录》第五卷，第 111 页（海洋法会议主席）。

5. A/CONF. 62/WP. 9/Add. 1（1976 年），第 6 段，《正式记录》第五卷，第 122 页（海洋法会议主席）。

6. A/CONF. 62/WP. 9/Rev. 1（非正式单一协商案文，第四部分第一次修订稿，1976 年），《正式记录》第五卷，第 185 页（海洋法会议主席）。

7. A/CONF. 62/WP. 9/Rev. 2（订正的单一协商案文，第四部分，1976 年），《正式记录》第六卷，第 144 页（海洋法会议主席）。

8. A/CONF. 62/WP. 10（非正式综合协商案文，1977 年），第十五部分，《正式记录》第八卷，第 1、45 页。

9. A/CONF. 62/62（1978 年），第 5 段，《正式记录》第十卷，第 6 页。

10. A/CONF. 62/C. 1 /L. 25 和 Add. 1（1979 年），《正式记录》第十一卷，第 109 页（关于第十一部分的法律专家组主席）。

11. A/CONF. 62/WP. 10/Rev. 1（非正式综合协商案文第一次修订稿，1979 年，油印本），第十五部分，转载于《第三次联合国海洋法会议文件集》第一卷，第 375、490 页 [另见海洋法会议主席的解释性备忘录，同上，第 389 页]。

12. A/CONF. 62/L. 41（1979 年），转载于 A/CONF. 62/91（1979 年），《正式记录》第十二卷，第 71 页，在第 94 页（第三委员会主席）。

13. A/CONF. 62/L. 43（1979 年），附录 B，转载于 A/CONF. 62/91（1979 年），《正式记录》第十二卷，第 71 页，在第 74、90 页（关于第十一部分的法律专家组主席）。

14. A/CONF. 62/L. 45（1979 年），转载于 A/CONF. 62/91（1979 年），《正式记录》第十二卷，第 71 页，在第 110 页（海洋法会议主席）。

15. A/CONF. 62/C. 1/L. 27（1980 年），第五部分，《正式记录》第十三卷，第 113、135 页（关于第十一部分的法律专家组主席）。

16. A/CONF. 62/L. 50（1980 年），《正式记录》第十三卷，第 80 页（第三委员会主席）。

17. A/CONF. 62/L. 52 和 Add. 1（1980 年），《正式记录》第十三卷，第 86 页（海洋法会议主席）。

18. A/CONF. 62/WP. 10/Rev. 2（非正式综合协商案文第二次修订稿，1980 年，油印本），第十五部分。转载于《第三次联合国海洋法会议文件集》第二卷，第 3、118 页。

19. A/CONF. 62/WS/5（1980 年），《正式记录》第十三卷，第 104 页（阿根廷）。

20. A/CONF. 62/L. 59（1980 年），《正式记录》第十四卷，第 130 页（海洋法会议主席）。

21. A/CONF. 62/WP. 10/Rev. 3*（非正式综合协商案文第三次修订稿，1980 年，油印本），第十五部分。转载于《第三次联合国海洋法会议文件集》第二卷，第 179、295 页。

22. A/CONF. 62/L. 78（《公约草案》，1981 年），第十五部分，《正式记录》第十五卷，第 172、218 页。

起草委员会

23. A/CONF. 62/L. 75（1981 年），《正式记录》第十五卷，第 153 页（起草委员会主席）。

24. A/CONF. 62/L. 75/Add. 1 和 Corr. 1（1981 年，油印本）（起草委员会关于第二七九条至第二八五条的报告）。

25. A/CONF. 62/L. 75/Add. 2 和 Corr. 1（1981 年，油印本）（起草委员会关于第二八六条至第二九六条的报告）。

26. A/CONF. 62/L. 75/Add. 5（1981 年，油印本）（起草委员会关于第二九七条的报告）。

27. A/CONF. 62/L. 75/Add. 6（1981 年，油印本）（起草委员会关于第二九八条至第二九九条的报告）。

28. A/CONF. 62/L. 82（1981 年），《正式记录》第十五卷，第 243 页（起草委员会

主席）。

29. A/CONF. 62/L. 160（1982 年），《正式记录》第十七卷，第 225 页（起草委员会主席）。

非正式文件

30. SD. Gp/2nd Session/No. 1/Rev. 5（1975 年，油印本）；作为 A/CONF. 62/Back-ground Paper 1 号文件再次印发（1976 年，油印本）（关于解决争端小组的联合主席）。分别转载于《第三次联合国海洋法会议文件集》第十二卷，第 108、194 页。[1975 年的版本在 DSG/2nd Session/No. 1/Rev. 5 标号下转载于《第三次联合国海洋法会议文件集》；关于解释，见下文注⑭。]

31. NG5/16（1978 年），转载于 A/CONF. 62/RCNG/1（1978 年），《正式记录》第十卷，第 13、120 页（第五协商小组主席）。

32. NG5/17（1978 年），转载于 A/CONF. 62/RCNG/1（1978 年），《正式记录》第十卷，第 13、117 页（第五协商小组主席）。[标号"NG5/17"已从该文件转载的《正式记录》第十卷英文版本删除。]

33. NG5/18（1978 年），转载于 A/CONF. 62/RCNG/2（1978 年），《正式记录》第十卷，第 126、168 页（第五协商小组主席）。

34. NG7/20（1978 年，油印本）（第七协商小组主席）。转载于《第三次联合国海洋法会议文件集》第九卷，第 408 页。

35. NG7/20/Rev. 1（1978 年，油印本）（第七协商小组主席）。转载于《第三次联合国海洋法会议文件集》第九卷，第 412 页。

36. NG7/27（1979 年，油印本）（第七协商小组主席）。转载于《第三次联合国海洋法会议文件集》第九卷，第 438 页。

37. NG7/30（1979 年，油印本）（以色列）。转载于《第三次联合国海洋法会议文件集》第九卷，第 451 页。

38. NG7/37（1979 年，油印本）（第七协商小组主席）。转载于《第三次联合国海洋法会议文件集》第九卷，第 47 页。

39. NG7/45（1979 年），第二九八条（1）（a），转载于 A/CONF. 62/91（1979 年），《正式记录》第十二卷，第 71 页，在第 107、108 页（第七协商小组主席）。

40. SD/1（1978 年，油印本）（荷兰和瑞士）。转载于《第三次联合国海洋法会议文件集》第十二卷，第 234 页。

41. SD/3（1980 年，油印本）（海洋法会议主席）。转载于《第三次联合国海洋法会议文件集》第十二卷，第 239 页。

42. SD/3/Add. 1（1980 年，油印本）（海洋法会议主席）。转载于《第三次联合国海洋法会议文件集》第十二卷，第 257 页。

评　注

XV. 1. 第三次联合国海洋法会议的一项重要成就，就是为解决在解释或适用 1982 年《联合国海洋法公约》方面可能出现的争端制定了一项全面的制度。

以前处理这个问题的尝试不太成功。虽然 1930 年在海牙由国际联盟主持的国际法编纂会议筹备工作期间，审议了列入争端解决条款的问题，但会议在讨论领海制度《公约草案》时没有触及这一主题。① 尽管国际法委员会在筹备第一次联合国海洋法会议（1958 年）时，审议了关于解决与海洋法条款草案有关的争端的一般性建议和特别建议，但在最后草案中只提出了关于大陆架和渔业的条款草案的特别条文。② 第一次联合国海洋法会议只保留了解决渔业争端的详细程序，③ 但决定在诉讼程序的最后阶段只通过一项关于解决与捕鱼以外的主题有关的争端的《任择议定书》。④

XV. 2. 提交海底委员会（1969—1973 年）的大多数提案都涉及与海底采矿有关的复杂争端问题，不仅涉及国家之间，而且涉及海底机构与私营和国有公司之间的争端，⑤ 有必要设立一个法庭来解决这类争端。⑥ 有些提案提到与渔业有关的争端，关于海

---

①　见 Sh. Rosenne，《新海洋法中争端的解决》，《国际关系杂志》第 11-12 期，第 401、402-404 页（1978 年）。

②　同上。第 404-405 页。

③　见 A/CONF. 13/L. 54（1958 年），《关于捕鱼及养护公海生物资源的公约》，第九条至十一条，第一次联合国海洋法会议，《正式记录》第二卷第 139 页。转载于《联合国条约集》第 559 卷第 285 页（1967 年）；《美国条约和其他国际协定》第 17 卷第 138 页（1966 年）；《条约和其他国际条例集》（美国）第 5969 页；《国际组织和整合》，第 I. A. 卷，在 I. A. 6. 3. c。由于该公约只有不到 40 个国家批准，其中规定的程序不能用于 1966 年公约生效后产生的许多渔业争端。在 1960 年第二次联合国海洋法会议上，有人提出了若干建议，将 1958 年《渔业公约》的争端解决条款适用于与一国在另一国渔业区的传统捕鱼权有关的争端。见 A/CONF. 19/C. 1/L. 3（1960 年）（美国）；A/CONF. 19/C. 1/L. 7 和 L. 7/Rev. 1（1960 年）（冰岛）；A/CONF. 19/L. 4（1960 年）（全体委员会）；A/CONF. 19/L. 11（1960 年）（加拿大和美国）；A/CONF. 19/L. 12（1960 年）（巴西、古巴和乌拉圭）（对沿海国在毗邻其专属捕鱼区的公海区域的优先捕鱼权适用同样的想法）。这些文件转载于 A/CONF. 19/8（1960 年），第二次联合国海洋法会议，《正式记录》分别在第 166、168、169、171 和 173 页。

④　A/CONF. 13/L. 57（1958 年），《关于强制解决争端的任择议定书》（《捕鱼公约》所涵盖的争端除外，前注③），第一次海洋法会议，《正式记录》第二卷第 145 页。转载于《联合国条约集》第 450 卷第 169 页（1963 年）；《国际组织与整合》第一卷 A，在 I. A. 6. 3. e。该议定书得到不到 40 个国家的批准；美国和苏联未批准。

⑤　关于其中一些提案的分析，见 L. Sohn，"海底或海洋法庭"，《外国公法与国际法杂志》第 32 卷第 253 页（1972 年）。另见 1973 年《海底委员会报告》第二卷，第 130-136 页。

⑥　这些提案载于 SC. II/WG/Paper 4，第 21 段，转载 1973 年《海底委员会报告》第五卷，第 1 页。关于这些提案的摘要，另见 1972 年《海底委员会报告》，第 25 段，第 87 页。海洋法会议第二期会议（1974 年）提出了另一项关于设立一个处理渔业争端特别委员会的提案。见 A/CONF. 62/C. 2/L. 40 和 Add. 1（1974 年），第二十条至第二十二条，《正式记录》第三卷第 217、219 页（比利时等）。

洋污染和科学研究的提案中也提到了解决争端的问题。只有马耳他为关于海洋空间条约草案的提案提供了解决"国际海洋空间"所有争端的程序，包括"国际海事法院"（资料来源 1，第一六一条）。

XV. 3. 由于担心争端解决方案的泛滥，美国代表团努力将这些提案合并为一个案文。在与几个代表团讨论了 14 个初步草案后，美国在海底委员会上期会议结束时提出了一项一般性争端解决提案（资料来源 2）。⑦该提案规定，各国之间就海洋法公约的解释或适用发生的任何争端均应提交海洋法法庭，但如果争端各方在任何一般性、区域性或特别协定中同意诉诸仲裁，则允许争端一方提交仲裁。在向海底委员会提出这一建议时，美国代表〔约翰·R. 史蒂文森（John R. Stevenson）〕指出，需要一种制度，以"最大程度地确保在紧急情况下能够统一解释和立即使用争端解决机制，同时保持各国同意以各种方式解决争端的灵活性。"他补充说，美国特别注意到"许多国家希望根据区域商定的程序解决争端"。在进一步解释提出这一建议的原因时，美国代表指出，条约的实质性条款不会"完全解决避免与海洋有关的冲突的基本问题"，而只会"缩小发生争端的许多问题"；它们"不会消除确保和平解决必然发生的争端的手段的必要性"；"如果没有一个关于海洋用途的强制性解决争端的一般制度"，美国甚至不能同意许多自己的提议。⑧

XV. 4. 1974 年在加拉加斯举行的第三次海洋法会议决定，关于"解决争端"的议题应由各主要委员会在其职权范围内处理。⑨一般性辩论很少提到这些议题，在海洋法会议各委员会提交的草案中几乎没有提到这一点。⑩

在加拉加斯会议的第一个月里，情况变得明朗了。之后，3 个主要委员会忙于应对大量蜂拥而至的关于实质性问题的文件，不太可能对解决争端给予太多关注。几个代表团成立了一个非正式小组，澳大利亚〔拉尔夫·L. 哈里（Ralph L. Harry）大使〕和萨尔瓦多〔雷纳尔多·奥林多·波尔（Reynaldo Galindo Pohl）博士〕作为联合主席，路易斯·B. 索恩教授（美国）担任报告员。到本期会议结束时，已有 30 多个代表团参加了这个非正式小组的工作。该小组在提出解决这些问题的先例文件的基础上审议了 11 项主要问题，并就每一项议题制定了一套备选方案。然后编写了一份综合文件，

---

⑦ 见 M. Nordquist 和 C. Park 编《美国出席第三次联合国海洋法会议代表团的报告》，海洋法研究所，第 33 号临时文件，第 48、53 页（1983 年）。

⑧ 关于美国对这一问题的发言的全文，见（美国）《国务院公告》第 69 卷第 412、414 页（1973 年）。

⑨ A/CONF. 62/28（1974 年），第 9 段。《正式记录》第三卷第 57 页（总务委员会）；第 15 次全体会议核准，第 6 段。《正式记录》第一卷第 40 页。

⑩ 见 Rosenne，前注①，第 412–413 页，注㉓–㉔。

经过几次修订，以"关于解决海洋法争端的工作文件"（资料来源3）⑪的形式提交给海洋法会议，其中载有关于下列议题的备选草案和有关国际文书的案文：①以和平方式解决公约规定的争端的义务；②通过双方选择的方式解决争端；③争端一方诉诸要求能作出具有拘束力的决定的其他程序的权利，并为争端各方所接受；④争端一方有权将提交至不要求作出有拘束力裁决的争端解决程序的争端，提交给根据公约规定的要作出有拘束力裁决的程序；⑤有义务诉诸解决办法，从而作出具有拘束力的决定（在诉诸仲裁、海洋法法庭或国际法院方面有单独的选择）；⑥在下列职能领域设立特别程序的可能性及其与一般程序的关系：渔业、海底、海洋污染或科学研究等；⑦争端解决机制是否应向公约缔约国以外的实体开放；⑧是否需要用尽当地补救办法；⑨请求缔约国法院发出咨询意见的可能性；⑩争端解决机制适用法律的范围，以及衡平法管辖权的可能性；⑪争端解决条款的可能例外或保留。

萨尔瓦多代表在向会议介绍该文件时提出以下几点：①为了避免政治和经济压力，必须通过有效的法律手段解决争端；②应寻求对公约的解释的统一性；③虽然这样承认强制性解决争端的好处，应允许一些谨慎定义的例外；④解决争端的制度必须成为公约的组成部分和基本要素，一项任择议定书是完全不够的；⑤具有明确的法律申诉权，小国有强大的手段来防止大国的干预，而后者又可以为自己省去麻烦，这两个群体都通过严格的合法原则而获益，这意味着有效地运用议定的规则。⑫

XV. 5. 在海洋法会议第三期会议（1975 年）期间，关于解决争端的非正式工作组重新组织为解决争端小组（SD. Gp.），成员增加到约 60 个国家，肯尼亚的阿迪德（A. O. Adede）博士成为第三位联合主席。该小组在蒙特勒举行了一次周末特别会议，以解决最困难的问题之一，即选择法庭，赋予其管辖权，以对与公约的解释或适用有关的争端作出具有拘束力的裁决。当时，一些国家坚持将此类争端提交国际法院，国际法院已经就海洋法问题作出了一些决定，鉴于提交给它的案件很少，需要增加其管辖权。另一些人则认为，国际法院不懂新的海洋法，需要一个单独的海洋法法庭，由

---

⑪　该文件由该小组 9 名成员提出。关于该文件的评论，见 L. Sohn "海洋法公约引起的争端的解决"，《圣地亚哥法律评论》第 12 卷第 495 页（1975 年）。另见 A. O. Adede，"根据《联合国海洋法公约》解决争端的制度"第 13–41 页（1987 年）；R. Galindo Pohl, *Paso inoffensivo y libre navegación–Regimen para la exploración y explotación de la zona Internacional de los fondos marinos–Solución de controversias relacionadas con el derecho del mar* 57，131–37（Publicación del Ministerio de Relaciones Exteriors，["无害通过和自由航行——将勘探和开发从国际海底区域分离出来——海洋法解决方案"，第 57 页，在第 131–137 页（对外关系部出版物）]；圣萨尔瓦多，1977 年）；J. Gamble, Jr.，"海洋法会议：从解决争端的视角"，《范德比尔特跨国杂志》（Vanderbilt J. Transnat'l L）第 9 卷第 323、325–332 页（1976 年）；和 Rosenne，前注①，第 414 页。为 1974 年解决争端小组编写的非正式工作文件，编号为 DSG/1 至 DSG/7/Rev. 3。DSG/1 至 4 转载在《第三次联合国海洋法会议文件集》第十二卷第 1–22 页。

⑫　第 51 次全体会议（1974 年），第 7–13 段。《正式记录》第一卷第 213 页。该总结还考虑到会议上散发的发言稿。

更熟悉海洋法新原则发展的法官组成。一些国家赞成仲裁，认为大多数海事公约都规定了仲裁；另一些国家则坚持功能性做法，认为在主管专门机构的合作下选出的技术专家最有资格裁决在其熟悉的领域内的争端。

威廉·里普哈根（Willem Riphagen）教授（荷兰）提出的"蒙特勒折中方案"解决了这一争议，它允许每个国家加入公约时表明它愿意接受 4 种程序中的哪一种。[13]然而，他的补充建议是，如果争端各方选择了不同的法庭，则申请人不得不前往答辩人选定的一个法庭。这个建议后来被一些国家拒绝，理由是这将迫使它们前往原先拒绝的法庭。相反，在海洋法会议后来的几期会议上提出的另一些解决办法也被否决之后，最终确定每个国家都愿意接受仲裁作为第二选项。因此，仲裁成为争端各方有不同选择、或其中一方未曾做选择的情况下的解决方案。

1975 年日内瓦工作组得以就 4 个条款达成了协议（经后来的一些修改，成为公约第二七九条、第二八〇条、第二八二条和第二八三条），并就其余问题提出了两项备选草案：一项代表了综合办法，附有关于调解、仲裁的特别附件和一项海洋法法庭规约；另一项是以职能方法为基础，对渔业、污染和科学研究作出特别规定。第三个附件载有旨在尽量减少争端发生的关于信息交流和协商的提案。[14]在第三期会议（1975 年）结束时，联合主席向海洋法会议主席提交了该文件，并将其副本送交各委员会主席，直到一年后才以背景文件的形式分发给整个海洋法会议（资料来源 30）。[15]

XV. 6. 海洋法会议第三期会议结束后，会议主席（汉密尔顿·雪莉·阿梅拉辛格）主动印发了非正式单一协商案文第四部分（资料来源 4），其中载有与解决争端有关的一套规定。该案文由 18 条组成，其中一条是关于一般程序（调解、仲裁和海洋法法庭规约）的附件；另一条是关于特别程序（渔业、污染和科学研究）的附件；第三条是关于信息和协商的附件，共有 103 条。

海洋法会议主席在该文件的介绍性说明中解释说，他有责任"向大会提交一份与任何重要委员会所专注的任何议题都无关的非正式单一协商案文"。他提出这一案文是因为"解决争端的主题将是拟议的公约中必不可少且至关重要的一个要素"。他解释说，他的目的是"促进协商进程"。他接着解释说，案文"在很大程度上是基于解决争

---

⑬　关于蒙特勒折中方案，见 A. Bos 和 H. Siblesz 编《法律制定的现实主义：纪念威廉·里皮根的国际法论文》第 169 页（1986 年），H. Rosene，"第三次联合国海洋法公约——蒙特勒（里皮根）折中方案"。另见 Adede，前注 11，第 53-54 页；L. Sohn，"迈向海洋法庭的建立"，《国际关系评论》第 5-6 卷，第 247、253-254 页（1975—1976 年）。

⑭　1975 年工作组的文件编号为 SD. Gp/2nd Session/No. 1-8，因为另一个工作组抢先使用了符号 DSG；然而，这些文件以编号 DSG/2nd Session/No. 1-8 转载于《第三次联合国海洋法会议文件集》第十二卷，第 66-193 页。

⑮　关于该文件的详细评论，见 Adede，前注⑪，第 43-69 页。关于 E. Lauterpacht 编写并由澳大利亚代表团提出的第三个附件，同上，第 10-11 页，注⑧-⑨。关于 1975 年文件的更一般性评论，另见 R. Galindo Pohl，前注⑪，第 137-155 页。

端非正式小组的工作"；案文"具有非正式的性质，不影响任何代表团的立场，也不代表任何经协商的案文或已接受的折中方案"；并且这仅仅是"程序性工具"，只会提供"协商的基础"。

尽管海洋法会议主席的案文是以关于解决争端问题的非正式工作组的工作为基础的，但它是向前迈出的重要一步，不仅提出了备选案文，而且提出了一个全面的综合案文。它以海洋法法庭为中心，但允许选择退出该法庭，转而选择仲裁法庭或国际法院。⑯

XV. 7. 海洋法会议主席在海洋法会议第四期会议上（1976 年）介绍这份文件时解释说，不能认为关于解决争端的非正式单一协商案文与单一协商案文其他部分具有相同的地位，"因为没有就解决争端问题进行一般性讨论"。为了弥补这一点，他将"留出几天时间就此事进行一般性辩论。"⑰在该辩论开始时提交的备忘录中（资料来源 5），海洋法会议主席指出，"提供有效的解决争端程序对于稳定和维持达成一项公约所需的折中方案至关重要。"他接着说：

> 解决争端程序将是必须平衡折中方案的微妙平衡的支点。否则，折中方案将迅速而永久地瓦解。我希望，所有有关各方的意愿是，预期的公约应该富有成果和永久性。有效解决争端还将保证对公约立法语言中的实质内容和意图得到一贯和公正的解释。

对海洋法会议主席草案（资料来源 4）的讨论延伸到海洋法会议的八期会议的始终（《正式记录》47 页），⑱在这一讨论中提出了许多问题，这些问题将在第十五部分各条款的评注中加以讨论。讨论结束时，大会授权海洋法会议主席编写一份新的案文，"同时考虑到全体会议和非正式会议向他提出的评论和意见"，并商定应"在非正式全体会议上"就该案文进行进一步协商。⑲

在此基础上，海洋法会议主席编写了一份非正式单一协商案文第四部分的修订本（资料来源 6）。这项草案载有向在职能基础上设立的特别委员会提交争端的更复杂程

---

⑯　关于海洋法会议主席草案的讨论，见 Adede，前注⑪，第 71-82 页。

⑰　见总务委员会第 14 次会议（1976 年），第 12 段；《正式记录》第五卷第 78 页；和第 57 次全体会议（1976 年），第 28 段；同上，第 5 页。

⑱　第 58 至 65 次全体会议（1976 年），同上，第 8-54 页。关于这场辩论的分析性总结，见 Adede，前注⑪，第 82-89 页；另见 L. Sohn，"解决争端的问题"，载于 E. Miles 和 J. Gamble, Jr. 编《海洋法：会议成果和执行问题》第 223、224-227 页［海洋法研究所，第十届年会会议录（1976 年）］。

⑲　第 65 次全体会议（1976 年），第 30 页和第 50 页；《正式记录》第五卷第 52、54 页。非正式全体会议取代了第四委员会，该委员会的设立将需要对会议的结构进行彻底的重组，并将产生在会议现阶段几乎无法克服的问题。同上，第 52 页，第 30 段。

序，其中增加了一个新的关于"与航行有关的条款的适用"争端委员会（附件二 D）。在争端一方未选择 4 种现有程序之一的情况下，本草案将管辖权分配给国际法院和海洋法法庭（第九条第 3 款）。案文中还做了许多其他重要更改。[20]

XV. 8. 经修订后的案文提交给了海洋法会议第五期会议（1976 年）非正式全体会议进行深入审查。正如海洋法会议主席所报告的，当时共做了 745 项发言和 140 多项实质性修改建议。[21]考虑到这些建议，海洋法会议主席再次对案文进行了修改，并将其作为第四部分（资料来源 7）纳入了订正的单一协商案文。[22]鉴于仲裁被普遍接受为解决争端的第二选项，所以对第九条做了修改，使之具有强制性而不论当事一方有否选择，或当事各方有不同的选择。关于职能程序的 4 个平行子附件合并成一个新的单一草案（附件四），从而简化和缩短了文字。关于在涉及沿海国某些权利的争端中限制强制管辖权和管辖权的任择性例外的规定也做了相当大的修改。但主席提醒说，这些条款的最终表述将取决于有关实质性规定的协商结果。[23]

XV. 9. 第六期会议（1977 年）期间，非正式全体会议的讨论集中在订正的单一协商案文第四部分（资料来源 7）的一些新的条款上，并导致了这些条款的变化。[24]例如，对防止滥用旨在保护沿海国不受骚扰的法律程序采取了保障措施；对挑战沿海国在生物资源和海洋科学研究方面的斟酌决定权的权利加以限制；将军事活动的任择性例外扩大到包括沿海国的某些执法活动；且扩大了与安全理事会有关争端的任择性例外，不再需要安全理事会作出具体决定，即公约下的程序干扰《联合国宪章》所规定的安理会职能。[25]此外，通过在海洋法法庭内设立海底争端分庭，就将海底争端解决制度纳入一般制度达成了协议。[26]

---

[20] 关于对这些变化的分析，见 Sohn，前注[18]，第 227-232 页。关于 1976 年纽约会议对该草案讨论的详细摘要，见上文注[11]，第 89-116 页。

[21] 见第 76 次全体会议（1976 年），第 22 段。《正式记录》第六卷第 22 页。

[22] 见资料来源 7；见第 71 次全体会议（1976 年），第 44 段。同上，第 7 页（海洋法会议主席在这次会议上解释说，在非正式协商之后，将对案文进行修订，并将其提高到与订正的单一协商案文第一、第二和第三部分相同的地位）。

[23] 见资料来源 7，海洋法会议主席的介绍性说明，《正式记录》第六卷第 145 页。关于对订正的单一协商案文第四部分所包含的一些变化的分析，见 Adede，前注[11]，第 121-127 页。

[24] 在第六期会议之前，海洋法会议主席与出席 1977 年初举行的关于第一委员会事项的非正式协商的代表团协商，确定了所关注的领域。见"第三次联合国海洋法会议主席致各代表团的非正式说明"，联合国工作文件第 UN Job No. 77-204003 号（1977 年 3 月 25 日，油印本）。关于第六期会议非正式全体会议的讨论摘要以及由此对《国际公约》案文所作的修改，见 Adede，前注[11]，第 127-142 页。

[25] 关于根据第六期会议讨论结果所作主要改动的清单，见海洋法会议主席备忘录，A/CONF. 62/WP. 10/Add. 1（1977 年），《正式记录》第八卷第 65、70 页。

[26] 同上，第 66 页。下文 A. VI. 8 和 A. VI. 9。另见 Adede，前注[11]，第 142-163 页；Rosenne，前注①，第 422-433 页。

根据第六期会议讨论的结果所做的修改体现在非正式综合协商案文（ICNT）第十五部分（资料来源 8）。这一案文成为公约最后文本的基础，只是在编号上有稍微小改动。然而，进一步的辩论有助于完善这一案文，起草委员会也将其作为最终案文标上了记号。

XV. 10. 在第七期会议上（1978 年），有两个关于解决争端的问题被确定为"核心"问题：解决与沿海国在专属经济区行使主权有关的争端；以及相邻国家和相向国家之间海洋边界的划定和争端的解决。为了处理这些问题，分别设立了第五和第七协商小组；这些小组的规模有限，但不限成员名额，使所有希望参加的代表团都能参加（资料来源 9）。当有人提出将划界问题与解决争端联系起来的可取性时，海洋法会议主席指出，划界问题仍属于第二委员会的职权范围，而解决争端问题"仍将是未来公约的一个单独部分的主题"。㉗

XV. 11. 基于沿海国不愿意接受强制诉诸裁决的某些问题，在秘书长海洋法会议前特别代表康斯坦丁·斯塔夫罗布洛斯（Constantin A. Stavropoulos）大使（希腊）的主持下，第五协商小组为第二九六条拟订了新的案文（资料来源 31）。在该案文中，将反滥用程序分到新的第二九六条之二。㉘

XV. 12. 第七协商小组在埃罗·曼纳（Eero J. Manner）法官（芬兰）的主持下，努力在中间线或等距线的拥趸与公平原则的支持者之间寻求折中方案。在路易斯·索恩教授的主持下成立了一个小组，审议海洋边界争端的解决。㉙在分组讨论的基础上编写的一份文件，提出了一系列备选方案，其范围从不排除划界争端到排除所有这类争端，其间可能有七项折中案文，有些还载有若干备选案文（资料来源 34）。㉚当一些代表指出应考虑其他备选案文时，就编写了一份更详细的备选案文清单，其中特别包括过去争端和未来争端之间的区别，即，在公约生效之前产生的争端和在此之后可能产生的争端的区别（资料来源 36）。㉛在小组被要求提出一份不要太让人无所适从的备选

㉗ 见第 90 次全体会议（1978 年），第 21–35 段，《正式记录》第九卷第 11–12 页。

㉘ 第五协商小组的讨论情况摘要载于该小组主席的报告（资料来源 32），《正式记录》第十卷第 117–119 页。另见资料来源 33；第 105 和 106 次全体会议（1978 年）的讨论，《正式记录》第九卷第 81–86 页，以及第 111 次全体会议（1979 年），第 1–16 段。《正式记录》第十一卷第 8–11 页；Adede，前注⑪，第 166–174 页；和 Sh. Rosenne，"专属经济区渔业争端的解决"，《美国国际法期刊》第 73 卷第 89、91–104 页（1979 年）。

㉙ 见海洋法会议主席声明，《正式记录》第十卷第 116 页（1978 年）；和 Adede，前注⑪，第 175–177 页。

㉚ 关于本提案的讨论，见 Adede，前注⑪，第 175–178 页。

㉛ 这一清单首先由索恩（美国）提出，并由罗森（以色列）在 1979 年 1 月 23 日至 2 月 4 日日内瓦各协商小组主席举行的"非正式会谈"上提出。这些提案的案文见"1979 年 2 月 21 日第三次联合国海洋法会议主席给参加会议的各国代表团团长的信"，联合国工作文件 UN Job No. 第 79–75557 号（1979 年，油印本）。报告在第 22–24 页，载有第七协商小组主席韦（E. J. Way）法官的报告，并作为附件，在第 25–26 页列了罗森的"非常非正式文件"[后来转载于 NG7/30 号文件（1979 年）（资料来源 37）]，以及在第 27–33 页上的索恩的"非正式工作文件"[后来转载于 NG7/27 号文件（1979 年）（资料来源 36）]。

方案时，又编写了第三份文件（资料来源38）。㉜

XV. 13. 在海洋法会议第八期会议上（1979年），非正式全体会议审议了关于设立国际海洋法争端法院特设分庭、修正调解程序的提案以及修订处理与海洋科学研究有关的争端的规定。㉝成立了一个由哈里·温舍（Harry Wuensche）教授（德意志联邦共和国）担任主席的法律专家组，审议解决与第十一部分有关的争端的问题（如第一八七条所述）。该小组提出了一份综合报告，概述了关于这一主题的提案和讨论情况（资料来源10）。在第八期会议结束时修订非正式综合协商案文时，会议执行管理委员会决定在新的案文中加入第五协商小组为通过调解解决与渔业有关的某些争端而拟定的折中方案（资料来源11，第二九六条第3款）。

XV. 14. 在第八期会议续会上（1979年），第七协商小组提出了一项解决划界争端问题的提案，允许各国对过去的争端完全退出调解机制，但要求它们接受对未来争端的调解（资料来源39）。第三委员会主席提出了第二六四条的修订稿，接受有关海洋科学研究的某些争端的调解程序（资料来源12）[该案文的修订本后来做了适当的修改，列入公约第二九七条第2款（b）项]，并对第二六四条和第二六五条做了适当的修改）。法律专家组主席就修订有关海底争端的规定提出了建议（资料来源13）。后来，海洋法会议主席提出了修订非正式全体会议讨论后产生的调解条款的建议（资料来源14）。

XV. 15. 在海洋法会议第九期会议上（1980年），前几期会议关于海洋科学研究、调解、某些执法活动争端的任择性例外和海底争端（包括关于在"区域"内开展活动的合同的新争端）的提案做了一些小的修正，已提交全体会议，在会上进行了讨论，并纳入了非正式综合协商案文第二次修订稿（资料来源15至资料来源18）。㉞在全体会议辩论期间，阿根廷提出了重新组织第十五部分的问题，以确定哪些条款应强制诉诸调解而不是裁决，以及强制调解与选择性调解将适用哪些不同的程序（资料来源19，第19段）。

XV. 16. 根据阿根廷的建议，非正式全体会议在第九期会议续会（1980年）上讨论了海洋法会议主席关于重新组织第十五部分的建议，然后根据讨论期间提出的提案

㉜　关于这一系列文件的评论，见 Adede，前注⑪，第175-183页；另见 P. C. Irwin，"海洋边界争端的解决：对海洋法协商的分析"，《海洋开发与国际法》第8卷第105页（1980年）。

㉝　海洋法会议主席的报告，第116次全体会议（1979年），第141-144段，《正式记录》第十一卷第37页。在这方面，海洋法会议主席提到了文号 SD/1（资料来源40）[关于解决争端的非正式全体会议的文件被给予"SD"标志]。

㉞　关于非正式综合协商案文第二次修订稿的讨论，见第125至128次全体会议（1980年），第十三次会议。《正式记录》第八卷第6-50页。关于阿根廷的发言，见第126次全体会议（1980年），第82-93段（特别是第91-93段），同上，第17页；关于该声明的扩展，见资料来源19，第18-24段；关于海洋法会议主席的答复，见资料来源17，第8-9段，以及资料来源7，第3段。

对该建议进行了修正。于是，第十五部分分成 3 个部分，分别涉及自愿程序、强制解决争端程序（产生具有拘束力的决定）以及对这些强制程序的限制和任择性例外。此外，与强制诉诸调解有关的所有规定均列入第三节，在有关调解的附件中增加了关于强制诉诸调解的一节，并作出了许多相应的或澄清性的修改（资料来源 20）。㉟所有这些规定都列入了非正式综合协商案文第三次修订稿（资料来源 21）。

XV. 17. 此后，起草委员会审查了第十五部分的案文，认为这项任务比预期的更困难。然而，这应该是意料之中的事情，因为海洋法会议主席最初提出的文本已经发生了许多变化，以便纳入为适应不同观点所需的折中方案。为此，海洋法会议主席和协商组主席以及关于第十一部分的法律专家组主席必须找到复杂的解决办法。起草委员会主席（加拿大的阿兰·比斯利［J. Alan Beesley］）在提交海洋法会议第十期会议续会（1981 年）的报告中指出，该委员会必须处理"引起司法、技术和语言问题的两个主要问题：对［第十五部分］各项规定及其附件的内部协调；以及在这些规定与公约草案第十一部分第六节的对应条文之间"（资料来源 23，第 4 段）进行协调。在该期会议晚些时候的全体会议上，该主席解释说：

> 一个条款产生了 92 页的建议，其中没有一条建议是微不足道的。这些建议中的每一条都是 3 个阶段讨论的主题：第一阶段，在每一个语言小组内讨论；第二阶段，在语言小组的协调人之间讨论；第三阶段，在整个起草委员会讨论。㊱

在第十期会议续会上（1981 年），非正式全体会议核准了起草委员会的建议（资料来源 24）。㊲起草委员会的最后报告是由全体会议在 1982 年 9 月 24 日批准的，但对第十五部分的 4 个条款仍做了修改。㊳起草委员会所做的许多变更将在对第十五部分相关条款的评注中讨论。

㉟ 关于这一问题的初步文件，见资料来源 41 和资料来源 42。

㊱ 第 152 次全体会议（1981 年），第 20 段，《正式记录》第十五卷第 35 页。

㊲ 起草委员会主席关于第十五部分的报告，见第 154 次全体会议（1981 年），第 50-52 段，《正式记录》第十五卷第 42 页。

㊳ 见第 184 次全体会议（1982 年），第 1 段，《正式记录》第十七卷第 4 页。

第一节 一般规定

第二七九条 用和平方法解决争端的义务

各缔约国应按照《联合国宪章》第二条第三项以和平方法解决它们之间有关本公约的解释或适用的任何争端，并应为此目的以《宪章》第三十三条第一项所指的方法求得解决。

资料来源

1. A/AC.138/97，第一条，转载于 1973 年《海底委员会报告》第二卷，第 22 页（美国）。

2. A/CONF.62/L.7（1974 年），第一节，《正式记录》第三卷，第 85 页（澳大利亚等）。

3. A/CONF.62/WP.9（非正式单一协商案文，第四部分，1975 年），第一条，《正式记录》第五卷，第 111~112 页（海洋法会议主席）。

4. A/CONF.62/WP.9/Rev.1（非正式单一协商案文第四部分第一次修订稿，1976 年），第一条，《正式记录》第五卷，第 185、187 页（海洋法会议主席）。

5. A/CONF.62/WP.9/Rev.2（订正的单一协商案文，第四部分，1976 年），第一条，《正式记录》第六卷，第 144~145 页（海洋法会议主席）。

6. A/CONF.62/WP.10（非正式综合协商案文，1977 年），第二七九条，《正式记录》第八卷，第 1、45 页。

7. A/CONF.62/WP.10/Rev.1（非正式综合协商案文第一次修订稿，1979 年，油印本），第二七九条。转载于《第三次联合国海洋法会议文件集》第一卷，第 375、490 页。

8. A/CONF.62/WP.10/Rev.2（非正式综合协商案文第二次修订稿，1980 年，油印本），第二七九条。转载于《第三次联合国海洋法会议文件集》第二卷，第 3、118 页。

9. A/CONF.62/WP.10/Rev.3*（非正式综合协商案文第三次修订稿，1980 年，油印本），第二七九条。转载于《第三次联合国海洋法会议文件集》第二卷，第 179、295 页。

10. A/CONF.62/L.78（公约草案，1981 年），第二七九条，《正式记录》第十五卷，第 172、218 页。

起草委员会

11. A/CONF. 62/L. 75/Add. 1（1981 年，油印本）。

12. A/CONF. 62/L. 82（1981 年），《正式记录》第十五卷，第 243 页（起草委员会主席）。

非正式文件

13. SD. Gp/2nd Session/No. 1/Rev. 5（1975 年，油印本），第一条；作为 A/CONF. 62/Background Paper 1 号文件再次印发（1976 年，油印本），第一条（关于解决争端的非正式工作组联合主席）。转载于《第三次联合国海洋法会议文件集》第十二卷，第 108、194 页。

评　注

279. 1. 第二七九条首先提到公约所有缔约国的基本义务，即以和平方法解决它们在解释或适用公约方面的一切争端。这项一般义务源自《联合国宪章》第二条第三项，该项义务规定联合国全体会员国有义务"以和平方法解决其国际争端，避免危及国际和平、安全及正义。"通过将这一规定纳入公约，该规定也扩大到非联合国会员国的公约缔约国。这一合并的另一个重要结果是，缔约国同意不仅不危及国际和平与安全，而且也不危及"正义"；或者积极地说，这一合并条款要求它们按照正义解决争端（这一概念往往与公平相结合，是公约某些条款中专门使用的术语)①。

279. 2. 第二七九条引用了《联合国宪章》第三十三条第一项所指的和平手段。在此条的早期版本中，这些方法被逐字重复。然而，在最终版本中，它们是间接列出的。争端各方使用的这些手段是"谈判、调查、调停、和解、公断、司法解决、区域机关或区域办法"，或"自己选择的""其他和平手段。"其中一些手段在第十五部分后面的条款中特别提到，尤其是在第二八七条中；还有专门讨论调解、两种仲裁和（由国际海洋法法庭）司法解决的特别附件。关于国际法院的司法解决，第二八七条第 1 款（b）项做了规定；当然，这不仅受公约的管辖，而且也受《国际法院规约》的管辖。

279. 3. 应当指出，这种提法所指的只是《宪章》第三十三条第 1 款所指的"手

---

① 正如国际法院所说："无论法院的法律推理是什么，判决必须在定义上是公正的，因此在这个意义上是公平的。"《北海大陆架案》（联邦德国/丹麦；联邦德国/荷兰），1969 年国际法院《判决、咨询意见和命令汇编》第 3 页，在第 48 页，第 88 段。另见《大陆架案》（突尼斯/利比亚），1982 年，同上，第 18 页，在第 60 页，第 71 段。

段"，而不是整个第三十三条第 1 款。这样做是为了避免该条款中的限制，即只有"其继续存在可能危及国际和平与安全的维持"的争端才能根据《宪章》第六章得到解决。根据公约第二七九条，关于公约的解释或适用的"任何争端"均应以和平方法解决，不论是否危及和平。

279.4. 此条及此部分其他条文，只在有"争端"时适用，而该等争端与海洋法"公约"的"解释"或"适用"有关。

279.5. 常设国际法院在《马弗罗马蒂斯巴勒斯坦特许权案》中将"争端"定义为"在法律或事实问题上的分歧，两人之间的法律观点或利益冲突。"② 虽然在国际法院审理的若干案件中提出了某一特定案件的争端各方之间是否确实存在争端的问题，但法院在裁定这一问题时没有遇到任何困难。

279.6. 同样，法院和仲裁法庭都必须在特定案件中确定争端是否与国际协定的解释或适用有关。由于第十五部分的规定既涉及"解释"又涉及"适用"，因此无须区分公约规定的这两种管辖权基础。虽然争议可能只涉及"解释"或"适用"，但第十五部分将适用于这两种情况。如果争端既涉及公约的解释也涉及其适用，也同样适用。

279.7. 第二八五条使第十五部分的此节在国家与适用第十一部分第五节的其他实体之间的争端中发挥作用。因此，《宪章》的和平解决原则将适用于非国家实体之间以及这些实体与国家之间的争端。

---

② 《马弗罗马蒂斯巴勒斯坦特许权案》（希腊诉联合王国），常设国际法院，A 辑，第 2 号，第 11 页（1924年）。

第二八〇条　用争端各方选择的任何和平方法解决争端

本公约的任何规定均不损害任何缔约国于任何时候协议用自行选择的任何和平方法解决它们之间有关本公约的解释或适用的争端的权利。

资料来源

1. A/CONF.62/L.7（1974 年），第二节，《正式记录》第三卷，第 85～86 页（澳大利亚等）。

2. A/CONF.62/WP.9（非正式单一协商案文，第四部分，1975 年），第二条，《正式记录》第五卷，第 111～112 页（海洋法会议主席）。

3. A/CONF.69/WP.9/Rev.1（非正式单一协商案文，第四部分第一次修订稿，1976 年），第二条，《正式记录》第五卷，第 185、187 页（海洋法会议主席）。

4. A/CONF.69/WP.9/Rev./2，（订正的单一协商案文，第四部分，1976 年），第二条，《正式记录》第六卷，第 144～145 页（海洋法会议主席）。

5. A/CONF.62/WP.10（非正式综合协商案文，1977 年），第二八〇条，《正式记录》第八卷，第 1、45 页。

6. A/CONF.62/WP.10/Rev.1（非正式综合协商案文第一次修订稿，1979 年，油印本），第二八〇条。转载于《第三次联合国海洋法会议文件集》第一卷，第 375、490 页。

7. A/CONF.62/WP.10/Rev.2（非正式综合协商案文第二次修订稿，1980 年，油印本），第二八〇条。转载于《第三次联合国海洋法会议文件集》第二卷，第 3、118 页。

8. A/CONF.62/WP.10/Rev.3*（非正式综合协商案文第三次修订稿，1980 年，油印本），第二八〇条。转载于《第三次联合国海洋法会议文件集》第二卷，第 179、295 页。

9. A/CONF.62/L.78（公约草案，1981 年），第二八〇条，《正式记录》第十五卷，第 172、218 页。

起草委员会

10. A/CONF.62/L.75/Add.1（1981 年，油印本）。

11. A/CONF.62/L.82（1981 年），《正式记录》第十五卷，第 243 页（起草委员会主席）。

非正式文件

12. SD.Gp/2nd Session/No.1/Rev.5（1975 年，油印本），第二条；作为 A/

CONF. 62/Background Paper 1 号文件再次印发（1976 年，油印本），第二条（关于处理解决争端问题的非正式小组联合主席）。转载于《第三次联合国海洋法会议文件集》第十二卷，第 108 、194 页。

评　注

280. 1. 第二八〇条旨在尽可能清楚地表明争端各方是解决争端程序的完全主人。①他们可以 "随时" 同意背离第十五部分的规定并同意改用 "他们自己选择的任何和平手段"。即使本部分规定的任何程序已经启动——无论是调解、仲裁还是司法解决——他们也可以通过其他程序（如区域法庭或知名调解员）中止该程序。

280. 2. 这一部分的其他规定——例如第二八一条——涉及如果争端各方选择的程序没有导致解决的话会发生什么的问题。在这种情况下，可能会回到第十五部分的基本程序，然后再回到第二节和第三节的强制程序。

---

① 同样，关于针对国际法院的在《联合国宪章》第十四章的第九十五条规定，"本宪章不得认为禁止联合国会员国依据现有或以后缔结之协定，将其争端托付其他法院解决。"《公民权利和政治权利国际公约》（1966 年）第四十四条也规定，执行该公约的规定 "不得阻止本公约各缔约国依照彼此间现行的一般或特别国际协定，采用其他程序解决争端"。《联合国条约集》第 999 卷第 171、184 页（1976 年）。

第二八一条　争端各方在争端未得到解决时所适用的程序

1. 作为有关本公约的解释或适用的争端各方的缔约各国，如已协议用自行选择的和平方法来谋求解决争端，则只有在诉诸这种方法而仍未得到解决以及争端各方间的协议并不排除任何其他程序的情形下，才适用本部分所规定的程序。

2. 争端各方如已就时限也达成协议，则只有在该时限届满时才适用第1款。

资料来源

1. A/CONF. 62/L. 7（1974年），第四节，《正式记录》第三卷，第85页（澳大利亚等）。

2. A/CONF. 62/WP. 9（非正式单一协商案文，第四部分，1975年），第五条，《正式记录》第五卷，第111~112页（海洋法会议主席）。

3. A/CONF. 62/WP. 9/Rev. 1（非正式单一协商案文，第四部分第一次修订稿，1976年），第五条，《正式记录》第五卷，第185、187页（海洋法会议主席）。

4. A/CONF. 62/WP. 9/Rev. 2（订正的单一协商案文，第四部分，1976年），第五条，《正式记录》第六卷，第144~145页（海洋法会议主席）。

5. A/CONF. 62/WP. 10（非正式综合协商案文，1977年），第二八三条，《正式记录》第八卷1、45页。

6. A/CONF. 62/WP. 10/Rev. 1（非正式综合协商案文第一次修订稿，1979年，油印本），第二八三条。转载于《第三次联合国海洋法会议文件集》第一卷，第375、490页。

7. A/CONF. 62/WP. 10/Rev. 2（非正式综合协商案文第二次修订稿，1980年，油印本），第二八三条。转载于《第三次联合国海洋法会议文件集》第二卷，第3、118页。

8. A/CONF. 62/WP. 10/Rev. 3*（非正式综合协商案文第三次修订稿，1980年，油印本），第二八三条。转载于《第三次联合国海洋法会议文件集》第二卷，第179、295页。

9. A/CONF. 62/L. 78（公约草案），第二八一条，《正式记录》第十五卷，第172、218页。

起草委员会

10. A/CONF. 62/L. 75/Add. 1（1981年，油印本）。

11. A/CONF. 62/L. 82（1981年），《正式记录》第十五卷，第243页（起草委员会主席）。

非正式文件

12. SD. Gp/2nd Session/No. 1/Rev. 5（1975年，油印本），第五条；作为 A/CONF. 62/Background Paper 1 号文件再次印发（1976年，油印本），第五条（关于处理解决争端问题的非正式小组联合主席）。转载于《第三次联合国海洋法会议文件集》第十二卷，第108、194页。

评 注

281. 1. 允许与公约的解释或适用有关的争端各方诉诸该公约以外的解决手段的协议是基于这样的假设，即这些其他手段将导致争端的解决。但是，如果通过双方选择的程序达不成这种解决办法，第二八一条明确规定，在这种情况下，第十五部分将变得适用，任何一方届时都有权诉诸本部分规定的程序。

281. 2. 这一规定与在联合国海洋法会议第二期会议（1974年）上提出的某些建议大不相同，如果争端各方选择的程序不需要作出具有拘束力的决定（资料来源1，备选案文A），这些建议本应允许争端各方"随时"诉诸第十五部分。根据第二八一条，争端只能在"未达成解决办法"的情况下根据第十五部分提出。

281. 3. 于是就提出了一个问题，即如何确定没有达成解决办法。争端的一方能否自行确定这一重要事实，或者双方是否有必要同意他们没有机会达成解决办法？人们认为，只要当事一方认为当事双方选择的程序不再可能导致解决，该争端各方就可以按照第十五部分规定的程序提交案件，这符合国际司法判例。但是，如果他方反对并声称仍有机会通过选定的程序达成和解，提交该事项的法庭或法院将不得不就其对这一初步反对意见的管辖权作出决定。①

281. 4. 一些国际协定通过设定由双方选择的解决方案的期限来解决此问题。因此，《内陆国家过境贸易公约》（1965年7月8日）规定：

> 关于本公约各项规定之解释或适用发生任何争议而不克以谈判或其他和平解决方法于九个月内求得解决时，经任何一方之请求，应以仲裁解决之。②

---

① 国际法院在《北海大陆架案》（联邦德国/丹麦；联邦德国/荷兰）中就是这样做的。1969年国际法院《判决、咨询意见和命令汇编》第3卷，第47-48页，第87段。

② 第十六条第1款，《联合国条约集》第597卷第3页（1967年）。本条文援引自资料来源1，第87页。

第二八一条第 2 款考虑到了这些规定，只允许在上述公约所述的事先商定的时限届满时诉诸第十五部分。或者，在争议已经发生后，当事双方可以约定，他们应当首先通过特定程序解决争端，但如果在规定的期限内没有达成协议，当事任何一方都可以诉诸第十五部分的程序。

281. 5. 第二八一条第 1 款的最后一句设想了一种可能性，即当事各方在其同意诉诸某一特定程序时，也可以具体说明这一程序应为排他性程序，即使选定的程序不会导致争端的解决，也不得诉诸任何其他程序（包括第十五部分下的程序）。尽管这可能被认为是不希望的结果，但与第十五部分的基本原则相一致，即当事各方可以自由决定他们希望如何解决其争端，并同意即使在某些情况下，他们宁肯希望争端不解决，也不将其提交给第十五部分的程序。只要各方接受这一结果，公约就不会试图强迫他们违背其意愿诉诸第十五部分规定的程序。

第二八二条　一般性、区域性或双边协定规定的义务

作为有关本公约的解释或适用的争端各方的缔约各国如已通过一般性、区域性或双边协定或以其他方式协议，经争端任何一方请求，应将这种争端提交导致有拘束力裁判的程序，该程序应代替本部分规定的程序而适用，除非争端各方另有协议。

资料来源

1. A/AC.138/97，第三条，转载于 1973 年《海底委员会报告》第二卷，第 22 页（美国）。

2. A/CONF.62/L.7（1974 年），第三节，《正式记录》第三卷，第 85 页（澳大利亚等）。

3. A/CONF.62/WP.9（非正式单一协商案文，第四部分，1975 年），第三条，《正式记录》第五卷，第 111~112 页（海洋法会议主席）。

4. A/CONF.62/WP.9/Rev.1（非正式单一协商案文第四部分第一次修订稿，1976 年），第三条，《正式记录》第五卷，第 185、187 页（海洋法会议主席）。

5. A/CONF.62/WP.9/Rev.2（订正的单一协商案文，第四部分，1976 年），第三条，《正式记录》第六卷，第 144~145 页（海洋法会议主席）。

6. A/CONF.62/WP.10（非正式综合协商案文，1977 年），第二八二条，《正式记录》第八卷，第 1、45 页。

7. A/CONF.62/WP.10/Rev.1（非正式综合协商案文第一次修订稿，1979 年，油印本），第二八二条。转载于《第三次联合国海洋法会议文件集》第一卷，第 375、490 页。

8. A/CONF.62/WP.10/Rev.2（非正式综合协商案文第二次修订稿，1980 年，油印本），第二八二条。转载于《第三次联合国海洋法会议文件集》第二卷，第 3、119 页。

9. A/CONF.62/WP.10/Rev.3*（非正式综合协商案文第三次修订稿，1980 年，油印本），第二八二条。转载于《第三次联合国海洋法会议文件集》第二卷，第 179、296 页。

10. A/CONF.62/L.78（公约草案，1981 年），第二八二条，《正式记录》第十五卷，第 172、218 页。

起草委员会

11. A/CONF.62/L.75/Add.1（1981 年，油印本）。

12. A/CONF.62/L.82（1981 年），《正式记录》第十五卷，第 243 页（起草委员会主席）。

13. SD. Gp/2nd Session/No. 1/Rev. 5（1975 年，油印本），第三条；作为 A/CONF. 62/Background Paper 1 号文件再次印发（1976 年，油印本），第三条（关于解决争端小组的联合主席）。转载于《第三次联合国海洋法会议文件集》第十二卷，第 108、194 页。

评 注

282. 1. 虽然有人认为，海洋法公约的争端解决条款应优先于该公约缔约国之间先前的安排，[①]但第二八二条的案文反映了一种普遍看法，即争端各方通常希望按照其先前商定的程序解决争端。[②]

282. 2. 有几种国际协定载有解决国家间争端的义务。争端各方可以缔结一项解决国际争端的一般双边协定（一项司法解决国际争端的条约）。同样，也有多边协定为解决国际争端提供了各种手段（例如，1928 年和 1949 年《和平解决国际争端总议定书》）。[③] 经常有一项关于某一特定主题或一大类专题的双边协定（例如，友好条约、商业条约）可能包含一个所谓的折中条款，用于解决根据该协议产生的争端。还有一些多边协定，例如在国际海事组织（IMO）主持下缔结的协定，其中规定对在这些协定下产生的争端进行仲裁。在世界一些区域，有其他安排解决属于某一区域组织的国家之间的争端（例如，1948 年美洲国家组织的《美洲和平解决条约》（《波哥大公约》）；[④] 1957 年《欧洲和平解决争端公约》；[⑤] 和非洲统一组织 1964 年《调解、和解

---

① 例如，有人指出，《建立欧洲经济共同体条约》第二一九条规定，"各成员国承诺不就本条约的解释或适用的争议提交本条约规定以外的任何方式解决"，《联合国条约集》第 298 卷第 11、87 页（1958 年）；对于修订见《联合王国条约集》第 15 页（1979 年），《英王敕令》第 7460 号。另见资料来源 2，第三节。

② 正如日本代表团在辩论中强调的那样，"当争端各方之间存在一项协定，即它们有义务通过诉诸特定方式解决任何给定的争端时，该协定应优先于在新的《公约》中商定的解决争端的程序"，第 60 次全体会议（1976 年），第 55 段，《正式记录》第五卷第 27 页。或者正如阿根廷代表团所说，"根据《公约》建立的任何制度或机制都应附属于各国可以通过相互协议选择的其他解决办法"，第 59 次全体会议（1976 年），第 46 段，同上，第 18 页。

③ 《国际联盟条约集》第 93 卷第 345 页（1929 年）；《联合国条约集》第 71 卷第 101 页（1950 年）；《国际组织和整合》，卷 I. A，在卷 I. A. 7. a. ii。

④ 《联合国条约集》第 30 卷第 55 页（1949 年）；《国际组织和整合》，卷 II. B–II. J，在第 II. E. 1. c。

⑤ 《联合国条约集》第 320 卷第 241 页（1959 年）；《欧洲年鉴》第 347 页（1959 年）。

和仲裁委员会议定书》⑥）。最后，通过一项特别协定，争端各方可决定将某一项特定争端或某一批特定争端提交特定法庭。

282.3. 第二八二条提到，可"以其他方式"达成将争端提交特定程序的协议。⑦这种提法意味着特别要包括根据《国际法院规约》第三十六条第2款作出的接受国际法院管辖权的声明。

282.4. 第二八二条仅适用于先前接受的程序"导致有拘束力裁判"的情况，而如果另一协议只规定调解或以无拘束力的报告终止的调解则不适用（关于调解，见第二八四条）。

282.5. 对于是否应仅在海洋法公约生效之前达成解决争端的其他协定的情况下才应适用第二八二条的意见存在分歧。普遍的看法似乎是，它将适用于在争端一方决定将争端提交解决争端程序之前另一条约已生效的所有情况。根据这一观点，即使另一条约在海洋法公约生效之日后缔结（或生效），争端任何一方仍可援引该条约代替第十五部分。此外，争端各方始终可以同意缔结一项特别协定，将争端提交给一个特别法庭。这符合第十五部分的基本原则，即当事各方可以"随时"同意以自己选择的任何和平手段解决它们之间的争端（第二八○条）（另见下文第311.8段）。

282.6. 当事各方选择其喜欢的任何程序的这一权利的另一个后果是，如果双方在任何时候都同意使用第十五部分（第二八○条）规定的程序，则当事各方使用该程序不受拘束。因此，如第二八二条最后一款所述，即使争端一方已将争端提交另一条约规定的程序，争端各方仍可随时同意诉诸第十五部分。第二八三条规定的协商可促进达成这种协议。

282.7. 阿梅拉辛格主席将"除非争端各方另有协议"一词解释为：

> "如果争端各方已承担［第二八二条］所述的义务，则未经缔结特别协定或该协定所述其他文书的争端各方的同意，不得解除该义务。任何其他解释都会削弱该条款的效力。其力量和优点在于它的拘束力。"⑧

---

⑥ 《国际法资料》第三卷第 1116 页（1964 年）；《国际组织和整合》，卷 II. B-II. J，在 II. H. 1. a. i.。在另一方面，一个非洲国家集团建议，应按照《联合国宪章》和"任何其他有关区域安排"解决与相邻和相向国家间经济区划定有关的争端，第九条，转载于 1973 年《海底委员会报告》第三卷第 89 页。另见《非洲统一组织关于海洋法问题的宣言》，A/AC. 138/89，D 节，载于 1973 年《海底委员会报告》第二卷第 5 页。

⑦ 先前的草案还有一个提法是通过"some other instrument or instruments（其他一项或一些文书）"接受程序的可能性，经起草委员会的建议，这一短语改为"otherwise（其他方式）"。见资料来源 11，第 19 页；和资料来源 12。

⑧ A/CONF. 62/WP. 9/Add. 1（1976 年），第 13 段。《正式记录》第五卷第 122 页。

第二八三条　交换意见的义务

1. 如果缔约国之间对本公约的解释或适用发生争端，争端各方应迅速就以谈判或其他和平方法解决争端一事交换意见。

2. 如果解决这种争端的程序已经终止，而争端仍未得到解决，或如已达成解决办法，而情况要求就解决办法的实施方式进行协商时，争端各方也应迅速着手交换意见。

资料来源

1. A/AC. 138/97，第一条，转载于 1973 年《海底委员会报告》第二卷，第 22 页（美国）。

2. A/CONF. 62/L. 7（1974 年），第二节，备选案文 A，《正式记录》第三卷，第 85 页（澳大利亚等）。

3. A/CONF. 62/WP. 9（非正式单一协商案文，第四部分，1975 年），第四条，《正式记录》第五卷，第 111 页（海洋法会议主席）。

4. A/CONF. 62/WP. 9/Add. 1（1975 年），第 10～15 段，《正式记录》第五卷，第 122 页（海洋法会议主席）。

5. A/CONF. 62/WP. 9/Rev. 1（非正式单一协商案文第四部分第一次修订稿，1976 年），第四条，《正式记录》第五卷，第 185 页（海洋法会议主席）。

6. A/CONF. 62/WP. 9/Rev. 2（订正的单一协商案文，第四部分，1976 年），第三条，《正式记录》第六卷，第 144 页（海洋法会议主席）。

7. A/CONF. 62/WP. 10（非正式综合协商案文，1977 年），第二八一条，《正式记录》第八卷，第 1、46 页。

8. A/CONF. 62/WP. 10/Rev. 1（非正式综合协商案文第一次修订稿，1979 年，油印本），第二八一条。转载于《第三次联合国海洋法会议文件集》第一卷，第 375、490 页。

9. A/CONF. 62/WP. 10/Rev. 2（非正式综合协商案文第二次修订稿，1980 年，油印本），第二八一条。转载于《第三次联合国海洋法会议文件集》第二卷，第 3、119 页。

10. A/CONF. 62/WP. 10/Rev. 3*（非正式综合协商案文第三次修订稿，1980 年，油印本），第二八一条。转载于《第三次联合国海洋法会议文件集》第二卷，第 179、296 页。

11. A/CONF. 62/L. 78（公约草案，1981 年），第二八三条，《正式记录》第十五卷，第 172、218 页。

起草委员会

12. A/CONF. 62/L. 75/Add. 1（1981 年，油印本）。

13. A/CONF. 62/L. 82（1981 年），《正式记录》第十五卷，第 243 页（起草委员会主席）。

非正式文件

14. SD. Gp/2nd Session/No. 1/Rev. 5（1975 年，油印本），第四条；作为 A/CONF. 62/Background Paper 1 号文件再次印发（1976 年，油印本），第四条（关于处理解决争端问题的非正式小组联合主席）。转载于《第三次联合国海洋法会议文件集》第十二卷，第 108、194 页。

评　注

283. 1. 1975 年，关于解决争端的非正式工作组编写的案文（资料来源 14）中已经插入了类似于第二八三条的案文，因为某些代表团坚持认为，首要义务应当是争端各方应尽一切努力通过谈判解决争端。文本以间接的方式提及这一义务，使之成为就解决争端的和平手段"交换意见"这一基本义务的主要目标。正如阿梅拉辛格主席解释的那样：

> 在规定交换意见和以和平方式解决争端的一般义务的同时，这些条款给予争端各方充分的自由，使其可以利用自己选择的方式，包括直接协商、斡旋、调解、和解、仲裁或司法解决。①

这种强制性意见交换不仅限于谈判，而且还包括"其他和平手段"，因此再次强调了第二八〇条的规定，即争端各方可随时通过"自行选择的任何和平手段"就解决争端达成协议。因此，如果争端各方决定跳过直接谈判阶段协商并立即采取斡旋、调解、事实调查或和解等其他手段，第二八〇条和第二八三条将不会妨碍达成这种协议。

283. 2. 第 1 款要求双方"迅速"进行意见交换。第 2 款也有类似的规定。

283. 3. 此条规定的义务不限于在争端开始时初步交换意见。这是一项持续的义务，适用于争端的每个阶段。特别是，如第 2 款所明确指出的，只要当事各方接受的解决特定争端的程序没有取得令人满意的结果和在未能解决争端的情况下终止，就解决争

---

① 见资料来源 4，第 10 段。土耳其代表指出，不应优先考虑这些手段中的任何一种，以尊重各国选择最适当手段的权限，第 61 次全体会议（1976 年），第 8 段。《正式记录》第五卷第 30 页。

端的进一步手段交换意见的义务就会恢复。在这种情况下，当事双方将不得不就解决争端的下一个程序再次交换意见。可能会进一步诉诸真诚的谈判方式，或者双方可能同意使用其他程序。这项规定确保争端一方只有在与有关各方进行适当协商后，才能将争端从一种解决方式转移到另一种解决方式，特别是需要作出具有拘束力的决定的方式。

283. 4. 即使达成了一项解决办法，当事双方也可能会发现，在执行该解决办法的方式上存在分歧。在这种情况下，需要进一步"谈判"（即"交换意见"），②双方可能必须经历第十五部分规定的各种程序阶段，才能解决这一额外的争端。

283. 5. 在有谈判义务的情况下，这一义务的范围可能会产生问题。国内和国际法律制度都熟悉这类义务。义务是谈判，而不是达成协议或和解。正如常设国际法院在立陶宛和波兰之间的《铁路运输案》中指出的那样，当事各方"不仅有义务进行谈判，而且有义务尽可能进行谈判，以期达成协议"；同时，国际法院明确表示，"谈判的义务并不意味着达成协议的义务。"③ 当事一方应就解决争端提出合理的建议。但是，它不应向他方发出最后通牒，或要求它无条件地放弃其观点。因此，国际法院在涉及海洋边界争端的一个案件中指出：

> 双方有义务为达成协议而进行谈判，而不仅仅是作为在没有协议的情况下自动适用某种划界方法的一种先决条件而进行正式谈判；他们有义务进行自己的工作，使谈判有意义，如果他们中的任何一方坚持自己的立场而不考虑对其进行任何修改，情况就不会如此。④

当然，谈判过程中对合理行为的隐含要求是一般性的，并不强加接受任何特定解决办法的任何具体义务，无论从提出解决办法的一方的角度来看，甚至从更客观的角度来看，这种要求可能是合理的。因此，这项义务可能很难以任何确切的方式履行。然而，它可以对整个谈判过程和谈判者的行为产生重要影响。⑤

---

② 在讨论过程中，萨尔瓦多代表建议，最好在本条前几句中提及"consultation（协商）"而不是"exchange of views（交换意见）"，因为 consultation（协商）"更为正式和具体，并包括对解决争端的审议"，第 58 次全体会议（1976 年），第 7 段。同上，第 8 页。

③ 常设国际法院，A/B 辑，第 42 号，第 116 页（1931 年）。

④ 《北海大陆架案》（联邦德国/丹麦；联邦德国/荷兰），1969 年国际法院《判决、咨询意见和命令汇编》第 3 卷，第 47 页，第 85（a）段。尽管法院在该案中核准援引了常设国际法院在《铁路运输案》中的裁决（前注③），但法院认为，双方实际上已经进行了尝试，但未能对《北海案》达成协议，同上。第 47-48 页。

⑤ 在《爱琴海大陆架案》中，土耳其政府将"有意义的谈判"称为"解决国际争端的基本方法"，并指出，在没有这种谈判的情况下，"与争端有关的问题既没有充分查明，也没有阐明"。1978 年国际法院《判决、咨询意见和命令汇编》第 3 卷，第 41 页，第 101 段。

此条先前的一些草案包含"in good faith（诚意的）"谈判的义务，但根据起草委员会的建议（资料来源 12，第 13 页），在 1980 年会议之后，于 1981 年删除了这条短语，在公约（第三〇〇条）中引入了一个一般性的短语，承认缔约国"fulfil in good faith the obligations assumed under this Convention（诚意履行根据公约承担的义务）"的基本义务。因此，不必在公约的任何特定条款中提及特殊的"good faith（诚意）"义务。

第二八四条 调解

1. 作为有关本公约的解释或适用的争端一方的缔约国，可邀请他方按照附件五第一节规定的程序或另一种调解程序，将争端提交调解。

2. 如争端他方接受邀请，而且争端各方已就适用的调解程序达成协议，任何一方可将争端提交该程序。

3. 如争端他方未接受邀请，或争端各方未就程序达成协议，调解应视为终止。

4. 除非争端各方另有协议，争端提交调解后，调解仅可按照协议的调解程序终止。

资料来源

1. A/CONF. 62/WP. 9（非正式单一协商案文，第四部分，1975 年），第七条，《正式记录》第五卷，第 111 页（海洋法会议主席）。

2. A/CONF. 62/WP. 9/Rev. 1（非正式单一协商案文，第四部分第一次修订稿，1976 年），第六条，《正式记录》第五卷，第 185 页（海洋法会议主席）。

3. A/CONF. 62/WP. 9/Rev. 2（订正的单一协商案文，第四部分，1976 年），第六条，《正式记录》第六卷，第 144 页（海洋法会议主席）。

4. A/CONF. 62/WP. 10（非正式综合协商案文，1977 年），第二八四条，《正式记录》第八卷，第 1、46 页。

5. A/CONF. 62/WP. 10/Rev. 1（非正式综合协商案文第一次修订稿，1979 年，油印本），第二八四条。转载于《第三次联合国海洋法会议文件集》第一卷，第 375、491 页。

6. A/CONF. 62/WP. 10/Rev. 2（非正式综合协商案文第二次修订稿，1980 年，油印本），第二八四条。转载于《第三次联合国海洋法会议文件集》第二卷，第 3、119 页。

7. A/CONF. 62/WP. 10/Rev. 3*（非正式综合协商案文第三次修订稿，1980 年，油印本），第二八四条。转载于《第三次联合国海洋法会议文件集》第二卷，第 179、296 页。

8. A/CONF. 62/L. 52 和 Add. 1（1980 年），《正式记录》第十三卷，第 86 页（海洋法会议主席）。

9. A/CONF. 62/WS/5（1980 年），第 18~24 段，《正式记录》第十三卷，第 104 页（阿根廷）。

10. A/CONF. 62/L. 59（1980 年），《正式记录》第十四卷，第 130 页（海洋法会议主席）。

11. A/CONF. 62/L. 78（公约草案，1981 年），第二八四条，《正式记录》第十五卷，第 172、284~285 页。

起草委员会

12. A/CONF. 62/L. 75/Add. 1 和 Corr. 1（1981 年，油印本）。

13. A/CONF. 62/L. 82（1981 年），《正式记录》第十五卷，第 243 页（起草委员会主席）。

非正式文件

14. SD. Gp/2nd Session/No. 1/Rev. 5（1975 年，油印本），第七条；作为 A/CONF. 62/Background Paper 1 号文件再次印发（1976 年，油印本），第七条（关于处理解决争端问题的非正式小组联合主席）。转载于《第三次联合国海洋法会议文件集》第十二卷，第 108、194 页。

15. SD/1（1978 年，油印本）（荷兰和瑞士）。转载于《第三次联合国海洋法会议文件集》第十二卷，第 234 页。

16. SD/3（1980 年，油印本）（海洋法会议主席）。转载于《第三次联合国海洋法会议文件集》第十二卷，第 239 页。

17. SD/3/Add. 1（1980 年，油印本）（海洋法会议主席）。转载于《第三次联合国海洋法会议文件集》第十二卷，第 257 页。

评　注

284. 1. 第二八四条涉及所谓的"自愿调解"，而第二九七条第 2 款和第 3 款以及第二九八条第 1 款则设想了诉诸"义务性"（或"指令性"或"强制性"）（《公约》中文版一律译为"强制性"——译者注）。调解。同样，涉及调解的附件五分为两个部分，分别涉及诉诸自愿和义务性调解程序。虽然只有在争端各方同意使用自愿调解的情况下才可以诉诸自愿调解——当事一方可以自由拒绝接受这种程序，但义务性调解要求一方在他方决定启动调解程序的情况下服从调解程序。①在这两种情况下，调解委员会的建议对当事双方均不具有拘束力。

284. 2. 虽然《联合国海洋法公约》的早期草案只设想了自愿调解，但非正式综合协商案文第一次修订稿（资料来源 5）在第二九六条第 3 款中规定了义务性诉诸调解，而非正式综合协商案文第二次修订稿（资料来源 6）在第二九六条第 2 款和第二九七条

---

① 正如阿梅拉辛格主席指出的那样，1980 年的案文规定了两种调解程序："一种是自愿的调解，另一种是有义务服从的调解。"资料来源 16，第 4 段。

第 1 款中也规定了诉诸义务性调解。鉴于阿根廷 1980 年提出的一项提案（资料来源 9），阿梅拉辛格主席建议重新组织第十五部分，设立一个新的第三节，其中将包括关于诉诸义务性调解的两个条款，并在附件五中增加一个新的第二节，"管辖有义务接受根据第十五部分新的第三节提交的调解程序"（资料来源 8、资料来源 10、资料来源 16 和资料来源 17）。②阿梅拉辛格主席在解释这些变化时表示（资料来源 16，第 4 段），

> 还建议将案文分为三个部分，分别涉及自愿程序、作出具有拘束力的决定的强制性程序以及对强制性程序的例外或排除情况。在某些情况下，这种强制性程序中的例外和排除的效力因规定了不产生具有拘束力的决定的强制性［诉诸调解］程序而受到削弱。

他还指出，"第三节……包括必须服从调解程序的所有案件"（资料来源 10，第 5 段）。

284. 3. 第二八四条规定的自愿调解程序的主要特点是，只有在争端各方愿意合作适用时才可运用。虽然程序可以由争端任何一方通过邀请他方（或各方）将争端提交调解而启动，但如果他方拒绝邀请或不接受邀请，程序将立即停止。

如果争端他方接受诉诸调解，则需要在启动程序之前立即作出另一项决定。当事各方必须就所使用的程序达成一致意见——要么使用公约附件五第一节所规定的程序，要么使用专门就特定案件商定的程序。只有在程序已经决定之后，任何一方才能通过将争端提交该程序来启动实际程序。另一方面，如果不能达成本初步协议，调解程序在交换意见后即在该阶段终止（根据第二八三条），任何一方均可诉诸强制性程序作出具有拘束力的决定（根据第十五部分第二节，但须符合第三节的规定）。

284. 4. 但是，如果就争端中采用的调解程序或者依照争端各方约定的其他替代性调解程序的规定达成了协议，只有在根据附件五第一节的规定进行调解程序的情况下，才能终止实际的调解程序。因此，如果调解程序是根据附件五第一节进行的，则可根据附件五第八条通过（a）当事双方自己达成的解决办法；（b）根据调解委员会的建议达成的解决办法予以终止；（c）争端各方接受调解委员会最后报告所载的建议；（d）一方以通知联合国秘书长的方式拒绝该报告；或（e）自调解委员会的报告送交各方之日起 3 个月期满。最后一条规定确保即使当事一方没有正式拒绝，诉讼程序也将在一段合理的时间后终止。

284. 5. 关于与调解程序有关的问题的进一步讨论，见下文附件五的评注。

---

② 特别见资料来源 16（A）和资料来源 10，第 4 段。关于荷兰和瑞士代表团早些时候提出的不那么剧烈的改动的建议，见资料来源 15；关于海洋法会议主席对此的答复，见 A/CONF. 62/L. 45（1979 年），第 1-6 段。《正式记录》第十二卷第 110 页。

第二八五条 本节对依据第十一部分提交的争端的适用

本节适用于依据第十一部分第五节应按照本部分规定的程序解决的任何争端。缔约国以外的实体如为这种争端的一方,本节比照适用。

资料来源

1. A/CONF. 62/WP. 9(非正式单一协商案文,第四部分,1975 年),第六条和第七条,《正式记录》第五卷,第 111 页(海洋法会议主席)。

2. A/CONF. 62/WP. 9/Rev. 1(非正式单一协商案文,第四部分第一次修订稿,1976 年),第七条和第八条第(1)款,《正式记录》第五卷,第 185 页(海洋法会议主席)。

3. A/CONF. 62/WP. 9/Rev. 2(订正的单一协商案文,第四部分,1976 年),第七条和第八条,《正式记录》第六卷,第 144 页(海洋法会议主席)。

4. A/CONF. 62. /WP. 10(非正式综合协商案文,1977 年),第二八五条,《正式记录》第八卷,第 1、46 页。

5. A/CONF. 62/WP. 10/Rev. 1(非正式综合协商案文第一次修订稿,1979 年,油印本),第二八五条。转载于《第三次联合国海洋法会议文件集》第一卷,第 375、491 页。

6. A/CONF. 62/WP. 10/Rev. 2(非正式综合协商案文第二次修订稿,1980 年,油印本),第二八五条。转载于《第三次联合国海洋法会议文件集》第二卷,第 3、119 页。

7. A/CONF. 62/WP. 10/Rev. 3(非正式综合协商案文第三次修订稿,1980 年,油印本),第二八五条。转载于《第三次联合国海洋法会议文件集》第二卷,第 179、296 页。

8. A/CONF. 62/L. 78(公约草案,1981 年)第二八五条,《正式记录》第十五卷,第 172、219 页。

起草委员会

9. A/CONF. 62/L. 75/Add. 1(1981 年,油印本)。

10. A/CONF. 62/L. 82(1981 年),《正式记录》第十五卷,第 243 页(起草委员会主席)。

非正式文件

11. SD. Gp/2nd Session/No. 1/Rev. 5(1975 年,油印本),第六条和第七条;作为 A/CONF. 62/Background Paper 1 号文件再次印发(1976 年,油印本),第六条和第七条

（关于处理解决争端问题的小组的联合主席）。转载于《第三次联合国海洋法会议文件集》第十二卷，第108、194页。

评 注

285. 1. 第四部分（现为第十五部分）的早期文本本应与第一部分（现为第十一部分）完全分开。第四部分的目的是只处理第一部分可能产生的争端以外的争端。因此，第四部分的调解规定不适用于规定了特别程序的章节。[①] 但是，在全体会议上进行辩论之后，海洋法会议主席和第一委员会主席商定，这些程序应该合并起来，[②]并应在海洋法法庭的范围内设立一个专门的海底争端分庭；与此同时，事实证明有必要安排第十五部分第一节澄清对海底争端的适用性。

285. 2. 第二八五条规定第一节的所有规定适用于第十一部分第五节，包括该安排不会妨碍第十一部分第五节规定的解决争端程序的运作，因为第十五部分第一节的所有规定的适用取决于争端各方的意愿。如果争端一方反对将争端提交调解，这就足以终止提交该程序；另一方面，如果所有争端各方都愿意诉诸调解或适用某些其他程序，则必须以其共同意愿为准。有人一再指出，应按照《联合国宪章》第三十三条的规定，尽可能允许当事各方自行选择解决其争端的办法（见上文第二七九条至第二八二条的评注）。

285. 3. 当时有人指出，可能难以将第十五部分第一节的规定适用于第十一部分下的争端，因为第十五部分提到的争端各方是缔约国，而根据第十一部分，争端各方可能是国家以外的实体。为解决这一问题，在第二八五条中插入了第二句，具体规定当争端一方是缔约国以外的实体时，第十五部分第一节比照适用，从而允许有关实体行使权利，并要求其履行根据第十五部分第一节（赋予或施加给）缔约国的义务。

285. 4. 于是，不仅缔约国之间的争端将受第十五部分第一节的管辖，而且缔约国与国际海底管理局之间的争端，以及海底采矿合同缔约方之间的争端也受第十五部分第一节的管辖。因此，它不仅包括了缔约国和管理局，而且还包括了非公约缔约国的国家、海底采矿企业、国有企业和自然人或法人。[③]

---

① 例如，见资料来源1，第七条第1款。
② 合并的原因之一是需要避免两个独立法庭的费用，以及缺乏合格的候选人来填补这两个法庭的空缺。
③ 见《公约》第一八七条。另见上文第279.7段和下文291段。

第二节　导致有拘束力裁判的强制程序

第二八六条　本节规定的程序的适用

在第三节限制下，有关本公约的解释或适用的任何争端，如已诉诸第一节而仍未得到解决，经争端任何一方请求，应提交根据本节具有管辖权的法院或法庭。

资料来源

1. A/AC.138/97，第一条，转载于 1973 年《海底委员会报告》第二卷，第 22 页（美国）。

2. A/CONF.62/L.7（1974 年），第［五］节，《正式记录》第三卷，第 85 页（澳大利亚等）。

3. A/CONF.62/WP.9（非正式单一协商案文，第四部分，1975 年），第八条，《正式记录》第五卷，第 111 页（海洋法会议主席）。

4. A/CONF.62/WP.9/Rev.1（非正式单一协商案文，第四部分第一次修订稿，1976 年），第七条，《正式记录》第五卷，第 185 页（海洋法会议主席）。

5. A/CONF.62/WP.9/Rev.2（订正的单一协商案文，第四部分，1976 年），第七条，《正式记录》第六卷，第 144 页（海洋法会议主席）。

6. A/CONF.62/WP.10（非正式综合协商案文，1977 年），第二八六条，《正式记录》第八卷，第 1、46 页。

7. A/CONF.62/WP.10/Rev.1（非正式综合协商案文第一次修订稿，1979 年，油印本），第二八六条。转载于《第三次联合国海洋法会议文件集》第一卷，第 375、491 页。

8. A/CONF.62/WP.10/Rev.2（非正式综合协商案文第二次修订稿，1980 年，油印本），第二八六条。转载于《第三次联合国海洋法会议文件集》第二卷，第 3、119 页。

9. A/CONF.62/WP.10/Rev.3*（非正式综合协商案文第三次修订稿，1980 年，油印本）第二八六条。转载于《第三次联合国海洋法会议文件集》第二卷，第 179、296 页。

10. A/CONF.62/L.78（公约草案，1981 年），第二八六条，《正式记录》第十五卷，第 172、219 页。

起草委员会

11. A/CONF. 62. L. 75/Add. 2 和 Corr. 1（1981 年，油印本）。

12. A/CONF. 62/L. 82（1981 年），《正式记录》第十五卷，第 243 页（起草委员会主席）。

13. A/CONF. 62/L. 152/Add. 25（1982 年，油印本）。

14. A/CONF. 62/L. 160（1982 年），《正式记录》第十七卷，第 225 页（起草委员会主席）。

非正式文件

15. SD. Gp/2nd Session/No. 1/Rev. 5（1975 年，油印本），第八条；作为 A/CONF. 62/Background Paper 1 号文件再次印发（1976 年，油印本），第八条（关于处理解决争端问题的非正式小组联合主席）。转载于《第三次联合国海洋法会议文件集》第十二卷，第 108、194 页。

评　注

286. 1. 第十五部分第二节涉及强制性程序，涉及具有拘束力的决定。虽然根据第十五部分第三节进行的调解也是强制性的（或义务性的），但它并不产生具有拘束力的决定。第二节所设想的程序既是强制性的，也是有拘束力的；它们将管辖权授予提交争端裁决的法院或法庭，一旦作出裁决，就对争端各方具有拘束力，必须予以遵守。

286. 2. 一旦一国批准或以其他方式表示同意受海洋法公约的拘束，该行为也表示该国同意适用海洋法公约作为第十五部分第二节所规定程序的争端当事方。将争端提交该部分第二节规定的程序，无须争端各方之间达成进一步的协议。

286. 3. 然而，在适用当事各方自治的基本原则时，第十五部分第二节的规定须符合第二八〇条至第二八二条（允许争端任何一方诉诸争端各方先前商定的其他程序，不论是一般程序、区域程序还是特别程序，并给予第十五部分第二节所规定的该等程序优先权）、第二八三条（要求争端各方先就解决争端的办法交换意见，从而不鼓励立即诉诸第十五部分第二节）及第二八四条（允许一方先诉诸调解，除非对方拒绝合作）的规定。第二八六条明确确认了当事双方首先考虑第十五部分第一节适用性的一般义务，这一规定只适用于"在诉诸［第一节的规定］未达成和解的情况下"。这一规定也与第二八一条的规定有关，即第十五部分规定的程序只适用于当事各方根据该部分第一节选择的和平手段未达成和解的情况（关于"尚未达成解决办法"的决定，见上文第 281. 3 段）。

286. 4. 第二八六条还明确规定了其适用性的另一个重要限制。自关于解决与海洋法公约的解释或适用有关的争端的规定的协商开始以来，各国通过对某些类别的争端提出保留来限定其接受这些规定的意愿。①事实证明，有必要在第十五部分第三节中具体说明在某些类别的争端中没有义务按照第十五部分第二节规定的程序解决这些争端。虽然其中一些争端将完全免除第十五部分第二节规定的任何义务（尽管不免除该部分第一节规定的一般义务），但其他争端将接受义务性调解（如第二八四条评注所述）。还应指出的是，第二九七条中关于这一问题的规定是自动的，不要求当事一方事先声明其适用于该条免除第十五部分第二节程序的争端；另一方面，第二九八条第 1 款所允许的豁免是"任择的"，需要有关国家作出具体声明。虽然这种声明可以"随时"作出，但为了适用于某一特定争端，必须在该争端提交第十五部分程序之前作出（第二九八条第 5 款）。这种声明只能针对第二九八条规定的争端类别作出；不允许作出一般性声明或与其他争端类别有关的声明。

286. 5. 在第二八六条中承认这些自动和可选例外的存在，其适用性是在第十五部分"第三节［规定的］限制下"。

286. 6. 为了实现第二八六条的主要目的——争端各方援引产生有拘束力决定的程序的权利——该条规定，任何争端（符合第十五部分第一节的要求，不属于该部分第三节的例外情况）"应争端任何一方的请求……应提交［第二节］下具有管辖权的法院或法庭。"两个关键点是：①有义务（是"应"，而不仅仅是"可"）将争端提交第二节下的程序；以及②争端的任何一方可将其提交给适当的法院或法庭，而无须获得他方（或双方）的同意。②单方面采取的行动足以使法院或法庭具有管辖权，该法院或法庭可作出他方是否参与该程序的决定。

---

① 例如，萨尔瓦多代表在第四期会议（1976 年）全体会议上的发言，第 58 次会议，第 10 段，《正式记录》第五卷第 9 页；印度，第 59 次会议，第 44 段，同上，第 18 页；阿根廷，同上，第 47-48 段，同上，第 18 页；智利，同上，第 63-65 段，同上，第 19 页；冰岛，第 60 次会议，第 67 段，同上，第 28 页；秘鲁，第 61 次会议，第 37 段，同上，第 33 页；马达加斯加，同上，第 43 段，同上，第 33 页；肯尼亚，同上，第 49 段，同上，第 34 页；巴西，同上，第 63 段，同上，第 35-36 页；毛里求斯，第 62 次会议，第 10 段，同上，第 36 页；委内瑞拉，同上，第 78 段，同上，第 42 页；阿拉伯联合酋长国，第 64 次会议，第 32 段，同上，第 49 页；加拿大，第 65 次会议，第 10-11 段，同上，第 5-51 页；塞内加尔，同上，第 20 段，同上，第 51 页。

② 通过批准海洋法公约或以其他方式表示同意受其约束，一国自动接受根据第二八七条选定的法院或法庭的管辖权。如果一国未指定法院或法庭，则视为已接受根据附件七设立的仲裁法庭（第二八七条第 3 款）。

第二八七条　程序的选择

1. 一国在签署、批准或加入本公约时，或在其后任何时间，应有自由用书面声明的方式选择下列一个或一个以上方法，以解决有关本公约的解释或适用的争端：

（a）按照附件六设立的国际海洋法法庭；

（b）国际法院；

（c）按照附件七组成的仲裁法庭；

（d）按照附件八组成的处理其中所列的一类或一类以上争端的特别仲裁法庭。

2. 根据第 1 款作出的声明，不应影响缔约国在第十一部分第五节规定的范围内和以该节规定的方式，接受国际海洋法法庭海底争端分庭管辖的义务，该声明亦不受缔约国的这种义务的影响。

3. 缔约国如为有效声明所未包括的争端的一方，应视为已接受附件七所规定的仲裁。

4. 如果争端各方已接受同一程序以解决这项争端，除各方另有协议外，争端仅可提交该程序。

5. 如果争端各方未接受同一程序以解决这项争端，除各方另有协议外，争端仅可提交附件七所规定的仲裁。

6. 根据第 1 款作出的声明，应继续有效，至撤销声明的通知交存于联合国秘书长后满三个月为止。

7. 新的声明、撤销声明的通知或声明的满期，对于根据本条具有管辖权的法院或法庭进行中的程序并无任何影响，除非争端各方另有协议。

8. 本条所指的声明和通知应交存于联合国秘书长，秘书长应将其副本分送各缔约国。

资料来源

1. A／AC.138.97，第二条，转载于 1973 年《海底委员会报告》第二卷，第 22 页（美国）。

2. A／CONF.62／L.7（1974 年），第［五］节，《正式记录》第三卷，第 85、87～89 页（澳大利亚等）。

3. A／CONF.62／WP.9（非正式单一协商案文，第四部分，1975 年），第九条，《正式记录》第五卷，第 111 页（海洋法会议主席）。

4. A/CONF. 62/WP. 9/Rev. 1（非正式单一协商案文第四部分第一次修订稿，1976年），第九条，《正式记录》第五卷，第 185 页（海洋法会议主席）。

5. A/CONF. 62/WP. 9/Rev. 2（订正的单一协商案文，第四部分，1976年），第九条，《正式记录》第六卷，第 144 页（海洋法会议主席）。

6. A/CONF. 62/WP. 10（非正式综合协商案文，1977年），第二八七条，《正式记录》第八卷，第 1、46 页。

7. A/CONF. 62/WP. 10/Rev. 1（非正式综合协商案文第一次修订稿，1979年，油印本），第二八七条。转载于《第三次联合国海洋法会议文件集》第一卷，第 375、491～492 页。

8. A/CONF. 62/WP. 10/Rev. 2（非正式综合协商案文第二次修订稿，1980年，油印本），第二八七条。转载于《第三次联合国海洋法会议文件集》第二卷，第 3、120 页。

9. A/CONF. 62/WP. 10/Rev. 3*（非正式综合协商案文第三次修订稿，1980年，油印本），第二八七条。转载于《第三次联合国海洋法会议文件集》第二卷，第 179、297 页。

10. A/CONF. 62/L. 78（公约草案，1981年），第二八七条，《正式记录》第十五卷，第 172、219 页。

起草委员会

11. A/CONF. 62/L. 75/Add. 2（1981年，油印本）。

12. A/CONF. 62/L. 82（1981年），《正式记录》第十五卷，第 243 页（起草委员会主席）。

非正式文件

13. SD. Gp/2nd Session/No. 1/Rev. 5（1975年，油印本），第九条；作为 A/CONF. 62/Background Paper 1 号文件再次印发（1976年，油印本），第九条（关于处理解决争端问题的非正式小组联合主席）。转载于《第三次联合国海洋法会议文件集》第十二卷，第 108 页和第 194 页。

14. SD/1（1978年，油印本）（荷兰和瑞士）。转载于《第三次联合国海洋法会议文件集》第十二卷，第 234 页。

评　注

287. 1. 虽然许多国家在会议早期就同意，根据海洋法公约产生的大多数争端应提交一个能够作出具有拘束力的决定的程序，但从一开始就对将这些争端提交给哪个法院或法庭存在分歧。一些国家主张将海洋法争端的管辖权授予海牙国际法院，该法院已经对与海洋法有关的争端作出了若干重要判决。①它们强调国际判例必须统一，而且有太多的法庭可能会有导致决策冲突的危险。国际法院并不太忙，不应剥夺它增加对海洋法这样一个重要领域管辖权的机会。②

另有一些国家表示倾向于设立一个海洋法特别法庭，认为需要一个比国际法院较不保守的法庭，以更好地理解新的海洋法，更能代表各种法律制度和世界不同地区。他们还指出，国际法院只对各国开放，在一些海洋法问题中，必须允许国际组织、公司和个人诉诸该法庭。在这方面，还有人指出，《国际海洋法法庭规约》可在适当情况下提供诉诸该法庭的可能。③

第三类国家反对设立这样一个法庭，指出常设法庭过于僵化，因为争端各方不能选择对争端主题最了解的法官，必须接受一个冗长而缓慢的预定程序。他们中的一些人认为仲裁是一种更灵活的程序，因为争端各方可以选择仲裁员，因此可以确保仲裁法庭有适当的平衡。争端各方还可以设计一个便捷的仲裁程序，允许迅速裁决争端，从而防止争端各方之间关系的危险恶化，这种恶化往往是由旷日持久的争端造成的。④

还有一类国家主张采取更为实用的办法，为每一类主要争端（例如与海底采矿、航行、渔业、海洋污染和科学研究有关的争端）建立特别程序。他们认为，由于许多海洋法争端可能涉及技术问题，法庭只由律师组成是不适当的。相反，它应主要从关

---

① 特别请参见国际法院在下列案件中的判决：《科孚海峡案》（英国/阿尔巴尼亚），1949 年，国际法院《判决、咨询意见和命令汇编》第 4 卷；《渔业案》（英国诉挪威），1951 年，同上，第 116 页；《北海大陆架案》（联邦德国/丹麦；联邦德国/荷兰），1969 年，同上，第 3 页；《渔业管辖权案》（英国诉冰岛，联邦德国诉冰岛）1974 年，同上，第 3、175 页；《大陆架案》（突尼斯/利比亚），1982 年，同上，第 18 页；《缅因湾海域划界案》（加拿大/美国），1984 年，同上，第 246 页；以及《大陆架案》（利比亚/马耳他），1985 年，同上，第 13 页。

② 例如，见瑞士代表在第四期会议（1976 年）全体会议上的发言，第 59 次会议，第 23 段，《正式记录》第五卷第 15 页；丹麦，同上，第 58 段，同上，第 19 页；日本，第 60 次会议，第 58 段，同上，第 27 页；瑞典，第 61 次会议，第 5 段，同上，第 30 页；土耳其，同上，第 11 段，同上，第 31 页；尼日利亚，同上，第 58 段，同上，第 35 页；毛里求斯，第 62 次会议，第 12 段，同上，第 37 页；以及乌拉圭，第 98 段，同上，第 43-44 页。

③ 例如，见第四期会议（1976 年）期间萨尔瓦多代表在全体会议上的发言，第 58 次会议，第 5 和 11 段，《正式记录》第五卷第 9 页；澳大利亚，同上，第 15 段，同上，第 10 页；塞浦路斯，第 60 次会议，第 47 段，同上，第 26 页；美利坚合众国，第 61 次会议，第 19 段，同上，第 31-32 页；南斯拉夫，同上，第 24 段，同上，第 32 页；秘鲁，同上，第 38 段，同上，第 33 页；扎伊尔，第 62 次会议，第 24 段，同上，第 37 页；突尼斯，同上，第 30 段，同上，第 38 页；厄瓜多尔，同上，第 46 段，同上，第 39 页；斐济，第 64 次会议，第 24 段，同上，第 49 页。但另见联合王国代表的发言，第 59 次会议，第 15 段，同上，第 15 页；德意志民主共和国，同上，第 73 段，同上，第 20 页；日本，第 60 次会议，第 59 段，同上，第 27 页；波兰，第 61 次会议，第 32 段，同上，第 32-33 页；毛里求斯，第 62 次会议，第 12 段，同上，第 37 页；以色列，同上，第 52 段，同上，第 40 页。

④ 例如，见法国代表在第四期会议（1976 年）全体会议上的发言，第 59 次会议，第 8-10 段，《正式记录》第五卷第 14 页；马达加斯加，第 61 次会议，第 44 段，同上，第 34 页。

于航行的政府间海事协商组织（IMCO）[后称国际海事组织（IMO）]（包括船只或倾倒造成的污染）、关于渔业的粮食及农业组织（FAO）；或关于海洋科学研究的教科文组织政府间海洋学委员会（IOC）等技术主管机构提名的专家名单中挑选。⑤

最后，一些国家完全反对具有拘束力的第三方决定的想法，并表示倾向于1958年的解决办法，即解决争端的《任择议定书》。⑥

287. 2. 鉴于这一问题，关于解决争端问题的非正式工作组（见上文第XV. 7段）于1974年首次开会，并于1975年召开扩大会议（见上文第XV. 4和第XV. 5段），（在蒙特勒）安排了一些感兴趣的代表团的非公开会议，以寻求解决办法。当时，里普哈根教授（荷兰）建议，应允许公约的每一缔约方选择它喜欢的法院或法庭；如果不作出选择，就可以认为他已经接受争端另一方所作的选择。⑦后来工作组针对不作出选择的情况起草了一份草案，列出了3种可能的选项——仲裁法庭、海洋法特别法庭和国际法院——并据此规定，"任何针对缔约方的案件只能提交给该方在提起诉讼时已接受管辖权的法庭"，即"被告"的法庭（资料来源13）。阿梅拉辛格主席的初稿（资料来源3）载有同样的3个选项，但规定了海洋法法庭的自动管辖权，除非双方事先通过特别声明选择了国际法院或仲裁法庭。

287. 3. 作为海洋法会议第四期会议（1976年）讨论的结果，增加了第四种选项，其中包括四类争端的特别程序制度：与渔业、[海洋]污染、科学研究和航行有关的争端（资料来源4）。⑧有人提出了在解决特定类别中的特定争端方面可能遇到的困难问题（例如，是否与污染、航行或捕鱼有关）。由于无法就解决办法达成协议，因此这一选择似乎属于申请方，但须由被选定的法院或法庭决定，争端是否全部或部分地在其管辖权的范围之内。

287. 4. 非正式单一协商案文第四部分第一次修订稿（资料来源4）重新修改了关于被告法庭的规定的提法，以规定当事各方选择不同程序的情况。在第五期会议（1976年）非正式全体会议讨论这一规定时，一些国家强烈反对在其明确拒绝接受该

---

⑤ 例如，见法国代表在第四期会议（1976年）全体会议上的发言，第59次会议，第5段。《正式记录》第五卷第13页；德意志民主共和国，同上，第70段，同上，第20页；日本，第60次会议，第58段，同上，第27页；保加利亚；同上，第76段，同上，第29页；波兰，第61次会议，第30段，同上，第32页；特立尼达和多巴哥，第62次会议，第34段，同上，第38页。另见阿根廷代表的发言，第59次会议，第52段，同上，第18-19页；巴林，第62次会议，第5段，同上，第36页；毛里求斯，同上，第13段，同上，第37页；厄瓜多尔，同上，第47段，同上，第39页。

⑥ 例如，见中国的发言，第60次会议（1976年），第28段，《正式记录》第五卷第24页。

⑦ 里普哈根（Riphagen）教授在海洋法会议第四期会议（1976年）第60次全体会议上重复了这一建议，第7段，《正式记录》第五卷第22页。关于类似的建议，另见新加坡代表的发言，第58次会议，第22段，同上，第10页；新西兰，同上，第32段，同上，第11页；德意志联邦共和国，同上，第38段，同上，第12页；以及爱尔兰，第64次会议，第7段，同上，第47页。

⑧ Annex II to ISNT, Part IV / Rev. 1（资料来源4，第197-201页），载有这一"特别程序制度"。

法院或法庭后，被迫前往被告选定的法院或法庭。作为一种折中办法，与会者一致认为，仲裁是最令人满意的替代办法，而那些一开始没有选择仲裁的人可以将其作为第二选项。因此，订正的单一协商案文让争端一方在他方选择的程序和仲裁之间作出选择（资料来源5，第九条第5款）。然而，即使这一折中办法也是不够的，而且非正式综合协商案文进一步简化了这一规定。如果争端各方选择了不同的程序，则将选择权限制在仲裁上（资料来源6，第二八七条，第5款）。这一案文在以后的草案修订中没有改变。

287.5. 对于当事双方均未发表声明或争端各方中只有一方作出声明，或争端各方之一已撤销声明，甚至当事双方均已撤销其声明的情况，也适用类似的解决办法。因此，第二八七条第3款规定，"缔约国如为有效声明所未包括的争端的一方，应视为已接受附件七所规定的仲裁。"⑨

287.6. 虽然第二八七条第1款所列可供选择的顺序没有任何意义，但已进行了几次尝试来更改这个顺序。有一次，首先提到仲裁法庭（资料来源13）；后来又首先提到海洋法法庭（资料来源4）。⑩荷兰和瑞士提出的一项提案（资料来源14）认为国际法院作为"联合国主要司法机关"应享有荣誉地位，⑪在海洋法会议第九期会议（1980年）上没有找到足够的支持，因此被撤回。⑫同时，海洋法法庭的名称改为"国际海洋法法庭"，旨在提高其地位;⑬但将"法庭"改为"法院"的提议未获接受。

287.7. 更严重的问题是第二八七条规定的选择权与第十一部分第六节规定的海底争端分庭的强制管辖权之间的关系。一些国家担心，接受海洋法法庭以外的法院或法庭管辖权的国家将因此而免除第六条规定的义务。其他国家提出的问题是，它们接受海底争端分庭的管辖权是否意味着也为其他争端接受海洋法法庭。为了消除这些恐惧，第二八七条第2款明确规定，根据第二八七条第1款作出的声明，"不应影响缔约国在第十一部分第五节规定的范围内，接受国际海洋法法庭海底争端分庭管辖权的义务"。⑭

287.7. 关于交存声明的方式，见下文319.12段。

---

⑨　另见 A/CONF. 62/WP. 10/Add. 1（1977年），《正式记录》第八卷第65、70页（海洋法会议主席）。

⑩　在早先的一份草案中，海洋法法庭实际上得到了优先权（资料来源3），但面对强烈反对，这一想法很快就被放弃了。

⑪　引用《联合国宪章》第九十二条。

⑫　A/CONF. 62/L. 52（1980年），第6段，《正式记录》第十三卷第86页（海洋法会议主席）。

⑬　见 A/CONF. 62/L. 59（1980年），第12段，《正式记录》第十四卷第130页（海洋法会议主席）。海洋法会议主席解释说，旧的标题"很平淡，没有充分说明法庭的国际地位和尊严"。

⑭　前注⑨。

第二八八条　管辖权

1. 第二八七条所指的法院或法庭，对于按照本部分向其提出的有关本公约的解释或适用的任何争端，应具有管辖权。

2. 第二八七条所指的法院或法庭，对于按照与本公约的目的有关的国际协定向其提出的有关该协议的解释或适用的任何争端，也应具有管辖权。

3. 按照附件六设立的国际海洋法法庭海底争端分庭的第十一部分第五节所指的任何其他分庭或仲裁法庭，对按照该节向其提出的任何事项，应具有管辖权。

4. 对于法院或法庭是否具有管辖权如果发生争端，这一问题应由该法院或法庭以裁定解决。

资料来源

1. A/AC. 138/97，第六条，转载于 1973 年《海底委员会报告》第二卷，第 22 页（美国）。

2. A/CONF. 62/L. 7（1974 年），第六节，《正式记录》第三卷，第 85 页（澳大利亚等）。

3. A/CONF. 62/WP. 9（非正式单一协商案文，第四部分，1975 年），第十条，《正式记录》第五卷，第 111 页（海洋法会议主席）。

4. A/CONF. 62/WP. 9/Add. 1（1975 年），《正式记录》第五卷，第 122 页（海洋法会议主席）。

5. A/CONF. 62/WP. 9/Rev. 1（非正式单一协商案文，第四部分第一次修订稿，1976 年），第十条，《正式记录》第五卷，第 185、188~189 页（海洋法会议主席）。

6. A/CONF. 62/WP. 9/Rev. 2（订正的单一协商案文，第四部分，1976 年），第十条，《正式记录》第六卷，第 144 页（海洋法会议主席）。

7. A/CONF. 62/WP. 10（非正式综合协商案文，1977 年），第二八八条，《正式记录》第八卷，第 1、47 页。

8. A/CONF. 62/WP. 10/Rev. 1（非正式综合协商案文第一次修订稿，1979 年，油印本），第二八八条。转载于《第三次联合国海洋法会议文件集》第一卷，第 375、492 页。

9. A/CONF. 62/WP. 10/Rev. 2（非正式综合协商案文第二次修订稿，1980 年，油印本），第二八八条。转载于《第三次联合国海洋法会议文件集》第二卷，第 3、120 页。

10. A/CONF. 62/WP. 10/Rev. 3（非正式综合协商案文第三次修订稿，1980 年，油

印本），第二八八条。转载于《第三次联合国海洋法会议文件集》第二卷，第179、297~298页。

11. A/CONF. 62/L. 78（公约草案，1981年），第二八八条，《正式记录》第十五卷，第172、219页。

起草委员会

12. A/CONF. 62/L. 75/Add. 2 和 Corr. 1（1981年，油印本）。

13. A/CONF. 62/L. 82（1981年），《正式记录》第十五卷，第243页（起草委员会主席）。

14. A/CONF. 62/L. 152/Add. 25（1982年，油印本）。

15. A/CONF. 62/L. 160（1982年），《正式记录》第十七卷，第225页（起草委员会主席）。

非正式文件

16. SD. Gp/2nd Session/No. 1/Rev. 5（1975年，油印本），第十条；作为 A/CONF. 62/Background Paper 1 号文件再次印发（1976年，油印本），第十条，（关于处理解决争端问题的非正式小组联合主席）。转载于《第三次联合国海洋法会议文件集》第十二卷，第108、194页。

评　注

288. 1. 第二八七条确定了根据海洋法公约哪个法院或法庭具有管辖权，而第二八八条确定了该管辖权的范围（属事管辖权）。如上文第279.6段所述，该管辖权主要适用于与海洋法公约本身的"解释或适用"有关的争端。为此目的，《公约》的附件构成其不可分割的一部分（见第三一八条），与这些附件的解释或适用有关的争端将受同样的管辖。就国际海洋法法庭海底争端分庭而言，第一八七条（a）项明确规定了这一点，第十一部分第五节的其他条款对此做了限定。

288. 2. 以前的一些草案区别于：（a）主要管辖权（在当事各方直接诉诸根据第二八七条有管辖权的法院或法庭时）；（b）次要管辖权（在当事各方在调解或其他程序后诉诸此类法院或法庭时，不导致争端的解决）；（c）上诉管辖权（从"下级"法庭到"上级"法庭）；和（d）特别管辖权（根据协议或安排中的特别折中条款）（资料来源16）。① （a）（b）和（d）类在某种程度上在海洋法公约最终文本中保留了下来，但公约没有使用这一术语。然而，（c）类却遭到了强烈的反对，因为各代表团反

---

① 另见资料来源2，第六节，备选方案 A.1；和资料来源3（抄录在文第 A. Ⅵ. 126 段）。

对将其选定的上诉文书提交他们不喜欢的法院或法庭。还有人认为，上诉程序将导致争端各方的拖延和额外费用。在这种情况下，虽然在一定程度上就第十一部分（见第一八八条第2款）接受了上诉程序以保证海洋法公约②的解释和适用的一致性，但这一论点并未占上风。

288. 3. 第二八八条第2款将根据第二八七条行使职能的任何法院或法庭的管辖权扩大到与海洋法公约的解释或适用有关的争端之外。它允许向此类法院或法庭提交"与本公约的目的有关的国际协定"的解释或适用有关的任何争端，并要求"按照［协定的规定］提交"。

因此，该协定应涉及海洋法的某些方面。此外，应在国家之间或国家与被允许缔结"国际协定"的管理局或其他实体之间，或在这些实体之间。最后，该协定必须明确规定向根据第二八七条行使职能的任何法院或法庭提交，并且必须满足协定中规定的关于这种提交的所有条件。如果各国和其他实体（包括管理局）利用这些程序来协调其在公约下的权利和义务与在其他协定下的权利和义务，这项规定将有助于为所有有关各方的利益协调海洋法，包括尚未成为公约缔约方但已成为"与本公约的目的有关"的其他协定缔约方的国家。

288. 4. 第二八八条第3款记录了国际海洋法法庭海底争端分庭和仲裁法庭已被第十一部分第五节授予特别管辖权的事实。这是一个广泛的管辖权，远远超出了国际法院和法庭的正常管辖权。对"区域"内活动（如海底采矿）的国际监督的新问题就要求这种扩大的管辖权。

288. 5. 最后，第二八八条第4款明确指出，国际法的习惯规则是，任何国际法院或法庭都有管辖权确定其管辖范围。③因此，如果当事一方对根据海洋法公约运作的法院或法庭的管辖权提出争议，该争议将由法院或法庭解决。对这样的决定不得上诉。④

---

② 见资料来源4，第24段。

③ 《国际法院规约》第三十六条第6款也有类似规定。

④ 关于上诉程序的提案，见上文第288. 2段。

第二八九条　专家

对于涉及科学和技术问题的任何争端，根据本节行使管辖权的法院或法庭，可在争端一方请求下或自己主动，并同争端各方协商，最好从按照附件八第二条编制的有关名单中，推选至少两名科学或技术专家列席法院或法庭，但无表决权。

资料来源

1. A／AC. 138／97，第五条，转载于 1973 年《海底委员会报告》第二卷，第 22 页（美国）。

2. A／CONF. 62／L. 7（1974 年），第六节，备选案文 C. 1 和 C. 2，《正式记录》第三卷，第 85 页（澳大利亚等）。

3. A／CONF. 62／WP. 9（非正式单一协商案文，第四部分，1976 年），第十一条，《正式记录》第五卷，第 111 页（海洋法会议主席）。

4. A／CONF. 62／WP. 9／Rev. 1（非正式单一协商案文，第四部分第一次修订稿，1976 年），第十一条，《正式记录》第五卷，第 185 页（海洋法会议主席）。

5. A／CONF. 62／WP. 9／Rev. 2（订正的单一协商案文，第四部分，1976 年），第十一条，《正式记录》第六卷，第 144 页（海洋法会议主席）。

6. A／CONF. 62／WP. 10（非正式综合协商案文，1977 年），第二八九条，《正式记录》第八卷，第 1、47 页。

7. A／CONF. 62／WP. 10／Rev. 1（非正式综合协商案文第一次修订稿，1979 年，油印本），第二八九条。转载于《第三次联合国海洋法会议文件集》第一卷，第 375、492 页。

8. A／CONF. 62／WP. 10／Rev. 2（非正式综合协商案文第二次修订稿，1979 年，油印本），第二八九条。转载于《第三次联合国海洋法会议文件集》第二卷，第 3、120 页。

9. A／CONF. 62／WP. 10／Rev. 3*（非正式综合协商案文第三次修订稿，1980 年，油印本），第二八九条。转载于《第三次联合国海洋法会议文件集》第二卷，第 179、298 页。

10. A／CONF. 62／L. 59（1980 年），《正式记录》第十四卷，第 130 页（海洋法会议主席）。

11. A／CONF. 62／L. 78（公约草案，1981 年），第二八九条，《正式记录》第十五卷，第 172、219 页。

起草委员会

12. A/CONF. 62/L. 75/Add. 2 和 Corr. 1（1981 年，油印本）。

13. A/CONF. 62/L. 82（1981 年），《正式记录》第十五卷，第 243 页（起草委员会主席）。

非正式文件

14. SD. Gp/2nd Session/No. 1/Rev. 5（1975 年，油印本），第十一条；作为 A/CONF. 62/Background Paper 1 号文件再次印发（1976 年，油印本），第十一条（关于解决争端小组的联合主席）。转载于《第三次联合国海洋法会议文件集》第十二卷，第 108、194 页。

评　注

289. 1. 从第十五部分产生的讨论一开始就提出了关于各种海洋法争端的技术性质的问题。解决这些问题的方法之一就是交给主要由技术或科学专家组成的特别仲裁法庭。第二八七条第 1 款（d）项允许这一选择，特别程序载于附件八。各国强烈支持这一选择，认为这是它们愿意接受的唯一选择。但是，可以指出，这些国家后来接受了第二八七条第 1 款（c）项和附件七规定的常规仲裁，以防争端各方作出不同的选择（见第 287. 2~287. 4 段）。

289. 2. 还有人建议，根据第二八七条第 1 款（a）项、（b）项或（c）项向其提出争端的法院或法庭，可将科学和技术问题提交特别专家委员会，法院或法庭在决定争端的其他方面时，将考虑其调查结果。①

289. 3. 另一项建议是根据《国际法院规约》第二十六条第 1 款提出的，该建议设想有可能设立特别分庭处理特定类别的案件，例如劳工案件或与过境和通信有关的案件。有人提议，国际海洋法法庭也可同样设立特别分庭，处理与海洋污染、海洋科学研究和渔业等有关的争端，并可任命专门合格的技术评估员协助分庭处理其中一类争端。②附件六第十五条第 1 款对此做了回应，该款允许国际海洋法法庭组成分庭处理特定类别的争端。按照第二八九条的规定，对于根据第十五部分第二节行使管辖权的任何法院或法庭，这类分庭可以由专家协助。

289. 4. 获得最多支持的解决办法是第二八九条所载的办法。法院、法庭在遇到科

---

① 见资料来源 2，第六节，备选案文 C. 2；资料来源 14，第十一条，第 1 款（a）项和第 2 款；资料来源 3，第十一条，第 1 款（a）项和第 2 款；以及资料来源 4，第十一条，第 1 款（a）项和第 2 款。

② 见资料来源 2，第六节，备选案文 C. 1。

学技术问题时，可以选择技术专家列席审理，但这些专家无表决权。虽然最初提出应该有 4 名这样的专家，③但最终文本更为灵活，允许法院或法庭选择"至少两名科学或技术专家"。④

289. 5. 海洋法会议第五期会议（1976 年）提出了两个问题：法院或法庭是否可以主动任命专家，以及任命是否应与争端各方协商。虽然一致认为法院或法庭对任命有斟酌决定权（它"可以"选择专家），但这样的任命可以来自争端的任何一方，也可以来自仲裁法庭本身。⑤会议还商定，在作出任命之前，法院或仲裁法庭应与争端各方协商。⑥据推测，这不仅涉及是否应作出任何任命的问题，而且还涉及将被任命的人员的挑选。

289. 6. 在讨论初期就商定，专家最好从附件八所列特别法庭成员名单中选出。⑦这些名单是由联合国各专门机构或其他主管机构（如联合国环境规划署）编制的。

289. 7. 在第九期会议和第九期会议续会上（均在 1980 年），有人指出，根据第二八九条任命的专家不是作为证人在法院或法庭上作证、向法院或法庭提出专家意见、任何一方均可对该意见提出质疑，而是另一专家意见可能是与之相佐的普遍专家。第二八九条规定的专家实际上是《国际法院规约》第三十条第 2 款所指的"襄审官"，"法院规则得规定关于襄审官之出席法院或任何分庭，但无表决权。" 在诉讼过程中，这些襄审官列席法院或法庭的审理，协助编写判决书；他们的职责是确保法院或法庭的判决不包含技术错误，并符合有关争议事项的最新科学知识。有人认为，对这类人的适当用语本来就应为"襄审官"，并应在第二八九条中插入这一用语。这一改动的另一个好处是使该条符合《国际法院规约》第三十条第 2 款。然而，经过一番讨论后，决定"不必增加，因为国际法院在根据第二八九条行使管辖权时，不排除以符合第二八九条规定的方式适用《法院规约》中关于襄审官的规定" ［资料来源 10，第 9（h）段］。

---

③ 见资料来源 1，第五条；资料来源 14，第十一条，第 1 款（b）项；资料来源 3，第十一条，第 1 款（b）项；以及资料来源 4，第十一条，第 1 款（b）项。

④ 在订正的单一协商案文第四部分第十一条中，规定"至少两名但不超过四名"科学或技术专家（见资料来源 5）。非正式综合协商案文第二九〇条简化了这一条文（资料来源 6）。

⑤ 这一规定首先列入了订正的单一协商案文第十一条（资料来源 5）。

⑥ 同上。

⑦ 虽然这一建议的不同之处出现在早先的草案中，但直到在非正式单一协商案文第四部分第一次修订稿第十一条第 1 款（a）项中才确定下来（资料来源 4）。

第二九〇条 临时措施

1. 如果争端已经正式提交法院或法庭，而该法庭或法庭依据初步证明认为其根据本部分或第十一部分第五节具有管辖权，该法院或法庭可在最后裁判前，规定其根据情况认为适当的任何临时措施，以保全争端各方的各自权利或防止对海洋环境的严重损害。

2. 临时措施所根据的情况一旦改变或不复存在，即可修改或撤销。

3. 临时措施仅在争端一方提出请求并使争端各方有陈述意见的机会后，才可根据本条予以规定、修改或撤销。

4. 法院或法庭应将临时措施的规定、修改或撤销迅速通知争端各方及其认为适当的其他缔约国。

5. 在争端根据本节正向其提交的仲裁法庭组成以前，经争端各方协议的任何法院或法庭，如在请求规定临时措施之日起两周内不能达成这种协议，则为国际海洋法法庭，或在关于"区域"内活动时的海底争端分庭，如果根据初步证明认为将予组成的法庭具有管辖权，而且认为情况紧急有此必要，可按照本条规定、修改或撤销临时措施。受理争端的法庭一旦组成，即可依照第 1 至第 4 款行事，对这种临时措施予以修改，撤销或确认。

6. 争端各方应迅速遵从根据本条所规定的任何临时措施。

资料来源

1. A/AC. 138/97，第八条，转载于 1973 年《海底委员会报告》第二卷，第 22 页（美国）。

2. A/CONF. 62/WP. 9（非正式单一协商案文，第四部分，1975 年），第十二条，《第三次联合国海洋法会议文件集》第二卷，第 111 页（海洋法会议主席）。

3. A/CONF. 62/WP. 9/Rev. 1（非正式单一协商案文，第四部分第一次修订稿，1976 年），第十二条，《正式记录》第五卷，第 185 页（海洋法会议主席）。

4. A/CONF. 62/WP. 9/Rev. 2（订正的单一协商案文，第四部分，1976 年），第十二条，《正式记录》第六卷，第 144 页（海洋法会议主席）。

5. A/CONF. 62/WP. 10（非正式综合协商案文，1977 年），第二九〇条，《正式记录》第八卷，第 1、47 页。

6. A/CONF. 62/WP. 10/Rev. 1（非正式综合协商案文第一次修订稿，1979 年，油印本），第二九〇条。转载于《第三次联合国海洋法会议文件集》第一卷，第 375、

493 页。

7. A/CONF. 62/WP. 10/Rev. 2（非正式综合协商案文第二次修订稿，1980 年，油印本），第二九〇条。转载于《第三次联合国海洋法会议文件集》第二卷，第 3、120 页。

8. A/CONF. 62/WP. 10/Rev. 3＊（非正式综合协商案文第三次修订稿，1980 年，油印本），第二九〇条。转载于《第三次联合国海洋法会议文件集》第二卷，第 179、298 页。

9 A/CONF. 62/L78（公约草案，1981 年），第二九〇条，《正式记录》第十五卷，第 172、219 页。

起草委员会

10. A/CONF. 62/L. 75/Add. 2（1981 年，油印本）。

11. A/CONF. 62/L. 82（1981 年），《正式记录》第十五卷，第 243 页（起草委员会主席）。

非正式文件

12. SD. Gp/2nd Session/No. 1/Rev. 5（1975 年，油印本），第十二条；作为 A/CONF. 62/Background Paper 1 号文件再次印发（1976 年，油印本），第十二条（关于处理解决争端问题的非正式小组联合主席）。转载于《第三次联合国海洋法会议文件集》第十二卷，第 108、194 页。

评　注

290. 1. 海洋法会议的几期会议都通过非正式全体会议对第二九〇条进行了彻底讨论，并根据这些讨论对该条做了相当大的修订。虽然临时措施的必要性很快得到接受，没有任何强烈的异议，但事实证明，在与此类措施有关的一些问题上很难达成一致。

290. 2. 在讨论初期，有人指出，国际法院在"认为情形有必要时，有权指示当事国应行遵守以保全彼此权利之临时办法。"①另外还有人指出，法院规则规定，指示临时保护措施，不仅应当事一方的请求，而且应根据法院的主动性（*proprio motu*）；②这些规则授权法院指示"全部或部分"而不是当事一方所要求的保护措施；③同时他们还对法院所指示临时措施是否具有拘束力存在疑问。

290. 3. 在日内瓦编写 1975 年工作文件的非正式工作组（资料来源 12）决定采用

---

① 《国际法院规约》，第四十一条。

② 《国际法院规则》（1978 年），第七十五条第 1 款。

③ 同上，第 4 段。

《国际法院规约》的措辞，因为它认为：

（a）"indicate（指示）"一词不够充分，没有明确表达临时措施的拘束力，不仅导致对遵守这些措施的义务的争议，而且导致各国不遵守所述措施；

（b）应改用"prescribe（规定）"一词，并应有条文明晰所规定的措施"对争端各方具有拘束力"；④

（c）在任何情况下，在国际法院根据公约具有管辖权的情况下，"该法院指示的任何临时措施均应对争端各方具有拘束力"；

（d）临时措施不应由仲裁法庭自行规定，而应仅在争端各方的要求下，并且仅在给争端各方提供陈述意见的机会之后，才由仲裁法庭考虑；

（e）临时措施不仅应保留当事各方的各自权利，而且应在进行最终裁决之前将对任何争端各方的损害降至最低；和

（f）如果争端不是提交给常设法庭而是提交给特设法庭，则需要做出特别安排。⑤

290.4. 在初稿中（资料来源 2），阿梅拉辛格主席考虑了某些对非正式小组做法的批评。但总的来说，他接受了非正式小组的大多数建议。他使之比以前的草案更清楚：

（a）国际法院或海洋法法庭或其他常设法庭可以批准临时措施；

（b）仲裁法庭或国际法院有权"视情况而定""指示或规定"临时措施；

（c）国际法院指示或法庭规定的任何临时措施"应对争端各方具有拘束力"；

（d）规定的措施旨在"维护争端各方各自的权利"，同时防止"对海洋环境的严重损害"；和

（e）如果争端已提交公约规定的争端解决程序，而法庭尚未组成或无权规定临时措施，并且争端各方不同意在需要临时措施或此类措施的内容时，当事一方可以要求海洋法法庭介入并规定临时措施，⑥直到另一机构可以接管并自己审查对此类措施的需要为止（以及必要的修改或终止）。⑦

290.5. 在 1976 年和 1977 年的非正式全体会议上，阿梅拉辛格主席关于临时措施的几项提案受到批评，理由如下：

（a）有人认为，国际法院无权规定临时措施，如果国际法院指示采取此类措施，则这些措施不具拘束力。有人答复指出，《和平解决国际争端总议定书》规定，法院或

---

④ "具有拘束力的临时命令"的概念已经出现在美国 1973 年的一项提案中（资料来源 1，第八条第 1 款）。

⑤ 见非正式工作组 1975 年的报告（资料来源 12）。

⑥ 在 1973 年美国的提案中，在略有不同的情况下首次提出对法庭的这种提法（资料来源 1，第 1 段）。非正式工作组在 1975 年的报告中以类似于阿梅拉辛格主席提议的形式进行了详细说明（资料来源 12，第 2 段），但该工作组未能商定是应将此特殊任务委托给国际法院处理，还是委托给海洋法法庭处理。阿梅拉辛格主席选择了法庭。

⑦ 非正式单一协商案文第四部分，第十二条（资料来源 2）。非正式单一协商案文第四部分第一次修订稿第十二条只有很小的变化（资料来源 3）。

仲裁法庭"应在尽可能短的时间内制定拟采取的临时措施","争端各方有义务接受此类措施"。⑧如果在一个案件中可以做到这一点而没有任何异议,法院不太可能拒绝行使海洋法公约赋予它的附加权力。就决定的拘束性而言,与会者一致同意采用"争端各方应迅速遵守根据此条［在最终文本中的第二九○条］规定或修改的任何临时措施"。⑨

（b）有人对规定提出了疑问,即在授权争端提交的法院规定临时措施之前,要由争端各方提出请求。有人建议,应遵守《国际法院规则》第七十五条,法院或法庭应能够主动采取行动,特别是在对海洋环境构成威胁的情况下。虽然承认《公约》不能阻止国际法院根据其规约和规则主动采取行动,但有人认为,只有在当事一方明确要求时,根据海洋法公约可能设立的各种法庭才可规定临时措施。阿梅拉辛格主席在他的下一个案文中明确指出,这一限制只适用于"根据本条"采取的措施,⑩因此不适用于任何其他协定采取的措施。

（c）另一项反对意见涉及在提交给其他仲裁法庭或特别法庭的争端所必需的临时措施不存在的情况下,赋予海洋法法庭以优先权。这里有 3 个问题。第一个问题与该方案的灵活性有关,因为它不允许争端各方使用海洋法法庭以外的任何法庭或法院。这个问题容易解决,在下一条案文中插入一条规定,即在这种情况下,临时措施问题应提交"双方商定的任何法院或法庭",只当双方未能在两周内达成此类协议时,管辖权才移交给海洋法法庭。⑪

其次,有人担心,海洋法法庭可能不必要地干预某些案件,声称它对其他法庭拥有所谓的上级权力。为了限制法庭的干预,规定法庭"只有在认为情况紧急需要时才应规定临时措施。"⑫然而,这一改变并不够,一些代表团认为,即使提交争端的法庭显然没有管辖权,法庭也可以采取行动。为了防止这种情况的发生,增加了另一项规定:"如果它初步认定,已向其提交争端的法庭将拥有管辖权"时,海洋法法庭才应规定临

⑧　该法于 1928 年通过（日内瓦）,1949 年经联合国大会稍微修订（见第三十三条第 1 款）,《国际联盟条约集》第 93 卷第 345 页（1928 年）;《联合国条约集》第 71 卷第 101 页（1950 年）;《国际组织和整合》,第 IA 卷,第 I. A. 7. a. ii 页。

⑨　这一方案首先被插入订正的单一协商案文第四部分第十二条第 5 款（资料来源 4）。非正式综合协商案文第二九○条第 5 款（资料来源 5）重复了这一点,在非正式综合协商案文后来的版本中未经修改而保留下来。1981年公约草案（资料来源 9）做了轻微修改,并以这种形式出现在《公约》最终文本中。

⑩　见订正的单一协商案文第四部分第十二条第 2 款（资料来源 4）。这一规定保留在非正式综合协商案文第二九○条（资料来源 5）和该条后来的版本中。

⑪　见订正的单一协商案文,第四部分,第十二条第 3 款（资料来源 4）。非正式综合协商案文第二九○条第 3款（资料来源 5）明确规定,两周的期限为"从临时措施请求之日起",这一提法在非正式综合协商案文第二九○条第 3 款（资料来源 5）中更为准确;该条在后来的版本中以这种修订形式出现,成为公约草案第二九○条第 5 款的一部分（资料来源 9）。

⑫　见订正的单一协商案文第四部分第十二条第 3 款（资料来源 4）。

时措施。[13]

第三个问题是由那些参与特别程序的国家提出的。他们认为，如果首先将此事提交海洋法法庭，他们自己选择法庭的权利将被取消，该法庭可能会采取一些临时措施，这些措施可能成为永久性措施。在答复中，有人指出，当事各方可以就其他法庭达成协议，而海洋法法庭的任何使用将取决于当事各方不能将该事项提交任何其他法庭。此外，在下一份草案中对案文做了澄清，以避免对法庭提出的措施的永久性产生任何担心。一旦向其提交案件的法庭组成，它就有权"确认、修改或撤销"海洋法法庭规定的临时措施。[14]

（d）有人指出，《国际法院规约》规定，"应将此项指示办法立即通知各当事国及安全理事会"；[15]日内瓦非正式工作组的草案和其后的海洋法会议主席草案取代了向安全理事会发出的致"所有缔约方"的通知。[16]有人反对如此广泛地分发该通知，在下一份草案中，通知仅限于"争端各方和［法院或法庭］认为适当的其他缔约方"。[17]后来，这一要求扩大到临时措施的任何修改或撤销。[18]

（e）有关修改临时措施的规定提出了另外两个问题。首先，有人再次对法院或法庭主动修改或撤销措施的可能性提出异议，并对有关条文进行了修改，以明确规定，根据阿梅拉辛格主席草案（后文第二九〇条）第十二条采取的任何临时措施，"只有在提出请求时才能予以规定、修改或撤销"[19]。其次，一些代表团坚持增加一项规定，要求在证明临时措施正当的情况发生变化时，立即改变临时措施。因此，阿梅拉辛格主席建议在其案文第十二条中插入以下新段落（资料来源4）：

4. 一旦证明临时措施正当的情况发生变化或不复存在，该临时措施可由

---

⑬　见非正式综合协商案文第二九〇条第3款（资料来源5）。这项条文在以后的草案中未做改动而被保留。非正式综合协商案文第二九〇条第1款还增加了一项关于需要初步认定管辖权的平行规定。

⑭　见订正的单一协商案文第四部分第十二条第3款，最后一句（资料来源4）。该句保留在非正式综合协商案文第二九〇条第3款和以后的所有草案中，但在公约草案（资料来源9）中，命令改为"修改、撤销或确认"，强调修改的权利。

⑮　《国际法院规约》，第四十一条第2款。

⑯　见1975年草案第十二条第3款（资料来源12）；非正式单一协商案文第四部分，第十二条第3款（资料来源2）；非正式单一协商案文第四部分第一次修订稿，第十二条第3款（资料来源3）。

⑰　订正的单一协商案文第四部分第十二条第2款第二句（资料来源4）。

⑱　非正式综合协商案文，第二九〇条第2款，第二句（资料来源5）。同时，"缔约国"被替换为"缔约方"，同一文本出现在非正式综合协商案文的后一版本中。公约草案改变了措辞的顺序，但没有改变实质内容（资料来源9），这成为最终文本。

⑲　见订正的单一协商案文第四部分第十二条第2款第一句（资料来源4）。这一规定已成为非正式综合协商案文第二九〇条第2款第一句，及其后各版本（资料来源5至资料来源8）的第一句，但在公约草案第二九〇条第3款中略有改写（资料来源9）。

已提交争端的法庭或由第 3 款规定的规定临时措施的法院或法庭修改或撤销。[20]

然而，有人指出，这一规定是模棱两可的，因为它似乎允许处理此类案件的法院或法庭自己采取行动，违反了同一条第 2 款的规定，该款要求争端一方提出请求。因此，在非正式综合协商案文中，这一规定简化为：

4. 一旦证明临时措施正当的情况改变或停止存在的情况下，此类临时措施可能被修改或撤销。[21]

290. 6. 由于所有这些变化，第二九〇条成为一项相当复杂的规定，试图确保一方面在需要时迅速提供临时措施；另一方面，这项特别权力要谨慎行使，不要过多地干涉有关国家的权利。因此，当争端被提交到一个因为需要时间组建而不能立即采取行动的法庭时，只给予争端各方两周时间（从请求临时措施的日期开始）就既有的法院或法庭规定此类措施达成协议。如果他们在两周内没有就任何其他法院或法庭达成协议，国际海洋法法庭（或在海底采矿案件中的海底争端分庭）将被授权，在争端一方提出请求并给予争端各方陈述意见的机会后，制定临时措施。然而，该法庭只有在以下情况下才能采取行动：（a）已向其提交争端的法庭似乎对争端各方和争端的主题具有初步的管辖权；（b）情况的紧迫性要求采取临时措施；或（c）需要采取此类措施来维护争端各方各自的权利，或需要采取此类措施防止对海洋环境造成严重损害。

290. 7. 当争端提交给现有法院或法庭时，情况会更加直接，法院或法庭可以立即行使特别管辖权来规定临时措施。除国际法院和国际海洋法法庭或其任何预选分庭外，争端各方可能事先同意，一些常设法院或法庭——如欧洲经济共同体法院——应（根据《公约》第二八二条）裁决它们之间的海洋法争端。任何此类法院或法庭在根据《公约》第十五部分行使管辖权时（与根据其他国际协定可能行使的任何其他管辖权不同），将有权规定"在这种情况下它认为适当的任何临时措施"。然而，根据第二九〇条，任何此类法院、法庭或者仲裁法庭还必须遵守下列规定临时措施的一般条件：（a）它只能应争端一方的请求并在给予争端各方陈述意见的机会（第 3 款）之后采取行动；和（b）必须采取规定的措施"以维护争端各方各自的权利"或"防止对海洋环境造成严重损害（第 1 款）。"

290. 8. 与临时措施有关的裁决按其性质来说是临时性的，要"等待最终裁决"，

---

[20] 见订正的单一协商案文第四部分第十二条第 4 款（资料来源 4）。

[21] 非正式综合协商案文，第二九〇条第 4 款（资料来源 5）。此款没有进一步的实质性改动，但在纳入公约草案的最后文本中，颠倒了词组顺序（资料来源 9）。

由案件的最终判决或裁决决定其命运。该判决或裁决可终止，或在指定期间内或永久地继续，或修改以符合终审判决的条款。即使在作出最后决定之前，原先证明有理由规定临时措施的情况也可能改变或完全消失。在这种情况下，负责解决争端的法院或法庭可修改或撤销临时措施。同样，只有在一方提出请求并给双方一个陈述意见的机会之后，才能这样做。万一在设立主管法庭之前情况有所改变，国际海洋法法庭或任何其他具有特别管辖权根据第二九〇条第5款规定临时措施的法院或法庭，必须决定是否应改变或撤销这些措施。一旦争端最初提交的法庭组成，该法庭就接管临时措施问题，并可以根据第二九〇条第1款至第4款规定的一般条件，修改、撤销或确认这些措施。如果根据第二九〇条第5款行使职能的法院或法庭最初规定的临时措施，在争端最初提交的法庭组成之前已被上述法院或法庭撤销，可在争端最初提交的法庭组成后立即对上述的撤销进行重新考虑，并规定其认为适当的临时措施。然后，它可以恢复已撤销的措施，也可以规定不同的措施（但须再次符合第二九〇条第1至第4款规定的条件）。

290.9. 第二九〇条第6款明确规定，争端各方有义务迅速遵守该条规定（或修改）的任何临时措施。为了加强舆论对双方临时措施的压力，所有临时措施或临时措施的修改或撤销通知不仅发送给争端各方，而且也发送给法院或法庭认为适当的《公约》其他缔约国（第二九〇条第4款）。

第二九一条　使用程序的机会

1. 本部分规定的所有解决争端程序应对各缔约国开放。

2. 本部分规定的解决争端程序应仅依本公约具体规定对缔约国以外的实体开放。

资料来源

1. A/CONF. 62/L. 7（1974 年），第七节，《正式记录》第三卷，第 85 页（澳大利亚等）。

2. A/CONF. 62/WP. 9（非正式单一协商案文，第四部分，1975 年），第十三条，《正式记录》第五卷，第 111 页（海洋法会议主席）。

3. A/CONF. 62/WP. 9/Add. 1（1975 年），第 28~29 段，《正式记录》第五卷，第 122、124 页（海洋法会议主席）。

4. A/CONF. 62/WP. 9/Rev. 1（非正式单一协商案文，第四部分第一次修订稿，1976 年），第十三条，《正式记录》第五卷，第 185 页（海洋法会议主席）。

5. A/CONF. 62/WP. 9/Rev. 2（订正的单一协商案文，第四部分，1976 年），第十三条，《正式记录》第六卷，第 144 页（海洋法会议主席）。

6. A/CONF. 62/WP. 10（非正式综合协商案文，1977 年），第二九一条，《正式记录》第八卷，第 1、47 页。

7. A/CONF. 62/WP. 10/Rev. 1（非正式综合协商案文第一次修订稿，1979 年，油印本），第二九一条。转载于《第三次联合国海洋法会议文件集》第一卷，第 375、493 页。

8. A/CONF. 62/WP. 10/Rev. 2（非正式综合协商案文第二次修订稿，1980 年，油印本），第二九一条。转载于《第三次联合国海洋法会议文件集》第二卷，第 3、120 页。

9. A/CONF. 62/WP. 10/Rev. 3*（非正式综合协商案文第三次修订稿，1980 年，油印本），第二九一条。转载于《第三次联合国海洋法会议文件集》第二卷，第 179、299 页。

10. A/CONF. 62/L. 78（公约草案，1981 年），第二九一条，《正式记录》第十五卷，第 172、200 页。

起草委员会

11. A/CONF. 62/L. 75/Add. 2（1981 年，油印本）。

12. A/CONF. 62/L. 82（1981 年），《正式记录》第十五卷，第 243 页（起草委员会

主席）。

非正式文件

13. SD. Gp/2nd Session/No. 1/Rev. 5（1975 年，油印本），第十三条；作为 A/CONF. 62/Background Paper 1 号文件再次印发（1976 年，油印本），第十三条（关于处理解决争端问题的非正式小组联合主席）。转载于《第三次联合国海洋法会议文件集》第十二卷，第 108、194 页。

评　注

291. 1. 第二九一条涉及海洋法公约第十五部分的解决争端程序应向谁开放的问题。向公约缔约国开放所有这些程序没有问题。但是，对其他实体提出了不同的问题。虽然与会者迅速商定，这些实体可能需要有权使用在第一八七条中与特定海底争端有关的特别程序，但从一开始就有人反对这些实体普遍进入公约规定的其他程序。有人特别指出，这个公约在任何情况下都不能提供与国际法院所涉国家以外的实体接触的机会，因为"在法院得为诉讼当事国者，限于国家。"①

因此，第二九一条第 1 款的一般规定将第十五部分规定争端解决的所有程序只向缔约国开放。另一方面，第二九一条第 2 款将第十一部分第五节规定的解决争端程序开放给"缔约国以外的实体"，但须符合该节特别是第一八七条规定的条件。该条对各类争端之间进行了区分，其中一些争端规定了国际海底管理局、企业部（代表国际海底管理局开展第一七〇条规定的各种活动）、国有企业以及自然人和法人诉诸解决争端程序的途径，②此外，根据附件六第二十条，国际海洋法法庭，"按照案件当事所有各方接受的将管辖权授予法庭的任何其他协定提交的任何案件"，对公约缔约国以外的实体开放。根据附件六第三十七条，海底争端分庭"应对各缔约国、管理局和第十一部分第五节所指的实体开放"。附件七第十三条规定，该附件下的仲裁程序对缔约国以外的实体开放，本规定也适用于附件八第四条规定的特别仲裁程序。最后，附件九规定，根据第十五部分，法庭向属于国际组织（国际法院除外）的公约缔约方开放。③

291. 2. 这种复杂的安排是长期协商的结果，在协商中，一些国家主张只有国家才有权诉诸国际法庭的传统规则；另一些国家则指出，《联合国宪章》确认，个人有权享

---

①　《国际法院规约》，第三十四条第 1 款。

②　关于各实体诉诸第十一部分第五节所述程序申诉的讨论，见本系列丛书第三卷第一八七条评注。评注中还讨论了第一八八条和第一九〇条以及附件六第二十条和第三十七条的其他问题。

③　见对附件九的评注，特别是下文第 A. IX. 10 段。

有国际法规定的权利，而提供个人可以用来保护这些权利的国际机制的时候来到了。还有人指出，国际法院承认国际组织的国际人格以及利用国际程序维护自身权利的权利。④

291. 3. 在海洋法会议第二期会议上（1974 年），关于解决争端问题的非正式工作组提出了关于诉诸解决争端程序的两种备选方案（资料来源 1）。根据第一种备选方案，争端解决机制将向公约缔约国开放。此外，该机制向"其他国家、政府间国际组织［与联合国或联合国专门机构或任何其他国际组织有咨商关系的非政府国际组织］、自然人和法人开放的条件"，将载入公约附件中，但这在任何情况下都不会使任何缔约方处于不平等的地位。第二种选择是，只有缔约国和国际海底管理局才能使用争端解决机制。

1975 年，该非正式工作组表示倾向于采用第一种备选案文，但进行了某些修改。除缔约国外，向根据公约设立的法庭申诉的机会应"向其他国家、以观察员身份参加第三次海洋法会议的领土、政府间国际组织开放，并在本公约规定的任何时候向自然人和法人开放"（资料来源 13）。这种允许申诉的条件不是由附件规定的，而是由缔约国在公约生效后紧接着就举行的一次会议上规定的。该工作组指出，公约的其他章节（例如，在海底争端的情况下）可能会提供更多的申诉机会。最后，工作组指出，"只要国际法院不向国家以外的实体开放"，关于这种扩大申诉机会的任何规定都不适用于国际法院。

291. 4. 阿梅拉辛格主席在提交非正式单一协商案文第四部分（资料来源 3）时的备忘录中指出：（a）公约实质性部分的各项规定将权利和义务强加给了缔约国以外的争端各方；（b）有效解决与这些规定有关的争端，将需要一定程度的限制这些争端方进入争端解决机制的机会；以及（c）在与海底区域开发有关的合同安排或其他安排以及给予外国占领或殖民统治下领土的权利方面，这种机会特别必要。他承认，有些国家倾向于限制国家和国际海底管理局使用争端解决机制，要求其他实体"将其案件委托给它们是其国民的一个或多个国家处理"。尽管如此，他还是提出了以下详细案文（资料来源 2），全面论述了该议题的各个方面：

1. 本章第九条规定的法庭对缔约方开放。

2. 诉诸国际法院应遵守……《联合国宪章》第九十三条和第九十六条以及《法院规约》第三十四条、第三十五条和第六十三条。

3. 本条的规定不妨碍本公约所规定的使用本公约其他各章或其任何附件规定的任何特别程序。

---

④ 见《执行联合国服务时所受伤害的赔偿》（咨询意见），1949 年国际法院《判决、咨询意见和命令汇编》174、179 页。关于承认某些国际组织的新地位，见下文对附件九的评注。

4. 本公约规定的解决争端程序应向非本公约缔约国的国家、以观察员身份参加政府间国际组织第三次联合国海洋法会议的领土，或一自然人或法人开放，在与缔约方平等的基础上，向联合国秘书长交存声明，声明有关国家、领土、组织或个人接受本公约所载关于解决争端的规定，同意遵守根据本公约作出的任何有拘束力的决定，并承诺为各机构解决争端的费用分摊缔约方与有关国家、领土、组织或个人协商后不时确定的公平数额。

5. 此种声明可包括普遍接受海洋法法庭或仲裁法庭的管辖权，或在一国可就任何缔约方、其他国家、领土诉诸国际法院或该法院的管辖权的情况下接受同样义务的组织或个人。

6. 对于与根据本公约缔结的协议或安排的解释或适用有关或与其宗旨有关的任何争端，也可通过该协议或安排中的适当规定具体接受这种管辖权。

7. 本公约缔约国可随时声明，对于本章适用的任何争端，或对有权诉诸国际法院的国家与下列一种或多种类比有关的该法院管辖权，接受海洋法法庭或仲裁法庭的管辖：

（a）根据第 4 至第 6 款接受相同管辖权的任何非本公约缔约国的国家；

（b）以观察员身份参加第三次联合国海洋法会议并根据第 4 至第 6 款接受同一管辖权的任何领土；

（c）根据第 4 至第 6 款接受同一管辖权的任何政府间国际组织；

（d）根据第 4 至第 6 款接受同一管辖权的任何自然人或法人。

8. 本公约缔约国还可具体接受本公约所规定的解决与第 7 款所列任何一类或一类以上相关的争端的机制的管辖权，关于根据本公约缔结的或与其宗旨有关的协议或安排的解释或适用的任何争端，根据该协议或安排中的适当规定处理。

9. 根据本条作出的任何声明、协定或安排，如规定本公约所指明的争端解决机制的管辖权，应交存联合国秘书长。他应将其副本和根据第 4 款作出的声明的副本送交所有缔约方以及根据第 4 款作出声明的任何国家、领土、组织或个人。

虽然根据这项提案可以获得非常广泛的申诉机会，但任何法院或法庭对缔约国和其他实体的实际管辖权将取决于一些国家可能愿意作出的、但不能强加给不愿行使这一选择权的国家的任择的和相互的声明。

291.5. 在第四期会议（1976 年）的一般性辩论中，许多发言者拒绝接受阿梅拉辛格主席草案中给予广泛申诉机会的条款。在反对该草案时，一位代表指出，

与公约解释和适用有关的争端的性质只能是国家之间的争端，只有国家

才能成为争端的当事方。无论从实质上还是从司法角度来看，允许私营公司和各种政府间组织诉诸解决争端程序都是没有道理的。如果一家私营公司试图将对公约条款最有利于公司的解释强加于各国，从而引发与它们的争端，就会出现不正常的情况。私人公司将主权国家告上法庭的权利将违反主权原则。不应让私营公司直接进入解决争端程序。如果私人公司所拥有的国籍国不参与争端，则不应根据公约的规定产生国际争端。关于国际组织，《联合国宪章》没有授权联合国参与各国在与任何公约的解释和适用有关的事项上的争端，因此，在公约中列入给予其他国际组织这种权利的一般法律规则是不合理的。⑤

其他国家虽然反对国家以外的实体普遍进入该申诉程序，但愿意接受给予它们对与海底采矿有关的活动的申诉权。⑥

291.6. 由于这些反对意见，阿梅拉辛格主席完全修订了案文（资料来源4），减至三项基本主张：（a）所有解决争端程序均向缔约国开放；（b）公约有关海底争端的部分将提供更广泛的申诉权；（c）船东、被扣留船只的经营人或船长将能够根据该草案第十五条（后来为第二九二条）将扣留问题提交海洋法法庭审理。⑦鉴于该草案第十四条（后来为第二九二条）的修改，下一条案文中删除了第三条，它将提出主张的权利交给船旗国（资料来源5）。⑧

291.7. 在阿梅拉辛格主席修订第十三条第2款时，该款宽泛地规定，"不论本公约的规定何时允许"，可向缔约国以外的实体开放这个公约规定的任何解决争端程序（资料来源5，第2段）。鉴于有人反对这一措辞，并考虑到只有非正式综合协商案文第十一部分规定缔约国以外的实体可以使用这一措辞，于是就对有关段落进行了修订，改为"按照本公约第十一部分第六节［后来为第五节］的规定"，第十五部分规定的程序仅向缔约国以外的实体开放（资料来源6，第2段）。鉴于上文第291.1

⑤ 苏联代表的发言，第58次全体会议（1976年），第29段。《正式记录》第五卷第11页。另见联合王国在全体会议上的发言，第59次会议，第26段，同上，第15页；尼加拉瓜，同上，第33段，同上，第16页；德意志民主共和国，同上，第74段，同上，第20页；葡萄牙，第60次会议，第40段，同上，第25页；罗马尼亚，第61次会议，第14段，同上，第31页。

⑥ 见萨尔瓦多代表在全体会议上的发言，第58次会议，第11段，《正式记录》第五卷第9页；智利，第59次会议，第67段，同上，第20页；荷兰，第60次会议，第10段，同上，第22页；秘鲁，第61次会议，第39段，同上，第33页；肯尼亚，同上，第52段，同上，第34页；特立尼达和多巴哥，第62次会议，第39段，同上，第39页；菲律宾，同上，第85段，同上，第42页；乌拉圭，同上，第95-97段，同上，第43页；加拿大，第65次会议，第9段，同上，第50页。

⑦ 美国在第61次全体会议（1976年）上建议，需要对被扣留的船只给予特别待遇，第20段，《正式记录》第五卷第32页。

⑧ 关于第二九二条后来的变化，见下文第292.9段。

段所述的事态发展，公约草案再次扩大了这一规定（资料来源10），因此第二九一条第2款后来将公约的解决争端程序开放给公约中"仅按具体规定的缔约国以外的实体"。

第二九二条　船只和船员的迅速释放

1. 如果缔约国当局扣留了一艘悬挂另一缔约国旗帜的船只，而且据指控，扣留国在合理的保证书或其他财政担保经提供后仍然没有遵从本公约的规定，将该船只或其船员迅速释放，释放问题可向争端各方协议的任何法院或法庭提出，如从扣留时起十日内不能达成这种协议，则除争端各方另有协议外，可向扣留国根据第二八七条接受的法院或法庭，或向国际海洋法法庭提出。

2. 这种释放的申请，仅可由船旗国或以该国名义提出。

3. 法院或法庭应不迟延地处理关于释放的申请，并且应仅处理释放问题，而不影响在主管的国内法庭对该船只、其船主或船员的任何案件的是非曲直。扣留国当局应仍有权随时释放该船只或其船员。

4. 在法院或法庭裁定的保证书或其他财政担保经提供后，扣留国当局应迅速遵从法院或法庭关于释放船只或其船员的裁定。

资料来源

1. A／AC.138／97，第八条，第2款，转载于1973年《海底委员会报告》第二卷，第22页（美国）。

2. A／CONF.62／WP.9（非正式单一协商案文，第四部分，1975年），第十五条，《正式记录》第五卷，第111页（海洋法会议主席）。

3. A／CONF.62／WP.9／Rev.1（非正式单一协商案文，第四部分第一次修订稿，1976年），第十五条，《正式记录》第五卷，第185页（海洋法会议主席）。

4. A／CONF.62／WP.9／Rev.2（订正的单一协商案文，第四部分，1976年），第十四条，《正式记录》第六卷，第144页（海洋法会议主席）。

5. A／CONF.62／WP.10（非正式综合协商案文，1977年），第二九二条，《正式记录》第八卷，第1、47页。

6. A／CONF.62／WP.10／Rev.1（非正式综合协商案文第一次修订稿，1979年，油印本），第二九二条。转载于《第三次联合国海洋法会议文件集》第一卷，第375、493～494页。

7. A／CONF.62／WP.10／Rev.2（非正式综合协商案文第二次修订稿，1980年，油印本），第二九二条。转载于《第三次联合国海洋法会议文件集》第二卷，第3、120～121页。

8. A／CONF.62／WP.10／Rev.3 * （非正式综合协商案文第三次修订稿，1980年，油印本），第二九二条。转载于《第三次联合国海洋法会议文件集》第二卷，第 179、299 页。

9. A/CONF. 62/L. 78（公约草案，1981 年），第二九二条，《正式记录》第十五卷，第 172、220 页。

起草委员会

10. A/CONF. 62/L. 75/Add. 2（1981 年，油印本）。

11. A/CONF. 62/L. 82（1981 年），《正式记录》第十五卷，第 243 页（起草委员会主席）。

非正式文件

12. SD. Gp/2nd Session/No. 1/Rev. 5（1975 年，油印本），第十五条，作为 A/CONF. 62/Background Paper 1 号文件再次印发（1976 年，油印本），第十五条（关于处理解决争端问题的非正式小组联合主席）。转载于《第三次联合国海洋法会议文件集》第十二卷，第 108、194 页。

评　注

292. 1. 第二九二条涉及一些代表团特别关注的一个问题；也就是，如果船只因违反沿海国的规章（例如与捕鱼或海洋污染有关的规章）而被扣留，则应在缴纳保证金后立即予以释放。他们认为公约中仅就这一问题有实质性规定是不够的；[①]他们认为还需要进一步的程序保障措施，包括诉诸国际法庭以获得迅速释放。例如，美国在 1973 年建议（资料来源 1）：

> 被任何国家扣留的任何船只的船东或经营人有权将扣留该船只的问题提交［海洋法］法庭，以确保该船只按照本公约可适用的规定迅速获释，但不影响针对该船只的任何案情。[②]

292. 2. 1975 年关于解决争端问题的非正式工作组接受了确保船只迅速获释需要特别国际程序的想法，认为草案（资料来源 12）难以适当平衡与被扣留船只有关的人员和船旗国的利益，以及被扣船所涉沿海国的利益。首先，有人建议，公约不仅应保护被扣留的船只，还应保护其船员或任何被扣留的乘客免受长期扣留。在不需要船旗国

---

① 例如见第七十三条第 2 款；第二二〇条第 7 款和第二二六条第 1 款（b）项。另见第二十七条第 3 款。

② 另见美国在第 61 次全体会议（1976 年）上的发言，第 20 段。《正式记录》第五卷第 32 页。

干预的情况下，直接向"船东或经营人、船员或乘客"授予对扣留提出申诉的权利，允许他们向海洋法法庭提出申诉，不管船只被扣留的国家可能选择了什么不同的选项（选择了国际法院、仲裁法庭或特别仲裁法庭作为对其提出任何申诉的主管法院或法庭）。海洋法法庭必须规定加快处理该案的程序，法庭关于释放船只或其船员或乘客的决定，扣留国当局应立即遵守。同时，为保护扣留国，规定释放须符合公约关于这一问题的实质性规定，特别是那些要求缴纳适当保证金的规定；以及在扣留国对该船只或其船员或乘客提起的诉讼，或对该船只或其船员或乘客的释放，均不会受到影响。对他们案件的案情调查将继续进行，任何罚款和诉讼费用将从释放前缴纳的保证金或任何其他财政担保中支付。

292. 3. 阿梅拉辛格主席在其草案初稿中列入了这项提案的实质性内容（资料来源 2），但他做了一项基本修改：把扣留问题提交海洋法法庭的权利赋予船只登记国，而不是私人当事方。

292. 4. 在海洋法会议第四期会议上（1976 年），与会者强烈反对赋予个人诉诸海洋法法庭的一般权利（见上文第 291.5 段）。同时，也有人施压要求恢复有关个人直接向海洋法法庭提出扣留问题的权利，并允许在场的船只登记国官员向法庭提出这一问题。据说，允许一国长期扣留一艘油轮的费用极为高昂，会导致石油产品价格进一步上涨，如果渔船在短短的捕鱼季节的很大一部分时间里被扣留，渔民将遭受巨大损失。还有人认为，政府机构办事烦琐，如果船东必须回到登记国政府寻求协助，以获得释放的机会，就不能指望迅速采取行动。

因此，阿梅拉辛格主席在其草案第二稿（资料来源 3）中列入了一项扩大诉讼程序权利的规定，允许"船舶登记国通过代表其办理的外交或领事官员以及船东、经营人或船长"向法庭提出这一问题。为了减轻那些不愿将专属管辖权授予海洋法法庭的国家的忧虑，第二份草案规定，始终允许争端各方"商定另一个法庭"，这一规定符合《公约》争端解决制度的一般原则，即程序应是灵活的，只要当事各方同意遵循程序，就可拥有广泛的斟酌决定权。第二稿还强调，海洋法法庭或当事各方选择的法院或法庭应迅速处理释放申请；而且国际程序应仅限于释放问题，不应损害在被扣留国的适当法庭对该船只、船员或乘客待决正当诉讼的法律程序。

292. 5. 在下一轮讨论中，使关于释放船只的规定更加有效的趋势愈发明显。甚至该条的标题也从"船只的扣留"改为了"船只的迅速释放"。为了明确这一规定并不适用于所有扣留案件（例如，包括领海内的扣留案件），阿梅拉辛格主席第三稿（资料来源 4）的引言第 1 段中包含了一个交叉参考，即被扣船国未能"遵守本公约关于在缴纳合理的保证金或其他担保后立即释放船只或其船员的有关规定"对扣留的申诉仅限于公约实质性部分明确规定的案件。③为了进一步符合实质性条款，并克服在"保证金"

---

③ 见前注①。

一词上可能存在的技术性问题，对"保证金"的提法改为"合理的保证金"，并增加了对"其他担保金"（在后来的案文中称为"财政担保"）的提法。

292.6. 事实证明，关于解决有关争端的法庭更难达成协议。鉴于反对将国际海洋法法庭定为强制性法庭，阿梅拉辛格主席扩大了订正的单一协商案文中的管辖条款（资料来源 4），允许将释放船只或其船员的问题提到"海洋法法庭，或双方根据第九条［后来为第二八七条］接受的解决与航行有关的争端的任何其他法院或法庭，除非双方另有协议。"

然而，这项规定并不令人满意，因为"航行"的提法被认为是将选择范围缩小到了一种特别程序。一些沿海国还坚持认为，在这一干涉沿海国司法权的特殊案件中，应优先考虑由沿海国选择一个国际法庭。另一方面，有人担心国内法院可能出现拖延，需要采取"迅速"行动获得释放。

292.7. 考虑到所有这些意见，在非正式综合协商案文中体现了一项折中方案（资料来源 5），并以这种形式保留在最后文本中（只是在措辞上做了一些微小改动）。它给予扣留国"自扣留之日起 10 天"的时间，安排释放船只或其船员，或就应向其提出释放问题的国际法院或法庭与其他有关国家达成协议；该法院或法庭可以是第二八七条所述的法院或法庭，也可以是任何其他法院或法庭。

在这 10 天里，可能会出现一些情况。如果地方法庭迅速决定保证金或其他财政担保的数额并释放船只，就没有问题。如果它拖延不做决定，则第二九二条第 1 款生效，可将此事提交"扣留国根据第二八七条接受的法院或法庭，或国际海洋法法庭"。如果地方法庭拒绝保释请求，或者争端各方认为保证金不合理，如果在 10 天内仍有时间，该争端各方应当设法请求撤销决定。但是，如果在 10 天期限届满之前没有上诉的可能性，或者没有机会对该上诉作出裁决，各方应设法就释放问题与提交的法院或法庭达成协议。如果在 10 天期限届满前无法就这样一个法院或法庭达成协议，则适用公约关于选择法庭的规定。如果在 10 天期限届满前已提出上诉但未作出决定，则应遵循同样的程序。一旦期限届满，仍有 3 种选择：（a）当事各方可同意延长期限，或建立处理该案件的其他程序；（b）释放问题可提交扣留国根据第二八七条接受的任何法院或法庭；（c）可提出该问题，由申请人酌情决定，提交国际海洋法法庭。

因此，无论在扣留国的法院或法庭进行的任何诉讼处于何种阶段，如果争端各方不同意其他事项，在扣留时间过了 10 天之后，可以将问题提交第二九二条第 1 款所述的两个法庭之一。虽然对时间限制有一定的刚性，但为了确保迅速采取行动，在可使用的程序方面存在灵活性，如果争端双方不想利用国际海洋法法庭，它们可以很容易地避免。

292.8. 即使扣留问题已提交国际法院或法庭，该法院或法庭的运作仍需一段时间。在该法院或法庭作出裁定之前，扣留国当局可通过释放船只或船员（第二九二条第 3 款），或因缴纳保证金或其他原因而使事情化解。与会者还普遍认为，在根据第二九二条进行的特别诉讼中，国际法院或法庭只应处理释放问题（而不应处理诸如延迟释放船只或船员的赔偿问题）。与案情有关的问题、针对船舶、船东或船员提起诉讼，应在适当的国内法庭处理。在这种情况下，必须根据公约第二九四条首先用尽当地补救办法，然后才能使用国际补救的办法。

292. 9. 前面曾指出，在草案第二稿中（资料来源 3），阿梅拉辛格主席扩大了在船只或船员被扣留的特别案件诉诸国际法庭的机会（见上文 291. 6 和 292. 4 段）。当一些沿海国和一些普遍反对允许私人诉诸国际法庭的其他国家提出强烈反对时，阿梅拉辛格主席提议，释放船只或其船员的申请应由"船只的船旗国"提出，或由"外交或领事官员"代表船旗国提出（资料来源 4，第 2 款）。这项提议排除了私人诉诸国际法庭的可能性，但保留了在船旗国法律授权的情况下由官员当场提出申请的可能性，而无须将此事提交给本国政府，因为这可能会导致更多的延误。

然而，这项建议被认为限制性太强，因为国际法允许一国以其认为任何适当的方式提出国际诉求。确定谁有权代表某一国家向国际法庭提出问题纯属国内法问题。一国可授权其中央政府官员、任何其他官员（例如领事或外交官员），甚至私人（例如船只的船长或船东）。因此，在非正式综合协商案文中列入了一项更一般性的规定，规定释放船只或船员的申请"只能由船只的船旗国或代表船只的船旗国提出"（资料来源5，第 2 段）。

292. 10. 扣留国当局可要求缴纳保证金或其他财政担保作为释放条件。在这种情况下，问题可能是保证金或其他财政担保是否合理。非正式综合协商案文明确表示，国际法院或法庭在下令释放船只或船员时，不应仅仅要求扣留国释放他们，而且必须确定由有关人员缴纳的保证金或其他财政担保的数额是否合理（资料来源 5，第 4 段）。虽然扣留国当局有义务迅速遵从国际法院或法庭的决定，但释放的条件是国际法院或法庭确定的保证金或担保的实际缴纳。但是，不允许扣留国当局要求比国际法院或法庭规定的更高的保证金或担保，即使是在抗议或有保留的情况下缴纳的。

第二九三条 适用的法律

1. 根据本节具有管辖权的法院或法庭应适用本公约和其他与本公约不相抵触的国际法规则。

2. 如经当事各方同意，第 1 款并不妨害根据本节具有管辖权的法院或法庭按照公允和善良的原则对一项案件作出裁判的权力。

资料来源

1. A/CONF. 62/L. 7（1974 年），第十节，《正式记录》第三卷，第 85、92 页（澳大利亚等）。

2. A/CONF. 62/WP. 9（非正式单一协商案文，第四部分，1975 年），第十六条，《正式记录》第五卷，第 111 页（海洋法会议主席）。

3. A/CONF. 62/WP. 9/Rev. 1（非正式单一协商案文，第四部分第一次修订稿，1976 年），第十六条，《正式记录》第五卷，第 185 页（海洋法会议主席）。

4. A/CONF. 62/WP. 9/Rev. 2（订正的单一协商案文，第四部分，1976 年），第十五条，《正式记录》第六卷，第 144 页（海洋法会议主席）。

5. A/CONF. 62/WP. 10（非正式综合协商案文，1977 年），第二九三条，《正式记录》第八卷，第 1、47 页。

6. A/CONF. 62/WP. 10/Rev. 1（非正式综合协商案文第一次修订稿，1979 年，油印本），第二九三条。转载于《第三次联合国海洋法会议文件集》第一卷，第 375、490 页。

7. A/CONF. 62/WP. 10/Rev. 2（非正式综合协商案文第二次修订稿，1980 年，油印本），第二九三条。转载于《第三次联合国海洋法会议文件集》第二卷，第 3、121 页。

8. A/CONF. 62/WP. 10/Rev. 3[*]（非正式综合协商案文第三次修订稿，1980 年，油印本），第二九三条。转载于《第三次联合国海洋法会议文件集》第二卷，第 179、299 页。

9. A/CONF. 62/L. 78（公约草案，1981 年），第二九三条，《正式记录》第十五卷，第 172、220 页。

起草委员会

10. A/CONF. 62/L. 75/Add. 2（1981 年，油印本）。

11. A/CONF. 62/L. 82（1981 年），《正式记录》第十五卷，第 243 页（起草委员会

主席）。

非正式文件

12. SD. Gp/2nd Session/No. 1/Rev. 5（1975 年，油印本），第十六条；作为 A/
CONF. 62/Background Paper 1 号文件再次印发（1976 年，油印本），第十六条（关于处
理解决争端问题的非正式小组联合主席）。转载于《第三次联合国海洋法会议文件集》
第十二卷，第 108、194 页。

评　注

293. 1. 第二九三条的早期版本包括 3 个要素：（a）争端解决机制应适用公约的法
律；（b）应确保在解释和适用公约时遵守法律的规则；（c）争端各方有权同意争端应
在事后解决（即，根据公平和公正的原则）（资料来源 1 至资料来源 3 和资料来源
12）。第一和第三个要素在经过一些修改后保留了第二九三条中的各种变化。第二个要
素源自《建立欧洲经济共同体条约》第一六四条（1957 年）①，于 1976 年被放弃，同
时，"the law of this〔or 'the present'〕Convention 的提法，被 "this Convention（本公
约）"（或 "the present Convention（本公约）"简单提法取代。②

293. 2. 根据第三〇八条第 4 款，"筹备委员会起草的规则、章程和程序"将构成
"适用法律"的一部分，至少是暂时性的，直至被国际海底管理局根据第十一部分制定
的规则、规章和程序所取代。

293. 3. 虽然从一开始，在根据公约具有管辖权的法院和法庭所适用的法律渊源中
就海洋法公约的优先权达成了协议，但对其他渊源的提及也发生了数次变化。1975 年
关于解决争端问题的非正式工作组规定了公约之外"任何其他适用的法律"（资料来源
12）；阿梅拉辛格主席的前两稿草案提到适用"本公约的法律、其他国际法规则和任何
其他可适用的法律"（资料来源 2 和资料来源 3）。在讨论这项规定时，有人反对承认
任何非国际法规则的法律规则的适用性；甚至在国际法方面，也有人坚持认为，公约
通过后，一些规则可能会过时，公约必须优先于它们。因此，"其他可适用的法律"的
提法被删除，并明确表示，如果其他国际法规则与公约相抵触，则不适用这些规则。③

293. 4. 自始至终，在各种讨论中大家都一致认为，在某些情况下，法院或法庭可

---

① 《联合国条约集》第 298 卷第 11、73 页（1958 年）；《欧洲年鉴》第四卷第 413 页（1958 年）；关于经修
正的条约（1972 年），见《联合王国条约集》第 15 页（1979 年），《英王敕令》第 7460 号。

② 参考非正式单一协商案文，第四部分第一次修订稿（资料来源 3），以及订正的单一协商案文第四部分
（资料来源 4）。

③ 这一规定首先体现在订正的单一协商案文第四部分（资料来源 4）中，而订正的单一协商案文及其后继案
文（资料来源 5 至资料来源 9）似乎只做了一些小的文体改动。

能会就某一问题作出公允的裁决。这项提案是根据《国际法院规约》第三十八条第2款提出的。根据该案文第1段，法院应根据国际法运作，并应适用其中所列的该法的4个渊源。但是，在第2款中，第1款的规定"如经当事各方同意，第1款并不妨害根据本节具有管辖权的法院或法庭按照公允和善良的原则对一项案件作出裁判的权力。"在第二九三条早期的初稿中（资料来源1至资料来源2和资料来源12），该条款重新措辞如下：

> 本章的规定不应损害争端各方同意按照公允和善良原则解决争端的
> 权利。④

在1976年的讨论中指出，这一规定似乎比法院或法庭更强调争端各方的作用。它明确指出，重点在于法院或法庭将作出公允的裁决。因此，对案文进行了修订，将两个基本要素包括在内：（a）为了使法院或法庭行使裁决权，必须通过争端各方之间的协议给予具体授权；（b）在这种情况下，根据第十五部分第二节具有管辖权的法院或法庭，有义务做出公允的决定。因此，阿梅拉辛格主席草案第三稿（资料来源4）第十五条第2款如下：

> 如果争端各方同意，根据本节具有管辖权的法院或法庭应作出公允的
> 裁决。

这一案文已纳入非正式综合协商案文第二九三条及其后继案文（资料来源5至资料来源9）。

根据起草委员会的建议，此款做了修改，以更接近《国际法院规约》中的平行条款（第三十八条第2款）（资料来源10）。

293.5. 最后，应当指出，与适用法律有关的规定也载于公约的若干附件中，并将在适当的评注中加以讨论。⑤

---

④ 见资料来源12。与《国际法院规约》相比，这一微妙的重新措辞似乎已经将重点从法院或法庭的行动权转移到各方的同意权。在非正式单一协商案文第四部分第十六条第3款中，"settled（已解决）"改成了"decided（已决定）"。

⑤ 见附件三第二十一条；附件六第二十四条和第三十八条。

第二九四条　初步程序

1. 第二八七条所规定的法院或法庭，就第二九七条所指争端向其提出的申请，应经一方请求决定，或可自己主动决定，该项权利主张是否构成滥用法律程序，或者根据初步证明是否有理由。法院或法庭如决定该项主张构成滥用法律程序或者根据初步证明并无理由，即不应对该案采取任何进一步行动。

2. 法院或法庭收到这种申请，应立即将这项申请通知争端他方，并应指定争端他方可请求按照第 1 款作出一项决定的合理期限。

3. 本条的任何规定不影响争端各方按照适用的程序规则提出初步反对的权利。

资料来源

1. A/CONF. 62/WP. 10（非正式综合协商案文，1977 年），第二九六条，第 1 款，《正式记录》第八卷，第 1、48 页。

2. A/CONF. 62/WP. 10/Add. 1（1977 年），《正式记录》第八卷，第 65、70 页（海洋法会议主席）。

3. A/CONF. 62/WP. 10/Rev. 1（非正式综合协商案文第一次修订稿，1979 年，油印本），第二九七条。转载于《第三次联合国海洋法会议文件集》第一卷，第 375、490 页。

4. A/CONF. 62/WP. 10/Rev. 2（非正式综合协商案文第二次修订稿，1980 年，油印本），第二九七条。转载于《第三次联合国海洋法会议文件集》第二卷，第 3、123 页。

5. A/CONF. 62/WP. 10/Rev. 3*（非正式综合协商案文第三次修订稿，1980 年，油印本），第二九四条。转载于《第三次联合国海洋法会议文件集》第二卷，第 174、299~300 页。

6. A/CONF. 62/L. 78（公约草案，1981 年），第二九四条，《正式记录》第十五卷，第 172、220 页。

起草委员会

7. A/CONF. 62/L. 75/Add. 2（1981 年，油印本）。

8. A/CONF. 62/L. 82（1981 年），《正式记录》第十五卷，第 243 页（起草委员会主席）。

9. A/CONF. 62/L. 152/Add. 25（1982 年，油印本）。

10. A/CONF. 62/L. 160（1982 年），《正式记录》第十七卷，第 225 页（起草委员会主席）。

非正式文件

11. NG5/2（1978 年），第二九六条，第 2 段（沿海国集团）。转载于《第三次联合国海洋法会议文件集》第九卷，第 351～352 页。

12. NG5/7（1978 年），第二九六条，第 2 段（瑞士）。转载于《第三次联合国海洋法会议文件集》第九卷，第 355 页。

13. NG5/8（1978 年），第二九六条，第 1 段（a）项（德意志联邦共和国）。转载于《第三次联合国海洋法会议文件集》第九卷，第 356 页。

14. NG5/12（1978 年），第二八七条之二（以色列）。转载于《第三次联合国海洋法会议文件集》第九卷，第 358 页。

15. NG5/16（1978 年），第二九六条之二（第五协商小组主席），转载于 A/CONF. 62/RCNG/1（1978 年），《正式记录》第十卷，第 13、120 页。

16. NG5/17（1978 年），转载于 A/CONF. 62/RCNG/1（1978 年），《正式记录》第十卷，第 13、117 页（第五协商小组主席）［本文件在转载于《正式记录》第十三卷英文版本时删掉了标号"NG5/17"］。

评 注

294. 1. 第二九四条的起源相对较近。它最早出现于 1977 年，当时有人试图为与沿海国根据公约有关专属经济区和大陆架的规定行使主权权利或管辖权有关的争端提供解决程序。这一事态发展导致一些沿海国担心：它们可能被迫在国际法院或法庭上为太多的案件辩护，使其财政资源捉襟见肘和占用熟练的人力资源；应被保护免受轻率投诉的骚扰。第一个问题在第二九七条的评注中进行了讨论；第二个问题导致在旧的第二九六条（现为第二九七条）和后来单独的第二九七条（现为第二九四条）中插入"避免滥用法律程序的程序手段"（资料来源 2）。

294. 2. 非正式综合协商案文第二九六条插入的关于这一问题的第一条案文（资料来源 1），在与沿海国行使公约规定的主权权利或管辖权有关的争端中规定了下列保障措施：

（a）在本条规定适用的任何争端中，法院或法庭不得要求争端他方或当事各方作出答复，除非提出争端的一方已初步证明其主张是有根据的；

（b）该法院或法庭不得受理其认为构成滥用法律程序、轻率或无理取闹

的任何申请；及

（c）该法院或法庭须立即通知争议的他方该争议已提交，而他方如有此意愿，有权就该申请的受理提出反对。

294. 3. 在海洋法会议第七期会议上（1978年），专门设立了第五协商小组，审议与沿海国在专属经济区行使主权权利有关的争端的解决，并由康斯坦丁·A. 斯塔夫罗普洛斯（Constantin A. Stavropoulos）大使（希腊）担任主席（见下文第297.14段）。虽然该小组的主要意见分歧是由于一些代表团强烈反对法院或法庭的任何强制性裁决，但一些代表团还认为，"如果受到滥用法律程序和大量适用解决争端程序的侵扰，他们的主权权利和斟酌决定权就无法有效行使"（资料来源16）。因此，该小组重新起草了关于与专属经济区有关的某些争端的程序方面的规定，并将其分为新的第二九六条之二（资料来源8）（案文见下文297.15段）。此案文成为非正式综合协商案文第一次修订稿和第二次修订稿的第二九七条、非正式综合协商案文第三次修订稿和公约草案的第二九四条，起草委员会在最后阶段仅提出了一些小的措辞的改动（资料来源7）。

294. 4. 在根据初步证明有理由方面，早期的案文给提交争端的一方带来了沉重的负担。它还免除了他方作出答复的任何必要性，尽管该方将收到法院或法庭的通知，说明争议已经提交，如果愿意，它有权对申请的受理提出反对。根据这项提议，如果法院或法庭认定申请构成滥用法律程序或"轻率或无理取闹"（资料来源1），就有义务立即驳回申请。

294. 5. 在第五协商小组的讨论中，有人对这项规定提出了反对意见，因为他们认为，给申请人带来的负担太大，使用的语言太苛刻，特别是对主权国家而言。即使它们是代表其公民行事，人们也认为，各国不会提出轻率或无理取闹的主张。因此，重新起草了该条款，现在新的"初步程序"具有以下主要特点：

（a）当法院或法庭收到关于第二九七条所述争端的申请（即关于沿海国行使其主权权利或管辖权的申请，大概是关于专属经济区或大陆架的申请）时，应立即将申请情况通知争端的他方。

（b）同时，法院或法庭将确定一个合理的时限，在这个时限内，他方可要求法院或法庭裁定，这项权利主张构成滥用法律程序或根据初步证明并无理由。

（c）即使当事一方没有提出这种请求（例如，如果当事一方决定无视诉讼程序），法院或法庭或可自己主动决定该项权利主张是否构成滥用法律程序，或者根据初步证明是否有理由（可能是根据原申请或在收到申请人的补充资料之后）。

（d）如果法院或法庭认定，该项权利主张构成滥用法律程序或根据初步证明并无理由，即不会对该案采取任何进一步行动。法院或法庭似乎有必要立即将这一决定通知各方。

（e）如果法院或法庭裁定该项主张不构成滥用法律程序，而且根据初步证明是有理由的，符合其议事规则，则该项主张将按该案的正常程序继续进行。

（f）届时，争端任何一方有权根据适用的议事规则提出初步反对。在初步程序中作出的决定不应以任何方式影响争端任何一方提出此类初步反对的权利。

第二九五条　用尽当地补救办法

缔约国间有关本公约的解释或适用的任何争端，仅在依照国际法的要求用尽当地补救办法后，才可提交本节规定的程序。

资料来源

1. A/CONF. 62/L. 7（1974年），第八节，《正式记录》第三卷，第85、91页（澳大利亚等）。

2. A/CONF. 62/WP. 9（非正式单一协商案文，第四部分，1975年），第十四条，《正式记录》第五卷，第111页（海洋法会议主席）。

3. A/CONF. 62/WP. 9/Rev. 1（非正式单一协商案文，第四部分第一次修订稿，1976年），第十四条，《正式记录》第五卷，第185页（海洋法会议主席）。

4. A/CONF. 62/WP. 10（非正式综合协商案文，1977年），第二九四条，《正式记录》第八卷，第1、47页。

5. A/CONF. 62/WP. 10/Add. 1（1977年），《正式记录》第八卷，第65、70页（海洋法会议主席）。

6. A/CONF. 62/WP. 10/Rev. 1（非正式综合协商案文第一次修订稿，1979年，油印本），第二九四条。转载于《第三次联合国海洋法会议文件集》第一卷，第375、494页。

7. A/CONF. 62/WP. 10/Rev. 2（非正式综合协商案文第二次修订稿，1980年，油印本），第二九四条。转载于《第三次联合国海洋法会议文件集》第二卷，第3、121页。

8. A/CONF. 62/WP. 10/Rev. 3*（非正式综合协商案文第三次修订稿，1980年，油印本），第二九五条。转载于《第三次联合国海洋法会议文件集》第二卷，第179、300页。

9. A/CONF. 62/L. 78（公约草案，1981年），第二九五条，《正式记录》第十五卷，第172、220页。

起草委员会

10. A/CONF. 62/L. 75/Add. 2（1981年）。

11. A/CONF. 62/L. 82（1981年），《正式记录》第十五卷，第243页（起草委员会主席）。

非正式文件

12. SD. Gp/2nd Session/No. 1/Rev. 5（1975年，油印本），第十四条；作为 A/

CONF. 62/Background Paper 1 号文件再次印发（1976 年，油印本），第十四条（关于处理解决争端问题的非正式小组联合主席）。转载于《第三次联合国海洋法会议文件集》第十二卷，第 108、194 页。

评 注

295. 1. 事实证明，在诉诸第十五部分规定的解决争端程序之前是否需要用尽当地补救办法的问题是一个难以解决的问题。一方面，一些代表团声称，要求用尽当地补救办法的规则是国际法最古老的规则之一，为了保护沿海国不受外国渔民或外国船只无理取闹的主张的影响，这一规则尤其必要。有人指出，如果一个国家的法院能够得到适当的补救，那么通常该国不应承担国际责任。另一方面，其他代表团认为，大多数国家之间的海洋法争端将涉及这些国家的直接利益，这种争端不受当地补救办法规则的管辖。他们还认为，即使在一个国家代表私人争端各方提起诉讼的情况下，国际法也不要求在没有当地救济的情况下，或当该补救措施被认为不够或太慢或可能有偏见时适用该规则。他们最后指出，一些国际协定完全不要求用尽当地补救办法。①

295. 2. 1974 年，关于解决争端问题的非正式工作组提出了几种可能的备选方案，从要求在所有情况下用尽当地补救办法，到要求在某些情况下用尽当地补救办法，直到仅以相关国内法规定的任何补救办法尚未用尽为由，拒绝对根据《公约》向解决争端程序提交争端的请求提出异议权利的一项规定（资料来源1）。

295. 3. 1975 年的非正式工作组通过区分"一项争端……是与沿海国根据［公约］行使其管辖权有关，还是与其对［专属］经济区内资源行使管辖权有关"（资料来源12，第 1 段），以及"与［公约］的解释或适用有关的任何其他争端"（同上，第 2 段）达成了一项折中方案。在第一种情况下，如果以前没有按照国际法的要求用尽当地补救办法，争端一方无权将争端提交争端解决一章规定的程序。在第二种情况下，一国无权基于未用尽当地补救办法而提出反对。这一解决办法也包括在阿梅拉辛格主席的第一稿和第二稿草案中（资料来源 2 和资料来源 3），并做了一些小的修改。②

295. 4. 在 1976 年对海洋法会议主席草案第二稿（资料来源 3）的讨论中，提出的反对意见（有时是相互矛盾的）包括：（a）过于复杂；（b）两类之间的模糊区分可能

---

① 例如见《国际干预公海油污事件公约》，1969 年 11 月 29 日，第八条第 2 款。《联合国条约集》第 970 卷第 211 页（1975 年）；《美国条约和其他国际协定》第 26 卷第 765 页（1975 年）；美国《条约和其他国际条例集》第 8068 页。

② 在非正式单一协商案文第四部分中（资料来源 2），需要用尽当地补救办法的争端的定义改为"与沿海国根据本公约行使其专属管辖权有关的争端"。在非正式单一协商案文第四部分第一次修订稿中（资料来源 3），将此争端的定义扩展为"关于沿海国行使主权权利、专属权利或专属管辖权利的争端"，并增加了第 3 款，规定该条的规定不应损害第十八条的规定（关于某些例外情形和任择例外情形）。

造成许多实际困难；（c）这种例外与第十八条中所包含的内容（与各种例外和任择性例外有关的）之间的联系，假设存在从国内法院向国际法庭上诉的权利；（d）该规定试图建立国内程序优于国际程序的地位；（e）在对违反公约的情况进行迅速补救的道路上造成了不必要的障碍。由于这一连串的反对意见，关于用尽当地补救办法的规定被放弃，没有出现在阿梅拉辛格主席草案的第三稿中。③然而，有一项理解是，这一删除只是意味着，如果在某一争端中提出这一问题，将适用国际法的一般规则。

295.5. 在对这一问题进行了另一次讨论之后，与会者一致认为，应在非正式综合协商案文中插入一项关于用尽当地补救办法的简化条文（资料来源4）。在解释这项规定时，阿梅拉辛格主席只是说，"关于用尽当地补救办法的规定，这是公认的国际法原则，已在第二九四条［现为第二九五条］中重新提出"（资料来源5）。根据新的规定，关于用尽当地补救办法的规则将广泛适用于缔约国之间有关公约的解释或适用的所有争端。然而，这一规定的影响将因"按照国际法的要求"用尽补救办法的但书而减弱。人们清楚地理解（a）根据国际法，该规则有各种例外情况，例如，似乎没有充分的依据认为有关国家可提供足够的司法或其他补救措施；（b）该规则只适用于与具有一缔约国国籍的私人对另一缔约国的主张有关的争端；（c）在任何情况下，此条规定都不适用不涉及私人一方的争端，因为一国不能要求在纯粹的国家间的争端中服从另一个国家的法院；（d）这一规定不太可能适用与迅速释放船只有关的案件，因为在10天的强制期限届满后，任何当地程序都不会妨碍向主管国际法院或法庭求助。④

295.6. 因此，这些变化的结果是，第二九五条以相当间接的方式规定，无论与用尽当地补救办法有关的国际法规则如何，它们也将适用于海洋法争端。与某些先前的草案不同，最终文本既没有拓宽也没有缩小有关该问题的现行国际法规则。

---

③　见 A/CONF. 62/WP. 9/Rev. 2（订正的单一协商案文，第四部分，1976 年），《正式记录》第六卷第 144 页。

④　关于后一个问题，另见上文第 292.7 段。

第二九六条　裁判的确定性和拘束力

1. 根据本节具有管辖权的法院或法庭对争端所作的任何裁判应有确定性，争端所有各方均应遵从。

2. 这种裁判仅在争端各方间和对该特定争端具有拘束力。

资料来源

1. A/AC. 138/97，第七条，转载于 1973 年《海底委员会报告》第二卷，第 23 页。

2. A/CONF. 62/WP. 9（非正式单一协商案文，第四部分，1975 年），第十七条，《正式记录》第五卷，第 111 页（海洋法会议主席）。

3. A/CONF. 62/WP. 9/Rev. 1（非正式单一协商案文，第四部分第一次修订稿，1976 年），第十七条，《正式记录》第五卷，第 185 页（海洋法会议主席）。

4. A/CONF. 62/WP. 9/Rev. 2（订正的单一协商案文，第四部分，1976 年），第十六条，《正式记录》第六卷，第 144 页（海洋法会议主席）。

5. A/CONF. 62/WP. 10（非正式综合协商案文，1977 年），第二九五条，《正式记录》第八卷，第 1、47 页。

6. A/CONF. 62/WP. 10/Rev. 1（非正式综合协商案文第一次修订稿，1979 年，油印本），第二九五条。转载于《第三次联合国海洋法会议文件集》第一卷，第 375、494 页。

7. A/CONF. 62/WP. 10/Rev. 2（非正式综合协商案文第二次修订稿，1980 年，油印本），第二九五条。转载于《第三次联合国海洋法会议文件集》第二卷，第 3、121 页。

8. A/CONF. 62/WP. 10/Rev. 3*（非正式综合协商案文第三次修订稿，1980 年，油印本），第二九六条。转载于《第三次联合国海洋法会议文件集》第二卷，第 179、300 页。

9. A/CONF. 62/L. 78（公约草案，1981 年），第二九六条，《正式记录》第十五卷，第 172、220 页。

起草委员会

10. A/CONF. 62/L. 75/Add. 2（1981 年，油印本）。

11. A/CONF. 62/L. 82（1981 年），《正式记录》第十五卷，第 243 页（起草委员会主席）。

非正式文件

12. SD. Gp/2nd Session/No. 1/Rev. 5（1975 年，油印本），附件一 B，第 10 段，和

附件一 C，第三十一条；作为 A/CONF. 62/Background Paper 1 号文件再次印发（1976年，油印本），附件一 B，第 10 段，和附件一 C，第三十一条（关于处理解决争端小组的联合主席）。转载于《第三次联合国海洋法会议文件集》第十二卷，第 108、194 页。

评 注

296. 1. 关于解决海洋法争端的早期草案之一载有一项简单的规定，即"海洋法法庭的裁决对争端各方具有拘束力"（资料来源 1）。1975 年关于解决争端问题的非正式工作组起草的草案（资料来源 12，附件一 C）仅指出，"法庭的决定除在争端各方之间和就某一特定案件外，不具拘束力。"它还规定仲裁法庭的裁决"为终局裁决，不得上诉"，"争端各方应立即遵守裁决"（资料来源 12，附件二 B）。

296. 2. 阿梅拉辛格主席在其关于解决海洋法争端的第一份提案中提出了一项关于裁决效力的规定，以便考虑到一项申诉，即由于删除了这一规定，先前的草案明显背离了《国际法院规约》第五十九条，其中规定：

> 法院的裁决除在当事各方之间和就该特定案件而言外，没有拘束力。

根据讨论中提到的《法院规约》第六十条，"判决是终局的，不得上诉"。与此同时，有人提出是否应平等对待根据此节作出的所有裁决的问题。有人特别建议，为处理技术问题而设立的委员会的决定应比法院或法庭的裁决具有更大的限制效力。结合这些想法，阿梅拉辛格主席在非正式单一协商案文第四部分（资料来源 2）中插入了以下规定：

> 1. 就根据本公约或其附件提交法庭、国际法院、委员会或专门委员会的任何争端作出的裁决、达成的解决办法或订明或指明的措施，除在当事各方之间和就该争端而言外，均不具有任何拘束力。
>
> 2. 按照本公约或其附件规定的特别程序组成的委员会或专门委员会作出的任何决定、裁决或规定的任何措施，除该委员会外，不构成先例。①

296. 3. 此案文包含了几个有趣的特点，其中特别值得注意的是：
（a）它不仅适用于裁决，也适用于庭外和解和特别措施（特别是临时措施）；
（b）它不仅包括国际法院和"法庭"的行为，还包括根据公约或其附件运作的委

---

① 非正式单一协商案文第四部分第一次修订稿（资料来源 3）中也出现了一个类似的条文，只是在起草措辞上做了一些改动。

员会或专业委员会的行为；

（c）与《法院规约》中的规定一样，它是以否定的形式制定的——除争端各方之间和关于该特定争端外，上述任何一个法庭作出的任何裁定（或其他行为之一）都不具有任何拘束力；

（d）专门委员会或委员会的做法，包括其调查结果，不应构成先例，但对该专门委员会或委员会除外（言下之意，法院或法庭的做法可能构成先例）。

296. 4. 1976 年，由于一些国家的强大压力，商定将特别委员会和委员会改为与其他仲裁法庭地位平等的特别仲裁法庭（见上文 287. 3 段）。因此，有必要取消与他们的裁定、裁决和措施的更有限性质有关的区别。还有人建议，根据此节作出的裁定应是最终的（国际法院根据其规约作出的裁决也是如此），争端各方应予遵守（《联合国宪章》第九十四条第 1 款关于国际法院的规定）。因此，阿梅拉辛格主席提出了一个全新的文本（资料来源 4），内容如下：

> 1. 由根据本条具有司法管辖权的法院或法庭作出的任何裁判、订明的措施或作出的任何解决方案，应有确定性，争端所有各方均应遵从。
>
> 2. 这种裁判、措施或解决方案，仅在争端各方之间和对该特定争端具有拘束力。

296. 5. 这一案文被转移到非正式综合协商案文第二九五条，只有一处改动：删去了"法院或法庭作出的任何解决方案"的提法（资料来源 5）。有人认为，争端各方已达成解决办法，而法院或法庭只是承认这些解决办法就可以了。还有人认为，不应给予这种解决办法与裁判相同的地位。

296. 6. 最后，公约草案删除了"措施"一词，因为第二九〇条第 6 款和第二九二条第 4 款具体规定了遵守有关释放船只和船员的临时措施和措施的情况。

296. 7. 因此，这些审议产生的案文强调了裁决的确定性和争端各方遵守裁决的义务。同时明确指出，任何裁判只对争端的各方以及该具体争端具有拘束力。[②]

---

② 关于"final（最终的）"和"binding（拘束力）"这两个词的最新解释，见"关于美国有义务立即履行对美国国民作出的有利于伊朗的任何裁决案"（伊朗-美国索赔法庭，案例号 A/21），《伊朗-美国索赔法庭报告》第 14 卷第 324 页（1987 年）；《国际法资料》第 26 卷第 1592、1597 页（1987 年）（这并不意味着裁决是自我执行的，但人们普遍认为，最终的、有拘束力的裁决"是双方必须遵守并已成熟可执行的裁决"，一方可通过"国内法院程序"寻求执行）。

第三节　适用第二节的限制和例外

第二九七条　适用第二节的限制

1. 关于因沿海国行使本公约规定的主权权利或管辖权而发生的对本公约的解释或适用的争端，遇有下列情形，应遵守第二节所规定的程序：

（a）据指控，沿海国在第五十八条规定的关于航行、飞越或铺设海底电缆和管道的自由和权利，或关于海洋的其他国际合法用途方面，有违反本公约的规定的行为；

（b）据指控，一国在行使上述自由、权利或用途时，有违反本公约或沿海国按照本公约和其他与本公约不相抵触的国际法规则制定的法律或规章的行为；或

（c）据指控，沿海国有违反适用于该沿海国、并由本公约所制订或通过主管国际组织或外交会议按照本公约制定的关于保护和保全海洋环境的特定国际规则和标准的行为。

2.

（a）本公约关于海洋科学研究的规定在解释或适用上的争端，应按照第二节解决，但对下列情形所引起的任何争端，沿海国并无义务同意将其提交这种解决程序：

（1）沿海国按照第二四六条行使权利或斟酌决定权；或

（2）沿海国按照第二五三条决定命令暂停或停止一项研究计划。

（b）因进行研究国家指控沿海国对某一特定计划行使第二四六和第二五三条所规定权利的方式不符合本公约而引起的争端，经任何一方请求，应按照附件五第二节提交调解程序，但调解委员会对沿海国行使斟酌决定权指定第二四六条第 6 款所指特定区域，或按照第二四六条第 5 款行使斟酌决定权拒不同意，不应提出疑问。

3.

（a）对本公约关于渔业的规定在解释或适用上的争端，应按照第二节解决，但沿海国并无义务同意将任何有关其对专属经济区内生物资源的主

权权利或此项权利的行使的争端，包括关于其对决定可捕量、其捕捞能力、分配剩余量给其他国家、其关于养护和管理这种资源的法律和规章中所制订的条款和条件的斟酌决定权的争端，提交这种解决程序。

（b）据指控有下列情事时，如已诉诸第一节而仍未得到解决，经争端任何一方请求，应将争端提交附件五第二节所规定的调解程序：

（1）一个沿海国明显地没有履行其义务，通过适当的养护和管理措施，以确保专属经济区内生物资源的维持不致受到严重危害；

（2）一个沿海国，经另一国请求，对该另一国有意捕捞的种群，专断地拒绝决定可捕量及沿海国捕捞生物资源的能力；或

（3）一个沿海国专断地拒绝根据第六十二、第六十九和第七十条以及该沿海国所制订的符合本公约的条款和条件，将其已宣布存在的剩余量的全部或一部分分配给任何国家。

（c）在任何情形下，调解委员会不得以其斟酌决定权代替沿海国的斟酌决定权。

（d）调解委员会的报告应送交有关的国际组织。

（e）各缔约国在依据第六十九和第七十条谈判协定时，除另有协议外，应列入一个条款，规定各缔约国为了尽量减少对协定的解释或适用发生争端的可能性所应采取的措施，并规定如果仍然发生争议，各缔约国应采取何种步骤。

资料来源

1. A/CONF. 62/L. 7（1974 年），第十一节，备选案文 B，《正式记录》第三卷，第 85、92 页（澳大利亚等）。

2. A/CONF. 62/WP. 9（非正式单一协商案文，第四部分，1975 年），第十八条，《正式记录》第五卷，第 111 页（海洋法会议主席）。

3. A/CONF. 62/WP. 9/Add. 1（1975 年），第 31~34 段，《正式记录》第五卷，第 122 页（海洋法会议主席）。

4. A/CONF. 62/WP. 9/Rev. 1（非正式单一协商案文，第四部分第一次修订稿，1976 年），第十八条，《正式记录》第五卷，第 185 页（海洋法会议主席）。

5. A/CONF. 62/WP. 9/Rev. 2（订正的单一协商案文，第四部分，1976 年），第十七条，《正式记录》第六卷，第 144 页（海洋法会议主席）。

6. A/CONF. 62/WP. 10（非正式综合协商案文，1977 年），第二九六条，《正式记

录》第八卷，第 1、48 页。

7. A/CONF. 62/WP. 10/Add. 1（1977 年），《正式记录》第八卷，第 65、70 页（海洋法会议主席）。

8. A/CONF. 62/WP. 10/Rev. 1（非正式综合协商案文第一次修订稿，1979 年，油印本），第二九六条。转载于《第三次联合国海洋法会议文件集》第一卷，第 375、494～495 页。

9. ACONF. 62/L. 41（1979 年），转载于 A/CONF. 62/91（1979 年），《正式记录》第十二卷，第 71、94 页（第三委员会主席）。

10. A/CONF. 62/L. 45（1979 年），转载于 A/CONF. 62/91（1979 年），《正式记录》第十二卷，第 71、110 页（海洋法会议主席）。

11. A/CONF. 62/L. 50（1980 年），《正式记录》第十三卷，第 80 页（第三委员会主席）。

12. A/CONF. 62/L. 52 和 Add. 1（1980 年），《正式记录》第十三卷，第 86 页（海洋法会议主席）。

13. A/CONF. 62/WP. 10/Rev. 2（非正式综合协商案文第二次修订稿，1980 年，油印本），第二九六条。转载于《第三次联合国海洋法会议文件集》第二卷，第 3、121～123 页。

14. A/CONF. 62/WS/5（1980 年），《正式记录》第十三卷，第 104 页（阿根廷）。

15. A/CONF. 62/L. 59（1980 年），《正式记录》第十四卷，第 130 页（海洋法会议主席）。

16. A/CONF. 62/WP. 10/Rev. 3＊（非正式综合协商案文第三次修订稿，1980 年，油印本），第二九七条。转载于《第三次联合国海洋法会议文件集》第二卷，第 179、300～301 页。

17. A/CONF. 62/L. 78（公约草案，1981 年），第二九七条，《正式记录》第十五卷，第 172、220～221 页。

起草委员会

18. A/CONF. 62/L. 75/Add. 5（1981 年，油印本）。

19. A/CONF. 62/L. 82（1981 年），《正式记录》第十五卷，第 243 页（起草委员会主席。

20. A/CONF. 62/L. 152/Add. 25（1982 年，油印本）。

21. A/CONF. 62/L. 160（1982 年），《正式记录》第十七卷，第 225 页（起草委员会主席）。

非正式文件

22. SD. Gp/2nd Session/No. 1/Rev. 5（1975 年，油印本），第十七条；作为 A/

CONF. 62/Background Paper 1 号文件再次印发（1976 年，油印本），第十七条（关于处理解决争端问题的非正式小组联合主席）。转载于《第三次联合国海洋法会议文件集》第十二卷，第 108、194 页。

23. NG5/16（1978 年），转载于 A/CONF. 62/RCNG/1（1978 年），《正式记录》第十卷，第 13、120 页（第五协商小组主席）。

24. NG5/17（1978 年），转载于 A/CONF. 62/RCNG/1（1978 年），《正式记录》第十卷，第 13、117 页（第五协商小组主席）〔本文件在转载于《正式记录》第十卷英文版本时删掉了标号"NG5/17"〕。

25. NG5/18（1978 年），转载于 A/CONF. 62/RCNG/2（1978 年），《正式记录》第十卷，第 126、168 页（第五协商小组主席）。

26. SD/3（1980 年，油印本）（海洋法会议主席）。转载于《第三次联合国海洋法会议文件集》第十二卷，第 239 页。

27. SD/3/Add. 1（1980 年，油印本）（海洋法会议主席）。转载于《第三次联合国海洋法会议文件集》第十二卷，第 275 页。

评 注

297. 1. 第三次联合国海洋法会议的许多与会者从一开始就接受了关于解决与解释海洋法公约有关争端的规定，但条件是将某些问题排除于提交给有拘束力裁判程序的义务之外。毫无疑问，第十五部分第一节关于通过争端各方商定的方式解决争端的基本义务（第二七九条至第二八四条）应适用于根据公约产生的所有争端。然而，除此之外，有人反对将争端提交给有拘束力裁判程序的无限制的义务。当雷纳尔多·加林多·波尔（Reynaldo Galindo Pohl）大使（萨尔瓦多）在海洋法会议第二期会议（1974 年）上介绍关于解决争端的第一份一般性草案时，他立即就强调，在"与国家领土完整直接有关的问题"方面，必须有例外的强制性管辖权，否则，可能会妨碍一些国家批准甚至签署公约。①

297. 2. 一个非正式工作组在加拉加斯提交的文件（资料来源 1）就这一问题提出了 3 个基本选项，每个选项在工作组内都得到了有力的辩护。首先，要不惜一切代价维护公约所载一揽子折中方案的完整性；因此，有效的争端解决制度必须"适用于与本公约的解释和适用有关的所有争端"（同上，备选案文 A）。其次，争端解决机制不应对特定类别的问题拥有管辖权，或其对这些问题的管辖权应限于不具拘束力的决定（同上，备选案文 B. 1 和 B. 2）。第三种选择包括一种"选择退出"制度，允许各国将特定类别的争端完全排除在争端解决程序之外，或至少排除在作出有拘束力裁定的程

---

① 第 51 次全体会议（1974 年），第 10 段。《正式记录》第一卷第 213 页。

序之外（同上，备选案文 C.1 和 C.2）。在具体说明可排除的争端类别时，该工作组列出了以下类别：（a）因正常实施监管或行使管辖权而产生的争议（严重或持续违反公约或滥用权力的情况除外），或者，因沿海国根据公约规定的管理和执行管辖权正常行使斟酌决定权而产生的争端（涉及滥用权力的案件除外）；（b）国家间海洋划界争端，包括涉及历史性海湾或领海海洋边界限的争端；（c）关于根据国际法有权享有主权豁免的船只和飞机的争端，以及适用主权豁免的类似案件；（d）关于军事活动的争端；和（e）可能商定的其他类别。

297. 3. 在海洋法会议第三期会议（1975 年）进一步协商的基础上，非正式协商小组提出了关于解决争端的具体条款草案（资料来源 22），其中第十七条试图限制一国作出例外的权利，具体规定了一国可以选择不参加的全部或部分争端类别。案文如下：

1. 在批准本公约或以其他方式表示同意受本公约拘束时，一国可声明，对于因沿海国根据本公约行使其专属管辖权而引起的任何争端，它对本公约所规定的某些解决争端程序的接受，限于其所声称的一个沿海国通过以下方式违反其在本公约下的义务的情形：

（a）妨碍其他国家的航行、飞越、铺设海底电缆、管道的自由或者有关的权利和义务；

（b）未适当顾及其他国家在本公约下的其他权利和义务；

（c）不适用本公约或根据本公约确立的国际标准或准则；或

（d）滥用或误用（*abus ou détournement de pouvoir*）本公约赋予它不利于另一缔约方的权利。

2. 如果争端一方已经作出这种声明，并且争端各方对争端是否涉及违反本公约的前款规定没有达成协议，这一初步问题应提交根据本公约第九条和第十条具有管辖权的法庭裁决。

3. 不论一国是否已根据本条第 1 款作出声明，该国均可在批准本公约时声明，或以其他方式表示同意受本公约拘束，它不接受本公约所规定的解决下列一类或数类争端的某些［或全部］程序：

（a）沿海国根据本公约的管理和执行管辖权行使斟酌决定权而产生的争端，但涉及滥用权力的案件除外。

（b）与海岸相邻国家间的海洋划界有关的争端，或涉及历史性海湾或所有权的争端，但作出这种声明的国家应在声明中指明一项区域性程序或其他第三方程序，［不论是否］导致一项有拘束力的决定，并接受该决定以解决这些争端。

（c）与军事活动有关的争端，包括从事非商业服务的政府船只和飞机的争端，但依照本公约进行的执法活动不应视为军事活动。

（d）与联合国安全理事会正在行使《联合国宪章》赋予它的职能的争端或局势，除非安全理事会已确定根据本公约进行的具体程序不会干扰在特定情况下行使这种职能。

（e）……。

（f）……。

4. 根据本条第 1 款或第 3 款作出声明的缔约方，可随时撤回其全部或部分例外。

5. 如果一缔约方已根据本条第 1 款或第 3 款作出声明，任何其他缔约方可对作出声明的一方实施同样的例外。

297. 4. 在修订这一案文以列入非正式单一协商案文第四部分时（资料来源 2），阿梅拉辛格主席保留了基本概念，但通过增加一个更明确的导言加以澄清。在此案文中，他在第 1 款（d）项和第 3 款（a）项中删去了滥用或误用权利或滥用权力的提法；在第 3 款（b）项中删去了将边界争端提交其他不具拘束力的程序的备选办法；将选择退出的权利限制在规定的四类；改进了有关声明效力的规定。于是，海洋法会议主席的案文（资料来源 2）如下：

1. 本公约所载的任何规定均不得要求任何缔约方向本公约规定的解决争端程序提交因沿海国根据本公约行使其专属管辖权而产生的任何争端，除非有指控沿海国通过下列方式违反了本公约规定的义务：（i）干涉航行或飞越自由，或铺设海底电缆和管道的自由，或其他缔约方的有关权利和义务；（ii）拒绝适用本公约或根据本公约确立的国际准则或标准，但须指明有关的国际标准或准则。

2. 缔约方在批准本公约或以其他方式表示同意受本公约拘束时，可声明不接受本公约就下列一类或数类争端规定的解决争端的部分或全部程序：

（a）沿海国根据本公约的管理和执行管辖权行使斟酌决定权所引起的争端；

（b）与相邻国家之间的海洋边界划定有关的争端，或涉及历史性海湾或所有权的争端，但作出这种声明的国家应在声明中说明一项区域性程序或能导致一项具有拘束力的决定的其他第三方程序，并接受该决定以解决这些争端；

（c）关于军事活动的争端，包括从事非商业服务的政府船只和飞机的争端，同时理解即依照本公约进行的执法活动不应视为军事活动；

（d）联合国安全理事会正在行使《联合国宪章》赋予它的职能的争端，除非安全理事会已确定根据本公约进行的具体程序不会干扰在特定情况下行使这种职能。

3. 如果争端各方不同意第 1 款或第 2 款适用于某一特定争端，则可通过争端一方的申请，将这一初步问题提交具有本章第九条和第十条规定的管辖权的法庭裁决。

4. 根据第 2 款作出声明的缔约方，可以随时全部或部分撤回声明。

5. 已根据第 2 款作出声明的任何缔约方，无权就针对任何其他缔约方的任何例外类别的争端援引该声明所除外的任何程序。

6. 如果一缔约方已根据第 2 款（b）项作出声明，任何其他缔约方可强制声明人将争端提交该声明中规定的区域性程序或其他第三方程序。

297.5. 在评论这项提案时（资料来源 3），阿梅拉辛格主席指出，他"曾试图在将与经济区有关的某些争端纳入或排除在具有拘束力的解决争端程序之外的问题上，调和了极端和相互矛盾的观点。"他指出，提交给海底委员会的某些草案提议，"在这个区域完全由沿海国当局处理"。②作为一种可能的解决办法，他建议列入"针对某些类型的争端而排除其他类型的争端的第三方解决争端程序"。他提请注意这样一种观点，即"确保对在解释或适用公约方面的相应权利和义务的限制在适当的法庭上应是［有正当理由的］，不构成对权利的侵犯。"针对说这种规定"要为受质疑的沿海国的专属管辖权留有余地"的意见，他回答说，"不是要质疑专属管辖权，而是其行使方式。"

297.6. 在海洋法会议第四期会议（1976 年）期间，对海洋法会议主席的初稿（资料来源 2）进行了彻底的辩论。各代表团关于适当或必要的排除的题目的意见涵盖了整个会议。③在主持辩论开始时，早先关于解决争端问题的非正式工作组的联合主席之一雷纳尔多·加林多·波尔博士（萨尔瓦多）强调，"在概述例外情况时，应格外注意使用恰当地描述具体情况的措辞，避免笼统和抽象的术语，否则将形成一个大的漏洞，各国会通过这个漏洞逃避其义务。"他建议，例外情况"只应涉及强制性管辖权，而不应涉及解决争端的其他手段"，因为强制性调解手段"在某些案件中可能是法庭的有效

---

② 海洋法会议主席的发言见 A/CONF. 62/WP. 9/Add. 1（1976 年），第 31 段。《正式记录》第五卷第 122、124 页。根据厄瓜多尔、巴拿马和秘鲁提出的渔业条款草案 F 条，任何关于悬挂外国国旗的船只在沿海国主权和管辖区内捕鱼或狩猎活动的争端，应由沿海国主管当局解决。转载于 1973 年《海底委员会报告》第三卷，附件二，附录五，第 44 号，第 107 页。更详细地说，加拿大、印度、肯尼亚和斯里兰卡提出的关于渔业的条款草案在第十三条中提议，"……专属渔业区内所有渔业活动的管辖权和控制权应归属有关沿海国"；以及"……关于该区域的界限或第五条［关于邻近沿海发展中国家的历史性捕鱼权］所述条款、条件或规章的解释或有效性的任何分歧或争议或这些条款、条件或规章［即渔业］的解释和适用应由有关沿海国主管机构解决。" A/AC. 138/SC. III/L. 38，同上，第 27 号，第 82 页。关于这一问题的其他建议，见 1973 年《海底委员会报告》第五卷，SC. II/WG/4 号文件，第 21 节。

③ 辩论从第 58 次全体会议延长到第 65 次全体会议（1976 年），《正式记录》第五卷第 8-54 页。

选项。"他还请求平等对待例外情况，并抱怨说，摆在会议面前的草案中，边界争端没有得到平等对待，因为按照第 2 款（b）项排除边界争端的国家必须接受一些其他程序，包括具有拘束力的决定。④

非正式工作组的另一位联合主席拉尔夫·哈里（Ralph L. Harry）大使（澳大利亚）接着发言。他强调了提供"必要机制的重要性，以便任何关于公约解释的重大问题都不会因为没有最终和权威性的裁决而长期存在。"他指出，"公约的许多规定将只有在对公约的解释和适用作出迅速、公正和有拘束力的决定时才可接受。"他补充说，允许争端各方将某些类型的争端排除在有拘束力的解决制度之外可能会导致困难。"如果例外情况太多或定义太广，这一制度的价值就会降低，而且就将来的解释达成折中办法的协议可能性也将减少。"任何解决办法都必须"反映沿海国对其资源的权利与其他国家的权利之间的平衡。"⑤

许多其他发言者采取了类似的立场，强调他们希望没有例外，但如果必须有例外，则每一项拟议的例外都应非常明确地加以表述，并应严格解释其适用范围。特别是，其中一些发言者坚持认为，不应将与专属经济区有关的新规定排除在争端解决制度之外。例如，苏联代表认为，取消沿海国行使斟酌决定权而产生的争端，将大大降低解决争端程序的价值，因为它们将不再"保护公约其他缔约国的合法权益。"⑥

另一些国家进行了同样充满活力的发言，坚持认为，沿海国在经济区来之不易的专属管辖权不应因服从第三方裁决而受到损害。汉斯·安德森（Hans G. Andersen）大使（冰岛）指出，"许多国家虽然声称支持经济区的概念，但正在以各种方式努力削弱

---

④　第 58 次全体会议，第 10 段。《正式记录》第五卷第 9 页。

⑤　同上，第 9-10 段，第 12 和 18-19 页。

⑥　第 58 次会议，第 28 段，《正式记录》第五卷第 11 页。另见新加坡代表团在全体会议上的发言，同上，第 23 段，同上，第 10 页；新西兰，同上，第 35 段。同上，第 11-12 页；联邦德国，同上，第 41 段，同上，第 12-13 页；英国，第 59 次会议，第 17 段，同上，第 15 页；瑞士，同上，第 29 段，同上，第 16 页（没有例外情况）；丹麦，同上，第 60 段，同上，第 19 页（拟议的例外情况"影响深远，破坏了强制性解决争端程序的整体构想"）；荷兰，第 60 次会议，第 11-12 段，同上，第 22 页（"海洋法会议主席草案中提到的任何例外情况均无正当理由"）；哥伦比亚，同上，第 18 段，同上，第 23 页；西班牙，同上，第 23 段，同上，第 23 页；意大利，同上，第 32 段，同上，第 24 页（例外情况有悖于主权平等原则，因为它们"将允许当事一方将其对其成为《公约》缔约方时自由接受的权利和义务的解释强加给另一方"）；日本，同上，第 57 段，同上，第 27 页；奥地利，同上，第 62 段，同上，第 28 页（由于经济区是一个在公约中有明确定义的新的法律制度，"关于经济区的解释几乎不能由沿海国自行决定，而应由一个国际司法机构加以阐明"）；韩国，同上，第 73 段，同上，第 29 页；南斯拉夫，第 61 次会议，第 27 段，同上，第 32 页；匈牙利，第 62 次会议，第 60-61 段，同上，第 41 页（内陆国家不能完全免除沿海国行使斟酌决定权所引起的争端，因为"公约应载有防止滥用这些权利的充分保障措施"）；尼泊尔，第 63 次会议，第 18 段，同上，第 45 页（除非权利是"受法律保护的权利"，否则权利永远不是合法权利，"决不应留给利益攸关方单方面解释"）；冰岛，第 64 次会议，第 12 段，同上，第 48 页；斐济，同上，第 23 段，同上，第 49 页（例外情况"过于宽泛和模棱两可"，将排除"许多因其性质而应立即强制解决的争端"）。

这一概念"；特别是，它们"希望展开讨论对沿海国决定提出异议的可能性"。他还认为，如果"发生这种情况，专属经济区的概念将变得虚幻缥缈和毫无意义"；为了避免这种情况，"沿海国关于专属经济区内资源的决定必须被视为最终决定"。⑦然而，一些代表支持这一观点，即愿意接受与在专属经济区内航行和飞越有关的争端的强制解决。⑧

在回答有关沿海国主权不可侵犯的一些更强有力的发言时，安德鲁·杰科维德斯（Andrew J. Jacovides）大使（塞浦路斯）指出，小国和军事上弱的国家"需要得到法律的保护，公正有效地加以管理，以保障［其］合法权利"；"有一种危险，即海洋法会议试图拟订的实质性条款可能被任意解释和单方面适用"；这样，整个体系将在完全无政府的状态下瓦解；如果第三方争端解决制度有太多的例外情况，特别是在划界问题上，"小国和弱国将任由强大到足以强加其意志的国家任意解释和单方面措施摆布。"⑨

297. 7. 作为这次全体辩论的结果，海洋法会议主席编写了一份对非正式单一协商案文第四部分的修订稿（资料来源4），他试图在辩论期间提出的极端观点之间找到一条中间道路。他略去了与沿海国斟酌决定权有关的任择性例外，因为这一事项已经在案文第十八条第（1）款的强制性排除条款中涵盖。后一条规定在两个方面都做了修改。一方面，排除条款的范围扩大了，因为它明确规定适用于沿海国的全部权利，即适用于"与沿海国行使主权权利、专属权利或专属管辖权有关的任何争端"。另一方面，为了补偿对沿海国的这一让步，海洋法会议主席更明确地界定了仍然属于根据公约设立的国际法院和法庭管辖权的问题，从而更明确地排除了某些例外情况。特别是，经修订的案文规定，提交国际裁决的，不仅有侵犯航行和飞越的基本自由的行为，而且还有沿海国"未适当顾及［公约］特别确立的有利于其他国家的任何实质性权利"

---

⑦　第60次会议，第67段，《正式记录》第五卷第28页。另见肯尼亚代表团在全体会议上的发言，第61次会议，第49段，同上，第34页（将专属管辖权交由第三方强制解决机制行使的义务"可被用作将专属经济区转变为国际区域的借口"，这意味着"沿海国可能会经常受到骚扰，因为必须在相当大的时间和金钱损失的情况下出庭接受国际法庭的审判"）；巴西，同上，第63段，同上，第35-36页（对于与沿海国管辖下事项有关的争端，不接受任何具有拘束力的决定，但某些事项可提交某种类型的国际调解或仲裁，只提出不具拘束力的建议）；毛里求斯，第62次会议，第10段，同上，第36-37页（拟议的争端解决制度将导致相邻国家之间"不必要的紧张和不好的感觉"；反对的理由是"压倒性的"）；委内瑞拉，同上，第78段，同上，第42页；巴基斯坦，第63次会议，第21段，同上，第45页；朝鲜民主主义人民共和国，同上，第31段，同上，第46页。

⑧　见印度代表团在全体会议上的发言，第59次会议，第44段，《正式记录》第五卷第18页；阿根廷，同上，第49段，同上，第18页；智利，同上，第63段，同上，第19页；塞内加尔，第65次会议，第20段，同上，第51页。

⑨　第60次会议，第44和49段，《正式记录》第五卷第25-26页。

[第十八条第 1 款（a）项]。⑩为平衡这一延伸，将允许沿海国拒绝适用公约或根据公约确立的国际标准或准则的任何情况提交国际裁决的例外，缩小到"与保护海洋环境有关的"标准或准则［第十八条第 1 款（c）项］。

297. 8. 由于这些改动，非正式单一协商案文第十八条第四部分第一次修订稿（资料来源 4）内容改为如下：

　　1. 本公约所载任何规定概不赋予任何缔约方向本公约规定的解决争端程序提交与沿海国行使主权权利、专属权利或专属管辖权有关的任何争端的权力，但下列情况除外：

　　（a）据声称，沿海国违反本公约规定的义务，干扰航行或飞越自由、铺设海底电缆或管道的自由，或未适当顾及本公约为其他国家特别确立的任何实质性权利；

　　（b）据声称，任何其他国家在行使上述自由时违反其根据本公约或沿海国根据本公约制定的法律和规章所承担的义务；或

　　（c）据声称，沿海国未适用本公约或主管国际当局根据本公约确立的国际标准或准则，违反了本公约规定的适用于沿海国并与保护海洋环境有关的义务，但须指明有关的国际标准或准则。

　　2. 缔约方在批准本公约或以其他方式表示同意受本公约拘束时，可声明不接受本公约就下列一类或数类争端规定的解决争端的部分或全部程序：

　　（a）海岸相邻或相向国家之间海洋边界划定的争端，或涉及历史性海湾或所有权的争端，但作出这种声明的国家应在声明中说明一项区域性的或其他第三方程序，其中包括一项具有拘束力的决定，并接受该决定以解决这些争端；

　　（b）军事活动，包括从事非商业服务的政府船只和飞机的军事活动的争端，但依照本公约进行的执法活动不应视为军事活动；

　　（c）联合国安全理事会在行使《联合国宪章》赋予它的职能时，认定本公约规定的具体程序妨碍在特定情况下行使这种职能的争端。

　　3. 如果争端各方不同意第 1 款或第 2 款对特定争端的适用性，则可由争端一方提出申请，将这一初步问题提交本章第九条和第十条规定的具有管辖权的法院裁决。

　　4. 根据第 2 款作出声明的缔约方，可以随时撤回声明。

---

　　⑩ 1975 年非正式工作组的草案（资料来源 21，第十七条第 1 款（b）项）中也有类似的排除，该草案允许沿海国将其对管辖权的接受限制在"声称沿海国通过……违反其在本公约下的义务，未适当顾及其他国家在本公约下的其他权利和义务的情况"（即基本自由以外的权利和义务）。该条款的全文转载于上文第 297. 3 段。

5. 根据第 2 款作出声明的任何缔约方，无权就针对任何其他争端各方的任何除外类别的争端援引根据该声明除外的任何程序。

6. 如果缔约方之一已根据第 2 款（a）项作出声明，任何其他缔约方可将争议提交该声明中规定的区域性的或其他第三方程序。

297. 9. 海洋法会议第五期会议（1976 年）非正式全体会议的讨论表明，有必要避免混淆对自动适用的国际裁决的限制和对需要特别声明的任择裁决的限制。因此，有人建议分为不同的条款。海洋法会议主席作出了这一修改，并将旧的第十八条分为新的第十七条和第十八条（由于新的关于用尽当地补救办法的条款草案中的遗漏而改变了编号，后来又恢复了）。⑪此外，海洋法会议主席接受了下列修改建议：①用较温和的措辞取代"violations（侵犯）"；②将"未适当顾及本公约为其他国家特别确立的任何实质性权利"替换为"与航行或通信有关的海洋的其他国际合法用途，"这句改自后来成为公约第五十八条的规定；⑫③明确沿海国颁布对其他国家具有拘束力的法律和规章的权力不仅受公约的拘束，而且还受"与本公约不相抵触的国际法规则"的拘束；④重新拟订此款，规定对与沿海国违反保护海洋环境的国际标准或准则有关的争端进行国际裁决，并在该款中增加了"海洋科学研究"的提法，从而扩大了国际裁决的范围；⑤通过增加一项关于沿海国"在生物资源方面"的权利和义务的规定，进一步扩大了这类裁决的范围（因为保护生物资源对所有国家都有特别的利益）。海洋法会议主席还介绍了两个新的程序性条款，结果将本议题分为订正的单一协商案文第四部分第二次修订稿的第十七条和第十八条。

297. 10. 海洋法会议主席在第二次修订稿中体现了所有这些变化，该稿正式成为订正的单一协商案文的第四部分（资料来源 5）。新的第十七条如下：

1. 与沿海国行使本公约承认的主权权利、专属权利或专属管辖权有关的争端，应仅在下列情况下适用第二节规定的程序：

（a）据声称，沿海国在航行或飞越、铺设海底电缆和管道以及与航行或通信有关的其他国际海洋法律用途方面的行为违反了本公约的规定；或

（b）据声称，任何国家在行使上述自由时违反了本公约的规定或沿海国

---

⑪ 海洋法会议主席在订正的单一协商案文第四部分第二次修订稿中做了这一修改（资料来源 5）。从这一点出发，第二九七条评注中转载的案文将只讨论自动限制，而第二九八条评注将讨论任择限制。鉴于这种划定，第二九八条的评注将更详细地讨论分开前任择条款的起草历史。

⑫ 在对第五十八条的这一措辞进行修改时，第二九七条也做了相应的修改。海洋法会议主席在指出"〔关于管辖权限制的规定〕的任何最后表述都必须考虑到并取决于与对其他部分的相应规定有关的协商"时预计到了这一点，订正的单一协商案文第四部分，介绍性说明（资料来源 5，第 145 页）。但是，第五十八条第 3 款和第二九七条第 1 款（b）项之间仍有细微差别。

依照本公约和与本公约不相抵触的其他国际法规则制定的法律或规章；或

（c）据声称，沿海国的行为违反了适用于沿海国并已由本公约或根据本公约行事的国际主管当局设立的保护海洋环境或进行海洋科学研究的具体国际标准或准则；或

（d）据声称，沿海国显然没有遵守本公约所规定的关于行使其对生物资源的权利或履行其义务的具体条件，但在任何情况下不得对沿海国的主权提出质疑。

2. 第1款排除的任何争端，只有在有关沿海国明确同意的情况下，才可提交第2款规定的程序。

3. 争端的各方对本条之适用有异议者，应依第十条第3项之规定决定之。

297.11. 为筹备海洋法会议第六期会议（1977年），海洋法会议主席于1977年3月在日内瓦举行的关于第一委员会事项的闭会期间的非正式磋商期间，就解决争端的规定举行了非正式磋商。

海洋法会议主席向所有代表团分发的关于这些对话的报告⑬载有关于对第十七条的以下说明：

2. 关于第十七条和第十八条，有这样一个问题，即对强制解决争端的限制（第十七条）和例外（第十八条）是否应适用于"整个公约中规定的解决争端程序"，而不是仅仅只适用于"第二节规定的解决争端程序"。第十七条也许是最有争议的，主要问题是是否应制定任何规定，对沿海国主权权利和专属权利及管辖权的行使提出异议，或者管辖权的例外情况是否太多太广。

有一种观点认为，第十七条第1款（a）项和（b）项的表述涵盖了所有航行，沿海国根据第二节通过强制解决争端的方式所享有的权利，即使是作为一种折中办法，也可以予以承认；而另一种观点则认为，各款的范围限制性太强。

另一个问题是，第十七条第1款（b）项是否应与第十七条第1款（a）项保持一致，第十七条第1款（a）项反映了WP.8/Rev.1/Part II号文件第四十六条第1款的规定，也应提及"其他国际合法用途"，或第四十六条的措辞是否应在第十七条中使用，而第四十六条的措辞尚未商定。

关于涉及生物资源的第十七条第1款（d）项提出的问题是，是否应将其全部删除，或者作为一项折中办法，在沿海国滥用权力的情况下，是否可以

---

⑬ "第三次联合国海洋法会议主席致所有代表团的非正式说明"（1977年3月25日，油印本），第二节，联合国工作编号：UN Job No.（1）-204003。

用强制诉诸调解程序取代强制管辖权。总的来说，似乎除了少数例外之外，代表这两个极端观点的代表团都准备作出一些妥协。

297. 12. 在海洋法会议第六期会议（1977 年）进一步讨论这些问题之后，海洋法会议主席报告（资料来源 7）第十七条成为非正式综合协商案文第二九六［二九七］条，并且

第二九六［二九七］条的新表述意在为防止沿海国滥用权力提供保障，同时避免其他国家滥用法律程序。本条第 1 款通过程序手段作出了规定，以避免滥用法律程序，还对生物资源和海洋科学研究方面的斟酌决定权的挑战施加了限制。

于是，第二九六［二九七］条就载有了一些新的特点。新的案文明确表明，非正式综合协商案文新的第十五部分第一节载有关于以争端各方商定的各种方式解决争端的规定，将适用于所有争端，包括与专属经济区有关的争端。

新的案文还载有旨在防止沿海国因提交轻率或无理取闹或没有任何初步认定依据的争端而受到骚扰的规定。此外，将"主权权利和管辖权"一语替换为"主权权利、专属权利或专属管辖权"，是为了符合非正式综合协商案文第五十六条（取代公约第四十四条）的新措辞。此外，该案文还规定，只有"根据公约设立了保护和保全海洋环境的规则的主管国际组织或外交会议"，才能对沿海国强制执行。还向沿海国保证，在与海洋科学研究或海洋生物资源的某些规定有关的争端中，沿海国当局行使斟酌决定权不会受到质疑，国际法院或法庭不得以其斟酌决定权代替沿海国的斟酌决定权。这一变化和后来类似的变化反映了第三委员会的平行发展，第三委员会也讨论了与海洋科学研究有关的争端（见第四卷，第二六四条评注）。最后，还补充了一项保证，即在与生物资源有关的争端中，沿海国的主权在任何情况下都不应受到质疑。

297. 13. 这些修正案导致在非正式综合协商案文中（资料来源 6）下列文字列入了第二九六［二九七］条：

1. 在不影响根据第一条产生的义务的情况下，与沿海国行使本公约规定的主权权利或管辖权有关的争端，只有在符合下列条件时，才应适用本公约规定的程序：

（a）在本条规定适用的任何争端中，法院或法庭不得要求他方作出答复，除非提出争端的一方已初步证明其主张是有根据的；

（b）该法院或法庭不得受理它认为构成滥用法律程序或轻率的或无理取闹的任何申请；及

（c）该法院或法庭须立即通知争端他方该争端已提交，而该他方如有此意愿，有权就该申请的受理提出反对。

2. 在符合第 1 款规定条件的前提下，该法院或法庭有权处理下列案件：

（a）据指控，沿海国在第五十八条规定的关于航行、飞越、铺设海底电缆和管道自由和权利，以及关于海洋的其他国际合法用途方面有违反本公约的行为；或

（b）据指控，一国在行使上述自由、权利或用途时，有违反本公约规定或沿海国按照本公约和其他与本公约不相抵触的国际法规则制定的法律或规章的行为；或

（c）据指控，沿海国有违反适用于该沿海国、并由本公约所制定或通过主管国际组织或外交会议按照本公约制定的关于保护和保全海洋环境的特定国际规则和标准的行为。

3. 除非符合第 1 款规定的条件，否则不得就本公约有关海洋科学研究的规定的解释或适用的争端提交给此类法院或法庭；但：

（a）据指控，有未遵守第二四七条［现为第二四六条］和第二五四条［现为第二五三条］的规定的行为，则在任何情况下，均不得对根据第二四七条行使权利或酌情决定权或根据第二五四条作出的决定提出质疑；及

（b）法院或法庭不得以其酌情决定权取代沿海国的酌情决定权。

4. 除非符合第 1 款规定的条件，否则不得就本公约有关海洋生物资源的规定的解释或适用的争端诉诸此类法院或法庭；但：

（a）如据指控未能履行根据第六十一条、第六十二条、第六十九条和第七十条所产生的义务，则在任何情况下均不得根据第六十一条和第六十二条行使酌情决定权；及

（b）法院或法庭不得以其酌情决定权代替沿海国的酌情决定权；

（c）沿海国的主权在任何情况下都不应受到质疑。

5. 前款排除之争端，经争端各方同意，可提交按第二节规定的程序处理。

297. 14. 海洋法会议第七期会议（1978 年）将与沿海国行使主权权利有关的争端的解决确定为一个"核心"问题，为处理这一问题而设立了第五协商小组，由秘书长前特别代表康斯坦丁·斯塔夫罗普洛斯（Constantin A. Stavropoulos）大使（希腊）任主席。[14] 在他提交给海洋法会议的报告中（资料来源 24），海洋法会议主席注意到，该小组的一些成员担心，如果他们受到滥用法律程序和大量申请解决争端程序的骚扰，他们可能无法有效行使主权权利和酌情决定权，因此不愿意接受强制裁决。另一些人

---

[14] 见 A／CONF. 62／63（1978 年），第三节，《正式记录》第九卷第 173–174 页。

则希望确保有效保护他们的所有权利，因此坚持强制裁决。后来出现了强制调解的概念（即在某些情况下有义务接受调解，但没有义务接受委员会的有拘束力的报告），该小组就应强制调解的问题类别达成了共识（以一揽子协议为条件）。

该小组还商定将非正式综合协商案文第二九六［二九七］条第 1 款所载的程序性条款分开，并起草了新的第二九六条之二，后来成为第二九四条（见上文第 294.1 和 294.3 段）。最后，该小组同意，将墨西哥代表团提出的关于滥用权利的一般规定纳入公约。这项规定后来以修改后的形式列入第三〇〇条。

297.15. 第五协商小组的折中建议（资料来源 23）如下:[15]

第二九六条

适用本节的限制

1. 尽管有第二八六条的规定，与沿海国行使本公约规定的主权权利或管辖权有关的本公约的解释或适用有关的争端，在下列情况下，应适用本部分第二节规定的程序：

（a）据指控，沿海国在第五十八条规定的关于航行、飞越或铺设海底电缆和管道的自由和权利，或关于海洋的其他国际合法用途方面，有违反本公约的规定的行为；或

（b）据指控，任何国家在行使上述自由、权利或用途时，有违反本公约的规定或沿海国按照本公约和其他与本公约不相抵触的国际法规则制定的法律或规章的行为；或

（c）据指控，沿海国有违反适用于该沿海国、并由本公约制定或通过主管国际组织或外交会议按照本公约制定的关于保护和保全海洋环境的特定国际规则和标准的行为。

2. 除非符合第二九六条之二所规定的条件，否则不得就本公约有关海洋科学研究的规定的解释或适用的争端提交给此类法院或法庭；但：

（a）据指控有人未能遵守第二四七条和第二五四条的规定，则在任何情况下，均不得对根据第二四七条行使权利或酌情决定权或根据第二五四条作出的决定提出质疑；及

（b）法院或法庭不得以其酌酌决定权取代沿海国的酌酌决定权。

3.（a）除非有关各方另有协议或决定，对本公约关于渔业的规定在解释或适用上的争端，应按照第二节解决，但沿海国并无义务同意将任何有关其对专属经济区内生物资源的主权权利或此项权利的行使的争端，包括关于其对决定可捕量、其捕捞能力、分配剩余量给其他国家、其关于养护和管理这

---

[15] 脚注省略。

种资源的法律和规章中所制订的条款和条件的斟酌决定权的争端，提交这种解决程序。

（b）如果诉诸本公约第十五部分第1节的规定未能达成解决办法，则尽管有第二八四条第3款的规定，在争议任何一方提出请求时，应将争端提交附件四规定的调解程序，如果据称：

（i）一个沿海国明显地没有履行其义务，通过适当的养护和管理措施，以确保专属经济区内生物资源的维持不致受到严重危害；

（ii）一个沿海国，经另一国请求，对该另一国有意捕捞的种群，专断地拒绝决定可捕量及沿海国捕捞生物资源的能力；或

（iii）一个沿海国专断地拒绝根据第六十二条、第六十九条和第七十条以及该沿海国所制订的符合本公约的条款和条件，将其已宣布存在的剩余量的全部或一部分分配给任何国家。

（c）在任何情形下，调解委员会不得以其斟酌决定权代替沿海国的斟酌决定权。

（d）调解委员会的报告应送交适当的全球、区域或次区域政府间组织。

（e）各缔约国在依据第六十九条和第七十条谈判协定时，除另有协议外，应列入一个条款，规定各缔约国为了尽量减少对协定的解释或适用发生争端的可能性所应采取的措施，并规定如果仍然发生争议，各缔约国应采取何种步骤。

4. 在不损害第3款规定的情况下，前几款排除在外的任何争端，只有经争端各方同意，才可提交第2款规定的程序。

第二九六条之二
初步程序

1. 第二八七条所规定的法院或法庭，就第二九七条所指争端向其提出的申请，应经一方请求决定，或可自己主动决定，该项主张是否构成滥用法律程序，或者根据初步证明是否有理由。法院或法庭如决定该项主张构成滥用法律程序或者根据初步证明并无理由，即不应对该案采取任何进一步行动。

2. 法院或法庭收到这种申请，应立即将这项申请通知争端他方，并须定出一方或多方可要求作出该项裁定的合理时限。

3. 第1款或第2款不影响争端任何一方根据适用的议事规则提出初步反对的权利。

关于滥用权利的一般规定

第……条

权利的滥用

所有国家行使本公约所承认的权利和管辖权的方式，不得不必要地或任意地损害其他国家的权利或国际社会的利益。

297. 16. 在海洋法会议第七期会议（1978 年）讨论拟议的案文期间，一些代表团不情愿地接受了拟议的折中方案。一些代表团表示倾向于非正式综合协商案文的原始案文，但另一些代表团则认为原始的非正式综合协商案文完全不能接受，并认为新的案文可以拉近沿海国集团达成共识的距离。⑯第五期会议编写的案文作为第二九六（二九七）条和第二九七（二九四）条被纳入非正式综合协商案文第一次修订稿（资料来源8），只是在措辞上做了微小改动，并对非正式综合协商案文修订稿的相互参照做了改动。

297. 17. 在海洋法会议第九期会议（1980 年）期间，第三委员会主席拟订了一份关于海洋科学研究争端的新案文，并将其作为第二九六［二九七］条第 2 款⑰以下述形式列入非正式综合协商案文第二次修订稿（资料来源 13）：

2.（a）除非有关各方另有协议或决定，本公约关于海洋科学研究的规定在解释或适用上的争端，应按照本节解决，但对下列情形所引起的任何争端，沿海国并无义务同意将其提交这种解决程序：

（i）沿海国按照第二四六条行使权利或斟酌决定权；或

（ii）沿海国按照第二五三条决定命令暂停或停止一项研究计划。

（b）尽管有第二八四条第 3 款的规定，因进行研究国家指控沿海国对某一特定计划行使第二四六条和第二五三条所规定权利的方式不符合本公约而引起的争端，经任何一方的请求，应提交附件五所述的调解程序，但调解委员会对沿海国行使其酌情决定权指定第二四六条第 6 款所指特定区域，或根据第二四六条第 5 款行使其酌情决定权拒不同意，不应提出疑问。

297. 18. 由于第九期会议续会（1980 年）对第十五部分进行了重新组织，并在该期会议非正式全体会议上进行了讨论，阿梅拉辛格主席提出了对第二九六条的若干修正案，该条成为非正式综合协商案文第三次修订稿中的第二九七条（资料来源16）。它

---

⑯　见第 105 次和 106 次全体会议（1978 年），《正式记录》第九卷第 81—86 页。

⑰　见非正式综合协商案文第二次修订稿（资料来源 13），海洋法会议主席的解释性备忘录，第 12 段。转载于《第三次联合国海洋法会议文件集》第二卷第 18、21 页。

与新的第二九八条和第二九九条一起构成了第十五部分新的第三节，而非正式综合协商案文第二次修订稿中的第二九七条被移至第二节，成为第二九四条（资料来源15）。⑱由于这些变化，在第二九七条第1款早先的草案中出现（见上文第297.10段）并于1977年被移至滥用法律程序一款（见上文第297.13段）的限制性词汇"only（仅）"一词，在第二九七条第1款最后案文中被彻底删除了。这可能是因为该条其他各款规定了对第三方争端解决程序的额外追诉（下文第297.19段）。

297.19. 在公约草案（资料来源17）和起草委员会（资料来源18）做了起草措辞上的进一步微小改动之后，第二九七条的案文旨在平衡沿海国和具有主要航行利益的国家以及内陆和地理不利国各方的利益。后两个集团特别希望确保它们在与沿海国艰难的讨价还价中所能够挽救的少数权利能通过诉诸第三方争端解决程序得到保护。海洋上的基本自由和权利——航行、飞越和铺设海底电缆和管道——以及与这些自由有关的海洋其他国际合法用途（例如在第五十八条规定的与船舶航行、飞机飞行和海底电缆和管道的操作有关的用途），保留了对在第十五部分第二节规定的强制仲裁程序的完全保护。在涉及违反保护和保全海洋环境的国际规则和标准的案件中，这种保护也扩大到海洋环境。根据一项平行的规定，只要这些法律和规章是按照公约本身和"其他与公约不相抵触的国际法规则"通过的，违反公约或沿海国颁布的法律或规章的非沿海国就必须服从根据第十五部分第二节作出的裁决。

与海洋科学研究和渔业有关的争端分为三类：仍需裁决的争端（即不属于其他两类的所有争端）、完全排除在裁决范围之外的争端（以及与所有其他争端一样，只受第十五部分第一节的限制）以及那些必须诉诸调解的争端。第二类主要属于与沿海国行使公约实质性条款赋予该国完全斟酌决定权的那些权力有关的争端。第三类包括涉及明显滥用斟酌决定权案件的争端，即一国明显或任意地不遵守公约规定的一些基本义务的争端。在与滥用斟酌决定权有关的案件中，调解委员会应按照附件五第二节的规定，审查当事各方的主张和反对意见，并向当事各方提出友好解决的建议，但调解委员会不得以其斟酌决定权代替沿海国的斟酌决定权。调解委员会的报告应送交适当的国际组织。

最后，沿海国接受了一项规定，要求其与内陆国和地理不利国就其获得沿海捕鱼的机会达成的协定应包括以尽量减少在解释或适用这些协定方面出现分歧的可能性的充分措施，以及处理分歧的措施（万一分歧出现）。

尽管第二九七条的复杂性和对各种细节的不满，但该安排的平衡在会议中被普遍接受，这使第二九七条在整个会议中得以保持和细化，从而通过对第三〇九条达成可能的协议而有助于公约的完整性。

---

⑱　关于这些变化的解释，见第294.2段。修正案的实际文本见非正式文件SD/3和SD/3/Add.1（资料来源25和资料来源26）。

第二九八条　适用第二节的任择性例外

1. 一国在签署、批准或加入本公约时，或在其后任何时间，在不妨害根据第一节所产生的义务的情形下，可以书面声明对于下列各类争端的一类或一类以上，不接受第二节规定的一种或一种以上的程序：

（a）（1）关于划定海洋边界的第十五、第七十四和第八十三条在解释或适用上的争端，或涉及历史性海湾或所有权的争端，但如这种争端发生于本公约生效之后，经争端各方谈判仍未能在合理期间内达成协议，则作此声明的国家，经争端任何一方请求，应同意将该事项提交附件五第二节所规定的调解；此外，任何争端如果必然涉及同时审议与大陆或岛屿陆地领土的主权或其他权利有关的任何尚未解决的争端，则不应提交这一程序；

（2）在调解委员会提出其中说明所根据的理由的报告后，争端各方应根据该报告以谈判达成协议；如果谈判未能达成协议，经彼此同意，争端各方应将问题提交第二节所规定的程序之一，除非争端各方另有协议；

（3）本项不适用于争端各方已以一项安排确定解决的任何海洋边界争端，也不适用于按照对争端各方有拘束力的双边或多边协定加以解决的任何争端；

（b）关于军事活动，包括从事非商业服务的政府船只和飞机的军事活动的争端，以及根据第二九七条第2和第3款不属法院或法庭管辖的关于行使主权权利或管辖权的法律执行活动的争端；

（c）正由联合国安全理事会执行《联合国宪章》所赋予的职务的争端，但安全理事会决定将该事项从其议程删除或要求争端各方用本公约规定的方法解决该争端者除外。

2. 根据第1款作出声明的缔约国，可随时撤回声明，或同意将该声明所排除的争端提交本公约规定的任何程序。

3. 根据第1款作出声明的缔约国，应无权对另一缔约国，将属于被除外的一类争端的任何争端，未经该另一缔约国同意，提交本公约的任何程序。

4. 如缔约国之一已根据第1款（a）项作出声明，任何其他缔约国可对作出声明的缔约国，将属于被除外一类的任何争端提交这种声明内指明的程序。

5. 新的声明，或声明的撤回，对按照本条在法院或法庭进行中的程序并无任何影响，除非争端各方另有协议。

6. 根据本条作出的声明和撤回声明的通知，应交存于联合国秘书长，秘书长应将其副本分送各缔约国。

资料来源

1. A/CONF. 62/L. 7（1974 年），第十一节，备选案文 C，《正式记录》第三卷，第 85、92 页（澳大利亚等）。

2. A/CONF. 62/WP. 9（非正式单一协商案文，第四部分，1975 年），第十八条，《正式记录》第五卷，第 111、115 页（海洋法会议主席）。

3. A/CONF. 62/WP. 9/Add. 1（1976 年），第 31～34 段，《正式记录》第五卷，第 122 页（海洋法会议主席）。

4. A/CONF. 62/WP. 9/Rev. 1（非正式单一协商案文，第四部分第一次修订稿，1976 年），第十八条，《正式记录》第五卷，第 185、190 页（海洋法会议主席）。

5. A/CONF. 62/WP. 9/Rev. 2（订正的单一协商案文，第四部分，1976 年），第十八条，《正式记录》第六卷，第 144、148 页（海洋法会议主席）。

6. A/CONF. 62/WP. 10（非正式综合协商案文，1977 年），第二九七条，《正式记录》第八卷，第 1、48 页。

7. A/CONF. 62/WP. 10/Add. 1（1977 年），《正式记录》第八卷，第 65、70 页（海洋法会议主席）。

8. A/CONF. 62/WP. 10/Rev. 1（非正式综合协商案文第一次修订稿，1979 年，油印本），第二九八条。转载于《第三次联合国海洋法会议文件集》第一卷，第 375、495～496 页。

9. A/CONF. 62/L. 45（1979 年），转载于 A/CONF. 62/91（1979 年），《正式记录》第十二卷，第 71、110 页（海洋法会议主席）。

10. A/CONF. 62/L. 47（1980 年），附件，《正式记录》第十三卷，第 76 页（第七协商小组主席）。

11. A/CONF. 62/L. 52 和 Add. 1（1980 年），《正式记录》第十三卷，第 86 页（海洋法会议主席）。

12. A/CONF. 62/WP. 10/Rev. 2（非正式综合协商案文第二次修订稿，1980 年，油印本），第二九八条。转载于《第三次联合国海洋法会议文件集》第二卷，第 3、123～124 页。

13. A/CONF. 62/WS/5（1980 年），第 21～24 段，《正式记录》第十三卷，第 104 页（阿根廷）。

14. A/CONF. 62/L. 59（1980 年），第 5～7 段，《正式记录》第十四卷，第 130 页

（海洋法会议主席）。

15. A/CONF. 62/WP. 10/Rev. 3[*]（非正式综合协商案文第三次修订稿，1980 年，油印本），第二九八条。转载于《第三次联合国海洋法会议文件集》第二卷，第 179、301～302 页。

16. A/CONF. 62/L. 78（公约草案，1981 年），第二九八条，《正式记录》第十五卷，第 172、221 页。

起草委员会

17. A/CONF. 62/L. 75/Add. 6（1981 年，油印本）。

18. A/CONF. 62/L. 82（1981 年），《正式记录》第十五卷，第 243 页（起草委员会主席。

非正式文件

19. SD. Gp/2nd Session/No. 1/Rev. 5（1975 年，油印本），第十七条；作为 A/CONF. 62/Background Paper 1 号文件再次印发（1976 年，油印本），第十七条（关于解决争端小组的联合主席）。转载于《第三次联合国海洋法会议文件集》第十二卷，第 108、194 页。

20. NG7/20（1978 年，油印本）（第七协商小组主席）。转载于《第三次联合国海洋法会议文件集》第九卷，第 408 页。

21. NG7/20/Rev. 1（1978 年，油印本）（第七协商小组主席）。转载于《第三次联合国海洋法会议文件集》第九卷，第 412 页。

22. NG7/27（1979 年，油印本）（第七协商小组主席）。转载于《第三次联合国海洋法会议文件集》第九卷，第 438 页。

23. NG7/30（1979 年，油印本）（以色列）。转载于《第三次联合国海洋法会议文件集》第九卷，第 451 页。

24. NG7/37（1979 年，油印本）（第七协商小组主席）。转载于《第三次联合国海洋法会议文件集》第九卷，第 457 页。

25. NG7/45（1979 年，油印本），第二九八条（1）（a）项，转载于 A/CONF. 62/91（1979 年），《正式记录》第十二卷，第 71、107 页（第七协商小组主席）。

26. SD/3（1980 年，油印本）（海洋法会议主席）。转载于《第三次联合国海洋法会议文件集》第十二卷，第 239 页。

27. SD/3/Add. 1（1980 年，油印本）（海洋法会议主席）。转载于《第三次联合国海洋法会议文件集》第十二卷，第 257 页。

评 注

298. 1. 鉴于普遍不愿意允许对海洋法公约作出保留，同时一些代表团坚持某些类别的争端不能提交第三方裁决，会议早些时候就达成了一项协议，即需要一份明确界定的各类争端清单，其中可借事先提交的声明而获豁免作出该等裁定（见下文第 309.6 段）。一旦沿海国对其在专属经济区的特别权利的特别关注得到现在纳入第二九七条的规定的满足（见第二九七条评注），还有其他几个问题必须由一项豁免条款来处理。在这些问题中，突出的是与海洋划界、历史性海湾或所有权、军事和执法活动有关的争端，以及联合国安全理事会正在处理的与维护国际和平与安全有关的问题。与这些类别中每一类有关的条文是按照不同的思路拟订的，将在对此条的起草历史进行一般性考虑后分别加以探讨。

298. 2. 1974 年，关于解决争端问题的非正式工作组在海洋法会议早期审议了为某些类别的争端制定具体豁免条款的想法。虽然委员会的一些成员认为，必须不惜一切代价维护公约所载折中的一揽子方案的完整性，以免因保留而造成破坏，而保留实际上会导致一揽子方案解体。大多数国家同意，各国认为某些事项非常敏感，不应使它们受到影响深远的解决争端的影响，正在设想纳入公约的管理程序。因此，工作组在其报告（资料来源 1）中列出了其成员建议的各种议题的备选表述方案，但当时并未试图就某一项议题的普遍可取性或其最适当表述作出决定。这些议题涉及有关行使一国管理或执行管辖权、海洋边界划定、历史性海湾、根据国际法享有主权豁免的船只和飞机以及军事活动的争端。

298. 3. 在海洋法会议第三期会议（1975 年）上的进一步协商使扩大后的非正式工作组得以起草一份可由一项声明排除的更为明确的争端清单草案（资料来源 19，第 3 段），包括以下议题：

（a）沿海国根据本公约的管理和执行管辖权行使斟酌决定权而产生的争端，但涉及滥用权力的案件除外。

（b）与相邻国家之间的海洋边界划定有关的争端，或涉及历史性海湾或所有权的争端，但作出这种声明的国家应在声明中指明一项区域或其他第三方程序，［不论是否］引起一项有拘束力的决定，并接受该决定以解决这些争端。

（c）与军事活动有关的争端，包括从事非商业服务的政府船只和飞机的争端，但依照本公约进行的执法活动不应视为军事活动。

（d）联合国安全理事会正在行使《联合国宪章》赋予的职能的争端或局势，除非安全理事会已确定根据本公约进行的具体程序不会干扰在特定情况下行使这种职能。

虽然这个列表应该是开放式的，但是没有进一步的议题添加到列表中。此外，第一项议题很快被删除，因为拟订了关于解决争端程序适用于与沿海国行使主权权利或管辖权有关的争端的更精确的规定（见上文第 297.7 段）。

298.4. 阿梅拉辛格主席对工作组第十七条第 3 款草案做了轻微修改，将其新的非正式单一协商案文第四部分第一稿第十八条第 2 款列入其中（资料来源 2）。他所做的唯一实质性修改是删掉了（a）项中提到的滥用权力，因此本项改为：

（a）沿海国根据本公约规定的管理和执行管辖权行使斟酌决定权引起的争端。

298.5. 在海洋法会议第四期会议关于解决争端的全体会议辩论期间（1976 年）（见上文第 297.6 段），对任择性例外清单上的每一项都提出了一些问题（将在本评注后面讨论）。鉴于这一辩论，阿梅拉辛格主席删掉了与沿海国斟酌决定权有关的旧（a）款，将其余 3 项重新编号，并将第十八条第 2 款（c）项（资料来源 4）改为：

（c）联合国安全理事会在行使《联合国宪章》赋予它的职能时，认定本公约规定的具体程序妨碍在特定情况下行使这种职能的争端。

除此之外，与执法活动有关的新的（b）项仅在措辞上做了少量改动。

298.6. 根据海洋法会议第五期会议（1976 年）非正式全体会议的讨论情况，海洋法会议主席再次修订了他的草案。他将选择性例外与"对第二节适用的限制"分开，并将新的订正的单一协商案文第四部分第十八条（资料来源 5）专门用于选择性例外，增加了关于排除性声明的效力以及作出和撤回声明的程序的规定。到目前为止，其中一些条款与关于限制和任择性例外的规定是共同的（另见上文 297.9 段）。

298.7. 第二九八条的新案文 ［当时是订正的单一协商案文第四部分第十八条（见资料来源 5）］ 内容如下：

1. 缔约方在批准或以其他方式表示同意受本公约拘束时，或在其后任何时间，可声明就下列各类争端的一类或一类以上，不接受第二节规定的解决争端的任何一种或一种以上的程序：

（a）关于划定相邻或相向国家之间的海洋边界的争端，或涉及历史性海湾或所有权的争端，但作出这种声明的国家应在声明中说明一项区域性的或其他第三方程序，其中包括一项具有拘束力的决定，并接受这种争端的解决；

（b）关于军事活动，包括从事非商业服务的政府船只和飞机的军事活动的争端，但依照本公约进行的执法活动不应视为军事活动；

（c）联合国安全理事会在行使《联合国宪章》赋予它的职能时，认定本公约规定的具体程序妨碍在特定情况下行使这种职能的争端。

2. 争端各方对本条适用性的任何分歧，应根据第十条第 3 款作出决定。

3. 根据第 1 款作出声明的缔约方，可随时撤回声明，或同意将该声明排除的争议提交第二条所规定的程序。

4. 根据第 1 款作出声明的缔约方，应无权对另一缔约方，将属于被除外的一类争端的任何争端，未经该另一缔约方同意，提交第二条中针对任何其他缔约方的任何程序。

5. 如缔约方之一已根据第 1 款（a）项作出声明，任何其他缔约方可对作出声明的缔约国，将属于被除外一类的任何争端提交这种声明内指明的程序。

298.8. 为筹备海洋法会议第六期会议，海洋法会议主席于 1977 年 3 月在日内瓦举行的关于第一委员会事项的闭会期间的非正式磋商期间，就解决争端的规定举行了非正式磋商。海洋法会议主席向所有代表团分发的关于这些磋商的报告①载有关于第十八条的以下声明：

2. 关于第十七条和第十八条，有一个问题，即对强制解决争端的限制（第十七条）和例外情况（第十八条）是否应适用于"整个公约所规定的解决争端程序"，而不是仅仅只适用于"第二节所规定的解决争端程序"……

3. 对第十八条的主要批评集中在有关海洋边界划定的第 1 款（a）项。反对的立场一方面是应删除"引起具有拘束力的决定"等字样；另一方面，该划界完全在第四部分第二节的范围内。也有人反对第 1 款（b）项，理由是军事活动和准军事执法活动的区分不合理。

298.9. 海洋法会议第六期会议（1977 年）对这一规定进行了进一步讨论之后，海洋法会议主席报告说，在编写非正式综合协商案文时（资料来源6），考虑到下列因素（资料来源7）：

订正的单一协商案文第十八条中的折中条款实质上保留在非正式综合协商案文第二九七条中，因为在是否需要强制拘束程序方面存在着几乎同等的

---

① "第三次联合国海洋法会议主席致所有代表团的非正式说明"（1977 年 3 月 25 日，油印本），第二至三节，联合国工作文件 UN Job No.（1）-204003。

意见分歧。在有关相邻或相向国家之间海洋边界划分的争端中纳入了某些新的内容。它们首先是排除对领土要求的裁决，其次是如果争端一方选择了本公约未规定的程序，争端另一方必须有权使用这种程序。

对订正的单一协商案文第十八条第1款（b）项做了修正，使执法活动享有类似于军事活动的豁免权。相应的规定载于非正式综合协商案文第二九七条第1款（b）项。第二九七条第1款（c）项纳入了与安全理事会正在行使分配给它的职能的争端有关的变化。

此外，新的案文在第二九七条第1款的开头一语中明确表示，允许的声明只能适用于第十五部分第二节规定的程序，这些程序需要作出具有拘束力的决定，但"不影响根据第一节产生的义务"，这些义务不需要作出这种决定，除非双方另有协议（资料来源6）。对这3个例外的提法做了相当大的修改，于是该内容改为：

（a）关于相邻或相向国家之间的划定海洋边界的争端，或涉及历史性海湾或所有权的争端，但作出这种声明的国家应在这种争端发生时表明并应为解决这种争端而接受一项区域性或其他第三方程序，该程序应产生一项有拘束力的决定，所有争端各方都有权使用；并进一步规定，这种程序或决定应排除对大陆或岛屿陆地领土主权或其他权利的任何要求的确定；

（b）与军事活动有关的争端，包括从事非商业服务的政府船只和飞机的军事活动，以及除第二九六条所述例外情况外，在行使本公约规定的主权权利或管辖权方面的执法活动；

（c）正由联合国安全理事会执行《联合国宪章》所赋予的职务的争端，但安全理事会决定将该事项从其议程删除或要求争端各方用本公约规定的方法解决该争端者除外。

298.10. 非正式综合协商案文第一次修订稿没有对第二九八条做任何改动，但几个小组的密集协商促成了此后的重大改动。特别是第七协商小组的讨论（见上文第XV.12段）提出了第二九八条第1款的新草案，其中提出了对关于海洋划界的某些争端进行调解的概念（资料来源10和资料来源24）。在非正式全体会议上达成了一致意见，将通过声明可以排除的执法活动与行使被排除在法院或法庭强制管辖范围之外的主权权利和管辖权相结合（资料来源11，L.52，第7段），从而使第二九八条第1款（b）项的适用与第二九六［后来为二九七］条第2款和第3款的适用相平行。

因此，非正式综合协商案文第二次修订稿（资料来源12）载有第二九八条第1款（a）项和（b）项的以下新的案文：

1. 在不影响第一节规定的义务的情形下，一缔约国在签署、批准或以其他方式表示同意受本公约拘束时，或在其后任何时间，可以声明对于下列各类争端的一类或一类以上，不接受本公约规定的一种或一种以上的程序：

（a）（i）关于划定海洋边界的第十五条、第七十四条和第八十三条在解释或适用上的争端，或涉及历史性海湾或所有权的争端，但如这种争端发生于本公约生效之后，经争端各方谈判仍未能在合理期间内达成协议，则作此声明的国家，经争端任何一方请求，尽管有第二八四条第3款的规定，仍应同意将该事项提交附件五所规定的调解；此外，任何争端如果必然涉及同时审议与大陆或岛屿陆地领土的主权或其他权利有关的任何尚未解决的争端，则不应提交这一程序；

（ii）在调解委员会提出其中说明所根据的理由的报告后，争端各方应根据该报告以谈判达成协议；如果谈判未能达成协议，经彼此同意，争端各方应将问题提交第十五部分第二节所规定的程序之一，除非争端各方另有协议；

（iii）本项规定不适用于争端各方已以一项安排确定解决的任何海洋边界争端，也不适用于按照对争端各方有拘束力的双边或多边协定加以解决的任何争端；

（b）关于军事活动，包括从事非商业服务的政府船只和飞机的军事活动的争端，以及与根据第二九六条第2款和第3款不属于法院或法庭管辖的行使主权权利或管辖权的法律执行活动的争端。

298. 11. 非正式综合协商案文第三次修订稿（资料来源15）中的有关规定只做了一处微小改动，将附件五第二节（涉及强制性调解）的案文相互参照。公约草案第二九八条的案文（资料来源16）做了一些修改，因为起草委员会的报告（资料来源17）在措辞上做了改动。

298. 12. 第二九八条的最后文本明确规定，对于该条规定的三类争端（但不包括任何其他类别的争端），一国通过向联合国秘书长递交书面声明，可根据第十五部分第二节排除其中一类或一类以上争端的裁决。此种声明可以在签署、批准或加入公约时交存，也可以在以后的任何时候交存。如果一项排除一类争端的声明是在一项诉讼已经在法院或法庭开始时作出的，则该声明对该诉讼没有溯及力。

根据此条作出声明的缔约国可随时撤回声明，从而同意对先前排除的任何争端作出裁决。此外，缔约国可在特定案件中同意将其豁免声明排除在裁决之外的争端提交裁决。这不同于一般撤回声明，因为所宣布的排除仍然适用于其他争端，甚至适用于与缔结特别协定的国家之间的争端。

公约没有提到对声明进行修改的可能性，但可以通过撤回一项声明，同时提交一项范围更广或更窄的新声明，很容易安排修改。例如，一国只提出了有关海洋边界划定的声明，可以交存一份除军事活动争端以外的补充声明，也可以交存一份包含这两个例外的全新声明。同样，一国可以撤回一项例外，办法是交存一项有限声明，将其从包含一项以上例外的声明中删除，或者完全撤回先前的声明，并交存一项包含较少例外的新声明（关于交存声明的方式，见下文第319.12段）。

298. 13. 目前尚不清楚一项声明是否必须适用于某一特定类别内的所有争端，或者只能排除某些特定争端。例如，在就海洋边界争端作出声明时，一国可能考虑到与一个邻国的某一争端，但不想因一种广泛的、闭口不谈的排斥而得罪其他邻国。在这种情况下，它可以具体地或一般地排除敏感争端（例如，东海岸的所有海洋边界争端）。由于会议的基本思路是尽可能地限制可用的例外情况，因此第二九八条的精神是允许更窄范围的例外。这似乎也隐含在第 1 款（a）（i）项中，其中与海洋边界划定有关的争端用析取词"or（或）"与涉及历史性海湾或所有权的争端分开，从而使一国能够通过声明只选择其中一个子类予以排除。

298. 14. 如果一国通过一项声明排除了某一特定类别的争端，它不得对任何其他国家提告属于该类别的任何争端，即使该国没有作出类似的排除声明（第二九八条第 3 款）。

258. 15. 现有的例外之一——涉及海洋边界划定或历史性海湾或所有权②——要求作出这种排除的国家同意在某些情况下根据附件五第二节将此事提交强制性调解。在这种情况下，如果满足了必要的条件，争端一方在其声明中列入这一排除，并不妨碍争端他方诉诸调解委员会（第二九八条第 4 款）。

298. 16. 根据第二九八条（见上文第 298.1 段），可作出 3 项主要排除，每一项都经过许多排列，才达到最终形式。虽然本评注第一部分指出了发展的主要方向，但可以通过更仔细地分析每一个排除的发展情况来进一步阐明这些例外的范围。

298. 17. 如前所述（上文第 298.2 段），关于海洋边界划定和历史性海湾的提法可在 1974 年关于解决争端问题的非正式工作组编写的文件中找到（见资料来源 1），它们以两种备选方案出现在文件中——第一个方案包含两种不同的排除情况："关于国家之间海洋边界划定的争端"和"涉及历史性海湾或 ［领海］ 界限的"争端。第二个方案合并了这两种排除，提到"关于相邻和相向国家之间的海洋边界划定的争端，包括涉及历史性海湾和海岸相邻的领海划界争端"。③

298. 18. 1975 年关于解决争端问题的非正式工作组编写的案文（资料来源 19，引

---

② 《公约》关于历史性海湾的主要规定见第十条第 2 款。

③ 应当指出，萨尔瓦多根据《国际法院规约》第三十六条接受国际法院管辖权的几乎同时发表的《声明》载有关于划定其边界、领海、大陆架和历史性海湾的详细排除，这些排除以简明的形式反映在加拉加斯提议的保留。《萨尔瓦多 1973 年 11 月 26 日声明》，1984—1985 年《国际法院年鉴》第 73—74 页。在解释非正式工作组 1974 年编写的文件时（资料来源 1），该小组主席萨尔瓦多代表强调有必要对 "与国家领土完整直接有关的问题" 作排除处理。第 51 次全体会议（1974 年），第 10 段，《正式记录》第一卷第 213 页。

述在上文 298.3 段）中包括了第二个备选案文的简化文本，其中提到"关于相邻国家之间的海洋边界划定或涉及历史性海湾或所有权的争端"，并加上了下列但书："但作出此种声明的国家应在声明中指明一项区域性的或其他第三方程序，[不论是否] 引起一项具有拘束力的决定，并接受该决定以解决这些争端"（括号为原文所加）。

这项但书限制了作出这一排除的可能性，只允许在一国是公约框架以外的替代程序的缔约国（如公约第二八二条所设想的那样）或愿意为这一特定目的接受这一替代程序的情况下作出这一排除。方括号内的这一短语反映了这样一个事实，即该小组的一些成员会对诉诸调解程序感到满意；而另一些成员则坚持认为，当沿海国管辖区范围更广时，边界争端可能会更频繁，而且如果他们不能通过一个有拘束力的决定来解决问题，这些区域将产生危及和平的危险。

阿梅拉辛格主席暂时解决了这一问题。他认为第二个论点更有说服力，并从非正式单一协商案文第一稿第四部分（资料来源 2）中删去了方括号内的短语，该部分在所有其他方面都重复了工作组的案文。

298.19. 在非正式单一协商案文第四部分第二稿中（资料来源 4），唯一的变化是恢复了 1974 年加拉加斯案文（资料来源 1）中所载的"相向"国家的提法，但可能是无意中从工作组 1975 年的案文（资料来源 19）中删去了。因此，将这一短语改为"相邻或相向国家之间的海洋边界划定"。对海洋法会议主席的第三稿草案（资料来源 5）做了更微小的改动，其中在现已分开的第十八条第 1 款（a）项（关于"任择性例外"）的最后一句中，用"such disputes（这类争端）"替换了"these disputes（这些争端）"。

298.20. 如上所述（见第 298.8 段），有人批评海洋法会议主席的草案要求作出声明的国家接受"作出具有拘束力的决定"的另一个程序，而许多国家认为，不应允许在边界划分方面有任何例外。由于持两种意见的人数是相等的，故该条款的实质性内容在非正式综合协商案文中没有改变（资料来源 7）。

不过，还考虑了另外两项批评。其中一项涉及使用由作出声明的国家选择的法庭的问题。有人指出，争端的另一方（例如，不属于某一区域组织的一方）可能无权将争端提交由作出声明的国家选定的法庭审理。与会者一致认为，"如果争端一方选择了本公约未规定的程序，争端另一方必须有权使用这种程序"（资料来源 7）。因此，在非正式综合协商案文第二九七条第 1 款（a）项中增加了一项条款，规定作出声明的国家所指的法院必须是"争端各方都可以诉诸的法院"（资料来源 6）。

另一项批评则涉及有关领土和海洋边界的混合争端。一些国家担心，以海洋划界争端为幌子，争端一方可能提出涉及对陆地领土或岛屿主张主权的争端。这项申诉被认为是合理的（资料来源 7），第二九七条第 1 款（c）项做了进一步修正，以便将"确定对大陆或岛屿陆地领土的主权或其他权利的任何主张的争端"排除在该条款规定的任何程序或决定之外（第二九八条第 1 款（a）项）（修订的案文见上文第 298.9

段）。

298. 21. 在海洋法会议第七期会议上（1978 年），确定了"相邻和相向国家之间海洋边界的划定及其争端的解决"问题为"核心"问题之一，并成立了由埃罗·J. 曼纳（Eero J. Manner）法官（芬兰）担任主席的第七协商小组来讨论这一问题。曼纳法官本人主持了关于划界问题的非正式讨论，并在路易斯·B. 索恩（Louis B. Sohn）教授（美国）的主持下成立了一个独立的小组，讨论设计解决边界争端的方法这一可分开的问题（见上文第 XV. 10 和 12 段）。④

298. 22. 第七协商小组下的分组在海洋法会议第七期会议（1978 年）期间举行的会议上，提出了一些相互矛盾的建议。一些成员认为，所有有关海洋划界的争端都应通过争端各方之间的谈判解决，只有通过争端各方之间的特别协定才能提交第三方裁定。因此，他们认为，非正式综合协商案文的文字应通过删除所有的但书来精简，以便一个国家能够排除所有"有关相邻或相向国家之间的海洋边界划定的争端，或涉及历史性海湾或所有权的争端。"⑤另一方面，其他成员坚持认为，为了防止"与这一特别敏感领域有关的许多潜在争端"，有必要设立第三方裁定；⑥经过一些起草措辞上的修改，他们支持非正式综合协商案文中提出的条文。⑦考虑到各国在接受国际法院强制管辖权的声明方面的惯例，第七协商小组提出了几种可能的折中方案。例如，将允许各

---

④ 另见曼纳法官关于设立分组的发言，第 108 次全体会议（1978 年），第 37 段，《正式记录》第九卷第 99-100 页。关于第七协商小组及其分组工作的详细分析，见 A. O. Adede，"迈向制定海岸线相邻和相向国家之间的海洋边界划定规则"，《弗吉尼亚国际法杂志》第 18 卷第 207 页（1977 年）。

⑤ NG7/8（1978 年，油印本）（阿根廷）。转载于《第三次联合国海洋法会议文件集》第九卷第 400 页。土耳其代表团在大会第七期会议（1978 年）全体会议上就第七协商小组的报告进行的辩论中也表达了类似的意见，第 105 次会议，第 99 段，《正式记录》第九卷第 83 页；苏联，第 106 次会议，第 5-6 段，同上，第 84 页；阿根廷，同上，第 28 段，同上，第 85-86 页。

⑥ 阿尔及利亚代表在第 106 次全体会议上重申了这一论点。《正式记录》第九卷第 86 页，第 31 段。

⑦ 见希腊代表团在第 103 至 106 次全体会议（1978 年）上的类似发言，第 103 次会议，第 50 段，《正式记录》第九卷第 65 页（"新的海洋法应规定一项或多项程序，以作出具有拘束力的决定"）；哥伦比亚，第 105 次会议，第 20 段，同上，第 78 页；日本，同上，第 85 段，同上，第 82 页；韩国，第 106 次会议，第 3 段，同上，第 84 页；智利，同上，第 22 段，同上，第 85 页；西班牙，同上，第 38 段，同上，第 86 页（拟定的强制划定解决争端程序构成了一个"毫无疑问的改进，证明了一个真正先进的国际社会的存在"）；以及塞浦路斯，同上，第 43 段，同上。

国排除在海洋法公约生效之前发生的或与该日期之前的情况或事实有关的争端;⑧或在声明中具体列出的争端。⑨该分组还提出了若干其他条款,其中只有一条似乎在代表中受到欢迎,即建议应争端任何一方请求,可将划界争端提交调解程序,而不是提交给具有拘束力的裁决的程序。⑩

在提交给海洋法会议的报告中,第七协商小组主席指出,该分组(也称为法律专家组)编写的文件提出了7种"模式"和12种"备选方案";其中一些模式和备选方案"获得了相当多的支持,而另外一些模式和备选方案只吸引了少数(如果有的话)代表团"。⑪他进一步指出,这些方案中没有一种得到如此广泛和实质性的支持,以致[它们]能够大幅度改善协商一致的前景。尽管如此,"通过将一些模式和备选方案中所显示的要素结合起来,或许会引入全新的想法,进一步的讨论可能会得出所有人都能接受的方案。"

298. 23. 在第八期会议之前,包括第七协商小组在内的多个协商小组于1979年2月在日内瓦举行了非正式的"磋商"(而不是"协商"),以探讨解决现有分歧的可能途径。罗森大使(以色列)和索恩教授(美国)提交了两份文件。⑫

罗森的文件包含3个备选方案,均仅适用于公约生效后产生的划界争端。其中一个适用于整个争端,使作出声明的一方在第二八七条所列程序中作出选择,但是,使

---

⑧ 因此,萨尔瓦多结合了先前的各种方案,排除了国际法院对"先前存在的争端的管辖权",这些争端"可以理解为包括任何争端,即该日期(即声明之日)之前存在的基础、原因、事实、理由、起源、定义、指控或依据,甚至已经提交或随后已告知法院。"1973年11月26日,1984—1985年《国际法院年鉴》第73、75页。1974年9月15日印度的声明(同上,第77页)也载有类似条款。这一例外也以相反的形式出现,将法院的管辖权限制在"某一特定日期"之后发生的与同一日期之后的情况或事实有关的争端上。见1969年1月1日联合王国的声明,同上,第98页。1957年4月29日《欧洲和平解决争端公约》第二十七条(a)款更笼统地规定,其规定不适用于"与本公约生效前争端各方之间的事实或情况有关的争端",《联合国条约集》第320卷第243、256页。

⑨ 该分组在这里所依据的是1949年4月28日联合国大会通过的经修订的《和平解决国际争端总议定书》。该议定书第三十九条第2款(c)项允许排除"关于特定案件或明确规定的主题事项,例如领土地位或属于明确规定类别的争端",《联合国条约集》第71卷第101、122页。另见《欧洲和平解决争端公约》第35条第1款,前注⑧,第258页。

⑩ 关于这些提案的完整清单,见资料来源20;这份非正式文件在第七期会议续会(1978年)上重新提出,并附有所引用的各种先例的说明(见资料来源21)。关于调解建议,同上,E节。可以指出,《欧洲和平解决争端公约》第三十五条第2款规定,"除非另有明确说明,否则所作的任何保留应被视为不适用于调解程序",前注⑧,第258、260页。

⑪ NG7/24(1978年,油印本)。转载于《第三次联合国海洋法会议文件集》第九卷第428、430页(第七协商小组主席)。另见第七协商小组主席在第108次全体会议(1978年)上的发言,第41-42段,《正式记录》第九卷第100页。

⑫ 见"1979年2月21日第三次联合国海洋法会议主席给参加会议各国代表团团长的信,联合国工作文件号UN Job No. 79-75557(1979年,油印本),其中除其他外包括Sh. Rosenne编写的"非常非正式的文件",第25页;L. B. Sohn编写的"非正式工作文件",第27页。Rosenne文件后来作为NG7/30号文件重新印发(资料来源23)。

用"调解"而不是"仲裁"作为最后手段程序。类似的一种备选方案是有限调解，以解决双方之间"在解决争端时应考虑的具体情况、原则或方法方面的突出问题,[13]包括争端是否在本公约生效之后产生的问题。"[14] 最简单的替代办法是提交第二种备选调解方案所列的两类争端（无须根据第二八七条作出任何选择）。

索恩的文件探讨了 5 个基本"积木块"的 28 个组合，每个组合包括 1~4"块"，最简单的组合将排除所有划界争端。有些只限于将来的争端，而另一些也包括过去的争端；有些只限于强制调解，而另一些则接受强制性和有拘束力的第三方解决办法；有些人将接受的程序（如罗森建议中的程序）局限于在解决划界争端时应考虑的关于具体情况、原则或方法的初步问题，而另一些则将规定最终划界。因此，一种组合可能提供了，例如，①通过两个阶段的进程解决未来的争端——对初步问题作出有拘束力的决定，然后进行调解，就最后划界提出建议；②以调解方式解决过去的争端，先就初步问题进行调解，然后就最后划界提出建议。

在非正式磋商期间，提出了一些额外的组成部分，导致重新起草了索恩文件，其中变种的数目从 28 个增加到 45 个（资料来源 22）。[15]此外，还建议在该文件中列入 4 项补充规定：①如果争端各方不能就如何执行调解委员会的建议达成一致意见，则应经双方同意，将争端提到一个产生具有拘束力的决定的程序；[16] ②加强有关涉及陆地和海洋划界的"混合"争端的除外，即"必须涉及同时确定先前确立的对任何大陆或岛屿领土的主权或其他权利的相互冲突的主张"的争端；[17] ③授予争端已移交给的委员会、法院或法庭有权决定该争端是在公约生效之前还是之后发生的；[18] ④明确规定诉诸调解的义务不适用于"通过争端各方之间的安排最终解决的任何海上边界争端，或根据对这些争端各方具有拘束力的双边或多边协定解决的任何此类争端。"[19]

第七协商小组主席在评论 2 月的磋商时指出，讨论集中在"被认为是解决争端过程中必不可少的"4 个议题上，即：

---

[13] 这一备选方案源于将《北海大陆架案》（联邦德国/丹麦；联邦德国/荷兰）提交国际法院的特别协定，1969 年国际法院《判决、咨询意见和命令汇编》第 3、6 页。

[14] 有限提交给国际法院的单独问题一项争议是否是可仲裁的问题，发生在阿巴提耶洛斯案（Ambatielos Case）（希腊诉英国案），1952 年国际法院《判决、咨询意见和命令汇编》第 28、46 页；随后，见《国际仲裁裁决报告》第十二卷第 83、87 页（1963 年）（通过特别协议将法院认为有仲裁义务的争议提交仲裁法庭）。

[15] 关于何时产生争端的问题的补充文件，见 NG7/31（1979 年，油印本）。转载于《第三次联合国海洋法会议文件集》第九卷第 452 页（第七协商小组主席）。

[16] 这项提案是根据保加利亚的一项建议提出的。见 NG7/5（1978 年，油印本）。转载于《第三次联合国海洋法会议文件集》第九卷第 397 页。

[17] 这项提案的早期版本载于非正式综合协商案文第二九七条第 1 款（a）项（资料来源 6）。

[18] 前注[14]。

[19] 这项提案源于《美洲和平解决争端条约》（《波哥大公约》）第六条，《联合国条约集》第 30 卷第 55 页；《国际组织和整合》，第 II. b–II. J 卷，在 II. E. l. c。

（a）争端解决条款的实质性范围问题，即这些条款是否应包括相邻和相向国家之间的所有类型的海洋边界争端；

（b）程序的选择问题，特别是是否可以采用导致有拘束力的解决办法的强制性程序；

（c）可能需要加以区分在海洋法公约生效之前可能产生的争端与在此之后产生的争端的问题；

（d）解决程序是否只应用于审查与解决争端时应考虑的基本原则有关的初步问题，或是否应适用于争端本身的最终解决。

他得出结论认为，所表达的观点在某些重要方面仍然存在分歧，但它们"表明各代表团之间愿意探索各种途径，以达成最后的折中方案的普遍愿望"，例如在上文中提到的罗森大使和索恩教授的建议。[20]

298. 24. 在海洋法会议第八期会议上（1979 年），第七协商小组主席在其主要任务——寻求就划界标准达成共识——方面遇到了很大困难，因为该小组主要由两个主要标准（"等距离"和"公平原则"）的拥护者组成；解决海洋边界争端的问题也没有解决方案。由于一些谈判代表坚持认为，这两个问题和另一个尚未解决的问题——临时措施——应被视为一个"一揽子"问题，因为这些问题密切相关，这使得局面更加复杂。然而，该协商小组的讨论帮助查明了问题所在，该协商小组主席为非正式全体会议编写了一份详细的总结，[21]其中载有关于解决海洋边界争端问题的下列资料：

事实证明，重新起草第二九七条［后来为第二九八条］第 1 款（a）项中关于任择性例外的规定是困难的，因为意见分歧仍然较大。该项目前的情况是传统上反对第三方解决边界争端的国家不能接受的；还有许多国家仍然支持最广泛地适用强制性和有拘束力的程序。必须在这两种极端选择之间找到折中办法。

为了探讨这种折中方案的要素，非官方专家组主席索恩教授编制了一份清单，其中包含 28 种可能的组合，涵盖从任何强制性程序的有关争端完全除外到强制性和有拘束力的第三方解决等整个方面。然而，协商清楚地表明，达成可接受的折中方案的途径非常狭窄，清单中所包含的大多数组合似乎不

---

[20] 第七协商小组主席的报告，见海洋法会议主席的信，前注⑫，第 21、23 页。这两项建议附在该报告之后，同上，第 25、27 页。

[21] NG7/26（1979 年，油印本）（第七协商小组主席）。转载于《第三次联合国海洋法会议文件集》第九卷第 432、434-436 页。尽管篇幅很长，但小组主席的大部分总结抄录于以下各页。

足以反映"任择性例外"这一作为最终协商一致一揽子计划基本要素之一的基本思想。

根据上述一项，一国作出第二九七条规定的声明的权利，须以其在发生争端时接受另一程序为条件。关于这种情况，出现了两个相互关联的开放性问题，即：

（1）另一种程序的选择是自由的还是强制性的；

（2）如果是强制性的，该国必须接受什么样的程序。

这两个问题不能分开回答。自由选择程序实际上意味着根本没有任何条件，有人指出，这种自由可能会严重削弱争端解决制度。

另一方面，采用强制性制度的前提是，还必须确定根据第二九七条第1款（a）项接受的程序。一些代表团批评了非正式综合协商案文所作的选择，该案文优先采用具有拘束力的第三方程序。后者指出，正确的是，在现行国际法下，各国没有一般义务将涉及海洋边界的争端提交到具有拘束力的第三方和解。简明扼要和实事求是地说：似乎没有太多希望在一项规则的基础上找到所寻求的折中方案，该规则以某种形式规定接受一项具有拘束力的决定的替代程序。

在海洋法会议第七期会议期间，显而易见的是，在许多可能的组合中，只有那些适用强制调解的组合才可能提供协商一致的前景。在日内瓦举行的闭会期间磋商之后，这种可能性似乎更大了，在磋商中讨论了基于这一备选方案的一些具体建议。当然，调解不等于导致作出具有拘束力的裁决的程序，但在强制情况下，调解可以被认为是一种更有效的程序，而且对于较弱的一方来说，调解也是一种比自由选择程序更安全的解决争端的方法，而自由选择程序实际上可能只停留在谈判的层面上。

在索恩教授编制的包含28种可能的组合的清单中，强制调解列在第22种，作为解决争端的唯一手段和辅助手段出现在清单中。如此大量的组合是对解决目标有不同看法这一事实的必然结果。关于是否应将所有或只是"未来"的争端提交强制调解的问题，专家组仍有分歧。此外，对于强制解决是否应仅仅涉及解决争端时应考虑的具体情况、原则和方法的初步问题，或作为解决最后划界本身的一种手段，这一问题没有共同的理解。

关于区分"未来"和"过去"争端的问题，应铭记非正式综合协商案文第十五部分的规定处理"有关……公约的解释和适用的争端"。如果足够清楚地表明，在公约生效之前发生的争端决不属于这一类别，因而不受包括第二九七条在内的第十五部分规定的管辖，则似乎没有必要明确区分新旧争端。第1款（a）项目前的表述虽然没有提到调解，但似乎反映了同样的想法。其措辞"当此类争端发生时"，与本条规定的声明发布后的时间有关，似乎只是指"未来"的争端。

但是，如果在有关条款的案文中明确区分"过去"和"未来"的争端，以便只将后者提交强制调解，那么确定区分这两类争端的标准仍然是一个基本问题。因为每一个争端都可能有一些过去的根源，所以很难划清界限。关于这一困难，在今年2月闭会期间磋商会议上指出，根据国际判例和管辖权规则，在关于所谓争端发生的关键日期的决定中有很大的斟酌决定权。一项定义，要么是基于对某一具体争端中要考虑的实质性因素的区分，要么只是对公约生效前后产生的争端加以区别，很可能使〔其〕有各种解释。这种不确定性使问题复杂化，在争论的基本实质点上增加了程序上的争议。

至于实质性问题，是否只应将"未来"的海洋边界争端诉诸强制调解，支持和反对这种限制性制度都可以举出明显的理由。反对限制的这种意见的代表团没有找到足够的理由将"过去"的争端排除在强制性程序之外，并强调拟议的区别所依据的标准含糊不清所造成的困难。另一方面，那些只想将强制调解局限于"未来"争端的人，害怕建立一种制度，可能促使各国重新打开过去的争端或恢复旧的领土主张，从而破坏现有的条件。这些观点似乎得到了第74/83条最后一段背后的一些支持。罗森大使在日内瓦闭会期间磋商会议上的发言中还指出，"在所有情况下，在这些问题上，现状都将而且应当受到《联合国宪章》包括第三十三条的支配和保护，新公约第十五部分，无论最终采取何种形式，都只应适用于新公约将采用的普遍商定的创新办法"。事实上，新公约的缔结仍在等待之中，所有划界争端在原则上根据《宪章》第三十三条处于平等地位，如果公约就"未来"争端提出了拟议的改变，它至少要不损害现有的解决"过去"争端的可能性。

尽管并非没有争议，但支持将"过去"的争端排除在强制调解之外的理由似乎很重要，值得注意。但是，如果规定上述区别的明确规则是不可接受的，在这种情况下，一个更为中立的方案，例如，类似于非正式综合协商案文第二九七条第1款（a）项所用的措辞，可能有助于达成令人满意的折中办法。

为重新起草第二九七条第1款（a）项而作出的第二个选择是，关于强制调解的规定是否应仅涉及解决争端或最终划界本身应考虑的具体情况、原则或方法。在这两种情况下，争端各方都必须继续努力，根据调解委员会提交的报告谈判商定划界方案，但显然，这些报告在各自案件中的具体内容会有所不同。然而，原则上，上述区别不是不同法律考虑的表现，而是对强制性程序范围的对立看法的反映。在实践中，初步程序问题与最终划界本身之间的区别可能会出现一些不确定性。为此，特别是因为确定调解对象，如果仅限于初步问题，以及这一限制本身，可能会不必要地使程序复杂化和拖延，因此，更实际的做法可能是避免有关的区别，并将划界争端作为一个整体提交强制调解。

由于调解是一种不需要作出具有拘束力的裁定的程序，如上文所述，争端各方已根据调解委员会的报告，继续努力达成协议。在去年2月闭会期间磋商会议上提出的补充建议中，索恩教授提出了一项根据所谓保加利亚方案（NG7/5号文件）改编的建议。根据这项建议，如果谈判未能在一个固定期限内达成一项商定的划界办法，争端各方应经双方同意，将划界问题提交第十五部分第二节规定的程序，除非当事各方另有协议。

在进一步讨论之后，第七协商小组主席向非正式全体会议提出了稍微乐观一点的评估，在概述了困难之后，确定了可能达成折中方案的路线：[22]

在迄今进行的协商中，本小组未能就第二九七条第1款（a）项达成协议。我在1979年3月26日的说明（NG7/26号文件）中表示，似乎不太可能在一项以一种或另一种形式规定接受一项涉及具有拘束力的决定的程序的规则的基础上找到所寻求的折中方案。本期会议期间进行的讨论给我留下的印象是，这方面没有发生任何变化。有几个代表团强烈主张强制性和有拘束力的程序，这一点一直是显而易见的。但似乎同样清楚的是，作为本小组工作的最大目标的协商一致意见，可能不会像基于强制性和有拘束力的程序那样实现。在这方面，还必须考虑到以下事实：本小组讨论的所有主要问题都是密切相关的，必须作为"一揽子计划"的一部分加以处理。

为表明程序水平，最低限度对某些人，最高限度对另一些人，就其本身而言或经过某种程度的阐述，可能证明是专家组成员可以接受的，也许可以设想一项规定，根据该规定，相邻或相向国家之间有关海域划界的争端，或涉及历史性海湾或所有权的争端，在现在的情况下将被排除在强制解决之外，但已作出第二九七条规定的声明的国家应在以后发生此类争端时应争端他方的请求，并且当事各方之间在合理的协商期限内未达成任何结果时，接受将争端提交附件四中规定的调解程序；并且进一步规定，该程序应排除对大陆或岛屿陆地领土的任何主权或其他主张的确定。

在这方面，一些代表团认为，调解程序只应涉及争端各方在解决争端问题时应考虑的具体情况、原则或方法方面的基本突出问题。

调解委员会提出报告后，双方应在该报告的基础上谈判一项协议，如果

---

[22] NG7/33（1979年，油印本）（第七协商小组主席）。转载于《第三次联合国海洋法会议文件集》第九卷第453页。

这些谈判未能在固定期限内达成协议，争端各方应经双方同意，将问题提交至第十五部分第二节规定的程序，除非双方另有协议。

由于第七协商小组的一些成员抱怨索恩教授提出的 45 个方案的变种㉓使得很难评估各种解决方案各自的优点，他将它们简化为 4 个备选方案，每个方案都为调解提供了一些作用。这些备选办法是：（a）所有海洋划界争端的两阶段程序，即就争端各方应审议的与具体情况、原则或方法有关的初步问题作出具有拘束力的决定，以及在争端各方之间的协商未能成功执行决定的情况下就最终划界进行的调解；（b）对所有争端进行的调解，后来（但只有争端各方同意的情况下）可采用一种产生具有拘束力的决定的程序；（c）对过去争端的初步问题进行的调解，以及将未来的争端（包括争端是否在公约生效之前产生的或之后产生的问题）提交一项程序，该程序必须作出具有拘束力的决定，但仅限于初步问题；以及（d）最狭隘的选择，仅限于提交一项程序，只对未来争端中涉及的初步问题作出具有拘束力的决定，包括是否是未来的争端的问题。㉔

298. 25. 在提交海洋法会议第二委员会的报告中，第七协商小组主席借鉴了向该协商小组提出的几项提案中的各种内容，提出了以下折中方案：㉕

> 在海岸相向或相邻的国家之间，或涉及历史性海湾或所有权的国家之间，有关海洋边界划定的争端，只要是在该国作出这种声明之后发生的，如果在一段合理时间内双方在协商中没有达成协议，则尽管有第二八四条第 3 款的规定，经争端任何一方的请求，接受将争端提交附件四规定的调解程序，并进一步规定，这种程序应排除对大陆或岛屿陆地领土上的主权或其他权利的任何要求的裁定。
>
> 在调解委员会提出报告后，双方应在该报告的基础上谈判达成协议。如果这些谈判未能在一段时间内达成协议，自委员会报告之日起，争端各方应经双方同意，将问题提交第十五部分第二节规定的程序，除非双方另有协议。

这项提案允许完全排除过去的争端，并放弃了对解决争端程序的限制，即对有关各方在解决争端时应考虑的与具体情况、原则或方法有关的基本问题的限制。另一方面，它将强制性调解程序扩大到所有未来的争端，也就是说，尽管争端他方试图停止

㉓　前注⑮。

㉔　见资料来源 24，其中包括 4 个备选方案的全文。

㉕　第二委员会第 57 次会议（1979 年），第 41 段，《正式记录》第十一卷第 60 页。另见 NG7/39 号文件（1979 年，油印本）（第七协商小组主席）。转载于《第三次联合国海洋法会议文件集》第九卷第 459、461–463 页。

程序（如第二八四条第 3 款最初设想的那样），但可以"应争端任何一方的请求"启动程序。然而，任何进一步诉诸一项程序作出具有拘束力的裁定，只能"经双方同意"才能作出。

这一折中方案立即遭到智利代表的攻击，他认为"充分多数"支持强制解决制度，反对将争端解决制度仅限于今后的争端。他也反对只有在双方在"合理时间"内没有达成协议后才允许调解，而不是确定达成协议的具体时限，以及排除与领土或岛屿有关的争端。而这一折中方案与索恩先生提出的 4 个方案中的 3 个不一致。

他的代表团认为，提出的案文"用于未来协商的目的应该被认为是不存在的。"[26]以色列代表表示："陆地边界争端和海洋边界争端没有本质的区别"，并且只愿意考虑以某种形式强制诉诸仅限于未来争端的不具拘束力的调解。但是他的代表团批评了第七协商小组主席的提案，因为没有充分说明"它只涉及争端各方之间在公约生效后发生的争端"[27]（这一点对于在公约生效后成为公约缔约方的争端各方可能具有相当重要的意义）。然而，一些代表团愿意支持该协商小组主席为解决争端而采取的折中解决办法。[28]

298. 26. 在海洋法会议第八期会议续会上（1979 年）讨论解决划界争端的问题时，将第七协商小组主席在该期会议第一阶段会议结束时提出的提案作为讨论的出发点（见上文第 298. 25 段）。虽然该提案得到了相当广泛的支持，但也有一些代表团反对该提案，主张建立一个更全面的争端解决制度。考虑到美国的一项新提案，[29]协商小组主席向协商小组提出了一项经修改的提案。[30]经过进一步讨论后，又做了一些修改，协商小组主席向会议提出了第二九八条第 1 款（a）项的以下案文（资料来源 25），允许声明排除。

> （1）关于划定海洋边界的第十五、七十四条和第八十三条在解释或适用上的争端，或涉及历史性海湾或所有权的争端，但如这种争端发生于本公约生效之后，经争端各方谈判仍未能在合理期间内达成协议，尽管有第二八四

---

[26] 第二委员会，第 57 次会议（1979 年），第 49 段，《正式记录》第十一卷第 60 页。另见第 57 次会议上西班牙的发言，第 59 段，同上，第 61 页；哥伦比亚，第 75 段，同上，第 62 页；另见秘鲁在第 58 次会议上的发言，第 4 段，同上，第 63 页；希腊，第 11 段，同上，第 64 页；马耳他，第 13 段，同上；巴基斯坦，第 14 段，同上。

[27] 第二委员会，第 57 次会议（1979 年），第 50 段和第 54 段，《正式记录》第十一卷第 61 页。另见土耳其的发言，第 57 次会议，第 70 段，同上，第 62 页；以及委内瑞拉，第 58 次会议，第 8 段，同上，第 63 页。

[28] 例如，见保加利亚在第二委员会第 58 次会议（1979 年）上的发言，第 10 段，《正式记录》第十一卷第 63-64 页。

[29] NG7/40（1979 年，油印本）（美国）。转载于《第三次联合国海洋法会议文件集》第九卷第 464 页。

[30] NG7/41（1979 年，油印本）（第七协商小组主席）。转载于《第三次联合国海洋法会议文件集》第九卷第 465 页。

条第 3 款的规定，则作此声明的国家，经争端任何一方请求，应同意将该事项提交附件四规定的调解；并进一步规定，在提交该事项时，应排除任何必然涉及同时审议有关大陆或岛屿陆地领土主权或其他权利的任何未决事项的争端；

（2）在调解委员会提出其中说明所根据的理由的报告后，争端各方应根据该报告以谈判达成协议；如果谈判未能达成协议，经彼此同意，争端各方应将问题提交第十五部分第二节所规定的程序之一，除非争端各方另有协议；

（3）本项规定不适用于争端各方已以一项安排确定解决的任何海洋边界争端，也不适用于按照对争端各方有拘束力的双边或多边协定加以解决的任何争端。

同时，他表示，由于没有就最后"一揽子计划"达成一致意见，他不能建议将这一建议纳入下一次修订的非正式综合协商案文。

298. 27. 根据第七协商小组主席的说法，海洋法会议第九期会议（1980 年）的额外讨论"没有为审议本项目增添任何新的特点"。在提交海洋法会议的最后报告中，他只是照搬了 1979 年 8 月的草案（见上文第 298. 26 段）。但注意到"只有以强制调解程序为基础的提案才能证明符合对就这一问题达成最终解决办法的可能性的现实看法"（资料来源 10，第 6 段和第 7（e）段及附件）。

德意志联邦共和国代表在评论本报告时，在坚持采用强制性司法解决争端程序的同时，（在另一方面）指出，该国代表团将接受强制性调解程序，但"只是不太情愿"[31]荷兰代表强调了强制解决争端程序的重要性，因为［海岸］"相邻和相向的国家在解决海洋边界争端时需要公正团体的咨询和帮助"。[32]他指出，如果不能以这种方式达成协议，争端各方应有权要求国际法庭作出具有约束力的最后裁决。美国代表团反对将拟议的程序限于公约生效后产生的争端。意大利代表认为，第七协商小组主席提交的方案虽然远非完美，但"在进一步协商后似乎可能产生结果"。[33]爱尔兰代表赞成"公平原则"解决划界问题的国家集团发言，认为如果有一项规定由于没有通过强制性和有约束力的解决程序，因此没有理由改变实质性规则。他说，"实质性条款和程序性条款之间没有这种关系，不足以证明它们之间有理由根据某种人为的一揽子计划进行调整。"[34]

智利代表反对将强制调解限制在未来的争端中，因为他认为"至少应该毫无例外

---

③ 第 125 次全体会议（1980 年），第 34 段，《正式记录》第十三卷第 9 页。

② 同上，第 43 段，同上，第 10 页。

③ 第 126 次全体会议，第 43 段，同上，第 14 页。

④ 同上，第 48–49 段，同上，第 14–15 页。

地适用于每一个案件"⑤。阿根廷代表尽管认为直接谈判是解决争端的最合适的手段，但他认识到，许多代表团认为第七协商小组的提案是比现有的［非正式综合协商案文］的协商更为合适的基础，因此，他"不反对将其列入协商案文第二次修订稿"。但他坚持说，他的代表团对第 1 款（a）（2）项的保留"可能会引起严重的误解"⑥。苏联代表也表达了类似的观点，认为非正式综合协商案文第二九八条第 1 款（a）项"完全不能接受，由于它设想对［海洋边界划定］问题进行强制性仲裁，而不管有关国家的意愿如何，这是对其主权的侵犯。"苏联深信"关于海洋边界的协议只能通过谈判或双方商定的其他方法来达成"；但是，"由于［第七协商小组主席］提议的方案是一个折中方案，在会议上获得了广泛支持，他的代表团不反对将其列入协商案文第二次修订稿。"⑦这一立场也获得了伊朗代表的支持，他认为，强制调解"比订正的协商案文设想的解决办法提供了更好的前景，并将避免因诉诸第三方而造成的困难。"⑧美国"承认对第二九八条拟议的修正是对协商一致的重要贡献。"⑨

另一方面，仍有人支持保留关于强制性和有拘束力地解决划界争端的规定。阿拉伯联合酋长国代表对新草案做了最强烈的发言，⑩他说了以下几点：

第一，许多种类的海洋划界争端被排除在公约规定的解决程序之外，这与公约的主要目标背道而驰。

第二，诉诸仲裁并不意味着就争端主题作出具有拘束力的决定。提议的

---

⑤　同上，第 70 段，同上，第 16 页。

⑥　同上，第 92 段，同上，第 17 页。另见资料来源 13（阿根廷发言全文），第 23 段。发言末尾的保留提到第七协商小组主席在提案中的一句话，即如果不能通过谈判解决问题，"应经双方同意"将问题提交一个能够作出具有拘束力的决定的程序。一些国家认为，这一用语结合了两个不相容的要素，一个是强制性的"应"，一个是协商一致的"经双方同意"。另一些国家解释说，这一用语的目的是要求争端各方作出真诚努力，选择其中一个程序。

⑦　第 126 次全体会议（1980 年），第 110 段，《正式记录》第十三卷第 18 页。白俄罗斯苏维埃社会主义共和国代表支持这一观点，"尽管白俄罗斯代表团难以接受解决争端的调解程序。"第 165 段，同上，第 22 页。另见越南在第 127 次全体会议（1980 年）上的发言，第 49 段同上，第 28 页；波兰，第 67 段，同上，第 29 页；乌克兰苏维埃社会主义共和国代表，第 85 段，同上，第 31 页；和匈牙利，第 128 次全体会议（1980 年），同上，第 6 段，同上，第 32 页。

⑧　第 126 次全体会议（1980 年），第 124 段，同上，第 19 页。另见哥伦比亚，第 127 次全体会议（1980 年）的发言，第 42 段，同上，第 27 页；和肯尼亚，第 128 次全体会议（1980 年），第 171 段，同上，第 44 页。

⑨　第 128 次全体会议（1980 年），第 154 段，同上，第 43 页。

⑩　第 126 次全体会议（1980 年），第 156-161 段，同上，第 22 页。另见联合王国在第 127 次全体会议上的发言，第 18 段，同上，第 25 页；土耳其，第 37 段，同上，第 27 页；孟加拉国，第 54 段，同上，第 29 页；法国，第 75 段，同上，第 30 页；另见圭亚那在第 128 次全体会议上的发言，第 180 段，同上，第 45 页；巴林，第 248 段，同上，第 49 页。

案文目前的措辞可能会导致争端的延长和加剧。

第三，必须在选择解决程序的自由和达成有拘束力的解决争端办法之间建立平衡。如果不能在合理期限内通过谈判和仲裁达成协议，可以通过允许争端各方诉诸公约第十五部分第二节规定的解决程序来实现这一平衡。

第四，接受强制解决并不违背主权原则，因为各国将同意谈判并遵守根据公约规定的强制解决争端程序。

第五，关于与专属经济区和大陆架海洋划界标准有关的"公平原则"一词，这些原则应由国际法庭而不是争端各方解释和适用。如果将这些原则列入划界标准，争端各方应能诉诸公约规定的解决程序。由于标准和解决程序密切相关，他的国家不能接受第二九八条第1款（a）项的拟议的案文。

马耳他代表还强烈呼吁就解决争端作出更有力的规定。他指出，公约"除非包括解决冲突和解决争端的有效制度，否则几乎没有实际价值。"他补充说，"如果一个国家当时拒绝让有关适用该公约的冲突由一些独立的机构或部门解决，就很难相信该国签署公约的诚意。"[41]

在讨论的基础上，执行管理委员会决定将第七协商小组主席的提议纳入非正式综合协商案文第二次修订稿（资料来源12）。然而，第二委员会主席对"是否有正当理由或适当时机"将该案文列入修订稿表示保留。[42]

298. 28. 在第九期会议续会上（1980年），海洋法会议主席介绍了非正式全体会议关于非正式综合协商案文第二次修订稿的讨论结果。他指出，鉴于第二九八条第1款（a）项规定与仍存在争议的划界问题之间的密切联系，该项规定不应做任何改动（除了一些相互参照之外），需要进行进一步协商。他指出，关于将过去或现有的争端以及与陆地或岛屿领土主权有关的争端的排除，作为一般性地排除条款从第二九八条第1款（a）项移至第二九七条的提议，是不能被接受的。他认为，当时在该段中既不应作出实质性的改变，也不应作出结构性的改变。[43]

在第九期会议续会上关于非正式综合协商案文第二次修订稿的一般性辩论中，阿根廷代表强调，如果强制调解不成功，"未经争端各方同意"诉诸一项能够产生具有拘束力的决定的程序，是不可能的。他指出，所提议的第二九八条之二（后来为第二九九条）加强了这种解释，该条明确规定，除根据第二九八条作出的声明以外的任何争端，只能"经争端各方同意"提交此种程序。[44]索马里代表团"反对为解决争端而

㊶　第127次全体会议（1980年），第30段，同上，第26页。

㊷　见资料来源12，第18页，海洋法会议主席的解释性备忘录，第9-10段。这项保留主要针对提案的实质性部分（许多国家对此表示反对），而不是解决争端部分。

㊸　见资料来源14，第5-7段；以及资料来源15，海洋法会议主席的解释性备忘录，第12段。

㊹　第136次全体会议（1980年），第101段，《正式记录》第十四卷第38页。另见第二九九条评注。

作出任何第三方强制裁决。但是，为了达成折中方案，将支持第二九八条规定的新的强制调解原则。"⑮然而，阿拉伯联合酋长国代表敦促，在"如果调解尝试失败，或者如果很明显在当事一方拒绝调解"的情况下，采取进一步的措施，即引入当事一方诉诸具有能够产生具有拘束力的决定的程序的权利，为了"避免在当事另一方不合作并实际上拒绝适用公约所载的解决争端程序的情况下使争端继续存在"。他还表示倾向于"适用于所有争端，而不仅仅是在公约生效后产生的争端"。⑯

298. 29. 非正式综合协商案文第三次修订稿（资料来源 15）包括海洋法会议主席关于重新组织第十五部分和附件五的建议，以澄清有关强制诉诸调解的规定，并将规定强制诉诸调解的条款（新的第三节）与有关具有拘束力的决定的程序的条款（第二节）分开（见上文第 XV. 16 段）。第二九八条第 1 款（a）项尽管对措辞做了一些改动，但未做实质性修改。⑰

298. 30. 考虑到起草委员会的建议（资料来源 17），执行管理委员会修订了非正式综合协商案文第三次修订稿。因此，第二九八条的标题从"任择性例外"改为"适用第二节的任择性例外"。此外，将第二九八条第 1 款的起首部分修订为（资料来源 16）：

> 一国在签署、批准或加入本公约时，或在其后任何时间，在不妨害根据第一节所产生的义务的情形下，可以书面声明对于下列各类争端的一类或一类以上，不接受第二节规定的一种或一种以上的程序。

这些变化除了重新调整各短语的顺序外，还用"加入"（见第三〇七条）取代了更为开放的短语"否则表示同意接受拘束"，并明确声明必须以书面形式作出。这一段中的其他变化纯粹是文体上的。⑱

298. 31. 第 1 款（a）（1）项的最后文本允许一国在适用第十五部分第二节（规定强制诉诸能够产生具有拘束力的决定的程序）时，排除涉及解释或适用有关海洋划界

---

⑮　第 138 次全体会议，第 74 段，《正式记录》第十四卷第 56 页。另见埃塞俄比亚在第 139 次全体会议（1980 年）上的发言，第 16 段和第 21 段，同上，第 63 页；莫桑比克，第 30 段，同上，第 64 页；墨西哥，第 50 段，同上，第 65 页；尼加拉瓜，第 56 段，同上。另见马来西亚在第 140 次全体会议（1980 年）上的发言，第 49 段，同上，第 79 页；土耳其，第 54 段，同上。

⑯　第 139 次全体会议（1980 年），第 69-70 段，同上，第 66 页。

⑰　这些变化反映了将第二节分为第二节和第三节，并在附件五中增加了一个关于强制诉诸调解的新的一节。

⑱　第 1 款在文体上的其他细微变化包括：（a）在（a）（1）一项第 8 行中，"附件五第二节规定的"被替换为"根据附件五第二节"（中文文本未变——译者注。）；（b）在（a）（2）项第 1 行中，"Conciliation Commission（调解委员会）"英文词首字母被改成了小写；（c）在（a）（2）项第 5 行中，"第十五部分"的字样被删除；（d）在（a）（3）项第 1 行中，"本项规定不适用"被替换为"本项不适用"。

争端的（即海岸相向或相邻国家之间关于领海、专属经济区和大陆架划界的争端）3项条款。公约没有提到毗连区的划界问题。另一方面，一国也可以排除涉及历史性海湾或所有权的争端。

尽管如此，任何国家作出排除第1款（a）项所述任何或所有争端的声明，都有义务将其中一些争端提交调解。过去的争端（即在公约生效之前产生的争端）被完全排除在这一义务之外。就未来的争端（即在公约生效后产生的争端）而言，还有3个要排除的例外：（a）混合争端（即必须同时审议关于大陆或岛屿陆地领土主权或其他权利的任何未决事项的争端）；（b）通过双方之间的安排最终解决的争端（可能还包括双方接受仲裁或司法裁决而作出的安排，例如国际法院在利比亚和突尼斯之间以及利比亚和马耳他之间的争端中作出的安排）；⑭ 和（c）将根据对争端各方具有约束力的双边协议解决的争端。在最后一种情况下，尚不清楚该协定是否必须规定一项产生具有拘束力的决定的程序，或该协定是否可能仅仅规定某一争端应由教皇调解或由联合国秘书长斡旋解决。第二种解释似乎符合赋予争端各方完全自由决定其解决争端的方式和排除任何其他方式的基本原则。这一解释还得到这样一个事实的支持，即这种协议不排除根据第十五部分第二节强制诉诸裁决，而只排除强制调解（只导致不具拘束力的建议）。

如果发生根据第1款（a）项可强制调解的争端，可根据附件五第二节的规定，通过争端一方向争端他方发出通知启动程序。可根据该附件第三条设立调解委员会，不论他方是否愿意在任命委员会成员方面给予合作。争端的任何一方都有义务服从这种程序，尽管不能强迫它参与这些程序，也不能强迫它接受委员会作出的具有拘束力的建议，但它有义务适当注意该报告，并在该报告的基础上诚意地（见第三〇〇条）谈判一项协议。如果通过这种谈判未能达成实质性协议，则还有进一步的义务，即至少通过选择第十五部分第二节规定的程序之一，或其他解决争端程序设法达成协议。这项协议也必须本着诚意进行谈判，但只有经双方同意才能生效。如果不能达成这种协议，唯一剩下的义务是根据第十五部分第一节，迅速就通过进一步谈判或"其他和平手段（第二八三条第1款）"解决争端并交换意见。

298.32. 第二九八条第1款（b）项和（c）项中的例外情况与（a）项中的例外情况具有相同的选择性。它们不是自动的；它们要求在签署、批准或加入公约时或其后任何时间作出特别声明。只有在针对试图援引某一特定例外的国家提出争端之前已向联合国秘书长妥善交存了一份指明这些例外的声明（或其中一项声明），该国才能援引这些例外。

然而，（b）项和（c）项的例外在一个重要特征上不同于（a）项的例外。它们是

---

⑭ 《大陆架案》（突尼斯/阿拉伯利比亚民众国），1982年国际法院《判决、咨询意见和命令汇编》第3页；《大陆架案》（阿拉伯利比亚民众国/马耳他），1985年国际法院《判决、咨询意见和命令汇编》第13页。

绝对的，至少从某种意义上说，它们在任何情况下都不必诉诸强制调解。所有这3个类型的争端仍受第一节规定的管辖，该节旨在指导争端各方通过某种渠道和平解决与公约的解释或适用有关的每一争端（毫无例外）。至少在这个意义上，所有这些争端都要遵守解决争端的某些基本程序。但是，如果一国作出声明，排除（b）项和（c）项规定的第二节程序中的争端，则第1节规定的这些义务虽然无所不在，但被削减到最低限度，其范围完全取决于争端各方商定的选择（如果有的话）。

298.33. 关于军事和执法活动争端的第1款（b）项，起源于海军顾问们对各代表团意见的长期关注，即海军船只的活动不应受到可能必须披露某些军事机密的司法程序的制约。他们指出，一些海事公约中有明确规定，这些公约（包括其解决争端的规定）不适用于"任何军舰、海军辅助船舶或其他国有或国营并目前只用于政府非商业性服务的船舶。"[50]为了保护所有这些船只，美国1973年提交海底委员会的关于解决争端的条款草案规定，"本条款的任何规定均不得削弱某些船只和飞机根据国际法享有的主权豁免。"[51] 在1974年关于解决争端问题的非正式工作组的建议中重申了这一点，允许排除"关于根据国际法有权享有主权豁免的船只和飞机以及根据国际法适用主权豁免的类似案件"的争端（见资料来源1，备选案文C.1（d））。不过，有人怀疑，在国际法庭审理的案件中，是否有任何船舶享有主权豁免，因为这一原则只适用于不允许向其提出外国主权的国内法庭，而且国际法庭的宗旨就是处理主权国家之间的争端。因此，为了确保这些船只不受国际裁决的影响，增加了另一项规定，不包括"有关军事活动的争端［除非进行这种活动的国家明确表示同意］"（资料来源1，备选案文C.2（d））。

298.34. 在海洋法会议第三期会议上（1975年），关于解决争端问题的非正式工作组删去了关于主权豁免的规定，并决定区分军事活动和执法活动。因此，它建议一国可通过一项声明排除"关于军事活动，包括从事非商业服务的政府船只和飞机的军事活动的争端，但根据本公约进行的执法活动不应视为军事活动"（资料来源19，第十七条第3款（c）项）。在修改此条款以纳入非正式单一协商案文第四部分（资料来源2）时，阿梅拉辛格主席只对草案做了3处措辞上的修改，将政府船只的"government（政府）"一词首字母大写（Government），将"but（但是）"改为"it being understood that（据了解）"，并将本公约从"this Convention（本公约）"改为"present Convention（本公约）"（资料来源2，第十八条第2款（c）项）。

298.35. 在海洋法会议第四期会议（1976年）全体会议讨论非正式单一协商案文

---

[50] 例如，见1973年《防止船舶污染公约》，第三条第（3）款，《国际法资料》第十二卷第1319页（1973年）；Nordquist和Churchill，《海洋法新方向》第四卷第345页（1975年）；和《英王敕令》第5478页，其他，第26号（1974年）。

[51] A/AC.138/97，第八条第3款。转载于1973年《海底委员会报告》第二卷第22-23页（美国）。

第四部分时，新西兰代表反对军事活动例外，指出政府船只和飞机必须"继续享有行使国家管辖权的豁免权，这是不将其活动引起的争端排除在国际管辖制度的范围之外的一个有力理由。"[52]其他代表团在没有提及这一例外情况的情况下认为，拟议的例外情况过于宽泛，需要更准确和更狭义地加以界定。[53]

298.36. 在海洋法会议第六期会议（1977 年）之前举行的非正式讨论中，有人对军事例外的规定提出了反对意见，理由是"对军事活动和准军事活动加以区分是不合理的"[54]。有人特别指出，根据这一规定，可能会出现这样的情况：在一国的专属经济区内，外国船只的军事活动将被排除在第三方解决之外，而沿海国的执法活动将受到强制性国际解决的制约。[55]于是，海洋法会议主席修改了这一规定"以便使执法活动享有类似于军事活动的豁免权"（资料来源 7）。因此，非正式综合协商案文（资料来源 6，第 1（b）段）所载案文如下：

> 关于军事活动，包括从事非商业服务的政府船只和飞机的军事活动的争端，以及除第二九六条所述例外情况外，在行使本公约规定的主权权利或管辖权方面的执法活动。

298.37. 关于新案文的关键点是，它依赖于第二九六条［最终文本中的二九七条］中的实质性规则和第二九六［二九七条］中提到的"除外"的含义。如果沿海国的某些违反行为仍然受制于公约第十五部分第二节的解决争端规定，则沿海国根据第二九七条［最后文本为第二九八条］作出的声明不能将相关执法活动排除在该节解决争端规定的适用范围之外。（如上文第 298.9 段所述，在任何情况下，根据最终文本第二九八条作出的声明都不能排除第 1 款的适用。）

由于当时的第二九六条［后来为第二九七条］仍然可以变更，两个平行的例外情况（在后来的第二九七条和第二九八条）的最后调整必须等待就第二九六［二九七］条的内容达成最终协议。[56]阿根廷提议通过在第二九七条第 1 款（b）项中删去"除第二九六［二九七］条所述的例外情况外"这一令人费解的短语来解决这一问题。[57]秘鲁

52　第 59 次全体会议（1976 年），第 35 段，《正式记录》第五卷第 12 页。

53　例如，见南斯拉夫在第 61 次全体会议上（1976 年）的发言，第 27 段，同上，第 32 页。

54　见海洋法会议主席的非正式说明，前注①，第三节。

55　见 A. O. Adede，"海洋法公约解决争端部分的序言"，《纽约国际法和政治杂志》第 255、299 页（1977 年）；另见 M. Janis，"海洋法公约中的解决争端：军事例外"，《海洋发展与国际法》第 4 卷第 51 页（1977 年）。

56　例如，见第五协商小组主席在第 105 次全体会议上（1978 年）的发言，第 92 段，《正式记录》第九卷第 82 页。

57　第 106 次全体会议（1978 年），第 28 段，同上，第 86 页。

附议说，这样的修改将确保"所有军用船只都受同样的规定管辖"。[58] 在重新起草第二九六［二九七］条时，海洋法会议主席指出，第二九八条第 1 款（b）项，必须"重新制定，以便保持其原意"（资料来源 9，第 8 段）。海洋法会议主席后来得到非正式全体会议的授权，进行必要的起草措辞上的修改（"不得以任何方式触及该条款的实质内容"），以便"使通过声明可能被排除在外的执法活动与被法院或法庭排除在强制管辖权范围之外的行使主权权利和管辖权相一致"（资料来源 11，第 7 段）。在执行这项任务时，海洋法会议主席将有关军事和执法的任择性例外修改为：

> 关于军事活动，包括从事非商业服务的政府船只和飞机的军事活动的争端，以及根据第二九七条第 2 和第 3 款不属于法院或法庭管辖的关于行使主权权利或管辖权的法律执行活动的争端。

这项规定作为第二九八条第 1 款（b）项插入非正式综合协商案文第二次修订稿（资料来源 12）。除了在非正式综合协商案文第三次修订稿（资料来源 15）中将"第二九六条"改为"第二九七条"，并根据起草委员会的建议将公约草案（资料来源 16）中的"第 2 款和第 3 款"改为"第 2 款或第 3 款"外，这是最终文本。

298.38. 这些变化的重要后果是使得第二九七条第 1 款规定的执法活动（即与航行、飞越或铺设海底电缆和管道有关的活动，以及与保护和保全海洋环境有关的活动）受法院或法庭管辖。只有因第二九七条第 2 款和第 3 款的明确例外而不受法院或法庭管辖的有关执行海洋科学研究或渔业规定的争端，才可根据第二九八条作出声明而排除。这意味着，根据第二九八条第 1 款（b）项，不得排除执行关于海洋科学研究或渔业的某些规定。

298.39. 第 1 款（c）项涉及一个完全不同的问题，即必须避免根据公约启动的任何解决争端程序与安全理事会可能根据《联合国宪章》为维护国际和平与安全而采取的任何行动之间发生冲突。这个想法很清楚，但在达成一个令人满意的措辞之前，必须尝试不同的方案。

298.40. 在海洋法会议第三期会议上（1975 年）首次向关于解决争端问题的非正式工作组提出了列入这一条款的建议。专家组以下列方式提出了这一概念（资料来源 19，第十七条第 3 款（d）项）：

> 正由联合国安全理事会行使《联合国宪章》赋予它的职能所涉及的争端或情况，但安全理事会确定根据本公约进行的具体程序在特定情况下不会干扰这种职能的行使的争端除外。

---

[58] 同上，第 35 段，同上，第 86 页。

阿梅拉辛格主席将这一规定作为第十八条第 2 款（d）项列入非正式单一协商案文第四部分草案（资料来源 2），只删去了他认为过于含糊和宽泛的"或情况"一词，而"争端"一词则更为普遍接受。

298. 41. 在大会第四期会议上（1976 年），关于海洋法会议主席草案的一般性辩论中，有人对安全理事会的例外提出了几项反对意见。荷兰代表做了以下发言，解释他最初的意见，即这一规定特别"不合理"：

> 第 2 款（d）项明显违反了《联合国宪章》第三十六条，安全理事会何时实际行使其职能的问题也容易引起争议。此外，安全理事会任何常任理事国，不论是否卷入争端，都可以通过其否决权阻止安全理事会确定未来公约下的程序不会干扰其行使职能。如果有必要规定提交安全理事会的同一争端同时成为未来公约规定的解决争端程序的对象，至少应该要求安全理事会在公约规定的程序中止之前，决定公约规定的程序实际上干扰了安理会职能的行使。事实上，即使在未来的公约中没有这样一项规定，安全理事会可以随时作出这样一项具有拘束力的决定，更不用说任何保留了……在任何情况下都只能影响该国为被告的争端。[59]

德意志民主共和国代表反对"一国可在批准公约时以单方面声明的方式决定安全理事会是否有权处理某些问题"的意见。他指出，这一规定可能危及和破坏联合国的安全机制，因为"只有安全理事会才能决定一项争端是否威胁到国际和平与安全，并在此基础上，采取其认为适当的措施"。他建议对该条款进行修订，以便"所提及的争端将依法排除在公约规定的程序之外"[60]。

考虑到这些意见，阿梅拉辛格主席修订了案文，要求安全理事会积极确定公约规定的程序实际上干扰了安理会本身的活动。他在非正式单一协商案文第四部分第一次修订稿（资料来源 4，第十八条第 2 款（c）项）中所包含的文字如下：

> 关于正由联合国安全理事会行使《联合国宪章》赋予它的职能所涉及的争端，确定根据本公约进行的具体程序在特定情况下干扰这种职能的行使。

在第六期会议（1977 年）非正式全体会议的讨论中，对这一条文提出了各种问

---

[59] 第 60 次全体会议（1976 年），第 12 段，《正式记录》第五卷第 22 页。

[60] 第 59 次全体会议（1976 年），第 76 段，同上，第 20-21 页。另见保加利亚在第 60 次全体会议上（1976 年）的发言，第 80 段，同上，第 29 页。

题。安全理事会行使《联合国宪章》赋予它的职能这一短语的确切含义指的是什么？安全理事会将采用什么标准来确定公约规定的特定程序妨碍了其职能？安全理事会将通过什么程序决定这个问题？然而，海洋法会议主席没有对订正的单一协商案文第四部分（资料来源5）的有关条文做任何修改。

298.42. 然而，进一步的讨论导致在将相关条款列入非正式综合协商案文时对其进行了修订［资料来源6，第二九七条第1款（c）项］，内容如下：

> 关于正由联合国安全理事会执行《联合国宪章》所赋予的职务的争端，但安全理事会决定将该事项从其议程删除或要求争端各方用本公约规定的方法解决该争端者除外。

这项规定保留了案文第一部分提及安全理事会"行使《联合国宪章》赋予它的职能"的措辞。在这方面，它反映了《联合国宪章》第十二条的措辞，在该条中，它被用于类似的目的，即防止大会干涉理事会的工作。然而，这句话的第二部分是允许安全理事会决定将这一事项从其议程上删除，从而为公约所规定的程序打开大门。或者，安全理事会可以通过要求争端各方以公约规定的方式解决争端，鼓励根据公约规定进行诉讼。这两种情况无论在哪一种情况下，理事会的决定均不具有声明的效力，但属于（c）项的争端除外。

298.43. 由于起草委员会的一项建议，最后案文中唯一的起草措辞上的改动是"present Convention（本公约）"改为"this Convention（本公约）"［资料来源16，第二九八条，第1款（c）项］。经过这一微小改动，第二九八条的起草工作大功告成。考虑到各国根据《国际法院规约》第三十六条任择条款所做的广泛保留的数量，第二九八条所列的三项任择性例外虽然重要且极具争议，但对公约第二八七条规定的法院和法庭的管辖权的影响却要小得多。

还必须指出，这些例外情况并非自我判断，它在特定案件中的适用性不能由提出申诉的缔约国援引这些例外情况来确定。公约第二八八条第4款明确规定，如果对某一法院或法庭是否具有管辖权发生争议，"该事项应通过该法院或法庭的决定予以解决"。同样，在根据第二九八条第1款（a）项强制诉诸调解的情况下，对委员会是否具有管辖权的异议"应由委员会决定"（附件五，第十三条）。

298.44. 如上文第298.12段所述，根据此条作出的声明和撤回声明的通知应交存联合国秘书长，秘书长有义务将其副本转交缔约国（第二九八条第6款）。第二八七条第8款载有一项类似的规定，涉及与法庭的选择有关的声明和通知。

没有迹象表明撤回声明或撤回通知生效的确切日期。根据《国际法院规约》第三十六条作出的声明很少具体说明这些声明生效的日期。只有少数国家规定，这些声明将在联合国秘书处收到之日起生效;[61]其他一些国家则规定了一个日期,例如经授权人签署声明的日期,[62]或前一份声明到期的日期。[63]另一方面,越来越多的声明包括这样的规定,即终止声明的通知应"自这种通知之时"生效,[64]大概是指秘书长收到通知的那一刻。秘书处向其他国家发送通知的任何延误,或政府收到通知的任何延误,不影响声明或通知生效的日期。[65] 在这一点上可能需要注意的是,根据公约第二九八条作出的声明的目的不同于根据《法院规约》作出的声明的目的。根据《法院规约》作出的声明是一项列入性声明。而根据第二九八条作出的声明是排除性声明;在作出除某些争端以外的声明之前,这些争端仍在根据公约第二八七条指定的适当法庭的管辖范围内。

---

[61] 例如见《多哥声明》,1984—1985 年《国际法院年鉴》第 97-98 页。比利时的声明自批准书交存之日起生效。同上,第 68 页。

[62] 例如见《芬兰声明》,同上,第 75 页。

[63] 例如见《丹麦声明》,同上,第 72 页。

[64] 例如见《联合王国声明》,同上,第 98-99 页。

[65] 法院驳回了一项请求,即在葡萄牙对印度提起诉讼之前,印度政府没有充分通知葡萄牙接受国际法院的管辖权,法院认为该声明的交存日期为重要日期。《印度领土通行权案》(葡萄牙诉印度)(初步反对)1957 年国际法院《判决、咨询意见和命令汇编》第 125、145-147 页。另见 1969 年《维也纳条约法公约》第七十八条(见下文第 319.2 段)。

第二九九条　争端各方议定程序的权利

1. 根据第二九七条或以一项按照第二九八条发表的声明予以除外，不依第二节所规定的解决争端程序处理的争端，只有经争端各方协议，才可提交这种程序。

2. 本节的任何规定不妨害争端各方为解决这种争端或达成和睦解决而协议某种其他程序的权利。

资料来源

1. A/CONF. 62/WP. 9/Rev. 2（订正的单一协商案文，第四部分，1976 年），第十七条和第十八条，《正式记录》第六卷，第 144 页（海洋法会议主席）。

2. A/CONF. 62/WP. 10（非正式综合协商案文，1977 年），第二九六条和第二九七条，《正式记录》第八卷，第 1、48 页。

3. A/CONF. 62/WP. 10/Rev. 1（非正式综合协商案文第一次修订稿，1979 年，油印本），第二九六条和第二九八条。转载于《第三次联合国海洋法会议文件集》第一卷，第 375、494~497 页。

4. A/CONF. 62/WP. 10/Rev. 2（非正式综合协商案文第二次修订稿，1980 年，油印本），第二九六条和第二九八条。转载于《第三次联合国海洋法会议文件集》第二卷，第 3、121~124 页。

5. A/CONF. 62/L. 59（1980 年），《正式记录》第十四卷，第 130 页（海洋法会议主席）。

6. A/CONF. 62/WP. 10/Rev. 3*（非正式综合协商案文第三次修订稿，1980 年，油印本），第二九九条。转载于《第三次联合国海洋法会议文件集》第二卷，第 179、303 页。

7. A/CONF. 62/L. 78（公约草案，1981 年），第二九九条，《正式记录》第十五卷，第 172、221 页。

起草委员会

8. A/CONF. 62/L. 75/Add. 6（1981 年，油印本）。

9. A/CONF. 62/L. 82（1981 年），《正式记录》第十五卷，第 243 页（起草委员会主席）。

非正式文件

10. NG5/16（1978 年，油印本），第二九六条，第 4 款，转载于 A/CONF. 62/

RCNG/1（1978 年），《正式记录》第十卷，第 13、120 页（第五协商小组主席）。

11. SD/3（1980 年，油印本），导言和第二九八条之二（海洋法会议主席）。转载于《第三次联合国海洋法会议文件集》第十二卷，第 239 页。

12. SD/3/Add. 1（1980 年，油印本），第 6 段（海洋法会议主席）。转载于《第三次联合国海洋法会议文件集》第十二卷，第 257 页。

评　注

299. 1. 此条的目的是明确规定，即使在排除和例外情况下，争端各方也可保留将争端提交第二节所载具有拘束力的程序的权利。这一规则源于第二八〇条的一般规定，即争端各方可于任何时候协议用自行选择的任何和平方法解决它们之间的争端。因此，当其中一方有权根据第二九七条（完全排除争端的程序）依第二节规定完全排除争端，需同意依第二节的程序解决。同样，如果根据第二九七条第 2 款或第 3 款，争端只需强制调解，有关争端各方可同意以强制裁决的方式解决争端。在第二九八条规定的任择性例外的情况下，也可能出现类似情况。在当事一方完全排除了某一特定类别的争端时，它仍可同意将属于该类别的争端提交第二节规定的能够产生一项具有拘束力的裁定的程序。对仍需强制调解的海洋边界争端，当事方可以同意交由强制裁决。

299. 2. 这一观点最早出现在订正的单一协商案文第四部分中（资料来源 1），当时排除与例外是分开的。那时，第十七条第 1 款将与沿海国行使主权权利、专属权利或专属管辖权有关的一切争端排除在第二节的适用范围之外，但在 4 种具体情况下除外。为消除任何剩余的疑问，第 2 款加倍明确规定，"第 1 款排除的任何争端，只有在有关沿海国明确同意的情况下，才可提交第 2 款规定的程序。"

关于处理任择性例外的第十八条，情况更为复杂，因为据认为有必要对作出例外的一方和争端他方的不同情况分别作出规定，而争端他方也可以通过对等方式援引例外。一方面，第 3 款规定，作出声明的当事方，除第二节程序中的一类争端外，可以"同意将该声明排除的争端提交第二节规定的程序"。另一方面，第 4 款规定，作出声明的当事方，除争端类别可将属于例外类别的争议提交第二条针对争议他方的任何程序，但须经该方同意。

299. 3. 非正式综合协商案文第二九六条第 3 款和第 4 款只排除了与海洋科学研究和海洋生物资源有关的某些争端，不适用第二节规定的程序。新的第 5 款稍微改写了特别同意条款，以澄清"只有经争端各方同意，前几款排除的任何争端才可提交第二节规定的程序。"

同样，非正式综合协商案文第二九七条也有一些小的变化，该条规定了与任择性例外有关的声明。第 2 款规定，作出此种声明的缔约国可随时"同意（agree to）将此种声明排除在外的争端提交本公约规定的任何程序"。因此，此条不限于第 2 款，但也允许当事双方通过协议将争端提交调解或任何其他不需要作出具有拘束力的决定的程序。另一方面，第3款未做实质性修改，该款规定，作出声明的缔约国只有在被起诉的另一缔约国"同意（with the consent of）"的情况下，才有权将属于例外争端类别的争端提交公约规定的程序。尽管在第二九六条第5款中"agreement（同意）"被"consent（同意）"所取代，但在第二九七条第5款却保留了"consent（同意）"的提法。

299. 4. 虽然第五协商小组对第二九六条做了重要修改，并对一些不受第二节程序限制的争端引入了强制调解（资料来源10，和上文第297.14和297.15段），但只对第4款做了澄清性修改，允许双方就将排除在外的争端提交第二节程序达成特别协定。① 因此，在非正式综合协商案文第一次修订稿（资料来源3）中规定，此款"不影响第3款的规定"，特别考虑到，要求"应争端任何一方的请求"诉诸强制调解的规定，即使同他方没有达成协议。

第五协商小组的提案被执行管理委员会列入非正式综合协商案文第一次修订稿第二九六条（资料来源3），没做任何改动。②关于任择性例外的条款没有实质性修改，便成为非正式综合协商案文第一次修订稿第二九八条。③

对非正式综合协商案文第二次修订稿（资料来源4）第二九六条和第二九八条的有关规定没有做任何改动。④另一方面，在第九期会议续会上（1980年）对第十五部分进行了重新组织，分为三节而不是两节（见上文第297.18段）。阿梅拉辛格主席向非正式全体会议提出了新的第二九八条之二，取代了先前的第二九六条第4款（资料来源11，第250页，注⑧）。内容为：

1. 根据第二九六条或以一项按照第二九八条发表的声明予以除外，不依本部分第二节所规定的解决争端程序处理的任何争端，只有经争端各方协议，才可提交这种程序。

2. 本节的任何规定不妨害争端各方为解决这种争端或达成和睦解决而协议或决定某种其他程序的权利。

正如阿梅拉辛格主席当时解释的那样（同上，第252页，注⑪）：

---

① 见资料来源10，第122页，注④；以及第五协商小组主席在第105次全体会议（1978年）上的发言，《正式记录》第九卷第82页，第90段。

② 在此案文中，甚至保留了第五协商小组的显示了与前一案文的不同的下画线，其他条款的变化没有下画线。

③ 第二九八条第2款和第3款中唯一的变化是从"the present Convention（本公约）"改为"this Convention（本公约）"。

④ 然而，非正式综合协商案文第二次修订稿第4款中的相互参照有误。见资料来源11，第250页，注⑧。

第 1 款以第二九六条第 4 款为基础，适用于第二九六条的限制和第二九八条的例外。

第 2 款以非正式综合协商案文第二次修订稿第二八〇条为基础，意在取代非正式综合协商案文第二次修订稿第二九六条第 2 款（a）项和第 3 款（a）项中出现的开头语"除非双方另有协议或决定"……

非正式全体会议的讨论导致了对第二九八条之二的进一步修改（资料来源 12，第 257~258 页，和资料来源 5，第 8（c）和（f）段）。然后，新的条款被赋予"争端各方就程序达成一致的权利"的标题，以便为在第二九六条第 2 款（a）项和（b）项中删除"除非争端各方另有协议或决定"一语提供更充分的替代理由，第二九八条之二第 2 款，在"agree（同意）"一词之后增加了"or decide upon（或决定）"这一短语，因此，争端各方不必就某些其他程序达成正式协议；仅仅就这些程序作出决定就足够了。

应当指出的是，尽管新的第二九八条之二既适用于第二九六条排除的争端，也适用于根据第二九八条作出的声明排除的争端，但第二九八条中关于任择性例外的规定没有做任何平行的改动。鉴于第二九八条第 2 款和第 3 款的复杂性质，决定保留这些条款，即使第二九八条之二部分重复了这些条款。

当第二九八条之二列入非正式综合协商案文第三次修订稿时（资料来源 6），它被重新编号为第二九九条。同时，第二九七条（关于初步程序）移至第 2 款，对新的第 3 款其他两条的相互参照也必须改变。因此，新的第二九九条改为：

1. 根据第二九七条或以一项按照第二九八条发表的声明予以除外，不依本部分第二节所规定的解决争端程序处理的任何争端，只有经争端各方协议，才可提交这种程序。

2. 本节的任何规定不妨害争端各方为解决这种争端达成和睦解决而协议或决定某种其他程序的权利。

起草委员会建议对草案作几处起草文字上的修改（资料来源 8），最后案文纳入公约草案（资料来源 7），内容如下：

1. 根据第二九七条或以一项按照第二九八条发表的声明予以除外，不依第二节所规定的解决争端程序处理的争端，只有经争端各方协议，才可提交这种程序。

2. 本节的任何规定不妨害争端各方为解决这种争端达成和睦解决而协议

某种其他程序的权利。

起草委员会的建议中（资料来源8），删去了"decide upon（决定）"一语。在第十五部分中，经常出现的"除非争端各方另有协议"一语被理解为允许争端各方以其希望的任何方式达成此类协议，因此认为没有必要达成正式协议。因此，在第二九九条中增加"or decide upon（或决定）"这一短语可能需要对其他条文做平行修改，而在第二九九条中删除这一短语则更容易避免这种复杂情况。

299.5. 第1款既有消极的含义，也有积极的含义。一方面，它明确规定，根据第二九七条排除在第二节规定的解决争端程序之外或根据第二九八条［发表的声明］排除在第二节规定的解决争端程序之外的任何争端，不得由争端一方通过单方面申请提交此种程序；或根据公约第二九四条，任何此类行动都会构成"滥用法律程序"或"根据初步证明并无理由"。另一方面，如经稍加修订的此条标题所体现的（"当事各方有权商定一项程序"），此款重申当事各方有权在就提交方式达成协议时，将争端提交第二节规定的解决争端程序。如上文第299.4段所述，这种协议不必是正式的条约，但必须有足够的证据证明争端各方已决定采取这一行动方案，即使一项联合划界案或两项平行划界案也可以提供这种证据，哪怕事先没有就这一问题达成协议。

第2款为争端各方解决争端提供了另外两个机会。首先，即使一项争端由于受到第二九七条规定的排除或根据第二九八条作出的声明所包含的除外而不能提交第二条规定的程序，不排除双方达成协议，将该争端提交第十五部分框架之外的其他程序。这一规定与公约第二八〇条类似，该条允许争端各方"于任何时候""用自行选择的任何和平方法"解决它们之间的争端。第二九九条第2款明确规定，第三节其他两条规定的限制和例外不损害当事人的这一基本权利。

其次，在不诉诸任何解决争端程序的情况下，无论是在公约框架内还是在公约之外，第三节的任何规定都不应被视为妨碍当事各方自己友好解决争端。但是，这种协议必须是友好的，而不是一方强加给他方的协议。当然，《联合国宪章》禁止以武力相威胁或使用武力来达成和解。公约第三〇一条重申了这一禁令。

因此，第十五部分最后一条本着第一节的精神得出结论，强调即使在解决争端受到限制的事项上，仍有可能经双方同意，找到一种解决争端的程序，使双方能够友好和平地解决争端。

第十六部分

一般规定

第十六部分 一般规定

资料来源

1. A/CONF. 62/L. 53（1980 年），《正式记录》第十三卷，第 87 页（海洋法会议主席）。

2. A/CONF. 62/L. 53/Add. 1（1980 年），《正式记录》第十三卷，第 87 页（海洋法会议主席）。

3. A/CONF. 62/L. 58（1980 年），《正式记录》第十四卷，第 128 页（海洋法会议主席）。

4. A/CONF. 62/WP. 10/Rev. 3*（非正式综合协商案文第三次修订稿，1980 年，油印本），第十六部分，第三〇〇条至第三〇四条。转载于《第三次联合国海洋法会议文件集》第二卷，第 179、303~304 页。

5. A/CONF. 62/L. 78（公约草案，1981 年），第十六部分，第三〇〇条至第三〇四条，《正式记录》第十五卷，第 172、221~222 页。

评　注

XVI. l. 公约的这一节是于 1980 年增加的，最初是在海洋法会议第八期会议（1979年）和第九期会议（1980 年）续会期间作为一般性条款提出的一些非正式提案。它们的统一特点是，每一个委员会都包括超出任何一个主要委员会职权范围的事项（资料来源 1，第 1 段）。因此，它们在一般条款的标题下归为一类。这些条款最终在非正式全体会议上进行了协商，并纳入了非正式综合协商案文第三次修订稿（资料来源 4）。将这些条款放在该案文末尾，避免了以同样的逻辑将它们放在其中的其他章节重新排序，也使在海洋法会议的最后阶段不必对公约所有条款重新编号。第三〇〇条、第三〇一条和第三〇二条特别涉及第二委员会讨论的事项，是在 1980 年作为一个整体通过的，因此相互关联（资料来源 3，第 4 段）。第三〇三条涉及一个相对较新的专题，海洋考古学的一个方面，而关于责任的第三〇四条忆及了这一事实，即这些专题是国际法委员会当前的工作项目（见下第文 304. 3 段）。

第三〇〇条　诚意和滥用权利

缔约国应诚意履行根据本公约承担的义务并应以不致构成滥用权利的方式，行使本公约所承认的权利、管辖权和自由。

资料来源

1. A/CONF. 62/L. 25（1978 年），《正式记录》第九卷，第 182 页（墨西哥）。

2. A/CONF. 62/L. 53/Add. 1（1980 年），《正式记录》第十三卷，第 87 页（海洋法会议主席）。

3. A/CONF. 62/L. 58（1980 年），《正式记录》第十四卷，第 128 页（海洋法会议主席）。

4. A/CONF. 62/WP. 10/Rev. 3*（非正式综合协商案文第三次修订稿，1980 年，油印本），第三〇〇条。转载于《第三次联合国海洋法会议文件集》第二卷，第 179、303 页。

5. A/CONF. 62/L. 78（公约草案，1981 年），第三〇〇条，《正式记录》第十五卷，第 172、221 页。

起草委员会

6. A/CONF. 62/L. 152/Add. 21（1982 年，油印本）。

7. A/CONF. 62/L. 160（1982 年），《正式记录》第十七卷，第 225 页（起草委员会主席）。

非正式文件

8. NG5/6（1978 年，油印本）（墨西哥）。转载于《第三次联合国海洋法会议文件集》第九卷，第 385 页。

9. NG5/16（1978 年），转载于 A/CONF. 62/RCNG/1（1978 年），《正式记录》第十卷，第 13、120 页（第五协商小组主席）。

10. NG5/17（1978 年），转载于 A/CONF. 62/RCNG/1（1978 年），《正式记录》第十卷，第 13、117 页（第五协商小组主席）〔本文件在转载于《正式记录》第十三卷英文版本时删掉了标号"NG5/17"〕。

11. FC/15（1979 年，油印本）（美国）。转载于《第三次联合国海洋法会议文件集》第十二卷，第 390 页。

12. FC/18（1980 年，油印本）（土耳其）。转载于《第三次联合国海洋法会议文件集》第十二卷，第 395 页。

13. GP/2（1980 年，油印本）（未署名）。转载于《第三次联合国海洋法会议文件集》第十二卷，第 297 页。

14. GP/2/Rev. 1（1980 年，油印本）（未署名）。转载于《第三次联合国海洋法会议文件集》第十二卷，第 298 页。

15. GP/6（1980 年，油印本）（未署名）。转载于《第三次联合国海洋法会议文件集》第十二卷，第 300 页。

评 注

300. 1. 第三〇〇条，源于 1977 年在卡斯塔涅达·温登斯小组进行的关于专属经济区地位和解决有关争端的协商（见上文第 297. 15 段以及资料来源 9；另见第一卷，第 108 页），在第七期会议（1978 年）期间作为新的第一条由墨西哥提出（资料来源 1），作为对整个公约的介绍。该提案旨在补充第二九四条，是指公约缔约国承诺"遵守下列原则，并确保受其管辖的个人和法律实体的行为符合这些原则。"这些原则是：（a）行使公约承认的权利和管辖权，使其不致不必要地或任意损害其他国家的权利或整个国际社会的利益；① 和（b）诚意地履行根据公约所承担的义务。在第七期会议的早期，墨西哥在第五协商小组（关于解决沿岸国家行使主权权利的争端问题）中提出了一项非正式提案，一般性的规定所有国家都不应以不必要的或任意的损害其他国家的权利或整个国际社会的利益的方式行使公约中承认的权利和管辖权（资料来源 8）。由于第五协商小组的讨论（曾经对其在这一事项上的权限有疑问），该条被重新起草并从其拟议的位置上删除，作为整个公约的介绍性条文，但没有为其找到任何其他位置。第五协商小组主席的报告说道（资料来源 10）：

> 在主要协商小组的讨论中，一些代表团坚持要求在沿海国滥用其权利的情况下诉诸强制裁决。沿海国强烈反对在这种情况下强制裁决的想法，但愿意接受它作为公约的一般性规定……无异议地接受了在公约中列入一项关于滥用权利概念的规定的想法。

他还指出，该小组内部就滥用权利问题达成了共识（资料来源 9 和资料来源 10）。该协商小组主席在第 105 次全体会议的口头报告中补充说，由于这一事项的影响超出了第五协商小组的职责范围，该小组的意见代表了向海洋法会议提出的一项建议（《正

---

① 参见《公约》第五十六条第 2 款、第五十八条第 3 款、第五十九条和第一三七条，以及 1958 年《公海公约》第二条中的类似规定，《渔业管辖权案》（案由）（英国诉冰岛；联邦德国诉冰岛），1974 年国际法院《判决、咨询意见和命令汇编》第 3、22 页，第 50 段；同上，第 175、191 页，第 42 段。

式记录》第九卷，第 82 页，第 91 段）。

300. 2. 在第八期会议续会上（1979 年），美国在处理最终案文的过程中提出了另一项建议，大意是各国不应滥用公约所承认的权利或权力（资料来源 11）。

300. 3. 在第九期会议上（1980 年），墨西哥和美国的提案在"一般条款"的新标题下提到了非正式全体会议。在这一阶段，修改后的提案最终成为第三〇〇条、第三〇一条和第三〇二条。它们以协商一致的方式被接受，但有一项措辞含糊的理解，即第三〇〇条应被解释为滥用权利是与其他国家的权利有关的，而且这三条将作为一个整体纳入（资料来源 3，第 4 段）。这大概意味着滥用一国自己的权利，使另一国处于不利地位。这一一揽子方案是在第三〇五条最后定稿之前通过的，该条使公约对非独立国家实体的参与开放。可以假定，第三〇〇条现在被解释为与第一条第 2 款和第三〇五条第 1 款所指的所有实体有关（见下文第 305. 1 段）。

300. 4. 第三〇〇条中提及的"诚意"体现了《联合国宪章》第二条第 2 款和 1969 年《维也纳公约》第二十六条"条约必须遵守"的基本规则，1986 年以法律的形式将这一规则固定下来："凡有效之条约对其各当事国有拘束力，必须由各该国善意履行。"

300. 5. 即使国家实践或判例法很少涉及"滥用权利"这一概念，但"滥用权利"的概念在国际法中得到接受。在《国际法术语词典》（1960 年，s. v. *Abus de droit*）中，对这一表达做了如下解释：

> Exercice par un Etat d'un droit d'une manière ou dans des circonstances qui font apparaître que cet exercice a été pour cet Etat un moyen indirect de manquer à une obligation internationale lui incombant ou a été effectué dans un but ne correspondant pas à celui en vue duquel ledit droit est reconnu à cet Etat.
>
> ［译文：一国行使一项权利的方式或情况表明，对该国而言，这是避免强加给该国的国际义务的一种间接手段，或其目的与承认该项权利的目的不符，而该目的有利于该国。］

该词典引述了常设国际法院采用这一概念的两项说明。[②] 在本案中，似乎第三〇〇条所述概念的范围——适用于整个公约——但仅限于第一条第 2 款所界定的缔约国之间的关系，并涉及该缔约国不必要地或任意行使权利、管辖权和自由或滥用权力。[③]

[②] 《德国在波兰上西里西亚的某些利益案》（德国诉波兰），常设国际法院，A 辑，第 7 号，第 30 页（1926 年）；《自由区案》（法国/瑞士），常设国际法院，A/B 辑，第 46 号，第 167 页（1932 年）。

[③] 见 A. Kiss，"权利的滥用"一文，R. Bernhardt 编《国际公法百科全书》，第 7 节，第 1 页（1984 年），引述国际法院个人意见中最近关于滥用权利和滥用权力两个概念的一些说明。关于后者，以滥用程序的形式，特别见格罗斯法官在 1973 年国际法院《判决、咨询意见和命令汇编》第 99、118 页（澳大利亚诉法国；新西兰诉法国）《核试验案》（临时保护）中的不同意见；同上，第 135、152 页。

300.6. 第三〇〇条中存在高度主观的要件，因该条属于第十五部分解决争端规定的范围而得到补偿。这可能导致对援引此条采取某种第三方控制措施，尽管第二九七条中的某些例外有助于保护沿海国的自由裁量权不受第三方裁决的影响，但这可能导致第三方对此条的援引采取某种程度的控制。然而，将这种条款列入国际条约的情况并不多见，因此，对此条的可能解释和适用进行推测将是无济于事的。

第三〇一条　海洋的和平使用

缔约国在根据本公约行使其权利和履行其义务时，应不对任何国家的领土完整或政治独立进行任何武力威胁或使用武力，或以任何其他与《联合国宪章》所载国际法原则不符的方式进行武力威胁或使用武力。

资料来源

1. A/CONF. 62/L. 53（1980年），《正式记录》第十三卷，第87页（海洋法会议主席）。

2. A/CONF. 62/L. 53/Add. 1（1980年），《正式记录》第十三卷，第87页（海洋法会议主席）。

3. A/CONF. 62/L. 58（1980年），《正式记录》第十四卷，第128页（海洋法会议主席）。

4. A/CONF. 62/WP. 10/Rev. 3*（非正式综合协商案文第三次修订稿，1980年，油印本），第三〇一条。转载于《第三次联合国海洋法会议文件集》第二卷，第179、303页。

5. A/CONF. 62/L. 78（公约草案，1981年），第三〇一条，《正式记录》第十五卷，第172、221页。

起草委员会

6. A/CONF. 62/L. 152/Add. 21（1982年，油印本）。

7. A/CONF. 62/L. 160（1982年），《正式记录》第十七卷，第225页（起草委员会主席）。

非正式文件

8. C. 2/Informal Meeting/55（1980年，油印本）（哥斯达黎加等）。转载于《第三次联合国海洋法会议文件集》第五卷，第60页。

9. GP/1（1980年，油印本）（哥斯达黎加等）。转载于《第三次联合国海洋法会议文件集》第十二卷，第297页。

10. GP/6（1980年，油印本）（未署名）。转载于《第三次联合国海洋法会议文件集》第十二卷，第300页。

评 注

301. 1. 第三〇一条最初是七十七国集团成员在第二委员会提出的（资料来源8），作为对关于为和平目的保留公海的第八十八条的补充。然而，它在这方面没有得到足够程度的支持。①后来在非正式全体会议上以"和平利用海洋"为题作为单独一条重新提出了这一建议（资料来源9）。但事实证明，该案文关于"所有国家"和"在海洋空间的不同区域"的提法，这种形式是不可接受的。在第九期会议第一阶段会议上（1980年），后一个措辞改为"根据本公约"，但没有就"所有国家"一词达成一致意见。该修正案没有完全处理某些代表团的保留意见，这些代表团担心它会对第二委员会内的一揽子计划产生影响，特别是关于第十九条第2款（a）项和第三十九条第1款（b）项，分别涉及无害通过和过境通过（资料来源2，第6段）。由海洋法会议主席未署名提出的针对第三〇〇条、第三〇一条和第三〇二条的一揽子提案，保留了"所有国家"的提法（资料来源10），但经过进一步讨论后，改为"所有缔约国"（资料来源3）。该条以这种形式作为非正式综合协商案文第三次修订稿第三〇一条纳入（资料来源4）。后来根据起草委员会的建议，删除了"所有"一词（资料来源6）。

301. 2. 第三〇一条与第三〇〇条和第三〇二条一起以一揽子方式获得一致通过（见第30段），而与第三〇〇条一样，必须解释为与第三〇五条第1款适用的所有实体有关。

301. 3. 记录上没有对此条的任何解释，但从立法史上可以清楚地看出，尽管第十九条第二款（a）项和第三十九条第一款（b）项的措辞相似，但第三〇一条无意干扰第二委员会协商达成的一揽子计划。

301. 4. "不对任何国家的领土完整或政治独立进行任何武力威胁或使用武力"一语与《联合国宪章》第二条第4款的同一条款相呼应，但并不完全相同。在"威胁"一词之前，单词"any"代替了定冠词"the"。

另一方面，以"或以任何其他……方式"开头的短语不同于《宪章》的规定"或任何其他与联合国宗旨不符的方式"，它以更广泛的表述"《联合国宪章》所体现的国际法原则"取代了"联合国宗旨"（另见下文第301.5段）。还应指出，在第十九条第2款（a）项和第三十九条第1款（b）项中，"主权"一词出现在"领土完整"之前，《宪章》的类似条款或《关于各国依联合国宪章建立友好关系与合作的国际法原则宣言》（1970年10月24日联合国大会第2625（XXV）号决议）中均未出现这一词），似乎是在侵略的不同定义的背景下首次出现（联合国大会1974年12月14日第3314（XXIX）号决议）。

---

① A/CONF. 62/L. 51（1980年），第12和16段，《正式记录》第十三卷第82页（第二委员会主席）。

301.5. 第三〇一条使用了"《联合国宪章》所载的国际法原则。"但在公约序言中使用了"《联合国宪章》所载的联合国的宗旨和原则"一语（见第一卷，第458页）。因此，第三〇一条的措辞涵盖了《联合国宪章》所体现的所有国际法原则，而不仅仅是《联合国宪章》第一章所载的原则。特别是，《联合国宪章》第五十一条所涉及的固有自卫权没有受到损害，可能需要适应公约提出的新概念。事实上，有人说，公约不禁止符合《联合国宪章》所体现的国际法原则下的军事活动。②

301.6. 记录中没有任何规定将此条与题为"公海只用于和平目的"的第八十八条或题为"专为和平目的利用'区域'"的第一四一条联系起来，尽管这3条并置产生了各种想法。同时，第三〇一条可用于对第八十八条和第一四一条的解释性目的。

---

② 见全面彻底裁军——关于海军军备竞赛的研究，秘书长的报告（A/40/535），第188段，《大会正式记录》第40卷，附件，第68项议程（b）（1985年，油印本）。在第124段中，本研究报告指出，在海洋事务问题上，应区分自卫使用武力和为执行管辖权而合法使用武力，后者"在新的海洋法中具有特别重要的意义"。

第三〇二条　泄露资料

在不妨害缔约国诉诸本公约规定的解决争端程序的权利的情形下，本公约的任何规定不应视为要求一个缔约国于履行其本公约规定的义务时提供如经泄露即违反该国基本安全利益的情报。

资料来源

1. A/CONF. 62/L. 53（1980 年），《正式记录》第十三卷，第 87 页（海洋法会议主席）。

2. A/CONF. 62/L. 53/Add. 1（1980 年），《正式记录》第十三卷，第 87 页（海洋法会议主席）。

3. A/CONF. 62/L. 58（1980 年），《正式记录》第十四卷，第 128 页（海洋法会议主席）。

4. A/CONF. 62/WP. 10/Rev. 3*（非正式综合协商案文第三次修订稿，1980 年，油印本），第三〇二条，转载于《第三次联合国海洋法会议文件集》第二卷，第 179、303 页。

5. A/CONF. 62/L. 78（公约草案，1981 年），第三〇二条，《正式记录》第十五卷，第 172、221 页。

起草委员会

6. A/CONF. 62/L. 152/Add. 21（1982 年，油印本）。

7. A/CONF. 62/L. 160（1982 年），《正式记录》第十七卷，第 225 页（起草委员会主席）。

非正式文件

8. FC/15（1979 年，油印本）（美国）。转载于《第三次联合国海洋法会议文件集》第十二卷，第 390 页。

9. GP/3（1980 年，油印本）（美国）。转载于《第三次联合国海洋法会议文件集》第十二卷，第 298 页。

10. GP/6（1980 年，油印本）（未署名）。转载于《第三次联合国海洋法会议文件集》第十二卷，第 300 页。

评 注

302. 1. 第三〇二条是美国（资料来源 8）在第八期会议续会上（1979 年）关于最后条款的协商中提出的。后来在非正式全体会议上重新提出（资料来源 9），内容如下：

> 本公约的任何规定不应视为要求一个缔约方于履行其本公约规定的义务时提供如经泄露即违反该国基本安全利益的情报。

对这一提案的初步审查表明，虽然这一概念是可以接受的，但因为它保护国家安全，普遍认为，所提议的案文可能会使第十一、十三和十四部分中某些条款的效力无效或受到损害（资料来源 1，第 5 段）。进一步的审查证实了这一点，而且还有需要向解决争端程序提交任何未披露的资料的问题。在这一阶段提出的其他要点是：①应在此条中明确指出不披露资料的后果；②此条目前的形式具有主观性，允许就资料是否违反一国的安全利益作出单方面决定；③总之，此条可能损害公约的宗旨和原则（资料来源 2，第 4 段）。

302. 2. 经过进一步协商，该条以目前的形式提出（资料来源 10），并与第三〇〇条和第三〇一条一道以一揽子协商一致方式通过。据理解，这既不减损公约规定的关于技术转让和海洋科学研究的义务，也不减损关于解决这方面争端的义务（资料来源 3，第 4 段）。在这种形式和理解的基础上，该条款被作为第三〇二条纳入非正式综合协商案文第三次修订稿。

302. 3. 总的来说，这个条款是不言自明的。但是，在国际法院根据第二八七条有管辖权的情况下，可适用该法院《法院规约》第四十九条。该条规定，即使法院在开始审讯前，"亦得令代理人提出任何文件，或提供任何解释"，并且"如经拒绝应予正式记载"。③根据《联合国宪章》第一〇三条，《国际法院规约》是其不可分割的一部分，如果联合国会员国根据《联合国宪章》承担的义务与其根据任何其他国际协定承担的义务发生冲突，《联合国宪章》规定的义务应优先。法院提请注意，涉及解决争端问题的所有区域、双边和多边安排必须始终遵守第一〇三条。④

---

③ 见《科孚海峡案》（案情）（联合王国/阿尔巴尼亚）。1949 年国际法院《判决、咨询意见和命令汇编》第 4、32 页。

④ 《尼加拉瓜境内和针对尼加拉瓜的军事和准军事活动案》（管辖权和可受理性）（尼加拉瓜诉美国），1984 年，同上，第 392、440 页，第 107 段。

第三〇三条 在海洋发现的考古和历史文物

1. 各国有义务保护在海洋发现的考古和历史性文物，并应为此目的进行合作。

2. 为了控制这种文物的贩运，沿海国可在适用第三十三条时推定，未经沿海国许可将这些文物移出该条所指海域的海床，将造成在其领土或领海内对该条所指法律和规章的违犯。

3. 本条的任何规定不影响可辨认的物主的权利、打捞法或其他海事法规则，也不影响关于文化交流的法律和惯例。

4. 本条不妨害关于保护考古和历史性文物的其他国际协定和国际法规则。

资料来源

1. A/CONF. 62/L. 51（1980 年），第 12 段和第 16 段，《正式记录》第十三卷，第 82 页（第二委员会主席）。

2 A/CONF. 62/L. 58（1980 年），第 13~15 段，《正式记录》第十四卷，第 128 页（海洋法会议主席）。

3. A/CONF. 62/WP. 10/Rev. 3*（非正式综合协商案文第三次修订稿，1980 年，油印本），第三〇三条。转载于《第三次联合国海洋法会议文件集》第二卷，第 179、303 页。

4. A/CONF. 62/L. 78（公约草案，1981 年），第三〇三条，《正式记录》第十五卷，第 172、222 页。

起草委员会

5. A/CONF. 62/L. 152/Add. 21（1982 年，油印本）。

6. A/CONF. 62/L. 160（1982 年），《正式记录》第十七卷，第 225 页（起草委员会主席）。

非正式文件

7. C. 2/Informal Meeting/43（1979 年，油印本）（佛得角等）。转载于《第三次联合国海洋法会议文件集》第五卷，第 50 页。

8. C. 2/Informal Meeting/43/Rev. 1（1979 年，油印本）（佛得角等）。转载于《第三次联合国海洋法会议文件集》第五卷，第 50 页。

9. C. 2/Informal Meeting/43/Rev. 2（1980 年，油印本）（佛得角等）。转载于《第三次联合国海洋法会议文件集》第五卷，第 51 页。

10. C. 2/Informal Meeting/43/Rev. 3（1980 年，油印本）（佛得角等）。转载于《第三次联合国海洋法会议文件集》第五卷，第 51 页。

11. 希腊（1980 年，油印本）。转载于《第三次联合国海洋法会议文件集》第四卷，第 526 页。

12. GP/4（1980 年，油印本）（美国）。转载于《第三次联合国海洋法会议文件集》第十二卷，第 299 页。

13. GP/10（1980 年，油印本）（希腊）。转载于《第三次联合国海洋法会议文件集》第十二卷，第 302 页。

14. GP/11（1980 年，油印本）（美国）。转载于《第三次联合国海洋法会议文件集》第十二卷，第 303 页。

[另见本系列丛书第三卷，第一四九条]。

评 注

303. 1. 第三〇三条，关于"区域"以外的水下考古（见第一四九条），涉及国际法中一个相对较新的议题。①

303. 2. 第二委员会在第九期会议上（1980 年）首次提出了"区域"以外的水下考古问题，提出了对第七十七条的增补（资料来源 7 至资料来源 10）。当时提出的建议是，沿海国将对其大陆架上或大陆架下的任何纯考古和历史性质的物体行使主权，以便进行研究、打捞、保护和适当展示。但是，在出售或以其他方式处置时，原籍国、文化原籍国或历史和考古原籍国对这些物品享有优先权。这一做法在第二委员会没有得到足够的支持（资料来源 1）。

303. 3. 在海洋法会议第九期会议期间（1980 年），在非正式全体会议上继续进行了讨论，当时美国提出了一项新条款的提案（资料来源 12），内容如下：

> 所有国家都有义务保护在海洋环境中发现的考古和历史性文物。在买卖或任何其他处置导致将此类文物从拥有此类物体的国家中移出的情况下，应特别顾及在海洋环境中发现的考古和历史性文物的来源国、文化起源国或历史和考古起源国。

---

① 见欧洲委员会，议会大会，《水下文化遗产》，文化和教育委员会的报告。4200 号文件（1978 年）。另见 M. Michael，《大陆架考古文物》（希腊文，1984 年）；L. Migliorino, *Il recupero degli oggetti storici ed archeologici sommersi nel diritto internazlonale*（1984 年）（资料来源 12 至资料来源 14。转载于 Migliorino，第 203 页）。

在第九期会议续会上（1980 年），按照沿海国承担保护海洋环境中发现的具有考古价值的文物的一般义务的新办法，主要问题是如何界定与基线的距离，该距离是多少，沿海国行使权利的性质以及新规定与救助法和海事法的关系。希腊赞成 200 海里的广阔区域（资料来源 13），②而美国则希望将其限制在 24 海里（资料来源 14）。经过简短的讨论，美国的提案似乎比任何其他提案都更接近于折中，经过进一步修正后，最终获得通过，并作为第三〇三条纳入非正式综合协商案文第三次修订稿（资料来源 3）。在这方面，距基线 24 海里的距离相当于第三十三条第 2 款所规定的毗连区的允许范围。

303. 4. 一些解释性发言载于海洋法会议主席关于一般条款非正式全体会议的工作报告中（资料来源 2）。在第 3 款中增加了对可辨认所有人权利的提法，并在第 4 款中增加了对其他国际协定和国际法规则的保护。会议还决定，在将 "rules of admiralty（海事法规则）" 一词从原来的英文翻译成其他语言时，应考虑到这是盎格鲁-撒克逊法特有的一个概念，并应使用其他法律制度中的相应术语，以明确什么是海事法。③与会者还一致认为，第 2 款中提到的 "造成……违犯" 是 "理解为它将在 '其领土或领海' 内构成或将构成侵权。"

此外，"在海洋发现" 而不是 "在海洋环境中发现" 一词避免了该术语可能产生的任何技术困难。"海洋环境" 一词经常出现在公约中，但首先出现在第十二部分中，具有一定的技术条件。

303. 5. 虽然第 1 款规定各国——不限于缔约国——有义务保护在海上发现的考古和历史性文物，但 "考古和历史性" 一语的国际定义尚未达成一致，而且对这一义务的含义也没有明确的概念。现在还不清楚 "and" 是如汉语、英语和法语文本中的连词，还是阿拉伯语、俄语和西班牙语文本中的析取词。在许多国家，考古学（文物）受法律管制，因此，可能有人建议，在这种情况下，可以把 "历史性" 一词作为一种特殊的理解方式，即 "历史性" 更多地是一种主观评价（但须符合关于解决争端的第

---

② 利用 200 海里的距离建立 "国家文化保护区" 的概念似乎源于该报告，并在 1978 年 10 月 4 日议会大会通过的关于水下文化遗产的第 848 号建议中得到欧洲委员会的批准。[议会] 大会第三十届会议通过的文件，第二编，第 848 页（1978 年）。

③ 以其他语言呈现的该短语的表达方式，如下所示：

阿拉伯文：qanun el-inqadh au ghair dhalik min qawa'id qanun al-bahri

中文：打捞法或其他海事法规则

法文：droit de réeupérer des épaves et aux autres règies du droit maritime

俄文：pravil spasaniya na more ili drugykh norm, Reguliruyuschykh torgoboe morepla vanie

西班牙文：las ncrmas sobre salvamento u otras normas del derecho maritimo。

十五部分的规定）。④

303. 6. 第 2 款在作出法律上的推定时，故意不使用第三十三条标题中的"毗连区"一词。沿海国在第三〇三条下的义务和权利与在第三十三条下的义务和权利在实物上有所不同。"适用第三十三条"一词可能显得模棱两可，但根据立法历史，可能并不要求沿海国在行使第三〇三条规定的权利时主张第三十三条规定的任何控制权。由于会议没有通过关于毗连区划界的任何规定，因此不能排除因海岸相对或相邻的国家相互冲突的主张而产生争端的可能性，因此，第十五部分将适用。

303. 7. 第 3 款是不言自明的。

303. 8. 第 4 款同样是不言自明的，也是第三一一条第 5 款保留的。

303. 9. 此条的主要压力来自以希腊为首的地中海国家。对此，美国代表团在第九期会议续会上（1980 年）的报告指出，此条以解决所面临的真正问题的方式，特别是在地中海地区的问题，赋予"沿海国家权力是……既有意义又有局限性。"⑤另一方面，澳大利亚代表团报告说，该条款"晦涩难懂，不太令人满意"。⑥

303. 10. 公约规定的水下考古制度是复杂而不完整的。在内水和领海，沿海国的主权将包括这些事项（第二条和第七条），而沿海国的法律将决定什么是考古或历史性文物。这同样适用于在其主权下的群岛国水域（第四十九条）。在领海外部界限以外，距基线 24 海里，以第三〇三条为准。该条既对沿海国规定了义务，又赋予沿海国事实上与因侵犯其领土或领海而产生的权利不可区分的权利，这些权利可能属于国际责任法的一般范围。在 24 海里以外，沿海国在这个公约下没有特殊地位。其权利和义务将由一般国际法和适用的国际条约管辖。在该领域，主要受益人是"全人类"，这一表述出现在序言部分的第五段和第六段（第一卷，第 450 和第 460 页），第一三七条、一四〇条、一四三条、一四九条、一五〇条、一五三条和第一五五条（见第三卷）和第二四六条（"全人类"）中（见第四卷）。

考古研究不属于公约第五部分和第六部分（第五十五至第八十五条）规定的给予沿海国"主权"的目的。来源国或文化起源国，或考古和历史起源国开始只在"区域"享有优先权，没有关于浩瀚的海洋和海底的规定，以及 24 海里外部界线与沿海国主权或管辖权的外部界限之间的底土的规定，在某些情况下，可从基线延伸至 350 海

---

④ "文化遗产"的概念载于 1983 年 4 月 8 日《关于国家财产、档案和债务继承的维也纳公约》，A/CONF. 117/14（1983，油印本），转载于《国际法资料》第 22 卷第 306 页（1983 年）。国际法委员会条款草案第三部分（国家档案）的评注可能会更多地阐明本条所依据的一些概念。见国际法委员会第三十三届会议工作报告（A/36/10），《国际法委员会年鉴》第二卷，1984 年，第 2 部分，第二章，第 49 页。文化财产送回或归还原籍国的问题自 1972 年以来一直列入联合国大会议程。见 1987 年 10 月 22 日第 42/7 号决议。

⑤ M. Nordquist 和 C. Park 编《美国出席第三次联合国海洋法会议代表团的报告》，第 444 页，海洋法研究所，第 33 号临时文件（1983 年）。

⑥ 外交部，《在第三次联合国海洋法会议第九期会议续会上澳大利亚代表团的报告》，第 12 页（1981 年）。

里（第七十六条）。据推测，在今后的一段时间内，这一新的法律分支将由主管国际组织，首先是教科文组织和国家实践来完成。

第三〇四条 损害赔偿责任

本公约关于损害赔偿责任的条款不妨碍现行规则的适用和国际法上其他有关赔偿责任的规则的发展。

资料来源

1. A/CONF. 62/L. 58（1980 年），第 11 段，《正式记录》第十四卷，第 128 页（海洋法会议主席）。

2. A/CON F. 62/WP. 10/Rev. 3 *（非正式综合协商案文第三次修订稿，1980 年，油印本），第三〇四条。转载于《第三次联合国海洋法会议文件集》第十二卷，第 179、304 页。

3. A/CONF. 62/L. 78（公约草案，1981 年），第三〇四条，《正式记录》第十五卷，第 172、222 页。

起草委员会

4. A/CONF. 62/L. 152/Add. 21（1982 年，油印本）。

5. A/CONF. 62/L. 160（1982 年），《正式记录》第十七卷，第 225 页（起草委员会主席）。

非正式文件

6. GP/8（1980 年，油印本）（未署名）。转载于《第三次联合国海洋法会议文件集》第十二卷，第 301 页

[注：另见第四卷，第二三五条和第二六三条]。

评 注

304. 1. 第三〇四条是在非正式全体会议上未署名提出的（资料来源 6），经过一些修改后被一致接受（资料来源 1）。它以这种形式被合并为非正式综合协商案文的第三次修订稿（资料来源 2）中的第三〇四条。记录上没有解释性材料，但该条似乎可以消除对整个公约中有关责任的具体规定是否完整的任何疑问。

304. 2. 尽管英语文本使用的是"responsibility and liability"一词，反映了习惯法的用法，但其他语言使用的是一个词。这与基本的法律概念相对应，构成了法律上的一致。

304. 3. 国际法委员会目前在其工作方案中已编纂了有关国家责任的规则。1980年，委员会一读通过了这项工作的第一部分的 35 个条款，涉及国际责任的起源。⑦委员会继续就国际责任的内容、形式和程度以及关于国际责任的第二部分开展工作。第三部分是关于争端的解决。委员会还审查了国际法未加禁止的行为所产生的损害性后果的国际责任问题。因此，第三○四条反映了国际法委员会正在积极审议这两个议题，并应根据法律的发展来解读公约中关于损害责任和赔偿责任的规定。这符合时际法的正常规则，并符合 1969 年《维也纳公约》第三十一条第 3 款（c）项的规定。⑧

304. 4. 根据美国代表团关于第九期会议续会上（1980年）的报告，该条 "在默契的基础上被接受，即它促进了西班牙和摩洛哥代表团对公约，包括对关于海峡的条款（第三十四至四十五条）的接受，如果事实证明并非如此，则可能删除。"⑨摩洛哥于 1982 年 12 月 10 日签署了公约，但未（根据第三一○条）做任何声明。西班牙于 1984 年 12 月 4 日签署了公约，并附了一项长篇声明，其中第 2 至第 4 段涉及第三部分。⑩

---

⑦　国际法委员会第三十二届会议工作报告（A/35/10），《国际法委员会年鉴》第二卷，1980 年，第二部分，第三章，第 26 页。

⑧　《维也纳条约法公约》，《联合国条约集》第 1155 卷第 331 页；《美国国际法期刊》第 63 卷第 875 页（1969 年）；《国际法资料》第 8 卷第 679 页（1969 年）。

⑨　M. Nordquist 和 C. Park 编《美国出席第三次联合国海洋法会议代表团的报告》，第 447 页，海洋法研究所，第 33 号临时文件（1983 年）。

⑩　交存秘书长的多边条约：截至 1987 年 12 月 31 日的现况，第 XXI. 6 章，第 735、747 页〔ST/LEG/SER. E/6（1988 年）〕。

第十七部分

最后条款

第十七部分　最后条款

资料来源

第一次会议

1. A/CONF. 13/L. 7（1958 年，油印本）（秘书长）。

第二次会议

2. A/CONF. 19/L. 14（1960 年，油印本）（秘书长）。

第三次会议

3. A/CONF. 62/L. 13（1976 年），《正式记录》第六卷，第 125 页（秘书长）。

4. A/CONF. 62/86（1979 年），《正式记录》第十二卷，第 68 页（伊斯兰国家）。

5. A/CONF. 62/L. 44（1979 年），《正式记录》第十二卷，第 109 页（海洋法会议主席）。

6. A/CONF. 62/L. 53 和 Add. 1（1980 年），《正式记录》第十三卷，第 87 页（海洋法会议主席）。

7. A/CONF. 62/L. 60（1980 年），《正式记录》第十四卷，第 132 页（海洋法会议主席）。

8. A/CONF. 62/WP. 10/Rev. 3*（非正式综合协商案文第三次修订稿，1980 年，油印本），第十七部分，第三〇五条至第三二〇条。转载于《第三次联合国海洋法会议文件集》第二卷，第一七九条、第三〇四至三〇八条。

9. A/CONF. 62/L. 78（公约草案，1981 年），第十七部分，第三〇五至三二〇条，《正式记录》第十七卷，第一七二条、第二二二条至第二二四条。

10. A/CONF. 62/L. 86（1982 年），《正式记录》第十六卷，第 197 页（海洋法会议主席）。

非正式文件

11. FC/1（1979 年，油印本）（海洋法会议主席）。转载于《第三次联合国海洋法会议文件集》第十二卷，第 349 页。

12. FC/2（1979 年，油印本）（海洋法会议主席）。转载于《第三次联合国海洋法会议文件集》第十二卷，第 352 页。

13. FC/16（1979 年），转载于 A/CONF. 62/91（1979 年），《正式记录》第十二卷，第 71、109 页（关于最后条款的法律专家组主席）。

14. GLE/FC/18（1980 年，油印本）（关于最后条款的法律专家组主席）。转载于《第三次联合国海洋法会议文件集》第十二卷，第 488 页。

15. FC/20（1980 年，油印本）（关于最后条款的法律专家组主席）。转载于《第三次联合国海洋法会议文件集》第十二卷，第 397 页。

16. FC/21（1980 年，油印本）（海洋法会议主席）。转载于《第三次联合国海洋法会议文件集》第十二卷，第 404 页。

17. FC/21/Rev. 1（1980 年，油印本）（海洋法会议主席）。转载于《第三次联合国海洋法会议文件集》第十二卷，第 410 页。

18. FC/21/Rev. 1/Add. 1（1980 年，油印本）（海洋法会议主席）。转载于《第三次联合国海洋法会议文件集》第十二卷，第 422 页。

[注：以上列出了最后条款的一般资料来源。每一条都有详细的资料来源。]

此外，最后条款问题法律专家组（GLE/FC）主席于 1979 年 11 月 19 日至 29 日在日内瓦召开了一次非正式会议（见下文 XVII. 8 和 XVII. 9 段）。这次会议的报告是通过挪威外交部提供的，但既没有作为本次会议的非正式文件分发，也没有作为正式文件分发；另一方面，也未列入前一清单。①]

评 注

XVII. 1. 《维也纳条约法公约》（1969 年和 1986 年）②第二十四条第 4 款规定，条约中关于其文本的认证、同意受条约拘束的确立、条约生效的方式或日期、保留、保管者的职能和条约生效前必然产生的其他事项的规定等，均自文本通过之时起适用。

---

① 1979 年 11 月 19 日至 29 日（1980 年 2 月）在日内瓦举行的延斯·埃文森先生关于《公约》最后一项规定的非公开会议的报告。转载于《第三次联合国海洋法会议文件集》第十二卷第 321 页（最后条款法律专家组主席）。

② 1969 年《维也纳条约法公约》《联合国条约集》第 1155 卷第 331 页；《美国国际法期刊》第 63 卷第 875 页（1969 年）；《国际法资料》第 8 卷第 679 页（1969 年）。1986 年《国家和国际组织间或国际组织间条约法维也纳公约》，A/CONF. 129/15（1986 年），《国际法资料》第 25 卷第 543 页。

这些事项和类似事项通常一般都在称之为"final clauses"或"final provisions（最后条款）"③中处理，但并非第十七部分所载的所有条款均可自文本通过时起适用。例如，第三一一条、第三一二条至第三一六条和第三一七条只能在公约生效后适用，尽管第三一一条（或许还有其他条款）可能与政府或合格国际组织决定是否受公约拘束有关。在许多情况下（但不包括在这里），关于解决争端的规定载于最后条款（资料来源1）。归到"最后"不是指它们在条约中的地位，而是指在协商条约的会议完成实质性工作之前无法完成这些归属。实际上，在第三次海洋法会议上，第三〇五条是海洋法会议将要通过的最后一项具有重大影响的实质性规定（资料来源10）。第十七部分的真正职能是在整个公约的范围内，规定一般条约法的剩余规则如何适用于这个公约。

XVII. 2. 在联合国海洋法会议第一期会议上，与大多数会议一样，最后条款基本上（但不完全）是被视为一个技术问题。政治因素使人们感觉到它们的存在，特别是在参加条款中，实质性考虑决定关于保留的结论。秘书长在关于该会议工作方法和程序的报告中建议，④起草委员会可在起草最后条款方面提供宝贵的协助。事实上，这是在一个主要委员会——第四委员会（关于大陆架问题）（根据秘书长的说明）本身产生的一套最后条款，并将其列入它提交全体会议的草案。⑤如果第二次海洋法会议取得实质性成果，无疑也会遵循类似的程序（资料来源2）。

XVII. 3. 然而，第三次海洋法会议上没有这样的组织建议。海底委员会就是否可能将各种议题列入最后条款的问题进行了单独讨论，以一种以前从未经历过的方式表明了其中一些问题的微妙性。其中可以提到土耳其的一项提案，即在海底委员会编制的主题和问题清单中（见第一卷，第 32 页）列入拟起草的条款与1958年公约的关系及其对这些公约的影响问题，⑥这是第三一一条第 1 款所述的问题。新公约的临时或最终生效问题，特别是与第十一部分有关的问题，也是一个棘手的问题，最终在 1982 年在第三〇八条以及决议一和决议二中（关于决议一，见下文；关于决议二，见第三卷）得到解决。

在第三次联合国海洋法会议本身的过程中，提出了与最后条款有关的其他微妙问

---

③ 海洋法会议晚些时候从"clauses（条款）"改为"provisions（条文）"。"provisions（条文）"一词首先由第一委员会主席在非正式单一协商案文第一部分［A/CONF. 62/WP. 8/Part I（1975 年），《正式记录》第四卷第137 页］使用。海洋法会议主席在关于非正式全体会议工作的报告中也提出了这一建议（资料来源7）。最后根据起草委员会的建议［A/CONF. 62/L. 142/Add. 1（1982 年，油印本）］作出了修改。

④ A/CONF. 13/11（1958 年），第一次联合国海洋法会议，第 25 段，《正式记录》第一卷第 172 页（秘书长）。

⑤ 见资料来源 1 和前注③；另见 A/CONF. 13/L. 32（1958 年），第一次联合国海洋法会议，《正式记录》第二卷第 127 页（起草委员会）。另见第 8 次全体会议（1958 年）的讨论，第一次联合国海洋法会议，《正式记录》第二卷第 11 页。

⑥ A/AC. 138/48，转载于 1971 年《海底委员会报告》，第 92 页（土耳其）。

题。这些问题包括有关保留的事项（第三〇九条和第三一〇条）、对第十一部分规定的修正（第三一四条）、附件的地位（第三一八条）和参加公约的新问题，这些问题在下文讨论的决议三和决议四中找到了解决办法——尽管也许是非正统的办法。现在列入第十六部分（一般规定）的一些事项也起源于对最后条款的讨论。显然，几乎所有这些问题都与公约的实质性条款密切相关，在实质性条款最终确定之前，这些问题本身无法付诸最终形式。第九期会议（1980 年）完成了除第十一部分以外的大多数实质性条款的案文，当时大多数最后条款也被接受列入非正式综合协商案文第三次修订稿。

XVII. 4. 1958 年以来发生的与 1958 年公约有关的几起事件也与此有关。也许最重要的是 1969 年 5 月 23 日缔结并于 1980 年 1 月 10 日生效的《维也纳条约法公约》。该公约在第三次联合国海洋法会议上履行了两项几乎相互矛盾的职能，一方面它成为分析许多具体问题的起点，或为起草许多相关条款提供了要诀；另一方面，它在尝试其他解决办法但被认为是不可接受之后提供了一个终点。这对于保留和修正问题特别重要。1977 年仲裁法庭裁决《英吉利海峡大陆架仲裁案》时，在裁决书第 38 段中指出，在 1958 年公约缔结时，"关于对多边公约的保留的法律管辖正在经历着一场演变，这场演变直到 1969 年才具体化。"⑦

第二个事件是联合国大会 1974 年 11 月 12 日第 3233（XXIX）号决议决定将各国参加在联合国主持下缔结的条约的"所有国家"模式引入联合国惯例。这样做是为了取代其他公式，那些公式是世界许多地区普遍存在的政治不稳定状况和第二次世界大战后所谓"分裂国家"问题的后果（见下文第 305.4 段）。

这对第三次联合国海洋法会议的一个重要后果是，构成会议详细议程的主题和问题清单议题第 25 项，⑧题为"加强各国普遍参与与海洋法有关的多边公约"（这是根据联合国当时的惯例，试图超越 1958 年公约的参加条款中的排除性内容）的规定，这实际上是多余的。海底委员会或第三次联合国海洋法会议本身从未讨论过这一问题，只是偶尔提到在新公约中实现普遍性的必要性。

第三个新的因素是在 1978 年通过《关于国家继承条约的维也纳公约》之后，国家

---

⑦ 《国际仲裁裁决报告》第十八卷第 3、32 页（英文）（1982 年）；同上，第 130、161 页（法文）；《国际法评论》第 54 卷第 6、42 页（1979 年）。

⑧ 见 A/CONF. 62/28 和 A/CONF. 62/29 号文件（均为 1974 年），《正式记录》第三卷第 57 页和 59 页；见第一卷，第 32 和 87 页。

继承问题事实上已经正规化。虽然尚未生效，但该公约在很大程度上反映了目前的做法。⑨

第四个因素是鲜为人知的事件，它是由于塞内加尔终止参加 1958 年公约而引起的，该国已通过一项继承声明成为该公约的缔约国。⑩ 这些公约未包含退出条款。国际法委员会在其关于条约法的工作中注意到这种不存在退约条款的情况，其在某种程度上影响了《维也纳条约法公约》第五十六条现在所体现的理念。⑪

XVII. 5. 提交给海底委员会的一些条约提案草案也载有最后条款，特别是美国的联合国国际海底区域公约草案、⑫坦桑尼亚的国际海底管理局规约草案、⑬苏联的为和平目的利用海底条约条款草案，⑭以及马耳他的海洋空间条约草案。⑮然而，正如序言部分（第一卷，第 450 页）所述，尽管委员会的文件已正式提交海洋法会议，但这些内容与新公约的广泛内容几乎没有关系。⑯

XVII. 6. 最后条款的拟订问题没有作为一个项目列入会议的初步议程。第一委员

---

⑨　A/CONF. 80/16（1978 年），联合国国家在条约方面的继承问题会议，《正式记录》第三卷第 187 页（A/CONF. 80/31）。该公约转载于《国际法资料》第 17 卷第 1488 页（1978 年）。另见仲裁法庭 1985 年 2 月 14 日《对几内亚/几内亚比绍海洋划界案的裁决》（仲裁法庭庭长拉赫斯，成员姆巴耶和贝贾维），第 40 段，《一般国际公法评论》第 89 卷第 484、508 页（1985 年）。《国际法资料》第 25 卷第 251（英语译文）（1986 年）。在这方面，应当指出，根据这种做法，尼日利亚和塞拉利昂这两个新的国家作为继联合王国批准 1958 年公约之后独立的继承国，在有关公约交存适当的继承声明后，被列入使其生效所需的法定国家数。

⑩　见《联合国条约集》第 781 卷第 332 页（1971 年）；和《联合国条约集》第 854 卷第 214 和 220 页（1971 年）。1972 年海底委员会第 73 次和第 75 次会议以及 1973 年第二小组委员会第 57 次会议讨论。1972 年《海底委员会报告》，第 9 页，第 27 段。另见 D. Bardonnet, "La dénonciation par le Gouvernement Sénégalais de la Convention sur la mer territoriale et la zone contiguë et de la Convention sur La pêche et la conservation des resources biologiques de la haute mer en date à Genève du 29 avril 1958" [塞内加尔政府宣布退出 1958 年 4 月 29 日日内瓦《领海及毗连区公约》和《公海捕鱼和养护生物资源公约》]，《法国国际法杂志》第 18 卷第 123 页（1972 年）。塞内加尔还于 1976 年 3 月 30 日退出了《大陆架公约》，联合王国反对。塞内加尔的名字做了适当的注释，见 "交存秘书长的多边公约：截至 1987 年 12 月 31 日的状况"，第二十一卷第 4 章，第 732 页，注②［ST/LEG/SER. E/6 号文件（1988 年）]。

⑪　见国际法委员会 1966 年关于条约法的条款，第五十三条，评注，第（3）段。国际法委员会第十八届会议工作报告（A/6309/Rev. 1，第二部分），《国际法委员会年鉴》，1966 年，第 172、250-251 页。然而，这一意见没有在国家与国际组织或国际组织之间条约平行条款第五十六条的相应评注中重复或呼应。

⑫　A/AC. 138/25，转载于 1970 年《海底委员会报告》，第 130 页（美国）。

⑬　A/AC. 138/33，转载于 1971 年《海底委员会报告》，第 51 页（坦桑尼亚）。

⑭　A/AC. 138/43，同上，第 67 页（苏联）。

⑮　A/AC. 138/53，同上，第 105 页（马耳他）。

⑯　这是联大在 1973 年 11 月 16 日第 3067（XXVIII）号决议（第一卷，第 188 页）中所做的。见 A/CONF. 62/L. 5（1974 年），《正式记录》第三卷第 83 页（秘书长）；议事规则，第 32 条［A/CONF. 62/30/Rev. 3（1981 年），联合国出版物出售品编号：E. 81. I. 5。转载于《第三次联合国海洋法会议文件集》第十三卷第 489 页）]。

会主席在其 1975 年非正式单一协商案文初稿中提到了最后条款,⑰但这不是委员会任何讨论的结果,即便它受到海底委员会工作中提交给它的草案的影响。在第四期会议上(1976 年),总务委员会第 20 次会议初步讨论了拟订最后条款所涉及的程序问题(《正式记录》第五卷,第 92 页)。起初,委员会倾向于接受海洋法会议主席的建议,请起草委员会主席编写这些条款的案文"供协商和讨论"———一种标准的会议程序方法。但是,在第 69 和 70 次全体会议上(《正式记录》第五卷,第 67~76 页),提出了其他意见,并决定请秘书长编写一份"没有任何政治实质内容"的草案,以期在本年晚些时候(第五期会议)进行更充分的讨论。

应这一邀请,秘书长向第五期会议(1976 年)提交了关于序言(见第一卷,第 456 页)和一些最后条款(资料来源 3)的建议。其中包括关于公约的参加、签署、批准、加入、生效、临时适用、领土适用、退出、修订或修正、终止、由保管者通知、作准文本,以及认证等规定。秘书长解释说,最后条款经常成为各代表团辩论的主题,他强调,关于是否列入任何关于某一主题的案文的决定,以及遵循这个先例或那个先例或以一种全新的方式处理这一问题之间的选择权完全交给了会议(资料来源 3,第 3段)。

海洋法会议主席在收到这些建议后,甚至在就这一议题进行任何辩论之前,就决定在非正式综合协商案文(1977 年)中列入一些最后条款。在一份随附的备忘录中,他写道:"我们已经尽力避免在现阶段可能会导致不必要的争议的任何条款……,希望它们将本着这种精神得到接受。"⑱

XVII. 7. 在第七期会议上(1978 年),会议接受了总务委员会的建议,即关于最后条款的协商应通过委员会和全体会议阶段。后来决定已经作为解决争端的主要委员会的全体会议(见上文第 XV. 7 段)作为处理最后条款的主要委员会,并以此身份被称为非正式全体会议。⑲然而,在协商开始之前,在第 95~98 次全体会议上根据秘书长的建议就序言和最后条款进行了一次一般性辩论(《正式记录》第九卷,第 28~46 页)(资料来源 3)。这次一般性辩论表明,提出了几个新问题和正式提案,其中一些在政治上引起分歧。不仅在它们本身,而且在公约的实质内容和其他地方正在拟定的"一揽子交易"方面都存在分歧,这一点并没有被忽视。然而,总的来说,这场辩论仅限于一些概括性的内容,缺乏重点,因为它同时涉及序言和最后条款,尽管海洋法会议

---

⑰　A/CONF. 62/WP. 8/Part I(单一协商案文,1975 年),第四部分,第六十四至七十五条,《正式记录》第四卷第 137、147 页。

⑱　这些最后条款的案文见 A/CONF. 62/WP. 10(非正式综合协商案文,1977 年),第二九八至三〇三条,《正式记录》第八卷第 1、49 页。转载于非正式综合协商案文的第一次和第二次修订稿。海洋法会议主席备忘录印发为 A/CONF. 62/WP. 10/Add. 1(1977 年),第八次会议。《正式记录》第八卷第 65 页(同上,第 66 页,第 3段)。

⑲　A/CONF. 62/61(1978 年),第 13 段,《正式记录》第十卷第 1 页。

主席希望首先审议最后条款（第 96 次全体会议，第 7 段）。会议在公约中争议较大的部分，特别是第十一部分及其相关附件以及第二委员会工作中一些较具创新性的方面达到一种广泛接受的形式之前处理了这些问题。因此，就最后条款而言，辩论可能为时过早。建议各主要委员会有机会就一些最后条款发表意见（第 95 次全体会议，第 46 段）虽然这个问题稍后将与第一委员会的工作有关，但没有继续讨论。⑳

XVII. 8. 在第八期会议续会上（1979 年），会议决定，对最后条款的详细审查将首先在非正式全体会议上进行，然后在最后条款问题法律专家组进行，海洋法会议主席在会议开始前发给所有代表团的一封信中建议设立这一机制。㉑

非正式全体会议采用的方法不同于它在处理序言和解决争端方面采用的方法。它接受了海洋法会议主席的建议，将主题和问题分为两类，即（a）可能证明有争议的主题和问题，和（b）那些可能被视为无争议的主题和问题，因为这些主题和问题遵循传统模式，而不管条约的实质内容如何。有争议的项目包括（1）修正或修订；（2）保留；（3）与其他公约的关系；（4）生效，包括审议设立筹备委员会（后来交给第一委员会处理；见第 308. 5～308. 10 段）；（5）过渡性条款（见下文关于决议三的评注）；（6）退出；和（7）参加公约。在非争议项目类别中有（1）签字；（2）批准；（3）附件状况；（4）作准文本；和（5）认证。由于一项疏忽，保管者被从名单上删除（这一点比原先预期的更有争议）。总的来说，这一分类满足了实际需要，尽管有些不具争议的项目会出现一些意想不到的困难，而且这两个类别之间也有一些相互作用——例如，就成为公约缔约国的权利而言，关于签署和加入的规定。

非正式全体会议首先讨论了不具争议性的项目，但有一项谅解，即这些项目本身不具争议性，但可能对有争议的项目或一些代表团认为至关重要的问题产生影响。海洋法会议主席以书面形式对每个专题进行了初步讨论，该摘要构成了法律专家组技术工作的出发点。非正式全体会议接着讨论其余问题，并以同样的方式处理这些问题（资料来源 5）。

XVII. 9. 法律专家组主席是会议副主席之一延斯·埃文森（Jens Evensen）先生

---

⑳　见第 65 次全体会议（1976 年），第 29–51 段，《正式记录》第五卷第 52 页；和 A/CONF. 62/62（1978 年），第 13 段，《正式记录》第十卷第 6 页。秘鲁提议设立第四个主要委员会，处理各种"法律"事项，包括序言（见第一卷第 91 页和 456 页）、关于解决争端的突出问题（见上文第十五部分评注）和最后条款。见 A/CONF. 62/BUR/7，（1978 年，油印本），第 5 段。将最后条款提交起草委员会的正式决定是在第 89 次和第 90 次全体会议（1978 年）讨论后作出的。《正式记录》第九卷第 5–17 页。起草委员会在逐条审查公约草案非正式案文的过程中处理了最后条款（资料来源 9）。1978 年辩论后，伊斯兰会议成员国海洋法专家向第十次外交部长会议提出了一些一般性建议（资料来源 4）。

㉑　第 117 次全体会议（1979 年），第 12 段，《正式记录》第十二卷第 3 页。非正式全体会议关于最后条款的文件标有 FC/-，法律专家组关于最后条款的文件标有 GLE/FC/-。目前，它仅是油印本形式，并已转载于《第三次联合国海洋法会议文件集》第十一卷第 349–492 页。

（挪威）。该小组的任务规定更为严格地界定为"审查最后条款的技术方面和设立筹备委员会，并考虑到非正式全体会议的讨论情况，在不寻求解决所涉政治问题的情况下编写案文草案"（资料来源12）。该小组由55名指定的专家组成，"他们将以个人身份履行上述任务。"此外，每个代表团都可以派一名专家参加小组的工作，任何代表都可以由"必须是同一代表团的成员"的候补代表代替。该小组成员可以带顾问，该小组主席应定期向海洋法会议主席报告。该小组将首先处理不具争议性的项目，其未来计划将由海洋法会议主席和该小组主席协商确定。

该小组未能在海洋法会议第八期会议续会上完成工作，然而，它于1979年底在挪威代表团主持下在日内瓦举行了一次非正式闭会期间会议。这大大促进了最后条款若干核心问题的解决。[22]

该小组在第九期会议上（1980年）完成了工作，并向非正式全体会议提交了报告（资料来源15）。

XVII. 10. 非正式全体会议在第九期会议续会上（1980年）重新审议了最后条款，当时根据那时的非正式综合协商案文和正在修订的非正式综合协商案文完成了其中大部分条款（资料来源16至资料来源18）。这使它们进入了可以正式提交会议的阶段（资料来源7）。在第134～140次全体会议上（《正式记录》第12～81页），它们被纳入非正式综合协商案文第三次修订稿（资料来源8）。但这并不包括独立国家以外的所有实体参加公约的主要问题（第三〇五条第1款（b）至（f）项和决议四），这是一个公约生效的问题（第三〇八条第3～5款），为此，连同关于公约开放供签署至生效这段过渡期的其他方面的建议，以及所谓的"过渡性条款"（决议三）一并征求了第一委员会的意见。阿梅拉辛格主席提交了一份初步报告（资料来源7），其中通过引用纳入了他的非正式报告和建议（资料来源17和资料来源18），但显然未能按照他的意图提交自己的最后报告。其余事项由其继任者许通美主席（Koh）处理，这是海洋法会议决定的最后一个实质性事项（资料来源10）。

XVII. 11. 在某些方面，第十七部分是公约记载最为详尽的部分。此外，在非正式综合协商案文和公约的条款进行了广泛的重新编号，这是在公约其余部分所避免的。因此，为便于使用文件，本评注附有一份有限的协调表。

XVII. 12. 在第十七部分第三〇五至三〇八条、第三一〇条和第三一七条使用了"State（国家）"一词，第三一一至三一七条和第三一九条使用了"States Parties（缔约国）"一词。两项维也纳公约（1969年和1986年）第二条第1款（g）项使用了"party［缔约］方"一词，指同意受条约拘束并对其生效的国家或国际组织；这个公约第一条第2款（1）项也有类似的含义。在第三一六条中，出现了"a State which becomes a Party（成为缔约方（国）的国家）"一语。

㉒　前注①。

就第十七部分而言，这种区别反映了条约一般法在这些不同条款设想的假设中的适用。"State（国家）"一词本身在公约其他地方的出现具有不同的含义（如有关评注所解释的）。

XVII. 13. 这个公约的最后条款有许多创新之处。这些都是由于公约本身的复杂性和它在空间和时间上的普遍性所必需的。在就这些困难条款进行的整个协商中，坚持维护《公约》的完整性，并促进其在世界不同地区和不同发展阶段的具体情况中的合理适用，其中有些情况是今天无法预见的。在坚持海洋法这一主题的根本统一性上，公约第十七部分将结束与开始联系起来——最后条款合乎逻辑地遵循序言。

最后条款：一致性表

条款	A	B	C	D	E	F	G	H
305	305	299	299	—	—	—	—	—
306	306	300	300	—	—	299	299	298
307	307	301	301	—	—	300	300	299
308	308	302	302	301	301	299	299	300
309	309	303	303	D	D	—	—	—
310	310	304	—	—	—	—	—	—
311	311	305	304	E	E	—	—	—
312	312	306	305	305	B	—	—	—
313	313	306	305	305	B	—	—	—
314	314	306 307	305	B	B	—	—	—
315	315	308	308	B	B	—	—	—
316	316	308	308	B	B	—	—	—
317	317	310	308	C	C	—	—	—
318	318	311	309	309	300	300	300	301
319	319	312	310	A	A	—	—	—
320	320	313	311	311	303	303	303	302

A：非正式公约草案（ICNT／Rev.3，1980）和《公约》（1982年）

B：FC/21 和 Rev.1（1980年）

C：FC/20（1980年）

D：GLE/FC/11/Rev.1（1979年）

E：GLE/FC/11（1979年）

F：ICNT／Rev.2（1980年）

G：ICNT／Rev.1（1979年）

H：ICNT（1977年）

［注：非正式综合协商案文前两次修订未做实质性修改。这些改动是根据后来在 D、C 和 B 栏中发展的 E 栏作出的，首先被纳入1980年的非正式公约草案（ICNT/Rev.3）］。

第三〇五条　签字

1. 本公约应开放给下列各方签字：

（a）所有国家；

（b）纳米比亚，由联合国纳米比亚理事会代表；

（c）在一项经联合国按照其大会第 1514（XV）号决议监督并核准的自决行动中选择了自治地位，并对本公约所规定的事项具有权限，其中包括就该等事项缔结条约的权限的一切自治联系国；

（d）按照其各自的联系文书的规定，对本公约所规定的事项具有权限，其中包括就该等事项缔结条约的权限的一切自治联系国；

（e）凡享有经联合国所承认的充分内部自治，但尚未按照大会第 1514（XV）号决议取得完全独立的一切领土，这种领土须对本公约所规定的事项具有权限，其中包括就该等事项缔结条约的权限；

（f）国际组织，按照附件九。

2. 本公约应持续开放签字，至一九八四年十二月九日止在牙买加外交部签字，此外，从一九八三年七月一日起至一九八四年十二月九日止，在纽约联合国总部签字。

资料来源

第一次会议

1. A/CONF. 13/L. 7（1958 年，油印本）（秘书长）。

2. A/CONF. 13/L. 12（1958 年），未编号的条款，第一次联合国海洋法会议，《正式记录》第二卷，第 89 页（第四委员会）。

3. A/CONF. 13/L. 13（1958 年），未编号的条款，第一次联合国海洋法会议，《正式记录》第二卷，第 92 页（起草委员会）。

4. A/CONF. 13/L. 32（1958 年），未编号的条款，第一次联合国海洋法会议，《正式记录》第二卷，第 127 页（起草委员会）。

[另见 1958 年日内瓦公约：《领海公约》第二十六条；《公海公约》第三十一条；《捕鱼公约》第十五条；《大陆架公约》第九条；以及《任择议定书》第五条。分别在第一次联合国海洋法会议《正式记录》第二卷，第 132、135、139、142 和 145 页。]

第三次会议

5. A/AC. 138/43，第二十八条，转载于 1971 年《海底委员会报告》，第 67 页（苏联）。

6. A/AC. 138/SC. II/L. 9，第十一条，转载于 1972 年《海底委员会报告》，第 175 页（美国）。

7. A/CONF. 62/WP. 8/Part I（非正式单一协商案文，1975 年），第五部分，第六十九条，《正式记录》第六卷，第 137、148 页。

8. A/CONF. 62/48（1976 年），《正式记录》第六卷，第 119 页（欧洲共同体）。

9. A/CONF. 62/L. 13（1976 年），第一节，《正式记录》第六卷，第 125 页（秘书长）。

10. A/CONF. 62/54（1977 年），《正式记录》第七卷，第 48 页（欧洲共同体）。

11. A/CONF. 62/64（1978 年），《正式记录》第九卷，第 174 页（新西兰）。

12. A/CONF. 62/L. 29（1978 年），第 1 段和第 5 段，《正式记录》第九卷，第 184 页（斐济等）。

13. A/CONF. 62/L. 32（1978 年），《正式记录》第九卷，第 187 页（欧洲共同体）。

14. A/CONF. 62/98（1980 年），《正式记录》第十三卷，第 74 页（欧洲共同体）。

15. A/CONF. 62/104（1980 年），第 4 段，《正式记录》第十四卷，第 110 页（非洲统一组织）。

16. A/CONF. 62/L. 60（1980 年），《正式记录》第十四卷，第 132 页（海洋法会议主席）。

17. A/CONF. 62/WP. 10/Rev. 3*（非正式综合协商案文第三次修订稿，1980 年，油印本），第三〇五条。转载于《第三次联合国海洋法会议文件集》第二卷，第 179、304 页。

18. A/CONF. 62/L. 78（公约草案，1981 年），第三〇五条，《正式记录》第十五卷，第 172、222 页。

19. A/CONF. 62/L. 86（1982 年），《正式记录》第十六卷，第 197 页（海洋法会议主席）。

20. A/CONF. 62/L. 93（1982 年），《正式记录》第十六卷，第 210 页（执行管理委员会）。

21. A/CONF. 62/L. 102（1982 年），《正式记录》第十六卷，第 218 页（联合国纳米比亚理事会）。

22. A/CONF. 62/L. 119（1982 年），《正式记录》第十六卷，第 226 页（比利时）。

23. A/CONF. 62/L. 137（1982 年），《正式记录》第十六卷，第 244 页（海洋法会议主席）。

起草委员会

24. A/CONF. 62/L. 142/Add. 1（1982 年，油印本）。

25. A/CONF. 62/L. 147（1982 年），《正式记录》第十六卷，第 254 页（起草委员会主席）。

非正式文件

26. FC/3（1979 年，油印本）（苏联）。转载于《第三次联合国海洋法会议文件集》第十二卷，第 354 页。

27. FC/5（1979 年，油印本）（欧洲共同体）。转载于《第三次联合国海洋法会议文件集》第十二卷，第 356 页。

28. FC/10（1979 年，油印本）（澳大利亚等）。转载于《第三次联合国海洋法会议文件集》第十二卷，第 383 页。

29. FC/13（1979 年，油印本），第 5~11 段（海洋法会议主席）。转载于《第三次联合国海洋法会议文件集》第十二卷，第 386 页。

30. GLE/FC/1（1979 年，油印本），第二九八条之二（关于最后条款的法律专家组主席）。转载于《第三次联合国海洋法会议文件集》第十二卷，第 461 页。

31. FC/16（1979 年），第二九八条之二,《正式记录》第十二卷，第 109 页（关于最后条款的法律专家组主席）。

32. FC/17（1979 年，油印本）（海洋法会议主席）。转载于《第三次联合国海洋法会议文件集》第十二卷，第 393 页。

33. GLE/FC/18（1980 年，油印本），第二九九条（法律专家组主席）。转载于《第三次联合国海洋法会议文件集》第十二卷，第 488 页。

34. FC/19（1980 年，油印本）（菲律宾和所罗门群岛）。转载于《第三次联合国海洋法会议文件集》第十二卷，第 396 页。

35. FC/20（1980 年，油印本），第二九九条（关于最后条款的法律专家组主席）。转载于《第三次联合国海洋法会议文件集》第十二卷，第 397 页。

36. FC/21（1980 年，油印本），第二九九条（海洋法会议主席）。转载于《第三次联合国海洋法会议文件集》第十二卷，第 404 页。

37. FC/21/Rev. 1/Add. 1（1980 年，油印本），第二九九条（海洋法会议主席）。转载于《第三次联合国海洋法会议文件集》第十二卷，第 422 页。

38. FC/22（1981 年，油印本）［比利时（欧洲共同体）］。转载于《第三次联合国海洋法会议文件集》第十二卷，第 425 页。

39. FC/23 和 Corr. 1（1981 年，油印本）（海洋法会议主席）。转载于《第三次联合国海洋法会议文件集》第十二卷，第 426 页。

40. FC/24（1981 年，油印本）（太平洋岛屿托管领土）。转载于《第三次联合国海洋法会议文件集》第十二卷，第 429 页。

41. FC/25（1981 年，油印本）（海洋法会议主席）。转载于《第三次联合国海洋法会议文件集》第十二卷，第 431 页。

42. FC/26（1981 年，油印本）（海洋法会议主席）。转载于《第三次联合国海洋法会议文件集》第十二卷，第 438 页。

43. FC/27（1981 年，油印本）（海洋法会议主席）。转载于《第三次联合国海洋法会议文件集》第十二卷，第 444 页。

44. FC/28（1982 年，油印本）［比利时（欧洲共同体）］。转载于《第三次联合国海洋法会议文件集》第十二卷，第 454 页。

45. FC/29（1982 年，油印本）（埃及）。转载于《第三次联合国海洋法会议文件集》第十二卷，第 457 页。

46. FC/30（1982 年，油印本）（巴西）。转载于《第三次联合国海洋法会议文件集》第十二卷，第 459 页。

47. FC/31（1982 年，油印本）（哥伦比亚）。转载于《第三次联合国海洋法会议文件集》第十二卷，第 460 页。

评　注

305.1. 虽然标题为"签字"，但此条所述的主要问题涉及参加《公约》的权利。只有签字才能产生某些效力（见下文第 305.20 段）。但需要在完成批准后签字人才能成为《公约》缔约方。参与程序是第三〇六条和第三〇七条的主题。第三〇五条第 1 款（b）项至（f）项必须与第一条第 2 款一并解读，第 1 款（f）项由附件九完善（见下文评注）。第一条第 2 款规定：

2.（1）"缔约国"是指同意受本公约拘束而本公约对其生效的国家。

（2）本公约比照适用于第三〇五条第 1 款（b）、（c）、（d）、（e）和（f）项所指的实体，这些实体按照与各自有关的条件成为本《公约》的缔约国，在这种情况下，"缔约国"也指这些实体。

305.2. 在联合国条约惯例中，在通过第 3233（XXIX）号决议之前（见上文第 XVII.4 段）关于参加的决定与邀请不同实体参加会议的资格（正式或观察员地位）以及该会议通过的条约的参加条款之间始终有着密切的联系。这个问题总是引起政治上的紧张，第一次联合国海洋法会议也不例外。①关于第三次联合国海洋法会议，联合国大会第一委员会在 1973 年 11 月 16 日通过第 3067（XXVIII）号决议（第一卷，第 188 页）之前进行的辩论同样也是如此。该决议请秘书长邀请联合国会员国或其专门机构成员、国际原子能机构和《国际法院规约》缔约国以及几内亚比绍共和国和越南民主共和国（后来都是联合国会员国）参加会议。此外，还邀请了感兴趣的政府间和非政府组织以及联合国纳米比亚理事会作为观察员参加（后来对联合国纳米比亚理事会做了修改）。

海洋法会议本身则更进了一步，在其第二期会议上（1974 年）请联合国大会邀请巴布亚新几内亚、库克群岛、荷属安的列斯群岛、纽埃、苏里南、西印度群岛联系邦和太平洋岛屿托管领土作为观察员出席今后的各期会议，如果其中任何一个独立，就作为参加国。这是大会 1974 年 12 月 17 日第 3334（XXIX）号决议（第一卷，第 191 页）作出的。此外，海洋法会议在其第 40 次全体会议（《正式记录》第一卷，第 176 页）上还作出决定，邀请非洲统一组织和阿拉伯国家联盟承认的各区域民族解放运动以观察员的身份参加，联合国大会在第 3334（XXIX）号决议中注意到这一决定。这些不同类别的与会者反映在一系列《议事规则》中，这些规则表明了他们参加会议工作的性质和程度。②这些决定，加上作为一般出发点的"所有国家"条款，解释了第三〇五条的复杂性及其最后文件附件一所载的有关决议。

305. 3. 按照联合国的惯例，关于参加会议的规定的第 3067（XXVIII）号决议从未以静态方式适用或打算以静态方式适用。每当出现一个新的实体符合该决议为参加会议规定的任何条件时，其以适当地位参加会议的权利就自动产生。然而，第 3334（XXIX）号决议具体提到的实体并非如此，除非它们属于先前决议的范围。第三〇五条的解释与此相同。③

305. 4. 如第十七部分导言所述（见上文第 XVII. 4 段），一个新的国家现在可以通过另一种方式同意其受一项公约约束，而不论该公约是否已经生效——也就是说，在独立之前，前一个国家是缔约方，或已经同意接受尚未生效的条约的约束，也涉及该国家继承所涉及的领土，在独立之后，该国可向保管者声明继承权。只要公约尚未生效，根据第三〇八条第 1 款使公约生效所需的国家数应包括作出这种作出声明的合格

---

① 见在第 2 次全体会议上关于参加会议的讨论，以及关于在第一次联合国海洋法会议（1958 年）第 17 次全体会议上关于参加公约的讨论，《正式记录》第二卷第 4 和第 51 页。同样，在第二次联合国海洋法会议第 1 次全体会议（1960 年），《正式记录》第 1 页。

② 《议事规则》，A/CONF. 62/30/Rev. 3（1981 年），第十章，观察员（第六十二至六十五条），联合国出版物出售品编号：E. 81. I. 5。转载于《第三次联合国海洋法会议文件集》第十三卷第 489 页。

③ 因此，在 1984 年 12 月 9 日签署《公约》的国家中，有两个国家——文莱达鲁萨兰国和圣克里斯托弗和尼维斯——在 1981 年 12 月 10 日会议结束后获得独立，这符合联合国的标准做法。此外，见秘书长作为多边协定保管者的做法摘要［ST/LEG/7（1959 年，油印本），第 148 段］。

继承国。作为一般惯例，在最后条款中未专门提及。此后，该规则纳入了 1978 年 8 月 23 日的《关于国家继承条约的维也纳公约》第十八条。④

305.5. 根据联合国目前的惯例，第 1 款（a）项使公约对所有国家开放。这在协商中没有困难。根据大会通过"所有国家"方案时达成的谅解，秘书长对"所有国家"一词的含义的惯例和一般性理解如下（资料来源 9，注⑩）：

> 会议的理解是，秘书长在履行其作为一项载有"所有国家"条款的公约或其他具有法律拘束力的多边文书保管者的职能时，将遵循联合国大会执行这一条款的惯例，并在适当时请大会在收到签字或批准书、接受书、核准书或加入书之前的意见。

第三一九条规定的保管者在这个公约下的职能将管辖该条款的适用。

305.6. 关于纳米比亚（由联合国纳米比亚理事会代表）参加公约的第 1 款（b）项是第三〇五条的第一项创新。大会 1979 年 12 月 12 日第 34/92 C 号决议（就纳米比亚议题通过）决定给予纳米比亚这样的代表大会正式成员地位，并于 1980 年对其《议事规则》做了适当修正。⑤理事会代表按照国家的字母顺序在"纳米比亚"铭牌后面就座，后来行使了提交修正案和表决的权利，并最终签署和交存了公约批准书。联合国大会在 1983 年 12 月 1 日第 38/36 C 号决议第 11 段中"注意到"了这一行动。

这种性质的问题最早出现在 1978 年联合国国家继承条约问题会议上。该会议仅限于一项决定，允许理事会代表在各国代表团之后就座，并提交提案和修正案，但不进行表决。因此，纳米比亚充分参与该公约的问题似乎没有直接记录在案。另一方面，该会议通过了一项关于纳米比亚的决议，其中决定，在纳米比亚问题上，应按照联合国关于纳米比亚问题的决议解释该公约的有关条款，南非不是未来独立国家纳米比亚国的前身。⑥这种性质的决议可以防止在纳米比亚独立的情况下适用《继承宣言》规则——如果它与此相关的话。

联合国纳米比亚理事会对不再由理事会代表的独立的纳米比亚批准公约的效力将在为从纳米比亚现有地位过渡到充分独立而作出的安排中确定。

---

④ A/CONF.80/16（1978 年），联合国国家继承条约问题会议，《正式记录》第三卷第 187 页（A/CONF.80/31）。该公约转载于《国际法资料》第 17 卷第 1488 页（1978 年）。

⑤ 第 122 次全体会议（1980 年），第 1~3 段，《正式记录》第十三卷第 4 页。

⑥ 前注④，第 179、183 页（A/CONF.82/32［《最后文件》]，附件）。转载于《国际法资料》第 17 卷第 1576 页（1978 年）。1983 年国家继承国家财产、档案和债务问题会议通过了一项类似的决议，A/CONF.117/15（1983 年，油印本），附件。转载于《国际法资料》第 22 卷第 298、304 页（1984 年）。后来，大会又进一步在 1984 年 12 月 12 日第 39/50 C 号决议中，请纳米比亚理事会以纳米比亚法律管理当局的身份，酌情加入任何国际公约。应当指出，南非是该公约的签署国。

305.7. 由该理事会代表的纳米比亚的参加没有列入许通美主席关于参加公约的原始报告（资料来源19）。最初的提议是由理事会代表团本身以正式修正案的形式提出的，以便在第 1 款（a）项中添加一个适当的短语（资料来源21）。理事会代表在第 172 次全体会议上解释说（《正式记录》第十六卷，第 118 页，第 60 段），据了解，"所有国家"一词包括纳米比亚，但他提交该修正案是为了避免含糊不清。然而，有人在政治上强烈反对这种说法。此外，还发现该提案不完整，需要在其他地方作相应的修正。经过紧张的协商，作为折中意见，海洋法会议主席提出了此案文以及决议一第 2 段中相应的修正案（资料来源23），并在第 176 次全体会议上（《正式记录》第十六卷，第 134 页，第 15~29 段）以协商一致的方式通过，尽管并非毫无保留。

305.8. 第 1 款（c）项、（d）项和（e）项涉及某些类别的半独立或非独立国家或可识别的政治单位签署《公约》[但需要指出的是，无论是在蒙特哥湾（1982 年 12 月 10 日），还是从那时起，都没有任何属于第 1 款（e）项范围的实体签署公约或《最后文件》]。这些条款所设想的参加是《公约》在参加方面的第二个重大创新，尽管这并不是半独立国家和领土第一次在重要的区域性甚至普遍的多边条约中得到承认。

这 3 款规定，符合联合国大会 1960 年 12 月 14 日第 1514（XV）号决议即众所周知的《给予殖民地国家和人民独立宣言》的条件的非独立国家或领土，应充分参加《公约》并承担一切后果。该决议是联合国非殖民化法以及其他一般性或具体决议的出发点，国际法院一直在解释这一问题。⑦它规定，作为一项一般原则，所有人民都有自决权，根据这项权利，他们可以自由决定自己的政治地位，自由谋求经济、社会和文化发展。联合国大会认识到满足这一要求的 3 种方式：（a）成为一个主权独立国家（在这种情况下，这将使该实体处于（a）项的范围内）；（b）与一个独立国家自由联系；或（c）在一个独立国家内一体化。第（c）项、（d）项和（e）项拟适用于后两类。将这些规定列入第三〇五条，与这些实体参加会议的情况，包括太平洋岛屿剩余战略托管领土的情况密切相关。然而，在第三〇五条中，会议超越了各项决议和《议事规则》，对充分或有资格参加会议的权利做了区分。在参加公约方面，这些区别已经消失——要么完全参加公约，要么完全不参加（但须在少数有限的海洋法会议和国际海底管理局会议上承认观察员地位）。

305.9. 在会议上，第二委员会提出了这一参加问题，特别是有关宗主国和半独立领土的代表在专属经济区和海洋法方面的权利，在这方面没有争议。一些宗主国解释说，在执行自决原则时，它们放弃了自己的权力，并将这些权力连同附属条约制定权限和立法权一起转移给有关领土的代表。在这种情况下，宗主国在宪法上无法以对这

---

⑦　安全理事会第 276 号决议（1970 年），关于该决议的主要司法声明见《关于南非继续留在纳米比亚（西南非洲）对各国的法律后果》的咨询意见，1971 年国际法院《判决、咨询意见和命令汇编》第 16 页和 1975 年《西撒哈拉问题》，同上，第 12 页。

些领土具有拘束力的方式接受新公约的义务（与 1969 年《维也纳公约》关于条约的领土适用的第二十五条有关）。代表半独立领土和人民提出了相反的论点，即只有他们才有宪法权力承担新公约的权利和义务。他们还认为他们需要成为公约的缔约方，以便能够在解决争端的机制下保护他们的利益。总的来说，在有关专属经济区的详细规定上，有人主张在这方面需要精确。然而，没有必要将其局限于这些规定，而且会议一再强调并在公约序言中重申的完整性及其普遍性也很重要。主要的政治困难在于在将其适用于管理局和有关事项作出决策时可以考虑。

305. 10. 在阿梅拉辛格主席的报告中总结了关于这一议题的长期辩论（资料来源 29，第 6~11 段和资料来源 32），带来了许多困难，有些是技术上的，有些是政治上的。自 1978 年以来，这一问题更加复杂，当时有人试图将某些民族解放运动纳入这方面的参加范围（见下文第 R. IV. 4. 3~5 段）。这件未完成的事业是由许通美主席继承的。在长时间的协商中（资料来源 39、资料来源 41、资料来源 42、资料来源 43 以及资料来源 19 第 13 段之二中的概述），将要审议的要素分为几类：（a）在联合国监督和核可的自决行动中选择这一地位的完全自治联系国，并对属于公约范围内的事项具有完全权限；（b）尚未获得完全独立的领土，包括托管领土、有争议的领土和非托管领土。对于第一类，一般接受两项基本标准，即有关实体对属于公约范围内的事项具有管辖权，并就这些事项具有缔结条约的能力。这两个要素成为根据这些条款确定公约潜在参与方资格的关键（资料来源 42，第 3 段）。

应当假定，保管者在处理属于这些条款范围内的案件时，将遵循适用于第 1 款（a）项的同样考虑（见上文第 305. 5 段）。

根据上述情况，经海洋法会议第 184 次会议核准的公约签字页（《正式记录》第十七卷，第 7~10 页，第 40~87 段）包括以下内容：

根据第 1 款（c）项——库克群岛，纽埃；

根据第 1 款（d）项——太平洋岛屿托管领土；

根据第 1 款（e）项——无。

305. 11. 第 1 款（f）项不适用于所有国际组织，仅适用于符合附件九第一条规定条件的组织，即由其成员国已将公约所管辖事项的管辖权（包括就这些事项缔结条约的权限）转移给的国家组成的政府间组织。

305. 12. 在整个第三次联合国海洋法会议期间，欧洲经济共同体（欧共体）成员国一直坚持允许共同体作为缔约方参加公约（资料来源 8、资料来源 10、资料来源 13、资料来源 14 和资料来源 27）。欧共体本身以观察员一类的身份出席了会议，但在会议上的代表权总是由目前行使部长理事会主席职能的代表团提出。主要理由是，公约既载有共同体成员国有权限的规定，也载有成员国已将处理权限转移共同体的事项的规定，特别是在捕鱼（专属经济区）方面，包括关于专属经济区生物资源的养护、管理和开发以及海洋环境保护若干方面的规定。关于这些事项，共同体成员国不能就已转移给共同体权限的事项与第三国进行接触。在这方面可以指出，共同体作为缔约方不论参加一项双边还是多边国际条约本身并不是什么新事物，而且也没出现共同体成为缔约方的能力问题。这些问题涉及这种参与的程度和机制，是在包括对欧洲经济共同体本身作为缔约方参加这个公约的重要政治反对的背景下进行审查的。

305. 13. 在会议的早期阶段，共同体成员国的代表提出了两个概念，一个是关于参与权的概念；另一个是关于执行的概念（资料来源 8 和资料来源 10）。关于参与权的一般问题，他们首先提出以下一般性提法：

在本公约所涉领域行使权力的关税同盟、共同体和其他区域经济集团可以是本公约的缔约方。

关于执行问题，他们提议：

本公约的任何规定均不妨碍此种关税同盟、共同体或其他区域经济集团的成员国根据关于此种关税同盟、共同体或其他区域经济集团的规则执行有关规定，相互给予这些国家的国民以国民待遇或任何其他特别待遇。

在第七期会议（1978 年）第一阶段会议上的辩论表明，人们相当同情这样一种看法，即必须找到一种方式来满足共同体的关切，特别是已经与共同体缔结条约或建立其他关系的许多国家的关切。然而，目前的想法提出了许多问题，引起了重要的反对，特别是在第二委员会关于政治和法律依据方面的反对意见。最重要的是，担心某些欧洲国家，如共同体的实际成员或潜在成员，会试图利用公约中共同体参与的好处（例如专属经济区），⑧同时又通过简单的权宜之计使它们自己不成为公约缔约国而避免承担公约的义务（例如，关于承认其他国家的通行权和飞越权的问题）。有人还提出了以下

---

⑧　欧共体已于 1976 年宣布设立一个专属渔业区，欧洲共同体法院（卢森堡法院）认为，即使对非欧共体成员国也可以执行其规定。见《欧洲共同体公报》第 19 号，C255/3 和 C259/25（1976 年）；同上，第 24 号，C105/1（1981 年）。分别转载于《国际法资料》第 15 卷第 1376 页和 1425 页（1976 年）。又见该法院审理的下列案件：第 812/79 号案，《司法部长诉博戈亚案》，［1980 年］《执行案件审查》，第 2787 页；［1981 年］《共同市场法律评论》第 2 期第 193 页；第 181/80 号案，《阿尔贝素兹·艾玛扎贝尔案》，［1981 年］《执行案件审查》，第 2961 页；第 180/80 号和 266/80 号案，《克鲁耶罗斯·托米和雅丽塔案》，［1981 年］《执行案件审查》，第 2997 页；第 138/81 号和 139/81 号案，《马尔蒂科雷纳·奥塔戈案》，［1982 年］《执行案件审查》，第 3819 页；第 137/81 号和 140/81 号案，《坎潘德盖·萨加扎苏案》，［1982 年］《执行案件审查》，第 3847 页；第 13 至 28/82 号案，《阿兰扎门迪·奥萨案》［1982 年］《执行案件审查》，第 3927 页。关于其中一些案件的谨慎评论，见关于国际法委员会平行条款第三十六条之二的评注第（9）段注⑪（1986 年《维也纳公约》中删去）。国际法委员会第三十四届会议工作报告（A/37/10），《国际法委员会年鉴》第二卷，1982 年，第 2 部分，第 45 页。

问题，即在保护领海以外的地区以及关于第十一部分的解决争端程序方面，共同体成员是否以及在何种程度上将其权力和管辖权转移给了共同体。如果涉及公约的一个成员方，则应参阅第五部分（第一八六至一九一条）、第十五部分和相关附件。共同体发言人试图通过以下提议来消除其中的一些担忧（参见资料来源13、资料来源14和资料来源27）：

  1. 公约开放供在公约所涉领域行使权力的主权国家组成的关税同盟、共同体或其他区域经济一体化集团签署、批准或加入。

  2. 其批准书或加入书应交存联合国秘书长。

  3. 第1款所指的关税同盟、共同体或其他区域经济一体化集团在交存其批准书或加入书后，应成为在这些权利和义务涉及成员国赋予他们权力的地区的缔约方。

  4. 本公约的任何规定均不得阻止第1款所指的关税同盟、共同体或其他区域经济一体化组织的成员国根据有关此类国家的规则执行与该类国家的国民有关的国民待遇或任何其他特殊待遇的规定。

此外，有人对所说的从成员国转移的法律权限的性质和范围提出疑问，同时也对今后从共同体成员国转移权限的有关问题提出疑问。这是一个重要因素，特别是因为外部人士认为欧洲经济共同体可能具有的特点之一是，向共同体转移权力的进程仍在继续。其他问题涉及共同体在管理局承担的财政义务和参与，责任和赔偿责任，争端的解决以及在公约将设立的不同机构中的表决问题。在这方面，有一个1980年2月28日关于解决争端的未署名提案的声明引起了关注。

该声明所涵盖的主要内容如下：

  1. 在调查欧盟委员会与其成员国之间的权限重新划分的情况下，或在两个缔约国之间发生争议的情况下，其中**一方**［着重处为原文所加］是欧盟委员会或欧盟委员会成员国，他方可将其请求转交欧盟委员会或该成员国，或者它们两者。

  2. a) 在收到请求后的……期间内，欧盟委员会或欧盟委员会和成员国一起应通知该方欧盟委员会或成员国，或欧盟委员会和成员国是否共同有权处理有关事项。

  b) 如果未在指定时间内发出此类通知，则应视为欧盟委员会和成员国具有共同的权限。

  3. 尽管有第二八四条第3款、附件六或附件七的规定，根据欧共体作为第十五部分第二节［非正式综合协商案文第一次修订稿］的规定解决争端的当事方应遵循附件四设想的程序。⑨

305. 14. 苏联更是从根本上就反对，因为原则上该国反对任何国际组织成为缔约方——至少作为其出发点是如此。以下苏联非正式提案表达了这种态度（资料来源 26）：

国际组织的权利和义务

1. 如果由国家建立的国际组织在本公约规定的一个或几个领域内进行活动，则在相应的规定中提及本公约应被视为适用于此种组织，条件是该组织宣布接受本公约规定的权利和义务。

2. 本公约缔约国如为此种组织的成员，应采取一切适当步骤，确保该组织依照前款作出声明。

这种有限的做法是基于这样一种主张：在与主权国家平等的基础上，给予一个由各国组成的国际组织参加公约的权利，在法律上是没有根据的。在这些法律争论的背后，隐藏着未经表达的政治考量。然而，人们认识到，在新的公约范围内，有许多国际组织在各个领域履行职能。将根据国际组织参与国际条约的程度为它们提供便利。在这种情况下，该组织与条约之间的法律联系并不意味着有关国际组织有权成为新公约的缔约国。其权利将限于作出正式声明，承担由此产生的义务（与 1949 年日内瓦《保护战争受害者公约》1977 年第一号附加议定书第九十六条第 3 款一致）。⑩

305. 15. 这是第九期会议（1980 年）非正式全体会议讨论的背景，由海洋法会议主席以通常的方式总结了这些讨论（资料来源 29）。在该期会议的每一部分结束时，都在全体会议上进行正式辩论，从而对非正式综合协商案文进行了修正。比利时代表团特别坦率地指出，在没有允许共同体参与的条款的情况下，比利时最终签署公约时，不能使比利时参与转移给共同体职权的事项。⑪意大利代表共同体成员国发言，提到了会议记录中的有关信函，特别是 A/CONF. 62/98 号文件（资料来源 14），并暗示正在进行密集磋商，人们普遍认识到这是一个必须由会议解决的重要问题。⑫乌克兰苏维埃

⑨　转载于《第三次联合国海洋法文件集》，Dokumente，II New Yorker Session 1980，第 489 页（未署名）。

⑩　国际红十字委员会，1949 年 8 月 12 日《日内瓦公约附加议定书》，联合国文件 A/32/144（1977 年）。《国际法资料》第 16 卷第 1391、1431 页（1977 年）和《美国国际法期刊》第 72 卷第 457、500 页（1978 年）。关于这一点，见 M. Bothe，K. Partsch 和 W. Solf，《武装冲突受害者新规则》第 555 页（1981 年）；和 S. Rosenne，《参加日内瓦公约（1864—1949 年）和 1977 年附加议定书》，C. Swinarski 编《为纪念让·皮克泰而进行的关于国际人道法和红十字原则的研究和论文》，第 803 和 809 页（1984 年）。另见国际红十字委员会，《1949 年 8 月 12 日日内瓦公约 1977 年 6 月 8 日附加议定书评注》，第 1088 页，第 3759-3775 段（1987 年）。

⑪　第 126 次全体会议（1980 年），第 178 段，《正式记录》第十三卷第 23 页。

⑫　同上，第 34-35 段。

社会主义共和国代表说，任何国际组织都不能成为公约缔约国，但可以宣布，它对有关国家赋予它管辖权的事项承担了责任，然后，它将享有公约在这些问题上赋予的权利。⑬这种强调享有权利的做法似乎暗示东欧（社会主义）国家在这一问题上的立场可能有所改变。

在第九期会议（1980 年）结束后的一场辩论中，也出现了类似的景象，这表明存在着解决问题的可能性。荷兰代表代表共同体做了一项特别重要和详细的发言，就提出的各种问题作出了一系列承诺。⑭当时，哥伦比亚要求列入一项授权下列机构参加的案文，从而扩大了讨论的基础，这些机构包括欧洲经济共同体、安第斯集团和任何现有的或未来的地区集团，在两个条件下：①它们不损害公约的宗旨；②没有为它们或其任何成员国创建违反公约规定的特殊好处。⑮这种更广泛的做法似乎对协商结果产生了影响，并导致所涉关键案文的简化。除此之外，亚非法律协商委员会在 1981 年初闭会期间的会议上对这些问题进行了自己的分析，并在就突出的实际问题达成令人满意的解决办法的情况下，准备支持共同体的要求。⑯

305.16. 到第十期会议为止（1981 年），在解决突出的问题方面取得了相当大的进展，会员国提出的一项非正式提案（资料来源 38）表明了这一进展的程度。在进一步的非正式讨论之后，许通美主席列出了 7 个需要注意的问题［资料来源 39，第 7（4）段］：

（a）本组织的权利和义务的范围以及第三国承认这些权利的义务的范围；

（b）各成员就属于公约范围的事项向该组织转移的职权范围；

（c）直接或通过保管者获得关于这种权限的资料或向第三国发出通知的问题；

（d）一组织成员为非公约缔约方时可能获得或可能不能获得的权利或利益问题；

（e）双重代表权问题；

（f）侵犯第三国权利或该组织不履行义务的责任问题；

（g）对该组织适用解决争端的规定。

他还对辩论做了两次总结（资料来源 41，第 6 段，资料来源 42，第 13 ~ 35 段）。经过进一步协商，他得以提出一个几乎完整和可接受的计划（资料来源 43）。其主要特点是列入了参加公约主体的原则，即第三〇五条第 1 款（f）项的起源，并在成为公约

⑬　第 127 次全体会议（1980 年），第 87 段，《正式记录》第十三卷第 31 页。

⑭　第 138 次全体会议（1980 年），第 108-110 段，《正式记录》第十四卷第 58 页。

⑮　第 139 次全体会议（1980 年），第 201 段，同上，第 75 页。

⑯　通过联合国秘书处分发给会议的未编号文件（联合国工作文件编号：UN Job Nos. 81-07315 和 81-07794）。

附件九的文件中详细说明了其适用情况。

305.17. 这构成了在第十一期会议上（1982 年）这些协商最后阶段的出发点，此前比利时代表以共同体成员的名义在 1982 年 3 月 1 日的信中表示普遍赞同（资料来源 44），但后来建议做一些修改（资料来源 22）。然后就最后文本达成了协议。于是，根据协商历史，许通美主席关于参与的正式报告（资料来源 19）是对这些规定的权威性解释。因此，与第 1 款（f）段和附件九同样相关的摘录（第 2～13 段），全文引用如下：

政府间组织

2. 要审议的第一条是关于国际组织签字的第三〇五条第 1 款（d）项[原文如此：参见资料来源 43]。会议结合附件九第一条第 1 款讨论了这一问题，该款载有有意参加公约的国际组织的定义。有代表团认为，在签字要求的范围内，无须重复参加的资格标准，只要这些标准已经包含在定义中。一些代表团还认为，第三〇五条第 1 款（d）项要求该组织至少有一个成员国是公约的签署国，然后该组织才可签署，与附件九第三条第 1 款之间缺乏对称性，它要求该组织的大多数成员国在该组织成为缔约方之前成为公约缔约方。因此，似乎只需与附件九第一条第 1 款所载的定义相互参照，并在该附件的另一条中列入关于签字的要求就足够了。

公约的签署

3. 新的附件九第二条要求一个国际组织在其过半数成员国签字之后方可签署公约。

国际组织的定义

4. 也是关于附件九第一条第 1 款，几位同事认为最好能更清楚地说明所设想的那种国际组织。尤其是，有人认为，应明确规定这些组织的政府间性质。这个建议没有遭到反对。因此，它已反映在附件九新的第一条中。

第十七部分的适用

5. 关于附件九第一条第 2 款的讨论，就"比照"一词在公约第十七部分中的含义和效力进行了长时间的辩论。审查了每一最后条款对国际组织的适用情况，认为"比照"一词可以充分涵盖大多数情况。然而，关于某些条款的适用，涉及一项政治决定。在适用关于公约生效所需加入文书数目的第三〇八条第 1 款方面，这一点被认为是正确的。为了避免出现双重代表权的问题，人们认为在适用本条规定时最好明确不考虑该组织的遵守文书。

修正案

6. 关于修正案条款（第三一二至三一六条）的适用，与会者一致认为，一个组织只能在其对拟议的修正案的主题事项具有管辖权的范围内提出修正案。在适用关于修正案生效的第三一六条第1款和第2款方面也采取了类似的做法。

退约

7. 有人就关于退约的第三一七条的适用提出了若干问题。特别是讨论了一个组织退出公约的条件。与会者普遍认为，只要该组织的任何成员国是公约缔约国，只要该组织继续符合附件九第一条第1款所载关于转移给它的权限的资格，该组织就应继续是公约缔约国。

过半数要求

8. 关于对第三条第1款的讨论，显然，FC/27［资料来源43］中提出的解决办法仍然是在该组织能够加入公约之前，就应批准或加入公约的成员国数目达成的最佳折中方案。关于第三条第3款，有些人认为，该款最好放在第四条的范围内，因为该组织的参与程度与该组织在公约下的权利和义务有内在联系。

非缔约方的成员国的立场

9. 关于第四条，讨论集中在第4款、第5款和第6款。欧洲经济共同体的代表提出第4款所载的措辞，理由是该共同体受其组成文书的拘束，必须对其成员国的所有国民采取非歧视性的行动。其他同事支持这一提法，认为有必要防止非公约缔约方的成员国从该组织参加公约中获益。巴西、秘鲁和苏联就这一点提出了几项非正式建议。第四条新的第5款是以苏联的提法为基础的。

给予国民待遇

10. 关于第四条第5款，有些人认为，这否定了第4款所载的原则，因此，有必要与第4款相互参照，以确保本组织给予国民待遇不会给非本公约缔约国的成员国带来公约规定的好处。

声明和通知

11. 关于宣布权限转让的第五条的讨论集中在第6款。关于这一款，有人讨论了需要要求声明具体说明受影响公约的规定。有人担心，这种说明可能在所有情况下都不准确，并可能误导第三国，因为过去发生的权限转移并不一定以公约的规定为基础。在任何情况下，有人认为，如果存在任何疑问，第五条第5款提供了解决这一疑虑的适当程序。面对欧洲经济共同体的强烈反对，从附件九的新案文中取消了具体说明受影响条款的要求。

能力推定

12. 关于第五条和第六条的讨论，有人表示关切的是，各国的声明和通知与本组织的声明和通知之间可能存在差异。尽管有人指出，第五条第4款和第5款可能涵盖了这种情况，但这些关切并未消除，因为有人认为，根据这两款提供信息未必是及时的，而且在迟延期间，第三国需要得到指导。因此，有与会者认为，在有疑问的情况下，必须推定当事一方或他方具有管辖权，并应为此增加一项规定。根据第六条第1款，责任在于有管辖权的一方，因此管辖权的分配必须明确，这一事实加强了这一论点。第五条新的第3款载有这种推定。

争端的解决

13. 关于解决争端的第七条第1款进行了长时间的讨论。有些人认为，关于第十五部分的"比照"规定是不够的，特别是因为第十五部分的某些部分在事实上不能适用于国际组织。然而，除了这一例外，与会者一致认为，第七条第1款的用意是规定对公约缔约方的组织适用公约规定的解决争端的整个制度。要求海洋法会议主席找到一个适当的提法。附件九新的第七条应处理这一问题。

305. 18. 随着时间的推移，这些规定的适用可能会遇到相当大的困难，特别是如果其他国际组织根据第1款（f）项要求有权参加公约时。没有列入任何安排来解决这一性质的差异，这些差异可能与其他情况一样，必须由保管者在第三一九条所隐含的一般基础上加以解决。附件九尤其体现了国际法和国际关系中全新的概念。尽管有大量的立法历史文件，但其中许多条款可供不止一种解释。然而，在现阶段，从事纯粹的推测性解释并没有任何有用的目的。

305. 19. 欧洲经济共同体成员国的代表在发言中仔细界定了他们所考虑的国际组织的特点。在这一过程中，他们有时使用的术语并不总是得到世界其他地区的充分重视，而且与1969年《维也纳公约》第二条第1款（1）项（曾考虑列入这个公约第一条；见第二卷，第一条评注）中的术语不同。同时，在整个公约中，一再提到国际组织。这一问题是与参加公约有关的，并在1981年海洋法会议主席的一份报告中做了概述

· 178 ·

（资料来源43，第5段），内容如下：

> 有人提出是否应允许联合国系统各机构成为《公约》缔约方的问题。会议一致认为，它们这样做是不必要的，也是不可取的。有人指出，这些机构从未表示有兴趣成为缔约方。还有人指出，这些组织可以在不成为公约缔约方的情况下根据公约开展业务。在这方面援引了第十二至十四部分的某些规定。

305. 20. 关于签字，除了一般国际法所规定的效力外，公约及其通过的其他文书还赋予公约签字国其他权利和义务。

根据一般国际法，签署一项须经批准的条约是加入该条约的第一步，尽管条约没有使签署国成为条约的缔约方，但仍为该国确立了"临时地位"。国际法院制定了"临时地位"的内容，特别提到对有关条约的保留。[⑰] 1969 年《维也纳公约》第七十七条对此做了进一步规定，要求保管者不仅向缔约国，而且向有权成为某一特定条约缔约方的国家（一种包括签署国的表达）发送各种通知（见下文第 319.2 段）。就事情的性质而言，如果这一类国家希望保管者转达其对任何此类通知的反应，它将有权这样做，尽管其后果将取决于该案的所有情况，特别是公约的条款。这方面属于条约的一般法，不是这个公约特有的。

然而，更有争议的是《维也纳公约》第十八条，题为"条约生效前不违背其目标和宗旨的义务"。该条规定：

> 一国负有义务不得采取任何足以妨碍条约目的及宗旨之行动：
>
> （a）如该国已签署条约或已交换构成条约之文书而须经批准、接受或赞同，但尚未明确表示不欲成为条约当事国之意思；或
>
> （b）如该国业已表示同意承受条约之拘束，而条约尚未生效，且条约之生效不稽延过久。

国际法委员会在提出这一提案时，表达了一种意见，似乎普遍接受一种诚意的义

---

⑰ 这一解释是国际法院在对《防止及惩治灭绝种族罪公约》（咨询意见）的保留意见中作出的，1951 年国际法院《判决、咨询意见和命令汇编》第 15、28 页。

务，即避免采取旨在阻挠须经批准的条约主体的行为。⑱然而，联合国条约法会议的议事程序使人怀疑是否所制定的条款将现行国际法编纂成法律，或具有随着与《联合国宪章》第十三条的适用而理解的逐步发展的性质。这里不是讨论这一争议的地方，这也属于条约法。但是，毫无疑问，在与《维也纳公约》有联系并且也是这个公约签署国的国家之间，将适用第十八条。然而，为此目的，现阶段不可能确定在第十八条（b）项范围内，什么将使得这个公约的生效"不适当地推迟"。

305.21. 公约还规定签字具有特殊效力。签字可以构成第二八七条和第二九八条所设想的个别国家行动的起点。第三一〇条也适用于签字。然而，更重要的是关于管理局和法庭筹备委员会的决议一（见下文评注）。根据第2款，签署公约的国家是委员会的正式成员。在决议二（见第三卷）中，某些条款，特别是第1款，取决于某些国家签署公约。

305.22. 第三〇五条第2款是不寻常的。公约在牙买加外交部开放供签署，直至1984年12月9日，但在1983年7月1日开始期间，也可以在纽约联合国总部签署。原始案文连同《最后文件》交存联合国秘书长（根据第三二〇条）。必须作出规定来处理这种重叠。在蒙特哥湾举行的大会第193次（闭幕）会议上，向该部常务部长提交了一份公约，后来还作出特别安排，确保向保管者准确传递信息（第十七次会议结束）（《正式记录》第十七卷，第132页，第5和第6段）。这项规定的案文由起草委员会决定（资料来源24）。

305.23. 恢复《维也纳公约》第二十四条第4款（见上文第 XVII.1 段引述）。所提出的正式问题是，这个公约的案文何时"通过"。1969年《维也纳公约》第九条，除其他外还规定，在国际会议上，条约文本的通过须经出席并参加表决的国家三分之二多数的表决通过，除非他们以同样的多数决定适用不同的规则，如第三次联合国海洋法会议的情况。这可能通常被认为是指采用了新的规则。在1982年4月30日第182次全体会议上，公约和与其构成一个整体的决议一至决议四以法定多数经记录表决（16票赞成）获得通过（《正式记录》第十六卷，第153页，第20~28段）。但是，这一点显然要由起草委员会进一步审查（同上，第170~179段）。起草委员会在1982年夏季的最后一次闭会期间会议上提出了约2 800条建议。在9月24日第184次全体会议上，会议通过了起草委员会的最后一批建议，以及各代表团在会议期间提出的一些

---

⑱　见国际法委员会关于条约法的条款，第十五条，评注，第（1）段。国际法委员会第十八届会议工作报告（A/6309/Rev.1），《国际法委员会年鉴》，1966年，第172、202页。委员会回顾了《德国在波兰上西里西亚的某些利益案》，常设国际法院，第 A 辑，第 7 号，第 30 页（1926 年）。应当指出，维也纳会议拒绝了国际法委员会的提议，即在谈判进行期间，一国就一项条约进行谈判将受到类似义务的拘束。见委员会全体会议第 19 次会议，《联合国条约法会议正式记录》，第一次会议（1968 年），第 97 页。

进一步的修改意见。⑲在同一次会议上（第40~87段），会议核准了最后文件草案。在12月10日第193次全体会议上，签署了《最后文件》，公约开放供签署。《最后文件》第42段指出，公约和这4项决议于4月30日获得通过，但补充说，这些决议的通过"所附的条件是可在其后对公约和决议一至决议四做海洋法会议核准的文字性改动"（见第1卷，第421页）。

这个问题并不完全是一个学术性的问题，因为公约的通过日期与某些目的有关，特别是决议二第5段（d）（i）项（见第三卷）。

在1982年4月30日、9月24日和12月10日这3个可能的日期中，正统主义者必须认识到公约和有关决议直到9月24日才获得通过，即使在那时，直到会议最后结束，理论上也没有什么可以阻止进一步的改变。在这方面，应当指出，在蒙特哥湾又对《最后文件》做了补充。⑳实际上，无论是在一般外交实践中还是在联合国内部，在通过条约文本至开放供签署之间经过一段时间，这并不罕见，特别是对于一个长而复杂的6个作准文本的条约，需要大量时间来准备完整的副本供签署（在这种情况下，加上《最后文件》，是一份大约1 400页的文件）。另一方面，条约文本"通过"并由起草委员会进一步审查是不寻常的。

毫无疑问，1969年《维也纳公约》第二十四条第4款于1982年12月10日对《公约》适用。在这一天，直到12月3日大会才授权其接受《公约》试图赋予他的职能的秘书长（根据第37/66号决议；见第一卷，第201页）收到了签字的《最后文件》，《公约》的第一批签字和第一份批准书。㉑同时，他宣布筹备委员会第一次会议将于翌年3月召开（见第R.I.7和R.I.8段）。

截至1984年12月9日，共有159个根据第三〇五条有权签署的国家和其他实体签

---

⑲　见《正式记录》第十七卷第1~19和第38~39页；另见A/CONF. 62/L. 160（1982年），《正式记录》第十七卷第225页（起草委员会主席）。

⑳　该补充，即《最后文件》附件七，列入本系列丛书第一卷（第438页）。在《正式记录》第十七卷中，尽管海洋法会议在第192次会议上作出了正式决定，但该文件被完全删除（《正式记录》第十七卷第132页第231段）。它作为脚注㉚之二列入联合国出版的《公约》英文本，题为《海洋法》［联合国出售品编号：E. 83. V. 5（1983年），第173页］，但在法文版 Le droit de la mer［海洋法］［出售品编号：F. 83. V. 5（1984年），第209页］中的位置却不同。保管者于1986年4月7日在C. N. 17. 1986. TREATIES-1文件（保管者通知）中分发了对《最后文件》原件进行更正的口头建议。

㉑　第193次全体会议（1982年），第3段，《正式记录》第十七卷132页。

署了公约。㉒

㉒　签署国如下（星号表示签署或批准时作出声明的国家）：

阿富汗、阿尔及利亚*、安哥拉*、安提瓜和巴布达、阿根廷*、澳大利亚、奥地利、巴哈马、巴林、孟加拉国、巴巴多斯、比利时*、伯利兹、贝宁、不丹、玻利维亚*、博茨瓦纳、巴西*、文莱达鲁萨兰国、保加利亚、布基纳法索（前上沃尔特）、缅甸、布隆迪、白俄罗斯苏维埃社会主义共和国*、喀麦隆、加拿大、佛得角*、中非共和国、乍得、智利*、中国*、哥伦比亚、科摩罗、刚果、库克群岛、哥斯达黎加*、科特迪瓦、古巴*、塞浦路斯、捷克斯洛伐克、民主柬埔寨、朝鲜民主主义人民共和国*、民主也门、丹麦、吉布提、多米尼克、多米尼加共和国、埃及*、萨尔瓦多、赤道几内亚、埃塞俄比亚、欧洲经济共同体（EEC）*、斐济、芬兰*、法国*、加蓬、冈比亚、德意志民主共和国*、加纳、希腊*、格林纳达、危地马拉、几内亚*、几内亚比绍、圭亚那、海地、洪都拉斯、匈牙利、冰岛*、印度、印度尼西亚、伊朗（伊斯兰共和国）*、伊拉克*、爱尔兰、意大利*、牙买加、日本、肯尼亚、科威特*、老挝人民民主共和国、黎巴嫩、莱索托、利比里亚、阿拉伯利比亚民众国、列支敦士登、卢森堡*、马达加斯加、马拉维、马来西亚、马尔代夫、马里*、马耳他、毛里塔尼亚、毛里求斯、墨西哥、摩纳哥、蒙古、摩洛哥、莫桑比克、纳米比亚（联合国纳米比亚理事会）、瑙鲁、尼泊尔、荷兰、新西兰、尼加拉瓜*、尼日尔、尼日利亚、纽埃、挪威、阿曼*、巴基斯坦、巴拿马、巴布亚新几内亚、巴拉圭、菲律宾*、波兰、葡萄牙、卡塔尔*、大韩民国、罗马尼亚*、卢旺达、圣克里斯托弗和尼维斯、圣卢西亚、圣文森特和格林纳丁斯、萨摩亚、圣多美和普林西比*、沙特阿拉伯、塞内加尔、塞舌尔、塞拉利昂、新加坡、所罗门群岛、索马里、南非*、西班牙*、斯里兰卡、苏丹、苏里南、斯威士兰、瑞典*、瑞士、泰国、多哥、特立尼达和多巴哥、突尼斯*、图瓦卢、乌干达、乌克兰苏维埃社会主义共和国*、苏联*、阿拉伯联合酋长国、坦桑尼亚联合共和国、乌拉圭*、瓦努阿图、越南、也门*、南斯拉夫、扎伊尔、赞比亚和津巴布韦。

关于《公约》现况的详细资料将列入本系列丛书第六卷。

第三〇六条　批准和正式确认

本公约须经各国和第三〇五条第 1 款（b）、（c）、（d）和（e）项所指的其他实体批准，并经该条第 1 款（f）项所指的实体按照附件九予以正式确认。批准书和正式确认书应交存于联合国秘书长。

资料来源

第一次会议

1. A/CONF. 13/L. 7（1958 年，油印本）（秘书长）。

2. A/CONF. 13/L. 12（1958 年），未编号的条款，第一次联合国海洋法会议，《正式记录》第二卷，第 89 页（第四委员会）。

3. A/CONF. 13/L. 32（1958 年），未编号的条款，第一次联合国海洋法会议，《正式记录》第二卷，第 127 页（起草委员会）。

[另见 1958 年日内瓦公约：《领海公约》第二十七条；《公海公约》第三十二条；《捕鱼公约》第十六条和《大陆架公约》第八条。分别在第一次联合国海洋法会议《正式记录》第二卷，第 132、135、139 和 142 页。]

第三次会议

4. A/AC. 138/53，第二〇五条第（1）款，转载于 1971 年《海底委员会报告》第 105、193 页（马耳他）。

5. A/CONF. 62/WP. 8/Part I（非正式单一协商案文，1975 年），第五部分，第七十条，《正式记录》第六卷，第 137、148 条（第一委员会主席）。

6. A/CONF. 62/L. 13（1976 年），第二节，注②，《正式记录》第六卷，第 125 页（秘书长）。

7. A/CONF. 62/WP. 10（非正式综合协商案文，1977 年），第二九八条，《正式记录》第八卷，第 1、49 页。

8. A/CONF. 62/L. 29（1978 年），第 2 段和第 4 段，《正式记录》第九卷，第 184 页（斐济等）。

9. A/CONF. 62/WP. 10/Rev. 1（非正式综合协商案文第一次修订稿，1979 年，油印本），第二九九条。转载于《第三次联合国海洋法会议文件集》第一卷，第 375、497 页。

10. A/CONF. 62/WP. 10/Rev. 2（非正式综合协商案文第二次修订稿，1980 年，油

印本），第二九九条。转载于《第三次联合国海洋法会议文件集》第二卷，第 3、124 页。

11. A/CONF. 62/L. 60（1980 年），《正式记录》第十四卷，第 132 页（海洋法会议主席）。

12. A/CONF. 62/WP. 10/Rev. 3*（非正式综合协商案文第三次修订稿，1980 年，油印本），第三〇六条。转载于《第三次联合国海洋法会议文件集》第二卷，第 179、304 页。

13. A/CONF. 62/L. 78（公约草案，1981 年），第三〇六条，《正式记录》第十五卷，第 172、222 页。

14. A/CONF. 62/L. 86（1982 年），《正式记录》第十六卷，第 197 页（海洋法会议主席）。

15. A/CONF. 62/L. 93（1982 年），《正式记录》第十六卷，第 210 页（执行管理委员会）。

起草委员会

16. A/CONF. 62/L. 142/Add. 1（1982 年，油印本）。

17. A/CONF. 62/L. 147（1982 年），《正式记录》第十六卷，第 254 页（起草委员会主席）。

非正式文件

18. GLE/FC/1（1979 年，油印本），第二九九条（关于最后条款的专家组主席）。转载于《第三次联合国海洋法会议文件集》第十二卷，第 461 页。

19. FC/16（1979 年），第二九九条，转载于 A/CONF. 62/91（1979 年），《正式记录》第十二卷，第 71、109 页（关于最后条款的专家组主席）。

20. GLE/FC/18（1980 年，油印本），第三〇〇条，（关于最后条款的法律专家组主席）。转载于《第三次联合国海洋法会议文件集》第十二卷，第 488 页。

21. FC/20（1980 年，油印本），第三〇〇条（关于最后条款的法律专家组主席）。转载于《第三次联合国海洋法会议文件集》第十二卷，第 397 页。

22. FC/21（1980 年，油印本），第三〇〇条（海洋法会议主席）。转载于《第三次联合国海洋法会议文件集》第十二卷，第 404 页。

23. FC/21/Rev. 1（1980 年，油印本），第三〇〇条（海洋法会议主席）。转载于《第三次联合国海洋法会议文件集》第十二卷，第 410 页。

评　注

306. 1. 此条与秘书长在第五期会议上（1976 年）提出的提案案文相对应（资料来

源 6），经修改后考虑到了关于国际组织参加的规定（见第 305.10 至 305.18 段）。它作为一种形式列入了非正式综合协商案文（资料来源 7），后来的通过没有产生任何困难（尽管这里列出了大量资料来源）。根据第三一九条第 2 款（b）项，联合国秘书长应将《公约》的批准和正式确认通知国际海底管理局。

306.2. 条约法规定，当条约规定须经批准时，批准并不多余，条约本身不能独立于批准而产生效力。第三○六条等规定使公约作为条约对根据第三○五条第 1 款有权参加公约的其他国家和其他实体生效，取决于这些国家的批准。[23]国际法院指出，当条约规定批准时，批准是使条约生效的独立条件，而不仅是一种正式行为，而且是其中"至关重要"的之一。[24]在《北海大陆架案》中，国际法院承认，一个尚未批准 1958 年《大陆架公约》的国家不可能受到该公约的"缔约拘束"。[25]在《在尼加拉瓜境内和针对尼加拉瓜的军事和准军事活动案》中，国际法院再次在这种情况下将批准称为"必不可少的步骤"。[26]但是，这并不妨碍公约所载的规则对任何国家具有拘束力或变得具有拘束力，不论该国是否在国际层面上表示同意根据 1969 年和 1986 年《维也纳公约》[27]第三条（b）、第四条、第三十八条和第四十三条以及 1978 年《关于国家在条约方面的继承的维也纳公约》[28]第三条（a）和第五条的假设，作为习惯国际法规则受其拘束（另见 1982 年公约第三一七条第 3 款）。

306.3. 批准程序，作为"一国在国际上确定其同意受公约拘束"[29]的一种手段，载于 1969 年《维也纳公约》第二条第 1 款（b）项、第十一条、第十四条和第十六条。1986 年《维也纳公约》第二条第 1 款（b）项之二、第十一条第 2 款、第十四条第 2 款和第十六条规定了国际组织正式确认的程序，相当于参加条约的批准程序的两个阶段。

----

[23] 关于这个问题，请参阅《奥得河案》，国际常设法院，A 辑，第 23 号，第 19–22 页（1929 年）。

[24] 《安巴提洛斯案》（初步反对），1952 年国际法院报告，第 28 期，第 43 页。

[25] 1969 年，同上，第 3 期，第 25 页。

[26] 1984 年，同上，第 392 期，第 404 页。第 25 段。

[27] 1969 年《维也纳条约法公约》，《联合国条约集》第 1155 卷第 331 页；《美国国际法期刊》，第 63 卷第 875 页（1969 年）；《国际法资料》第 8 卷第 679 页（1969 年）。1986 年《关于国家和国际组织或国际组织相互间条约法的维也纳公约》，A/CONF.129/15（1986 年）；《国际法资料》第 25 卷第 543 页（1986 年）。

[28] A/CONF.80/16（1978 年），转载于《国际法资料》第 17 卷第 1488 页（1978 年）。《公约》尚未生效。

[29] 在付印时（1988 年 8 月），《公约》已有以下 35 个国家和其他缔约方批准：巴哈马、巴林、伯利兹、喀麦隆、佛得角、科特迪瓦、古巴、民主也门、埃及、斐济、冈比亚、加纳、几内亚、几内亚比绍、冰岛、印度尼西亚、伊拉克、牙买加、科威特、马里、墨西哥、纳米比亚（联合国纳米比亚理事会）、尼日利亚、巴拉圭、菲律宾、圣卢西亚、圣多美和普林西比、塞内加尔、苏丹、多哥、特立尼达和多巴哥、突尼斯、坦桑尼亚联合共和国、南斯拉夫和赞比亚。［截至 1988 年 8 月 3 日的名单。］

第三○七条　加入

本公约应持续开放给各国和第三○五条所指的其他实体加入。第三○五条第 1 款（f）项所指的实体应按照附件九加入。加入书应交存于联合国秘书长。

资料来源

第一次会议

1. A/CONF. 13/L. 7（1958 年，油印本）（秘书长）。

2. A/CONF. 13/L. 12（1958 年），未编号的条款，第一次联合国海洋法会议，《正式记录》第二卷，第 89 页（第四委员会）。

3. A/CONF. 13/L. 13（1958 年），未编号的条款，第一次联合国海洋法会议，《正式记录》第二卷，第 92 页（起草委员会）。

4. A/CONF. 13/L. 32（1958 年），未编号的条款，第一次联合国海洋法会议，《正式记录》第二卷，第 127 页（起草委员会）。

［另见 1958 年日内瓦公约：《领海公约》第二十七条；《公海公约》第三十三条；《捕鱼公约》第十七条；以及《大陆架公约》第十条。分别在第一次联合国海洋法会议《正式记录》第二卷，第 132、135、139 和 142 页。］

第三次会议

5，A/AC. 138/43，第二十八条，转载于 1971 年《海底委员会报告》，第 67 页（苏联）。

6. A/CONF. 62/WP. 8/Part I（非正式单一协商案文，1975 年），第五部分，第七十一条，《正式记录》第六卷，第 137、148 条（第一委员会主席）。

7. A/CONF. 62/L. 13（1976 年），第二节，注③，《正式记录》第六卷，第 125 页（秘书长）。

8. A/CONF. 62/WP. 10（非正式综合协商案文，1977 年），第二九九条，《正式记录》第八卷，第 1、49 页。

9. A/CONF. 62/L. 26（1978 年），《正式记录》第九卷，第 184 页（阿尔及利亚等）。

10. A/CONF. 62/L. 29（1978 年），第 3 段和第 4 段，《正式记录》第九卷，第 184 页（斐济等）。

11. A/CONF. 62/WP. 10/Rev. 1（非正式综合协商案文第一次修订稿，1979 年，油印本），第三〇〇条。转载于《第三次联合国海洋法会议文件集》第一卷，第 375、497 页。

12. A/CONF. 62/WP. 10/Rev. 2（非正式综合协商案文第二次修订稿，1980 年，油印本），第三〇〇条。转载于《第三次联合国海洋法会议文件集》第二卷，第 3、125 页。

13. A/CONF. 62/L. 60（1980 年），《正式记录》第十四卷，第 132 页（海洋法会议主席）。

14. A/CONF. 62/WP. 10/Rev. 3*（非正式综合协商案文第三次修订稿，1980 年，油印本），第三〇七条。转载于《第三次联合国海洋法会议文件集》第二卷，第 179、304 页。

15. A/CONF. 62/L. 78（公约草案，1981 年），第三〇七条，《正式记录》第十五卷，第 172、222 页。

16. A/CONF. 62/L. 86（1982 年），《正式记录》第十六卷，第 197 页（海洋法会议主席）。

17. A/CONF. 62/L. 93（1982 年），《正式记录》第十六卷，第 210 页（执行管理委员会）。

起草委员会

18. A/CONF. 62/L. 142/Add. 1（1982 年，油印本）。

19. A/CONF. 62/L. 147（1982 年），《正式记录》第十六卷，第 254 页（起草委员会主席）。

非正式文件

20. FC/12（1979 年，油印本）（阿尔及利亚等）。转载于《第三次联合国海洋法会议文件集》第十二卷，第 385 页。

21. GLE/FC/1（1979 年，油印本），第三〇〇条（关于最后条款的法律专家组主席）。转载于《第三次联合国海洋法会议文件集》第十二卷。

22. FC/16（1979 年），第三〇〇条，转载于 A/CONF. 62/91（1979 年），《正式记录》第十二卷，第 71、109 页（关于最后条款的法律专家组主席）。

23. GLE/FC/18（1980 年，油印本），第三〇一条（关于最后条款的法律专家组主席）。转载于《第三次联合国海洋法会议文件集》第十二卷，第 488 页。

24. FC/20（1980 年，油印本），第三〇一条（关于最后条款的法律专家组主席）。转载于《第三次联合国海洋法会议文件集》第十二卷，第 397 页。

25. FC/21（1980 年，油印本），第三〇一条（海洋法会议主席）。转载于《第三次联合国海洋法会议文件集》第十二卷，第 404 页。

26. FC/21/Rev.1（1980 年，油印本），第三〇一条（海洋法会议主席）。转载于《第三次联合国海洋法会议文件集》第十二卷，第 410 页。

评　注

307. 1. 此条与秘书长在第五期会议上（1976 年）提出的建议案文相对应（资料来源 7），但做了修改，以考虑到关于国际组织参与的规定，从而符合第三〇五条第 1 款（f）项的要求。它以这种形式列入了非正式综合协商案文，作为第二九九条（资料来源 8），后来的通过没有产生任何困难。

307. 2. 按照联合国的惯例，公约从开放供签署之时起就开放供加入，而不是像有时那样，只在签署期过后才开放供加入。但事实上，在 1982 年 12 月 10 日至 1984 年 12 月 9 日期间，未交存任何加入书。

307. 3. 加入程序，作为一国在国际上确定其同意受公约拘束的一种手段，载于 1969 年《维也纳公约》①第二条第 1 款（b）项、第十一条、第十五条和第十六条。国际组织的加入程序载于 1986 年《维也纳公约》②的平行条款。

307. 4. 根据第三一九条第 2 款（b）项，保管者应将加入公约的情况通知管理局。

---

① 《维也纳条约法公约》，《联合国条约集》第 1155 卷第 331 页；《美国国际法期刊》，第 63 卷第 875 页（1969 年）；《国际法资料》，第 8 卷第 679 页（1969 年）。

② 《关于国家和国际组织间或国际组织相互间条约法的维也纳公约》，A/CONF. 129/15（1986 年），第二条第 1 款（b）项和第十一条、第十五条和第十六条；《国际法资料》第 25 卷第 543 页（1986 年）。

第三〇八条　生效

1. 本公约应自第六十份批准书或加入书交存之日后十二个月生效。

2. 对于在第六十份批准书和加入书交存以后批准或加入本公约的每一国家，在第 1 款限制下，本公约应在该国将批准书或加入书交存后第三十天起生效。

3. 管理局大会应在本公约生效之日开会，并应选举管理局的理事会。如果第一六一条的规定不能严格适用，则第一届理事会应以符合该条目的方式组成。

4. 筹备委员会草拟的规则、章程和程序，应在管理局按照第十一部分予以正式通过以前暂时适用。

5. 管理局及其各机关应按照关于预备性投资的第三次联合国海洋法会议决议二以及筹备委员会依据该决议作出的各项决定行事。

资料来源

第一次会议

1. A/CONF. 13/L. 7（1958 年，油印本）（秘书长）。

2. A/CONF. 13/L. 12（1958 年），未编号的条款，第一次联合国海洋法会议，《正式记录》第二卷，第 89 页（第四委员会）。

3. A/CONF. 13/L. 13（1958 年），未编号的条款，第一次联合国海洋法会议，《正式记录》第二卷，第 92 页（起草委员会）。

4. A/CONF. 13/L. 32（1958 年），未编号的条款，第一次联合国海洋法会议，《正式记录》第二卷，第 127 页（起草委员会）。

[另见 1958 年日内瓦公约：《领海公约》第二十九条；《公海公约》第三十四条；《捕鱼公约》第十八条和《大陆架公约》第十一条。分别在第一次联合国海洋法会议《正式记录》第二卷，第 132、135、139 和 142 页。]

第三次会议

5. A/AC. 138/33，第四十五条，转载于 1971 年《海底委员会报告》，第 51 页（坦桑尼亚）。

6. A/AC. 138/53，第二〇五条第（3）款，转载于 1971 年《海底委员会报告》，第 105 页（马耳他）。

7. A/CONF. 62/WP. 8/Part I（非正式单一协商案文，1975 年），第五部分，第七十二条，《正式记录》第六卷，第 137、148 页（第一委员会主席）。

8. A/CONF. 62/L. 13（1976 年），第二节，第 4 款，《正式记录》第六卷，第 125 页（秘书长）。

9. A/CONF. 62/WP. 10（非正式综合协商案文，1977 年），第三○○条，《正式记录》第八卷，第 1、49 页。

10. A/CONF. 62/WP. 10/Rev. 1（非正式综合协商案文第一次修订稿，1979 年，油印本），第三○一条，转载于《第三次联合国海洋法会议文件集》第一卷，第 375、497 页。

11. A/CONF. 62/WP. 10/Rev. 2（非正式综合协商案文第二次修订稿，1980 年，油印本），第三○一条。转载于《第三次联合国海洋法会议文件集》第二卷，第 3、125 页。

12. A/CONF. 62/104（1980 年），第 3 段《正式记录》第十四卷，第 110 页（非洲统一组织）。

13. A/CONF. 62/L. 60（1980 年），《正式记录》第十四卷，第 132 页（海洋法会议主席）。

14. A/CONF. 62/WP. 10/Rev. 3[*]（非正式综合协商案文第三次修订稿，1980 年，油印本），第三○八条，转载于《第三次联合国海洋法会议文件集》第二卷，第 179、304 页。

15. A/CONF. 62/L. 78（公约草案，1981 年），第三○八条，《正式记录》第十五卷，第 172、222 页。

16. A/CONF. 62/L. 91（1982 年），《正式记录》第十六卷，第 204 页（第一委员会主席）。

17. A/CONF. 62/L. 93（1982 年），第 5（c）（4）段，《正式记录》第十六卷，第 210 页（执行管理委员会）。

18. A/CONF. 62/C. 1/L. 30（1982 年），第 30 段，《正式记录》第十六卷，第 271 页（二十一国工作组协调员）。

起草委员会

19. A/CONF. 62/L. 142/Add. 1（1982 年，油印本）。

20. A/CONF. 62/L. 147（1982 年），《正式记录》第十六卷，第 254 页（起草委员会主席）。

21. A/CONF. 62/L. 152/Add. 21（1982 年，油印本）。

22. A/CONF. 62/L. 160（1982 年），《正式记录》第十七卷，第 225 页（起草委员会主席）。

非正式文件

23. FC/9（1979 年，油印本）（海洋法会议主席）。转载于《第三次联合国海洋法会议文件集》第十二卷，第 379 页。

24. FC/11（1979 年，油印本）（海洋法会议主席）。转载于《第三次联合国海洋法会议文件集》第十二卷，第 383 页。

25. GLE/FC/11（1980 年，油印本），第三〇一条（关于最后条款的法律专家组主席）。转载于《第三次联合国海洋法会议文件集》第十二卷，第 475 页。

26. GLE/FC/11/Rev. 1/Add. 3（1980 年，油印本），第三〇一条（关于最后条款的法律专家组主席）。转载于《第三次联合国海洋法会议文件集》第十二卷，第 483 页。

27. GLE/FC/16（1980 年，油印本）（美国）。转载于《第三次联合国海洋法会议文件集》第十二卷，第 486 页。

28. GLE/FC/17（1980 年，油印本）（未署名）。转载于《第三次联合国海洋法会议文件集》第十二卷，第 487 页。

29. GLE/FC/18（1980 年，油印本），第三〇二条（关于最后条款的法律专家组主席）。转载于《第三次联合国海洋法会议文件集》第十二卷，第 488 页。

30. FC/20（1980 年，油印本），第三〇二条（关于最后条款的法律专家组主席）。转载于《第三次联合国海洋法会议文件集》第十二卷，第 397 页。

31. FC/21（1980 年，油印本），第三〇二条（海洋法会议主席）。转载于《第三次联合国海洋法会议文件集》第十二卷，第 404 页。

32. FC/21/Rev. 1（1980 年，油印本），第三〇二条（海洋法会议主席）。转载于《第三次联合国海洋法会议文件集》第十二卷，第 422 页。

33. WG. 21/Informal Paper 10（1980 年，油印本）（海洋法会议主席）。转载于《第三次联合国海洋法会议文件集》第六卷，第 234 页。

34. WG. 21/Informal Paper 12（1980 年，油印本）（第一委员会主席）。转载于《第三次联合国海洋法会议文件集》第六卷，第 238 页。

评　注

308. 1. 第三〇八条处理了几个不同的问题。秘书长对第 1 款和第 2 款在备选案文草案中作为形式问题提出了建议（资料来源 8），所需时间和缔约方数目尚未确定。这两款的形式及其所解决的问题，在多边条约协商中司空见惯，都是根据条约的实质性条款来解决的。在这个公约中，由于管理局的章程及其不同机关的章程和权力（第十一部分第四节，第一五六至一八五条）以及《国际海洋法法庭规约》（附件六）而产生的复杂情况，是公约不可分割的一个组成部分，对它们的协商极为困难。

308. 2. 第 3 款和第 4 款更具体地涉及这一方面。它们可以被视为一个正确意义上的过渡性条款，第 4 款是第一委员会讨论产生的，导致了决议二（资料来源 16 至资料来源 18）。

第 5 款是在第十一期会议上（1982 年）引入的，其来源于筹备委员会第一委员会二十一国工作组协调员关于先驱活动中的预备性投资的处理的最后报告（资料来源 18）。建议这样做是为了确保先驱投资者的登记、开辟区的分配和给予他们的优先事项在《公约》生效时对管理局具有拘束力。案文本身是由执行管理委员会提交的（资料来源 17），并以通常的方式提交给起草委员会（资料来源 19）。

因此，第 3~5 款与会议关于第十一部分的决定以及决议一和决议二密切相关。公约的有关规定，包括附件三和附件四以及决议二，属于本套书第三卷的范围。然而，为方便起见，并考虑到筹备委员会的职能不限于管理局或多金属结核的先驱开采，本卷将讨论决议一。

308. 3. 在公约草案之前（资料来源 15），第 3 款的脚注表明，非正式全体海洋法会议主席已向第一委员会主席提及了第二句，第一委员会主席答复说要求"在就第一六一条进行进一步协商之前，案文不做任何修改"（资料来源 33 和资料来源 34）。第 4 款的脚注表明，该款必须"根据筹备委员会的进一步工作加以审议"。事实上，该款现在通过第 5 款与筹备委员会的工作相联系。这些脚注自然在公约本身中被删除，各款本身的实质内容保持不变。

308. 4. 在 1979 年非正式全体会议的介绍性发言中，海洋法会议主席将生效（连同审议筹备委员会）列为最后条款中有争议的问题。①

这一评估部分是基于这样一个事实，即在海底委员会中，人们认为公约的生效与其某些实质性条款，特别是与管理局有关的条款之间有着密切的联系。主席还提请注意关于生效的规定与关于修正和退出的规定之间的联系。

曾经有人考虑过通过公约临时适用的概念来处理这一问题，秘书长就这一方面提交了一份完整的报告，后来重新分发给会议。②（该概念源于 1969 年《维也纳公约》第二十五条。③）然而，人们对这种做法的热情很低，会议将注意力转向处理公约开放供签署与生效之间的时间间隔问题，直到筹备委员会机制和保护临时性投资的规定。此外，关于最后条款的其他讨论还提请注意生效、保留、修正和修订之间可能存在的联系。

308. 5. 非正式全体会议关于生效的辩论揭示了 4 个相互关联的主要原则问题，其

---

① FC/1（1979 年，油印本），第 5 段（海洋法会议主席）。转载于《第三次联合国海洋法会议文件集》第十二卷第 349 页。

② 见 A/AC. 138/88（1973 年，油印本）（秘书长）。

③ 《维也纳条约法公约》，《联合国条约集》第 1155 卷第 331 页；《美国国际法期刊》，第 63 卷第 875 页（1969 年）；《国际法资料》，第 8 卷第 679 页（1969 年）。

形式是：（1）使公约生效所需的国家数目；（2）公约的临时适用；（3）筹备委员会的设立方法和职权范围，并将其结论转交管理局机关；（4）公约生效所需的批准书或加入书数目与管理局第一届理事会的成员数目和组成之间的关系（第一六一条）。海洋法会议主席的报告（资料来源23）表明了这场辩论的范围有多广。进一步的讨论导致了一些额外的结论，特别是①不支持只影响公约一部分的逐步临时适用的想法，如果考虑临时生效，将涉及整个公约；②不存在公约只是在签署时才开始生效的问题；和③在设立一个筹备委员会负责为管理局拟订规则和规章的有限授权以及成立临时海底管理局之间应保持明确的区别（资料来源24）。在此基础上，该专题提交给了法律专家组；但是，他们未能在第八期会议上（1979年）讨论。

308.6. 在法律专家组闭会期间的会议和后来的讨论之后，专家组主席在第九期会议（1980年）开始时提出了以下建议（资料来源25）：

　　1. 本公约应自第六十份批准书或加入书交存之日后第九十天起生效。

　　2. 对于在第六十份批准书或加入书交存后批准或加入本公约的每一缔约国，本公约应在其批准书或加入书交存后第三十天对该缔约国生效，但以第1款为准。

　　3. 自本公约生效之日起［一年］内，应按照第一五九条召开国际海底管理局大会，管理局理事会的组成应符合经交存批准书或加入书的国家同意的第一六一条的宗旨。

在这一点上，第3款是困难的主要根源，而且，它与第一委员会正在进行的协商密切相关。1980年3月14日，有人就该款提出了未署名的建议（资料来源28），内容如下：

　　3. 自本公约生效之日起［六个月］内，应根据第一五九条召开国际海底管理局大会。管理局理事会的组成方式应符合第一六一条的宗旨。如果不能满足第一六〇条第2款（e）项的要求，大会应通过临时分摊比额表。

一个脚注接着解释说，在讨论期间，有人提出了第一届理事会的组成、管理局第一次预算的编制以及管理局和企业部的经费筹措问题。有人指出，不能假定批准书的性质将使之能够严格遵守关于理事会的第一六一条、第一六〇条第2款（e）项和第一七一条以及附件三第十条［附件四第十一条］的规定，关于管理局的初步预算和企业部的初步融资。这些问题涉及其他协商机构，特别是非正式全体会议和第一委员会正在讨论的事项。

308.7. 还产生了一个问题，即是否应授权筹备委员会就这些问题向第一届大会提出必要的建议。与会者认识到，它们涉及其他协商机构，此条案文将需要根据这些协商进行审查。然而，为了解决这些问题，一份未署名的文件（资料来源28）接着建议，非正式全体会议在讨论筹备委员会的职责问题时，可考虑下列方案：

4. 如果理事会在生效时不能严格按照第一六一条组成，应授权筹备委员会就第一届理事会的组成向第一届大会提出任何必要的建议。

5. 应授权筹备委员会就管理局的初步预算和企业的经费筹措，包括暂定分摊比额表和经费筹措，向第一届大会提出任何必要的建议。

308. 8. 但这也没有令人满意，几天后，法律专家组主席提出了一项新的提案（资料来源26），内容如下：

1. 本公约自第七十份批准书或加入书交存之日起六个月后生效。

2. 对于在第七十份批准书或加入书交存后批准或加入本公约的每一缔约国，本公约应在该缔约国将其批准书或加入书交存后第三十天生效，但以第1款为准。

3. 管理局大会应在本公约生效之日开会，并应选举管理局的理事会。如果第一六一条的规定不能严格适用，则第一届理事会应以符合该条目的方式组成。

筹备委员会起草的规则、规章和程序，应在管理局按照第十一部分予以正式通过或修正之前暂时适用。

308. 9. 法律专家组主席在其报告中解释说，为了试图满足许多代表团对管理局在公约生效后初期的体制安排的关切，草案提议，使公约生效所需的加入书或批准书的数目应相对较多，因此提出了70份这个数字。此外，在公约实际生效之前，从收到第70份文书起，将需要6个月的时间。第3款指出，宜制定程序，使管理局能够在最初期间运作〔资料来源28，第8（b）段〕。前一份文件的脚注被纳入，但没有重复关于第4款和第5款的建议（资料来源29）。

308. 10. 在第九期会议续会上（1980年），这个问题以这种形式提交给大会审议，在该会上，关于所有方面的辩论再次产生了新的案文。问题很快就清楚了，第一委员会直接关切的是第1款和第3款，这导致海洋法会议主席和第一委员会主席交换了信函（见上文第308.3段）。

除此之外，讨论的第一个问题是使公约生效所需批准书或加入书的国家数目。海洋法会议主席认为，70个国家的批准足以确保根据第一六一条建立理事会的合理前景。他还指出，管理局在生效时的成员资格（参照第一五六条第2款）必须既定量又定性，而且在第一六一条所述的每一组成员中应有足够数量的国家有资格参加理事会，以便成立委员会。为了应付代表人数不足的意外情况，海洋法会议主席考虑到当时作为第三〇二条第3款第二句提出的内容（资料来源29或资料来源30；见上文第308.6段）。他认为这是第一委员会，尤其是二十一国工作组应该考虑的。然而，在与第一委员会交换信函后，恢复了第3款（资料来源32，附件），内容如下：

> 3. 管理局大会应在本公约生效之日开会，并应选举管理局的理事会。如果第一六一条的规定不能严格适用，则第一届理事会应以符合该条目的方式组成。

后来第4款与之分开。这次会议一致认为，从公约生效之日起，必须有一套规则、规章和程序，使管理局能够运作。另一方面，关于这些规则、规章和程序的适用期限以及在该期限届满时用什么来取代这些规则、规章和程序的问题仍有待审议。后一个问题现在由第5款加以规范，该款须与决议二一并解读。

308.11. 关于使公约生效所需的批准书或加入书数目以及在达到批准书或加入书数目后公约生效的期限等相关问题，普遍支持将后一时期从6个月延长到12个月。另一方面，希望有70个国家和希望有50个国家批准或加入使公约生效的国家之间存在意见分歧，因此，60个国家的数目被接受为折中方案（资料来源13和资料来源32）。

308.12. 以这种形式，并以为反映纳入这些规定所依据的谅解而增加的两个脚注为准（资料来源14，海洋法会议主席的解释性备忘录，第10段），第1~4款作为第三〇八条列入非正式综合协商案文第三次修订稿（资料来源14）和公约草案本身（资料来源15）。如前所述，第5款是在筹备委员会和保护先驱投资的协商结束后于1982年增加的。

308.13. 这样描述的立法历史证明了第三〇八条旨在解决的复杂问题。几乎不需要进一步的评论。

308.14. 第1款必须参照附件九第八条（a）款理解，根据该款，为第三〇八条第1款的目的，不应考虑有权成为公约缔约方的国际组织的正式确认书或加入书。于是，没有提及"正式确认书"，这里必须将"批准书"和"加入书"这两个词解读为经第三〇五条第1款（a）项至（e）项所指的国家或其他实体的批准书或加入书的意思。

308.15. 生效日期本身是计算公约不同实质性条款所需时间的起点。其中包括：第一五四条（定期审查）；第三〇八条第3款（管理局大会第一次会议；另见第一五九条和一六〇条）；第三一二条（修正案）；附件二第二条第2款（大陆架界限委员会成员的选举）；附件二第四条（大陆架的延伸）；附件三第六条（工作计划的核准）；附件三第七条（生产许可证申请人的挑选）；附件四第十一条第3款（企业的财务）；附件六第四条第3款（法庭法官的第一次选举）；以及决议二，序言第3段和第5段（b）

（公约生效前核证国的义务）、第 8（a）段（先驱投资者向管理局提出申请的义务）、第 12 段（a）（iii）和（b）（i）（对企业的某些义务）和第 14 段（决议二的期限）。

另一方面，具体某一国家的生效日期似乎与第二九八条第 1 款（a）项有关（某些划界争端根据时限自愿排除出第十五部分第二节［比照第三〇八条第 2 款］）。在这方面，可以假定在第三〇八条第 2 款所设想的 30 天期限内成为公约缔约国的国家（或在相关情况下为国际组织），在采取上述条款所设想的行动之日之前，直至在其文书存入 30 天期满，不会成为公约的缔约方。因此其表决权将受到相应的影响，尽管在选举时放弃 30 天规则的效力的现有各方的决定可以视为符合第三〇八条的精神。④

308. 16. 这个公约的生效并不终止筹备委员会的存在，根据决议一第 13 段规定，直到理事会的第一届会议结束为止仍存在。该届会议将在公约生效之日举行第一次会议（第三〇八条第 3 款）（见下文 R. I. 9 段）。

308. 17. 自会议结束以来，联合国大会呼吁尚未签署和批准公约的国家考虑尽早签署和批准公约，使海洋及其资源利用的新法律制度生效。（例如，见 1983 年 12 月 14 日第 38/59 号决议（第一卷，第 203 页）、1984 年 12 月 13 日第 39/73 号、1985 年 12 月 10 日第 40/63 号、1986 年 11 月 20 日第 41/34 号和 1987 年 11 月 18 日第 42/20 号决议。）

308. 18. 国际法院强调，只要公约尚未生效，它就不能作为条约法执行，但不影响其某些条款在某种程度上构成习惯国际法表述的可能性。⑤

---

④ 作为一种可能的类比，与联合国秘书处 1983 年 9 月 28 日关于增加经社理事会组成的意见（1973 年转载于 UNJYB，第 149 页）相比。

⑤ 《大陆架案》（阿拉伯利比亚民众国/马耳他），1985 年国际法院报告，第 13 期，第 29 页，第 26 段。

第三〇九条　保留和例外

除非本公约其他条款明示许可，对本公约不得作出保留或例外。

资料来源

第一次会议

1. A/CONF. 13/L. 7（1958 年，油印本）（秘书长）。

2. A/CONF. 13/L. 16（1958 年），第一次联合国海洋法会议，《正式记录》第二卷，第 94 页（加拿大）。

3. A/CONF. 13/L. 32（1958 年），第一次联合国海洋法会议，《正式记录》第二卷，第 127 页（起草委员会）。

［另见 1958 年日内瓦公约：《捕鱼公约》第十九条；和《大陆架公约》第十二条。分别见第一次联合国海洋法会议《正式记录》第二卷，第 139、142 页。］

第三次会议

4. A/CONF. 62/L. 13（1976 年），第二节，注⑦，《正式记录》第六卷，第 125 页（秘书长）。

5. A/CONF. 62/L. 60（1980 年），《正式记录》第十四卷，第 132 页（海洋法会议主席）。

6. A/CONF. 62/WP. 10/Rev. 3*（非正式综合协商案文第三次修订稿，1980 年，油印本），第三〇九条。转载于《第三次联合国海洋法会议文件集》第二卷，第 179、305 页。

7. A/CONF. 62/L. 78（公约草案，1981 年），第三〇九条，《正式记录》第十五卷，第 172、222 页。

8. A/CONF. 62/L. 108（1982 年），《正式记录》第十六卷，第 223 页（委内瑞拉）。

9. A/CONF. 62/L. 120（1982 年），《正式记录》第十六卷，第 226 页（土耳其）。

起草委员会

10. A/CONF. 62/L. 152/Add. 21（1982 年，油印本）。

11. A/CONF. 62/L. 160（1982 年），《正式记录》第十七卷，（起草委员会主席）。

非正式文件

12. FC/6（1979 年，油印本）（海洋法会议主席）。转载于《第三次联合国海洋法会议文件集》第十二卷，第 356 页。

13. GLE/FC/11（1980 年，油印本），D 条（关于最后条款的法律专家组主席）。转载于《第三次联合国海洋法会议文件集》第十二卷，第 475 页。

14. GLE/FC/11/Rev. 1/Add. 1（1980 年，油印本）（关于最后条款的法律专家组主席）。转载于《第三次联合国海洋法会议文件集》第十二卷，第 481 页。

15. GLE/FC/18（1980 年，油印本），第三〇三条（关于最后条款的法律专家组主席）。转载于《第三次联合国海洋法会议文件集》第十二卷，第 488 页。

16. FC/20（1980 年，油印本），第三〇三条（关于最后条款的法律专家组主席）。转载于《第三次联合国海洋法会议文件集》第十二卷，第 397 页。

17. FC/21（1980 年，油印本），第三〇三条（关于最后条款的法律专家组主席）。转载于《第三次联合国海洋法会议文件集》第十二卷，第 404 页。

18. FC/21/Rev. 1（1980 年，油印本），第三〇三条（海洋法会议主席）。转载于《第三次联合国海洋法会议文件集》第十二卷，第 410 页。

19. FC/21/Rev. 1/Add. 1（1980 年，油印本），第三〇三条（海洋法会议主席）。转载于《第三次联合国海洋法会议文件集》第十二卷，第 422 页。

评　注

309. 1. 自 20 世纪 20 年代在国际联盟首次提出以来，对多边条约的保留这个一般性问题一直是一个棘手的问题。[①]尤其是，这是海洋法编纂工作特别是第三一〇条（声明和说明）目前所涉及的方面遇到困难的根源。1930 年国际联盟国际法编纂会议第二委员会（领海）甚至没有起草条约草案。然而，报告中的一段文字表明，如果它这样做，它就会在这方面遇到严重问题。[②]

在第一次联合国海洋法会议上，秘书长提出了 4 项备选建议（资料来源 1），在关于保留的一般法处于过渡阶段之际，会议上的讨论显示出相当混乱。第一次联合国海洋法会议通过的两项公约——《公海捕捞和养护生物资源公约》和《大陆架公约》——载有禁止对特定条款保留的保留条款。但是，《领海及毗连区公约》和《公海公约》没有保留条款。关于《公海公约》，在第 18 次全体会议上提出了一项提案，即不应有保留条款，因为根据序言部分，该公约的规定一般都是对国际法既定原则的

---

① 见国际联盟文件 C. 211. 1927. V 和 C. 357. M. 130. 1927V，《国联官方公报》第 8 卷第 770 页和 880 页（1927 年）。转载于 Sh. Rosenne 编，国际联盟国际法渐进编撰专家委员会（1925—1928 年），第二卷：文件，第 25~27 页（1972 年）。

② 国际法编撰会议法案，第一卷，全体会议（C. 351. M. 145. 1930. V），第 123、125 页（C. 230. M. 117. 1930. V）。转载于 Sh. Rosenne 编，国际联盟第三届国际法渐进编撰大会（1930 年），第 703、825 页（1974 年）。另见下文第 310. 1 段。

宣示。该提案以 54 票赞成、0 票反对、8 票弃权获得通过（《正式记录》第二卷，第 61 页，第 99 段）。在第 20 次全体会议上，关于《领海公约》的一项类似提案以 43 票赞成、16 票反对和 8 票弃权获得通过（《正式记录》第二卷，第 71 页，第 101 段），一个显著的区别。在那次会议上，对该表决的影响以及对公约删除任何关于保留的规定的影响，进行了一场没有结果的讨论（《正式记录》第二卷，第 71 页，第 102~113 段）。

实际上，人们的意见似乎已经倾向于保留的可接受性，至少在考虑到 1969 年《维也纳条约法公约》的情况下，无论是就这两项公约而言，还是就其他公约中没有具体禁止保留的条款而言，只要一项保留不违背公约的目的和宗旨即可接受。③

309. 2. 同时，1969 年《维也纳公约》第十九至二十三条对一般法做了澄清。

根据第二条第 1 款（d）项，为该公约的目的，所谓"保留"系指一国在"签署、批准、接受、赞同或加入条约之片面声明，不论措辞或名称如何，其目的在摒除或更改条约中若干规定对该国适用时之法律效果"。1986 年《维也纳公约》中也有同样的解释。国际法委员会在其 1966 年关于该提案的评注中指出，各国经常就其对某些事项的理解或对某一条款的解释作出声明。这种声明可以仅仅是对一国立场的澄清，也可以相当于一项保留，因为它改变、不改变或排除所通过的条约条款的适用。④这些通常被称为解释性声明。

309. 3. 在这一背景下，秘书长在第三次联合国海洋法会议上——在某种程度上遵循 1958 年的先例——提出了 4 项关于保留的备选建议（资料来源 4），其中（在说明中）提到大会 1952 年 1 月 12 日第 598（VI）号决议。大会在该决议中建议联合国各机关、专门机构和各国在拟订多边公约时，考虑在其中插入有关保留的可接受性或不可接受性以及应归于这些保留的效力的规定。在秘书长的建议中，方案 A 将完全禁止保留；方案 B 将允许对某些规定作出保留；方案 C 会禁止对某些条款的保留；而方案 D 则不会规定关于保留的条款。在方案 C 下，列入了一些具体说明接受或拒绝保留和撤

---

③ 详情见"交存秘书长的多边条约：截至 1987 年 12 月 31 日的状况"，第二十一章第一节至第二十一章第四节，第 711-732 页［ST/LEG/SER. E/6（1988 年）］中对这些公约所作的声明和保留。对 1958 年《大陆架公约》的保留和反对的影响问题在《英吉利海峡大陆架仲裁案》（1977 年、1978 年）和《关于划定缅因州古特夫地区海洋边界案》（判决）（加拿大/美国）中进行了审查。分别转载于《国际仲裁裁决报告》第十八卷第 3 页（英文）、第 130 页（法文）（1982 年）和 1984 年国际法院《判决、咨询意见和命令报告汇编》，第 246 页。

④ 见 1966 年国际法委员会关于条约法的条款，第二条，评注，第（11）段。国际法委员会第十八届会议工作报告（A/6309/第一次修订稿，第二部分）。在联合国条约法会议上，匈牙利提出了一项修正案（A/CONF. 39/C. 1./L. 23），明确规定解释性声明应视为保留。不过，这一点已提交起草委员会，起草委员会以其多余为由拒绝将其纳入案文。见全体委员会关于其在海洋法会议第一期会议上的工作报告（A/CONF. 29/14），第 34 段（vii）（e）和第 36-40 段，以及第二期会议的工作报告（A/CONF. 29/15）。20（v）和 21-26 段。联合国条约法会议正式记录，会议文件（A/CONF. 39/11/Add. 2），第 112、113、235 页。起草委员会主席在全体委员会 105 次会议上的发言，同上，第二期会议，第 346 页，第 28 段。

回保留程序的条款实例。同时有人解释说，根据方案 C，如果某些保留明确不被允许，那么就可以作出其他保留。

会上还提请注意 1969 年《维也纳公约》的有关规定，尤其是第二十条第 3 款关于处理条约是国际组织组成文书的情况。⑤这个公约当然体现了两个国际组织的组成文书——管理局（包括企业部）和国际海洋法法庭。1969 年《维也纳公约》没有阐明条约只是国际组织组成文书一部分的立场。⑥

除此之外，在非正式全体会议讨论之前，没有提出关于保留的正式提案。另一方面，非正式综合协商案文第一次修订稿所载的一些条款设想了作出具体保留的可能性，最重要的是关于第十五部分第二节（第二八六条至二九六条）强制性解决争端规定的任择性例外的第二九八条。事实上，第四期会议（1976 年）⑦期间关于解决争端的辩论清楚地表明，一些代表团当时设想的广泛的强制性解决争端程序将使一些保留成为必要，如果公约要吸引它所需要的支持的话。

309.4. 由于关于实质性条款的协商尚未结束，非正式全体会议的辩论（资料来源 12）在某种程度上为时过早。这场辩论的真正目的是确定秘书长提出的 4 个备选方案中哪一个可能得到最广泛的支持，从而成为就这一主题进行协商的基础。辩论范围很广，并提出了另外一个因素，即这个问题不仅与关于公约实质性条款的协商有关，而且可能与最后条款其他条款中要处理的其他事项有关。尽管篇幅很长，但必须充分引用海洋法会议主席关于这场辩论的总结（资料来源 12）：

> （b）在这一前提下进行的辩论，揭示了对保留问题和修正问题之间的联系的广泛承认。然而，各代表团将保留问题视为比修正问题更为微妙和复杂的问题，再次强调了维护公约的完整性和维护"一揽子协议"的基本和凌驾于一切之上的政策，必须通过保留条款保护这一"一揽子协议"，使之不受可能解体的影响。

> （c）因此，有人认为，公约不应允许 L.13 号文件方案 A 所建议的任何保留［资料来源 4］。这一观点得到了一些人的支持，他们坚持认为，如果整个公约以协商一致的方式通过，就不需要保留。有人认为，在这种情况下允许保留会破坏协商一致原则，并会破坏"一揽子协议"。

---

⑤ 在这一困难点上，请参见 M. H. Mendelson，"对国际组织章程的保留"，《英国国际法年鉴》第 45 卷第 137 页（1974 年）；R. Monaco，"Le caractère constitutional des actes constitutifs d'organisations internationales［国际公共组织宪法法案］"，*La communautè Internationale：Mèlanges Offers à Charles Rousseau*，第 135 页（1974 年）；和 Sh. Rosenne，《条约法的发展 1945—1986》，第 218 页（1989 年）。

⑥ 委员会全体会议，第 28 次会议（1969 年），第 27 段，《联合国条约法会议正式记录》，第一期会议（关于《维也纳［条约法］公约》第四条），第 148 页（起草委员会主席）。

⑦ 第 58 至 65 次全体会议（1976 年）。《正式记录》第五卷第 8~56 页。

（d）还有一种观点认为，考虑到以协商一致以外的程序通过公约某些部分的可能性，对保留问题采取的最现实的做法将是避免两个极端。要避免的两个极端是：（1）允许任何数量的保留；（2）排除所有保留。这一观点强调必须采取平衡的做法，一方面原则上承认保留；另一方面认识到不受控制的保留可能会对"一揽子协议"造成破坏。

允许保留的可能性目的是为了顾及那些代表团的意见，它们坚持认为根据习惯国际法和《维也纳条约法公约》的设想，除非公约允许它们行使保留权，否则它们不能成为公约的缔约方。有人指出，实现这一点的一个办法是，如L.13号文件的方案B所建议的那样，制定一项条款，承认对公约某些问题或部分或具体条款的保留。有人指出，实现同一目标的另一种方式是列入一项规定，其中将公约的问题或部分或具体条款指定为构成"一揽子交易"的基本要素，因此不受保留的约束，在不干扰一揽子计划或危及公约基本完整性的情况下，使公约其他部分可以保留。支持这一做法的人建议，公约中被指定为不受保留的领域将包括，例如，关于国际海底区域的第十一部分；关于专属经济区的第五部分；关于大陆架的第六部分；也许还有关于海洋科学研究的第十三部分的某些条款。有人指出，这一清单将加以扩大，以包括例如指定航行和飞越自由以及关于保护海洋环境的条款。因此，该方法依赖于L.13号文件的方案C。

（e）关于如同上文（d）中解释的旨在避免这两个极端的方法，有人建议为可能的保留条款拟订一个初步框架。该框架将包括公约中被指定为不允许保留的领域。在确定框架时，提出了以下指定区域的标准：

（1）公约中体现强行法的领域；

（2）被广泛接受为反映习惯国际法的领域；和

（3）导致"一揽子交易"的领域，例如第一委员会就国际海底区域资源和开采制度进行的协商。

这一制度将持续20年或25年，此后，将举行一次审查会议，并为此作出规定。人们认为，在审查会议之前不允许任何保留，即，对一组问题，其中一部分可能是强行法，一部分是公认的习惯国际法，以及出现具体一揽子交易的领域，在某一特定时期内不得提出保留。

所建议的框架还将包括一项规定，指明具体允许保留的公约领域。在作出这种指定时，有与会者建议，该条文应避免使用"仅"一词，因为这样做的目的是排除除所指明的以外的一切。

最后，该框架将包括一项规定，允许以保留不违背公约的目的和宗旨为理由提出保留。

（f）对建议的框架中反映的一些想法提出了某些困难。例如，有人指出，必须澄清《维也纳条约法公约》第五十三条意义上的强行法的使用与对海洋法公约条款的保留使用这一概念之间的关系。还有人指出，编写一份海洋法公约强行法条款清单将很困难。此外，有与会者指出，如果没有就如何和由谁来确定一项保留是否符合本标准达成一致意见，就很难允许与公约的目标或宗旨不相抵触的保留。

（g）还有一种观点强调了海洋法公约作为一个整体的独特性，并列举了一些应予以考虑的全球政策因素。除全球政策外，还建议根据这些因素，考虑到某些具体目标，即在起草一般性最后条款时，要注意需要协调目标本身，特别是保留问题，这一点要铭记在心。该建议强调希望适当顾及下列目标：

（1）不允许最后条款变成可能妨碍批准的争论的原因；

（2）促进尽可能广泛的批准；

（3）促进尽早生效；

（4）尽可能提高最大多数人意见的一致性；

（5）保护一揽子交易；

（6）确保最大限度、永久性地保护公约，使之免受因情况变化而造成的损害。

······

（h）有人还对 L 13 号文件方案 D 中的建议做了一些考虑，即公约不应有任何保留条款。有人对关于允许公约在这一重要问题上保持沉默的建议提出了一些困难，这种做法将使适用《维也纳条约法公约》第十九条的问题变得悬而未决。

于是，保留的主题就转移到了最后条款问题法律专家组。

309. 5. 直到 1979 年 11 月该小组非正式会议之后，该小组主席才得以处理保留问题（资料来源 13）。他的第一个办法很简单：“不得对本公约提出任何保留”。不过，他在这一办法中加了一个说明，指出这并不排除审议与就某些突出问题达成共识有关的问题，例如第七协商小组（处理相邻或相向国家之间海洋边界的划定和争端的解决，即第十五、七十四、八十三条和第二九八条第 1 款（a）项，后者实际上体现了可能提出的保留），或公约允许的声明，或一国在签署、批准或加入时所作的声明，无意排除或修改公约条款在适用于该国时的法律效力，即提及解释性声明。

在进一步协商之后，根据公约将以协商一致方式通过的假设，提交了一份新的草案。为此，与会者认识到，只有在关于突出的实质性问题的讨论结束之前，才可将此条视为临时性条款，而最终解决办法可能包括关于保留的规定。新的 D 条改为（资料来源 14）：

1. 对本公约不得作出保留。

2. 本条不排除一缔约国在签署、批准或加入本公约时，作出不论如何措辞或用任何名称的声明或说明，但其不排除或修改本公约规定适用于该缔约国的法律效力。

3. 本条不影响本公约其他条款明确允许的保留或声明。

经过后来的辩论，该条标题改为"保留和声明"，第2款和第3款进一步修改如下（资料来源15）：

2. 本条不排除一缔约国在签署、批准或加入本公约时，作出不论如何措辞或用任何名称的声明或说明，目的在于除其他外使该国国内法律和规章同本公约规定取得协调，但须这种声明或说明无意排除或修改本公约规定适用于该缔约国的法律效力。

3. 本条不影响本公约其他条款明确允许的保留、例外或声明。

显然，在这个阶段，新的要素被引入到保留的主题中，特别是将现有立法与缔约国对新公约所承担的义务的协调问题。这一方面后来移到另一条（成为第三一〇条）。

法律专家组主席在其报告（资料来源16）中解释了关于保留的规定，这些规定仍然基于公约将以协商一致方式通过的假设。与会者普遍支持在公约中列入关于保留问题的条款，而不是按照1969年《维也纳公约》有关条款的建议，将这一问题留给习惯国际法处理。拟议的第三〇三条维持了一项总的政策，即不得对公约提出保留，但承认有必要允许第2款所述的某些声明、说明或例外。它还考虑到某些实质性条款可能明确允许保留这一事实［资料来源16，第8段（c）项和（d）项］。

在第九期会议（1980年）结束时关于非正式综合协商案文第二次修订稿的辩论中，[8]有几处提及，但没有得出任何结论，在这方面，非正式综合协商案文对此事仍维持原状——只字未提。

309.6. 在第九期会议续会上（1980年），非正式全体会议接着深入讨论了这个问题。在根据法律专家组主席的报告（资料来源16）进行非正式讨论后，海洋法会议主席提出了一项新的订正案文，其中首次将该专题分为两条（资料来源17），内容如下：

第三〇三条
保留和声明

1. 对本公约不得作出保留。

---

[8] 第125至128次全体会议（1980年），《正式记录》第十三卷第6~50页。

2. 本条不影响本公约其他条款明确允许的保留或声明。

第三〇四条
声明和说明

第三〇三条不排除一缔约国在签署、批准或加入本公约时，作出不论如何措辞或用任何名称的声明或说明，目的在于除其他外使该国国内法律和规章同本公约规定取得协调，但须这种声明或说明无意排除或修改本公约规定适用于该缔约国的法律效力。

[以下本评注将限于与第三〇九条有关的内容，其余部分将顺延至第三一〇条。]

在此后的讨论中，很快就可以看出，在这两条中使用的"声明"一词具有不同的含义而造成了混淆。海洋法会议主席解释说，在第三〇三［三〇九条］中，该词被用作对公约的保留和例外的含义。因此，第三〇三条（资料来源18，附件）修改为：

第三〇三条
保留和例外

1. 对本公约不得作出保留。
2. 本条不影响本公约其他条款明确允许的保留或例外。

同时附有一个脚注，大意是此条的依据是假设公约将以协商一致的方式通过。"此外，人们认识到，在就有关相邻和相向国家之间海洋区域划界和解决有关争端等悬而未决的实质性问题进行讨论结束之前，此条只能被视为临时性的，最终解决办法可能包括保留条款。"

然而，这一提法仍然很麻烦，经过进一步协商，决定将第三〇三条的两款合并为一句话，内容如下：

除非本公约其他条款明示许可，对本公约不得作出保留或例外。

海洋法会议主席表示，脚注将保持不变（资料来源19）。

309.7. 在向大会提交的关于最后条款的初步报告中（资料来源5），阿梅拉辛格主席在说明上述案文和脚注被认为是可以接受之后，补充说，这是基于这样一种观点，即文本必须解释为"只有在实质性条款具体使用'保留'一词的情况下才允许保留"。只有在实质性条款具体使用"例外"一词的情况下，才允许例外，海洋法会议主席接着说：

必须清楚地理解，该条［第三〇九条］不允许任何缔约国对任何其他缔约国根据第二九八条第 1 款（a）项作出的任择性例外有任何例外。还应理解该条［第三〇九条］的提法既不允许对例外的保留，也不允许对保留的例外，一些代表团认为这是一个难于抉择的原则问题，放弃了保留的权利，准备保留该条的案文，前提是保留脚注。

关于这一说明，应当指出，"reservation（保留）"一词在这方面只出现在第三〇九条的标题中。至于"exception（例外）"一词，它只出现在第二九八条的标题中。

第九期会议续会（1980 年）结束时的辩论表明，[⑨]意见分歧依然很大，再次说明了这一专题的微妙性。然而，第三〇三条连同脚注作为第三〇九条纳入了非正式综合协商案文第三次修订稿（资料来源 6）。海洋法会议主席在该文件的导言中重申，保留脚注是为了反映将该条款纳入该案文的理解。在第十期会议（1981 年）结束时通过的公约草案中（资料来源 7），脚注被修改为："本条基于本公约将以协商一致的方式通过的假设。此外，人们认识到，在就突出问题进行讨论之前，此条只能被视为暂时性的。"

309. 8. 在第十一期会议上（1982 年），委内瑞拉提出了一项正式修正案，大意是，除对《公约》第十五、七十四、八十三和一二一条第 3 款的保留外，不得对公约作出任何保留，也不得有任何例外，除非公约其他条款明确允许（资料来源 8）。该提案是在第 168 次全体会议（第 16 次会议）上提出的（《正式记录》第十六卷，第 92 页，第 67 段）。土耳其在第 169 次全体会议上提出的提案更进一步（同上，第 96 页，第 45 段），要求删除第三〇九条（资料来源 9）。委内瑞拉修正案被撤回以支持土耳其的提案，而在许通美主席达成协议的努力失败后，土耳其修正案被付诸表决，以 100 票反对、18 票赞成、26 票弃权被否决。[⑩]没有提及已经包括在公约草案的脚注（资料来源 7）和在第 182 次会议上进行记录表决的其他文件（《正式记录》第十六卷，第 154 页，第 27~28 段）。直到 1982 年 6 月为起草委员会编写的工作文件统稿案文脚注才被删除。[⑪]

309. 9. 关于此条，有人建议在这种情况下注意"reservation（保留）"一词的含义（见上文第 309. 2 段）。即使在讨论第三次联合国海洋法会议最后条款之初，人们也假定本公约最后条款中的"reservation（保留）"一词与 1969 年《维也纳公约》中的"reservation（保留）"一词具有相同的含义——事实上，正是基于这一假设，在第三

---

⑨　第 134 至 141 次全体会议（1980 年），《正式记录》第十四卷第 12~85 页。

⑩　第 176 次全体会议（1982 年），第 14 段，《正式记录》第 132 页。关于海洋法会议主席就这一修正案达成协议所做努力的报告，见 A/CONF. 62/L. 132（1982 年），第 31 和 32 段，《正式记录》第十六卷第 236 页。

⑪　见秘书处根据第十一期会议前一部分会议作出的决定为起草委员会闭会期间会议编写的工作文件 1（1982 年，油印本）。转载于《第三次联合国海洋法会议文件集》第 3、127 页。

次联合国海洋法会议中进行了协商——现在，人们可以根据第三〇九条（和第三一〇条）的立法历史对其提出质疑，这个词是否在本公约中保留了与《维也纳公约》中完全相同的意义。海洋法会议主席的说明（资料来源5）（引自上文第309.6段）和1982年4月30日提交表决的文件中有脚注可能是与此相关的因素。关于这一脚注，公约没有以协商一致方式通过，这意味着接受第三〇九条所依据的谅解——在某种程度上是不情愿的——没有得到维持。这导致的混乱将不会轻易解决。

对"exception（例外）"一词的使用上也有困难，在一般条约法中，这不是一个在这种排除意义上的常用表达［实际上，这里使用的"exception（例外）"一词显然并没有出现在国际法术语标准辞典（1960年）中］。

另一方面，这个公约显然接受了联合国条约法会议所接受的解释性声明的理念。[12]

309.10. 在第十一期会议最后一次会议开幕和蒙特哥湾会议闭幕的发言中，[13]许通美主席总结了公约的主要特点，他说：

> 尽管公约包括一系列妥协和许多一揽子计划，但我必须强调，它们是一个不可分割的整体。这就是为什么公约没有规定保留的原因。因此，各国不可能选择自己喜欢的东西而不顾自己不喜欢的东西。在国际法和国内法中，权利和义务是相辅相成的。因此，在法律上不允许在不愿意承担相应义务的情况下主张公约规定的权利。

尽管这必须被视为海洋法会议主席的个人评价，但它反映了一种广泛持有的观点，这种观点在具体情况下可能很有分量。

---

[12]　应当指出的是，第三〇九条和第三一〇条均未打算处理在会议记录上提出并列入《正式记录》的保留、解释性声明和声明。这些发言，与会议有关但不在其框架内所作的发言，以及在会议非正式会议上所作的发言（其中许多是由有关代表团分发的）都属于条约一般法的范围。

[13]　第185次全体会议（1982年），第53段，《正式记录》第十七卷第14页。

第三一〇条　声明和说明

第三〇九条不排除一国在签署、批准或加入本公约时，作出不论如何措辞或用任何名称的声明或说明，目的在于除其他外使该国国内法律和规章同本公约规定取得协调，但须这种声明或说明无意排除或修改本公约规定适用于该缔约国的法律效力。

资料来源

第一次会议

1. A/CONF. 13/L. 7（1958 年，油印本）（秘书长）。

第三次会议

2. A/CONF. 62/C. 2/L. 24/Rev. 1（1974 年），《正式记录》第三卷，第 202 页（菲律宾）。

3. A/CONF. 62/L. 60（1980 年），《正式记录》第十四卷，第 132 页（海洋法会议主席）。

4. A/CONF. 62/WP. 10/Rev. 3*（非正式综合协商案文第三次修订稿，1980 年，油印本），第三一〇条。转载于《第三次联合国海洋法会议文件集》第二卷，第 179、305 页。

5. A/CONF. 62/L. 78（公约草案，1981 年），第三一〇条，《正式记录》第十五卷，第 172、222 页。

6. A/CONF. 62/L. 111（1982 年），《正式记录》第十六卷，第 223 页（罗马尼亚）。

起草委员会

7. A/CONF. 62/L. 152/Add. 21（1982 年，油印本）。

8. A/CONF. 62/L. 160（1982 年），《正式记录》第十七卷，第 275 页（起草委员会主席）。

非正式文件

9. 菲律宾（1976 年，油印本），第二条。转载于《第三次联合国海洋法会议文件集》第四卷，第 265 页。

10. 菲律宾（1977，油印本），第二条之二。转载于《第三次联合国海洋法会议文件集》第四卷，第 388 页。

11. 厄瓜多尔（1977，油印本），第六十七条之二。转载于《第三次联合国海洋法会议文件集》第四卷，第 470 页。

12. C. 2/Informal Meeting/10（1977 年，油印本）（厄瓜多尔）。转载于《第三次联合国海洋法会议文件集》第五卷，第 18 页。

13. C. 2/Informal Meeting/29（1977，油印本）（厄瓜多尔）。转载于《第三次联合国海洋法会议文件集》第五卷，第 38 页。

14. FC/21（1980 年，油印本），第三〇四条（海洋法会议主席）。转载于《第三次联合国海洋法会议文件集》第十二卷，第 404 页。

15. FC/21/Rev. 1（1980 年，油印本），第三〇四条（海洋法会议主席）。转载于《第三次联合国海洋法会议文件集》第十二卷，第 410 页。

评 注

310. 1. 第三一〇条所涉及的问题最初出现在 1930 年编纂会议上。第二委员会（领海）的报告指出，委员会遇到的一个困难是，关于领海的现有地位的一般规则的建立，在理论上无论如何都会影响某些水域的现有地位的不可避免的变化。委员会提到了历史性海湾的情况，并指出，在其他水域也可能出现这一问题。"编纂工作不能影响各国对其沿海某些部分可能拥有的任何权利。"①在第一次联合国海洋法会议上，秘书长关于最后条款的说明（资料来源 1）包括一项关于公约适用方式的提案。根据这一点，缔约各方将"承诺采取必要的立法、法定或行政措施，以充分实施它们已签署的本公约的规定"，这一表述暗示了保留的可能性，尽管这种性质的条款出现在其他条约中，特别是 1949 年《关于保护战争受难者的日内瓦公约》。②在第一次联合国海洋法会议上，在第四委员会（大陆架）进行了简短讨论后，该提案被撤回，在全体会议或起草委员会后来讨论最后条款时，该提案未被恢复。③

310. 2. 虽然在马耳他提交的海洋空间公约草案中承认了促进国家海洋法协调的问

---

① 见上文第三〇九条评注，注①。

② 《联合国条约集》第 75 卷（整卷）（1950 年）。参照常设国际法院的以下格言："已缔约承担有效国际义务的国家必须在其国内立法中作出必要的修改，以确保履行所承担的义务。"《希腊和土耳其人口交换案》（咨询意见），常设国际法院，B 辑第 10 号，第 20 页（1925 年）。

③ 第四委员会，第 39 次会议（1958 年），第 51-56 段，第一次联合国海洋法会议，《正式记录》第六卷第 114 页。在联合国条约法会议上，卢森堡提出了一项新的条款（A/CONF. 39/L. 15），大意是，缔约国应采取一切必要的国内法措施，确保条约充分适用。在第二期会议（1969 年）第 12 次（第 68-75 段）和第 13 次（第 1-29 段）全体会议讨论后，该提案被撤回。《联合国条约法公约会议正式记录》，第二次会议，第 49 页。

题，④但该问题在第三次联合国海洋法会议第二期会议（1974 年）期间与领海划界问题由菲律宾首次提出。1930 年海牙会议第二委员会也在同样的背景下发表了类似的意见（见上文第 310.1 段）。菲律宾的提案是，在公约批准之前，已经建立了超过公约规定的最大限度的领海的国家不应受其规定的限制（资料来源 2、资料来源 9 和资料来源 10）。后来厄瓜多尔就专属经济区提出了类似提案（资料来源 11、资料来源 12 和资料来源 13）。因此，这些提案，无论是正式的还是非正式的，都是在会议上深入讨论最后条款时摆在会议面前的。第二委员会没有审议首先在该委员会提出的这些提案，只是有可能在有限的范围内将其与第十条第 6 款一并解读，从而认识到长期使用或历史性权利可能对某些海域的地位产生影响，但是，在秘书长的提案中没有提到这个问题。

310.3. 作为最后条款，首先在保留的范围内讨论该问题，因此请参阅上文第 309.4~309.6 段以及作为第三〇三和三〇四条提出的修订草案（资料来源 14）。第三〇三条后来成为第三〇九条。正如关于第三〇九条的评注所指出的那样，海洋法会议主席在相当晚的阶段提出将该条分为两条（见上文第 309.6 段）。然而，由于在两个条款中都使用了"声明"一词，但含义不同，最初提出的方式导致了一些混乱。因此，海洋法会议主席编写了适用于公约保留和例外的第三〇三条的新版本，保留了"不具有保留或例外效力的声明和说明"的第三〇四条（资料来源 15，第 9 段）。尽管如此，第三〇四条与第三〇三条具有相同的脚注，即暗示一些代表团仅是假设该公约将以协商一致方式获得通过默认该条。

海洋法会议主席在向会议提交的关于最后条款的初步报告（资料来源 3）中解释说，根据第二八七条作出的说明应被理解为是独立的，不同于第三〇四条所设想的解释性声明："它们具有不同的特点和性质，不受第三〇四条的影响。"这是一项重要的意见，因为第二八七条所设想的说明正是为了产生非常明确的法律效力（见第二八七条评注）。在第九期会议续会（1980 年）结束时进行辩论后，该条作为第三一〇条（资料来源 4）列入非正式综合协商案文第三次修订稿，并与脚注一起列入公约草案（资料来源 5）。

310.4. 在第十一期会议上（1982 年），罗马尼亚提议对第三一〇条（见资料来源 6）⑤进行正式修正，从"以期……"开始将整个案文改为"根据国际法"。这实际上意味着否定第三〇九条。经海洋法会议主席启发，该提案未付诸表决。⑥

310.5. 第三一〇条的全部含义并不容易确定，特别是它似乎在正式条约文本中引入了新的概念，这些概念必须在规范意义上理解。

（a）开头的"第三〇九条"立即表明了这两条之间的密切联系，并建议将第

---

④　A/AC.138/53，第 91 条第 8 款，转载于 1971 年《海底委员会报告》，第 105 页（马耳他）。

⑤　第 169 次全体会议（1982 年），第 54 和 55 段，《正式记录》第十六卷第 97 页。

⑥　第 176 次全体会议（1982 年），第 28 段，同上，第 134 页。

三一〇条理解为对第三〇九条的修饰，甚至可能作为例外。它可能模糊了 1969 年《维也纳公约》所指的保留与国际法委员会和第一次维也纳会议（1969 年）所理解的解释性声明之间的界限。

（b）"使其法律和规章与本公约规定取得协调"一语是在以菲律宾和厄瓜多尔的提案为出发点的各种因素和目标的范围内提出的，这种表述似乎表明，该条的主旨与其说是抽象的国家立法（或不仅仅是在这方面），不如说是根据参加公约所承担的义务适用国家立法。这就要求国家法律法规的适用不应违反公约。这种方法将符合公约许多相关条款的一般高度抽象特征。例如，在公约第五部分以合理可接受的形式提出之前，或在公约生效之前，有关专属渔业区或专属经济区的规定已列入国家宪法的情况下，这一点尤其重要。

（c）第三一〇条末尾的但书重复了从编纂条约法的工作中取得的解释性声明的措辞，该但书的存在有助于强调第三〇九条和第三一〇条之间的区别。

（d）最重要的是，同第三〇九条的情况一样，对公约将以协商一致方式通过的理解，这构成了许多不情愿的国家默认纳入第三一〇条的基础，以及对公约未以协商一致方式通过这一事实的影响，为此条引入了意想不到的特点及其在公约中未来的作用。

尽管有这些遵循善意解释的一般原则的考虑因素，但必须假定第三〇九条和第三一〇条都是有目的的，而不是多余的。立法史表明了该目的是什么。但是，这两个条款目前固有的普遍模糊性和不确定性，可能只会因实践和在适用公约第十五部分争端解决条款方面作出的决定而消失。关于第三一〇条的解释或适用的争端将属于第十五部分的范围，尤其是如 1969 年《维也纳公约》第七十七条第 2 款所述，如果保管者无法通过其支配的手段解决这些争端时便是如此（见下文第 319.2 段）。

310.6. 第三〇九条和第三一〇条加在一起，显示出产生条约法新特点的迹象（尽管在联合国主持下缔结的早期条约中可以隐约看到这方面的微弱迹象）。一些国家，包括未签署公约的国家，在签署《最后文件》时附上了各种声明，有时在签署或批准公约时会重复。其他国家则已记录了它们对这些声明的看法。经过仔细审查，其中一些声明和意见是以保留和对保留的反对的性质来表达的，或者如果是在该国受公约拘束之际作出的，那可能就是如此。⑦

---

⑦ 这些说明只是在签署《最后文件》时才作出的，纳入《交存秘书长的多边条约：截至 1987 年 12 月 31 日的状况》，第二十一章第六节，第 753 页（注②）〔ST/LEG/SER.E/6（1988 年）〕。这些声明和说明的法律效力，或对它们的反对，尚不清楚。这一发展在国际法中相对较新，在条约法编纂过程中没有加以讨论。关于这一点，见《海洋法，秘书长的报告》（文件 A/40/923），第 5 段，40《联大会议正式记录》，附件，第 36 项议程（1985 年，油印本）。

第三一一条　同其他公约和国际协定的关系

1. 在各缔约国间，本公约应优于一九五八年四月二十九日日内瓦海洋法公约。

2. 本公约应不改变各缔约国根据与本公约相符合的其他条约而产生的权利和义务，但以不影响其他缔约国根据本公约享有其权利或履行其义务为限。

3. 本公约两个或两个以上缔约国可订立仅在各该国相互关系上适用的、修改或暂停适用本公约的规定的协定，但须这种协定不涉及本公约中某项规定，如对该规定予以减损就与公约的目的及宗旨的有效执行不相符合，而且这种协定不应影响本公约所载各项基本原则的适用，同时这种协定的规定不影响其他缔约国根据本公约享有其权利和履行其义务。

4. 有意订立第3款所指任何协定的缔约国，应通过本公约的保管者将其订立协定的意思及该协定所规定对本公约的修改或暂停适用通知其他缔约国。

5. 本条不影响本公约其他条款明示许可或保持的其他国际协定。

6. 缔约国同意对第一三六条所载关于人类共同继承财产的基本原则不应有任何修正，并同意它们不应参加任何减损该原则的协定。

资料来源

第一次会议

1. A/CONF. 13/L. 11（1958年），原则八，第一次联合国海洋法会议，《正式记录》第二卷，第85页（第五委员会）。

2. A/CONF. 13/L. 37（1958年），第3段。第一次联合国海洋法会议，《正式记录》第二卷，第128页（起草委员会）。

3. A/CONF. 13/C. 2/L. 88（1958年），第一次联合国海洋法会议，《正式记录》第六卷，第140页（以色列）。

4. A/CONF. 13/C. 5/L. 1（1958年），第一次联合国海洋法会议，《正式记录》第七卷，第67页（内陆国集团）。

5. A/CONF. 13/C. 5/L. 6（1958年），第一次联合国海洋法会议，《正式记录》第七卷，第79页（阿根廷等）。

[另见 1958 年日内瓦公约：《领海公约》第二十五条；《公海公约》第三条和第二十五条；以及《捕鱼公约》第一条。分别在第一次联合国海洋法会议《正式记录》第二卷，第 132、135 和 139 页。]

第三次会议

6. A/AC. 138/25，第七十条，转载于 1970 年《海底委员会报告》，第 130 页（美国）。

7. A/AC. 138/48，转载于 1971 年《海底委员会报告》，第 92 页（土耳其）。

8. A/AC. 138/SC. II/L. 40，第二条第 2 款和第三条第 8 款，转载于 1971 年《海底委员会报告》，第 241 页（美国）。

9. A/AC. 138/93，第二十条，转载于 1973 年《海底委员会报告》第二卷，第 16 页（阿富汗等）。

10. A/CONF. 62/L. 13（1976 年），第二节，注⑥，《正式记录》第六卷，第 125 页（秘书长）。

11. A/CONF. 62/L. 58（1980 年），第 5～8 段，《正式记录》第十四卷，第 128 页（海洋法会议主席）。

12. A/CONF. 62/L. 60（1980 年），《正式记录》第十四卷，第 132 页（海洋法会议主席）。

13. A/CONF. 62/WP. 10/Rev. 3*（非正式综合协商案文第三次修订稿，1980 年，油印本），第三一一条。转载于《第三次联合国海洋法会议文件集》第二卷，第 179、305 页。

14. A/CONF. 62/L. 78（公约草案，1981 年），第三一一条，《正式记录》第十五卷，第 172、222 页。

起草委员会

15. A/CONF. 62/L. 152/Add. 21（1982 年，油印本）。

16. A/CONF. 62/L. 152/Add. 27（1982 年，油印本）。

17. A/CONF. 62/L. 160（1982 年），《正式记录》第十七卷，第 225 页（起草委员会主席）。

非正式文件

18. FC/6（1979 年，油印本），第 4 段（海洋法会议主席）。转载于《第三次联合国海洋法会议文件集》第十二卷，第 356 页

19. FC/7（1979 年，油印本）（海洋法会议主席）。转载于《第三次联合国海洋法会议文件集》第十二卷，第 360 页。

20. FC/14（1979 年，油印本）（智利）。转载于《第三次联合国海洋法会议文件集》第十二卷，第 390 页。

21. GLE/FC/9（1979 年，油印本）（未署名）。转载于《第三次联合国海洋法会议文件集》第十二卷，第 473 页。

22. GLE/FC/11（1979 年，油印本），E 条（关于最后条款的法律专家组主席）。转载于《第三次联合国海洋法会议文件集》第十二卷，第 475 页。

23. GLE/FC/13（1980 年，油印本）（秘鲁）。转载于《第三次联合国海洋法会议文件集》第十二卷，第 485 页。

24. GLE/FC/14（1980 年，油印本）（厄瓜多尔）。转载于《第三次联合国海洋法会议文件集》第十二卷，第 485 页。

25. GLE/FC/15（1980 年，油印本）（秘鲁）。转载于《第三次联合国海洋法会议文件集》第十二卷，第 486 页。

26. GLE/FC/11 /Rev. 1 /Add. 2（1980 年，油印本）（关于最后条款的法律专家组主席）。转载于《第三次联合国海洋法会议文件集》第十二卷，第 483 页。

27. GLE/FC/18（1980 年，油印本），第三〇四条（关于最后条款的法律专家组主席）。转载于《第三次联合国海洋法会议文件集》第十二卷，第 488 页。

28. FC/20（1980 年，油印本），第三〇四条（关于最后条款的法律专家组主席）。转载于《第三次联合国海洋法会议文件集》第十二卷，第 397 页。

29. FC/21（1980 年，油印本），第三〇五条（海洋法会议主席）。转载于《第三次联合国海洋法会议文件集》第十二卷，第 404 页。

30. FC/21/Rev. 1（1980 年，油印本），第三〇五条（海洋法会议主席）。转载于《第三次联合国海洋法会议文件集》第十二卷，第 410 页。

31. FC/21/Rev. 1/Add. 1（1980 年，油印本），第三〇五条（海洋法会议主席）。转载于《第三次联合国海洋法会议文件集》第十二卷，第 422 页。

32. GP/9（1980 年，油印本）（智利）。转载于《第三次联合国海洋法会议文件集》第十二卷，第 302 页。

评　注

311. 1. 在 1956 年海洋法条款草案中，国际法委员会仅在关于公海捕鱼权的第四十九条中提到条款草案与其他条约的关系问题［经第一次联合国海洋法会议第三委员会审查后，该条成为《捕鱼和养护公海生物资源公约》第一条第 1 款］。委员会在对该条的评注中指出，海洋自由原则并不妨碍各国缔结管制捕鱼的公约，但这些公约产生的条约义务"当然只对签署国具有拘束力"。①此外，联合国大会在 1957 年 2 月 21 日关于召开第一次联合国海洋法会议的第 1105（XI）号决议第 3 段（第一卷，第 156 页）中，建议海洋法会议将"内陆国家自由出入海洋问题"的研究列入议程，经有关国家初步讨论后，将这一议题分配给海洋法会议第五委员会。面对一些内陆国家的一系列条约，第五委员会提出了以《公海公约》第三条出现的建议（资料来源 1、资料来源 4 和资料来源 5）。②

然而，这两套规定的适用范围有限。1982 年公约第三一一条所涉及的更广泛的问题，似乎并没有就第一次联合国海洋法会议提出一般性的意见。

在那次会议上，一般性问题首先在第二委员会（公海一般制度）的有限范围内提出（见资料来源 3），然后在第一委员会（领海和毗连区）口头提出。《公海公约》第三十条及其后经起草委员会提议通过的《领海及毗连区公约》第二十五条（资料来源 2）改为："本公约的规定不影响作为已生效的公约或其他国际协定的缔约国之间的问题。"该案文似乎没有成为经过任何重要解释的主题。

311. 2. 在海底委员会的工作中考虑的唯一可能的最后条款中，只有一项涉及新公约与 1958 年公约之间的关系。土耳其在 1971 年提出了这个问题（资料来源 7）。③在委员会 1971 年和 1972 年的届会上进行了一些二级讨论，但总的来说，这些讨论没有结果。他们确实指出，特别是鉴于后来的技术发展，1958 年公约在某些方面不足以处理它们所处理的某些议题，或者在其他方面不完整（特别是关于领海的宽度）。早些时

---

① 国际法委员会第八期会议工作报告（A/3159），1956 年《国际法委员会年鉴》，第 253、286 页。

② 关于内陆国家进入海洋问题的预备性研究，见秘书处备忘录，A/CONF. 13/29 和 Add. 1（1958 年），第一次联合国海洋法会议，《正式记录》第一卷第 306 页。关于第一委员会和第二委员会提出的一般性问题，见第 18 次全体会议（1958 年）主要讨论本条的效用的简要讨论，第 78~92 段，第一次联合国海洋法会议，《正式记录》，第二卷第 59 页。在通过这两项条款时，第一次联合国海洋法会议收到了大量有关文件，其中包括：（1）"影响海峡法律地位的文书指南：秘书处编写的文件"，A/CONF. 13/14（1958 年，油印本）；（2）"按时间顺序列出的与渔业和海洋资源利用和养护有关的国际文书清单：秘书处编写的文件"，A/CONF. 13/23（1958 年，油印本）；（3）"国际法委员会通过的海洋法条款草案与关于制止贩卖奴隶的国际协定之间的关系"，A/CONF. 13/7（1958 年），第一次联合国海洋法会议，《正式记录》第一卷第 165 页；（4）"国际民航组织对国际法委员会第八届会议编写的条款草案的评论意见"，A/CONF. 13/31（1958 年），第一次联合国海洋法会议，《正式记录》第一卷第 336 页；（5）"世界卫生组织关于国际法委员会第八期会议通过的关于海洋法的第 66 条草案 [1982 年《公约》第三十三条] 的备忘录"，A/CONF. 13/36（1958 年），第一次联合国海洋法会议，《正式记录》第一卷第 339 页；（6）"与第二委员会审议的条款草案主题有关的某些现有国际公约和协定"，A/CONF. 13/C. 2/L. 8 和 Add. 1 和 2（1958 年，油印本）。此外，还出版了《联合国立法汇编》的前两卷，涉及大陆架、毗连区、对外国船只在公海的监督以及对在国外或公海所犯罪行的管辖权，其中载有转载的条约的章节。见 ST/LEG/SER. B/1 和 B/2（分别为 1951 年和 1952 年）。

③ 见 A/AC. 138/SC. II/SR. 10 和 SR. 20（均为 1971 年，油印本）。不过，这个问题没有进一步讨论，而是作为一个议题列入第一次联合国海洋法会议的实质性议程。

候，联合国大会在 1969 年 12 月 15 日第 2574 A（XXIV）号决议（第一卷，第 169 页）中，已确定 1958 年《大陆架公约》没有"以足够精确的方式界定沿海国为勘探和开发自然资源而行使主权的区域的界限，而且关于这一问题的习惯国际法没有定论"。对以前有关海洋空间的协定的解释和适用有一定影响。

311. 3. 在这种不确定的背景下，秘书长在第三次联合国海洋法会议第五期会议上（1976 年）提出的建议（资料来源 10）中有一个标题，题为"与其他公约的关系"，但没有案文。然而，秘书长在一个长脚注［注⑳］中回顾，订正的单一协商案文载有关于与其他公约关系的规定，援引了 1969 年《维也纳公约》第三十条，并增加了联合国框架内订立的其他条约的一系列不同的和不一致的先例。④除此之外，还应指出，与第一次联合国海洋法会议不同，第三次联合国海洋法会议不具有可能与其工作有关的广泛和正式的文书清单。另一方面，毫无疑问，个别代表团对他们直接关心的其他条约却做好了充分的准备。联合国的各专门机构以及与会议讨论事项有关的联合国其他机构，与其他非政府组织一样，连续不断地派其观察员与会，以便在没有正式文件的

---

④ 第三十条内容如下：

关于同一事项先后所订条约之适用

1. 以不违反联合国宪章第一百零三条为限，就同一事项先后所订条约当事国之权利与义务应依下列各项确定之。

2. 遇条约订明须不违反先订或后订条约或不得视为与先订或后订条约不合时，该先订或后订条约之规定应居优先。

3. 遇先订条约全体当事国亦为后订条约当事国但不依第五十九条终止或停止施行先订条约时，先订条约仅于其规定与后订条约规定相合之范围内适用之。

4. 遇后订条约之当事国不包括先订条约之全体当事国时：

（a）在同为两条约之当事国间，适用第 3 项之同一规则；

（b）在为两条约之当事国与仅为其中一条约之当事国间彼此之权利与义务依两国均为当事之条约定之。

5. 第 4 项不妨碍第四十一条或依第六十条终止或停止施行条约之任何问题，或一国因缔结或适用一条约而其规定与该国依另一条约对另一国之义务不合所生之任何责任问题。

《维也纳条约法公约》，第三十条，《联合国条约集》第 1155 卷第 331 页；《美国国际法期刊》第 875、884 页（1969 年）；《国际法资料》，第 8 卷第 679、691 页（1969 年）。

情况下，保证他们的想法得到充分考虑。⑤

311. 4. 与其他最后条款一样，这个问题在 1979 年非正式全体会议上首先讨论，然后交给法律专家小组处理。那时，在实质性问题上已经取得了足够的进展，使其他条约在新的海洋法中的地位问题得到了缓解。像通常一样，海洋法会议主席对辩论进行了总结（资料来源 19），其篇幅之长，证明了这一议题的异常复杂性和政治上的微妙性：

　　2. 在介绍关于"与其他公约"有关的问题的讨论时，我建议，由于所涉问题主要是法律性质的，非正式全体会议可提请其注意对一些 3 个基本点的简要审议，同时将对技术方面的更详细审查留给法律专家小组。3 个基本点……是：

　　（ⅰ）就争端各方而言，新公约应在多大程度上取代 1958 年关于海洋法的日内瓦四公约；

　　（ⅱ）新公约与在联合国主持下缔结的涉及本公约所涉主题某些方面的其他公约之间的关系；

　　（ⅲ）新公约对也涉及其主题事项的双边协定的影响（如果有的话）。

　　3. 与［其他辩论］的情况一样，我将试图总结我们在讨论"与其他公约的关系"这一主题时提出的主要建议和意见。

　　4. 所处理的一个基本问题是，是否需要在新的海洋法公约中就其与其他公约的关系问题作出一项条款。有一种意见支持需要这样一项条款，而另一种意见是，有些人认为没有必要这样做。

　　5. 另一个问题是，如果列入一项关于新公约对其他公约的影响的条款，是否有必要甚至可能拟订一份受影响的其他公约的清单。一派人认为，编制一份详尽的此类清单是困难的。不过，有人指出，如果编制这样一份清单，

---

　　⑤ 上文注②所列的一些文件即使已经过时，也没有失去相关性。特设海底委员会在 1968 制定了一个进一步的清单，即"调查现有海床和洋底的国际协定，以及在目前国家管辖范围以外的公海以下的底土：秘书处编写的文件"，A/AC. 135/10 和 Rev. 1（1968 年，油印本）。另见联合国秘书处应贸易法委员会的要求编写的题为《关于国际贸易法的公约和其他文书文本登记册》的汇编，第一卷第四章和第二卷第二章（出售品编号分别为 E. 71. V. 3 和 E. 73. V. 3）。也有几个私人收集的关于海洋事务的条约。其中包括 N. Singh，《国际商船公约》（1963 年第 1 版；1973 年第 2 版），由国际海事法公约取代，第 4 卷（1983 年）；S. Oda，《国际海洋开发法》，第 2 卷（1972 年，1975 年）；和 J. -P. Quéneudec，《国际海事公约》（1971 年第 1 版；1979 年第 2 版）。关于整个会议期间条约发展的连续资料，也可在由 R. Churchill，H. Lay，M. Nordquist 和 K. Simmonds（1973—1981 年）所编的十一卷《海洋法的新动向》中找到。又见《海洋法：与联合国海洋法公约有关的多边条约》，秘书长海洋法特别代表办公室编写，联合国出版物出售品编号：E. 85. V. 11（1985 年）；P. de Cesari 等人编《海洋法多边条约索引》（1985 年）。

　　此外，自 1958 年以来，又出版了更多有关海洋法的《联合国立法汇编》（ST／LEG／SER. E），即 B. 5 和 Add 1，B. 6，B. 15，B. 18 和 B. 19。从数量上来说，信息并不缺乏，但它并不像 1958 年那样系统地呈现出来。

最多只能包括在联合国主持下缔结的多边公约。但是，也有人强调，如果试图编制一份详尽的所有多边或双边公约的清单，就会出现困难。同时还提请注意非正式综合协商案文第一次修订稿多次提到其他公约。

6. 讨论往往主要集中在新公约与1958年日内瓦公约之间关于海洋法的关系的问题。关于这个问题，与会者发表了以下意见：

（a）一种意见是，由于从一开始就考虑到新公约的基本特征是它的全面性，尽管有人认为它还不够全面，并且由于参加协商的国家数目比协商1958年公约的国家数目多，因此必须在新公约中列入一项条款，以取代1958年日内瓦海洋法四公约。有人认为，这样一项规定有必要使人们清楚地认识到，由于1958年公约已经过时和不完善，没有考虑到，也不可能考虑到在1958年公约时尚未获得建国的参加本会议的许多与会者的利益。

然后有人提出了一个问题，即建议何时彻底废除1958年日内瓦四公约：在通过新公约时还是在新公约生效之日？

（b）还有人认为，由于不清楚1958年公约的缔约方是否也将成为新《公约》的缔约方，有必要允许新公约和1958年公约在两个公约缔约国之间共存，而不损害新公约缔约国的其他权力和利益。在这方面援引了《维也纳条约法公约》第三十条第4款。

（c）这些意见导致了这样一种建议，即应当有一项条款，具体规定1958年公约的哪些规定可以废除，特别是考虑到新公约在多大程度上取代或照搬了旧公约这一事实可能并不清楚。另一方面，有人指出，适用《维也纳条约法公约》第三十条第3款和习惯国际法关于条约解释的规则，将允许自动废除与新条款不相抵触的旧条款。还有人指出，应考虑到缔约方之间可能改变1958年公约适用方式的问题，以避免不相抵触和废除的必要性。

7. 关于新公约与其他多边或双边协定的关系，有人建议，只有在它们与整个新公约的宗旨和目的不相抵触的情况下，才有可能设想其继续存在的可能性。在这方面，有人强调，确定不相抵触性的标准应当是，这种双边或多边协定是关于特定主题还是区域性质，是否对新公约规定的第三方国家的权利和义务产生不利影响。另一种意见认为，还应考虑国家立法问题，并建议适用同样的不抵触标准。

8. 有人指出，关于其他条约的解释方式，1973年《国际海事组织船舶污染海洋公约》第九条和1972年《伦敦海洋倾倒公约》第十三条都考虑将新法律的规定读入这些公约。

据推测，《民用航空公约》第二条将适用，《芝加哥公约》第十二条将继续以与过去相同的方式适用。

还提到了非正式综合协商案文第一次修订稿关于"排除适用最惠国条款"

的第一二六条在与现有协定有关的问题上，注意到非正式综合协商案文第一次修订稿中的某些具体规定，即：解决争端一节的第三十五条(c)和第五十一条、第八十三条第4款和第二八二条。

9. 最令人关切的似乎是，就解决这一问题的办法作出的决定不应产生一项条约条款，该条款的适用将导致自动废除，从而造成法律真空。在这方面，逐步废除的可能性与关于过渡安排的规定有关［现已由筹备委员会取代］。

10. 在我看来，这里所反映的讨论证实了一个事实，正如我在介绍性发言中所说的，即所涉问题主要是法律性质的。因此，全体会议可以认为，迄今为止的讨论已足以使该问题提交法律专家组，以便对技术方面的问题进行详细审查。

311. 5. 一旦非正式全体会议承认这些问题本质上是法律方面的——这一假设没有在后来的协商中得到充分证实——注意力就集中在《维也纳公约》第三十条上。[6]人们发现，无论从该条文本身还是从其措辞上来说，都为构建主要解决方案提供了要素。

此时，一份未署名的工作文件（资料来源21）提交给了法律专家组，但他们没有时间审议。文件内容为：

关于最后条款的工作文件

1. ［本公约缔约方的权利和义务］取代了［其在］以前的海洋法公约下的权利和义务。

2. 本公约所处理的有关海洋法的问题，如在另一协定下由缔约国之间产生，应在符合该协定的范围内，参照本公约的规定加以解决。特别是，在现有条约（包括联合国及其专门机构）的规定下，国家对领土以外的航行或飞越的规定的权利和义务继续适用，在不与本公约相抵触的范围内，也适用于本公约规定的航行和飞越自由。

3. 本公约不改变关于特定海域或活动的协定的缔约方的权利和义务，除非（1）所有这些缔约方另有协议，或（2）这些权利的行使和义务的履行妨碍了缔约方履行本公约规定的对其他缔约方的义务［包括它们对"区域"内活动的义务］。

这一未署名的工作文件未能幸免在1979年11月法律专家组非正式会议上遭到批评。因此，在第九期会议（1980年）开始时，法律专家组主席在其关于最后条款的非正式文件（资料来源22）中提出了一项新的建议，内容如下：

---

⑥ 前注④。

与其他公约的关系

1. 在各缔约国之间，本公约应优于 1958 年［日内瓦］一般海洋法公约。

2. 本条不影响本公约有关其与其他国际协定关系的规定。

    然而，这一简短的措辞相当不令人满意，结果提出了 3 项补充提案，秘鲁提出了两项，厄瓜多尔提出了第三项。秘鲁的第一项提案（资料来源 23）内容如下：

与其他公约的关系

    本公约两个或两个以上缔约方可缔结仅适用于其相互关系的协定，但此种协定的规定不影响其他缔约方享有其在本公约下的权利或履行其在本公约下的义务。

    秘鲁的第二项建议（资料来源 25）更明确地针对相互修改，内容如下：

    本公约的两个或两个以上缔约方可缔结协定，修正或中止本公约的规定，并仅适用于它们之间的关系，但这些协定的规定不得［影响］其他缔约方享有其在本公约下的权利或履行其在本公约下的义务。

    秘鲁代表团在第七期会议（1978 年）关于最后条款的一般性辩论中所作的发言对这一做法做了一些解释。[7]该代表团指出，非正式综合协商案文提到《联合国宪章》，即使不是联合国会员国也普遍接受其原则；1958 年公约应在接受新公约的国家之间停止生效，因为它将具有相同的适用领域。此外，对于尚未批准 1958 年公约的国家，将不再可能依赖先前的文书。其他原有的国际、区域或分区域条约或协定只有在符合新公约的情况下才会有效。

    厄瓜多尔代表团的提案（资料来源 24）的侧重点略有不同：

    本公约不改变各国根据与本公约相符合的其他条约而产生的义务，也不影响其他缔约方行使其在本公约下的权利或履行其在本公约下的义务。

311.6. 看来，所有这些提案都必须面对的一个主要问题是，新公约所体现的一般海洋法的结构调整，不是也不可能很容易地与同时对与海洋或者海事及相关事宜有关的详细的、往往技术性很强、政治上很微妙的惯例法进行结构调整相匹配。在联合国

---

⑦　第 95 次全体会议（1978 年），第 8-17 段，《正式记录》第九卷第 28 页。

· 219 ·

各专门机构和独立机构或其他特别有资格的机构主持下拟订的条约尤其如此。例如，1948 年的《国际民用航空公约》（《芝加哥公约》）⑧以及以此为基础的多边和双边国际条约和私法合同的复杂网络，都假定海洋在法律上分为内水、领海和公海。从航空法的角度看，国家主权延伸到 1958 年会议上仔细解释过的内水和领海上空。⑨法律专家组主席在其最初建议的补充说明（资料来源 22）中指出，特别是在先前的公约对将列入专属经济区的区域内的航行和飞越作出规定的情况下，关于航行和飞越这一问题产生了与其他公约的关系。他询问是否可以起草一项关于这些早期公约所涉及的航行和飞越自由的条款。他还询问是否可以更好地以声明的形式而不是本条的规定来处理这一问题。

经过进一步协商，法律专家组主席提出了以下建议（资料来源 26）：

1. 在各缔约国间，本公约应优于 1958 年的日内瓦海洋法公约。

2. 本公约应不改变各国根据与本公约相符合的其他条约而产生的权利和义务，以及不影响其他缔约国享有本公约规定的权利或者履行本公约规定的义务。

3. 本公约的两个或两个以上的缔约国可以缔结仅在各该国相互关系上适用的修订或中止本公约规定的协定，但这种协定不得导致与有效执行本公约的目的和宗旨相抵触从而减损本公约的效力，同时这种协定的规定不影响其他缔约国根据本公约享有其权利和履行其义务。

4. 本条不影响本公约有关其与其他国际协定关系的规定。

另外还附了一份说明，表明该小组主席认为，草案第 2 款是根据讨论期间提出的一项建议拟订的，并将考虑到关于在将成为［专属经济区的一部分］的区域内航行和飞越的协定的关切。在第九期会议（1980 年）结束时编写的该小组主席最后文本（资料来源 27）做了一些小的修改。然而，该小组主席在其最后报告中解释说，此条草案"规定新《公约》应优先于 1958 年日内瓦四公约"，这也许有些含糊。该条还承认各国维护现有双边协定或缔结与新公约相适应的新双边协定的权利［资料来源 28，第 8（e）项］。因此，这个问题仍有待进一步协商。

311.7. 海洋法会议主席在第九期会议续会（1980 年）期间对向非正式全体会议提交的案文（资料来源 29）做了一些微小改动。在第 2 款中，"其他协定"一语被"其他条约"所取代，对此没有任何解释，可以假定，必须根据 1969 年《维也纳公约》中

---

⑧ 《联合国条约集》第 15 卷第 295 页；《条约和其他国际条例集》第 1591 页；C. I. Bevans 编《1776—1949 年美国条约和其他国际协议》第 3 卷第 929 页；《国际组织和整合》，第 I. B 卷，在 I. B. 卷 1.6。

⑨ 见 A/CONF. 13/31（1958 年），前注①。

"条约"一词的含义来理解这一变化，即"国家间所缔结而以国际法为准之国际书面协定，不论其载于一项单独文书或两项以上相互有关之文书内，亦不论其特定名称如何"〔第二条第1款（a）项〕。因此，取代可能不仅指这样定义的条约，而且还指不属于这一正式定义的其他协定。第3款引入了一些标点符号的改进。更重要的是新的第4款，内容如下〔后来对先前的第4款进行了重新编号〕：

> 4. 根据第3款缔结任何协定的缔约国应将其缔结协定的意图和对其所规定的公约的修改通知其他缔约方。

海洋法会议主席后来解释说，这项新规定模仿了《维也纳公约》第四十一条（见资料来源30，第11段），而且它清楚地表明，这一增加，加上其他地方包括第三一九条第2款（c）项所作的微小的措辞改动，带来了相互之间的修改，更接近《维也纳公约》第四十一条的基本概念。

另外还做了进一步修改，对第3款和第5款进行了重新起草：

> 3. 本公约两个或两个以上缔约国可订立仅在各该国相互关系上适用的、修改或暂停适用本公约的规定的协定，但须这种协定不涉及本公约中某项规定，如对该规定予以减损就与公约的目的及宗旨的有效执行不相符合，而且这种协定不应影响本公约所载各项基本原则的适用，同时这种协定的规定不影响其他缔约国根据本公约享有其权利和履行其义务。
>
> 5. 本条不应影响本公约其他条款明示许可或保持的其他国际协定。

新的第4款也做了一点改动，其中涉及即将缔结一项相互间协定的缔约国将其意图通知保管者的义务（资料来源31）。

海洋法会议主席后来向会议报告说，虽然经更正的此条已被接受，但有些代表团认为第5款是多余的，因为其主题事项受《维也纳公约》管辖。不过，保留了这一规定，因为人们认为最好是照抄《维也纳公约》有关规定的内容，而不是删除此款（资料来源12）。在此基础上，该条文作为第三一一条第1款至第5款纳入非正式综合协商案文第三次修订稿（资料来源13）。

311.8. 除海洋法会议主席在非正式全体会议（资料来源19）上对最初辩论的总结所提到的公约中许多条款外，公约中还有更多的其他条款、他们的主题可能受其他现有的或未来的国际协定或其他安排支配。其中包括第十五、二十三、三十五、三十九、四十一、四十三、四十七、五十一、五十三、六十三、六十六、六十七、六十九、七十、七十二、七十三、七十四、八十三、九十二、九十四、一〇八、一〇九、一一六、一二四、一二五、一二六、一二八、一三二、一三四、一四六、一五一、

一六二、一六九、一九七、二○七、二○八、二○九、二一○、二一一、二一二、二一七、二二一、二二二、三三七、二六二、二八○、二八二、二八四、二八八、二九九、三○三条和第三一一条，以及附件四第二十条；附件五第一、三、四、七条和第十条；附件六第二十、二十一、二十二、二十四、三十二条和第三十六条；附件七，第三、五条和第十一条；附件八，第三和五条；附件九，第四条。这些条款就其本身的主题事项有很大的不同，在适当情况下，第三一一条给予其他条约优先权。显然，一方面，这些具体条款与公约中关于"国际规则和规章"或"普遍接受的国际规则和标准"的一般规定共存；另一方面，需要在起草和运用第三一一条的一般规定时给予最大的注意；第三一一条表明，在适用其他有关协定时，公约的普遍性是一个相关因素。另一方面，当忆及 1958 年公约中列入了措辞更为笼统的相应规定时，第三一一条的解释可以简化。

311.9. 海洋法会议主席的报告（资料来源 12）还包括以下说明："第〔三一一〕条将包含一个新的第 6 款，该款的案文是会议在处理〔资料来源 11〕所报告的一般条款问题时通过的。"

该款的起源和发展可追溯到智利 1979 年提出的一项非正式提案（资料来源 20），即插入一条题为"强行法"的新条款，内容如下：

> 本公约缔约国代表整个国际社会接受并承认，第一三六条所载关于人类共同继承财产的规定是一般国际法的强制性规范，不允许有任何减损，因此，只有后来的具有相同性质的一般国际法规范才能加以修改。

（第一三六条简单地说，"'区域'及其资源是人类的共同继承财产"，事实上，这项提案只是重复了 1969 年《维也纳公约》第五十三条中的强行法概念。）

在第九期会议第一阶段会议非正式全体会议上审议了这项提案，审议不是在最后条款的范围内，而是在一般条款的新范围内进行的（现为第十六部分）。海洋法会议主席报告说，这些讨论没有结果，但因此他建议，虽然强行法问题与最后条款没有严格的关系，但可以与最后条款的突出问题一起适当地加以讨论，并就此达成了一致意见。[10] 于是，智利的提案于 1980 年晚些时候重新提交（资料来源 32）。当时看来，虽然大多数代表团强烈支持这项提案，而且人们普遍认为这一概念是无可争辩的，但所提出提案的形式一般是不可接受的。为了达成折中，海洋法会议主席也提出了一条修正案文，并进行了进一步磋商，但也没有被接受。如此一来，可以考虑的唯一折中方案显然是成为第三一一条的新的一款。该折中方案（资料来源 14）措辞如下：

---

[10] 见 A/CONF. 62/L. 53（1980 年），《正式记录》第十三卷第 87 页（海洋法会议主席）。

6. 本公约缔约国同意，对第一三六条所载关于人类共同继承财产的基本原则不能做任何修正，并同意它们不应参加任何减损该原则的协定。

会上对该案文进行了长时间的讨论，并提出了几项措辞上的修改。然而，按照最初的表述，折中方案的基本要素似乎是放弃强行法这一用语和取自《维也纳公约》第五十三条的措辞，所有关于起草文字措辞上修改的提案都遭到了反对。

这一规定的正确位置也引起了问题。对此，有人指出，该条文的位置并不重要，无论该条文放在何处，其内容都会有效。

于是，第6款被通过，以海洋法会议主席最初提出的形式纳入第三一一条，但须经某些代表团表示保留，这并不等于反对以协商一致方式接受该款（资料来源11、资料来源12和资料来源13，解释性备忘录，第11段）。由于海洋法会议主席提到的保留意见都是在非正式会议上提出的，因此没有任何记录，也不会在这里加以考虑。

311.10. 第6款可被视为履行两项职能。首先，它与序言部分第6段相呼应，内容如下：

希望本公约发展［发扬］1970年12月17日第2749（XXV）号决议［见第一卷，第173页］所载各项原则，联合国大会在该决议中庄严宣布，除其他外，国家管辖范围以外的海床和洋底及其底土以及其资源是人类的共同继承财产，其勘探与开发应为全人类的利益而进行，不论国家的地理位置如何［。］

这包括在第一三六条的范围内，而第三一一条第6款仅提及了这一条。

其次它为解释和适用第2款中关于"与本公约相符合的其他条约［协定］"和第3款中"该规定予以减损就与公约的目的及宗旨的有效执行不相符合"的措辞提供了一些指导，尽管它不是排他性的或在这一点上是决定性的。公约的目的和宗旨将从整个《公约》和有关文件（包括最后文件）中阐明，序言部分将作为指南。

311.11. 总而言之，第三一一条的最后形式涉及若干单独的问题，它们的共同特征是实际存在或潜在存在另一条约对本公约所规定的事项产生影响。

第1款述及了1982年公约生效对1958年公约的影响，对于作为1958年公约一项或一项以上的公约的缔约方的国家与作为1982年公约的缔约方的国家之间的关系来说，1982年公约将是指导性文书。从那时起，它们之间的关系将受1982年公约的管辖。所使用的表述是合理的标准的，它意味着两种制度同时存在。1982年公约管辖其所有缔约方的关系，在这种情况下，1958年公约不再有效。对于作为1958年公约的任何一项公约或所有公约的缔约方而不是1982年公约的缔约方的国家，它们之间的关系将继续受1958年文书的管辖。这同样适用于作为1958年公约的一项或一项以上的公约的缔约方与 1958 年公约的缔约方并接受新公约的国家。因此，这意味着，并不像最初提议的那样，1958 年公约被 1982 年公约直接或完全取代。

第 2 款以 1982 年公约与现有条约或未来条约的关系为共同形式，对该款所规定的条件进行了讨论。这可以被认为是对 1982 年公约优先权的一种衡量，因为它提供了衡量这些其他协定的兼容性的标准。⑪关于保护和保全海洋环境的特别公约属于第二三七条的范围，而不是第三一一条。

第 3 款和第 4 款以标准方式处理，并作相互修正，密切遵循了 1969 年《维也纳公约》第四十一条的规定。

第 5 款保留了公约其他有关规定（如上文第 311.8 段所列的规定）的特别法，这一点可由第二三七条第 1 款加以说明。虽然有人对此款的必要性表示怀疑，但此款的存在具有排除第三一一条的一般法与其他条款的特别法之间可能不一致的任何论点的效力。

第 6 款禁止某些类型的修正，但没有明确指出第一三六条规定的原则是强行法规则。⑫这被认为是第一批列入这类规定的主要多边条约之一。但令人怀疑的是，这是否可以理解为不只是一项意向声明，而且它不会影响根据公约与具体案件有关的具体规定正式通过的任何修正案的有效性。

最后，应当指出，这一困难的条款的第 2、第 3、第 4 和第 6 款很可能引起有关其解释或适用的争端，那就属于关于解决争端的第十五部分的范围。

---

⑪　关于第 2 款的适用，见《圣劳伦斯湾鱼片加工仲裁案》（加拿大/法国），法文文本转载于《一般国际公法评论》第 90 卷第 713、747 页，第 51 段（1986 年）；英文文本尚未出版。

⑫　这使国际法委员会在审查条约法时无法解决的条约法的一个相对不稳定的分支发挥了作用，其中《维也纳公约》第三十条第 5 款（前注④）暗示了违反先前条约的后来缔结的条约的有效性。关于这一点的最近讨论，特别是第三一一条，见 Sh. Rosenne，《条约的违反》第 85 页（1985 年）。

第三一二条 修正

1. 自本公约生效之日起十年期间届满后，缔约国可给联合国秘书长书面通知，对本公约提出不涉及"区域"内活动的具体修正案，并要求召开会议审议这种提出的修正案。秘书长应将这种通知分送所有缔约国。如果在分送通知之日起十二个月以内，有不少于半数的缔约国作出答复赞成这一要求，秘书长应召开会议。

2. 适用于修正会议的作出决定的程序应与适用于第三次联合国海洋法会议的相同，除非会议另有决定。会议应作出各种努力就任何修正案以协商一致方式达成协议，且除非为谋求协商一致已用尽一切努力，不应就其进行表决。

资料来源

第一次会议

1. A/CONF. 13/L. 7（1958 年，油印本）（秘书长）。

2. A/CONF. 13/L. 12（1958 年），未编号的条款，第一次联合国海洋法会议，《正式记录》第二卷，第 89 页（第四委员会）。

3. A/CONF. 13/L. 32（1958 年），未编号的条款，第一次联合国海洋法会议，《正式记录》第二卷，第 127 页（起草委员会）。

［另见 1958 年日内瓦公约：《领海公约》第三十条；《公海公约》第三十五条；《捕鱼公约》第二十条和《大陆架公约》第十三条。分别在第一次联合国海洋法会议《正式记录》第二卷，第 132、135、139 和 142 页。］

第三次会议

4. A/AC. 138/25，第七十六条，转载于 1970 年《海底委员会报告》，第 130 页（美国）。

5. A/AC. 138/53，第一九九条，转载于 1971 年《海底委员会报告》，第 105 页（马耳他）。

6. A/CONF. 62/L. 13（1976 年），第二节，注⑩，《正式记录》第六卷，第 125 页（秘书长）。

7. A/CONF. 62/L. 60（1980 年），《正式记录》第十四卷，第 132 页（海洋法会议主席）。

8. A/CONF. 62/WP. 10/Rev. 3* （非正式综合协商案文第三次修订稿，1980 年，油印本），第三一二条。转载于《第三次联合国海洋法会议文件集》第二卷，第 179、306 页。

9. A/CONF. 62/L. 78 （公约草案，1981 年），第三一二条，《正式记录》第十五卷，第 172、222 页。

起草委员会

10. A/CONF. 62/L. 152/Add. 21 （1982 年，油印本）。

11. A/CONF. 62/L. 160 （1982 年），《正式记录》第十七卷，第 225 页（起草委员会主席）。

非正式文件

12. FC/4 （1979 年，油印本）（海洋法会议主席）。转载于《第三次联合国海洋法会议文件集》第十二卷，第 356 页。

13. GLE/FC/2* （1979 年，油印本）（秘鲁和葡萄牙）。转载于《第三次联合国海洋法会议文件集》第十二卷，第 462 页。

14. GLE/FC/2/Amend. 1 （1979 年，油印本）（秘鲁和葡萄牙）。转载于《第三次联合国海洋法会议文件集》第十二卷，第 464 页。

15. GLE/FC/3 （1979 年，油印本）（澳大利亚和新加坡）。转载于《第三次联合国海洋法会议文件集》第十二卷，第 465 页。

16. GLE/FC/4 （1979 年，油印本）（未署名）。转载于《第三次联合国海洋法会议文件集》第十二卷，第 466 页。

17. GLE/FC/5 （1979 年，油印本）（未署名）。转载于《第三次联合国海洋法会议文件集》第十二卷，第 467 页。

18. GLE/FC/6 （1979 年，油印本），B 条和 C 条（关于最后条款的法律专家组主席）。转载于《第三次联合国海洋法会议文件集》第十二卷，第 468 页。

19. GLE/FC/7 （1979 年，油印本）（厄瓜多尔）。转载于《第三次联合国海洋法会议文件集》第十二卷，第 469 页。

20. GLE/FC/8 （1979 年，油印本），B 条和 C 条（秘鲁和葡萄牙）。转载于《第三次联合国海洋法会议文件集》第十二卷，第 471 页。

21. GLE/FC/10 （1979 年，油印本），B 条和 C 条（未署名）。转载于《第三次联合国海洋法会议文件集》第十二卷，第 473 页。

22. FC/16 （1979 年），第 4 段和第 5 段，转载于 A/CONF. 62/91 （1979 年），《正式记录》第十二卷，第 71、109 页（关于最后条款的法律专家组主席）。

23. GLE/FC/11 （1980 年，油印本），B 条（关于最后条款的法律专家组主席）。转载于《第三次联合国海洋法会议文件集》第十二卷，第 475 页。

24. GLE/FC/11/Rev.1（1980 年，油印本），B 条（关于最后条款的法律专家组主席）。转载于《第三次联合国海洋法会议文件集》第十二卷，第 478 页。

25. GLE/FC/18（1980 年，油印本），第三〇五条（关于最后条款的法律专家组主席）。转载于《第三次联合国海洋法会议文件集》第十二卷，第 488 页。

26. FC/20（1980 年，油印本），第三〇五条（关于最后条款的法律专家组主席）。转载于《第三次联合国海洋法会议文件集》第十二卷，第 397 页。

27. FC/21（1980 年，油印本），第三〇六条（海洋法会议主席）。转载于《第三次联合国海洋法会议文件集》第十二卷，第 404 页。

28. FC/21/Rev.1（1980 年，油印本），第三〇六条（海洋法会议主席）。转载于《第三次联合国海洋法会议文件集》第十二卷，第 410 页。

29. FC/21/Rev.1/Add.1（1980 年，油印本），第三〇六条（海洋法会议主席）。转载于《第三次联合国海洋法会议文件集》第十二卷，第 422 页。

[注：本条要与第三一三、三一四、三一五条和第三一六条一起解读。]

评　注

312. 1. 1958 年的每一项公约都包含一个相同的修订条款术语（但应用了不同的时态），如下所示：

    1. 自本公约生效之日起五年的期限届满后，任何缔约国可在任何时间书面通知联合国秘书长，提出修订本公约的要求。

    2. 联合国大会应决定对此种要求采取的步骤。

1967 年联合国大会恢复讨论海洋法时，只有《公海公约》的修订条款正在实施。[13]

1958 年在这方面的辩论时提出了几个观点，如果当时对这些观点不加以讨论的话，这些观点在第三次联合国海洋法会议上再次出现，其辩论结果将大不相同。在第一次联合国海洋法会议上，在讨论起草委员会关于最后条款的提案时（资料来源 3），土耳

---

[13]　这些适用期的开始日期如下：《领海及毗连区公约》，1964 年 9 月 10 日；《公海公约》，1962 年 9 月 30 日；《公海捕鱼和养护生物资源公约》，1966 年 3 月 20 日；《大陆架公约》，1964 年 6 月 10 日。这些条款的案文与秘书长代表解释的 1948 年《防止及惩治灭绝种族罪公约》（《联合国条约集》第 78 卷第 277、286 页）第十六条相同[第四委员会，第 40 次会议（1958 年），第 51 段，第一次联合国海洋法会议《正式记录》第六卷第 118 页]。此后，1969 年《维也纳条约法公约》第三十九至四十一条[《联合国条约集》第 1155 卷第 331 页；《美国国际法期刊》第 63 卷第 875 页（1969 年）；《国际法资料》，第 8 卷第 679 页（1969 年）。从此澄清了修订条约的难题]，很明显，条约生效前的修正是一种政治和外交行动，不同于条约生效后的修正。

其代表认为应区分重大修订和无须举行国际会议的小的修订，并提及秘鲁关于定期召开海洋法会议的一项提案（该提案在第三次联合国海洋法会议上再次出现），表示赞同。⑭捷克斯洛伐克代表反对第 2 款，认为这一问题应留给公约签署国处理。荷兰代表认为五年期不适合所有公约，他几乎是预言性地提到《大陆架公约》是一个处理"不断发展"问题的公约。智利代表团认为，五年期应从签署之日（1958 年 4 月 29 日）开始，如果在这一时期结束之前没有获得必要数量的批准（某些公约的情况也是如此），显然，该案文有一些严重缺陷，使其无法被普遍接受，然后将予以修订。在第 20 次全体会议上，辩论继续进行，特别是关于《领海及毗连区公约》，但这些讨论不必在这里赘述（见第一次联合国海洋法会议《正式记录》第二卷，第 72 段，第 114~123 页）。

312. 2. 过去，各种同源术语"revision（修订）""modification（修改）""amendment（修正）"等在外交和理论上都有一些混淆。国际法委员会报告说，有时对条约的个别条款使用"modification（修改）"，对整个条约进行一般性审查使用"revision（修订）"。这一措辞有一定的便利性，但在法律程序上似乎没有任何区别。⑮然而，1969 年《维也纳公约》第三十九条和第四十条在两种意义上都使用"amendment（修正）"一词，并保留"modification（修改）"一词作为在本公约中受第三一一条第 3 款和第 4 款管辖的相互修改。⑯这些规定适用于条约生效后的 amendment（修正）和 modification（修改）。

312. 3. 第三一二至三一六条以及第三一九条第 2 款（a）项是在第三次联合国海洋法会议上提出的一系列不同来源的提案的合并。

秘书长在第五期会议上（1976 年）提出的建议（资料来源 6）中提到了 3 种选择。方案 A 建议不列入关于修订或修正的条款，而应以《维也纳公约》第三十九条和第四十条为依据。方案 B 描述了一个类似于 1958 年公约的过程。同时，一条注释（注㊱）提请注意秘书长在规定比例的缔约方同意这方面的提议后召开审查会议的一些其他先例。方案 C 提到了修订技术附件或附录的简化程序，其中提到（注㊲）世界卫生

⑭　第 17 次全体会议（1958 年），第 6 段，第一次联合国海洋法会议，《正式记录》第二卷第 51 页。秘鲁的提案见 A/CONF. 13/L. 10（1958 年），同上，第 85 页。关于其更详细的提案，见 A/CONF. 62/L. 22（1978 年），《正式记录》第九卷第 180 页（在下文第 319. 3 至 319. 5 段讨论）。

⑮　见 1966 年国际法委员会条约法条款草案，第三十五条和第三十六条评注，第 3 段。国际法委员会第十八届会议工作报告（A/6309/Rev. 1，第二部分），1966 年《国际法委员会年鉴》第二卷，第 172、231–232 页。

⑯　《维也纳条约法公约》，第三十九条和第四十条，前注①。

组织（WHO）章程第二十条、[17]《麻醉品单一公约》[18] 和其他先例。此外，秘鲁[19]和葡萄牙[20]提出了海洋法制度化审查的正式建议，采纳了联合国秘书长（瓦尔德海姆）在第14次全体会议上首先提出的建议（《正式记录》第一卷，第38页，第42段）。很显然，在这样的背景下，就整个修正案议题进行的协商将是复杂的。

312.4. 公约的三项实质性条款提到了审查和修正第十一部分及其有关附件的相关问题。第一五四条要求管理局大会自公约生效起每五年对国际制度在实践中的运作方式进行一次全面系统的审查（第三〇八条）。第一五五条载有召开特别审查会议的详细规定。附件六第四十一条涉及对该附件的修正，部分模仿《国际法院规约》第六十九条和第七十条，部分是为了符合第十一部分的特别修正条款。尽管这些规定具有独立的性质，但仍正式纳入了有关的最后条款。[21]

312.5. 海洋法会议主席以通常的方式书面总结了非正式全体会议的初步辩论（资料来源12），这是一次将审查和修正问题混合在一起的辩论。

（a）从必须考虑到公约的某些基本特征这一前提出发，强调了公约与"一揽子交易"概念相联系的事实。这一主张的必然结果是，一揽子的基本成分或要素必须保持完整，不应通过修正机制造成破坏。

（b）另一方面，也有人强调，可能会发生技术进步和变化，也许会出现新的经济、政治和司法发展，所有这些都可能影响到公约各部分的主题事项，因此公约所载的法律应当适应这些变化。根据这一观点，修正原则必须得到考虑。此外，有人争辩说，接受的事实意味着修正的权利，当然，这要以保护一揽子交易为首要原则。这两种观点被认为构成了一种悖论，并造成了某种困境。

（c）还有一种意见认为，公约的某些条款可被视为具有强行法的性质，因此不受质疑。这一想法与建议的可能性相联系，即有可能审查是否有一个快速程序来实现对技术性质的修正和另一个快速程序可以修改公约的其他主

---

⑰ 《联合国条约集》第 14 卷第 186、192 页（1948 年）；C. I. Bevans 编《1776—1949 年美国条约和其他国际协议》第 4 卷第 119、125 页（1970 年）；《国际组织和整合》，卷 I. B，在 I. B. 1. 5。

⑱ 《联合国条约集》第 520 卷第 204 和 151 页（最后文件）（1964 年）；美国《条约和其他国际条例集》第 6298 页。

⑲ A／CONF. 62／L. 22（1978 年），《正式记录》第九卷第 180 页（秘鲁）。在第 91 次全体会议上（1978 年）提出，第 3 段，《正式记录》第九卷第 17 页。另见下文第 319.3 段。

⑳ A／CONF. 62／L. 23（1978 年），《正式记录》第九卷第 181 页（葡萄牙）。在第 96 次全体会议（1978 年）上提出，第 34 段，《正式记录》第九卷第 34 页。另见下文第 319.3 段。

㉑ 关于第一五四条和第一五五条的评注，见第三卷。关于附件六第四十一条的评注，见下文第 A. VI. 296–300 段。

要部分，而不干扰或破坏"一揽子交易"。

（d）有人进一步建议，应区分非正式综合协商案文第一次修订稿第一五四条仅就第十一部分规定的对公约进行定期审查而不需要修正的想法与文件 ACONF. 62/L. 22 和 L. 23（1978 年），《正式记录》第九卷，第 180、181 页所载的建议与由有权审查和修正公约的会议进行审查的问题。第一五五条所设想的审查仅适用于公约第十一部分。然而，没有明确提到会议作为其进行审查的结果而有权修订公约。

2. 指导原则似乎很清楚，即有关海洋法的所有问题都是相互关联的，一方面，通过保持一揽子交易的完整性来维护公约的完整性；另一方面，应留有空间，以便通过谨慎起草修正程序对公约进行必要的修改。

312. 6. "修正"是最后条款问题法律专家组在第八期会议（1979 年）期间能够着手审查的唯一一项有争议的最后条款。该小组主席在一份简短的报告中概述了该小组的初步工作，他在报告中指出，最后条款当时是第一次"以实质性方式"讨论（资料来源 22）。他强调，许多问题涉及公约所处理的不同事项，所以也涉及一揽子交易，因此，最重要的是对这些条款的各个方面进行详尽的讨论。

在这一阶段，出现了两个问题：（a）对整个公约及其在实践中的适用情况进行定期审查的问题；（b）修正本身的过程。公约的一般性审查问题后来在第三一九条第 2 款（a）项中得到了考虑，并在大会采取了一些平行行动（见下文第 319.3～319.7 段）。本评注的其余部分将限于对公约的修正，但要记住，这一审查和修正实际上是密切相关的。

312. 7. 在这一阶段，秘鲁和葡萄牙在法律专家组中共同采取了这一举措。这些代表团提出了下列提案（连同关于审查的平行提案）（资料来源 13）：

第 条
对公约的修正

1. 在不影响第一五四条和第一五五条规定的情况下，自本公约生效之日起五年期间届满时，只要本公约已得到至少……个国家的批准，缔约国可以书面通知联合国秘书长，请求召开一次审查公约执行情况的会议，并酌情通过对某些条款的修正案，这些修正案不需要对公约所确立的制度和机构进行实质性改变。

2. 根据大会的决定，并考虑到前条所述问题以及大会可能与公约缔约国政府和主管国际组织进行的协商，联合国秘书长应采取必要措施，妥善筹备这一会议。

3. 除本条第 1 款所述问题外，会议可根据本公约签署以来所取得的经验，建议大会设立一个咨询技术机构，除其他外，该机构应具有下列任务：

（1）审议就海洋法和因本公约规定未预见或未充分涵盖的情况而产生的问题提出的新想法；

（2）研究缔约国政府就与遵守公约规定有关的问题提交的资料和询问；

（3）为审查从缔约国政府或主管国际组织收到的旨在改进或补充本公约各项规定的提案提供一个论坛，以及合作筹备为修订或审查公约而召开的会议；

（4）编制与海洋法有关事项的国家和国际立法汇编以及可能就这些事项印发的其他出版物的书目摘要；

（5）编写出版物，分析和传播关于公约主要条款和其他有关问题的资料，以便向各国政府和公众舆论通报这方面的情况。

4. 会议应按照与通过本公约相同的程序作出决定。

第　条
公约的修订

1. 自本公约生效之日后第十年起，至少应……个缔约国的请求，可召开一次修订其所有条款的会议。

2. 本条的规定不适用于公约第十一部分，该部分仍应遵守第一五五条规定的程序。

3. 修订公约会议应按照与通过公约相同的程序作出决定。

该条几乎立即以修正形式重新提出（资料来源 14），对提案的修正以斜体字表示（来自原文）：

第　条
审议公约的适用和修正

1. 在不影响第一五四条和第一五五条规定的情况下，自本公约生效之日起五年期间届满，该公约至少须经……个国家批准后，缔约国可通过向联合国秘书长提出书面通知，请求召开一次审查公约执行情况的会议，并酌情通过对某些条款的修正案，这些修正案不应引起与*有效实现整个公约的目标和宗旨相抵触*的变化。

2. 根据大会的决定，并考虑到前条所述问题以及大会可能与公约缔约国政府和主管国际组织进行的协商，联合国秘书长*如至少收到了……个国家的批准*，经大会决定，缔约国应采取必要措施，妥善筹备这一会议。

· 231 ·

还提出了新的第 4 款，内容如下：

4. 关于公约修正案生效及其在缔约国和第三国中的法律地位的规定，应由通过这些修正案的海洋法会议制定，同时考虑到国际法的有关规则和国家惯例。

同时一项未署名的提案提出了以下建议（资料来源 16）：

第 条

关于第十一部分的程序

除非管理局大会另有决定，以协商一致方式，第……条和第……条的规定不适用于公约第十一部分，该部分仍受第一五四条和第一五五条规定的程序的拘束。

此外，还提交了另一份未署名的文件（资料来源 17）。它与以往文件的区别在于，它以议题和论文的形式而不是条款草案的形式提出了这一问题。上面写道：

工作文件

第十六部分 最后条款

1. 对适用于根据本公约设立的机构的规定生效的修正案对所有缔约国均具有拘束力。

2. 在所有其他情况下，修正案应仅对已批准修正案的缔约国具有拘束力。

3. 已批准修正案的公约缔约国与未批准修正案的缔约国之间的关系，其相互权利和义务应受公约未经修正的规定的管辖。

4. 修正案生效后成为公约缔约方的任何国家，除非该国已表示相反的意图，应被视为：

（a）经修正的公约的缔约方；以及

（b）未经修正的公约的缔约方，即不受修正的公约的协定拘束的任何公约缔约方。

5. 修正案生效所需的批准书数目应与公约生效所需的批准书数目相同。

6. 修正案应自其生效之日起……个月生效。

312. 8. 该小组主席后来提出了他自己的一系列关于修正和修订及其生效的案文。关于修正案的条款，他补充说，秘鲁和葡萄牙关于设立一个咨询技术机构的联合提案（资料来源 13）第 B 条第 5 款可以列入该条第 5 款，也可以建议在附于最后文件的适当决议中加以处理。该小组主席的 3 项条款草案如下（资料来源 18）：

B 条
修正案

1. 自本公约生效之日起五年期间届满后，任何缔约方均可对本公约提出修正案，但此种修正案如获得通过，将不会引起与有效实现整个公约的目标和宗旨不符的变化。这些拟议的修正案的案文及其理由应送交联合国秘书长，由秘书长分送给缔约各方征求意见。

2. 如在修正提案分送之日起六个月内，至少四分之一的缔约方要求召开会议审议该提案，秘书长应在大会作出决定的情况下，采取必要措施召开该会议。

3. 大会通过修正案的程序应与通过本公约的程序相同。

4. 本条不影响第一五四条和第一五五条。

C 条
修订

1. 自本公约生效后第十一年起，联合国大会可召开联合国海洋法会议，审查本公约的执行情况，并酌情决定对本公约进行修订。在这种情况下，大会应采取必要措施，妥善筹备会议。

2. 大会可为类似目的再召开会议，但须自上次会议起至少已经过了五年的时间。

3. 根据本条召开的会议应按照公约通过的程序作出决定。

4. 本条不影响第一五四条和第一五五条。

D 条
修正和修订生效

1. 根据 B 条和 C 条对本公约的修正和修订，对于批准或加入本公约的缔约方，应根据第三〇一条生效。

2. 根据第一五五条设想对第十一部分的修订以及对附件五的修订生效。

D 条第 2 款的暂定措辞意义重大，因为它涉及与第十一部分有关的敏感问题。以严格著称的下一组提案来自厄瓜多尔（资料来源 19）：

第　条
修订

1. 在不影响第一五四条和第一五五条规定的情况下，在本公约生效之日起十年期间届满时，只要公约已得到至少 100 个国家的批准，任何缔约国均可通过致联合国秘书长的书面通知提出请求召开会议，审查公约的执行情况，并酌情通过对公约条款的修正案。

2. 联合国秘书长应将上述通知的副本送交公约所有缔约国，如收到至少 30 个缔约国赞成的答复，应召开会议。

第　条

修正案应由缔约方大会按照与通过本公约相同的程序通过。

第　条

修正案须经批准。批准书应交存联合国秘书长。

第　条

修正案应按照与管辖本公约生效的程序相同的程序生效。

后来，秘鲁和葡萄牙又针对该小组主席草案的 B 条和 C 条提出了一项新的提案（资料来源 20），内容为：

B 条
修正案

1. 本公约生效后，任何缔约方均可对本公约提出修正案。这些拟议的修正案的案文及其理由应送交联合国秘书长，由秘书长分送给缔约方征求意见。

2. 如果所有缔约国在十二个月内同意修正案，修正案应视为通过。本条第 5 款的规定应比照适用于此种修正案的生效。

3. 如在修正提案分送之日起六个月内，至少三分之一的缔约方要求召开会议审议该提案，秘书长应采取必要措施召开该会议。

4. 大会通过修正案的程序应与通过本公约的程序相同。

5. 会议通过的修正案应自在……日之前交存接受书的缔约国交存接受书之日起第二天生效。对于任何其他缔约国，修正案应在其接受书交存之日起生效。

6. 本条不影响第一五四条和第一五五条。

C 条
修订

1. 自本公约生效后第十一年起，在至少八十个国家批准的情况下，联合国秘书长可应不少于五十个国家的请求，召开联合国海洋法会议，审查本公约的执行情况，视情况决定对其进行修订。

2. 根据本条召开的会议应根据公约通过的程序作出决定。

3. 本条不影响第一五四条和第一五五条。

312. 9. 1979 年 8 月 20 日，该小组主席在一份没有编号的文件中分发了他所称的建议"第二稿"（资料来源 18），其中也涉及审查问题。关于修正案的修订条款草案[22]如下：

B 条
修正案

1. 自本公约生效之日起五年期届满后，任何缔约国均可对本公约提出修正案。此种拟议的修正案的案文及其理由应送交联合国秘书长，由秘书长分送缔约国征求意见。

2. 如在修正案提案分送之日起六个月内，至少三分之一的缔约方要求召开会议审议该提案，秘书长应在联合国大会作出决定的情况下，采取必要措施召开该会议。

C 条
修订

自本公约生效之日起十年期届满，并经至少八十个国家批准后，任何缔约国均可书面通知联合国秘书长，召开会议审查本公约的执行情况，并酌情决定对本公约的修订或修正。秘书长应将这类通知分送给所有缔约国。如果有不少于半数的缔约国表示赞成，秘书长应在联合国大会作出决定的情况下召开会议。

D 条
与第十一部分的关系

B 条和 C 条的规定不应影响关于定期审议的第一五四条和关于审查会议的第一五五条。

---

[22] 弗吉尼亚大学法学院法律图书馆档案室存档副本。

2. 对第十一部分第五节和第六节以及附件三和附件五的任何修正或修订提案，应送交管理局征求意见。

E 条
修正案和修订的通过

对本公约的修正和修订应与通过本公约的程序相同。

除非会议另有规定，第二九八条之二、第二九九条和第三〇〇条的规定应适用于本公约的修正和修订。

F 条
修正案和修订的生效

1. 对本公约根据 B 条和 C 条进行的修正案和修订应根据第三〇一条对批准或加入它们的缔约方生效。

2. 对本公约第十一部分第五节以及附件三和附件五的修正案和修订，应在缔约国三分之二批准或加入时对所有缔约国生效。

3. 在修正案或修订全部生效后成为本公约缔约方的任何国家，应被视为经修正的公约的缔约方。

4. 受经修正或修订的公约拘束的缔约国与不受修正或修订的公约拘束的缔约国之间的关系，应以未经修正或修订的公约的形式受本公约管辖。

几天后，美国在一份非正式的、没有编号的文件中提出了一些新的想法:㉓

1. 修正案应由四分之三的缔约国批准，其中包括下列 3 类缔约国每一类缔约国的过半数：

a）（b）项中所指的国家以外的沿海国，

b）内陆国家和具有特殊地理特征的国家，以及

c）重要的海运国（占世界海运总吨位1%以上的国家）。

2. 关于本款所述事项的修正案，除非经与该事项有关的多数缔约国批准，否则不得生效：

a）海峡沿岸国和群岛国；关于第三部分和第四部分，

b）就第五部分而言，其大陆架超出专属经济区的国家，

c）关于第十部分的内陆国家，

d）关于第十部分的过境国，

㉓ 转载于《第三次联合国海洋法会议文件集》第十二卷第316页（美国）。

e）关于第十一部分，第一六一条第（1）款（b）项提及的国家，

f）关于第十一部分，第一六一条第（1）款（c）项所指的国家，其出口量占世界总消费量的2%以上，这些商品是从"区域"内获得的矿物类别生产的。

3. 联合国秘书长应根据可获得统计数字中过去五年的统计数字，编制每一类所指缔约国的年度清单。修正案提交缔约方批准时生效的名单应适用于该修正案的生效。

4. 除本条另有规定外，缔约国可列入一个以上的类别。

5. 在不影响第十五部分的情况下，联合国秘书长可就其履行本条规定的职责请求海洋法法庭提供咨询意见。

在第八期会议（1979年）休会之前提交给法律专家组的这一系列未署名的工作文件（资料来源21）的最后一份载有下列建议：

B 条
修订

1. 在不影响第一五四条关于定期审查的规定和第一五五条关于召开审查会议的规定以及第一五五条第（3）款的规定的情况下，自本公约生效之日起满十年，只要公约已得到至少100个国家的批准，任何缔约国均可给联合国秘书长书面通知，要求召开一次审查公约执行情况的会议，并在必要时通过对公约的修正案。

2. 联合国秘书长应将上述通知的副本送交公约所有缔约国，如收到有不少于半数的缔约国的赞成的答复，应召开会议。

C 条
会议通过修正案

1. 修正案应由缔约方大会按照与通过本公约相同的程序通过。

2. 对第十一部分和附件……的修正案，则须在事先由管理局理事会及大会作出决定后通过。

D 条
修正案的批准

修正案须经批准。批准书应交存联合国秘书长。

E 条

修正案的生效

1. 修正案应在公约三分之二缔约国向秘书长交存批准书后生效，除非在此之前任何国家宣布其实质利益直接受到修正案的影响，国家无法批准修正案。在这种情况下，修正案不生效。

2. 公约任何缔约国均可按照第十五部分规定的程序，就影响其实质性利益的修正案对上文第 1 款所述国家的声明提出质疑。如果由于实施了这种程序，证明本修正案不影响作出声明的国家的实质利益，则在考虑修正案生效时不考虑这种声明。

F 条

修正案生效的法律影响

修正案依照 E 条规定生效后，未批准修正案的国家可以退出公约。

显然，这个问题现在变得极为复杂，尽管将一般性审查从修订条款的范围中删除，但这些条款本身却朝着一些意想不到的方向扩散。在后来的阶段，这些方面的问题中的一些变成了单独的条款。D 条成为公约第三一五条，E 条成为第三一六条，F 条成为第三一七条。B 条和 C 条经过了广泛的重新起草，最终成为《公约》第三一二条、第三一三条和第三一四条。这里不再进一步述及第三一五条、第三一六条和第三一七条所述的问题，这些方面的问题将由读者去查阅。

312. 10. 在 1979 年 11 月法律专家组非正式会议上，专家组主席提出了统一和简化公约修正或修订程序的问题，以及在召开讨论和通过修正案会议的标准与修正案生效所需的多数之间建立联系的问题。专家组主席在 1980 年 2 月 13 日的报告中指出㉔，讨论是在公认的政策的基础上进行的，即决不允许修正案扰乱一揽子协议的基本内容。先前的草案在分别处理修正案和修订案时被认为是烦琐的。虽然确定应合并，但也有人认为，对第十一部分特别是第四节和第五节以及附件四和附件六有关体制方面的修正，必须与对公约其他部分的修正，包括根据第一五五条以及“可能”（原文强调）第一五四条所设想的对第十一部分的修正保持区别。还有人建议，可以通过管理局的有关机关的决定来实现“技术调整”，而不要求召开会议对其讨论和通过——这一想法现在部分体现在第三一三条中。法律专家组主席的报告接着说：

讨论表明，为了满足维持公约完整性的基本关切，同时考虑到必要的修

㉔ 延斯·埃文森先生就公约最后条款召集的非公开会议的报告，日内瓦，1979 年 11 月 19 日至 29 日（1980 年 2 月），转载于《第三次联合国海洋法会议文件集》第十二卷第 321 页（关于最后条款的法律专家组主席）。

正，有两种可能的办法。一种办法首先会使召开一次审议修正案的会议变得困难，比如，要求从公约生效之日起有一个固定的期限（例如十年），在此期间不允许任何修正。此外，还要求批准公约的国家数目高于公约生效所需的数目。

另一种办法将使召开会议讨论修正案变得容易，但使修正案的通过和生效变得困难。根据这一办法，不会规定禁止修正的期限……。修正案将由四分之三的参加国通过。但是，除非批准或同意修正案的四分之三国家也包括直接有关的一类国家的多数，修正案才生效。对于最后一项要求，各国将分为以下几类：

——沿海国；

——占世界商船吨位或海军吨位1%以上的海运大国；

——按照公约第七十条的定义，内陆国和自己认为的地理不利国；

——对修正案有重大利益的国家。

在表示同意受修正案拘束时，预计一国将宣布其在该修正案中所属的类别。

312. 11. 在第九期会议第一期会议上（1980年），法律专家组主席在其非正式文件中列入了以下两条（资料来源23）：

B 条

修正案

1. 自本公约生效之日起满十年后，任何缔约国均可书面通知联合国秘书长，请求召开会议审议本公约修正案。秘书长应将这类通知分送给所有缔约国。如果在一年内，至少有一半［三分之一］的缔约国表示赞成，秘书长应召开会议。

2. 任何修改第十一部分［第五节和第六节］以及附件三和附件五［非正式综合协商案文第二次修订稿，附件四和附件六］的提案应送交管理局征求意见。

3. 会议应制定自己的议事规则，同时考虑到适用于通过本公约的程序。［法律专家组主席在此插入一项说明，提请注意他在另一份文件中提出了不同的措辞（资料来源17）。］

4. 除非会议另有规定，本公约第［三〇五、三〇六和三〇七］条的规定应适用。

5. 本条的规定不影响关于定期审议的第一五四条和关于审查会议的第一五五条。

该提案继续处理第三一六条现在处理的事项。

随着协商的进行，法律专家组主席提出了修改建议。在第一项提案（资料来源24）中，对第1款的最后一节做了修正，将"十八个月"改为"一年"，删除了括号内提及的三分之一缔约国。第2款和第3款改为：

2. 修正〔第一条第3款界定的〕与"区域"内活动有关的规定的任何提案，应由管理局理事会提出，并应任何缔约国的请求由大会核准。

经核准的提案应由联合国秘书长通知所有缔约国。

大会按照适用于实质性问题的程序作出的决定应被视为满足第1款规定的赞成答复的要求。

3. 除非海洋法会议另有决定，海洋法会议就修正案作出决定的程序应与适用于本公约的程序相同。

第4款基本上保持没变，第5款做了更为强调的修改，大意是条款不适用于第一五五条规定的审查会议。同时，提出了一项新的条款，内容如下：

B 条之二
以简化程序进行修正

1. 尽管有 B 条第1款的规定，任何缔约国均可通过书面通知联合国秘书长，提出对本公约的修正案，并要求以简化程序通过该修正案，而无须召开会议审议该修正案。

2. B 条第二项应比照适用。

3. 秘书长应将这类通知分送给所有缔约国。如果没有缔约国在通知分送之日起十八个月内对拟议的修正案或通过简化程序通过修正案的请求提出异议，则应认为拟议的修正案获得通过。

〔B 条之二后来成为单独的一条（第三一三条），将在以下关于该条的评注中加以讨论。〕

关于这项建议的辩论表明，人们普遍希望使修订条款更接近1969年《维也纳公约》的有关规定。因此，该组主席提交了一份新的草案（资料来源25）。在此，就第三〇五〔三一二〕条而言，第1款保持不变，第2款改为：

2. 缔约国可以对与"区域"内活动有关的规定提出修正案。该提议应经理事会建议，由大会核准。

大会按照适用于实质性问题的程序作出的肯定性决定，应被视为满足第 1 款规定的赞成答复的要求。

经核准的提案应由联合国秘书长通知所有缔约国，以便召开会议。

第 3 款也保持不变。但是，第 4 款和第 5 款改为：

4. 本公约第二九九、三〇〇、三〇一、三一〇条和第三一一条应适用。

5. 本条不适用于对第十一部分及其附件中关于"区域"资源勘探和开发制度的规定的修正，这些规定受第一五五条关于审查会议的管辖。

这仍然没有产生预期的协商一致意见，法律专家组主席在第九期会议（1980 年）第一阶段会议结束时提交的报告中进一步重新起草了此条和关于简化程序进行修正的条款（资料来源 26）：

第三〇五条
修正案

1. 自本公约生效之日起十年期间届满后，缔约国可以书面通知联合国秘书长，请求召开会议，审议对本公约提出的具体修正案。如果自秘书长向所有缔约国分送此类通知之日起十二个月内，至少有一半的缔约国作出答复赞成这一要求，秘书长应召开会议。

2. 根据本条对有关"区域"内活动的规定的任何修正，可由任何缔约国提出，并应经管理局大会根据理事会的建议核准。

大会按照适用于实质性问题的程序作出的肯定性决定，应被视为满足第 1 款规定的赞成的答复的要求。

经大会核准的提案应由联合国秘书长通知所有缔约国，以便召开会议。

3. 修正会议适用的议事规则应与适用于本公约的议事规则相同，除非海洋法会议另有决定。

第 4 款和第 5 款保持不变。

法律专家组主席在该报告（其中也包括现在的第三一五条和第三一六条）中解释说，将公约的修正同其修订区分开来的努力已经被放弃。第三〇五［三一二］条草案设想由一次会议加以修正。第三〇六［三一三］条草案规定了简化的修正程序，无须召开会议。另一条，即第三〇七［三一六］条草案涉及修正案的生效。不过，对公约的一般修正案、与"区域"内活动有关的规定的修正案、对第十一部分体制安排的修正案和第一五五条设想的修正案做了区分［资料来源 26，第 8（f）段］。

312. 12. 在第九期会议上（1980 年），非正式全体会议根据法律专家组主席的报告继续进行了协商。海洋法会议主席提交了新版本的条款（资料来源 26）。对于第三〇五条草案，重新编号为第三〇六［三一二］条，他提议的文字为：

第三〇六条
修正案

1. 自本公约生效之日起十年期满后，缔约国可以给联合国秘书长书面通知，请求召开一次会议，审议本公约拟议的具体修正案，但与"区域"内活动有关的修正案除外。秘书长应将这种通知分送所有缔约国。如果在分送通知之日起十二个月内，有不少于半数的缔约国对这一请求作出答复赞成这一要求，秘书长应召开会议。

2. 除非修正会议另有决定，修正会议上适用的决策程序应与通过本公约时适用的程序相同。会议应作出各种努力就任何修正案以协商一致方式达成协议，且除非为谋求协商一致已用尽一切努力，不应就其进行表决。

3. 根据本条通过的修正案应自……通过之日起在纽约联合国总部开放供本公约缔约国签署，除非修正案本身另有决定。

4. 缔约国可以书面通知管理局秘书长，提出对"区域"内活动有关规定的修正案，秘书长应将修正案分送给所有缔约国。拟议的修正案须经理事会和大会按照适用于实质性问题的程序核准。

参加理事会和大会审议拟议的修正案的会议的缔约国代表对此拥有全权。

经理事会和大会核准的拟议的修正案应送交联合国秘书长，由秘书长分送给所有缔约国批准。

5. 在根据本条第 4 款通过任何修正案之前，理事会和大会应确定该修正案不影响依照第一五五条举行的审查会议之前的勘探和开采制度。

"除与'区域'内活动有关者外"一语同时插入第 1 款，这些修正案本身就是第 4 款和第 5 款的主题。

312. 13. 然而，这一提法也不令人满意，协商仍在继续。它们又导致了一些变化，并最终调整了涉及修正案的整套条款。

对第三一二条产生直接影响的最重要的变化是，删除先前的第 3 款，形成了新的第三〇八［三一五］条，并重新起草以适用于整个公约，后来对其余各款重新编号。海洋法会议主席在一份说明中解释了这一变化和其他变化（资料来源 28）。

在第 1 款中，"至少一半缔约国"改为"不少于一半缔约国"，并插入了十二个月的期限，作为对召开会议审议修正案的请求作出赞成答复的时限。

在第 2 款中，"通过本公约所适用的"改为"适用于第三次联合国海洋法会议的"，以消除前一用语在该款中造成的歧义。

原第4款（现改为第3款）"已在若干方面得到改进"，改为单一编号的一款。为了清楚起见，在开头一句的"relating（有关的）"一词之后插入了"exclusively（专门）"一词，在后来的类似条款中也酌情做了同样的补充。然而，这个词并没有插入第1款。第3款也重新起草，要求理事会和管理局大会按照适用于实质性问题的最严格程序核准拟议的修正案，核准后，修正案将被视为通过。

第4款（原第5款）做了起草措辞上的修改，而要求联合国秘书长将经通过的修正案分送给缔约国批准或加入的条款已移到关于保管者的第三一二［三一九］条第［1］款（d）项。

然而，这个问题仍然没有结束，在相互关联的3个条款中又引入了一系列的变化，现在是第三一二、三一四条和第三一六条（资料来源29）。海洋法会议主席在提交给会议的报告（资料来源7）中写道：

> 已接受［资料来源28］中出现的和［资料来源29］中更改的本条案文。如该文件所述，第1款和第2款仍为第三〇六［三一二］条，而第3款和第4款将构成新的一条［第三一四条］，出现在第三〇七［三一三］条之后。
>
> 由于这一新的条款没有标题，海洋法会议主席加了一个标题，改为"对本公约专门同'区域'内活动有关的规定的修正案。"

在对某些其他段落重新编号发表意见后，报告的此节最后说：

> 有人提出的问题是，关于公约及其附件修正案的条款是否详尽无遗地涵盖了所有类型的修正案，是否存在必须填补的空白。大家理解，这件事需要仔细审查。
>
> 由于特别强调协商一致，考虑到1974年6月26日海洋法会议主席在［海洋法会议］大会第17次会议上就此问题所作的发言，以及二十一国工作组协调员在第一六一条第7款（e）项范围内的报告中对这一用语的含义，人们认为有必要界定这一用语（见A/CONF. 62/C. 1/L. 28/Add. 1）［（1980年），《正式记录》第十四卷，第161、170、175页］。

关于该报告的最后一段，应当指出，在第17次全体会议上（《正式记录》第一卷，第45页，第5段），海洋法会议主席说：

> 至于"consensus（共识）"一词的定义，……经济及社会理事会通过了人口委员会提交给它的一项关于将于1974年8月在布加勒斯特举行的世界人

口会议的建议；该建议将该词界定为"未经表决但未必一致同意的一般协定。"㉕

至于第一委员会二十一国工作组的协调员们，他们提出了第一六一条第 8 款（e）项出现的协商一致一词的定义，就（d）项、（f）项和（g）项而言，是指"没有任何正式反对"。协调员的报告没有超出这一范围，这符合第三次联合国海洋法会议的惯例。

312. 14. 根据这些讨论的趋势，关于最后条款的非正式全体会议还决定建议修改《国际海洋法法庭规约》（附件五［六］第四十二［四十一］条）；这些修改是必要的，因为该附件第四节（第三十五条至第三十九条）只涉及第十一部分。㉖

312. 15. 执行管理委员会批准将关于修订的条款以这种形式纳入非正式综合协商案文第三次修订稿（资料来源 8）。

312. 16. 秘书长关于第三一二条至三一六条修正案的职能似乎属于保管者职能的范围。㉗

312. 17. 第三一二条是法律专家组主席建议的两种办法的结合（资料来源 18，上文第 312.9 段），倾向于更难的方法。由于第 1 款规定的自公约生效之日起十年的暂停修订期以及不少于一半的缔约国对这一请求作出赞成的答复的要求，召开一次审议修正案的会议十分困难。这种语言可能排除默许请求的可能性。在计算这样作出赞成答复的缔约国的百分比时，附件九第八条（b）款（1）项可比照（c）款适用。为了避免作为缔约国的会员国的双重代表性（合格的国际组织成为公约缔约国的条件之一），可以假定，作为公约缔约国的国际组织的答复将被视为其成员国为缔约国的每一缔约国的答复。

第 2 款传达了海洋法会议的决策程序，强调协商一致和用尽努力达成共识。只有在那之后才能投票。会议《议事规则》第三十七条规定了为达成协商一致而竭尽全力

㉕　E/CONF. 60/2（1974 年，油印本），附件。

㉖　另见与本文件平行的报告 A/CONF. 62/L. 59（1980 年），第 9（i）段，《正式记录》第十四卷第 130 页（海洋法会议主席）。然而，附件六第四十一条似乎意味着比第三一二条设想的程序更严格，该条允许在用尽一切努力达成共识后进行表决。附件六第四十一条仅提及第三一三条，似乎在所有情况下都需要一致同意。这种明显的不一致可能是由于起草上的疏忽（见下文第 A. VI. 207 段）。

㉗　见"关于秘书长在公约草案下的未来职能以及各国特别是发展中国家在新法律制度下的需要的研究"，A/CONF. 62/L. 76（1981 年），第 2（b）段，《正式记录》第十五卷第 153 页，在第 154 和 158 页。另见"秘书长因通过《联合国海洋法公约》和第三次联合国海洋法会议有关决定而承担的责任"（文件 A/37/561），第 8 段，《联大会议正式记录》第 37 卷，第 28 项议程（1982 年，油印本）。

的程序，包括该进程各个阶段的一系列时限。㉘第三十九条规定了所需的多数，即在实质性问题上，出席并参加表决的代表以三分之二多数通过，但条件是这种多数应至少包括参加海洋法会议该期会议的国家的多数。同时，它也让海洋法会议可以作出其他决定，但没有说明海洋法会议如何作出这一决定。在这方面，人们可能对1969年《维也纳公约》第九条第2款感兴趣，该款规定，在国际会议上，条约文本的通过须经出席并参加表决的国家三分之二的赞成票通过，除非它们以同样多数决定适用不同的规则。

此条删除了对与"区域"内活动有关的修正案的所有提法。这方面完全在第三一四条支配之下。第1款所用的"区域内活动"一语在第一条第1款第（3）项中定义为"勘探和开发'区域'的资源的一切活动"。此外，在第一三三条中，"资源"就第十一部分而言，是指"'区域'内在海床及其下原来位置的一切固体、液体或气体矿物资源，其中包括多金属结核"㉙。尽管第十一部分对该术语的含义有明显的限制，但不认为该术语对此条有任何其他含义。

关于第三一二条的解释或适用的争端属于公约第十五部分的范围。

312.18. 根据附件九第八条（b）款（i）项，作为公约缔约方的国际组织在适用第三一二条方面应具专属能力，但以其根据该附件第五条对修正案整个主题事项具有管辖权为限。根据第（b）款（ii）项，其正式确认或加入修正案的文书，即该组织根据该附件第五条有权处理的整个主题事项，为计算适用第三一六条而收到的批准书或加入书的数目，应视为作为缔约国的每个成员国的批准书或加入书。同样，一个组织根据此条第1款作出的赞成的答复将被视为其作为公约缔约国的所有成员国的赞成的答复。

㉘ A/CONF. 62/30/Rev. 3（1981年，油印本）。联合国出版物销售编号：E. 81. I. 5。转载于《第三次联合国海洋法会议文件集》第十三卷第489页。

㉙ 分别见本系列丛书第二卷和第三卷对第一条和第一三三条的评注。

第三一三条　以简化程序进行修正

1. 缔约国可给联合国秘书长书面通知，提议将本公约的修正案不经召开会议，以本条规定的简化程序予以通过，但关于"区域"内活动的修正案除外。秘书长应将通知分送所有缔约国。

2. 如果在从分送通知之日起十二个月内，一个缔约国反对提出的修正案或反对以简化程序通过修正案的提案，该提案应视为未通过。秘书长应立即相应地通知所有缔约国。

3. 如果从分送通知之日起十二个月后，没有任何缔约国反对提出的修正案或反对以简化程序将其通过的提案，提出的修正案应视为已通过。秘书长应通知所有缔约国提出的修正案已获通过。

资料来源

1. A/CONF. 62/L. 60（1980 年），《正式记录》第十四卷，第 132 页（海洋法会议主席）。

2. A/CONF. 62/WP. 10/Rev. 3*（非正式综合协商案文第三次修订稿，1980 年，油印本），第三一三条。转载于《第三次联合国海洋法会议文件集》第二卷，第 179、306 页。

3. A/CONF. 62/L. 78（公约草案，1981 年），第三一三条，《正式记录》第十五卷，第 172、223 页。

起草委员会

4. A/CONF. 62/L. 152/Add. 21（1982 年，油印本）。

5. A/CONF. 62/L. 152/Add. 27（1982 年，油印本）。

6. A/CONF. 62/L. 160（1982 年），《正式记录》第十七卷，第 225 页（起草委员会主席）。

非正式文件

7. GLE/FC/11/Rev. 1（1980 年，油印本），B 条之二（关于最后条款的法律专家组主席）。转载于《第三次联合国海洋法会议文件集》第十二卷，第 478 页。

8. GLE/FC/18（1980 年，油印本），第三○六条（关于最后条款的法律专家组主席）。转载于《第三次联合国海洋法会议文件集》第十二卷，第 488 页

9. FC/20（1980 年，油印本），第三○六条（关于最后条款的法律专家组主席）。

转载于《第三次联合国海洋法会议文件集》第十二卷，第 397 页。

10. FC/21（1980 年，油印本），第三〇七条（海洋法会议主席）。转载于《第三次联合国海洋法会议文件集》第十二卷，第 404 页。

11. FC/21/Rev. 1（1980 年，油印本），第三〇七条（海洋法会议主席）。转载于《第三次联合国海洋法会议文件集》第十二卷，第 410 页。

12. FC/21/Rev. 1/Add. 1（1980 年，油印本），第三〇七条（海洋法会议主席）。转载于《第三次联合国海洋法会议文件集》第十二卷，第 422 页。

［注：本条要与第三一二、三一四、三一五条和第三一六条一起解读。］

评　注

313. 1. 整个海洋法会议都在考虑公约是否有可能规定某种简化形式的修正，至少是其中的部分修正，并提出了不同的做法。在法律专家组主席提请注意需要简化对修正的整个处理之后，使众所周知的条约法程序制度化的办法出现了，即在一段固定时间过去后推定默许。该组主席在海洋法会议第九期会议第一阶段会议上（1980 年）首次建议将其作为其订正提案的 B 条之二（案文见上文第 312. 11 段和资料来源 7）。此后，他提交了一份订正提案（资料来源 8），内容如下：

第三〇六条
以简化程序进行修正

1. 缔约国可随时给联合国秘书长书面通知，提出对本公约的修正案，并要求不经召开会议以简化程序予以通过。

2. 缔约国可以对与“区域”内活动有关的规定提出修正案，根据本条以简化程序通过。大会应根据理事会的建议核准这项提议。大会根据适用于实质性问题的程序核准的提案应送交联合国秘书长。

3. 秘书长应向所有缔约国分送第 1 款和第 2 款规定的通知。如果没有缔约国在通知分送之日起十二个月内对拟议的修正案或以简化程序通过修正案的请求提出异议，拟议的修正案应被视为通过。

4. 十二个月期满后，秘书长应将拟议的修正案是否获得通过通知所有缔约国。

会上后来对第 2 款进行了修订（资料来源 9），内容如下：

2. 任何缔约国均可根据本条提出对“区域”内活动规定的任何修正案，供简化程序通过。管理局大会应根据理事会的建议核准这一提议。经大会核准的提案适用于实质性问题的程序，应通知联合国秘书长。

313. 2. 然而，这也不令人满意，非正式全体会议决定删除第 2 款，并相应地给其余各款重新编号。同时，在第 1 款中增加了"除专门与'区域'内活动有关的修正案外"等字，与第三一二条第 1 款中的类似增加相类似，并对措辞做了一些其他修改。海洋法会议主席的报告（资料来源 11）提请注意第 1 段中"随时"一词的删除，但未做任何解释。报告载有下列说明：

> 相信对专门与［区域］活动有关的、须暂停十年的规定作出修正，将阻止对这些规定作出先前的修正，而经验证明，这些修正可能是使公约在任何特定时间保持最新所必需的。可能需要作出这样的修正，但不影响整个公约的完整性和统一性。

后来，从第 1 款中删除了"专门的"一词（资料来源 12），该条后来被接受并作为第三一三条列入非正式综合协商案文第三次修订稿（资料来源 2）。

313. 3. 此条有两个方面需要指出。首先，正如海洋法会议主席指出的那样，它不受适用于第三一二条范围内案件的十年暂停修改的限制。但是，应当指出，第三一二条和第三一三条都适用于修正程序，而不适用于修正类型。其次，与第三一二条一样，与"区域"内活动有关的修正案通常被排除在第三一三条的程序之外。

关于第 1 款中使用的"'区域'内活动"一词的含义，见上文第 312.17 段。

从第 1 款中删除"专门的"一词的效果没有给予充分解释，尽管它在第三一二条和第三一三条之间形成了对称。如果基于初步印象，它将提到第十一部分和相关附件，公约的另外两项规定，即第二〇九条和第二一五条，也适用于"区域"内活动。所有专门与"区域"内活动有关的修正案均受第三一四条的支配，从而使海洋法会议主席在其报告中提出的概念生效，见上文第 313. 2 段引述（资料来源 9）。

313. 4. 上文第 312.18 段所述关于国际组织能力的同一意见也适用于第三一三条。

第三一四条 对本公约专门同"区域"内活动
有关的规定的修正案

1. 缔约国可给管理局秘书长书面通知,对本公约专门同"区域"内活动有关的规定,其中包括附件六第四节,提出某项修正案。秘书长应将这种通知分送所有缔约国。提出的修正案经理事会核准后,应由大会核准。各缔约国代表应有全权审议并核准提出的修正案。提出的修正案经理事会和大会核准后,应视为已获通过。

2. 理事会和大会在根据第 1 款核准任何修正案以前,应确保该修正案在按照第一五五条召开审查会议以前不妨害勘探和开发"区域"内资源的制度。

资料来源

1. A/AC. 138/25,第七十六条,转载于 1970 年《海底委员会报告》,第 130 页(美国)。

2. A/CONF. 62/WP. 8/Part I(非正式单一协商案文,1975 年),第一部分,第六条,《正式记录》第六卷,第 137 页(第一委员会主席)。

3. A/CONF. 62/WP. 10/Rev. 3[*](非正式综合协商案文第三次修订稿,1980 年,油印本),第三一四条。转载于《第三次联合国海洋法会议文件集》第二卷,第 179、306 页。

4. A/CONF. 62/L. 78(公约草案,1981 年),第三一四条,《正式记录》第十五卷,第 172、223 页。

起草委员会

5. A/CONF. 62/L. 152/Add. 21(1982 年,油印本)。

6. A/CONF. 62/L. 160(1982 年),《正式记录》第十七卷,第 225 页(起草委员会主席)。

非正式文件

7. GLE/FC/4(1979 年,油印本)(未署名)。转载于《第三次联合国海洋法会议文件集》第十二卷,第 466 页。

8. FC/21/Rev. 1/Add. 1(1981 年,油印本),第 4 款(第三〇六条之后的新条款)(海洋法会议主席)。转载于《第三次联合国海洋法会议文件集》第十二卷,第 422 页。

[注：本条要与第三一二、三一三、三一五条和第三一六条一起解读。]

评　注

314. 1. 此条在起草该条的最后阶段与后来成为第三一二条的内容分开了（资料来源8）。（上文第312.3段至312.13段描述了此条以前的历史）。第1款目前的措辞是海洋法会议主席在关于修正案的协商结束时提出的（资料来源8）。起草委员会做了进一步澄清（资料来源5），特别是在第1款倒数第二句中增加了"这些机关的"等字样。

314. 2. 在此条标题和第1款中插入"专门"一词是故意而为之，应当指出，该词已从第三一二条和第三一三条的相应规定中删除。此外，还规定这些拟议的修正案不应送交联合国秘书长，而应送交管理局秘书长。管理局大会的表决受第一五九条的支配，该条第8款规定，在实质性问题上，出席并参加表决的成员须以三分之二多数通过，但此种多数须包括出席会议的成员的过半数。当一个问题是不是实质性问题时，除非同一多数另有决定，否则应视为实质性问题。管理局理事会的表决受第一六一条第8款的支配。在（d）项中，对第十一部分的修正应以协商一致的方式通过，即［在第（e）项下］在海洋法会议主席遵循特别程序确定是否会有任何正式反对而不存在任何正式反对之后通过。

314. 3. 第1款提及缔约国代表的"全权"是不寻常的。1969年《维也纳公约》第七条第2款（c）项规定①，各国派驻一国际会议或一国际组织或其一个机关的代表，无须为在该会议、组织或机关通过条约案文而出示全权证书。1975年3月14日《关于各国在其与具有普遍性的国际组织的关系中的代表权的维也纳公约》②第十二条也有类似规定。1986年《维也纳公约》第七条第3款没有关于国际组织代表权的同等规定。③

因此，在第1款中列入这一短语似乎意味着，一名代表（包括一个常驻代表团团长）按照有关议事规则的要求出席大会或理事会的通常的全权证书不足以使该代表审议和核准拟议的修正案。

这一要求比第三次联合国海洋法会议（与大多数国际会议一样）中的要求更为严格，在该次会议上，代表的全权证书授权也采取一切必要步骤，直至并包括公约的最后通过和开放供签署（但除《最后文件》外不得签署任何文件）。

314. 4. 公约中没有具体的修正条款，这些修正案不仅与"区域"内的活动有关，

---

① 《维也纳条约法公约》，《联合国条约集》第1155卷第331页；《美国国际法期刊》第63卷第875页（1969年）；《国际法资料》，第8卷第679页（1969年）。

② 见A/CONF.67/16（1975年），联合国关于国家在其与具有普遍性的国际组织的关系中的代表权会议，《正式记录》第二卷第209页。转载于《美国国际法期刊》第69卷第730页（1975年）。

③ 《关于国家与国际组织或国际组织间条约法的维也纳公约》，A/CONF.129/15（1986年）；《国际法资料》第25卷第543页（1986年）。

而且只是部分有关。考虑到大会一系列决议和公约序言部分所表达的海洋法的内在统一性，应假定修正案不完全与"区域"内的活动有关（其中将包括与第一三五条至一三八、一四一条等有关的修正案，一四三条和一四九条——均在第十一部分，但不涉及"区域"内的活动）将属于第三一二条和第三一三条的范围。

314.5. 第一六一条第 8 款（d）项是指在管理局理事会进行表决，特别提到第十一部分，这不仅意味着整个第十一部分，而且（通过第三一八条）附件六第三十五条至第四十条。该附件第四十一条第 2 款也反映了这一点。

314.6. 关于第 1 款中使用的"'区域'内活动"一词的含义，见上文第 312.17 段。

314.7. 因此，第三一四条是严格的。与第三一二条不同的是，如果没有一个暂停修订期，即在这个期限内不能提出与"区域"内的活动完全有关的修正案，则这些修正案的简化程序与第三一三条没有任何对应关系。

314.8. 上文第 312.18 段中关于国际组织能力的同一意见也适用于第三一四条。在编写本书时，欧洲经济共同体这个唯一签署公约的国际组织，尚无权在"区域"开展活动。如果它或任何其他有资格的国际组织处于这种地位，它在管理局主管机关中的表决权大概将适用于同样是该组织成员的缔约国的"非双重代表"原则。

第三一五条　修正案的签字、批准、加入和有效文本

1. 本公约的修正案一旦通过，应自通过之日起十二个月内在纽约联合国总部对各缔约国开放签字，除非修正案本身另有决定。

2. 第三〇六、第三〇七和第三二〇条适用于本公约的所有修正案。

资料来源

1. A/CONF. 62/WP. 10/Rev. 3* （ICNT/第三次修订稿，1980 年，油印本），第三一五条。转载于《第三次联合国海洋法会议文件集》第二卷，第 179、307 页。

2. A/CONF. 62/L. 78 （公约草案，1981 年），第三一五条，《正式记录》第十五卷，第 172、223 页。

起草委员会

3. A/CONF. 62/L. 152/Add. 21 （1982 年，油印本）。

4. A/CONF. 62/L. 160 （1982 年），《正式记录》第十七卷，第 225 页（起草委员会主席）。

非正式文件

5. GLE/FC/7 （1979 年，油印本）（厄瓜多尔）。转载于《第三次联合国海洋法会议文件集》第十二卷，第 469 页。

6. GLE/FC/10 （1979 年，油印本），D 条（未署名）。转载于《第三次联合国海洋法会议文件集》第十二卷，第 473 页。

7. FC/21 （1980 年，油印本），第三〇八条（海洋法会议主席）。转载于《第三次联合国海洋法会议文件集》第十二卷，第 404 页。

8. FC/21/Rev. 1 （1980 年，油印本），第三〇八条（海洋法会议主席）。转载于《第三次联合国海洋法会议文件集》第十二卷，第 410 页。

［注：本条要与第三一二、三一三、三一四条和第三一六条一起解读。］

评 注

315. 1. 在关于《公约》修正案的整个协商过程中出现了第三一五条涉及的议题,[①]但直到第九期会议续会上（1980 年）非正式全体会议最后整理所有这些规定，海洋法会议主席才在新的第三〇八［三一五］条中提议将这些规定分开并加以统一（资料来源8）。该条以这种形式被纳入非正式综合协商案文第三次修订稿（资料来源1）。

315. 2. 根据第 1 款，所有修正案都必须经过 3 个正式阶段：①根据第三一二、三一三或三一四条提出倡议；②根据其中一条通过；③在签署后批准或正式确认（第三〇六条）或加入（第三〇七条）。作为补充规则，第 1 款还规定，通过的修正案应自通过之日起十二个月内在纽约联合国总部开放供签署。根据第三一三条，这一日期必须由联合国秘书长作为保管者确定。在属于第三一四条的情况下，应以管理局大会批准修正案的日期为准。

315. 3. 第 2 款是一项强制性规则，规定所有修正案均须签字，然后批准（或正式确认）或加入，所有修正案的阿拉伯文、中文、英文、法文、俄文和西班牙文文本均应具有同等效力。这与公约本身的类似条款相对应。

315. 4. 关于第三〇六条和第三〇七条，将适用附件九第八条。根据公约附件九第八条（b）款（2）项，作为缔约方的国际组织对一项修正案的正式确认书或加入书，在该国际组织根据本附件第五条对修正案整个主题事项具有权限的情况下，应将其视为作为缔约国的每一成员国的批准书或加入书。实际上，根据第八条（b）款 1 项，在这种情况下，该组织应具有适用第三一五条的专属能力。

---

① 见上文第三一二条，资料来源 14、资料来源 17、资料来源 19 和资料来源 20，和第三一二条评注脚注资料来源 14 和资料来源 15 中提到的文件，以及资料来源 21、资料来源 23、资料来源 24、资料来源 25 和资料来源 26，其中许多也适用于第三一三条和第三一四条。

第三一六条　修正案的生效

1. 除第 5 款所指修正案外，本公约的修正案，应在三分之二缔约国或六十个缔约国（以较大的数目为准）交存批准书或加入书后三十天对批准或加入的缔约国生效。这种修正案不应影响其他缔约国根据本公约享有其权利或履行其义务。

2. 一项修正案可规定需要有比本条规定者更多的批准书或加入书才能生效。

3. 对于在规定数目的批准书或加入书交存后批准或加入第 1 款所指修正案的缔约国，修正案应在其批准书或加入书交存后第三十天生效。

4. 在修正案按照第 1 款生效后成为本公约缔约国的国家，应在该国不表示其他意思的情形下：

（a）视为如此修正后的本公约的缔约国；并

（b）在其对不受修正案拘束的任何缔约国的关系上，视为未修正的本公约的缔约国。

5. 专门关于"区域"内活动的任何修正案和附件六的任何修正案，应在四分之三缔约国交存批准书或加入书一年后对所有缔约国生效。

6. 在修正案按照第 5 款生效后成为本公约缔约国的国家，应视为如此修正后的本公约的缔约国。

资料来源

1. A/AC.138/25，第七十六条，转载于 1970 年《海底委员会报告》，第 130 页（美国）。

2. A/CONF.62/WP.8/Part I（非正式单一协商案文，1975 年），第五部分，第六十五条，《正式记录》第六卷，第 137、147 页（第一委员会主席）。

3. A/CONF.62/L.60（1980 年），《正式记录》第十四卷，第 132 页（海洋法会议主席）。

4. A/CONF.62/WP.10/Rev.3*（非正式综合协商案文第三次修订稿，1980 年，油印本），第三一六条。转载于《第三次联合国海洋法会议文件集》第二卷，第 179、307 页。

5. A/CONF.62/L.78（公约草案，1981 年），第三一六条，《正式记录》第十五卷，第 172、223 页。

起草委员会

6. A／CONF. 62／L. 152／Add. 21（1982 年，油印本）。

7. A／CONF. 62／L. 160（1982 年），《正式记录》第十七卷，第 225 页（起草委员会主席）。

非正式文件

8. GLE／FC／6（1979 年，油印本），D 条（关于最后条款的法律专家组主席）。转载于《第三次联合国海洋法会议文件集》第十二卷，第 468 页。

9. GLE／FC／7（1979 年，油印本）（厄瓜多尔）。转载于《第三次联合国海洋法会议文件集》第十二卷，第 469 页。

10. GLE／FC／10（1979 年，油印本），E 条和 F 条（未署名）。转载于《第三次联合国海洋法会议文件集》第十二卷，第 473 页。

11. GLE／FC／11（1980 年，油印本），C 条（关于最后条款的法律专家组主席）。转载于《第三次联合国海洋法会议文件集》第十二卷，第 475 页。

12. GLE／FC／11／Rev. 1（1980 年，油印本），C 条（关于最后条款的法律专家组主席）。转载于《第三次联合国海洋法会议文件集》第十二卷，第 478 页。

13. GLE／FC／18（1980 年，油印本），第三〇七条（关于最后条款的法律专家组主席）。转载于《第三次联合国海洋法会议文件集》第十二卷，第 488 页。

14. FC／20（1980 年，油印本），第三〇七条（关于最后条款的法律专家组主席）。转载于《第三次联合国海洋法会议文件集》第十二卷，第 397 页。

15. FC／21（1980 年，油印本），第三〇九条（海洋法会议主席）。转载于《第三次联合国海洋法会议文件集》第十二卷，第 404 页。

16. FC／21／Rev. 1（1980 年，油印本），第三〇九条（海洋法会议主席）。转载于《第三次联合国海洋法会议文件集》第十二卷，第 410 页。

17. FC／21／Rev. 1／Add. 1（1980 年，油印本），第三〇九条（海洋法会议主席）。转载于《第三次联合国海洋法会议文件集》第十二卷，第 422 页。

［注：本条要与第三一二、三一三、三一四条和第三一五条一起解读。］

评　注

316. 1. 第三一六条不涉及如何通过修正案。相反，它所依据的是修正案性质之间的根本区别，因为修正案涉及（1）一般公约，（2）专门涉及"区域"内的活动，或（3）公约所确立的体制安排。最后两类修正案的通过和生效都需要更高的多数票，而且在生效后对所有缔约国都具有拘束力。

316. 2. 修正案的生效问题，同第三一五条处理的问题一样，在关于修正案规定的整个协商过程中都是一个棘手的问题。法律专家组主席在第八期会议续会上（1979年）提出的第一套提案（资料来源8）中提议将关于修正案生效的规定转为单独一条。后来的修订是技术上的改进和澄清，而不是实质性的修改，反映了使关于修订的正式规定符合1969年《维也纳条约法公约》的愿望。②此条所处理的实质性问题是保持公约和相关一揽子交易的完整性。由于公约的混合性质而需要解决的技术问题，无论各项规定具有何种理论，资格如何，同时是管理局和法庭这两个国际组织的组成文件。③

此条的立法史就不必详细叙述了，因为此条案文基本上是不言自明的，其适用也不会被视为造成初步困难。在第九期会议续会上（1980年）非正式全体会议协商的最后阶段，海洋法会议主席提交了一份重要说明，解释了各种变化（资料来源16），该说明通过引用并入他提交会议的正式报告（资料来源3）。在此基础上，该条最初编号为第三〇七条，后来改为第三〇九条，并入非正式综合协商案文第三次修订稿为第三一六条（资料来源4）。

316. 3. 海洋法会议主席在其说明的第一段中解释说，对第5款的提及将专门涉及从第1款至第4款的范围排除"区域"内活动和整个附件六的修正案，并将其纳入第5款和第6款的范围。如上文第313.3段和第314.4~314.6段所述，在这方面，"'区域'内活动"一词并非没有歧义。它与第十一部分不一致，但肯定涉及第一五〇条至第一九一条、第二〇九条和第二一五条以及附件三、附件四和附件六第三十五至第四十条。海洋法会议主席在其说明的同一段中解释说，"或由六十个缔约国，以较多者为准"。旨在确保公约修正案的生效不应少于公约本身根据第三〇八条第2款生效所需的多数国家。在同一场合，第1款增加了最后一句。没有作出任何解释，但重复了第三一一条第3款关于公约本身的修改或暂停实施的措辞。

316. 4. 第2款和第3款不言自明。第3款是强制性的，与第三〇八条第2款相同。

第4款几乎与1969年《维也纳公约》关于修正多边条约的第四十条第5款一字不差。

316. 5. 第5款和第6款在3个方面不同于第1款至第4款。这些差异考虑到关于"区域"和"'区域内活动'的协商的特殊性，以及修正国际组织组成文件的特殊技术问题。1969年和1986年的《维也纳条约法公约》都没有直接涉及这一方面的问题，这将属于关于这些公约适用于作为国际组织组成文件的任何条约的第五条的范围。为涵盖第一个特点，修正案的生效期增加到十二个月，修正案生效所需的批准书或加入书

---

② 《维也纳条约法公约》，第三十九和第四十条，《联合国条约集》第1155卷第331页；《美国国际法期刊》第63卷第875页（1969年）；《国际法资料》，第8卷第679页（1969年）。

③ 在这方面，在1968年联合国条约法会议全体委员会第28届会议第一次会议上，起草委员会主席说，委员会没有讨论在本国际组织内通过其全部或部分为新国际组织的组成文件的条约问题。联合国条约法会议，A/CONF. 39/11/Add. 2（1969年），会议文件，第一次会议，《正式记录》第二卷第48页，第27段。

数目增加到缔约国的四分之三，这是一个非常高的比例。至于第二个特点，一旦这一修正案生效，它对现在和将来的所有缔约国都具有拘束力。那是现在包含国际组织组成文书的条约修正条款的一个通常特点。

316. 6. 根据附件九第 8 条（b）款（2）项，一国际组织正式确认或加入修正案的文书，即该国际组织根据该附件第五条有权处理的整个主题事项，就第三一六条第 1 款、第 2 款和第 3 款的适用而言，应视为作为缔约国的其每一成员国的批准书或加入书。根据第（3）项，在适用第三一六条第 1 款和第 2 款时，对所有其他修正案均不应考虑国际组织的正式确认书或加入书。这与附件九关于第三〇八条适用的第八条（a）款类似。

这种区别对应于第三一六条第 1~4 款与第 5 款和第 6 款之间的区别。许通美主席关于参加公约的报告（见上文第 305. 17 段）解释说，关于第三一二条至第三一六条，与会者一致认为，作为公约缔约方的国际组织只有在对拟议的修正案的主题事项具有管辖权的情况下才能提出修正案，并在适用第三一六条第 1 款和第 2 款方面采取了类似的做法。

316. 7. 根据第三一九条第 2 款（b）项，保管者应将公约修正案的授权通知秘书长。在这方面，这大概意味着或包括修正案的生效，因为在所有情况下，接受修正案都需要向保管者交存批准书或加入书或正式确认书。没有类似的规定要求在有关情况下通知法庭书记官长。

第三一七条　退出

1. 缔约国可给联合国秘书长书面通知退出本公约，并可说明其理由。未说明理由应不影响退出的效力。退出应自接到通知之日后一年生效，除非通知中指明一个较后的日期。

2. 一国不应以退出为理由而解除该国为本公约缔约国时所承担的财政和合同义务，退出也不应影响本公约对该国停止生效前因本公约的执行而产生的该国的任何权利、义务或法律地位。

3. 退出决不影响任何缔约国按照国际法而无须基于本公约即应担负的履行本公约所载任何义务的责任。

资料来源

第一次会议

1. A/CONF. 13/L. 7（1958年，油印本）（秘书长）。

第三次会议

2. A/AC. 138/25，第七十七条，转载于1970年《海底委员会报告》，第130页（美国）。

3. A/AC. 138/33，第四十一条，转载于1971年《海底委员会报告》，第51页（坦桑尼亚）。

4. A/AC. 138/53，第二〇一条，转载于1971年《海底委员会报告》，第105页（马耳他）。

5. A/CONF. 62/L. 13（1976年），第二节，注⑨和注⑪，《正式记录》第六卷，第125页（秘书长）。

6. A/CONF. 62/L. 60（1980年），《正式记录》第十四卷，第132页（海洋法会议主席）。

7. A/CONF. 62/WP. 10/Rev. 3＊（非正式综合协商案文第三次修订稿，1980年，油印本），第三一七条。转载于《第三次联合国海洋法会议文件集》第二卷，第179、308页。

8. A/CONF. 62/L. 78（公约草案，1981年），第三一七条，《正式记录》第十五卷，第172、223页。

起草委员会

9. A/CONF. 62/L. 152/Add. 21（1982 年，油印本）。

10. A/CONF. 62/L. 160（1982 年），《正式记录》第十七卷，第 225 页（起草委员会主席）。

非正式文件

11. FC/13（1979 年，油印本），第 4 款（海洋法会议主席）。转载于《第三次联合国海洋法会议文件集》第十二卷，第 386 页。

12. GLE/FC/11（1980 年，油印本），F 条（法律专家组主席）。转载于《第三次联合国海洋法会议文件集》第十二卷，第 475 页。

13. GLE/FC/11/Rev. 1/Add. 3（1980 年，油印本），F 条（法律专家组主席）。转载于《第三次联合国海洋法会议文件集》第十二卷，第 483 页。

14. GLE/FC/18（1980 年，油印本），第三〇八条（法律专家组主席）。转载于《第三次联合国海洋法会议文件集》第十二卷，第 488 页。

15. FC/20，第三〇八条（1980 年，油印本）（法律专家组主席）。转载于《第三次联合国海洋法会议文件集》第十二卷，第 397 页。

16. FC/21，第三一〇条（1980 年，油印本）（海洋法会议主席）。转载于《第三次联合国海洋法会议文件集》第十二卷，第 404 页。

17. FC/21/Rev. 1（1980 年，油印本），第三一〇条（海洋法会议主席）。转载于《第三次联合国海洋法会议文件集》第十二卷，第 410 页。

18. FC/21/Rev. 1/Add. 1（1980 年，油印本），第三一〇条（海洋法会议主席）。转载于《第三次联合国海洋法会议文件集》第十二卷，第 422 页。

评　注

317. 1. 在第一次联合国海洋法会议上，秘书处的一份说明（资料来源 1）提议，任何缔约方均可在一个固定期限期满后通过向秘书长交存一份书面文书而退出公约，该退出将在一年后生效。另一个题为"期满"的条款提议，如果由于退约而使缔约国数目少于某一特定数字（其用意大概是插入生效所需的同一数字），该公约将不再有效。第四委员会（大陆架）①的简短讨论导致决定不列入任何一个条款，会议起草委员

---

① 第四委员会，第四十次会议（1958 年），第 40-49 段，第一次联合国海洋法会议，《正式记录》第六卷第 117 页。

会后来报告说，列入修订条款"使关于退约的任何条款都没有必要"。②后来，尽管在其后的编纂会议上出现了这种情况和类似情况，但国际法委员会在其 1966 年条约法条款草案第五十三条③（现以修正形式修订为 1969 年和 1986 年《维也纳公约》第五十六条）评注第（3）段中，警告不要试图从这些会议中概括出缔约方退出"制定法律的条约"的意图，它认为"由于 1949 年《灭绝种族罪公约》和《保护战争受难者日内瓦公约》等其他公约的存在，这一点受到阻碍，明确规定了退出的权利。"

两项《维也纳条约法公约》的第五十六条规定，条约如未载有关于其终止的规定，也没有关于废止或退出的规定，不得废止或退出，除非经确定缔约国原意为容许有废止或退出的可能性，或根据条约的性质可认为含有废止或退出的权利。它们还进一步规定，缔约方应提前十二个月通知其退出条约或退出条约的意向。④

317. 2. 秘书长在第五期会议上（1976 年）提出的方案（资料来源 5）包含 3 种可能的表述。方案 A 建议不就此事设置任何条款；但是，一项注释（注 32）未提及第一次联合国海洋法会议，仅限于引用了 1969 年《维也纳条约法公约》第五十六条；方案 B 建议规定在任何时候可以书面通知保管者的方式退出的自由权利，但在规定的时限后生效；方案 C 建议规定在固定期限后退出的权利。在这方面，秘书长还提到了终止问题，方案 A 建议不设关于终止的条款，方案 B 建议按照第一次联合国海洋法会议所提出的终止建议来终止。在这方面，从旧金山会议关于退出联合国的辩论（1945 年）和第一次联合国海洋法会议、国际法委员会的讨论以及一般情况来看，修正程序（包括修正案的生效）、反对修正案的国家问题和退出条款问题之间有着密切的联系（然而，终止并非如此紧密地联系在一起）。在第八期会议续会上（1979 年）非正式全体会议讨论退约问题时，很快就注意到了这一联系。

317. 3. 海洋法会议主席对该讨论的总结如下（资料来源 11）：

4. 关于"退约"问题，有人提请注意它与公约本身的"生效"问题以及"修正"或"修订"问题的关系，正如我在非正式文件 FC/9 总结第 2 段中提到的那样［见上文第 308.6］。除了认识到"退约"与其他问题之间的联系所造成的法律结构的复杂性，以及行使"退约"权利的可能后果外，为了维护公约完整性的首要关切，还要解决以下具体问题：

（a）其中一个问题是，新的海洋法公约是否应该有一项关于"退约"的规定。有人提到《维也纳条约法公约》第五十六条，其中载有关于退出或撤

---

② A/CONF. 13/L. 32（1958 年），第一次联合国海洋法会议，《正式记录》第二卷第 127 页（起草委员会）。

③ 国际法委员会第十八届会议工作报告（A/6309/Rev. I，第二部分），1966 年《国际法委员会年鉴》第二卷，第 172、251 页。

④ 关于 1958 年公约中没有退约条款所造成的困难，见上文本部分导言第 XVII. 4 段的评注注释 7 的文字。

出多边条约的准则，但没有关于这一问题的规定，以及《维也纳条约法公约》第四十二条第（2）款和第五十四条的规定，它们都认为条约中存在明确的退约条款。

（b）与是否有退约条款的问题密切相关的是这一条款的位置问题。曾经有一种看法认为，这一条款可以是会议核准的记录中的声明形式，承认退出和后来撤出的权利。赞成在公约文本中列入退约条款的人对这一做法提出了强烈挑战。在这一关联中观察到，如果在一个废除条款上达成协议，就没有理由将该协定贬低为声明的立场或会议的声明。

（c）这场辩论似乎揭示了对赞成在新的海洋法公约中列入退约条款的做法的普遍认可。有几个理由支持这种做法。

（i）有人指出，退约条款保障各国的主权意愿。因此，有人认为，实现尽可能广泛地接受公约这一理想目标，有退约条款比没有退约条款更有可能。

（ii）有人指出，应考虑到一国发现自己无法接受公约修正案或修订所载义务的情况。有人指出，不能强迫这样一个国家继续是公约的缔约国。还必须考虑某些提出修正案的国家的情况，它们认为修正案对它们的利益至关重要，但这种修正案被否决。还是这些国家，应该有退出公约的选择。最后，应考虑到公约正在建立一个新的国际组织——海底管理局。因此，有人认为，不能指望任何国家都永远留在一个国际组织内。所有这些情况都是为了说明新的海洋法公约缔约方将不得不面对的可能现实，而在这方面，公约中的退约条款将提供一个更为有序的解决办法。

（d）然而，出于上述原因，对公约中一项具体的退约条款的支持是非常谨慎的。事实证明，这种做法的选择是基于对行使退约权施加某些明确限制的愿望。提到了以下限制：

（i）该条款将规定不允许退出的期限。

（ii）该条款还将规定公约生效后允许退出的一段期限。建议为五至十年的一个时间段。

（iii）该条款将要求打算退出公约的国家在该国行使退约权十二个月前将这一意图通知保管者。有人建议通知期为十二个月，并要求将通知分送给公约所有缔约方。

（iv）该条款将要求拟议的十二个月退约通知应附有退约的理由，如同《维也纳条约法公约》第六十五条所规定的。

（v）该条款还要规定，在退约国尚存在现有财务或合同义务的情况下，此类义务必须在退约生效之前完全兑现。有人提出了一段固定的时间，例如在退出后一至两年，在这段时间内，退约国必须继续履行这种义务。

（e）从上述情况可以清楚地看出，各代表团认为"退约"是一个敏感问题，应在公约中得到最谨慎的关注和处理，而不是根据习惯国际法或《维也纳条约法公约》的有关条款予以适用。与会者权衡了退出新的海洋法公约的权利的后果，并指出应考虑到在何种情况下，退出公约的数目将等于使其生效所需的数目。

317. 4. 法律专家组在 1979 年 11 月的非正式闭会期间会议上首次讨论了这一专题。当时，该组主席根据秘书长建议的方案 B 和方案 C 提出了一项建议。该提案规定，在公约生效后的头五年内不得退出。在此之后，一国可以在提出理由后退出公约。此外，退约将在一年后生效，此期间，国家必须履行其作为缔约国时所产生的财政和合同义务。关于 1969 年《维也纳条约法公约》第三十八条和第四十三条中的一个主题，该提案接着规定，退约将不影响该缔约国根据独立于该公约的国际法须遵守的公约所载的任何规则。该次会议的报告指出，会上讨论了 3 个主要问题：①是否应列入一项退约条款；②就退约而言，是否应要求一国说明理由；③在修正案中，是否应规定一段时间，在此期间，不允许进行退约。有人建议，提出退约的理由将是"有用的"，但不应影响退约的有效性。⑤

317. 5. 会后，专家组主席提交了一份非正式文件，其中载有建议的最后条款（资料来源 12）。他在说明中解释说，最后一句取自 1969 年《维也纳条约法公约》第三条（b）款，该公约第四十三条被全文引用。这一做法原则上得到接受，法律专家组剩下的讨论集中在起草问题上（资料来源 13、资料来源 14 和资料来源 15）。

317. 6. 这个问题以这种形式在第九期会议（1980 年）第一阶段会议的非正式全体会议上提出。经过辩论后，海洋法会议主席提出了一项新的草案，其中最引人注目的方面是删去了不允许任何退约的暂停时间（资料来源 16）。在进一步修改（主要是起草）（资料来源 17 和资料来源 18）之后，该条被接受并列入非正式综合协商案文第三次修订稿（资料来源 7）。在对这一案文的评论中（资料来源 17，第 16 段），海洋法会议主席特别注意到暂停期。实际上，暂停五年似乎是不必要的，因为缔约国在"以协商一致方式通过的一揽子方案"协商了几年之后，甚至在上面的墨迹未干之前，将在短短五年内退出公约，或被视为有权退出公约，是"最不可能、甚至是不可想象"的。另一方面，承认这项权利将使公约在政治上可以接受，不应被视为是一项要求退约的邀请。这就是删除暂停退出声明的原因。关于退约的理由问题，海洋法会议主席强调第 1 款第二句并非强制性的；因此，退约不受公约解决争端程序的质疑（资料来源 6、资料来源 17 和资料来源 18）。

---

⑤ 关于延斯·埃文森先生就《海洋法公约》最后条款召开的非公开会议的报告，日内瓦，1979 年 11 月 19 日至 29 日（1980 年 2 月）。转载于《第三次联合国海洋法会议文件集》第十二卷第 321 页（关于最后条款的法律专家组主席）。

317. 7. 根据附件九第八条，如果一国际组织的任何成员国是缔约国并且该组织继续具有资格履行该附件第一条规定，则该组织不得根据第三一七条退出公约。另一方面，如果一国际组织的任何成员国都不是缔约国，或者如果该国际组织不再具备附件九第一条所规定的资格，该组织应退出本公约。这种退约应立即生效。

317. 8. 根据第三一九条第 2 款（b）项，保管者除履行其保存职能须向缔约国发出通知外，还要将退出公约的情况通知管理局。

317. 9. 这项条款没有引起特别的困难。它与第三一六条第 1 款至第 4 款一起出现时，应适应其反对的修正案生效后不满意的缔约国的立场（根据第三一六条第 5 款和第 6 款，这不适用于仅与"区域"内活动有关的修正案）。

第 2 款紧紧遵循 1969 年《维也纳条约法公约》关于终止条约后果的第七十条所隐含的基本概念。具体而言，意味着在向秘书长发出退约通知后但在退约生效之前应计的财务和合同义务仍将构成退约国的责任。

如前所述，第 3 款遵循 1969 年《维也纳条约法公约》第四十三条正式规定的规则。

没有关于如果缔约方数目低于公约生效所必需的数目则终止公约的规定。这相当于《维也纳条约法公约》第五十五条。

尽管在此条的协商中提到了以协商一致方式通过公约的问题（见上文第 317.6 段），但公约未经协商一致通过这一事实被认为对第三一七条没有任何影响。与保留和声明的情况（第三〇九条和第三一〇条）不同，通过公约的办法并不是接受第三一七条的条件。

第三一八条　附件的地位

各附件为本公约的组成部分，除另有明文规定外，凡提到本公约或其一个部分也就包括提到与其有关的附件。

资料来源

1. A/AC.138/25，第七十条至第七十三条，以及第七十五条，转载于 1970 年《海底委员会报告》，第 130 页（美国）。

2. A/AC.138/53，第一条，转载于 1971 年《海底委员会报告》，第 105 页（马耳他）。

3. A/CONF.62/WP.10（非正式综合协商案文，1977 年），第三〇二条，《正式记录》第八卷，第 1、49 页。

4. A/CONF.62/WP.10/Rev.1（非正式综合协商案文第一次修订稿，1979 年，油印本），第三〇二条。转载于《第三次联合国海洋法会议文件集》第一卷，第 375、497 页。

5. A/CONF.62/WP.10/Rev.2（非正式综合协商案文第二次修订稿，1980 年，油印本），第三〇二条。转载于《第三次联合国海洋法会议文件集》第二卷，第 1、125 页。

6. A/CONF.62/L.60（1980 年），《正式记录》第十四卷，第 132 页（海洋法会议主席）。

7. A/CONF.62/WP.10/Rev.3*（非正式综合协商案文第三次修订稿，1980 年，油印本），第三一八条。转载于《第三次联合国海洋法会议文件集》第二卷，第 179、308 页。

8. A/CONF.62/L.78（公约草案，1981 年），第三一八条，《正式记录》第十五卷，第 172、223 页。

起草委员会

9. A/CONF.62/L.85/Add.8（1982 年，油印本）。

10. A/CONF.62/L.90（1982 年），《正式记录》第十六卷，第 204 页（起草委员会主席）。

非正式文件

11. GLE/FC/1（1979 年，油印本），第三〇二条（关于最后条款的法律专家组主席）。转载于《第三次联合国海洋法会议文件集》第十二卷，第 461 页。

12. FC/16（1979 年），第三〇二条，转载于 A/CONF.62/91（1979 年），《正式记

录》第十二卷，第 109 页（关于最后条款的法律专家组主席）。

13. GLE/FC/18（1980 年，油印本），第三〇九条（关于最后条款的法律专家组主席）。转载于《第三次联合国海洋法会议文件集》第十二卷，第 488 页。

14. FC/20（1980 年，油印本），第三〇九条（关于最后条款的法律专家组主席）。转载于《第三次联合国海洋法会议文件集》第十二卷，第 397 页。

15. FC/21（1980 年，油印本），第三一一条（海洋法会议主席）。转载于《第三次联合国海洋法会议文件集》第十二卷，第 404 页。

16. FC/21/Rev. 1（1980 年，油印本），第三一一条（海洋法会议主席）。转载于《第三次联合国海洋法会议文件集》第十二卷，第 410 页。

评　注

318.1. 由美国于 1970 年作为工作文件提交给海底委员会的联合国海洋法公约草案设想（资料来源 1），拟议的国际海底管理局理事会将通过关于规则和建议的做法的附件，有可能使不满意的一方对这种附件所载的某项规定提出一些申诉。那份工作文件似乎受到 1944 年《芝加哥国际民用航空公约》①的启发，该公约除了包括实质性规则外，还体现了国际民航组织的章程。该组织理事会有权通过和修正载有国际民航标准和建议做法的附件。马耳他作为工作文件提交的海洋空间条约草案（资料来源 2）没有那么具体。它只设想将拟议的新国际海事法院的规约并入条约，但更明显地包括一项建议，即"'公约'是指本公约及其附件的所有条款和修正案"。

海底委员会几乎没有注意到这一点，秘书长在第五期会议上（1976 年）提出的建议中也没有提到附件问题。②虽然非正式单一协商案文第一部分设想了附件——事实上，很少有长的条约不将其某些规定列入附件——但案文中没有关于附件的特别规定，尽管在最初版本中，第一委员会主席列入了一些最后条款。

318.2. 现在的第三一八条第一次出现在非正式综合协商案文中是第三〇二条（资料来源 3），除在非正式综合协商案文第三次修订稿（资料来源 7）中重新编号为第三一八条外，从头到尾都没有变化。③1982 年，起草委员会插入了"或其一个部分"等

---

①　第五十四条第 1 款和第九十条。《联合国条约集》第 15 卷第 295 页（1948 年）；美国《条约和其他国际条例集》第 1591 页；3 C. I. Bevans 编《1776—1949 年美国条约和其他国际协议》第 3 卷第 929 页（1969 年）；《国际组织和整合》，卷 I. B.，见 I. B. 1. 6。

②　A/CONF. 62/L. 13（1976 年），第二节，《正式记录》第六卷第 125 页（秘书长）。

③　这种形式的规定见于处理海事问题的其他条约。例如，见 1974 年 3 月 22 日《保护波罗的海区域海洋环境公约》第二十条，A/CONF. 62/C. 3/L. 1 和 Corr. 1（1974，油印本），1980 年 5 月 3 日生效。转载于《联合国海洋法立法汇编》第 518 页［ST/LEG/SER. B/18（1976 年）］；R. Churchill 和 M. Nordquist，《海洋法新方向》第四卷第 455 页（1975 年）；和《国际法资料》第 13 卷第 546 页（1974 年）。

字样，只是为了简化和澄清整个公约起草上的措辞（资料来源9）。

318.3. 本公约的 9 个附件在性质和目的上各不相同。随着协商的进展，越来越明显的是，每一项协商都是整个"一揽子计划"的一部分，因此无法考虑通过或修正这些协商的特殊程序。④因此，第三一八条在公约中发挥着不可或缺的作用，其附件与公约有着千丝万缕的联系。在这方面，它超越了 1969 年和 1986 年《维也纳条约法公约》第三十一条第 2 款（c）项赋予附件的作用，其仅仅强调为了解释起见，条约文本包括其序言和附件。

318.4. 第三一八条的存在不影响关于修正案的各项规定。附件一、附件二、附件五、附件六（第三十五条至第四十条除外）、附件七、附件八和附件九可以按照第三一二条和第三一三条规定的程序加以修正，而附件三、附件四和附件六（第三十五条至第四十条）属于第三一四条的范围。

---

④ 关于对这一方面的先前考虑，见海洋法会议主席关于解决争端非正式全体会议的工作报告，A/CONF.62/L.59（1980 年），第 9（a）段，《正式记录》第十四卷第 131 页，《正式记录》第 131 页。

第三一九条　保管者

1. 联合国秘书长应为本公约及其修正案的保管者。

2. 秘书长除了作为保管者的职责以外，应：

（a）将因本公约产生的一般性问题向所有缔约国、管理国和主管国际组织提出报告；

（b）将批准、正式确认和加入本公约及其修正案和退出本公约的情况通知管理局；

（c）按照第三一一条第4款将各项协定通知缔约国；

（d）向缔约国分送按照本公约通过的修正案，以供批准或加入；

（e）按照本公约召开必要的缔约国会议。

3.（a）秘书长应向第一五六条所指的观察员递送：

（1）第2款（a）项所指的一切报告；

（2）第2款（b）和（c）项所指的通知；和

（3）第2款（d）项所指的修正案案文，供其参考。

（b）秘书长应邀请这种观察员以观察员身份参加第2款（e）项所指的缔约国会议。

资料来源

第一次会议

1. A/CONF. 13/L. 7（1958年，油印本）（秘书长）。

2. A/CONF. 13/L. 10（1958年），第一次联合国海洋法会议，《正式记录》第二卷，第85页（秘鲁）。

3. A/CONF. 13/L. 12（1958年），未编号的条款，第一次联合国海洋法会议，《正式记录》第二卷，第89页（第四委员会）。

4. A/CONF. 13/L. 13（1958年），未编号的条款，第一次联合国海洋法会议，《正式记录》第二卷，第92页（起草委员会）。

5. A/CONF. 13/L. 32（1958年），未编号的条款，第一次联合国海洋法会议，《正式记录》第二卷，第127页（起草委员会）。

[另见1958年日内瓦公约：《领海公约》第三十一条；《公海公约》第三十六条；《捕鱼公约》第二十一条；《大陆架公约》第十四条和《任择议定书》第六条。分别在

第一次联合国海洋法会议《正式记录》第二卷，第 132、135、139、142 和 145 页。]

第三次会议

6. A/AC.138/53，第二〇五条第（3）款，转载于 1971 年《海底委员会报告》，第 105 页（马耳他）。

7. A/CONF.62/WP.8/Part I（非正式单一协商案文，1975 年），第五部分，第 74 条，《正式记录》第六卷，第 137 页（第一委员会主席）。

8. A/CONF.62/L.13（1976 年），第二节，注⑫，《正式记录》第六卷，第 125 页（秘书长）。

9. A/CONF.62/L.22（1978 年），《正式记录》第九卷，第 180 页（秘鲁）。

10. A/CONF.62/L.23（1978 年），《正式记录》第九卷，第 181 页（葡萄牙）。

11. A/CONF.62/L.60（1980 年），《正式记录》第十四卷，第 132 页（海洋法会议主席）。

12. A/CONF.62/WP.10/Rev.3*（非正式综合协商案文第三次修订稿，1980 年，油印本），第三一九条。转载于《第三次联合国海洋法会议文件集》第二卷，第 179、308 页。

13. A/CONF.62/L.78（公约草案，1981 年），第三一九条，《正式记录》第十五卷，第 172、223 页。

14. A/CONF.62/L.86（1982 年），《正式记录》第十六卷，第 197 页（海洋法会议主席）。

15. A/CONF.62/L.93（1982 年），《正式记录》第十六卷，第 210 页（执行管理委员会）。

起草委员会

16. A/CONF.62/L.142/Add.1（1982 年，油印本）。

17. A/CONF.62/L.147（1982 年），《正式记录》第十六卷，第 254 页（起草委员会主席）。

18. A/CONF.62/L.152/Add.21（1982 年，油印本）。

19. A/CONF.62/L.160（1982 年），《正式记录》第十七卷，第 225 页（起草委员会主席）。

非正式文件

20. GLE/FC/1（1979 年，油印本），第三〇三条（关于最后条款的法律专家组主席）。转载于《第三次联合国海洋法会议文件集》第十二卷，第 461 页。

21. GLE/FC/2*（1979 年，油印本）（秘鲁和葡萄牙）。转载于《第三次联合国海洋法会议文件集》第十二卷，第462页。

22. GLE/FC/3（1979年，油印本）（澳大利亚和新加坡）。转载于《第三次联合国海洋法会议文件集》第十二卷，第465页。

23. GLE/FC/4（1979年，油印本）（未署名）。转载于《第三次联合国海洋法会议文件集》第十二卷，第466页。

24. GLE/FC/6（1979年，油印本），A条（关于最后条款的法律专家组主席）。转载于《第三次联合国海洋法会议文件集》第十二卷，第468页。

25. GLE/FC/7（1979年，油印本），未编号的条款（厄瓜多尔）。转载于《第三次联合国海洋法会议文件集》第十二卷，第469页。

26. GLE/FC/8（1979年，油印本），A条（秘鲁和葡萄牙）。转载于《第三次联合国海洋法会议文件集》第十二卷，第471页。

27. GLE/FC/10（1979年，油印本），A条（未署名）。转载于《第三次联合国海洋法会议文件集》第十二卷，第473页。

28. FC/16（1979年），第三〇三条，转载于 A/CONF.62/91（1979年），《正式记录》第十二卷，第71、109页（关于最后条款的法律专家组主席）。

29. GLE/FC/11（1980年，油印本），A条（关于最后条款的法律专家组主席）。转载于《第三次联合国海洋法会议文件集》第十二卷，第475页。

30. GLE/FC/11/Rev. 1（1980年，油印本），A条（关于最后条款的法律专家组主席）。转载于《第三次联合国海洋法会议文件集》第十二卷，第478页。

31. GLE/FC/12（1980年，油印本）（秘鲁和葡萄牙）。转载于《第三次联合国海洋法会议文件集》第十二卷，第484页。

32. GLE/FC/18（1980年，油印本），第三一〇条（关于最后条款的法律专家组主席）。转载于《第三次联合国海洋法会议文件集》第十二卷，第488页。

33. FC/20（1980年，油印本），第三一〇条（关于最后条款的法律专家组主席）。转载于《第三次联合国海洋法会议文件集》第十二卷，第397页。

34. FC /21（1980年，油印本），第三一二条（海洋法会议主席）。转载于《第三次联合国海洋法会议文件集》第十二卷，第404页。

35. FC/21/Rev. 1（1980年，油印本），第三一二条（海洋法会议主席）。转载于《第三次联合国海洋法会议文件集》第十二卷，第410页。

评　注

319. 1. 第三一九条是一系列来源不同的各种规定的集合，其共同特点是它们将责任施加给联合国秘书长。这些义务包括多边条约保管者的正常保管和传递职能（第1款）、此公约实质性条款所产生的其他职能（第2款）（虽然这不是一份详尽的清单；

269

见第 319.10~319.12 段），以及会议关于某些民族解放运动参加的决定所产生的进一步职能（第 3 段）。公约在蒙特哥湾开放供签署前一周，联合国大会 1982 年 12 月 3 日第 37/66 号决议（第一卷，第 201 页）第 8 段核准秘书长承担这些职能。[①]

319. 2. 关于第 1 款，秘书长在第五期会议上（1976 年）提出的建议（资料来源 8）没有提到指定保管者，这是从认证中暗示的。这是 1969 年《维也纳条约法公约》的直接结果。法律专家组主席就最后条款（资料来源 20）提出的将此款增列为非正式综合协商案文第一次修订稿第三〇三条的建议没有争议。

因此采用的方案纳入了 1969 年《维也纳条约法公约》的有关规定。[②] 该公约的第七十六条第 2 款强调保管者的职能是"国际性质，保管机关有秉公执行其职务之义务。"接着是第七十七条和第七十八条，其内容如下：

第七十七条
保管机关之职务

一、除条约内另有规定或缔约国另有协议外，保管机关之职务主要为：

（1）保管条约约文之正本及任何送交保管机关之全权证书；

（2）备就约文正本之正式副本及条约所规定之条约其他语文本，并将其分送当事国及有权成为条约当事国之国家；

（3）接收条约之签署及接收并保管有关条约之文书，通知及公文；

（4）审查条约之签署及有关条约之任何文书、通知或公文是否妥善，如有必要并将此事提请关系国家注意；

（5）将有关条约之行为，通知及公文转告条约当事国及有权成为条约当事国之国家；

（6）于条约生效所需数目之签署或批准书，接受书，赞同书或加入书已收到或交存时，转告有权成为条约当事国之国家；

（7）向联合国秘书处登记条约；

（8）担任本公约其他规定所订明之职务。

二、倘一国与保管机关间对该机关职务之执行发生争议时，保管机关应将此问题提请签署国及缔约国注意，或于适当情形下，提请关系国际组织之

---

① 见《大会正式记录》第 37 卷，第 28 项议程。又见 A/37/561（1982 年 11 月 24 日），"第三次联合国海洋法会议：秘书长因通过《联合国海洋法公约》和第三次联合国海洋法会议有关决定而承担的责任——秘书长的说明；以及与该议程项目有关的其他文件。关于行政和财务方面的讨论，见 A/C. 5/37/SR. 52（1982 年 12 月 2 日）。第 37/66 号决议在对不同段落进行一系列单独记录表决后，以 135 票赞成、2 票反对和 8 票弃权的记录表决获得通过。没有人反对第 8 段。

② 《维也纳条约法公约》，第七十六条至第七十八条，《联合国条约集》第 1155 卷第 331 页；《美国国际法期刊》第 63 卷第 875 页（1969 年）；《国际法资料》，第 8 卷第 679 页（1969 年）。

主管机关注意。

第七十八条

通知及公文

除条约或本公约另有规定外，任何国家依本公约所提送之通知或公文，应：

（1）如无保管机关，直接送至该件所欲知照之国家，或如有保管机关，则送至该机关；

（2）仅于受文国家收到时，或如有保管机关，经该机关收到时，方视为业经发文国家提送；

（3）倘系送至保管机关，仅于其所欲知照文国家经保管机关依照第七十七条第一项（戊）款转告后，方视为业经该国收到。

319.3. 第 2 款（a）项是秘书长（瓦尔德海姆先生）在加拉加斯海洋法会议第 14 次会议上进行的发言促成的长时间讨论的高潮。他建议会议应该考虑：

> 是否应创造一些体制手段，以便在新公约的框架内商定并在必要时采取共同措施，以避免在不断变化的世界条件下过时。公约缔约国定期举行一次大会，审查共同问题，并制定办法，以应付海洋新用途造成的任何困难，这是一种值得考虑的可能性。[③]

在第七期会议上（1978 年）提交了两份正式提案，一份是秘鲁提出的设立常设国际法委员会的提案（资料来源 9）；另一份是葡萄牙提出的关于国际海洋事务定期会议的提案（资料来源 10）。在法律专家组审查修正案问题的过程中，他们找到了解决最后条款问题的途径。

319.4. 在第八期会议上（1979 年），这两项提案被合并在了一起（资料来源 21），澳大利亚和新加坡在公约生效后规定的时间间隔内提出了另一项关于召开一次一般性审查会议的提案（资料来源 22）。正是在这一点上，法律专家组主席建议将审查问题与修正问题分开（见上文第 312.6 段），他提出了审查方面是否不应在海洋法会议的决议

[③] 第 14 次全体会议（1974 年），第 42 段。《正式记录》第一卷第 38 页。这一概念出现在第一次联合国海洋法会议上秘鲁关于定期审查海洋法状况的提案中（资料来源 2）。在［第一次联合国海洋法会议］第 21 次全体会议上讨论了这一问题，当时提案以 43 票反对、6 票赞成、22 票弃权被否决（第一次联合国海洋法会议，《正式记录》第二卷第 73—77 页，第 5—50 段）。早在 1930 年编纂会议上第二委员会通过的一项决议中就可以找到这种想法的痕迹。国际法编纂会议文件，第一卷，全体会议，国联文件 LN doc. C. 351. M. 145. 1930. V（销售编号 1930. V. 14），第 137 页。转载于《国际联盟国际法编纂会议》（1930 年）第 839 页（1975 年），第 3 版。

271

中得到更适当的处理的问题。他的具体建议范围更广（资料来源24），内容如下：

与公约有关问题的审议

除大会决定外，联合国秘书长应采取必要步骤，提交关于下列问题的报告或研究报告：

（1）本公约的规定与其他有关海洋法的国际规则或文书之间的关系；

（2）公约的解释和适用中可能存在的困难；

（3）主管国际组织就与本公约规定的各自职权范围有关的事项提出的任何调查；

（4）与海洋空间的利用和开发有关的经济、科学或技术发展，或公约规定未预见的情况可能引起的法律问题；

（5）本公约的批准情况和促进其尽可能广泛接受的方式；

（6）与本公约的解释或适用有关的任何其他问题。

还有两份试图处理审查问题的提案。厄瓜多尔建议（资料来源25）：

联合国秘书长，应就（除其他外）下列问题提交年度报告，供大会审议：

（1）本公约与其他有关海洋法的国际文书或惯例之间的关系；

（2）在本公约的解释或适用中可能存在的困难；

（3）与海洋法有关的经济、科学或技术发展或公约规定未预见到的情况可能引起的法律问题；

（4）本公约的批准情况和促进其尽可能广泛接受的方式。

秘鲁和葡萄牙共同提出以下案文（资料来源26）：

在情况需要时，联合国秘书长作为本公约的保管者，应［向］所有国家和主管国际组织报告在解释或适用本公约方面可能出现的问题和其他有关问题，包括公约的批准情况和促进公约得到尽可能广泛接受的方式。

这些案文表明正在考虑简化。然而，这些提案本身是不可接受的，在该期会议结束时提交了一份未署名的工作文件（资料来源27），内容如下：

在情况需要时，联合国秘书长作为本公约的保管者，应向所有缔约国和主管国际组织报告与本公约有关的问题，包括批准本公约的情况和扩大接受本公约的可能措施。

· 272 ·

在 1979 年 11 月的法律专家组非正式会议上，人们对这些提案的接受表示冷淡，有人反对秘书长有义务报告有关公约的问题。有人指出，秘书长作为保管者不宜处理关于公约的解释和适用的实质性问题。④

319.5. 在第九期会议（1980 年）第一阶段会议上，法律专家组主席提交了一份简短的案文（资料来源 29），内容如下：

> 在情况需要时，联合国秘书长作为本公约的保管者，应向所有缔约方和主管国际组织报告在本公约方面出现的问题，包括批准本公约的情况。

然而，这也未能克服反对意见，法律专家组主席在进一步长时间讨论后建议，应将该条文纳入关于指定保管者的新条款，作为其中第 2 款，内容如下（资料来源 30）：

> 2. 联合国秘书长除履行本公约保管者的职责外，还应：
> （a）将因本公约产生的一般性问题向所有缔约方和主管国际组织提出报告；
> （b）将批准和加入本公约的情况通知管理局。

319.6. 在这种情况下，问题又回到非正式全体会议上。在这方面，在达成普遍协议之前还需要做进一步的修改，尽管在某种程度上，这些修改可以被视为具有起草措辞的性质。因此，在第 2 款（a）项中，"向所有缔约方和主管国际组织提交报告"改为"向所有缔约国、管理局和主管国际组织提出报告"（资料来源 35，资料来源 11 确认）。该条款以这种形式被纳入非正式综合协商案文第三次修订稿（资料来源 12）。

虽然对整个公约进行定期审查的规定已正式从公约中删除，但这一结果是通过大会第 37/66 号决议确立并自 1983 年 12 月 14 日第 38/59 号决议（第一卷，第 203 页）以来一直遵循的做法间接实现的，以及后来就海洋法议程项目通过的所有决议，即将海洋法问题列入即将举行的大会下届会议的临时议程。此外，经济及社会理事会在其议程上有一项题为"海洋事务：经济和技术发展"的议题，并定期讨论这一问题。

319.7. 七十七国集团于 1980 年 3 月 10 日独立于法律专家组和非正式全体会议的讨论，向秘书长提出了除其他外监督公约的一般性问题，4 月 3 日发出了代表秘书长的初步答复。相关内容摘录如下：

> 秘书长长期以来非常重视海洋法会议可能希望就新公约的后续行动作出

---

④　关于该次会议的报告，见《第三次联合国海洋法会议文件集》第十二卷第 321 页。

的决定，以及联合国秘书处可能能够作出的贡献，以确保今后在海洋法事项上的有效合作，以及对所涉及的原则和利益以及在实施新的海洋法律制度时可能出现的问题的国际理解。第三次联合国海洋法会议取得成功，无疑将对联合国和联合国系统许多机构和组织产生重大影响。公约的成功在很大程度上取决于联合国协助执行进程和支持建立公约规定的各主要机构和机关的能力。

正如七十七国集团主席所强调的那样，确保各国和国际组织拥有监督公约发展情况所需的一切信息，这当然是重要的，事实证明，必须使联合国秘书处能够就各国和国际组织审议和执行公约提供咨询和协助。

七十七国集团在公约今后所涉体制问题上采取的主动行动，以及在现阶段提醒联合国注意的主动行动，值得赞扬，发展中国家需要在海洋法事务和由此产生的任何问题上向联合国服务部门求助。秘书长认为，新公约所涉体制问题，特别是对联合国系统的体制影响，值得海洋法会议仔细审查。

尽管目前预计在满足今后的需求方面不会遇到重大困难，但秘书长仍希望在提出具体建议之前，充分考虑海洋法会议所有这些对联合国政策和行动有影响的问题。秘书长返回后，将进行一些磋商，同时考虑到海洋法会议在第九期会议第一阶段会议结束前取得的进展。⑤

319. 8. 此后，可能作为海洋法会议主席的最后一份正式文件，阿梅拉辛格大使在1980 年 9 月 24 日给联合国大会主席一封包括以下内容的信：

我建议大会还应考虑到海洋法会议审查公约和海洋法会议可能通过的所涉体制问题的任何其他决定的必要性，因此，请求秘书长作为海洋法会议的秘书长，为此目的编写一份研究报告。如果这项研究能够涉及公约和会议产生对联合国秘书长今后的职能以及发展中国家在新的法律制度下的信息、咨询和援助的需求问题的任何决定，那将是有益的。⑥

经过长时间的协商，联合国大会 1980 年 12 月 10 日第 35/116 号决议（第一卷，第197 页）第 6 段和第 7 段采纳了这一想法，内容如下：

---

⑤　以 1980 年 4 月 3 日的说明分送各代表团。转载于《第三次联合国海洋法会议文件集》，Dokumente，II New Yorker Session 1980 年，第 525、528-529 页。七十七国集团的提案转载于《第三次联合国海洋法会议文件集》第十二卷第 329 页。秘书长的说明后来在 1980 年 7 月 25 日贝尔纳多·祖莱塔代表秘书长发表的一项声明中被放大。这项声明和秘书长于 1980 年 7 月 28 日作出的正式答复转载于 1980 年 7 月 28 日《第三次联合国海洋法会议文件集》，Dokumente，III Genfer Session 1980 年，分别在第 991 页和第 995 页。

⑥　《大会正式记录》第 35 卷，第 20 项议程（A/35/500）。

6. 请秘书长以海洋法会议秘书长的身份编写一份研究报告，并提交海洋法会议第十期会议（1981 年），供其认为适当的审议，其中确定：

（a）秘书长在公约草案下的未来职能；

（b）各国，特别是发展中国家在新的法律制度下对信息、咨询和援助的需求［。］

根据该决议，秘书长向会议提交了一份关于秘书长在公约草案下的未来职能和各国，特别是发展中国家根据新法律对信息、咨询和援助的需求的研究报告。⑦会议通过了秘鲁的一项提案，即会议应请秘书长继续进行研究，⑧但会议本身未采取进一步行动。

319. 9. 秘书长研究报告的以下段落分析了这一报告职能的性质，这些段落可作为对第三一九条第 2 款（a）项的补充：

22. 第六类职能，即第三一九条第（2）款（a）项规定的报告职能，与《公约》赋予秘书长的所有其他职能密切相关，并将与联合国在海洋方面的许多活动也有重要关系。为履行公约而采取的办法将在很大程度上决定秘书长履行公约一般实质性责任的最佳方法。

23. 对这一报告职能所涉问题的任何评估，不仅需要考虑到隐含的研究以及分析、信息和协商职能，而且还需要以对根据这一规定编写的报告的可能范围和目的的理解为基础。无法对报告的频率作出假设。

24. 这些报告可以满足各种需要：

（a）需要继续就公约所涵盖的海洋问题开展国际合作；

（b）需要按照联合国大会第 3067（XXVIII）号决议［第一卷，第 188 页］和公约草案序言中所表达的精神，与公约本身的精神相协调地全面处理所产生的问题。因此，可以期望这些报告采用多学科方法，以便提供一个问题的背景和公约所确定的背景，并将其作为一个具有普遍性和值得广泛关注的问题提出。这并不意味着报告应记录和分析海洋使用和活动的趋势，因为这将涉及在收集和分析经济、科学和技术发展方面的特别努力；⑨

（c）需要以连贯一致的方式向国际社会通报促进公约目标和宗旨的事态发展。公约草案在某些方面是一个法律框架，在第三一四条和第二三五条规

---

⑦ 见 A/CONF. 62/L. 76（1981 年），《正式记录》第十五卷第 153 页（秘书长）。

⑧ 第 155 次全体会议（1981 年）讨论了这一问题。第 1—12 段，《正式记录》第十五卷第 43 页。

⑨ 自 1966 年以来，秘书长一直监测以经济和技术发展为重点的海洋使用趋势。关于海洋事务的经济和技术方面的最后一项决议，见经社理事会 1987 年 7 月 8 日第 1987/84 号决议。这个项目目前每两年检查一次。

定的责任领域以及在区域和次区域合作领域预见了许多这样的发展。海洋法公约与其他公约和国际协定的关系问题也可能成为此类报告的主题。可以想象，根据第三一一条第（4）款和第三一九条第（2）款（c）项向缔约国提供的信息，秘书长将与缔约国协商可能引起普遍关注的趋势的出现；

（d）需要提供相关资料并讨论根据公约直接涉及"主管国际组织"的问题。这些报告可为继续评估各国因公约而对信息、咨询和援助的需要以及讨论各组织在有效和高效提供此类信息、协助和咨询方面可能面临的问题提供手段。

25. 这第六类职能最重要的含义涉及编写和提交报告的方法。显然，这些工作将在秘书长的直接领导下，在秘书长关于公约的实质性职能的组织中心进行。虽然必须确立这种中心责任，但编写报告的方式只能是让所有对海洋和海洋事务方面具有知识和经验的组织单位参与，而且只能在系统协商的基础上，而不仅仅是在联合国秘书处内，同时也与主管国际组织和各国政府合作。

26. 在建立任何协商机制或编写和提交此类报告的任何特别组织之前，需要进一步研究可能的替代方法，以便与各国政府和主管国际组织协商，并确保在海洋空间事项上进行更好的协调。

这清楚地说明了这些职能的开放性。

319. 10. 第三一九条第2款（b）、（c）和（d）项是不言自明的。第2款（b）项中提到的"修正案"大概是指已经生效的修正案（如上文第316.4段所解释）。关于（c）项，见上文第311.7段；关于（d）项，见上文第312.13段。关于（e）项，特别要求联合国秘书长根据下述规定召开海洋法会议：第三一二条第1款（修正案）；附件二第二条第3款（大陆架界限委员会成员的选举）；以及附件六第四条（法庭法官的第一次选举）。附件六关于法庭财务管理的第十八条和第十九条也设想了海洋法会议，第2款（e）项授权秘书长召开这些会议。根据附件六第四条第2款，秘书长在第一次选举法庭法官方面还有其他职能。

319. 11. 第3款使会议关于某些民族解放运动的决定生效，这些决定的规定载于决议四（资料来源14和资料来源15）。

319. 12. 第三一九条并没有用尽秘书长的保管职能，特别是在解决争端方面。第二八七条第8款规定，关于程序选择的声明应"交存于联合国秘书长，秘书长应将其副本分送各缔约国"。实际上，秘书长已将属于他在1969年《维也纳公约》中规定的保管者职能范围内转送其他来文的方式转送这些声明（见上文第319.2段）。这项规定几乎与《国际法院规约》第三十六条第4款相同，只是秘书长也必须将根据该条第2款和第3款作出的声明（所谓的"强制管辖权"）转送法院书记官长。无法解释的是没有同样提及法庭书记官长，这给筹备委员会第四特别委员会造成了困难。⑩

第二九八条涉及适用第十五部分第二节（第二八六条至第二九六条）的任择性例外的情况，还要求将声明交存联合国秘书长，秘书长应将声明副本分送缔约国。这里也没有提到法庭书记官长。

根据附件五第七条第1款，调解委员会的报告应交存联合国秘书长，秘书长应立即将其转送缔约方。这是一个不属于保存职能范围的标准方案（见下文第 A. V. 25 段）。

319. 13. 第十六条第2款、第四十七条第9款、第七十五条第2款、第八十四条第2款和第一三四条第3款（间接地）要求将各种海图或地理坐标表交存秘书长。在起草委员会的工作中，有人建议使用另一个词，例如"转送"，以避免暗示秘书长将以保管者的身份接收这些文件。但是，语言小组协调员没有采纳这一建议。⑪

---

⑩　见 LOS/PCN/SCN. 4/L. 2/Add. 1 和 Corr. 1（1985 年，油印本），第 1-6 段。另见秘书处编写的法庭规则草案，LOS/PCN/SCN. 4/WP. 2（1984 年，油印本），第三十一条。在第四特别委员会会议逐条阅读第一稿之后，秘书处按照第三十二条，以 LOS/PCN/SCN. 4/WP. 2/Rev. 1/Part I（1986 年，油印本）文件的形式提交了一份修订本。

⑪　见英文和法文语言小组的报告，ELGDC/5（1980 年，油印本），第三部分 C 项，ELGDC/6（1981 年，油印本），和 FLGDC/8/1（1981 年，油印本），其中有一条或多条案文都提到，以及 DC/Part II/Article 16（1981 年，油印本）。秘书长关于这一问题的意见，见 A/CONF. 62/L. 76（1981 年），第 14-16 段。《正式记录》第十五卷第 153 页。

第三二○条 有效文本

本公约原本应在第三○五条第2款限制下交存于联合国秘书长，其阿拉伯文、中文、英文、法文、俄文和西班牙文文本具有同等效力。

为此，下列全权代表，经正式授权，在本公约上签字，以资证明。

一九八二年十二月十日订于蒙特哥湾。

资料来源

第一次会议

1. A/CONF. 13/L. 7（1958 年，油印本）（秘书长）。

2. A/CONF. 13/L. 12（1958 年），未编号的条款，第一次联合国海洋法会议，《正式记录》第二卷，第 89 页（第四委员会）。

3. A/CONF. 13/L. 32（1958 年），未编号的条款，第一次联合国海洋法会议，《正式记录》第二卷，第 127 页（起草委员会）。

[另见 1958 年日内瓦公约：《领海公约》，第二十二条；《大陆架公约》第十五条；和《任择议定书》第七条。分别在第一次联合国海洋法会议《正式记录》第二卷，第 132、142 和 145 页]

第三次会议

4. A/AC. 138/33，第四十三条，转载于 1971 年《海底委员会报告》，第 51 页（坦桑尼亚）。

5. A/AC. 138/53，第二○五条第（4）款，转载于 1971 年《海底委员会报告》，第 105、193 页（马耳他）。

6. A/CONF. 62/WP. 8/Part I（非正式单一协商案文，1975 年），第五部分，第七十五条，《正式记录》第六卷，第 137 页（第一委员会主席）。

7. A/CONF. 62/L. 13（1976 年），第二节，注⑬和注⑭，《正式记录》第六卷，第 125 页（秘书长）。

8. A/CONF. 62/WP. 10（非正式综合协商案文，1977 年），第三○二条和第三○三条。《正式记录》第八卷，第 1、49 页。

9. A/CONF. 62/WP. 10/Rev. 1（非正式综合协商案文第一次修订稿，1979 年，油印本），第三○三条和第三○四条。转载于《第三次联合国海洋法会议文件集》第一卷，第 375、498 页。

10. A/CONF. 62/WP. 10/Rev. 2（非正式综合协商案文第二次修订稿，1980 年，油印本），第三〇三条。转载于《第三次联合国海洋法会议文件集》第二卷，第 1、125 页。

11. A/CONF. 62/L. 60（1980 年），《正式记录》第十四卷，第 132 页（海洋法会议主席）。

12. A/CONF. 62/WP. 10/Rev. 3*（非正式综合协商案文第三次修订稿，1980 年，油印本），第三二〇条。转载于《第三次联合国海洋法会议文件集》第二卷，第 179、308 页。

13. A/CONF. 62/L. 78（公约草案，1981 年），第三二〇条，《正式记录》第十五卷，第 172、224 页。

起草委员会

14. A/CONF. 62/L. 152/Add. 21（1982 年，油印本）。

15. A/CONF. 62/L. 160（1982 年），《正式记录》第十七卷，第 225 页（起草委员会主席）。

非正式文件

16. GLE/FC/1（1979 年，油印本），第三〇四条（关于最后条款的法律专家组主席）。转载于《第三次联合国海洋法会议文件集》第十二卷，第 461 页。

17. FC/16（1979 年），第三〇四条，转载于 A/CONF. 62/91（1979 年），《正式记录》第十二卷，第 71、109 页（关于最后条款的法律专家组主席）。

18. GLE/FC/18（1980 年，油印本），第三一一条（关于最后条款的法律专家组主席）。转载于《第三次联合国海洋法会议文件集》第十二卷，第 488 页。

19. FC/20（1980 年），第三一一条（关于最后条款的法律专家组主席）。转载于《第三次联合国海洋法会议文件集》第十二卷，第 397 页。

20. FC/21（1980 年，油印本），第三一三条（海洋法会议主席）。转载于《第三次联合国海洋法会议文件集》第十二卷，第 404 页。

21. FC/21/Rev. 1（1980 年，油印本），第三一三条（海洋法会议主席）。转载于《第三次联合国海洋法会议文件集》第十二卷，第 410 页。

评　注

320. 1. 按照当时的惯例，国际法委员会 1956 年关于海洋法的条款草案是以英文/法文原件编写的，特别报告员 J. P. A. 弗朗索瓦（J. P. A. Francois）的报告是以法文编写的。根据当时生效的大会《议事规则》，秘书处编写了中文、俄文和西班牙文文本，因此，1958 年《日内瓦海洋法公约》的作准文本有中文、英文、法文、俄文和西班牙文。这一问题被认为是理所当然的，在第一次联合国海洋法会议上没有讨论，在这次会议上，语言版本的一致性主要是秘书处的责任，会议起草委员会对此进行了一些监督（资料来源 1 至资料来源 3）。

从那时起，在多语种起草方面积累了丰富的经验。此外，人们注意到，1958 年公约的不同文本之间偶尔会出现完全不一致的错误，这需要起草委员会在第三次联合国海洋法会议上予以特别和认真的处理。此外，在第三次联合国海洋法会议上，根据大会 1974 年 12 月 18 日第 3334（XXIX）号决议（第一卷，第 191 页），修正了会议《议事规则》第五十六条，接受阿拉伯文为会议正式语言，并因此要求阿拉伯文也应为公约的作准文本。①

320. 2. 现在的第三二〇条是秘书长在第五期会议上（1976 年）提出的（资料来源 7），并与第三〇二条和第三〇三条等认证条款一起引入非正式综合协商案文（资料来源 8）。②在实质性完成第三一九条之后，法律专家组主席提出了一项小的修改（资料来源 19），该条作为第三二〇条载于非正式综合协商案文第三次修订稿（资料来源 12）。起草委员会引入了"在第三〇五条第 2 款限制下"一语（资料来源 14）来处理公约既可在牙买加也可在纽约签署的重叠期问题（见上文第 305. 21 段）。

320. 3. 第三次联合国海洋法会议协商的大部分（如果不是全部的话）书面文件都是用英文写成的，英文是非正式单一协商案文、订正的单一协商案文和非正式综合协商案文所有版本和公约草案在《正式记录》中的原件（分别见资料来源 6、资料来源 8、资料来源 9、资料来源 10、资料来源 12 和资料来源 13），而没考虑就公约不同部分进行协商的人士的母语或通常使用的语言。所有其他 5 种语言版本都是由秘书处翻译科首先制作的。

在第七期会议续会上（1978 年），起草委员会设立了 6 个不限成员名额的语言小组。这些小组仔细审查了各自的语言版本，并试图处理每一个单独版本中经常出现的

---

① 秘书长在文件 A/CONF. 62/BUR/3（1975 年，油印本）中提出，并在第 52 次全体会议上（1975 年）根据总务委员会第 7 次会议的建议（《正式记录》第四卷，第 3 页，第 6 段；同上，第 29 页，第 1 段）。

② 第三〇二和第三〇三条在非正式综合协商案文第一次修订稿和第二次修订稿 ICNT/Rev. 1 和 Rev. 2 中分别编号为第三〇三条和第三〇四条（资料来源 9 和资料来源 10）。第三〇三条在关于最后条款的法律专家组文件 GLE/FC/1 中编号为第三〇四条（资料来源 16），在 GLE/FC/18 和 FC/20 中编号为第三一一条（资料来源 18 和资料来源 19），在 FC/21 和 Rev. 1 中编号为第三一三条（资料来源 20 和资料来源 21），在非正式综合协商案文第三次修订稿 ICNT/Rev. 3 中编号为第三二〇条（资料来源 12）。认证在非正式综合协商案文第二次修订稿 ICNT/Rev. 2 之后没有编号（资料来源 10）。

用语的统一问题，并在它们之间建立一致性。③这项工作之所以困难，是因为除其他外，没有《联合国宪章》或1958年公约的阿拉伯文作准文本。此外，构成公约条款基础的其他一些国际文书，如国际海事组织的文书，并非都有以海洋法会议所有正式语言都具有效力的作准文本。

320.4. 会议记录显示，阿拉伯文的原文造成了一些问题，这不是因为承认阿拉伯文为会议的正式语言，而是因为1982年公约所依据的许多基本文件没有阿拉伯文的原文。阿拉伯语言小组协调员在1981年2月25日给起草委员会主席的信中强调了这一点。协调员在信中指出了该小组遇到的困难，并请求协助解决这些困难。④埃及在1983年批准该公约时，其中包括一项关于对该公约阿拉伯文文本的说明。根据该声明，在将阿拉伯文〔正版〕正式文本与其他正式文本进行比较时，很明显，在某些情况下，阿拉伯文文本与其他文本并不完全对应，因为它未能准确地反映公约某些条款的内容。出于这些原因，埃及政府宣布，它将采用公约⑤的各种正式文本最能证实的解释。没有说明埃及考虑了哪些条款。

320.5. 在会议期间，佛得角提到葡萄牙语部门正在努力编写一份葡萄牙语版的公约，并在适当时候成为正式文件。⑥但是，如果秘书处编写任何其他语言的文本，这些文本将不是第三二〇条所指的作准文本，且不可与作准文本不一致（但不妨碍这些文本和其他官方翻译可能有助于理解公约中特别困难的条文）。它们最多只能在接受它们的国家之间取得国际层面的某种相互地位（但不影响它们在国内法中的地位）。

320.6. 第三二〇条中的认证条款遵循联合国的标准做法。出席会议的经授权的代表凭借其资格证书签署《最后文件》，但签署公约通常需要全权，除非在其出席会议的资格证书中有所体现。

320.7. 根据《正式记录》，只有英文是《最后文件》及其所有附件的原本。⑦不过，按照惯例，起草委员会还是审查了《最后文件》决议一、决议二和决议三的语言一致性和协调性。决议四不需要这样做。

320.8. 在第49次全体会议上（1974年），会议建议"最后一期会议应在加拉加斯举行，以签署会议的最后文件和其他文书（《正式记录》第一卷，第210页，第16~19

---

③　关于这方面，见第一卷，特别是138页。另见 D. Nelson，"第三次联合国海洋法会议起草委员会：多语言文本的影响"，《英国国际法年鉴》第57卷第169页（1987年）。另见1986年7月17日《圣劳伦斯湾鱼片加工案》（加拿大/法国）中的仲裁裁决，第52段，其中比较了《公约》的6种语言版本。法文文本转载于《一般国际公法评论》第90卷第713、748页（1986年）；英文文本尚未出版。

④　A/CONF. 62/L. 67/Rev. 1（1981年），附件，《正式记录》第十五卷第145、146页（起草委员会主席）。

⑤　见"交存秘书长的多边条约：截至1987年12月31日的状况，"第二十一章第6段，第735、741-742段〔ST/LEG/SER. E/6（1988）〕。

⑥　第139次全体会议（1980年），第43段，《正式记录》第十四卷第64页。

⑦　A/CONF. 62/121（1982年《最后文件》），第十七卷第139页。

段），这是 1974 年和 1981 年期间大会定期授权的。⑧然而，在委内瑞拉政府发现自己无法接受公约之后，它遗憾地撤回了作为会议结束的东道国的提议。⑨

在第 184 次全体会议上（1982 年），会议接受了牙买加政府在蒙特哥湾（第一四一条已选定为管理局所在地）举行闭幕会议的邀请（《正式记录》第十七卷，第 5~6 页，第 20~32 段）。因此，对《最后文件》和《公约》的认证条款做了必要的调整。

---

⑧ 见大会 1974 年 12 月 17 日第 3334（XXIX）号、1975 年 12 月 12 日第 3483（XXX）号，1976 年 12 月 10 日第 31/63 号、1977 年 12 月 20 日第 32/194 号、1978 年 11 月 10 日第 33/17 号、1979 年 11 月 9 日第 34/20 号、1980 年 12 月 10 日第 35/116 号和 1981 年 12 月 9 日第 36/79 号决议。关于前往蒙特哥湾的授权，见 1982 年 12 月 3 日第 37/66 号决议。全部转载于本系列丛书第一卷，第 191–201 页。

⑨ A/CONF. 62/L. 153（1982 年），《正式记录》第十七卷第 223 页（委内瑞拉）。关于这一发展对公约标题的影响，见第一卷，第 452 页，第 1 段。

附件五　调　解

资料来源

1. A/CONF. 62/WP. 9（非正式单一协商案文，第四部分，1975 年），附件一 A，《正式记录》第五卷，第 111、115 页（海洋法会议主席）。

2. A/CONF. 62/WP. 9/Rev. 1（非正式单一协商案文，第四部分第一次修订稿，1976 年），附件一 A，《正式记录》第五卷，第 185、191 页（海洋法会议主席）。

3. CONF. 62/WP. 9/Rev. 2（订正的单一协商案文，第四部分，1976 年），附件一，《正式记录》第六卷，第 144、148 页（海洋法会议主席）。

4. A/CONF. 62/WP. 10（非正式综合协商案文，1977 年），附件一，《正式记录》第八卷，第 1、57 页。

5. A/CONF. 62/L. 45（1979 年），《正式记录》第十二卷，第 110 页（海洋法会议主席）。

6. A/CONF. 62/WP. 10/Rev. 1（非正式综合协商案文第一次修订稿，1979 年，油印本），附件四。转载于《第三次联合国海洋法会议文件集》第二卷，第 375、520 页。

7. A/CONF. 62/L. 52 和 Add. 1（1980 年），《正式记录》第十三卷，第 86 页（海洋法会议主席）。

8. A/CONF. 62/L. 59（1980 年），《正式记录》第十四卷，第 130 页（海洋法会议主席）。

9. A/CONF. 62/WP. 10/Rev. 3*（非正式综合协商案文第三次修订稿，1980 年，油印本），附件五，转载于《第三次联合国海洋法会议文件集》第二卷，第 179、338 页。

10. A/CONF. 62/L. 78（公约草案，1981 年），附件五，《正式记录》第十五卷，第 172、234 页。

起草委员会

11. A/CONF. 62/L. 75/Add. 7 和 Corr. 1 和 2（1981 年，油印本），第一条至第三条。

12. A/CONF. 62/L. 75/Add. 8 和 Corr. 1（1981 年，油印本），第四条至第九条。

13. A/CONF. 62/L. 75/Add. 9 和 Corr. 1（1981 年，油印本），第一条、第八条和第十三条。

14. A/CONF. 62/L. 75/Add. 10 和 Corr. 1（1981 年，油印本），第三条和第十条。

15. A/CONF. 62/L. 75/Add. 11（1981 年，油印本），第三条和第十条。

16. A/CONF. 62/L. 82（1981 年），《正式记录》第十五卷，第 243 页（起草委员会主席）。

17. A/CONF. 62/L. 152/Add. 26（1982 年，油印本），第二条和第三条。

18. A/CONF. 62/L. 160（1982 年），《正式记录》第十七卷，第 225 页（起草委员会主席）。

非正式文件

19. SD. Gp/2nd Session/No. 4（1975 年，油印本），附件 A（未署名）。转载于《第三次联合国海洋法会议文件集》第十二卷，第 137 页。

20. SD. Gp/2nd Session/No. 1/Rev. 5（1975 年，油印本），附件一 A；作为 A/CONF. 62/Background Paper 1 号文件再次印发（1976 年，油印本），附件一 A（关于解决争端小组的联合主席）。转载于《第三次联合国海洋法会议文件集》第十二卷，第 108、194 页。

21. SD/1（1978 年，油印本）（荷兰和瑞士）。转载于《第三次联合国海洋法会议文件集》第十二卷，第 234 页。

22. SD/3 and Add. 1（1980 年，油印本）（海洋法会议主席）。转载于《第三次联合国海洋法会议文件集》第十二卷，第 239 页。

评 注

A. V. 1. 附件五述及和平解决与公约的解释或适用有关的争端的调解，它意味着使用一种比斡旋和调停的政治或外交程序更制度化的程序。通过调解，争端方在多数由独立人士组成的调解委员会的帮助下，将争端提交公正的审查，委员会试图制定各方都能接受的安排条款。如果没有找到可接受的解决办法，委员会可以报告其解决办法的建议，该解决办法对争端方没有拘束力。调解不是一种具有拘束力的解决方案，如同仲裁等其他程序一样，因为只有在争端方表示同意后，拟议的或建议的解决方案才能对它们产生拘束力。

在公约解决争端的制度中，调解出现在附件五两节所述的两种情况下。公约本身也有调解程序的一些次要应用：第二七九条提到公约缔约方有义务根据《联合国宪章》以和平方式解决它们之间的争端，宪章第三十三条包括调解；第二八二条涉及一般性、区域性或双边协定规定下产生的突发性义务，这些协定的程序要求作出具有拘束力的决定。第三一一条保留诉诸这些协定解决与本公约的解释或适用有关的争端的可能性（见第二八二条评注和上文第 311. 8 段）。

根据附件五的两节，调解是一个过程，如果调解成功，将结束争端；如果不成功，就可能通过《公约》一再称之为"法院"或"法庭"的方式导致其他形式的解决。在双方协商或交换意见之后，当事双方可以通过相互协议或应当事一方的邀请，到调解员面前。在这两种无论哪种情况下，诉诸调解都取决于该争端的他方或多方是否接受邀请。第二八四条第3款允许争端他方或多方可选择不接受调解邀请；如果他方不接受邀请，或者如果调解失败，则应诉诸公约规定的其他解决办法。

　　然而，根据附件第二节，在某些案件中，如果当事方没有义务诉诸将产生具有拘束力的解决办法的法院或法庭，则调解似乎是最后的手段。这适用于一些涉及他方可自由拒绝任何有拘束力的解决办法的争端，特别是在争端涉及根据公约属于其主权或专属管辖权的权利的情况下。在这些情况下，对争端他方来说，诉诸调解是强制性的，争端他方不能拒绝承认该程序，缺席将不妨碍程序继续进行。然而，解决方案将不具拘束力，他方——实际上是启动调解程序的一方——将不受调解委员会提出的任何解决方案的拘束，除非有关一方明确接受。在这一强制调解之后，除当事双方之间达成协议外，不再有义务诉诸任何其他解决办法。

　　这两种程序是公约本身确立的——第二八四条规定了第一节所涉及的调解类型，第二九七条第2款（b）项和第3款（b）项，以及第二九八条第1款（a）（1）项，规定了对于属于附件五第二节范围的调解类型，第二九七条和第二九八条构成对公约第十五部分第二节（第二八六条至第二九六条）所载关于产生具有拘束力的决定的强制性程序的一般目的的限制和可选例外，因此适用于第二类调解。

　　第一六一条第8款（e）项提到了调解委员会的程序，该程序涉及国际海底管理局理事会以协商一致方式作出决定的方式。这纯粹是决策的政治过程，与作为解决争端的程序的调解没有任何关系（另见第一六二条第2款（j）（1）项）。

　　A. V. 2. 因此，附件五确立了诉诸调解的综合模式。虽然年代久远，但其现代复兴可追溯到1969年《维也纳条约法公约》。[①]该公约附件规定，联合国秘书长应保留一份合格的调解员名单，由当事方支配，在特定情况下，诉诸调解是强制性的，尽管调解委员会的报告对当事方没有拘束力，而且除了建议之外没有其他性质。1975年《关于国家在与具有普遍性的国际组织的关系中的代表权的维也纳公约》[②]第八十五条进一步发展了这一概念。附件五的大部分要点来自这两项最近的联合国文书。有关和平解决国际争端的主要条约也给了我们灵感，它们包括1907年《关于和平解决国际争端的海

---

　　① 附件一，《联合国条约集》第1155卷第331页；《美国国际法期刊》第63卷第875、902页（1969年）；《国际法资料》，第8卷第679、712页（1969年）。

　　② 尚未生效。《美国国际法期刊》第69卷第730、755页（1975年）。

牙第一公约》、③ 1928 年《和平解决国际争端总议定书》（1949 年修订）、④ 1948 年《美洲和平解决条约》（《波哥大公约》）、⑤ 1957 年《欧洲和平解决争端公约》⑥ 和 1964 年《非洲统一组织调解、和解和仲裁委员会议定书》。⑦

公约本身和附件五规定的调解程序比大多数早期双边或多边条约都要深入得多。调解委员会组成细则反映了会议（第三次联合国海洋法会议）防止调解程序受挫的意图。附件五的弱点是，争端他方可以拒绝邀请或拒绝参加调解程序，尽管在属于第 2 款的情况下，第十二条允许在这种情况下继续进行调解程序。然而，保留机制的好处是允许就每一项争端诉诸一个特设机构，这可能更符合另一国的特殊立场。

A. V. 3. 附件五的协商经历了几个阶段。第一个版本出现在海洋法会议第三期会议即将结束时，作为 1975 年 5 月 1 日关于解决争端问题的非正式工作组联合主席给海洋法会议主席的信的附件一（资料来源 20）。后来，海洋法会议主席的第一个案文，即非正式单一协商案文（ISNT，资料来源 1）第四部分，载有一份附件一 A，内容更为详细。第四期会议（1976 年）在关于解决争端的一般性辩论中讨论了这一问题。此后，对案文进行了修订（资料来源 2），并于当年晚些时候在第五期会议（1976 年）非正式全体会议审议了该案文。

作为这项工作的结果，经修订的单一协商案文（RSNT，资料来源 3）包括关于调解的附件一。在非正式综合协商案文中（ICNT，资料来源 4），它成为附件四，在非正式综合协商案文的第一次修订中保持不变（资料来源 6）。第八期和第九期会议（1979 年和 1980 年）非正式全体会议审议了修改附件的重要建议。这次审查所做的修改没有列入非正式综合协商案文第二次修订稿（资料来源 7），而是载于海洋法会议主席的非正式说明（资料来源 22）和他的正式报告（资料来源 5、资料来源 7 和资料来源 8）。附件五的修订本载于非正式综合协商案文第三次修订稿（资料来源 9），并根据起草委员会的建议做了进一步修订（资料来源 11 至资料来源 18）。

A. V. 4. 附件五分为两个部分，与第十五部分设想的两种调解相对应（见上文第 A. V. 1 段）：（1）调解作为一种程序，如果调解本身不能解决争端，就可导致公约所称的“要求能够产生具有拘束力的决定的强制性程序”（第十五部分第二节）；和（2）调解作为和解的剩余手段，并不要求具有约束力的解决方案，但当事方在有权拒绝任何有约束力的解决方案的情况下必须服从（第二九七条和第二九八条）。由此可以再次看出这两种程序之间的区别。一种程序是基于利害关系方的相互协议，如果它没有使

---

③ 《条约大全》第 205 卷第 233 页（1907 年）；C. I. Bevans 编《1776—1949 年美国条约和其他国际协议》第 1 卷第 575 页（1968 年）；《美国国际法期刊》增刊，官方文件，第二卷第 43 页（1908 年）。

④ 《国际联盟条约集》第 93 卷第 343 页（1929 年）；和《联合国条约集》第 71 卷第 101 页（1950 年）。

⑤ 《联合国条约集》第 30 卷第 55 页（1949 年）。

⑥ 《联合国条约集》第 320 卷第 243 页（1959 年）。

⑦ 《国际法资料》第 3 卷第 1116 页（1964 年）。

双方达成最终协议，它就成为诉诸另一种强制性解决办法的一个步骤，这种办法将产生一种具有拘束力的解决方案。从各方必须接受这一意义上说，另一种程序是一种具有约束力的过程，但这不会导致具有约束力的解决方案。

尽管调解所起的两种作用有着深刻的区别，但许多规定对双方都是共同的。这些措施包括由预先确定的潜在调解员名单组成的调解委员会的组成，以及确保在任何诉诸调解的情况下有效任命调解员的措施以及程序。然而，在启动诉讼程序的方法上，它们有所不同，因为诉诸程序的方式，在两种情况下都有所不同。此外，这两种情况在某些程序方面有所不同，例如关于调解委员会有争议的权限的问题。在第一种情况下，当事方明确同意将其诉求提交调解时，就不能出现这一问题。只有在强制诉诸调解的第二种情况下才可能发生（第十三条）。因此，第十四条第2款（关于强制诉诸调解）通过引用纳入了关于任择调解的第1款的适当程序处理。

在附件五的这一结构中，案文反映了协商的发展进程。由于一直设想调解将在解决争端程序中占有一席之地，第一节的1975年的最初文本（资料来源1）与最终文本没有实质性区别。另一方面，在海洋法会议接受与沿海国行使主权权利或专属管辖权密切相关的某些类型的案件不受任何形式的有拘束力的解决办法的拘束而只受调解的拘束之前，甚至无法考虑第二节的案文。因此，在第九期会议（1980年）之前，未能重新起草附件五第二节（资料来源22）。

调解的两种用途之间在概念上的区别引起了一个问题。既然调解在一种情况下是初始的，在另一种情况下是终结的，那么当事双方是否可能两次求助于调解，一次是在最初的模式下；另一次是作为一种解决程序？没有什么特别排除这一点，尤其是如果初步调解未能解决争端，并且有可能在几个月后第二个类似的程序可能成功。

第一节　按照第十五部分第一节的调解程序

第一条　程序的提起

如果争端各方同意按照第二八四条将争端提交本节规定的调解程序，其任何一方可向争端他方发出书面通知提起程序。

A. V. 5. 根据第十五部分（第二七九条至第二八五条）范围内的调解而制定的第一条提到了第二八四条。该条明确规定了调解具有双重性质，一方面是复杂程序的第一阶段；另一方面须经有关国家正式接受。如第一条所预见的，启动调解程序的前提是当事各方同意诉诸调解。然而，事实上，这是由更勤勉的一方的单方面行动（通过其书面通知争端的争端他方或多方）造成的。由于不存在永久调解委员会，"程序的提起"并不意味着把处理的职责授予一个调解委员会，而是指启动一个分为 3 个阶段的程序：调解委员会的组成、适当的程序和程序的结果。通知足以根据按照第二条拟定和维持的调解员名单开始设立调解委员会的阶段（尽管并非仅以此为依据——见第三条）。

第二条　调解员名单

联合国秘书长应编制并保持一份调解员名单。每一缔约国有权提名四名调解员，每名调解员均应享有公平、才干和正直的最高声誉。这样提名的人员的姓名应构成该名单。无论何时，如果某一缔约国提名的调解员在这样组成的名单内少于四名，该缔约国有权按需要提名增补。调解员在被提名缔约国撤回前仍应列在名单内，但被撤回的调解员应继续在其被指派服务的调解委员会中工作，直至调解程序完毕时为止。

A. V. 6. 第二条规定了调解员的永久名单，由联合国秘书长拟定和保存。公约每一缔约国可提名 4 人列入该名单。这些人必须享有公平、才干和正直的最高声誉，但没有迹象表明他们必须独立于提名他们的国家或是提名国的国民。如果某一国家提名的调解员人数少于四名，该国可在必要时进一步提名。每一名调解员的姓名在被撤回前应保留在名单上，但须遵守一项规则，即任何此类调解员应继续在他已被任命的任何调解委员会中任职，直至在该委员会进行的程序结束为止。

附件五的这一规定起源于 1975 年 5 月（资料来源 20），后来被纳入了非正式单一协商案文第四部分（资料来源 1）。1975 年的案文和最后的案文有两大区别。在第一版中，国际海洋法法庭书记官长（而不是联合国秘书长）将起草和保存名单。然而，当时仍在考虑选择方案，在非正式的 1975 年案文中，保留该清单的机构名称一直空着，该事项在单一协商案文中才得到了澄清（资料来源 1）。提名原定的任期为五年，不得撤回（也不得无限期，如最后文本所述，可随时撤回）。这两项修改是 1976 年非正式全体会议讨论后作出的，并首次出现在订正的单一协商案文的附件一中（资料来源 3）。

第三条　调解委员会的组成

调解委员会应依下列规定组成，除非双方另有协议：

（a）在（g）项限制下，调解委员会应由调解员五人组成。

（b）提起程序的争端一方应指派两名调解员，最好从本附件第二条所指的名单中选派，其中一名可为其本国国民，除非争端各方另有协议。这种指派应列入本附件第一条所指的通知。

（c）争端另一方在收到本附件第一条所指通知后二十一日以内应指派两名调解员。如在该期限内未予指派，提起程序的一方可在该期限届满后一星期内向对方发出通知终止调解程序，或请联合国秘书长按照（e）项作出指派。

（d）四名调解员应在全部被指派完毕之日起三十天内，指派第五名调解员，从本附件第二条所指名单中选派，由其担任主席。如果在该期限内未予指派，争端任何一方可在该期限届满后一星期内请联合国秘书长按照（e）项作出指派。

（e）联合国秘书长应于收到根据（c）或（d）项提出的请求后三十天内，同争端各方协商从本附件第二条所指名单中作出必要的指派。

（f）任何出缺，应依照为最初指派所规定的方式补缺。

（g）以协议确定利害关系相同的两个或两个以上的争端各方应共同指派两名调解员。两个或两个以上的争端各方利害关系不同，或对彼此是否利害关系相同意见不一致，则应分别指派调解员。

（h）争端涉及利害关系不同的两个以上的争端各方，或对彼此是否利害关系相同意见不一致，争端各方应在最大可能范围内适用（a）至（f）项的规定。

A. V. 7. 第三条关于调解委员会的组成，内容精简为规定调解委员会由五名成员组成，每一方任命两名成员，另有一名主席。此条的目的是通过允许最终求助于第三方机构，即联合国秘书长，促进一个迅速的任命进程，即使在一方违约或存在分歧的情况下也是如此。这是可能的，因为争端各方要么已经同意这一程序，要么鉴于争端的性质，而不得不接受这一程序。在研究案文的 8 个不同款项时，应当指出，这些款项的规定并不具有任何绝对性和强制性，因为正如该条的开头短语所指出的，争端各方总是可以自由地达成其他协议。

A. V. 8. 根据（a）项，如果争端有两个以上的当事方，而且争端各方的利益不相同，理论上可以减少或增加到五名调解员的人数（参看下文第 A. V. 14 段）。

A. V. 9. （b）项规定提起程序的争端一方指派两名调解员。根据第一条，这些任命必须包括在提起诉讼的书面通知中。两名调解员最好从第二条所指的名单中选出，但只有一名调解员可以是指派方的国民，除非争端各方另有协议。这句话是 1980 年插入的。荷兰和瑞士提出了一项联合提案（资料来源 21），使第三条更加符合 1969 年《维也纳条约法公约》附件和 1975 年《关于国家在与具有普遍性的国际组织的关系中的代表权的维也纳公约》附件的有关规定。荷兰/瑞士的提案规定，在两名调解员中，只有一人可以是选择他的争端方的国民，而不是如先前所规定的两人。这些代表团解释说，拟议的变动将减轻调解委员会主席的任务，调解委员会的组成应多样化。经非正式全体会议讨论后这一意见被接受（资料来源 7，第 3~5 段）。

A. V. 10. （c）项允许争端他方在收到通知之日起 21 天内根据（b）项所载的相同规则指派其两名调解员。[8]如果该方未能作出指派，提起调解程序的争端一方可选择通知争端他方终止程序，或请联合国秘书长根据（e）项指派。这一选择权必须在初次通知后 21 天期限届满后一周内行使（见下文第 A. V. 12 段）。如果提起程序的争端方未能行使这一选择权，则会产生一个问题，即该方是否被禁止以后要求指派其余两名调解员。情况似乎并非如此，因为为此目的，（c）项第二句的措辞必然就不同了，并指出，除非在一周内向秘书长提出请求，否则调解程序将被视为终止。应当指出，荷兰和瑞士建议（资料来源 21），如果任命没有在规定期限内作出，提交争端调解的当事方可在规定期限一周内请秘书长作出指派，没有提及终止程序。后来，提案国撤回了这部分提案。有人反对这样的提议，即提起调解程序的当事一方可以随时中止调解程序，最好明确说明这一点，以便为提起程序的争端方诉诸其他程序开辟道路。在这方面，会议似乎有足够的时间在（c）项中增加一句话，表明自动禁止进一步的程序，但选择了不这样做（见下文 A. V. 15 段）。

A. V. 11. （d）项涉及调解委员会主席的任命。这一任命应由已任命的四名调解员在最后一名调解员任命后 30 天内作出。调解委员会主席将从联合国秘书长保存的调解员名单中选出。如果在规定期限内没有任命，每一争端方可在该 30 天期限届满一周

---

[8] 在 1976 年非正式全体会议讨论期间，有人建议列入一项说明，大意是调解委员会成员应以个人身份任职。这个提议没有被接受。见 Platzöder, Dokumente, IV New Yorker Sessionen 1976 年，第 1054 页（厄瓜多尔）。

后，请求秘书长根据（e）项作出任命。非正式综合协商案文规定（资料来源4），如果未能在规定的时间内任命调解员或调解委员会主席，在第一种情况下提交调解的一方和在第二种情况下的任何一方可要求秘书长作出任命，或自行终止程序。荷兰和瑞士的联合非正式提案（资料来源21）倾向于放弃终止调解程序的提法，理由是这一建议给调解程序设置了障碍，使非正式综合协商案文实际上毫无意义（资料来源4）。尽管有一些反对意见，但非正式全体会议接受了这一意见（资料来源5）。与在（c）项中所做的更改相比，此处删除这些措辞的变化不那么严重（见上文第 A. V. 10 段），因为四名调解员不能任命主席并不一定是争端各方不希望进行调解的无可辩驳的证据，而是在设立调解委员会方面较为正常的情况（资料来源5，第3段）。

A. V. 12. 根据（e）项，联合国秘书长在收到根据（c）项或（d）项提出的请求后30天内，要指派调解员［（c）项）］或主席［（d）项）］。但是，他必须与争端各方协商进行。

A. V. 13. （f）项规定，在出现空缺的情况下，换人的方式与初次任命相同。

A. V. 14. 第三条最后两项处理具有相同利害关系［（g）项］或具有不同利害关系［（h）项］的两个以上的争端方的争端。如果两个或两个以上争端方利害关系相同，则问题很简单，因为他们只要共同指派两名调解员。这些调解员可能，似乎每一方都是其中任何一方的国民。如果争端各方有不同的利害关系，或者如果他们不能就是否有相同的利害关系达成一致，则可以各自指派调解员。该条文努力避免调解委员会过于烦琐不便，规定在争端方（包括提起诉讼的争端方）众多，且未就其中两方或多方是否有相同利害关系的问题达成协议的情况下，第三条其余所有规定应"尽可能"适用。⑨

A. V. 15. 附件五所规定的时限很短的特点（例如比附件七所规定的时限还要短）需要进行评论。任何调解委员会的建立都有可能几乎成为一场争分夺秒的竞赛，因为不遵守这些时限可能会从一开始就使调解委员会的章程失效。然而，这些时间限制不会引起任何制裁或造成任何止赎。相反，这些时限似乎被认为是为了尽快指派调解员和争端他方或因为期限届满，这种情况只会导致未履行的行动有可能由秘书长执行。因此，对此条的其他解释应当得到承认。例如，当事各方可以同意延长这些时限；或者当事一方可以同意争端他方额外拖延。争端各方似乎也不应抱怨秘书长在履行其职能方面有任何拖延。与自愿性质的解释相比，在强制性调解的情况下，更严格的解释也可能更为适当。对此，应避免在适用有关时限的规则时过分宽松，以免当事方以后

---

⑨ 附件七第三条（g）项和（h）项以及附件八第三条（g）项和（h）项也同时做了相应规定。会议后期，起草委员会、特别是英语小组和法语小组讨论了这个问题。见资料来源16和资料来源17，以及文件 ELGDC/23（1981年）、ELGDC/26 和 Corr. 1（1981年）、ELGDC/81（1982年）和 FLGDC/67（1982年）（均为油印本）。因此，记录中没有关于国际调解和仲裁程序创新的解释性材料。《国际法院规约》提到"数当事国具有同样利害关系"（第三十一条第5款；参看附件六第十七条第5款，见下文第 A. VI. 97 段）。

声称整个调解程序无效。

第四条 程序

除非争端各方另有协议，调解委员会应确定其本身的程序。委员会经争端各方同意，可邀请任何缔约国向该委员会提出口头或书面意见。委员会关于程序问题、报告和建议的决定应以调解员的过半数票作出。

A. V. 16. 第四条载有关于程序的3项基本规则：（1）调解委员会应确定其本身的程序（但须争端各方另有协议）；（2）调解委员会可在任何时候并经争端各方同意，请《公约》任何缔约国以口头或书面形式向调解委员会提交其意见；以及（3）调解委员会关于程序事项、报告和建议（第七条所界定的行动）的决定是由其成员以多数票作出的。最后一项规定是根据起草调解委员会的建议添加的（资料来源17）。

A. V. 17. 在这3个要素中，前两个要素（议事规则和干预）密切遵循1969年《维也纳条约法公约》附件第3段。第三国在得到各方同意的情况下进行干预的可能性是一个利益问题。虽然第四条第二句提到"任何缔约国"，但争端各方可同意将该规定扩大到非公约缔约国的国家。

A. V. 18. 此处（或附件五至附件八的其他部分）没有关于争端各方在调解委员会面前的代表权的规定。在不违反调解委员会议事规则的任何规定的情况下，这将由参与调解程序的当事各方决定。

A. V. 19. 公约本身所载的在附件五框架内适用议事规则的问题需要研究。原则上，所有这些规则都具有同等效力，公约第十五部分的程序性规则适用于调解程序。然而，大多数程序性规则使用"法院或法庭"的表述，不包括调解委员会，而其他规则如果不是专门也是明确适用于第二节。如果没有这样的表述，则可以将一项规则应用于附件五（例如第二八一条和第二八二条），所遇到的问题是次要的。

A. V. 20. 有一个问题涉及公约缔约国以外的实体进入调解程序。第二八五条第二句提到了这一点，第二九一条（适用于第十五部分的所有内容）并未明确排除这一点。撇开根据第十一部分涉及争端并已作出单独安排的非国家实体不谈（第一八六条至第一九〇条和附件六第三十七条），这一问题是根据第三〇五条第1款就公约非缔约国提出的。在此，必须进一步区分以第二八四条为基础的自愿调解和以第二九七条和第二九八条为基础的强制调解。在自愿调解的情况下，第二八五条允许非国家实体诉诸调解程序，可适用附件五。在强制调解的情况下，因为第二九七条和第二九八条所设想的争端的性质存在着特征性差异，公约及其附件的适用可能会受到限制。

非国家的公约缔约方——即附件九所指的欧洲经济共同体（EEC）等国际组织——通过公约第一条第2款第（2）项被等同为缔约国。因此，毫无疑问，它们可以参与这两种调解程序。据人们回顾，一些非独立国家要求参加公约的原因之一是确保它们能够诉诸解决争端程序（见上文第 305.9 段）。

第五条　和睦解决

委员会可提请争端各方注意便于和睦解决争端的任何措施。

A. V. 21. 第五条涉及和睦解决争端。这一规定类似于 1969 年《维也纳条约法公约》附件第 4 段，此条在自非正式单一协商案文出现以来的每一份公约草案都经过了起草措辞上的修改（资料来源 1）。

第六条　委员会的职务

委员会应听取争端各方的陈述，审查其主张和反对意见，并向争端各方提出建议，以便达成和睦解决。

A. V. 22. 第六条直截了当。调解委员会的职能是听取各方的意见，审查他们的主张和反对意见，并向他们提出建议，以期达成和睦解决。这是根据 1976 年非正式全体会议的审议情况提出的。[10]这些想法很简单，但很重要，因为这些是针对调解员作用的唯一规定。第二八四条只是鼓励争端各方诉诸附件五的程序或其他既定的调解程序，但对这种调解的性质只字未提。第二九七条和第二九八条也没有说明调解的内容，只是争端各方必须诉诸调解。众所周知，以前有许多载有调解条款的条约的先例，但这些先例在描述调解员的任务时比较简要。

这些程序的适用并非没有自己的一套问题。与自愿调解相比，这些问题更有可能发生在强制求助于调解的情况。在自愿调解中，争端各方同意诉诸调解时，应同样包括调解委员会的作用。第六条的分析揭示了两个连续的时间周期的存在。第一个阶段是辩论阶段，在听取各方意见后，对争端各方的主张和反对意见进行审查。第二阶段是调解委员会提出建议的阶段，以帮助双方和睦解决争端。关于调解委员会报告的第七条重复了第六条所述职能的双重性（见下文第 A. V. 24 段）。在调解程序结束时，如果争端各方没有达成任何协议，本报告将包括在对争端各方的所有主张和反对意见进行对抗性审查后得出的事实和法律结论，以及在第二阶段或第二阶段产生的解决办法的建议。

A. V. 23. 然而，关于这些双重职能——辩论和建议——的困难可能是由于第十五部分第二节第二九七条的适用性受到限制，以及第二九八条第 2 款适用性的任择性例外。尽管如此，这些限制和例外似乎不能在这两个阶段中以同样的方式适用。向争端各方提出的建议应包括调解委员会认为适当的一切，以便争端各方能够在辩论阶段和睦解决争端。即使提出建议的职能不能受到限制，但以调解委员会关于事实或法律问

---

⑩　见 Platzöder，前注⑧，第 1055 页（厄瓜多尔）。

题的结论的形式将其纳入报告的做法似乎肯定受到限制，特别是第二九七条和第二九八条。

例如，第二九七条第 2 款（b）项规定，"调解委员会对沿海国行使斟酌决定权指定第二四六条第 6 款所指特定区域，或按照第二四六条第 5 款行使斟酌决定权拒不同意，不应提出疑问。"这就提出了一个问题，即是否确实有任何问题有待研究，以及是否以审查争端各方的主张和反对的名义，在其自身核实之后，做任何超出记录在案的事情，即这种情况是否涉及争端方使用斟酌决定权。专属经济区内的生物资源也可能发生同样的情况（第二九七条第 3 款）。例如，非沿海国可以请求捕鱼权，但被不愿意进行任何谈判的沿海国拒绝，因为谈判的结果可能会产生有拘束力的解决方案（如附件八中的特别仲裁）。在后来诉诸任何强制调解的过程中，可以清楚地看到，争端他方可能以不属于第二九七条第 3 款（b）项所列 3 种事项之一为借口拒绝任何彻底的审查。[11]

毫无疑问，调解委员会仍有权向各方提出建议，协助它们达成和睦解决办法。这种权力，如前所述，除审查提案和（如适用）根据报告进行谈判外，对争端各方不施加任何限制，也不强加任何义务，各方也没有义务以报告为基础进行谈判［第二九八条第 1 款（a）（ii）］。

然而，必须重复一遍，根据沿海国主权存在的逻辑，审查争端各方的各自立场，并在事实上和法律上得出结论，这种职能通常会受到很大限制。

第七条　报告

1. 委员会应于成立后十二个月内提出报告，报告应载明所达成的任何协议，如不能达成协议，则应载明委员会对有关争端事项的一切事实问题或法律问题的结论及其可能认为适当的和睦解决建议，报告应交存于联合国秘书长，并应由其立即分送争端各方。

2. 委员会的报告，包括其结论或建议，对争端各方应无拘束力。

A. V. 24. 因此，关于调解委员会报告的第七条与第六条密切相关。第七条涉及 4 个问题，与 1969 年《维也纳条约法公约》附件第 5 段极为相似。关于调解委员会报告的内容，此公约比以前的条约更为准确，因为报告构成程序的关键要素。

给调解委员会完成其报告的 12 个月期限比通常条约条款中规定的要长得多，尽管它符合 1969 年《维也纳条约法公约》附件第 6 段。不过，这并不奇怪，因为海洋争端往往极其复杂。尽管如此，如果超过时限，也不予制裁，该规定主要作为调解员的

---

⑪　参见里普哈根（W. Riphagen），"1982 年《联合国海洋法公约》中的解决争端"，在 C. L. Rozakis 和 C. A. Stephanou 编《新海洋法》第 281 页（1983 年）。里普哈根先生在这一案文的协商中发挥了主导作用。

准则。

就内容而言，报告将包括任何后续协议，在没有此类协议的情况下，则包括调解委员会在事实上和法律上的结论，以及调解委员会提出的关于一项公正和和睦解决方案的建议。人们曾一度认为第七条关于报告内容的规定是不够的，特别是在义务性调解的情况下（见下文第 A. V. 30 段），如果没有解决"对所有与争议事项有关的事实或法律问题作出结论的理由，"（再说一遍，在强制诉诸调解的情况下），就不足以就所有的事实和法律问题得出结论。虽然对此效力提出了修正案（资料来源 21），但未被非正式全体会议所接受［资料来源 8，第 9（g）段］。最后，调解委员会提出建议的这一权力类似于根据附件八第五条第 3 款行事的仲裁法庭的权力（见第 A. VIII. 8 段）。

A. V. 25. 该报告将按照《维也纳条约法公约》附件第 6 段的方式交存联合国秘书长，并由秘书长转交争端各方。最初建议将报告交存海洋法法庭书记官长（资料来源 1和资料来源 2），但在非正式全体会议辩论后，通过了目前的措辞（资料来源 3）。在1976 年的非正式全体会议上，有人提议补充说，争端各方将有 3 个月的时间通知秘书长他们是否接受调解委员会的建议，在这 3 个月之后，报告连同各方的声明，将转交所有争端各方，除非争端各方反对。[12]然而，这一提议未获接受。根据第二九七条第 3款（d）项提出的关于渔业争端的报告也应"送交有关国际组织"，这是海洋法会议主席提议的（资料来源 8 和资料来源 22）。

尽管在第七条中使用了"交存"一词，但秘书长在行使其交存职能时没有收到这些报告（见上文第 319. 14 段）。

A. V. 26. 第七条第 2 款明确规定，调解委员会的报告，包括其结论或建议，对争端各方不具有拘束力。荷兰和瑞士的联合提案（资料来源 21）建议补充说，争端各方"可以单方面宣布，它们将遵守报告中有关它们的结论或建议"。但是，这些代表团后来撤回了那项提案（资料来源 5，第 6 段）。

第八条　程序的终止

在争端已得到解决，或争端各方已书面通知联合国秘书长接受报告的建议或一方已通知联合国秘书长拒绝接受报告的建议，或从报告送交争端各方之日起三个月期限已经届满时，调解程序即告终止。

A. V. 27. 第八条涉及调解程序的终止。这一过程似乎与自愿调解的案件比强制调解的案件更为相关。列入这项规定是为了确保只有在某些条件下，任何争端方才能试图终止调解程序，并确保他们尽一切努力达成和睦解决办法。在自愿调解中，调解程序的终止仅仅为诉诸其他程序。因此，必须结合调解程序的终止来理解第八条。

---

[12]　前注⑩。

第八条设想了3种终止调解程序的方法：（1）通过附带协议或后来接受调解委员会的结论成功解决争端（第八条分别提到的两个假设）；（2）因拒绝接受调解邀请或对调解程序有异议而无法组织调解程序（第二八四条第3款），提起诉讼的一方对此应加上中止［第三条（c）款（见上文A.V.10段）］；（3）根据第二八四条第4款，拒绝调解委员会的报告，无论是正式通知联合国秘书长，还是在收到报告后保持3个月以上的沉默，不参加调解程序并不意味着事实上终止程序，因为附件五第八条仍然适用。言下之意，这也要求根据第七条交存和通报报告。

在强制调解的情况下，第八条也适用（根据附件第十四条）。在这方面，不是没有组织调解的问题，因为一旦按照第十二条的规定组成调解委员会，就必须诉诸这一程序（见下文第A.V.34段），这似乎考虑到了争端他方的缺席。在调解过程中未取得任何成功的情况下，提起诉讼的一方除了按照第二九七条第3款（c）项或第二九八条第1款（a）（2）项的规定寻求与他方达成协议外，没有其他办法。

第九条　费用和开支

委员会的费用和开支应由争端各方负担。

A.V.28. 第九条反映了调解的性质，即在很大程度上对争端各方的意愿开放。因此，它不遵循附件七第七条的措辞（见下文第A.Ⅶ.13段）。

第十条　争端各方关于改变程序的权利

争端各方可以仅适用于该争端的协议修改本附件的任何规定。

A.V.29. 第十条涉及争端各方修改程序的权利，不言自明。第三一一条承认，关于调解的其他规则可根据其他条约适用（见第二八〇条、第二八二条和第二九九条）。

第二节　按照第十五部分第三节提交的强制调解程序

A. V. 30. 第二节直到 1980 年 4 月才列入附件五案文后来的历次版本。在第七期会议上（1978 年），强制诉诸调解作为解决不可审理争端的最后和剩余手段的想法开始形成。然而，讨论的重点是公约本身的案文，而没有涉及附件五，因为据推测，附件五的第一条至第十条是适用的。

对第二九七条和第二九八条评注的审查将表明，在 1978 年至 1979 年期间，审议解决与沿海国在专属经济区行使主权有关的争端 ［第五协商小组（NG5）］ 以及相邻和相向国家之间海洋边界的划定和有关争端的解决的第七协商小组（NG7）正在逐步形成关于强制诉诸调解作为解决纠纷手段的若干意见。这一时期还出现了一位作者所称的 "最低共同点"，即希望将所有争端提交强制性调解的代表团与希望自愿调解的其他代表团之间的 "最低共同点"。⑬虽然第二九七条和第二九八条导致了此附件第一条规定的解决办法，这对于通过争端各方的相互协议进行调解的案件来说是相当充分的，但在适用于基本上是单方面的案件时则是不够的。同样，此附件第二条至第十条删去了对这种单方面程序至关重要的某些规则，这些规则载于第十二条和第十三条。附件的相应修订由阿根廷发起，并在第八期会议（1979 年）和第九期会议第一阶段会议上（1980 年）⑭进行了讨论，并首次出现在海洋法会议主席的报告中（资料来源 7）。

A. V. 31. 将附件五分为两个部分的第一项建议是由海洋法会议主席根据阿根廷的提案提出的（资料来源 22）。为第二节提议的标题最初是 "按照第十五部分第三节进行的调解程序"。它首先被改为 "按照第十五部分第三节提交的强制调解程序"（均在资料来源 3 中），然后是 "经任何一方同意，根据第十五部分第三节提交的强制调解程序"（资料来源 8 和资料来源 9），最后由起草委员会拍板决定（资料来源 13）。

A. V. 32. 除了构成第二节的条款外，还提出了另外两点。其中一项涉及调解委员会 "向有关国际组织" 提交的报告（见上文第 A. V. 25 段）。第二项要求报告 "说明就与争议事项有关的所有事实或法律问题得出结论的理由"（资料来源 22，第 9 段）。后一项建议在某种意义上重复了第七条，但没有被接受（资料来源 8）。但是，日本政府特别要求，第二九八条第 1 款（a）（2）项要求处理第 1 款（a）（1）项所述划界和相关问题的调解委员会提交一份报告，"报告应说明其依据的理由"（见上文第 298.32 段）。同一规定还要求双方在该报告的基础上协商达成协议。

---

⑬　R. Ranjeva，*Règlement des différends* ［争端的解决］，在 R. J. Dupuy 和 D. Vignes 编 *Traité du nouveau droit de la mer* ［新的海洋法条约］ 第 1104、1117 页（1985 年）。

⑭　阿根廷关于重新组织附件五的倡议，见其 1980 年 4 月 2 日的发言，载于 A/CONF. 62/WS. 5（1980 年），《正式记录》第十三卷第 104 页。见下文第 XV. 15、XV. 16 和 284. 2 段。

第十一条　程序的提起

1. 按照第十五部分第三节须提交本节规定的调解程序的争端任何一方可向争端他方发出书面通知提起程序。

2. 收到第 1 款所指通知的争端任何一方应有义务接受调解程序。

A. V. 33. 关于程序的提起的第十一条，对于强制调解的案件，与第一条关于相互协议调解的案件类似。提起程序的争端方有责任以书面方式通知争端他方启动调解。该通知通常在争端他方根据第二八八条或第二九四条拒绝诉诸仲裁或司法程序后发出。但是，如果申请国有充分理由期望其对手将会或能够以合理的可能性成功援引对第十五部分第二节（根据第二九七条）适用性的限制或对第二节（根据第二九八条）适用性的任择性例外情况，则可以不采取这一初步步骤而提出申请。通知的收件人必须服从调解程序。由第二九七条第 3 款（b）项（"应将争端提交根据附件五第二节所规定的调解程序"）或第二九八条第 1 款（a）（1）项（"但如……国家……同意……提交附件五第二节所规定的调解"）产生的这一义务在第十二条中得到了进一步的扩大（见下文第 A. V. 34 段）。

通过这种单方面的程序制度和服从程序的义务，建立了一个比以前的公约更彻底的调解制度，特别是在必须将争端提交调解程序方面。

第十二条　不答复或不接受调解

争端一方或数方对提起程序的通知不予答复或不接受此种程序，不应阻碍程序的进行。

A. V. 34. 根据第十二条，如第十一条第 2 款所确认的那样，不答复或不接受调解并不一定妨碍调解程序的完成。曾经有人建议删除这一条（非正式综合协商案文第二次修订稿中编号为第十三条），理由是这一条毫无用处（资料来源 7）。但是，由于其他代表团希望保留该条，该建议被放弃［资料来源 8，第 9（f）段］。

相应规定见附件六第二十八条和附件七第九条。

第十三条　权限

对于按照本节行事的调解委员会是否有管辖权如有争议，应由调解委员会加以解决。

A. V. 35. 第十三条允许调解委员会就其自身权限的任何分歧作出裁决，从而将第二八八条第 4 款的范围扩大到强制诉诸调解的案件。然而，在根据第一条通过相互协议进行调解的情况下，这是不必要的，因为任何拒绝调解委员会授权的争端方本来就有机会拒绝接受调解程序或干脆拒绝整个过程（第二八四条第 3 款）。另一方面，如果同意接受调解的争端方后来改变主意，调解委员会的工作就不会结束，因为调解委员会的权限取决于争端他方的最初接受（第二八四条第 4 款）。如果争端他方拒绝指派调解员，提起调解的争端方只有在认为进一步的程序无效时才有权撤回诉讼［第三条（c）款］。然而，在强制调解的情况下，正是因为诉诸程序对他方是强制性的，因此有必要规定确定调解委员会的权限，以防止程序受挫。与前一条的情况一样，有人建议删除此条，但未被接受［资料来源 8，第 9（f）段］。

第十四条　第一节的适用

本附件第一节第二条至第十条在本节限制下适用。

A. V. 36. 根据第十四条，第二条至第十条（第一节）适用于强制调解的情况。这是受"本节"拘束的（最初用的"比照"是不太精确的）。如果第一节和第二节的规则之间有任何冲突，则以本规定为准。

附件六　国际海洋法法庭规约

资料来源

1. A/AC.138/12（和 Corr.1，Add.1，Add.1/Corr.1），第 75~80 段，转载于 1969 年《海底委员会报告》，第 81、114~117 页（秘书长）。

2. A/AC.138/23，第三部分，第一节至第四节 A，转载于 1970 年《海底委员会报告》，附件三，第 61、89~103 页（秘书长）。

3. A/AC.138/25，第 31、46~60 页，转载于 1970 年《海底委员会报告》，附件五，第 130、141、146~149 页（美国）。

4. A/AC.138/63（1971 年，油印本），附件三（日本）。

5. A/AC.138/97，附件六，注⑥，转载于 1973 年《海底委员会报告》第二卷，第 22 页（美国）。

6. A/CONF.62/L.7（1974 年），《正式记录》第三卷，第 85 页（澳大利亚等）。

7. A/CONF.62/C.1/L.3（1974 年），《正式记录》第三卷，第 157 页（第一委员会主席）。

8. A/CONF.62/WP.8/part 1（非正式单一协商案文，1975 年），第三十二条至第三十四条，《正式记录》第六卷，第 137、144 页（第一委员会主席）。

9. A/CONF.62/WP.9（非正式单一协商案文，第四部分，1975 年），附件一 C，《正式记录》第五卷，第 111、117~120 页（海洋法会议主席）。

10. A/CONF.62/WP.9/Add.1（1976 年），《正式记录》第五卷，第 122 页（海洋法会议主席）。

11. A/CONF.62/WP.8/Rev.1/Part I（订正的单一协商案文，1976 年），第二十四条、第三十三条至第四十条，以及附件三（海底争端解决制度规约），《正式记录》第五卷，第 125、132、135~136、145~149 页（第一委员会主席）。

12. A/CONF.62/WP.9/Rev.1（非正式单一协商案文，第四部分第一次修订稿，1976 年），附件一 C，《正式记录》第五卷，第 185、193~197 页（海洋法会议主席）。

13. A/CONF.62/WP.9/Rev.2（订正的单一协商案文，第四部分，1976 年），附件二，《正式记录》第六卷，第 144、149~153 页（海洋法会议主席）。

14. A/CONF.62/WP.10（非正式综合协商案文，1977 年），附件五，《正式记录》第八卷，第 1、58~61 页。

15. A/CONF. 62/WP. 10/Add. 1（1977 年），《正式记录》第八卷，第 65～66 页（海洋法会议主席）。

16. A/CONF. 62/C. 1 /L. 25 和 Add. 1（1979 年），《正式记录》第十一卷，第 109～120 页（关于第十一部分的法律专家组主席）（另见下文资料来源 28 至资料来源 32）。

17. A/CONF. 62/WP. 10/Rev. 1（非正式综合协商案文第一次修订稿，1979 年，油印本），附件五，转载于《第三次联合国海洋法会议文件集》第一卷，第 375、523～532 页。

18. A/CONF. 62/L. 43（1979 年），附件（A/CONF. 62/C. 1/L. 26），附录 A（WG. 21/2）D 节（第一委员会主席和二十一国工作组协调员），和附录 B（关于第十一部分的法律专家组主席）；转载于 A/CONF. 62/91，《正式记录》第十二卷，第 71、74、77、84 、89～92 页（第一委员会主席）。

19. A/CONF. 62/C. 1 /L. 27（1980 年），第五部分和附件（关于第十一部分的法律专家组主席），《正式记录》第十三卷，第 113、135 页（二十一国工作组协调员）（见下文资料来源 33 和资料来耕牛 34）。

20. A/CONF. 62/WP. 10/Rev. 2（非正式综合协商案文第二次修订稿，1980 年，油印本），附件六，转载于《第三次联合国海洋法会议文件集》第二卷，第 3、157～166 页。

21. A/CONF. 62/WP. 10/Rev. 3 *（非正式综合协商案文第三次修订稿，1980 年，油印本），附件六，转载于《第三次联合国海洋法会议文件集》第二卷，第 179、341～351 页。

22. A/CONF. 62/L. 78（公约草案，1981 年），附件六，《正式记录》第十五卷，第 172、235～238 页。

起草委员会

23. A/CONF. 62/L. 152/Add. 19（1982 年，油印本）。

24. A/CONF. 62/L. 160（1982 年），《正式记录》第十七卷，第 225 页（起草委员会主席）。

非正式文件

25. SD. Gp/2nd Session/No. 1/Rev. 5（1975 年，油印本），附件一 C；作为 A/CONF. 62/Background Paper 1 号文件再次印发（1976 年，油印本），附件一 C（关于处理解决争端问题的非正式小组联合主席）。转载于《第三次联合国海洋法会议文件集》第十二卷，第 108、194 页。

26. SD. Gp/2nd Session/No. 5（1975 年，油印本）（关于处理解决争端的法律专家组）。转载于《第三次联合国海洋法会议文件集》第十二卷，第 144 页。

27. SD. Gp/2nd Session/No. 6 和 Rev. 1（1975 年，油印本）（关于处理解决争端的法律专家组）。转载于《第三次联合国海洋法会议文件集》第十二卷，第 162、166 页。

28. GLE/1（1979 年），转载于 A/CONF. 62/C. 1/L. 25/Add. 1（1979 年），附件一，《正式记录》第十一卷，第 109、111 页（关于第十一部分的法律专家组主席）（见上文资料来源 16）。

29. GLE/1/1（1979 年），转载于 A/CONF. 62/C. 1/L. 25/Add. 1（1979 年），附件二，《正式记录》第十一卷，第 109、115 页（关于第十一部分的法律专家组主席）（见上文资料来源 16）。

30. GLE/1/2（1979 年），转载于 A/CONF. 62/C. 1/L. 25/Add. 1（1979 年），附件三，《正式记录》第十一卷，第 109、115 页（关于第十一部分的法律专家组主席）（见上文资料来源 16）。

31. GLE/1/3（1979 年），转载于 A/CONF. 62/C. 1/L. 25/Add. 1（1979 年），附件四，《正式记录》第十一卷，第 109、118 页（关于第十一部分的法律专家组主席）（见上文资料来源 16）。

32. GLE/2（1979 年），转载于 A/CONF. 62/C. 1/L. 25/Add. 1（1979 年），附件五，《正式记录》第十一卷，第 109、119 页（关于第十一部分的法律专家组主席）（见上文资料来源 16）。

33. GLE/3（1980 年），转载于 GLE/4（下文资料来源 34），附录，及 A/CONF. 62/C. 1/L. 27（1980 年），第五部分，附件，《正式记录》第十三卷，第 113、135、137 页（关于第十一部分的法律专家组主席）（见上文资料来源 19）。

34. GLE/4（1980 年），转载于 A/CONF. 62/C. 1/L. 27（1980 年），第五部分，《正式记录》第十三卷，第 113、135~137 页（关于第十一部分的法律专家组主席）（见上文资料来源 19）［本文件在转载于《正式记录》第十三卷英文版本时删掉了标号"GLE/4"］。

评 注

A. VI. 1. 附件六载有《国际海洋法法庭规约》。它由一条一般条款和五节（含四十条）具体条款组成，其中具体条款规定了法庭的组成、其组织和权限、法庭争议应遵循的程序以及修订规约的方式等。它还包括专门处理海底争端分庭职能的一节。

A. VI. 2. 关于设立一个国际法庭处理与海洋法公约的解释或适用有关的争端的建议，在协商进程的早期就出现了。早在 1969 年，秘书长就向海底委员会提交了一份报告，审查了解决与"区域"有关的争端的备选方案，并提到有可能将争端提交给在［拟议的常设］组织内设立或与其有联系的适当机构，作为特别程序的另一种替代办法（资料来源 1，第 79 段）。在后来的讨论中，有人指出，可能需要一个外部审查机构来处理与管理局本身的运作有关的争端，而其他类别的争端将根据现有的安排处理，例如通过国际法院或在 1958 年《日内瓦海洋法公约任择议定书》中提及的其他解决争端的办法来处理。①后来，在 1970 年，秘书长的另一份报告指出，有必要设立一个拟议的机关，可能叫也可能不叫管理局，但其目的是在解决争端方面发挥某些职能（资料来源 2，第 92 页，第 74 段）。同样在 1970 年，大会总体上设想作为将要建立的制度的一部分，就解决争端程序达成了一项协议（见下文第 VI. 170 段）。

A. VI. 3. 美国（资料来源 3，第四十六条）、加拿大②和日本（资料来源 4，第 31 段）向海底委员会提出的提案包括设立一个处理所有海洋法争端的法庭，而其他提案只考虑了设立一个法庭处理与"区域"有关的争端的必要性。③

A. VI. 4. 在海洋法会议第二期会议（1974 年）期间举行的一般性辩论中，几个代表团讨论了解决争端的问题。一些代表团表示需要建立适当的机制和程序，④而其他人则特别提到要设立一个专门的法庭。⑤提出要求设立一个专门法庭作为公约所设国际机构之一的最初提议是 1973 年由美国在海底委员会提出的（资料来源 5）。因此，在该期会议上提出的几项提案中就设想设立一个法庭，这些提议涉及在承包者与管理局在勘探和开发"区域"发生争端时的具体问题。其中一项提案是美国提出的，⑥ 另一项提案是西欧国家集团提出的。⑦在一份综合性工作文件中提出了一项关于设立一个一般法庭的更为具体的提案，其中载有一系列关于解决海洋法争端的备选案文，由海洋法问题特设工作组提出本文件作为进一步讨论的可能框架提交会议。⑧由于一些代表团在第三期会议（1975 年）期间继续进行非正式审议，编写了一份处理所有争端的更全面和详细的工作文件，并在该期会议期间非正式分送给了会议（资料来源 25）。它在附件一 C

① 《关于强制解决争端的任择议定书》，A/CONF. 13/L. 57（1958 年），第一次联合国海洋法会议《正式记录》第二卷第 145-146 页；《联合国条约集》第 450 卷第 169 页（1963 年）；《美国国际法期刊》第 52 卷第 862 页（1958 年）。

② A/AC. 138/59，转载于 1971 年《海底委员会》报告，附件一，第 17，第 205、218 页（项目 15）（加拿大）。

③ 关于其中一些提案的分析，见 L. Sohn，"海底与海洋法庭"，《外国公法和国际法杂志》，第 32 卷第 253 页（1972 年）。另见 A/AC. 138/94/Add. 1，转载于 1973《海底委员会报告》第二卷第 39、69、130-136 页（第一小组委员会）。

④ 例如见越南共和国代表在全体会议上的发言，第 22 次会议，第 5 段。《正式记录》第一卷，第 65 页；牙买加，第 27 次会议，第 31 段，同上，99；玻利维亚，第 28 次会议，第 28 段，同上，第 105 页；意大利，第 41 次会议，第 24 段，同上，第 180 页。

⑤ 例如，见新加坡代表在全体会议上的发言，第 33 次会议，第 19 段，《正式记录》第一卷，第 135 页；以及日本，第 41 次会议，第 54 段，同上，第 182 页。

⑥ A/CONF. 62/C. 1/L. 6（1974 年），第三条和第八条，《正式记录》第三卷第 169 页（美国）。

⑦ A/CONF. 62/C. 1/L. 8（1974 年），《正式记录》第三卷第 173 页（比利时等）。

⑧ 关于这一非正式小组的演变情况，见上文第 XV. 4 段。

中载有海洋法法庭规约草案，共三十六条，为以后的规约草案提供了范本。

A. VI. 5. 在海洋法会议第三期会议（1975年）之后，海洋法会议主席向海洋法会议提交了一份关于解决争端的非正式单一协商案文（资料来源9；非正式单一协商案文第四部分），以及一份解释性备忘录（资料来源10）（见上文第 XV. 6 段）。该文本的附件一C是海洋法会议主席的第一个案文，是海洋法法庭规约草案。该法庭将成为解决与海洋法有关的所有争端的手段之一。尽管海洋法会议主席主动并本着海洋法会议早些时候要求各主要委员会主席编写非正式单一协商案文的决定的精神编写了该案文，但他的案文"在很大程度上是以关于解决争端的非正式小组的工作为基础"的（资料来源9，第111页）。

同时，非正式单一协商案文第一部分（资料来源8）还规定设立一个法庭，负责公约这一部分与"区域"内活动有关的规定的解释或适用。这项建议重复了海底委员会表达的意见，即海底法庭应是拟议的国际海底管理局的主要机关（见上文第 A. VI. 3 段和下文第 A. VI. 70 段）。

于是，从1975年开始，关于解决争端的协商就同时包括了两个法庭的设立、组织结构、作用和职能进行的协商，这两个法庭是"区域"法庭和一个更全面的法庭，即海洋法法庭（Law of the Sea Tribunal），后更名为"国际海洋法法庭"（International Tribunal for the Law of the Sea）。[9]

A. VI. 6. 在海洋法会议第四期会议上（1976年），就解决争端的议题进行了一般性辩论，以海洋法会议主席的第一个案文（资料来源9）作为讨论的基础。[10]许多代表团支持设立一个法庭，有些代表团愿意接受一个新的法庭，但必须有足够数量的其他代表团的支持。然而，有些代表团认为，它只应处理与国际"区域"有关的争端。[11]其他代表团认为没有必要设立一个法庭，或对法庭的设立持保留意见。[12]在辩论后，海洋

---

[9]　法庭的正式名称直到第九期会议续会（1980年）才改变——见 A/CONF. 62/L. 59（1980年），第12段，《正式记录》第十四卷第130、132页（海洋法会议主席）。这一变化首先出现在非正式综合协商案文第三次修订稿中（资料来源21）。

[10]　见第58至65次全体会议总结。《正式记录》第五卷第8-54页。

[11]　其中包括阿根廷、巴林、丹麦、厄瓜多尔、埃及、印度、印度尼西亚、爱尔兰、意大利、毛里求斯、尼泊尔、尼日利亚、巴基斯坦、波兰、塞内加尔、西班牙、瑞典、瑞士、特立尼达和多巴哥、乌拉圭和委内瑞拉。

[12]　例如，见法国代表在第四期会议（1976年）全体会议上的发言，第59次会议，第3段，《正式记录》第五卷第13页；德意志民主共和国，同上，第73段，同上，第20页；中国，第60次会议，第27段，同上，第24页；葡萄牙，同上，第39段，同上，第25页；日本，同上，第58段，同上，第27页；保加利亚，同上，第77段，同上，第29页；土耳其，第61次会议，第10-11段，同上，第31页；以色列，第62次会议，第52段，同上，第40页；沙特阿拉伯，第65次会议，第24段，同上，第52页；关于1976年第五期会议非正式全体会议讨论《规约》的详细摘要，其中没有记录，见 A. O. Adede，《联合国海洋法公约下的争端解决制度》，第210~223页（1987年）。许多关于修正海洋法会议主席第一稿的非正式提案转载于 Platzöder, Dokumente, IV New Yorker Sessionen 1976年，1054-1059页。

法会议主席被授权就解决争端问题编写一份新的单一协商案文，该案文的地位和性质与非正式单一协商案文第一、二和第三部分相同（A/CONF. 62/WP. 8）。这就是非正式单一协商案文第四部分第一次修订稿（ISNT/Part IV. Rev. 1）的起源（资料来源 12）（见上文第 XV. 7 段）。

A. VI. 7. 订正的单一协商案文第一部分（资料来源 11）包括从第三十三条至第四十条，其中涉及与"区域"有关的解决争端法庭，以及附件三，其中载有海底争端解决制度规约。第一委员会主席注意到这项关于海底争端解决制度规约的复杂提案的暂定性质，该提案设想了诉诸特别法庭、仲裁或其他机制而不是常设法庭的可能性（资料来源 11，第 132 页注）。虽然在海洋法会议主席的案文（资料来源 11）里提议设想设立一个专门处理与"区域"勘探和开发有关的事项的法庭，但海洋法会议主席第四部分（资料来源 12）的修订案文设想了一个涵盖有关海洋法所有方面的争端的一般制度。海洋法会议主席对该案文的介绍性说明指出，该案文与拟议的《公约》的其他部分，包括公约第一部分关于解决争端的一章（资料来源 11）的确切关系尚待确定。

A. VI. 8. 从海洋法会议第五期会议开始（1976 年），关于解决争端的主要协商在非正式全体会议上进行。与海底争端有关的问题在这些协商中以及在后来的订正的单一协商案文修订中以灵活的方式处理。这一点是通过制定解决所有争端的手段来实现的，同时也为在案文中增加与"区域"有关的争端的特别规定，包括在订正的单一协商案文第四部分为"区域"设立一个海底争端分庭的规定的可能性留有余地（资料来源 13，第十五条）。第一委员会在第六期会议上决定（1977 年），其今后关于与"区域"有关的解决争端的讨论将在第一委员会主席的协商小组内非正式地继续进行。⑬

A. VI. 9. 对在海洋法法庭内设立一个海底争端分庭的提议的接受，使之得以满足了第一部分和新案文其他部分对法庭的不同要求，并导致了两项提案在非正式综合协商案文中合并（资料来源 14，第 37~41 条）。在其介绍性备忘录（资料来源 15，第 70 页）中，海洋法会议主席指出，协商显示出广泛的一致意见，即解决与"区域"有关的争端的体制安排将包括在非正式综合协商案文争端的解决部分（第二八八条）和有关附件中（附件五和附件六），关于"区域"内争端的实质性规定将保留在非正式综合协商案文的实质性部分，即第十一部分第六节（后来为第五节）。在海洋法会议主席对非正式综合协商案文的介绍中涉及订正的单一协商案文第一部分的修订（资料来源 15，第 66 页），有人指出

> 根据第一委员会在全体会议上广泛讨论后达成的协议，删除了关于海底争端解决制度的附件，公约中有关第一委员会事项的部分将只涉及海底争端解决的管辖权方面，而体制和程序方面的问题将包括在公约关于解决争端的

---

⑬ 第一委员会，第 40 次会议，第 3 段，《正式记录》第七卷第 34 页。另见下文第 A. VI. 171 段。

一般性问题的部分即第十五部分及有关附件内。

此后对协商案文的修订保留了公约所体现的一个法庭及其海底争端分庭。在协商的后期阶段，根据海洋法会议主席的提议并经会议接受，海洋法法庭被称为"国际海洋法法庭"，因为正如他所解释的那样，"〔原〕标题是平庸的，没有充分说明根据本公约设立的法庭的国际地位和尊严。"⑭

A. Ⅵ. 10. 海洋法会议主席在介绍其关于解决争端的案文（资料来源9）时解释说，"法庭运作的一般程序及其权力符合《国际法院规约》和其他国际司法法庭的规定"（资料来源10，第30段）。鉴于这一解释同样适用于《法庭规约》在非正式单一协商案文、订正的单一协商案文以及后来在非正式综合协商案文中的修订，《国际法院规约》的相应规定和该法院的惯例将反映在以下评注适当之处。

A. Ⅵ. 11. 编写法庭议事规则草案和其他有关文书是国际海底管理局和国际海洋法法庭筹备委员会根据会议最后文件附件一决议一开展工作的主要任务之一（见下文第A. Ⅵ. 95 段）。在执行这项任务时，筹备委员会在秘书处的协助下，将规约与其他国际法院和法庭的组成文书进行了比较和对比，以评估法庭规则应遵循或区别于现有做法的程度。尽管筹备委员会第四特别委员会到1987年底尚未完成其工作，但本评注已酌情考虑到其决定。⑮由于此附件的特殊性质，有必要对本评注的一般做法进行例外处理。筹备委员会将提交的案文在以后阶段肯定会受到认真的注意，因为它们将反映参与筹备委员会工作的各国政府代表对《法庭规约》的解释。

第一条　一般规定

1. 国际海洋法法庭应按照本公约和本规约的规定组成并执行职务。
2. 法庭的所在地应为德意志联邦共和国汉堡自由汉萨城。
3. 法庭于认为合宜时可在其他地方开庭并执行职务。
4. 将争端提交法庭应遵守第十一和第十五部分的规定。

---

⑭　前注⑨。

⑮　秘书处在第一次逐条阅读之后编写的法庭议事规则草案载于文件 LOS/PCN/SCN. 4/WP. 2/Rev. 1/Part I（1986年，油印本）（第一条至第九十三条）和第二部分（1987年，油印本）（第九十四条至第一四〇条）。负责安排法庭建立的筹备委员会第四特别委员会的讨论摘要，由特别委员会主席定期印发，这些讨论摘要载于文件 LOS/PCN/SCN. 4/L. 1（1984年，油印本），LOS/PCN/SCN. 4/L. 2 和 Add. 1（1984年和1985年，油印本），LOS/PCN/SCN. 4/L. 3 和 Add. 1 和 Corr. 1（均为1985年，油印本），LOS/PCN/SCN. 4/L. 4 和 Add. 1（1985年和1986年，油印本），LOS/PCN/SCN. 4/L. 5 和 Add. 1（均为1986年，油印本），LOC/PCN/SCN. 4/L. 7 和 Add. 1（1986和1987年，油印本）以及 LOS/PCN/SCN. 4/L. 9 和 Add. 1（1986年和1987年，油印本）。还应参考特别委员会的其他文件和工作文件。

A. VI. 12. 第一条作为附件的导言，先于第一节，规定设立具有公约规定的职能的法庭（但其管辖权不限于因解释或适用公约而产生的争端）。第 1 款指出，法庭是根据公约成立的，其按照公约和《法庭规约》（附件六）履行职能（见下文第 A. VI. 13段）。公约第二八七条提及解决争端的替代手段，并将根据附件六设立的国际海洋法法庭确定为这些手段之一。因此，《法院规约》第一条规定根据公约和《法院规约》组成法庭。第 2 款确定了法庭所在地，即德意志联邦共和国汉堡自由汉萨域。第 3 款允许法庭在其所在地以外的地方开庭和行使其职能。第 4 款规定，第十一条和第十五部分管辖所有提交给法庭的争端。公约的有关部分是第十一部分第五节（第一八六条至第一九一条），仅限于与"区域"的勘探和开发有关的争端（见第三卷）；第十三部分第六节（第二六四条和第二六五条），涉及海洋科学研究（见第四卷）；以及第十五部分（第二七九条至第二九九条），一般处理与公约的解释或适用有关的争端。

A. VI. 13. 第一条源于海洋法会议主席第一个案文（资料来源 9，第一条和第十三条）中的两个单独条款，内容如下：

第一条

1. 海洋法法庭的组成和运作应符合海洋法公约和本规约的规定。

2. 任何提交法庭的争议均应遵守本公约第……章的规定。

第十三条

1. 法庭所在地应与国际海底管理局所在地相同，但法庭有权在法庭认为适当时在其他地方开庭和行使其职能。

2. 庭长和书记官长应居住在法庭所在地。

这两条直到非正式综合协商案文第一次修订稿才合并（资料来源 17，第一条）。第1 款的表述与海洋法会议主席第一个案文第一条中的表述几乎相同。主要的区别在于法庭的名称，尽管在起草措辞方面也有一些变化。

第 1 款的表述没有具体指明设立法庭的规定是在公约还是在《法院规约》中。这几乎没有实际意义，因为根据第三一八条，附件（包括《法庭规约》，即附件六）是公约的组成部分。公约第二八七条第 1 款（a）项将法庭说为"根据附件六设立"。因此，可以解释为《法院规约》根据此款构成法庭，法庭的运作受公约和《法院规约》的支配。就国际法院而言，《联合国宪章》第七条将国际法院定为主要机关；而《法院规约》第一条将国际法院称为《联合国宪章》所设法院。

A. VI. 14. 第 2 款体现了公约草案介绍性说明中关于该法庭所在地在汉堡自由汉萨

· 307 ·

城的决定。⑯其中说道，"关于管理局和法庭所在地的决定是由非正式全体会议作出的，但须符合以下要求：所确定的国家应在公约生效时批准公约，并在公约生效后继续是公约的缔约国"（资料来源22，第176页）。⑰

海洋法会议主席的初步提案（资料来源9，第十三条第1款）规定，该法庭所在地应与管理局所在地相同。这反映了当时的观点，即该法庭将是管理局的一个机关。当时这一意见没有被接受，后来有人提议由缔约方确定该法庭的所在地（资料来源12，第十三条）。这项规定一直有效，直到非正式综合协商案文第一次修订稿（资料来源17，第一条），其中法庭所在地依然空着，并在脚注中注明了百慕大、葡萄牙和南斯拉夫提供的场所。当时，先前协商案文第十三条的内容与第一条的内容合并。只是在公约草案中（资料来源22，第一条），在对上述地方进行了秘密的非正式表决之后（注17），才确定这一所在地在德意志联邦共和国。根据起草委员会的建议（资料来源23），公约后来对这一提法做了修改，规定该所在地位于德意志联邦共和国汉堡自由汉萨城。

A. VI. 15. 第3款使法庭能够在其认为适当的时候，在其所在地以外的其他地方开庭并行使其职能。这符合《国际法院规约》第二十二条。尚未有任何既定国际法院或法庭在其所在地以外的其他地方开庭或行使其职能。

在海洋法会议主席的第一份提案中，如果该法庭认为是可取的，该法庭将有权在其所在地以外的地方开庭和行使其职能（资料来源9，第十三条）。在非正式综合协商案文第一次修订稿中，该条以目前的四款形式重新修订（资料来源17，第一条），有关在其他地方开庭的权利的规定与所在地的规定分开。根据起草委员会的建议，通过了该案文，该案文使用了允许动词"may sit（可……开庭）"，而不是用"right［to sit］（有权……［开庭］）"来表述这一事项（资料来源23）。

A. VI. 16. 第4款仅记录了"将争端提交法庭应遵守第十一部分和第十五部分的规定。"第十一部分第五节（第一八六条至第一九一条）规定，海底争端分庭对缔约国之间有关该部分的解释或适用的争端以及与"区域"内活动有关的某些其他争端具有专属管辖权（见第一八七条）。这种专属管辖权并不取代公约规定的其他法院或法庭对其他事项的管辖权，并受第十五部分第一节的规定的限制（见第二八五条）。第十五部分一般涉及与公约的解释或适用有关的争端，以及与公约宗旨有关的国际协定的解释或适用有关的争端（第二八八条第1款和第2款）。在这两种情况下，当第二八七条和第

---

⑯　关于与法庭所在地有关的讨论情况，见 R. Platzöder and S. Wasum，*Der internationale Seegerichtshof*［国际海洋法法庭］第59-80页（1985年）。

⑰　见联合国新闻稿 SEA/145（1981年8月21日，油印本）。转载于 Platzöder, New Yorker und Genfer Sessionen 1981（Band II），1981年，第700页。从百慕大（后来撤回）、葡萄牙和南斯拉夫收到了为法庭提供场地的其他提议。关于法庭所在地的决定连同关于管理局所在地的决定是在1981年8月21日海洋法会议的一次非正式会议上进行两次无记名投票后作出的，并已纳入公约草案（资料来源22，第一条）。

二八八条规定的向法庭提交争端的条件得到满足时，可诉诸法庭及其分庭（无论是常设法庭还是特设法庭）。

A. VI. 17. 关于公约的解释或适用的争端的提交，必须服从第二九四条和第二九五条的特别规定，以及第二九七条至第二九九条所载对第十五部分第三节的适用的限制和例外。在其他条约或公约涵盖此公约的主题事项的情况下，如果该条约或公约有此规定或所有缔约方都同意（根据《法院规约》第二十条至第二十二条），则有关任何此类条约或公约的解释或适用的争端可提交海洋法法庭。如《法庭规约》第二十四条所述，争端可通过申请或通知授予该法庭管辖权的特别协定提交该法庭（见下文 A. VI. 135 段）。

A. VI. 18. 第 4 款第一次出现是在海洋法会议主席最初案文第一条第 2 款（资料来源 9）。当时，海洋法会议面临的实质性问题仍处于协商的初期阶段。因此，对于当时的附件一，没有指明公约的任何特定章节或部分，后来的案文一般是指关于解决争端的未指明章节或整个公约。当将订正的单一协商案文的 4 个不同部分合并到非正式综合协商案文中时，这些参照被替换为对第十一部分和第十五部分的相互参照（见资料来源 14，附件五第一条第 2 款）。

此款唯一的其他改动是起草委员会的一项建议（资料来源 23），即争端的提及将 "governed by（遵守）" 相关实质性部分而不是 "subject to（受制于）" 这些部分。

第一节　法庭的组织

A. VI. 19. 第一节涉及海洋法法庭的组织及其组成和法官的各个方面。它还涉及海洋法法庭的常设和特设机构，如海底争端分庭及其特别分庭。它部分符合《国际法院规约》第一章（第一条至第三十三条），部分符合《国际法委员会规约》第一章（第二条至第十四条），特别是在组成和选举方面。

第二条　组成

1. 法庭应由独立法官二十一人组成，从享有公平和正直的最高声誉，在海洋法领域内具有公认资格的人士中选出。

2. 法庭作为一个整体，应确保其能代表世界各主要法系和公平地区分配。

A. VI. 20. 第二条涉及海洋法法庭的组成及法官所需的资格。根据第十七条第 6 款，此条适用于海洋法法庭的特设法官。

A. VI. 21. 第 1 款规定了海洋法法庭选任法官的总数及其资格。海洋法会议主席的第一稿（资料来源 9，第二条）中的相应规定设想设立一个由 15 人组成的海洋法法庭。[⑧]

> 1. 法庭应由独立法官十五名组成，这些法官不分国籍，从品德高尚、在海洋法领域内具有公认资格的人士中选出。
> 2. 法庭作为一个整体，应确保其能代表世界各主要法系和公平地区分配。

考虑到需要确保迅速开展业务，使成立一个海底争端分庭和其他几个常设和特设分庭成为可能，并确保其法官的适当地域分配，此后就将订正的单一协商案文第四部分中的海洋法法庭法官增加到了二十一名（资料来源 13，第二条）。这一增加后来促成了在海洋法法庭内设立一个由十一名法官组成的海底争端分庭的协议，首先是写进了非正式综合协商案文（资料来源 14，第三十七条）。早期的案文有当选的法官无论国籍的提法，在这方面是遵循了《国际法院规约》第二条。然而，在海洋法会议第四期会议（1976 年）就解决争端问题进行辩论之后，该项规定在订正的单一协商案文第四部分（资料来源 13，第二条）[⑨]中被删除，其含义是，国籍仅在海洋法法庭两名法官可能是同一国家的国民的情况下才具有重要意义，这是目前的一项原则，载于第三条。

A. VI. 22. 与《国际法院规约》不加区别地使用"members（法官）"和"judges（法官）"两词不同，附件六始终使用"members（法官）"一词，而"judges（法官）"一词只出现在第二十六条中。但在必要时，《法院规约》对海洋法法庭的选任法官和临时任命的法官做了区分（例如见第十八条第 1 款和第 4 款）。在有关条款中，对专案法官相对于选任法官的地位进行了更充分的处理。

A. VI. 23. 海洋法法庭法官的具体资格是：（1）在公平和正直方面享有最高声誉的人；（2）在海洋法领域具有公认的资格。海洋法会议主席的最初案文（资料来源 9，第二条）包括"品德高尚"的要求和公认的海洋法事务能力。在订正的单一协商案文第四部分中（资料来源 13，第二条），这一资格改为"公平和正直的最高声誉"。

第二项要求涉及专业资格，即海洋法领域公认的资格。第一委员会主席在非正式单一协商案文第一部分（资料来源 8，第三十二条第 3 款）的提案中纳入了一项类似的要求，并在非正式单一协商案文第一部分（资料来源 11，第三十三条第 4 款）中稍作修改后予以保留。

A. VI. 24. 第 2 款要求，整个海洋法法庭应确保世界主要法系的代表性和公平地域

---

⑧　非正式单一协商案文第一部分（资料来源 8，第三十二条第 4 款）只规定了九名法官；订正的单一协商案文中的法官人数增加到了十一名（资料来源 8，第三十三条第 5 款）。

⑨　非正式单一协商案文第一部分（资料来源 8）除载有《国际法院规约》第二条之外，还载有其第三十三条第 2 款的类似规定。

分配。这一款自其最初制定之时起一直保持完整（资料来源9，第二条）。"代表世界主要法系"一语取自《国际法院规约》第九条。然而，在所有其他方面，这一规定与第九条有根本区别。此附件第三条第2款涉及地域分配原则的适用，第四条规定的提名和选举制度规定了这两项原则在实践中的适用。

A. VI. 25. 与其他国际法院和法庭的情况一样，没有确保在具体情况下满足第二条要求的程序。这件事完全掌握在参与提名和选举进程的国家手中。

第三条 法官

1. 法庭法官中不得有二人为同一国家的国民。为担任法庭法官的目的，一人而可视为一个以上国家的国民者，应视为其通常行使公民及政治权利的国家的国民。

2. 联合国大会所确定的每一地理区域集团应有法官至少三人。

A. VI. 26. 此条是第二条的延续。它规定了在任何多重国籍情况下确定法官有效国籍的规则。根据《国际法院规约》第三条第2款，有关人员通常行使公民权利和政治权利的国家被视为他的国家。

A. VI. 27. 第1款与海洋法会议主席第一稿中的原措辞相同（资料来源9，第三条第1款）。它在整个协商过程中一直保持没变，规定任何国家不得有一名以上的国民担任海洋法法庭法官。

对非正式单一协商案文第一部分（资料来源8）中设想的海底法庭法官采取了不同的做法。建议该法庭由一个由独立法官组成的机构组成，独立法官不分国籍（见上文第 A. VI. 21 段）。该案文还阐述了确保主要法系代表性的必要性，但不要求按照地域分配（第三十二条第3款和第5款）。然而，在订正的单一协商案文第一部分"主要法系的代表性"中增加了适当顾及公平地域分配原则的要求（资料来源11，第三十三条第6款）。这一规定在订正的单一协商案文（见上文第 A. VI. 4 段）第一部分和第四部分合并时从非正式综合协商案文删除（资料来源14）。

A. VI. 28. 第2款提供了一个方案，确保每个地理区域集团的最低代表性。因此，首先可以通过在各地理区域集团之间划分席位来确保适当的地域代表性。会议召开时，联合国大会有5个地理区域集团。然而，这一点可能会改变；也不应与第一六一条第1款（e）项中对区域集团的定义相混淆。参加选举的国家应就某一选举的实际地域分配达成协议，但每一集团至少有三名法庭法官。联合国的惯例还规定了确保维持商定的分配程序（例如大会1981年11月18日关于选举国际法委员会成员的第36/39号决议）。

第2款的内容在协商过程中有所改变。在海洋法会议主席的第一个案文之前进行的非正式讨论表明，海洋法法庭法官必须公平地按地域分配。似乎许多国家，特别是那些在国际法院成立后独立的国家，并不认为法院的组成充分反映了国际社会。在他的解释性备忘录中（资料来源10，第30段），海洋法会议主席写道：

> 为确保海洋法法庭的组成考虑到参加协商一致意见的各集团在公约方面达成的协商一致意见，已试图制定一项反映这一协商一致意见的法庭法官挑选方法（见附件一C，第三条）。只有这样，区域集团才能感受到其职责中的真正参与感，从而确保它们愿意接受。

海洋法会议主席第一个案文（资料来源9，第三条第2款）的最初措辞将十五名法官分配给5个区域集团，保证每个区域集团有两名法官，有的集团分配了三至四名法官。该案文还规定了每一个区域集团从该区域集团的每十个缔约国中选出一名法官的最大分配额。另一项规定将留给每个缔约国来决定它为选举目的决定属于哪个区域集团，并指出，第一次选举时应将本说明送交秘书长，后来选举时应送交海洋法法庭书记官长。这个相当复杂的文本如下：

> 2. 海洋法法庭法官的选举方式如下：
> 非洲国家集团四名；
> 亚洲国家集团三名；
> 东欧国家集团两名；
> 拉丁美洲国家集团三名；
> 西欧和其他国家集团三名，但须遵守下列条件：
> （a）自选举之日起，任何集团中每十个公约缔约国选出的法官不得超过一名；
> （b）每个集团至少应有两名法官；
> （c）公约每一缔约国应为选举海洋法法庭法官的目的确定其决定所属的集团，并应将该决定通知联合国秘书长，如属首次选举，而海洋法法庭书记官长在其后的选举中，须通知所有缔约方。

海洋法会议主席案文第3款规定，该案文的另一条（资料来源9，第三条第3款和第四条第4款）进一步阐明了实现这种地域分配的手段。

A. VI. 29. 非正式单一协商案文第四部分第一次修订稿（资料来源12，第三条第2款）没有对第2款的规定作实质性修订。然而，选举方式的复杂表述和过于具体，引发了一些争议。考虑到联合国大会有既定的选举程序，有人提议，制定原则和遵循大会的既定做法就足够了。这一新的表述反映在订正的单一协商案文第四部分（资料来源13，第三条），该部分保证每个区域集团在二十一个席位中至少有3个席位；该表述保留在了公约中。

第四条　提名和选举

1. 每一缔约国可提名不超过二名具有本附件第二条所规定的资格的候选人，法庭法官应从这样提名的人选名单中选出。

2. 第一次选举应由联合国秘书长，以后各次选举应由法庭书记官长，至少在选举之日前三个月，书面邀请各缔约国在两个月内提名法庭法官的候选人。秘书长或书记官长应依字母次序编制所提出的候选人名单，载明提名的缔约国，并应在每次选举之日前最后一个月的第七天以前提交各缔约国。

3. 第一次选举应于本公约生效之日起六个月内举行。

4. 法庭法官的选举应以无记名投票进行。第一次选举应由联合国秘书长召开缔约国会议举行，以后的选举应按各缔约国协议的程序举行。在该会议上，缔约国的三分之二应构成法定人数。得票最多获得出席并参加表决的缔约国三分之二多数票的候选人应当选为法庭法官，但须这项多数包括缔约国的过半数。

A. VI. 30. 此条正式区分了海洋法法庭法官的首次选举和以后的选举。对于第一次选举，应由联合国秘书长在公约生效后 6 个月内召开缔约国会议（参见第三一九条第 2 款（e）项和上文第 319.10 段）。秘书长负责向缔约国发出提名海洋法法庭法官的邀请。后来的选举由海洋法法庭书记官长负责。

A. VI. 31. 在整个会议期间，第 1 款几乎没有变化。根据规定，每一缔约国可提名不超过两名具有第二条规定的资格的人员。这一提名程序强调了海洋法法庭法官提名的政治性质。只有这样提名的人才是候选人。

A. VI. 32. 第 2 款规定了联合国秘书长（第一次选举）和海洋法法庭书记官长（此后的选举）必须邀请缔约国提名，并编制一份被提名人名单，及时提交缔约国审议。第一次选举将在公约生效后 6 个月内举行（这是受第三〇八条管辖的事项）。联合国秘书长应至少在第一次选举前 3 个月（即在公约生效后 3 个月内）邀请缔约国提出提名。这项提案起源于非正式单一协商案文第四部分（资料来源 9，第四条第 2 款），在整个协商过程中，其实质内容一直保持没变。应当指出，根据第三〇八条第 2 款，对于在第六十份批准书或加入书交存后批准或加入本公约的每一国家，本公约在其批准书或加入书交存后第三十天对该国生效，或第六十份批准书或加入书交存后 12 个月对该国生效，以较迟日期为准。关于这项规定与参与提名和选举进程的关系，见上文第 308. 15 段。

A. VI. 33. 第 3 款只涉及公约生效后 6 个月内举行的第一次选举（由第三〇八条管辖的事项）。设立国际海底管理局和国际海洋法法庭筹备委员会的《最后文件》附件一第 10 段决议，要求委员会编写一份报告，就设立国际海洋法法庭的实际安排提出建议。这些建议将提交根据公约附件六第四条召开的缔约国会议。

根据第三〇八条第 1 款，公约将在第六十份批准书或加入书交存 12 个月后生效（如上文第 308.15 段所述）。这一推迟将使筹备委员会有充分的时间采取一切必要步骤，以满足在缔约国第一次会议之前提交海洋法法庭法官候选人的期限。（1945 年，联合国筹备委员会为在大会第一届会议第一阶段会议期间组织第一次选举国际法院法官就采取了类似行动。）

A. VI. 34. 第 4 款规定，选举应以无记名投票进行，这是选举的惯例。第一次选举由联合国秘书长召集缔约国会议（"缔约国"一词的定义见公约第一条第 2 款，但对于国际组织，如第 4 款所述，附件九第 4 款将适用，见下文第 A. IX. 6 段的解释）。因为根据第一五六条第 2 款，缔约国也是国际海底管理局的成员，如果考虑到第四条所要求的各种期限，认为方便和切实可行，根据附件六召开的缔约国会议可以与管理局大会的会议同时举行。第 4 款规定由缔约国决定第一次选举后的所有选举程序。

A. VI. 35. 关于会议所要求的法定人数的问题，在进行的整个协商中原提案三分之二的缔约国一直保持未变。至于所需的表决多数，海洋法会议主席最初建议出席并参加表决的缔约国以绝对多数票通过（资料来源 9，第四条第 4 款）。然而，在第四期会议上（1975 年）就解决争端的问题进行一般性辩论之后（见上文第 A. VI. 6 段），非正式单一协商案文第四部分将这一比例减至出席并参加表决的缔约国的三分之二多数，但有一项限制条件，即表决多数也应为缔约国的多数（资料来源 12，第四条第 4 款）。

A. VI. 36. 第一委员会提出的关于设立海底争端法庭的建议反映在非正式单一协商案文第一部分（资料来源 8）。该案文第三十二条和订正的单一协商案文（资料来源 11，第三十三条）的程序是由国际海底管理局大会根据其理事会的建议，从缔约国提名的候选人中任命的。此后对协商案文第一部分的修订没有涉及海底争端法庭的选举，这一事项已移至附件六第三十五条。

第五条　任期

1. 法庭法官任期九年，连选可连任；但须第一次选举选出的法官中，七人任期应为三年，另七人为六年。

2. 第一次选举选出的法庭法官中，谁任期三年，谁任期六年，应于该次选举完毕后由联合国秘书长立即以抽签方法选定。

3. 法庭法官在其职位被接替前，应继续执行其职责。法庭法官虽经接替，仍应完成在接替前已开始的任何程序。

4. 法庭法官辞职时应将辞职书致送法庭庭长。收到辞职书后，该席位即行出缺。

A. Ⅵ. 37. 第五条规定了海洋法法庭法官的任期和选举的周期。它严格遵循了《国际法院规约》第十三条。

A. Ⅵ. 38. 第 1 款规定，海洋法法庭法官的任期为九年，可连选连任。但是，如果是在第一次选举中选出的法官，七名法官的任期将在三年后届满，另外七名法官的任期将在再三年后届满。这就确定了任期的分组周期，即每三年有三分之一的法官任期届满。

A. Ⅵ. 39. 第 2 款规定，在第一次选举后，海洋法法庭法官将分成人数相等的三组，以便最初的法官中有七名任期三年，七名任期六年，其余的任期九年。为此目的，联合国秘书长将在第一次选举后立即抽签。

A. Ⅵ. 40. 第 3 款所述的情况是，一个职位在任职者任期届满之前空缺。如果选举被推迟或陷入僵局，或者新当选的法官不能在预定日期履行职责，就可能发生这种情况。为了始终保持法官的充分补充，此款规定离任法官继续履行其职责，直至其职位得到填补为止。

第 3 款还规定，在法官任期届满后被替换的法官，应在替换之日前完成他可能已经开始的任何诉讼程序。这一规定不同于《国际法院规约》（第十三条第 3 款）的相应规定，即用"诉讼程序"一词取代了《国际法院规约》中的"案件"一词，因此，不应假定海洋法法庭的做法必然会遵守国际法院的做法。

A. Ⅵ. 41. 至于任期何时开始，没有具体规定。在国际法院，在第一次选举中当选的法官的任期自选举之日（1946 年 2 月 6 日）开始；该日决定所有选任法官任期的开始和结束。据信，海洋法法庭的法官资格直接来自选举。但是，海洋法法庭所有法官在开始履行职责之前，必须按照附件六第十一条的规定作出庄严声明（见下文第 A. Ⅵ. 67 段）。

A. Ⅵ. 42. 第 4 款指明海洋法法庭法官可如何提出辞职。这是通过向海洋法法庭庭长提交辞职信来完成的。海洋法法庭庭长收到那封信后，席位就出缺了。

A. Ⅵ. 43. 此条所有 4 款与海洋法会议主席的第一个案文（资料来源 9，第五条）几乎没有变化，该案文反映了国际法院的做法，其中许多案文几乎与《法院规约》第十三条的相应规定相同。海洋法会议主席的案文如下：

1. 海洋法法庭法官的任期为九年，可以连选连任；但第一次选举产生的法官，五名法官的任期应在三年结束时届满，另外五名法官的任期应在六年结束时届满。

2. 海洋法法庭法官的任期在上述最初三年和六年任期结束时届满，应由联合国秘书长在第一次选举结束后立即抽签选出。

3. 海洋法法庭法官须继续履行职责，直至其职位获填补为止。虽被替换，但应继续在替换时开始的任何诉讼中发挥作用。

4. 如海洋法法庭法官辞职，辞职书需致送海洋法法庭庭长。海洋法法庭庭长收到辞职书后，该职位即空缺。

协商过程中的主要变化是两个法庭（海洋法法庭和海底法庭）合并的结果（见上文第 A. VI. 9 段）。在海洋法法庭法官总数增加到二十一名之后，为了保持三分之一的法官更替，有必要将每隔三年选出的法官数目从五名改为七名。

A. VI. 44. 在海洋法会议主席的第一个案文中（资料来源 9），"member（法官）"和"judge（法官）"这两个词在第 1 款中有点不加区别地使用，在某种程度上是遵循了《国际法院规约》第十三条第 1 款的相应规定。在此条的最后文本中，一致使用"member（法官）"一词提供了更大的清晰度。这一改动是在非正式单一协商案文第四部分第一次修订稿（资料来源 12，第五条第 1 款）中作出的。

A. VI. 45. 在第 3 款中，正如海洋法会议主席的第一个案文（资料来源 9）和非正式单一协商案文第四部分第一次修订稿中（资料来源 12）所述，虽然一名法官被接替，但他将继续在接替"开始时"的任何诉讼程序中行使职能。这一措辞的解释是，只有在程序的启动与替换的时间正好吻合时，职能的延续才适用。早些时候开始的诉讼可能不在这一提法的范围内。原始表述中的另一个不确定性是，没有确定的时间点可以结束继续履行职责。因此，在订正的单一协商案文第四部分中（资料来源 13，第五条第 3 款），这一措辞与《国际法院规约》的相应规定更为一致，因为其中提到了继续"完成在接替时可能已开始的任何案件"的法官。这一变化使继续适用于有关诉讼程序的完成变得更加具体。这消除了先前案文的部分不精确性。

A. VI. 46. 根据起草委员会的建议，对该条做了更明确的说明（资料来源 23）。"在替换时开始"的提法可以解释为，它不适用于在此之前开始的程序。因此，根据起草委员会的建议，会议核准了将短语改为"……在替换日期*之前*开始的"［着重处为本书作者所加］。起草委员会提议并后来核准的其他变动如下：

（a）第 2 款末尾删除了"结束后"一词，因为它们没有明显的后果。这与《国际法院规约》中使用的语言不同。

（b）在第 4 款中，第一句提到了"辞职书"，而不是在第二句末尾。这澄清了辞职信必须写给海洋法法庭庭长，而且正是在庭长收到这封信后，该职位才出现空缺。

第六条 出缺

1. 法官出缺，应按照第一次选举时所定的办法进行补缺，但须遵行下列规定：书记官长应于法官出缺后一个月内，发出本附件第四条规定的邀请书，选举日期应由法庭庭长在与各缔约国协商后指定。

2. 法庭法官当选接替任期未满的法官者，应任职至其前任法官任期届满时为止。

A. Ⅵ. 47. 第六条涉及因海洋法法庭法官不能或不愿完成任期而出现的偶尔空缺。它特别包括法官死亡、其他丧失行为能力、辞职或免职的情况。当选填补空缺的法官的任期限于空缺法官的剩余任期。

A. Ⅵ. 48. 第1款将第四条为第一次选举规定的方法纳入偶尔选举，但是海洋法法庭书记官长而不是联合国秘书长负责发出提名邀请。这些邀请必须在空缺发生后一个月内发出。在同一期间，海洋法法庭庭长应与缔约国协商后确定选举日期。根据第四条第2款，该日期必须是提名邀请发出后至少3个月。这一程序类似于《国际法院规约》第十四条所载的程序。然而，鉴于组成海底争端分庭和《法院规约》所设想的几个常设和专案分庭所需的法官数目，长期空缺可能会给海洋法法庭造成困难，因为可能没有足够的法官来完成所有这些任务。但是，由于根据第三十五条第6款，海底争端分庭本身的空缺可以由海洋法法庭其他法官填补，因此这些困难不太可能妨碍分庭的工作。

A. Ⅵ. 49. 第2款遵循《国际法院规约》第十五条，规定在临时选举中当选的法官只在其前任的剩余任期内任职。

A. Ⅵ. 50. 从海洋法会议主席的第一个案文（资料来源9）到公约的最后文本，第1款和第2款几乎没有变化，只是纯粹的文体上的修改。

第七条　不适合的活动

1. 法庭法官不得执行任何政治或行政职务，或对任何与勘探和开发海洋或海底资源或与海洋或海底的其他商业用途有关的任何企业的任何业务有积极联系或有财务利益。

2. 法庭法官不得充任任何案件的代理人、律师或辩护人。

3. 关于上述各点的任何疑义，应由出席的法庭其他法官以过半数裁定解决。

A. Ⅵ. 51. 此条第1款和第3款载于海洋法会议主席的第一个案文（资料来源9，第七条）。第2款最初列入海洋法会议主席的第一个案文第八条，但在非正式综合协商案文中转为第七条（资料来源14）。

在非正式单一协商案文第四部分第一次修订稿中（资料来源12，第七条），此条被称为"与法官利益有关的条件"，这个标题一直保留到最后案文，直到根据起草委员会的建议（资料来源 23）改为目前的"不适合的活动"的标题（另见下文第 A. Ⅵ. 63 段）。

订正的单一协商案文第一部分中（资料来源 11，附件三，第九条）也有类似的规定，标题是"对法官的限制。"

A. Ⅵ. 52. 此条仅适用于海洋法法庭选任法官。第 1 款禁止法官行使任何政治或行政职能。它不同于《国际法院规约》相应的第十六条，因为海洋法法庭法官本身并不被视为全职职业。由于这个原因，不能假定它遵循了国际法院的做法，这一条款应具有一定的灵活性。

第 1 款中的第二项禁令涉及海洋法法庭任何法官与任何与勘探或开发海洋或海底资源有关的企业主动联系或在财务上有利害关系；这也适用于海洋或海底的其他商业用途。这一表述比"区域内的活动"（定义见公约第一条）要宽泛。这些限制反映了这样一个事实，即海洋法法庭的设立是为了处理受公约规范的海洋和海底的所有用途和资源，而海洋和海底的大多数用途往往具有商业性质，或具有经济后果。因此，不适合性包括几乎完全排除在具有商业含义的任何或所有这些用途中的积极关联、财务参与、管理甚至财务利益之外。这一限制适用于海洋法法庭的所有法官，但不限于构成海底争端分庭的法官。这种不适合性适用于海洋的所有其他用途，特别是航行问题，以及许多法庭可以受理的争端。

A. Ⅵ. 53. 第 2 款完全与《国际法院规约》第十七条第 1 款对应。"任何案件"一词肯定与海洋法法庭审理的任何案件有关。如何适用于其他国际、国内法庭的案件，将由经验决定，任何疑问都必须按照第 3 款解决（关于先前参与海洋法法庭审理的案件，见下文第 A . Ⅵ. 58 段）。

A. Ⅵ. 54. 第 3 款与此附件第八条第 4 款相似，两者都与《国际法院规约》第十六条和第十七条的相应款项不同。与《法院规约》中"法院的决定"相反，"法庭其他法官以过半数"一语包含了国际法院在 1978 年《法院规则》第三十四条第 1 款中所作澄清的实质内容。第 3 款的措辞将排除正在审议的案件涉及其立场的法官。由于"出席的法庭其他法官"可能构成偶数，因此投票可能会导致平局。在这种情况下，海洋法法庭庭长（或代理庭长的海洋法法庭法官）将根据第二十九条第 2 款进行决定性表决（见下文第 A. Ⅵ. 149 段）。

A. Ⅵ. 55. 此条第 1 款和第 3 款与海洋法会议主席的第一个案文（资料来源 9，第七条）几乎没有变化，案文如下：

1. 法庭法官不得执行任何政治或行政职务，或对任何与勘探和开发海洋或海底资源或与海洋或海底的其他商业用途有关的任何企业的任何业务有积极联系或有财务利益。

2. 关于这一点的任何疑问，应由出席的其他法庭法官以过半数决定。

随着将海洋法会议主席的第一个案文第八条第 1 款作为第七条新的第 2 款引入非正式综合协商案文（资料来源 14），对旧的第 2 款重新编号，并做了调整，将措辞"这点"一词改为"各点"，以涵盖对这两个问题的疑义的决定。此后，除起草委员会对文体上的修改的建议，将"由过半数决定"改为"由过半数裁定解决"外（资料来源 23），未再有任何变化。

A. VI. 56. 此条涉及了范围广泛的被认为与海洋法法庭法官的地位不符的一般活动，这些活动既不限于某一法官曾经或参与的特定案件，也不限于受第八条管辖的事项。法官拒绝终止不适合的活动，将导致根据第九条采取的行动。

第八条　关于法官参与特定案件的条件

1. 任何过去曾作为某一案件当事一方的代理人、律师或辩护人，或曾作为国内或国际法院或法庭的法官，或以任何其他资格参加该案件的法庭法官，不得参与该案件的裁判。

2. 如果法庭的某一法官因某种特殊理由认为不应参与某一特定案件的裁判，该法官应将此情形通知法庭庭长。

3. 如果法庭庭长认为法庭某一法官因某种特殊理由不应参与审理某一特定案件，庭长应将此情形通知该法官。

4. 关于上述各点的任何疑义，应由出席的法庭其他法官以过半数裁定解决。

A. VI. 57. 第八条规定了可能导致原本有资格的法官丧失参加特定案件的资格的因素。根据第十七条第 6 款，此条也适用于海洋法法庭的专案法官。它作为第八条出现在海洋法会议主席的第一个案文里（资料来源 9），并在非正式单一协商案文第一次修订稿中被赋予"与法官以其他身份参与有关的条件"的标题（资料来源 12，第八条）。第一委员会制定的《海底争端解决制度规约》中没有相应的规定（资料来源 11）。在非正式综合协商案文中，当该条款采用其当前形式时，其标题为"与法官参与有关的条件"（资料来源 14，第八条）。本标题是根据起草委员会的建议通过的（资料来源 23）。标题的这种演变强调了第七条的一般性与第八条的特殊性之间的区别。

该一般规则出现在第 1 款中，但在措辞上略有改动，对应于《国际法院规约》第十七条第 2 款。更具体的规则出现在第 2 款中，对应于《国际法院规约》第二十四条第 1 款。第 3 款对应于该规约的第二十四条第 2 款。程序受第 4 款管辖，对应于该规约的第十七条第 3 款和第二十四条第 3 款，以及此附件的第七条第 3 款。

A. VI. 58. 第 1 款处理的情况是，海洋法法庭法官以前曾在海洋法法庭审理过的案件中以任何一方的代理人、律师或辩护人的身份行事。这是国际法院和海洋法法庭的共同规则。首先，有关法官应将其资格的取消通知庭长，尽管在许多情况下这是公众所知的问题。该款具体谈到了该法官以前的活动。因此，引申而言，此条也适用于他目前的活动，如有必要，该事项将属于第 2 款或第 3 款的范围，尽管此条适用于海洋法法庭的专案法官，国际法院的惯例并没有阻止在一个案件中被选为专案法官的人同时担任另一个待决案件的律师。

A. VI. 59. 第 2 款涉及的情况是，由于某些特殊原因，例如，海洋法法庭法官认为他不应参与某一特定案件，他与海洋法法庭审理的程序或案件的早期阶段有关的任何人有家庭关系。在这方面，该法官本人应主动通知庭长。这一规定不应解释为允许一个本来合格的法官故意不参加他审理的案件。其目的是考虑一个法官不应参与案件的主观原因。在国际法院，通常（但并非总是）公开解释这种性质的原因。

A. VI. 60. 第 3 款是对第 2 款的补充，即如果庭长知道某些特殊原因，他应通知有关法官，在他（庭长）看来，该法官不应在特定案件中出庭。由该法官决定接受还是反对庭长的意见。

第 4 款与第七条第 3 款相对应（见上文第 A. VI. 53 段）。

A. VI. 61. 第 1 款和第 4 款包括在海洋法会议主席的第一个案文第八条第 2 款和第 3 款里（资料来源 9）。第 2 款和第 3 款出现在订正的单一协商案文第一部分关于海底争端解决制度中［资料来源 11，附件三，第五条（b）款和（c）款］，并在非正式综合协商案文中得到了概括（资料来源 14，第八条）。

第九条　不再适合必需的条件的后果

如果法庭的其他法官一致认为某一法官已不再适合必需的条件，法庭庭长应宣布该席位出缺。

A. VI. 62. 此条与《国际法院规约》第十八条相对应，该条涉及国际法院法官的解职。在常设国际法院或现行国际法院的历史上，没有发生过这种情况。

此条规定了海洋法法庭法官不再满足第二、三、七和第八条规定的法官条件的情况。如果一法官不论海洋法法庭的决定如何，拒绝停止不适合的活动，也可适用于根据第七条和第八条产生的情况。在所有这些情况下，腾出席位的问题应由海洋法法庭其他法官的"一致意见"决定；也就是说，是所有其他法官，而不仅仅是出席的法官，如第七条和第八条所述。

A. VI. 63. 这项规定遵循了海洋法会议主席第一个案文（资料来源 9，第九条）中的原措辞，没有改动。在非正式单一协商案文第四部分第一次修订稿中（资料来源 12，第九条），这一条的标题是"不再适合条件的后果"，后来根据起草委员会的建议修改了标题，增加了"必需的"一词（资料来源 23）。但同时，第七条的新标题删去了以前在该条中使用的"条件"一词（见上文第 A. VI. 51 段）。

第十条　特权和豁免

法庭法官于执行法庭职务时，应享有外交特权和豁免。

A. VI. 64. 第十条与《国际法院规约》第十四条相对应，并假定将以类似方式适用。"法庭法官"一词还包括专案法官。给予法庭法官的特权和豁免是一般给予外交使团成员的特权和豁免。只有当法庭法官从事法庭事务，即以其官方身份行事时，才可使用这些特权和豁免。

A. VI. 65. 该条在非正式单一协商案文第四部分第一次修订稿（资料来源 12，第十条）中有一个标题，为"外交特权和豁免"。根据起草委员会的建议，删除了"外交"一词（资料来源 23）。特权和豁免问题最初是在非正式单一协商案文第一部分（资料来源 8）中讨论的，当时海洋法法庭被认为是管理局的一个机关。在这项条款中，有一个更宽泛的条款（第五十三条），"和其他缔约国同等级别的代表、官员和雇员"享有相同的特权和豁免权。然而，当决定成立独立于管理局的海洋法法庭时，没有充分考虑保障法官以外的其他人的特权和豁免。⑳

第十一条　法官的郑重宣告

法庭每一法官在就职前，应在公开法庭上郑重宣告其将秉公竭诚行使职权。

A. V. 66. 第十一条对应于《国际法院规约》第二十条，与之实质上相同。它既适用于海洋法法庭的选任法官，也适用于第十七条第 6 款规定的专案法官。

这项规定最初以与《公约》相同的形式出现在海洋法会议主席的第一个案文（资料来源 9，第十一条）中。虽然非正式单一协商案文第一部分中（资料来源 8）没有这样的规定，但订正的单一协商案文第一部分（资料来源 11，附件三，第 11 段），载有一项同样的规定，不仅适用于海底法庭，也适用于其特别分庭。在非正式单一协商案文第四部分第一次修订稿（资料来源 12，第十一条）中，该条的标题为"法官宣言"；根据起草委员会的建议，标题改为目前的形式（资料来源 23）。

A. VI. 67. 宣告的条款由海洋法法庭决定。海洋法法庭将收到筹备委员会的一项提

---

⑳　筹备委员会第四特别委员会认为，还需要给予书记官长和法庭其他官员、在法庭上代表缔约国的代理人、律师和其他人以及在法庭上出庭的证人或专家某些特权和豁免。见文件 LOS/PCN/SCN. 4/L. 3（1985 年，油印本），第 1-2 页；LOS/PCN/SCN. 4/WP. 4（1986 年，油印本），第 2 页；以及 LOS/PCN/SCN. 4/WP. 5（1987 年，油印本）。

议，即海洋法法庭法官应作出类似于国际法院法官所作宣告的宣告（《国际法院规则》，第五条），法官宣布他们将"正直、忠实、秉公、竭诚"履行职责和行使当时的权力，并另外加上一句，要求他们在履行海洋法法庭法官的职责时，即使在他们停止任职后，也必须对所获悉的任何机密信息保密。㉑

第十二条　庭长、副庭长和书记官长

1. 法庭应选举庭长和副庭长，任期三年，连选可连任。
2. 法庭应任命书记官长，并可为任命其他必要的工作人员作出规定。
3. 庭长和书记官长应驻在法庭所在地。

A. VI. 68. 第十二条第 1 款和第 2 款对应于《国际法院规约》第二十一条，第 3 款对应于第二十二条第 2 款。此条第 1 款和第 2 款与海洋法会议主席最初案文的相应规定相同（资料来源 9，第十二条）。第 3 款最初作为涉及海洋法法庭所在地的第十三条第 2 款列入非正式单一协商案文第四部分（资料来源 9）。它作为此条第 3 款合并到非正式综合协商案文第一次修订稿（资料来源 17，第十二条）。非正式单一协商案文第四部分第一次修订稿（资料来源 12，第十二条）给了该条一个标题，自那时以来也一直没有改变。

A. VI. 69. 非正式单一协商案文第一部分（资料来源 8）也采取了同样的做法，该部分设想设立一个海底法庭。据设想，海底法庭庭长将每年选举一次（第三十二条第 10 款）。后来，在订正的单一协商案文第一部分中，建议海底法庭庭长任期两年［资料来源 11，附件三，第 8（a）段］。在订正的单一协商案文第一部分和第四部分的平行规定合并到非正式综合协商案文时，海底法庭官员的任期定为三年（资料来源 14，第十二条），遵循了订正的单一协商案文第四部分的措辞（资料来源 13，第十二条）。

A. VI. 70. 关于书记官长的任命，非正式单一协商案文第一部分规定由海底法庭任命书记官长（资料来源 8，第三十二条第 10 款）。后来，在订正的单一协商案文第一部分中，提议管理局秘书长负责向海底法庭提供行政服务，并经法庭批准任命书记官长，除非大会根据法庭的建议另行决定（资料来源 11，附件三，第 12 段）。由于海洋法会议主席在介绍非正式综合协商案文时解释的原因，在第一部分此后的修订中没有保留这一提议（资料来源 12，第 70 页；另见上文第 A. VI. 9 段）。

A. VI. 71. 选举海洋法法庭庭长和副庭长，任期三年，与选举法官的周期一致。海洋法法庭庭长除了履行与主持法庭其他法官有关的职能外，还履行其他各种职能。他还可以主持各种分庭（海底争端分庭除外）。他需就程序性质的初步申请代表海洋法法

㉑ 见文件 LOS/PCN/SCN. 4/L. 5 和 Add. 1（1986 年，油印本）；以及 LOS/PCN/SCN. 4/CRP. 15（1986 年，油印本）。

庭行事，并须在法庭不开庭或向法庭呈交案件时行事，而在就该个案组成法庭前，须遵循程序。海洋法法庭庭长还有义务在根据附件七第三条（e）款的要求任命仲裁法庭法官时，可同意根据其他仲裁协议或根据争端各方的共同请求作出此类任命。

A. VI. 72. 当海洋法法庭庭长不在或不能行事时，由副庭长代替庭长。除代理庭长外，副庭长没有特殊的地位和职能。

A. VI. 73. 书记官长是海洋法法庭书记官处的首席行政官，负责执行海洋法法庭的所有行政职能。他是海洋法法庭与有权接触法院的国家和其他实体之间的正常联系渠道，并负责执行与向海洋法法庭提交案件有关的纯粹行政方面的工作（见下文第二十四条）。他与海洋法法庭庭长一起签署海洋法法庭的判决书（见第三十条第 4 款，下文 A. VI. 151 段）。除第一次选举外，书记官长还具有选举海洋法法庭法官相关的职能（见上文第四条）。

第十三条　法定人数

1. 所有可以出庭的法庭法官均应出庭，但须有选任法官十一人才构成法庭的法定人数。

2. 在本附件第十七条限制下，法庭应确定哪些法官可以出庭组成审理某一特定争端的法庭，同时顾及本附件第十四和第十五条所规定的分庭有效执行其职务。

3. 除非适用本附件第十四条，或当事各方请求应按照本附件第十五条处理，提交法庭的一切争端和申请，均应由法庭审讯和裁判。

A. VI. 74. 第十三条涉及的范围比其标题所表明的要宽泛一些。虽然要求海洋法法庭的所有现有法官都参加，但也规定十一名选任法官的法定人数足以构成一次特定会议的法庭。海洋法法庭考虑到附件五所设想的所有分庭的有效运作，决定哪些法官可审理某一争端。在这方面，第十三条不同于《国际法院规约》第二十五条的相应规定，该条规定"除本规约另有［明确］规定外，法院应由全体法官开庭"。另一方面，第 3 款规定，除非该事项属于海底争端分庭的权限范围，或者如果缔约方要求设立一个特别法庭，否则整个海洋法法庭应审理和裁定提交给它的所有争端和申请。这对应于《国际法院规约》第二十五条第 1 款和第二十六条第 3 款。

A. VI. 75. 这一条首先出现在海洋法会议主席的第一个案文中（资料来源 9，第十四条），其中涉及法定人数问题和各分庭的组成。这些内容后来在订正的单一协商案文第四部分中（资料来源 13）重新组织为单独的条款——第十四条和第十五条。㉒海洋法

㉒　另见有关条款（即《规约》第十四和第十五条）下关于这些问题的评注。下文 A. VI. 83 和 A. VI. 89 段。

会议主席的案文第十四条还载有一项关于各分庭判决的规定，其实质内容见附件六第十五条第 5 款。

A. VI. 76. 根据海洋法会议主席的第一个案文第 1 段（资料来源 9，第十四条），十五名法官中有九名就"足以组成海洋法法庭"，庭长有权决定哪些法官将参加对某一争端的审议。

这项规定在非正式单一协商案文第四部分第一次修订稿（资料来源 12，第十四条）中保持了同样的格式，但后来在采用公约的一般格式时，在订正的单一协商案文第四部分（资料来源 13，第十四条）中做了改动。此后，在非正式综合协商案文中（资料来源 14，第十四条），法官人数增加到二十一人，法定人数增加到十一人。（上文第 A. VI. 21 和 22 段更充分地说明了海洋法法庭规模的这一变化。）

同时，关于专案法官的要求（见下文第 A. VI. 77 段）即在任何特殊案件中由谁决定法庭组成的问题，从此条第 1 款移到第 2 款。因此，第 1 款的内容变得最少，仅限于要求所有现有法官都应出席，以及十一名法官将构成法定人数。

后来，根据起草委员会的建议（资料来源 23），删除了先前对"members（法官）"一词的含糊不清之处，具体规定法定人数由十一名选任法官组成，从而将专案法官排除在法定人数之外。

A. VI. 77. 第 2 款参照第十七条，意味着法庭在任何案件中的组成将包括专案法官，因此经常超过二十一名选任法官中十一人的法定人数。该款还规定，对于任何具体争端，海洋法法庭必须确定哪些法官可以出庭，同时考虑到有些法官将完全被指派到其中一个分庭（见下文第 A. VI. 78 段）。

A. VI. 78. 关于参加分庭的法官，这可能是一项严格的要求。海底争端分庭本身需要二十一名选任法官中的十一名，因此只剩下十名留给海洋法法庭。在这种情况下，显然，如果海底争端分庭同时以其对任何特定案件的全部组成运作，海洋法法庭和海底争端分庭可能无法同时举行会议。但是，如果海底争端分庭的法定人数最少为七名选定法官（根据《法院规约》第三十五条第 7 款），或任何其他人数少于全部法官，则其余法官就足以构成海洋法法庭的法定人数。

A. VI. 79. 除根据附件六第十四条设立的海底争端分庭外，第十五条还规定设立常设分庭。第十五条第 1 款规定，这些分庭至少由三名选任法官组成；第 2 款规定设立一个特别分庭处理特定争端；第 3 款规定由五名民选法官组成的分庭"通过简易程序审理和裁定争端"。

A. VI. 80. 在这种情况下，很显然，总共二十一名法官的人数并不过多。同样显而易见的是，如果海底争端分庭和其他特别分庭也很忙的话，把海洋法法庭作为一个整体来组成将不是一项容易的任务。此外，在根据公约第二九○条第 5 款申请临时措施，或根据第二九二条第 1 款申请迅速释放船只和船员时，如果尚未组成仲裁法庭，整个海洋法法庭将不得不全体都行动起来。因此，这些规定的实施可能会引起复杂情况，除非迅速释放的程序必须迅速完成。

A. Ⅵ. 81. 海洋法会议主席的第一个案文（资料来源 9，第十四条第 1 款）设想，将由海洋法法庭庭长决定哪些法官将参与某一争端，后来，在订正的单一协商案文第四部分（资料来源 13，第十四条第 2 款），这一款已做了修改，交由整个海洋法法庭为某一特定争端确定自己的组成，这一点现在已反映在公约中。

A. Ⅵ. 82. 第 3 款规定，提交海洋法法庭的所有争端和申请将由整个海洋法法庭审理和裁定。例外情况不仅是向海底争端分庭提交的关于其具有专属管辖权的事项的案件，而且是争端方选择了一个特别分庭的案件，无论是常设分庭还是特别分庭。这是对海洋法会议主席的第一个案文（资料来源 9，第十四条第 4 款）和后来的非正式单一协商案文第四部分第一次修订稿（资料来源 12，第十四条第 4 款）中所采取的做法的一种逆转，这种做法设想按职能设立分庭（见下文第 A. Ⅵ. 88 段），并规定了由分庭裁定的所有案件，除非当事方经协议要求海洋法法庭审理任何特定案件。虽然早先的要求似乎更为迅速，但最后案文反映了除非当事各方另有协议，否则将把整个海洋法法庭作为一个整体使用的趋势。

第 3 款和第二十一条（关于海洋法法庭管辖权的主要规定）提及提交海洋法法庭的"争端和申请"。这是"申请"一词的新用法，通常指提起司法程序的文件。然而，考虑到第二八七条中关于程序选择的规定，公约中列入了特别规定，以处理在另一法院或法庭成立之前由该另一法院或法庭管辖的案件。关于临时措施的第二九〇条第 5 款授权海洋法法庭（或在适当情况下授权海底争端分庭）在提起诉讼至法院或法庭成立期间处理临时措施请求。第二九二条第 1 款同样授权海洋法法庭在对案情有管辖权的法院或法庭成立之前处理迅速释放船只或船员的申请。在每一个案件中，一旦法院或法庭成立，海洋法法庭就不再履行这方面的职能。附件六第十三条第 3 款中提到的"争端和申请"就暗指这一点。

第十四条　海底争端分庭

海底争端分庭应按照本附件第四节设立。分庭的管辖权、权力和职务，应如第十一部分第五节所规定。

A. Ⅵ. 83. 第十四条仅规定了海底争端分庭的设立，该分庭将根据公约第十一部分第五节（第一八六条至第一九一条）和此附件第四节（第三十五条至第四十条）运作（另见公约第二八五条、第二八七条第 2 款，第二八八条第 3 款和第二九〇条第 5 款）。此条具有确认分庭不是管理局的机关，而是海洋法法庭的一部分的效力。这一条是在1975 年一般性辩论后作出的决定的结果提出的，即根据公约只能建立一个新的法庭。然而，与海洋法法庭本身不同的是，海底争端分庭通过此附件第三十五条第 2 款、第三十七条和第三十八条以及公约第十一部分第五节与管理局联系在一起（另见上文第

XV. 9 段和第 A. VI. 8 和 9 段）。

A. VI. 84. 海底争端分庭的判决应视为海洋法法庭作出的判决（见下文第 A. VI. 86 段）。

第十五条　特别分庭

1. 法庭可设立其认为必要的分庭，由其选任法官三人或三人以上组成，以处理特定种类的争端。

2. 法庭如经当事各方请求，应设立分庭，以处理提交法庭的某一特定争端。这种分庭的组成，应由法庭在征得当事各方同意后决定。

3. 为了迅速处理事务，法庭每年应设立以其选任法官五人组成的分庭，该分庭以简易程序审讯和裁判争端。法庭应选出两名候补法官，以接替不能参与某一特定案件的法官。

4. 如经当事各方请求，争端应由本条所规定的分庭审讯和裁判。

5. 本条和本附件第十四条所规定的任何分庭作出的判决，应视为法庭作出的判决。

A. VI. 85. 第十五条对应于《国际法院规约》第二十六条和第二十九条。诉诸海洋法法庭的哪个特别分庭完全是争端方的事。第十五条设想了 3 类特别分庭：一类是处理特定类别的争端；一类是处理特定争端；一类是通过简易程序审理和确定争端。第一类和第三类分庭是预先设立的，而第二类分庭是经当事双方同意临时设立的。

A. VI. 86. 第 1 款涉及处理特定种类争端的分庭。这些分庭将视需要由三名或三名以上的选任法官组成，并可用于处理定义类别的争端（例如，下文第 A. VI. 88 段所述的争端）。

第 2 款涉及专案分庭。海洋法法庭本身会组成专案分庭，但专案分庭的组成需要争端方的批准。这 1 款受到《国际法院规约》第二十六条第 2 款的启发，但它与国际法院的规定有重大区别。

第 3 款涉及简易程序分庭。与一个类似的国际法院分庭一样（根据《国际法院规约》第二十九条），该分庭每年组成一次。这些分庭的设立旨在允许迅速处理业务。简易程序分庭是由五名经选举产生的海洋法法庭法官和两名可供选择的法官组成，这两位法官可以接替无法参加某一特定程序的法官。

第 4 款特别重申，诉诸任何一个分庭，完全取决于争端各方的协议。

第 5 款将分庭的判决置于与海洋法法庭判决平等的基础上。这项规定与《国际法院规约》第二十七条相对应，将所有分庭的判决纳入公约第二九六条的范围，该条涉及裁决的确定性和拘束力。

A. VI. 87. 应当指出，此条第 1 款、第 2 款、第 3 款和第 4 款仅提及"争端"，而第 3 款还使用了"程序"一词。附件六在其他地方使用了"案件"和"申请"等词语。实践将决定是否对"争端"下一个狭义的定义（见上文第 279.5 段）。还应指出，公约第二九〇条设想向海底争端分庭单独提出临时措施申请（见上文第 A. VI. 82 段）。

A. VI. 88. 第 1 款遵循海洋法会议主席第一个案文中的提议（资料来源 9，第十四条第 2 款）。该提议除其他外提到与捕鱼、海洋污染或科学研究有关的争端，其目的是为海洋法会议主席的草案附件二 A、B 和 C 所设想的某些类别的争端提供各个不同仲裁法庭的备选办法。在非正式单一协商案文第四部分第一次修订稿中（资料来源 12），第十四条第 2 款增加了对航行的提及，并增加了一个处理航行争端的附件一 D。海底勘探和开发也被视为一个可能的类别，但鉴于设立了海底争端分庭，这一类别已被放弃。海洋法会议主席的第一个案文还包括一项补充规定，即在设立这些专门分庭时，应考虑到海洋法法庭法官的特殊知识或专门知识以及以往的经验（资料来源 9，第十四条第 2 款）。在更精简的非正式综合协商案文中（资料来源 14，第十六条），这些对各类争端的提及被删除，还将非正式单一协商案文附件 A、B、C 和 D 第四部分第一次修订稿合并为题为"特别仲裁程序"的附件七，成为公约附件八。应当指出的是，常设国际法院设立了劳工案件、通信和过境案件特别分庭，但国际法院从未利用其《法院规约》第二十六条第 2 款规定的相应权力。国际上没有涉及这类分庭的经验（另见上文第 289.3 段）。

A. VI. 89. 第 2 款授权海洋法法庭在争端各方同意并提出请求的情况下成立一个专案分庭。海洋法会议主席第一个案文中（资料来源 9，第十四条第 3 款）的最初表述是海洋法法庭对是否应设立一个专案分庭的斟酌决定权的允许和默示。这后来改为《公约》中所载的强制性规定。在订正的单一协商案文第四部分（资料来源 13，第十六条第 2 款）中的措辞"法庭得（may）随时设立……"改成了"法庭……应（shall）设立……。"《国际法院规约》第二十六条第 2 款中的"may（得）"一词已被证明是难以适用该条款的原因之一，这无疑影响了会议通过此案文。第 2 款不要求在提交争端时提出设立分庭的请求。应当指出，自 1982 年以来，国际法院从《缅因湾案》开始应争端各方的请求成立了几个分庭。㉓

A. VI. 90. 向常设国际法院简易程序分庭提交了一个案件，㉔但尚未向国际法院类似分庭提交任何案件。

A. VI. 91. 第 4 款仅仅强调，诉诸第十五条所设想的任何分庭都取决于争端各方的同意。在这方面，第 4 款是对第十三条第 3 款授权的第十三条第 1 款的减损。在第

㉓ 《缅因湾地区海洋划界案》，1982 年 1 月 20 日命令，国际法院《判决、咨询意见和命令汇编》第 3 页，在第 8 页。

㉔ 《纽伊条约案》，常设国际法院，A 辑 第 3 号（1924 年）和第 4 号（1925 年）。

二九〇条第 5 款和此附件第二十五条第 2 款所设想的特殊情况下，简易程序分庭可应争端任何一方的请求规定临时措施。

A. VI. 92. 第 5 段的形式与海洋法会议主席的第一个案文（资料来源 9）相同，并符合其他国际法庭和法院的惯例（见上文第 A. VI. 86 段）。

第十六条　法庭规则

法庭应制订执行其职务的规则。法庭应特别订立关于其程序的规则。

A. VI. 93. 第十六条与《国际法院规约》第三十条第 1 款相对应，案文几乎相同。

A. VI. 94. 此条源于海洋法会议主席的第一个案文（资料来源 9），即第十六条第 1 款。该条还载有两项关于涉及技术事项的争端的专家咨询的规定，后来分别转移到《公约》第二八九条和附件八第五条。全文如下：

1. 法庭应制定执行其职责的规则。特别是应制定议事规则。

2. 当争端涉及航行安全、船舶建造、污染、科学研究、渔业或海底勘探或开发等技术问题时，处理争端的法庭或分庭，须由两名或多于两名技术评审员协助法庭对该案进行审理，而该等技术评审员须与法庭一起审讯，但无表决权。这些陪审员应由法庭庭长从根据法庭规则拟备的合格人员名单中选出。

3. 法庭应在其认为适当时或应争端各方的请求，将技术性事实问题提交事实认定委员会，征求不具拘束力的意见。该委员会成员应从本条第 2 款规定的名单中挑选。

在订正的单一协商案文第四部分中（资料来源 13），这一规定被称为“Rules of Tribunal（法庭规则）”，并放在一个单独的条款中（第十七条）。根据起草委员会的建议（资料来源 23），标题修改为“Rules of the Tribunal（［海洋法］法庭的规则）”

A. VI. 95. 第十六条明确规定，海洋法法庭本身“应订立”关于其程序的规则。另一方面，关于设立国际海底管理局和国际海洋法法庭筹备委员会的会议最后文件附件一决议一第 10 段规定（第一卷，第 423 页），委员会应就“设立国际海洋法法庭的实际安排”编写一份“载有提交给为选举海洋法法庭的第一批法官而举行的缔约国会议的建议的报告”。为编写这一报告，在筹备委员会内设立了第四特别委员会。在解释第 10 段时，第四特别委员会决定，它将按照要求另一个特别委员会为国际海底管理局大会和理事会拟订议事规则草案的同样方式，为海洋法法庭拟订议事规则草案，只有这样这些机构才能正式通过。因此，第四特别委员会正在根据秘书处编写的草案审查海洋法法庭议事规则草案。㉕在这项工作中，筹备委员会的指导方针是，第三次联合国海洋法会议核准了阿梅拉辛格主席的指示，即"［海洋法法庭］运作的一般程序及其权力与《国际法院规约》和其他国际司法法庭一致"（资料来源10，第30段）。海洋法法庭的最后议事规则将由海洋法法庭本身通过。

在第10段的框架内，第四特别委员会还将注意力转向了其他各种内部事项，包括是否有可能拟订海洋法法庭的行政、财务和工作人员细则、书记官长指示和其他有关事项。

虽然所有这些议题都属于海洋法法庭的专属职权范围，但可以假定，到时候海洋法法庭将充分重视筹备委员会的建议和缔约国的意见。然而，应当记住，筹备委员会的组成以公约的签署为基础（但给予只签署《最后文件》的国家观察员地位），将不同于公约缔约国的组成（见下文第 R. I. 5 段）。

第十七条　法官的国籍

1. 属于争端任何一方国籍的法庭法官，应保有其作为法庭法官参与的权利。

2. 如果在受理一项争端时，法庭上有属于当事一方国籍的法官，争端任何他方可选派一人为法庭法官参与。

3. 如果在审理一项争端时，法庭上没有属于当事各方国籍的法官，当事每一方均可选派一人为法庭法官参与。

4. 本条适用于本附件第十四和第十五条所指的分庭。在这种情形下，庭长应与当事各方协商后，要求组成分庭的法官中必要数目的法官将席位让给属于有关当事各方国籍的法官，如果不能作到这一点，或这些法官不能出庭，则让给当事各方特别选派的法官。

5. 如果当事若干方利害关系相同，则为以上各项规定的目的，该若干方应视为当事一方。关于这一点的任何疑义，应由法庭以裁定解决。

6. 按照本条第2、第3和第4款选派的法官，应符合本附件第二、第八和第十一条规定的条件。它们应在与其同事完全平等的条件下参与裁判。

A. VI. 96. 这项条款涉及的范围比标题显示的要广。它规定，海洋法法庭的一名选任法官是争端一方的国民，他保留参与此案的权利。为了确保争端各方的平等，此条规定了在当事一方没有国民参加审判时，由当事一方为此目的特别挑选的人作为海洋法法庭法官参加的手段。当海洋法法庭不包括任何一方国籍的法官时，每一方都有权

㉕　前注①。

选择一人作为海洋法法庭法官参加对其争端的审议。在这两种情况下，当具有该缔约国国籍的选任法官在某一特定案件不能坐在法官席上时，当事一方也有权选择 1 个人，但前提是该法官须就其不能参与该审理提供可接受的解释。为确保平等参与海洋法法庭的分庭以及处理涉及一方以上的情况，也作出了特别规定。

当事方选出的法官通常被称为专案法官（*ad hoc* judges or members）。这样选出的一名专案法官不必是挑选他的当事方的国民，尽管这是允许的。他们是临时性的，因为他们只为该案的目的而参加，但他们是与选任法官平等地参加的。他们拥有海洋法法庭选任法官所拥有的所有其他权利和权力。该条提到"bench（法庭）"，它被理解为某一特定案件的海洋法法庭或分庭的审判庭，其中包括与选任法官坐在一起开庭的专案法官。

A. VI. 97. 第 1 款规定争端一方的国民有权作为海洋法法庭法官参与争端的审理。

第 2 款规定，如果海洋法法庭在审理争端时，出庭的法官中只包括争端一方的国民的法官，争端的他方可选择一人作为海洋法法庭法官参加。由于此处使用 "member" 一词来指定专案法官（members *ad hoc*），起草委员会后来建议在一些旨在排除专案法官的具体情况下使用 "选任法官（elected member）" 一词（资料来源 23）。

第 3 款规定了争端任何一方都没有其国籍的法官的情况。在这种情况下，当事每一方都有权选择一人作为海洋法法庭法官参加。这一点也可以适用如果一名具有一方国籍的选任法官在某一特定情况下不能担任法官，在任何情况下，只要该法官能就其不能参与该审理提供一个可接受的解释即可。

第 4 款涉及第十七条对海底争端分庭和专案分庭的适用。在这种情况下，海洋法法庭庭长应与当事各方协商，请组成分庭的海洋法法庭的指定法官将其席位让给属于有关当事方国籍的海洋法法庭选任法官，如果不能做到这一点，或如果这些法官不能出庭，则让与当事方特别选定的法官。

第 5 款规定，如果当事若干方利害关系相同，则为第 1 至第 4 款的目的，这些若干方应视为当事一方。关于这一点的任何疑义，应由海洋法法庭以裁定解决。这意味着，在这方面，将注意到海洋法法庭的选任法官，但是，海洋法法庭的规约没有作出调整，以考虑到有若干当事方有各自利益的情况［参照第三条（g）款和（h）款，附件五、附件七和附件八］。

第 6 款要求根据此条选出的法官符合第二、第八和第十一条的要求，并规定这些法官应 "在与其同事完全平等的条件下" 参与裁判。

A. VI. 98. 第十七条与《国际法院规约》第三十一条非常相似。然而，有一个形式上的区别。就国际法院而言，《法院规约》建议 "尤以" 从先前被提名为法院法官的人中选出一名专案法官 "为宜"。然而，事实上，这一规定很少得到遵守。

A. VI. 99. 一个可能的重要区别是，《国际法院规约》是指一个 "案件，" 而《海洋法法庭规约》提到的是 "争端。" 但在《联合国宪章》和《国际法院规约》中使用这些不同术语的含义已经得到解释。[26]在公约的争端解决条款中，更经常使用"争端"而不是"案件"一词也可以是解释为产生于公约第十五部分题为"争端的解决"的事实。

原则上，公约不赋予包括海洋法法庭在内的第二八七条所述的 4 个主要解决争端法庭任何咨询管辖权，但有 3 种例外。海洋法法庭海底争端分庭可应国际海底管理局大会或理事会的请求提出咨询意见〔见公约第一五九条第 10 款和第一九一条以及《法庭规约》第四十条第 2 款〕。赋予法院或法庭管辖权的协议有可能授权选定的法院或法庭就此类协议的解释作出咨询意见而不是决定〔见公约第二八八条第 2 款和《法庭规约》第二十一条和第二十二条〕。根据附件八可设立的特别仲裁法庭可由争端各方授权提出建议（相当于咨询意见），这些建议"在没有决定效力的情况下，应仅构成审查争端各方引起争端的问题的基础"（见附件八第五条第 3 款）。

此附件第四十条第 2 款将使海洋法法庭能够在适当的咨询案件中任命海底争端分庭的专案法官。

A. VI. 100. 还应指出，在比较第十七条和《国际法院规约》第三十一条时，在《法庭规约》中，提及"bench（法庭）"的次数要比提及"members hering a dispute（审理争端的法官）"的次数要少（见下文第 A. VI. 133 段）。"hearing a dispute（审理争端）"一词的使用可解释为指口头诉讼阶段。然而，在考虑此条的更广泛观点时，应允许专案法官一旦可以就参加诉讼程序。从这个意义上说，此条与《法院规约》（第三十一条）的相应规定具有同等效力。

A. VI. 101. 鉴于根据公约，争端各方包括缔约国以外的实体，此条的适用成为一个更加复杂的问题。根据附件九，按照公约第三〇五条第 1 款（f）项的设想，可以成为公约缔约方的实体包括政府间组织。第三〇五条第 1 款（b）项、（c）项、（d）项和（e）项所列其他实体也可成为公约缔约方。所有这些实体都有权在适当的案件中诉诸海洋法法庭，因此都可能成为争端方，因为在公约中提及缔约国将包括所有这些类别的实体（参照公约第一条第 2 款，援引上文第305.1段）。此外，根据公约第一八七条，国际海底管理局及其企业部、国有企业和自然人或法人均可成为因第十一部分引起的争端的争端方，而海底争端分庭对该争端拥有专属管辖权。这些规定肯定会在适用第十七条方面产生一系列问题，而国际司法实践中尚未对此提供指导。

A. VI. 102. 海洋法会议主席的第一个案文载有与公约相应的一条（资料来源9，第十七条），内容如下：

1. 属于争端任何一方国籍的法官应保留其作为法庭法官参加的权利。

2. 如果审理任何争端的法庭包括属于争端任何一方国籍的法官，则任何

---

[26]　见 Sh. Rosenne，《国际法院程序》，第 12 页（1983 年）。

另一争端方可选择一人作为法庭法官参加。

3. 如果审理任何争端的法庭不包括属于争端各方国籍的法官，每一缔约方可按照本条第 2 款的规定选择一名法官。

4. 本条规定适用于第十四和第十五条。在这种情况下，庭长应要求组成分庭的法庭的指定法官，视需要尽可能多地让位于有关当事方国籍的法庭法官，如果没有，或如果他们不能出席，则让位于当事方特别挑选的法官。

5. 同一利害关系有多个当事方的，依照前款规定，只能算作当事一方。对这一点的任何疑问应通过法庭的决定予以解决。

6. 根据本条第 2、3 和 4 款选出的法官应履行第二条、第八条第 2 款和第十一条规定的条件。他们在参加案件的裁决时与同事们完全平等。

在整个协商过程中，直到公约草案所反映的最后案文为止，这一案文基本上一直保持不变（资料来源 22，第十七条）。然而，第 4 款有一个实质性的变化，涉及特定案件分庭的组成。该变化关于海洋法法庭庭长要求组成分庭的法庭法官让具有必要国籍的海洋法法庭法官担任该案的法官的权力。最初的规定遵循了《国际法院规约》第三十一条，并赋予了庭长决定哪个法官应退出的绝对斟酌决定权。然而，在订正的单一协商案文第四部分中（资料来源 13，第十八条第 4 款），庭长的权力是在与当事各方协商的情况下授予的。

A. VI. 103. 根据起草委员会的建议（资料来源 23），提出了以下澄清。

（a）在第 1 款中，对"members（法官）"的提法做了澄清，称之为"法庭法官（members of the Tribunal）"，与第 2 款末尾和第 4 款中间的相应提法一致。第 3 款也做了类似的修改。

（b）在第 2 款中，没有提"审理争端的法庭（the Tribunal hearing a dispute）"，而是改为"审理一项争端时，法庭……（the Tribunal, when hearing a dispute）"。这一措辞上的变化强调了法庭在审理不同案件时的团结，而不论其组成如何。

（c）在第 3 款中，指的是选择"作为法庭法官参加的人（a person to participate as a member of the Tribunal）"，而不是公约草案的措辞（资料来源 22，第十七条第 3 款），其中指的是"member（法官）"的选择。这在一定程度上澄清了被选择的人只是该特定案件的法官。

（d）公约草案（资料来源 22）附件六第十七条第 3 款中的"可着手选派"一语被缩短为"可选派"。

（e）删除了第 3 款中提及的"如第 2 款所规定的"。

（f）在第 4 款第一句中，与其参照这些规定对其他几个条款如第十四条和第十五条适用，还不如改变措词，以表明该规定特别适用于附件第十四条和第十五条所指的分庭。

（g）在第5款中，借用国际法院规约的"reckoned（视为）"一词有些过时，故改为更现代的"considered（视为）"一词。

（h）第6款具体规定，第二组条款是指附件中的条款。

第十八条　法官的报酬

1. 法庭每一选任法官均应领取年度津贴，并于执行职务时按日领取特别津贴，但任何一年付给任一法官的特别津贴总额不应超过年度津贴的数额。

2. 庭长应领取特别年度津贴。

3. 副庭长于代行庭长职务时，应按日领取特别津贴。

4. 根据本附件第十七条在法庭选任法官以外选派的法官，应于执行职务时，按日领取酬金。

5. 薪给、津贴和酬金应由各缔约国随时开会决定，同时考虑到法庭的工作量。薪给、津贴和酬金在任期内不得减少。

6. 书记官长的薪给，应由各缔约国根据法庭的提议开会决定。

7. 法庭法官和书记官长支领退休金的条件，以及法庭法官和书记官长补领旅费的条件，均应由各缔约国开会制订规章加以确定。

8. 薪给、津贴和酬金，应免除一切税捐。

A. VI. 104. 第十八条全面涉及海洋法法庭法官和书记官长的薪酬和经济利益。由于海洋法法庭不是任何现有国际组织或管理局的机构，因此需要特别安排来处理所有这些方面的问题。

A. VI. 105. 第1款规定了一项一般规则，即海洋法法庭每一名选任法官在行使其职能的每一天都得到年度"津贴"和"特别津贴"。特别津贴在任何一年不得超过年度津贴的数额。这一复杂的规定反映了第七条，该条不要求海洋法法庭选任法官放弃所有其他职业。第2款规定庭长可领取特别年度津贴，第3款规定副庭长在代理庭长的每一天也可领取特别津贴。这些条款与《国际法院规约》第三十二条第2款和第3款相对应。

与《国际法院规约》第三十二条第4款相对应的第4款，对行使其职能的海洋法法庭专案法官按日给予"酬金"。

第5款规定，薪金、津贴和酬金的确定应随时在缔约国会议上作出，同时考虑到海洋法法庭的工作量。想必在第一次选举海洋法法庭法官之前就必须知道这些费率，因此，可以假定这一问题将由筹备委员会处理。海洋法法庭法官任期内不得减少工资、津贴和酬金。

第 6 款与《国际法院规约》第三十条第 6 款相对应，并规定海洋法法庭书记官长的薪金应由缔约国会议根据海洋法法庭的提议确定。没有提到书记官处工作人员的薪金或其他福利。

第 7 款涉及海洋法法庭法官和书记官长的退休金问题，以及报销其旅费的条件。这些事项的规章将在缔约国会议上通过。

第 8 款规定，薪金、津贴和酬金不征收任何税款。

A. VI. 106. 海洋法会议主席的第一个案文（资料来源 9，第十八条）第 1 款载有一项规定，其内容与《国际法院规约》第三十二条第 1 款类似。不过，海洋法法庭规约草案还规定，除年薪外，每名法官参加海洋法法庭工作时还将获得特别津贴。海洋法会议主席草案全文如下：

　　1. 法庭的每一名法官应就其参与审议的每一争端领取年薪和特别津贴。

　　2. 庭长应领取特别年度津贴。

　　3. 副庭长代理庭长的每一天都应领取特别津贴。

　　4. 根据第十七条选出的法官，除法庭法官外，应于执行职务时，按日领取酬金。

　　5. 这些薪金、津贴和酬金应在缔约方会议上随时确定，同时考虑到法庭的工作量。在任期内不得减少。

　　6. 书记官长的薪金应根据法庭的提议在缔约方会议上确定。

　　7. 在缔约方会议上订立的规章，须订明可向法庭法官及书记官长发给退休金的条件，以及法庭法官及书记官长的差旅费须予报销的条件。

　　8. 上述工资、津贴和补偿均应免税。

后来，订正的单一协商案文第四部分（资料来源 13，第十九条）将年薪（annual salary）改为年度津贴（annual allowance），并增加了限制特别津贴数额的但书。在任何情况下，特别津贴都不得超过年度津贴。

海洋法会议主席的第一个案文（资料来源 9）第 2 至第 8 款的内容遵循《国际法院规约》第三十二条第 2 至第 8 款的相应规定，除起草委员会提出的一些小的起草文字上的修改外，这些内容一直保留在以后的草案中未变（资料来源 23）。

第十九条　法庭的开支

1. 法庭的开支应由各缔约国和管理局负担，其负担的条件和方式由各缔约国开会决定。

2. 当既非缔约国亦非管理局的一个实体为提交法庭的案件的当事一方时，法庭应确定该方对法庭的开支应缴的款额。

A. VI. 107. 第十九条第 1 款对应于《国际法院规约》第三十三条。第 2 款对应于《国际法院规约》第三十五条第 3 款。此条反映了海洋法法庭是一个独立的国际组织的事实。

A. VI. 108. 第 1 款规定的原则是，海洋法法庭的开支应由缔约国和管理局按照缔约国会议决定的条款和方式承担。这与《国际法院规约》第三十三条有很大不同，该条规定，"法院的开支应由联合国以大会决定的方式承担"。虽然管理局成员与"缔约国"是一回事（对附件九来说，在国际组织的情况下），但缔约国应直接和至少最初通过其在管理局的成员身份，为海洋法法庭的费用提供捐助。然而，有人设想，增加深海海底采矿将为管理局提供一个独立收入来源，并使管理局能够在不需要缔约国捐款的情况下支付其在海洋法法庭开支中的份额。

第 2 款要求海洋法法庭确定除缔约国或管理局以外的实体作为海洋法法庭审理的案件的当事方时，为海洋法法庭的开支分摊的数额。虽然该规定提到"海洋法法庭的开支"，但应理解为意味着对特定案件费用的分摊。这符合既定的国际惯例。

A. VI. 109. 在海洋法会议主席的第一个案文（资料来源 9，第十九条）中提议，常规费用不仅由缔约国承担，而且由国家以外的实体承担。该条载有一份可能诉诸海洋法法庭的国家以外的潜在实体名单，其中包括作为观察员参加会议的政府间国际组织和领土，以及自然人和法人。将在缔约国会议上决定它们将如何分摊常规费用。海洋法会议主席的案文还载有一项规定（第二十一条第 2 款），授权海洋法法庭确定国家以外的实体在成为争端方时对海洋法法庭开支的分摊额，但前提是这些实体尚未按照先前的规定分摊过海洋法法庭的开支。

非正式单一协商案文第四部分第一次修订稿（资料来源 12，第十九和第二十一条）将领土以及自然人和法人从可能需要为海洋法法庭开支捐款的实体（如果缔约方会议作出如此决定的话）名单上删除了。领土，但不是自然人和法人，也被从海洋法法庭开放的实体清单中删除了，这些实体在成为海洋法法庭处理的争端的当事方时有义务支付海洋法法庭的开支。

A. VI. 110. 同时，订正的单一协商案文第一部分（资料来源 11，附件三，第 15 段）在处理国际"区域"问题时，有一项类似的规定，要求海底法庭的开支从管理局的经常预算支付。它还要求特别分庭的开支（如公约这一部分所设想的那样）由这些分庭所审理的争端的当事方支付。

A. VI. 111. 在订正的单一协商案文第四部分（资料来源 13，第二十和第二十二条）中，表述被简化，与最后文本更加一致。该条规定了除根据公约获准诉诸海洋法法庭的缔约方以外的其他实体的一般性捐款，并规定了不承担海洋法法庭开支份额但其所审理的争端的当事方的实体的特别捐款（第二十二条）。

在非正式综合协商案文中，这两项补充规定合并为一条（资料来源14，第二十条）。第1款规定，只有缔约国和管理局才能支付经常费用。这项规定将这一贡献的条款和方式留给缔约国作出决定。第2款交由海洋法法庭决定作为其所审理案件的当事方的其他实体的缴费。在后来的修订中，此案文没有做进一步修改，只是根据起草委员会的建议（资料来源23），不再提及提交法庭的"争端"当事方实体，而是改为提交海洋法法庭的"案件"的当事方实体。㉗

第二节　权限

A. VI. 112. 关于海洋法法庭权限的第二节涉及海洋法法庭的属人管辖权和属事管辖权。关于第一个方面，即属人管辖权，最初的协商是复杂的，因为它是在讨论公约的参加条款之前进行的，而且该专题涵盖了利用公约争端解决制度的整个问题。海洋法会议主席的第一个案文（资料来源9，第十三条）的主要部分相当详细地探讨了这一方面（见上文第291.4段）。提出了最详尽的规定，以解释不同类型的解决争端机关将如何向参加会议的不同类型的实体开放。由于第二八七条和第二八八条所体现的解决争端程序选择的简化，而且由于参加公约的不同问题得到澄清（至少是非正式的），该目录逐步简化。这个过程可以从海洋法会议主席的第一个案文（资料来源9）追溯到非正式单一协商案文第四部分第一次修订稿（资料来源12，第二十和第二十一条）和订正的单一协商案文第四部分（资料来源13，第二十一和第二十二条）的修改。随着第三〇五条关于参加条款的完成，达成了附件六第二十条的最后案文。

关于第二方面，即属事管辖权，不存在这种性质的复杂性，而关于第二十一条和第二十二条的协商相对简单。

第二十条　向法庭申诉的机会

1. 法庭应对各缔约国开放。

2. 对于第十一部分明文规定的任何案件，或按照案件当事所有各方接受的将管辖权授予法庭的任何其他协定提交的任何案件，法庭应对缔约国以外的实体开放。

A. VI. 113. 此条定义了海洋法法庭开放面向的实体和开放的条件。它对应于《国际法院规约》第三十五条第1款，但在性质上限制性要小得多，并在适当情况下允许

㉗　关于"争端"和"案件"之间的区别，见上文第 A. VI. 99 段。

非缔约国的实体诉诸海洋法法庭。附件六没有与《国际法院规约》第三十四条相对应的内容，根据该条，只有国家才可以成为法院审理案件的当事方，并可以与政府间国际组织交流与法院审理案件有关的信息。诉诸海底争端分庭的范围可能比诉诸此附件第十五条所设法庭或法庭其他特别分庭的范围更广，受第十一部分第五节（第一八六至第一九一条）和附件六第三十七条管辖。

A. VI. 114. 第 1 款规定，海洋法法庭对缔约国开放，公约第一条第 2 款规定了该词的含义。因此，"缔约国"不仅是"同意受本公约拘束的国家"，而且是公约第三〇五条所列实际成为公约缔约国的实体。该名单包括纳米比亚（参见上文第 305.6 段）、某些自治联系国、享有充分国内自治的某些领土和某些国际组织（见附件九第一条定义）。（另见第 A. VI. 115 段和 A. VI. 154 段。）因此，不能赋予这一术语以排他性的含义，也不太可能以与《国际法院规约》第三十五条相同的限制性解释。另一方面，虽然《联合国宪章》第九十三条第 2 款载有附件六的这种规定，但附件六没有任何规定使一国或其他实体能够成为附件六的缔约国而不成为公约的缔约国。然而，鉴于公约的结构和此条第 2 款，没有发现需要这样的规定。

A. VI. 115. 第 2 款规定，海洋法法庭也向"缔约国以外的实体"开放。对此类实体没有限制，只要协议中指明了所有实体，根据协议案件当事各方均已接受海洋法法庭的管辖权即可。这些实体将包括非公约缔约国的国家、第三〇五条所列尚未成为公约缔约国的实体、政府间国际组织［除第三〇五条第 1 款（f）项和附件九所述的组织外］、管理局（包括企业部及其他被赋予独立法人资格的机关）、国营企业以及自然人或法人。第 2 款规定对任何这类实体限于对第十一部分明确规定的任何案件（原则上只限制缔约国以外的实体诉诸海底争端分庭）或根据一项赋予海洋法法庭管辖权的协定（该协定已为该案件所有当事各方所接受）提交的任何案件进行申诉。根据公约第二八八条第 2 款，任何此类"协定"必须与公约的宗旨有关。

应当指出，本附件第二十和第二十一条中的"协定"一词比公约第二八八条第 2 款中的"国际协定"一词宽泛。第二八八条适用于所有法院和法庭，而第二十和第二十一条的范围是有限的。第二十条的唯一职能是指明海洋法法庭应向哪些国家或其他实体开放，第二十一条规定了海洋法法庭对其开放的所有实体属事管辖权的范围。由于扩大了海洋法法庭的使用范围，有必要扩大海洋法法庭管辖权基础的可能范围，这是通过在这两条中使用"任何其他协定"一语来实现的。由于第二八八条第 2 款要求协定与公约的宗旨有关，协定的主题事项将决定某一特定争端是否属于海洋法法庭的管辖范围。这一解释得到了公约第二九一条的确认，该条明确规定，一方面，缔约国可以使用第十五部分规定的所有解决争端程序；另一方面，第十五部分规定的解决争端程序，只能在公约具体规定的范围内向缔约国以外的实体开放。鉴于第二十条第 2 款的具体规定，第十一部分和附件六中规定的程序对其他实体来说可以使用，但应以协定所有当事方接受的方式解释或适用，而公约其他部分中适用于与公约本身的解释或适用有关的争端的限制，不适用于根据此类单独的协定引起的争端。以下各段所述的立法历史证实了这种解释。

如果对海洋法法庭是否根据第二十条具有属人管辖权有争议，则应通过海洋法法庭根据公约第二八八条第 4 款作出的决定予以解决。

A. VI. 116. 在海洋法会议主席的第一个案文（资料来源 9）及其修订稿中（资料来源 12），有两项规定（第二十和第二十一条）涉及海洋法法庭属人管辖权（见上文第 291.4 段）。第一项列出了可能成为海洋法法庭当事方的实体，第二项列出了海洋法法庭将对其开放的其他实体。由于公约关于参加公约问题的第三〇五条只是在海洋法会议上期会议上才得到解决，因此可以理解为什么先前的草案载有这样一个可诉诸海洋法法庭的实体名录。当时，人们认为有必要确保人类的共同继承财产将用于造福世界各国人民，不仅是那些尚未实现独立的国家，而且还有那些尚未获得独立的领土，都可以诉诸海洋法法庭，从而能够成为海洋法法庭审理案件的当事方。同样显而易见的是，海底采矿活动不仅会由国有和公营公司进行，而且也会由自然人或法人进行。此外，当时还没有决定任何政府间国际组织可以成为公约缔约方，人们认为，在适当的情况下允许它们诉诸海洋法法庭是可取的。

A. VI. 117. 在海洋法会议主席的第一个案文中（资料来源 9，第二十二条），可以赋予海洋法法庭管辖权的国际协定被描述为公共或私人协定。在非正式单一协商案文第四部分第一次修订稿中（资料来源 12，第二十条），实体名录被减少，对领土的提及也被删除。此外，删除了对 "公共或私人" 国际协定的提法，但删除 "协定" 前的 "国际" 一词意味着 1969 年《维也纳条约法公约》[28]（以及 1986 年《国家与国际组织间或国际组织相互间条约的维也纳公约》;[29]参看下文第 A. IX. 1 段中 "条约" 的具体定义）不适用于第二十条所设想的协定。

A. VI. 118. 非正式单一协商案文第一部分的争端解决条款中没有相应的规定（资料来源 8）。然而，在关于海底法庭的订正的单一协商案文第一部分，列入了一项条文，其中规定了应就与海底有关的争端使用法庭的不同类别的实体（资料来源 11，附件三，第 19 段）。这些类别不仅包括缔约国和国有企业、自然人或法人，还包括它们的集团。

---

[28] 1969 年《维也纳条约法公约》第二条第 1 款（a）项，"条约" 是指 "国家间所缔结而以国际法为准之国际书面协定，……不论其特定名称如何。" 联合国条约法会议，《正式记录》，会议文件，A/CONF. 39/27（1969 年），第 289 页。转载于《联合国条约集》第 1155 卷第 331 页；《美国海洋法杂志》第 63 卷第 875、876 页（1969 年）。《国际法资料》第 8 卷第 679 页（1969 年）。

[29] 1986 年《国家与国际组织之间或国际组织相互之间条约的维也纳公约》第 2 条第 2 款（a）项，"条约" 是指 "受国际法管辖并以书面形式缔结的国际协定：（i）一个或多个国家与一个或多个国际组织之间；或（ii）国际组织相互之间，不论其具体名称如何。" 联合国国家与国际组织之间或国际组织相互之间条约法会议，文件 A/CONF. 129/15（1986 年，油印本），第 3 页。转载于《国际法资料》第 25 卷第 543、545 页（1986 年）；法文版转载于《一般国际公法评论》第 90 卷第 501、503 页（1986 年）。

当时认为这是必要的，因为这些集团（或"财团"）可能是深海海底采矿作业的承包者，或在某些时候可能是在国际"区域"开展活动的申请人。管理局还被确定为可能的当事方，它的有些机关——企业部和技术委员会——也获准使用海洋法法庭。

A. VI. 119. 订正的单一协商案文第四部分〔资料来源 13，第二十一条，题为 "Parties before Tribunal（法庭上的当事方）"〕继续朝着简化的趋势发展。第 1 款分别涉及缔约方，明确规定它们可以是无限制的当事方。第 2 款涉及其他实体和它们可以成为当事方的案件类别，即公约明确规定的实体和按照所有当事方都接受的赋予海洋法法庭管辖权的协定处理的实体和案件类别。

这项规定在公约草案形成之前几乎没有变化（资料来源 22）。在非正式综合协商案文中（资料来源 14，第二十一条），标题改为 "Parties before the Tribunal（'海洋法'法庭上的当事方）"；用 "States Parties（缔约国）" 取代了 "Contracting Parties（缔约方）"；第 2 款缩小到 "第十一部分明确规定的任何案件"。在非正式综合协商案文第一次修订稿中（资料来源 17），该条重新编号为第二十条。

A. VI. 120. 非正式单一协商案文第四部分第一次修订稿第二十一条（资料来源 12）题为 "诉诸海洋法法庭"，成为非正式综合协商案文第四部分第二十二条（资料来源 13），其内容分为两款。第 1 款第一句提到海洋法法庭对缔约国（缔约方）开放。第二句涉及缔约国以外的实体，这些实体在与前一条 "法庭上的当事方"（第二十一条）有关的同一具体案件中有权诉诸海洋法法庭。第 2 款涉及缔约国（缔约方）以外的实体对海洋法法庭开支的捐款（见上文第 A. VI. 111 段）。在非正式综合协商案文中（资料来源 14），该案文与第二十一条更加一致。该案文通过公约草案得以保留（资料来源 22）。

A. VI. 121. 有人对是否需要为同一目的制定两个条款表示怀疑。根据起草委员会的建议（资料来源 23），会议用现第二十条取代了先前的两个条款，同时提出了一些语言上的修改。前一个第二十条被删除，第二十一条的内容分为两款。根据第 1 款，海洋法法庭向所有缔约国（《公约》第一条第 2 款定义了这一术语）开放。第 2 款使海洋法法庭对所有其他实体开放。设想了两种情况。在涉及 "区域" 内活动的案件中，需要在第十一部分作出明确规定（见第三卷，第一八七条评注）。在所有其他案件中，只要案件是根据赋予海洋法法庭管辖权的另一项协定提交的，而且该协定已被案件所有当事方所接受，有关实体就可以诉诸海洋法法庭。

此外，将 "与任何其他协定一致" 改为根据 "任何其他协定提交的任何案件"。根据起草委员会的建议，还纳入了其他起草措辞上的微小改动（资料来源 23）。

第二十一条　管辖权

法庭的管辖权包括按照本公约向其提交的一切争端和申请，和将管辖权授予法庭的任何其他国际协定中具体规定的一切申请。

A. VI. 122. 此条反映了《国际法院规约》第三十六条第 1 款的做法，广义地规定了海洋法法庭的属事管辖权。它用"disputes（争端）"一词代替了在《国际法院规约》中使用的"cases（案件）"一词，这与公约第二八八条有关。与第二八八条第 1 款一样，第二十一条只有在第二七九条至第二八五条的预防争端规定未能导致解决时才起作用。

A. VI. 123. "法庭的管辖权"一语包括海洋法法庭本身和根据第十五条设立的任何特别分庭，包括根据公约第一八八条第 1 款（a）项设立的特别分庭的管辖权。它不适用于第二八八条第 3 款单独规定的海底争端分庭的管辖权（见上文关于第二八八条的评注）。

A. VI. 124. "争端和申请"一语遵循此附件第十三条第 3 款（见上文第 A. VI. 82 段）。"任何其他协定"一语的含义与第二十条相同（见上文第 A. VI. 117 段），但没有提到要求案件所有当事方都接受。

A. VI. 125. 在涉及海底法庭的非正式单一协商案文第一部分（资料来源 8，第三十二条第 1 款）中规定，其管辖权应包括与该部分的解释或适用有关的争端，以及与公约该部分的主题事项有关并根据公约订立的合同或安排提交的争端。

订正的单一协商案文第一部分（资料来源 11，第三十三条、三十四条、三十六条和第四十四条）使此条更加具体。它规定，海底法庭的管辖权将包括缔约国之间关于公约海底采矿部分的争端；关于下列任何一方之间订立任何合同或对合同的解释或适用的争端，或关于"区域"内任何其他活动的争端：国家、管理局、企业部或缔约国国民；与管理局或其机关的行为或采取的措施有关的争端；以及与管理局秘书处工作人员违反其职责的行为有关的争端。海底法庭还受权应管理局任何机关的请求，就与公约该部分有关的法律问题提出咨询意见。其特别分庭的管辖权被确定为涉及与海底法庭性质相同的国家间争端（资料来源 11，附件三，第 17 段）以及在有关合同事项的争端中（也如该法庭所定义的），在当事一方提出请求时，由一个分庭代替该法庭行使管辖权［同上，第 7 和 17（b）段］。

A. VI. 126. 海洋法会议主席的案文主要部分第十条（与附件相反，见资料来源 9）是一项详细规定，内容如下：

1. 在不违反本章第一至第九条规定的情况下，根据第九条对缔约方具有管辖权的法庭或国际法院（视情况而定）有权对下列事项行使管辖权：

（a）缔约方之间关于本公约的解释或适用的任何争端，而本公约另一章没有规定特别程序，也没有根据本章第七条诉诸调解程序；

（b）缔约方之间关于本公约的解释或适用的任何争端，如果没有根据本章第七条通过调解程序或本公约另一章规定的特别程序解决，除非该章明确

排除本章；以及

（c）本公约的条款、根据本公约制定的规则和规章，或根据本公约缔结的或与其宗旨有关的协定或安排，规定按照本章规定的程序解决的任何争端。

2. 第 1 款（a）项下的管辖权不得在下列情况下行使：

（a）本公约另一章明确排除与该章有关的任何争议的管辖权；或者

（b）如果本公约另一章规定与该章有关的任何争端应按照本章的一个具体附件处理。

3. 如果争端已提交本公约规定的特别程序，则根据该程序对事实作出的裁决应为根据本章第九条具有管辖权的法庭的结论，除非当事一方提出使法庭满意的确凿证据，证明犯了重大错误。

4. 凡因采用本公约另一章规定的特别程序而作出具有拘束力的决定，而上诉程序未被明确排除在外，只有当争端当事方声称根据本公约另一章作出的决定因下列原因无效时，根据第九条具有管辖权的法院才可行使法庭的管辖权：

（a）缺少管辖权；

（b）违反基本议事规则；

（c）滥用或误用权力；或

（d）严重违反本公约。

5. 根据第 4 款提出的主张必须在自有争议的决定之日起三个月的期限内提出。

海洋法会议主席的第一个案文（资料来源 9）第二十二条规定，海洋法法庭的管辖权将包括根据《公约》向其提交的所有争端，以及赋予海洋法法庭管辖权的其他国际公、私协定中规定的所有事项。

A. VI. 127. 该条在订正的单一协商案文第四部分（资料来源 13）重新编号为第二十三条，之前一直保持不变。当时的主要变化是，除了"争端"之外，还包括"申请"，并提到"协定"，而不是像以前那样提到"国际协定"。

A. VI. 128. 在商定两个法庭的规约应合并后（见第 A. VI. 9 段），关于法庭和海底争端分庭管辖权的规定都纳入了非正式综合协商案文［资料来源 14，公约第一八七至第一九二条、第二八六至第二八八条和附件五（《海洋法法庭规约》）第二十三条］。成为最后文本第二十一条的第二十三条在以后的草案中保持不变，只是根据起草委员会的建议做了一些文体上的修改（资料来源 23）。（关于第一八七至第一九二条，成为最后文本第一八六至第一九一条，其措辞上的变化，见第三卷。）

第二十二条　其他协定范围内的争端的提交

如果同本公约所包括的主题事项有关的现行有效条约或公约的所有缔

约国同意，则有关这种条约或公约的解释或适用的任何争端，可按照这种协定提交法庭。

A. VI. 129. 第二十二条规定，凡与已生效的条约或公约有关并与公约的主题事项有关的争端，只要该条约或公约的所有缔约国都同意，可提交海洋法法庭审理。此条与第二八八条第 2 款相似，并澄清了根据此附件第二十一条确立的管辖权的一个方面。

这项规定的主要目的是，如果该条约或公约的所有缔约方都同意，允许海洋法法庭行使对与任何"已生效的［*Déjà en vigueur*］条约或公约的解释或适用以及与本公约的主题事项有关的"争端的管辖权。③⓪根据第二十二条行使管辖权的条件是该条约或公约"已经"生效，而且所有缔约方都同意由海洋法法庭行使管辖权。该协定还必须说明如何将争端提交海洋法法庭，以及海洋法法庭在该协定下的权力范围。因此，这项规定比第二十一条的范围更广，因为它使不含折中条款的条约或公约的缔约国能够就有关该文书的解释或适用的争端达成一项补充协定，赋予海洋法法庭处理此类争端的管辖权。由于这一管辖权不同于公约第二八七条规定的强制管辖权，条约或公约的缔约国可以自行决定它们愿意授予海洋法法庭的管辖权的范围。在会议上的理解是，根据第二十二条达成的协议可要求海洋法法庭提供咨询意见。此外，此类协定可授权通过单方面申请提交争端，或在每种情况下强制执行特别协定的要求。如果争端各方的协定仅仅是对已经确定将争端提交法院或法庭的方式的条约或公约的补充，则在将管辖权转移到法庭时必须遵循这些方式。

A. VI. 130. 海洋法会议主席的第一个案文（资料来源 9，第二十三条）载有一项与现第二十二条类似的规定，尽管形式不同，但它与《国际法院规约》第三十七条密切相关。海洋法会议主席的案文如下：

> 根据第……章第三条，在本公约中，凡已生效的条约或公约规定将本公约所涉主题事项提交特别法庭审理时，该条约或公约的缔约国可同意将该事项提交海洋法法庭审理。

在该案文中，将此类争端提交海洋法法庭时，须遵守当时关于解决争端的新一章（现为第二八二条）第三条的规定。该条款优先于公约对现有的一般性、区域性或特殊性协定的解决争端规定，前提条件是它们包含仲裁或解决争端的有效程序（见上文第 281.1～281.5 段）。然而，它允许争端各方同意使用公约规定的程序（见上文第 281.6

---

③⓪　自 1969 年《维也纳条约法公约》以来，《国际法院规约》第三十六条第 1 款和第三十七条中出现的"条约或公约"一语被视为与《维也纳公约》中使用的"条约"一词同义。然而，传统上，这两个术语在具有附件六性质的制度性文本中都同时使用。

段）。如果"当事各方另有协议"，并寻求通过诉诸海洋法法庭解决争端，海洋法会议主席的案文（资料来源9）第二十三条将使他们能够走上这条路。

在评论第三条时（资料来源10，第13段），海洋法会议主席警告说：

> 我对该条款中"除非当事各方另有协议"一语的解释是，如果争端各方承担了所述义务，未经已订立特别协定或其中提及的其他文书的当事方的同意，不能免除这一义务。任何其他解释都会削弱该规定的效力。它的力量和优点在于它的拘束力。

海洋法会议主席第一个案文中的规定是，另一个先前存在的协定的缔约方同意以本公约所涉及的主题进行其他处理的话，他们可以将任何此类事项提交海洋法法庭，即使另一个协定提供了将争议提交给特别海洋法法庭的建议。对非正式单一协商案文第四部分第一次修订稿（资料来源12，第二十三条）的案文没有作任何改动，但在订正的单一协商案文第四部分中（资料来源13，第二十四条），该条文是按照公约所载案文的行文重新拟订的，案文如下：

> 如果已生效的条约或公约的所有缔约国以及与本公约所涵盖的主题事项有关的所有缔约国都同意，则与该条约或公约的解释或适用有关的任何争端可根据该协定提交法庭。

该条款在公约草案（资料来源22）中重新编号为第二十三条，后来在公约中重新编号为第二十二条。

在记载中没有对《国际法院规约》这一变化的解释，但显然反映了侧重点的变化。《国际法院规约》第三十七条是为了保持即将解散的常设国际法院和将根据《联合国宪章》设立的新法院之间管辖权的连续性而制定的过渡性条款之一。这一过渡要素不可能以同样的形式存在，而第二十二条现在通过引入"已经生效"的条约的可能性来澄清这一问题（该条约以前没有存在），并赋予该法庭的管辖权。语言的相似性（尽管《国际法院规约》第三十七条中没有出现"已经"一词）可能使海洋法法庭在适用第二十二条时能够以国际法院的判例为指导。同时，还注意到"已经"一词所固有的模棱两可的成分。初步看来，它应提及1982年12月10日缔结公约的日期。但是，国际法院在处理这类条款，特别是第三十六条第5款方面的经验，以及《法院规约》第三十七条规定，"已经"等时间副词可以有多种解释，甚至可以延伸到必须作出决定的日期。

在后来的案文中保留了这一重新规定，直到公约通过时，根据起草委员会的建议（资料来源23），纳入了一些小的修改。这句话没有提到与这类条约或公约的解释或适用"有关"的争端，而是改为"与解释或适用有关的争端……"。此外，还根据起草委员会的建议，将句子前半部分中的"同……主题事项有关的"英语短语从"relating to the subject-matter"改成了"concerning the subject-matter"。

第二十三条　可适用的法律

法庭应按照第二九三条裁判一切争端和申请。

A. VI. 131. 第二十三条将公约第二九三条纳入了《法庭规约》。除了指出澄清了第二九三条同样适用于关于"争端"和"申请"的决定外，没有必要作出什么实质性评论（见上文第 A. VI. 82 段）。

A. V. 132. 此条作为第二十四条首次出现在海洋法会议主席的第一个案文中（资料来源 9），其中规定"法庭应根据第四部分第十六条（后来为第二九三条）裁决提交给它的所有争端"。在订正的单一协商案文第四部分中（资料来源 13，第二十五条），在"申请"中增加了一个提法（见上文第 A. VI. 82 段）。后来，在非正式综合协商案文中（资料来源 14，第二十五条），删除了"提交给它的"一语。该条一直保持着这种形式，只是在起草的措辞上做了一些微小改动（资料来源 23）。

第三节　程序

A. VI. 133. 第三节规定了在海洋法法庭审理的案件中应遵循的程序。在这方面，它与《国际法院规约》第三章（第三十九至第六十四条）相对应，尽管它远不够全面。其中比较显著的区别是，没有关于当事方的代表及其代表的特权和豁免的规定；没有将诉讼程序严格划分为书面和口头阶段，只有审讯是海洋法法庭的义务；也没有关于修改决定的任何规定。筹备委员会正在审查其中一些方面，以便纳入海洋法法庭规则草案和它正在拟订的其他文书。在第三次海洋法会议期间，起草委员会提出了一些本应涵盖其中一些方面的建议，法文小组编写了附件六的订正案文。[31]但限于 1982 年夏天的时间紧张，起草委员会本身未能充分审议这些问题，起草委员会提交的附件六案文（资料来源 23）只纳入了被认为是对公约草案最重要的修改（资料来源 22）。

第二十四条　程序的提起

1. 争端可根据情况以将特别协定通知书记官长或以将申请书送达书记官长的方式提交法庭。两种方式均应载明争端事由和争端各方。

2. 书记官长应立即将特别协定或申请书通知有关各方。

---

[31] FLGDC/71 和 Add. 1（均为 1982 年，油印本）。

3. 书记官长也应通知所有缔约国。

A. VI. 134. 第二十四条与《国际法院规约》第四十条相对应，该条按照此公约要求进行了改写。执行此条的详细规定将列入海洋法法庭规则。

A. VI. 135. 与国际法院一样，争端，包括为此目的由公约第二九〇条和第二九二条产生的两个特别程序（见上文第 A．VI. 82 段），应通过特别协定（compromis［国际解决争端协议］）通知或向书记官长提出书面申请（requête［诉状］）提交海洋法法庭。用于提起诉讼的文书的形式将取决于每一案件的管辖权基础。自 1922 年常设国际法院成立以来，根据不同的外交情况和要求，为提起诉讼制定了各种程序，这一经验可作为海洋法法庭程序这一方面制定的基础。

第 2 款要求书记官长立即将提起诉讼的情况通知所有有关方面。这自然适用于答辩人（或所有答辩人）和海洋法法庭所有法官。"所有有关的"一语的范围足够广泛，只要争端涉及"区域"内的活动，就与管理局有关。

第 3 款还要求书记官长将提起诉讼的情况通知所有缔约国。遵照《国际法院规约》，第 3 款中没有出现"立即"一词；然而，法院的惯例是立即通知所有有关方面。

A. VI. 136. 此条源于海洋法会议主席的第一个案文（资料来源 9，第二十五条），案文如下：

> 1. 争端由特别协定的通知或争端一方或多方向书记官长提出的书面申请（视属何情况而定）提交法庭。在任何一种情况下，都应指明争端的事由和争端各方。
> 2. 书记官长须立即将该项申请通知所有有关各方。
> 3. 他还应通知所有缔约方。

该案文第 2 款与《国际法院规约》第四十条第 2 款相同，但第 3 款与该规约不同，其措辞更符合最后案文的行文。

在非正式单一协商案文第四部分第一次修订稿中（资料来源 12，第二十五条），该条的形式一直保持不变。在订正的单一协商案文第四部分（资料来源 13，第二十六条）的相应条款中，第 1 款修改为：

> 1. 争端可根据情况以争端一方或多方提出的书面申请送达书记官长，或以争端各方之间的任何特别协定的通知书记官长的方式提交法庭。两种方式均应载明争端事由和争端各方。

第 2 款和第 3 款一直保持不动。非正式综合协商案文的相应文本（资料来源 14，

第二十六条）也没有做进一步修改，只是最后一款提到的是缔约国而不是缔约方。

在非正式综合协商案文第一次修订稿中（资料来源 17），该条被重新编号为第二十五条，没有任何其他改动。除根据起草委员会的建议对文体做了改动外（资料来源 23），它一直采用的是这种形式。

第二十五条　临时措施

1. 按照第二九〇条，法庭及其海底争端分庭应有权规定临时措施。

2. 如果法庭不开庭，或没有足够数目的法官构成法定人数，临时措施应由根据本附件第十五条第 3 款设立的简易程序分庭加以规定。虽有本附件第十五条第 4 款的规定，在争端任何一方请求下，仍可采取这种临时措施。临时措施应由法庭加以审查和修订。

A. VI. 137. 所有解决争端机关规定临时措施的一般权力载于公约第二九〇条，该条对此事做了相当详细的处理（见上文第二九〇条评注）。第二十五条是对第二九〇条的补充，在这方面与《国际法院规约》第四十一条相似。

A. VI. 138. 第 1 款提供了与公约第二九〇条的联系。提及海底争端分庭，清楚地表明，该分庭有权在其管辖范围内规定临时措施，并且该权力完全独立于海洋法法庭。这相当于第十一部分第二九〇条第 1 款的提法。

根据此附件第十五条设立的预先组成的分庭大概属于第二九〇条第 1 款的范围。

第 2 款涉及两种情况，即海洋法法庭本身不开庭，或选任法官的法定人数不足。在这两种情况下，根据第十五条第 3 款成立的简易程序分庭有权规定临时措施，或者，虽有第十五条第 4 款的规定，也可应争端任何一方的请求规定临时措施。任何此类临时措施应接受海洋法法庭本身的审查和修订。

凡根据第二八七条将争端的管辖权授予一个法院或法庭，而该法院或法庭尚未成立，则公约第二九〇条第 5 款生效。它授权海洋法法庭或海底争端分庭（视情况而定）处理临时措施请求，如果海洋法法庭或海底争端分庭初步认定，将要组成的法庭将拥有管辖权，而且情况的紧迫性有此要求的话（见上文第 A. VI. 82 段）。一旦有关法庭成立，海洋法法庭可以修改、撤销或确认这些临时措施。

虽然第二九〇条没有提及简易程序分庭有权处理属于该条范围内的临时措施请求，但情况的紧迫性可能需要迅速采取行动，在第二十五条第 2 款规定的情况下，只有分庭可以采取这种行动。该款规定了必要的保障措施，明确规定一旦法庭能够运作，即应对简易程序分庭规定的临时措施"进行审查和修订"。法庭审查和修订的这一例外要求——无论法庭对于案情是否有能力——在根据第二九〇条第 5 款产生的任何情况下似乎都是自动的，而且必须在达到必要的法定人数后立即适用，前提是所选择的裁决案情的法院或法庭在此期间尚未成立。当然，这样一来，只要对案情具有管辖权的法院或法庭正式成立，只要当事一方根据第二九〇条第3款提出请求，它也可以行使修改或撤销第二九〇条赋予它的临时措施的权力。

A. VI. 139. 海洋法会议主席的第一个案文（资料来源9，第二十六条）表述得更为详尽，内容如下：

> 1. 应争端一方的请求，法庭如认为情况需要，并在给予争端各方陈述机会后，为维护争端各方各自的权利或防止对海洋环境造成严重损害，在最终裁决之前，有权订明其认为适当的临时措施。
>
> 2. 如果法庭不开庭，临时措施应由根据本规约第十五条设立的简易程序分庭规定。
>
> 3. 应立即将法庭订明的措施通知当事各方和所有缔约方。
>
> 4. 法庭或其分庭规定的临时措施对争端各方具有拘束力。

该案文重复了非正式单一协商案文第四部分主要条款的若干实质性规定（资料来源9，第十二条，第113页）。它没有涉及未达到法定人数的情况。第3款和第4款的实质内容后来移到了公约第二九〇条。

A. VI. 140. 与此同时，关于海底区域的订正的单一协商案文第一部分（资料来源11）载于附件三中的规约草案，其中第21段述及与国际"区域"有关的临时措施。这项提案建议由海底法庭考虑临时措施。它类似于非正式单一协商案文第四部分（资料来源9，第二十六条）中的草案（见上文第 A. VI. 139 段），但海底法庭特别分庭在起草措辞上的一些细微差别和必要的复杂规定是该草案的一个特点（见上文第 A. VI. 7 段）。当解决争端的体制方面合并时，这一条文从非正式综合协商案文第十一部分（资料来源14）中删除了（见上文第 A. VI. 9 段）。

A. VI. 141. 关于临时措施的非正式单一协商案文第四部分第一次修订稿第二十六条（资料来源12），未做改动。然而，在订正的单一协商案文第四部分中（资料来源13），该条被重新编号为第二十七条。附件中的大部分原文被删除，关于临时措施的主要条款也移到公约本身。因此，第1款只是表明，规定临时措施的权力符合公约第四部分第十二条（后来成为第二九〇条）。尚未提及海底争端分庭，因为它的运作仍由订正的单一协商案文第一部分管辖。在订正的单一协商案文第四部分第2段文字中，插入了未达到法定人数的提法。

对该条进行的修饰符合这样一种理念，即作为海洋法法庭规约的附件不应重复公约本身的内容。由于当时订正的单一协商案文第四部分主要部分（资料来源13，第九条至第十二条，第146~147页）载有海洋法法庭的权力、行使该权力的情况以及谁可以请求采取临时措施的指示，因此这些程序方面的问题均已从海洋法法庭规约中删除。

A. VI. 142. 非正式综合协商案文（资料来源14，第二十七条）第1款规定了海底争端分庭在涉及国际"区域"的案件中采取行动的权力，第 2 款明确规定，简易程序分庭可根据争端一方的申请采取行动，无须争端他方的同意。在非正式综合协商案文第一次修订稿中（资料来源 17，第二十六条），对相互参照进行了调整。因此，该条与《公约》第十五部分非正式综合协商案文第一次修订稿的修订结构保持一致。最后案文是根据起草委员会的建议确定的（资料来源 23）。

第二十六条　审讯

1. 审讯应由庭长主持，庭长不能主持时，应由副庭长主持。庭长副庭长如均不能主持，应由出庭法官中资深者主持。

2. 除非法庭另有决定或当事各方要求拒绝公众旁听，审讯应公开进行。

A. VI. 143. 第二十六条与《国际法院规约》第四十五条和第四十六条相对应，是不言自明的。附件六没有与《国际法院规约》第四十三条第 1 款要求进行书面和口头诉讼的相对应的规定。由于第二十六条仅提及了审讯，因此应由海洋法法庭与当事各方协商，决定是否有书面答辩阶段。

第 1 款是附件六中使用"judge（法官）"一词的唯一规定，起草委员会法文小组的一项提案，建议用"出庭的法庭高级成员"取代该词，[32]但未获通过。据了解，这里所用的用语是指在场的海洋法法庭选任法官中的高级成员，选任法官优先于专案法官。

此条的第一个表述载于订正的单一协商案文第四部分（资料来源 13，第二十八条）。此后，该案文一直保持未变，直到会议最后阶段，根据起草委员会的建议纳入了若干文体上的改动（资料来源 23）。

第二十七条　案件的审理

法庭为审理案件，应发布命令，决定当事每一方必须终结辩论的方式和时间，并作出有关收受证据的一切安排。

A. VI. 144. 第二十七条涉及案件的审理、辩论和取证。它与《国际法院规约》第四十八条相对应，是赋予海洋法法庭处理无法预见的程序性问题的广泛权力的一般性条款。此条第一稿载于海洋法会议主席的第一个案文（资料来源 9，第二十一条），仅在为使案文符合《法院规约》第四十八条而做了修改（资料来源 23）之后才予以保留。

---

[32]　FLGDC/71/Add. 1（1982 年，油印本）。

第二十八条　不到案

当事一方不出庭或对其案件不进行辩护时，他方可请求法庭继续进行程序并作出裁判。当事一方缺席或对其案件不进行辩护，应不妨碍程序的进行。法庭在作出裁判前，必须不但查明对该争端确有管辖权，而且查明所提要求在事实上和法律上均确有根据。

A. VI. 145. 第二十八条对应于《国际法院规约》第五十三条。与这一规定相比，根据国际法院在适用第五十三条方面取得的经验，这一规定得到了扩大。

A. VI. 146. 这项规定最初是在海洋法会议主席的第一个案文中（资料来源9，第二十八条）制定的，与第五十三条完全对应，案文如下：

> 1. 在当事一方不出庭或不为其案件辩护时，当事他方可要求法庭作出有利于其主张的决定。
> 2. 法庭在这样做之前，必须使自己确信，它不仅拥有管辖权，而且主张在事实和法律上都有充分的根据。

在非正式单一协商案文第四部分第一次修订稿中（资料来源12，第二十八条），该条款保持不变，标题为"不出庭"。订正的单一协商案文第一部分中也在"出庭的义务"标题下包含了类似的条款（资料来源11，附件三，第25段）。这再次紧紧遵循了法院规约的语言。在订正的单一协商案文第四部分中（资料来源13），在非正式全体会议辩论后，对题为"不出庭"的第三十条做了实质性修改，内容如下：

> 在当事一方不出庭或不为其案件辩护时，当事他方可以请求法庭继续进行诉讼程序并作出裁决。当事一方的缺席或不到案不构成继续进行诉讼程序的障碍。在作出裁决之前，法庭不仅必须确信它对争端拥有管辖权，而且还必须确信该裁决在事实和法律上都有充分的依据。

第一项修改是插入"争端他方可请求法庭继续进行诉讼并作出裁决"一语。第二项修改是插入第二句，指出当事一方的缺席或不到案不应构成继续进行诉讼程序的障碍。在结束语中做了两处改动：增加了"关于争端"一词，并要求海洋法法庭确信裁决（而不是第五十三条中的"主张"）在事实和法律上都有充分的根据。后来的协商尤其与这些变化有关。

A. VI. 147. 非正式综合协商案文或其前两次修订（资料来源14、资料来源17和资料来源20）都没有对此条的文字做任何改动。在非正式综合协商案文第三次修订稿中

（资料来源21，第二十九条），"决定"改为"主张"，从而使该句回到《国际法院规约》第五十三条的措辞。这是海洋法会议主席在提交会议的报告中提出的一个小的起草文字上的改动。[33] 此条的最后文本是根据起草委员会的建议提出的，使之更接近第五十三条（资料来源23）。值得注意的是，英文文本在该条的第二句中用"bar（妨碍）"代替了"impediment（妨碍）"，并缩短了标题，以使英文文本与其他文本保持一致。

A. VI. 148. 相应的规定见附件五第十二条和附件七第九条。

第二十九条　过半数决定

1. 一切问题应由出庭的法官的过半数决定。
2. 如果票数相等，庭长或代理庭长职务的法庭法官应投决定票。

A. VI. 149. 第二十九条与《国际法院规约》第五十五条相对应，与该条实际上相同。

出席海洋法法庭裁决的法官必须过半数，这一要求适用于所有裁决，但下列决定要求，除有关法官外，出席海洋法法庭的所有法官要一致同意：①关于《法院规约》第七条规定的不相抵触活动的决定（见上文第 A. VI. 54 段）；②关于法官根据第八条参与某一特定案件的条件的决定（见上文第 A. VI. 60 段）。此外，根据第九条，对于关于撤换一名法官并宣布一个席位空缺的决定，如果该法官已不再满足所需条件，则需要海洋法法庭所有其他法官的一致意见，而不仅仅是在场法官的一致意见（见上文 A. VI. 62 段）。

根据第 2 款，在票数相等的情况下，庭长或代行其职务的法官有权投决定的一票。（见《法院规约》第二十六条第 1 款和上文第 A. VI. 143 段）。曾经有人认为，"投决定票"的英语短语"casting vote"与法语短语"voix prépondérante"的表达之间在形式上是有区别的，但因为此附件的所有版本最初都是用英语起草的，因此可以假定此处使用的是英语，而且，这是取自国际法院对其规约第五十五条第 2 款中的相应措辞。这意味着，如果在所有法官投票后出现平局，庭长将有第二次投票权。

A. VI. 150. 这项规定最初出现在海洋法会议主席的第一个案文中（资料来源9，第二十九条），此后一直保持不变，但仅限于根据起草委员会的建议纳入了起草措辞和文体上的变化（资料来源23）。

第三十条　判决书

1. 判决书应叙明其所根据的理由。

㉝　见 A/CONF. 62/L. 59（1980 年），第 11 段，《正式记录》第十四卷第 130 页。

2. 判决书应载明参与判决的法庭法官姓名。

3. 如果判决书全部或一部不能代表法庭法官的一致意见，任何法官均有权发表个别意见。

4. 判决书应由庭长和书记官长签名。判决书在正式通知争端各方后，应在法庭上公开宣读。

A. VI. 151. 第三十条对应于《国际法院规约》第五十六、五十七条和第五十八条，其基本上与这些条款相同。此条的标题是指海洋法法庭作为判决而作出的任何裁定。然而，可以指出，在国际法院的实践中，《法院规约》的相应规定适用于咨询意见（见下文第 A VI. 204 段），并在相关情况下，适用于实质性命令。"判决"一词既指终审判决，也指中间判决，也指判决后根据案情的是非曲直作出的判决。只有《法院规约》第十五条和第三十条提到判决；其他地方，附件六提到"裁定"

第 1 款要求判决陈述其依据的理由，这是国际司法机关的正常要求。根据第 2 款，判决书应载有参与裁决的海洋法法庭法官的姓名。第 3 款规定，如果海洋法法庭任何法官有不同选择，他有权提出单独或不同的意见。第 4 款要求在当事各方得到适当通知后在公开海洋法法庭上宣读判决。该款还要求判决书须由庭长和书记官长签署，但这样做只是为了认证，并不使他们中的任何一人对判决书的内容作出承诺。

A. VI. 152. 此条源于海洋法会议主席的第一个案文（资料来源 9，第三十条），其中载有与此条前 3 款相同的规定。在非正式单一协商案文第四部分第一次修订稿中（资料来源 12，第三十条），该条被称为"判决"。订正的单一协商案文第一部分载有类似的规定（资料来源 11，附件三，第 38~39 段）。但除判决外，还允许就海底法庭的命令和咨询意见发表单独意见。在《公约》第四部分中（资料来源 13，第三十二条），增加了第 4 款，完成了对《国际法院规约》条款的调整。此条英文文本后来除重新编号外未做任何改动，但根据起草委员会的建议，依据此条对其他语言文本进行了一致性处理（资料来源 23）。

第三十一条　参加的请求

1. 一个缔约国如认为任何争端的裁判可能影响该缔约国的法律性质的利益，可向法庭请求准许参加。

2. 此项请求应由法庭裁定。

3. 如果请求参加获准，法庭对该争端的裁判，应在与该缔约国参加事项有关的范围内，对参加的缔约国有拘束力。

A. VI. 153. 第三十一条对应于《国际法院规约》第六十二条，其中第 1 款和第 2

款是相同的，第 3 款在《国际法院规约》中没有等同的规定。这项规定的立法历史很复杂，因为此条的大部分内容是在《公约》参与问题得到解决之前协商达成的。这一方面现在由第三〇五条管辖，而"缔约国"一词在公约第一条第 2 款中就有定义（见上文第 305.1 段）。

A. VI. 154. 此条的起源可以追溯到海洋法会议主席的第一个案文（资料来源 9，第三十二条），文字如下：

> 1. 如果一个国家、一个以观察员身份参加第三次联合国海洋法会议的领土、一个政府间国际组织或个人认为它具有法律性质的利益，而这一利益可能受到对任何争端的决定的影响，它可以向法庭提出准许参加的请求。
>
> 2. 在不违反本公约第……章第十三条规定的情形下，应由法庭对这一请求作出决定。

对给予公约缔约国以外的实体参加权的强烈反对，导致了这些实体逐渐被排除在解决争端案文的后续草案之外（例如，比较资料来源 12，第三十二条和资料来源 13，第三十三条）。

此条的标题载于非正式单一协商案文第四部分第一次修订稿（资料来源 12，第三十二条），该标题在整个起草过程中一直保留不变。

订正的单一协商案文第四部分（资料来源 13，第三十三条）增加了第 3 款，只是在以后的案文中做了起草措辞上的微小改动。

A. VI. 155. 援引第三十一条的缔约国必须确立其参加的权利。"法律性质的利益"和"这一利益可能受到对任何争端的决定的影响"（而不是《国际法院规约》中的"在本案中"）的主要表述本身并不清楚，法院规约措辞的变化可能会增加困难。

此外，在潜在的参加者与主要当事方之间是否存在某种管辖权的问题上存在着相当大的争议。这种同样形式的问题在海洋法法庭上不会出现，因为参加公约并不一定意味着接受海洋法法庭对每个案件的是非曲直的管辖权，即使参加公约本身就可被视为与管辖权有联系（考虑到公约第二八七条和第二八八条，该条允许公约当事一方选择其他法庭而不是海洋法法庭）。

第 1 款是绝对的，因为只有一个缔约国可以提出允许参加的请求，但它可以就任何争端提出参加请求，而不仅仅限于对公约的解释或适用的争端。第 1 款的这一提法反映了对公约参加权的逐步澄清，该项权利的最终解决办法见第三〇五条（见上文第 A. VI. 112 段）。

这种澄清和简化使得没有必要在使用公约争端解决制度的权利与提出参加请求的权利之间建立联系。这两项权利是不同的，尽管其他实体可以利用争端解决制度的不同部分，但第二十二条规定的权利只适用于公约缔约国本身。

如果根据第二八八条第 2 款赋予海洋法法庭管辖权的是其他条约或公约的缔约国而不是公约的缔约国，则这些国家不享有相应的权利。如果国际法院是公约第二八七条规定的主管法院，处于这种地位的国家将有权根据《国际法院规约》第六十二条请求准许参加。它们根据此附件第三十三条第 2 款和第 3 款也有有限的参加权。

根据《国际法院规约》（第六十二条）的相应规定，第 2 款要求海洋法法庭就准许参加的请求作出决定。如果请求受到质疑——例如，以参加事实上不可受理或海洋法法庭对其没有管辖权为由——公约第二八八条第 4 款赋予海洋法法庭决定这一事项的权力。

第 3 款涉及准予参加的请求的一种效力：法院就主要争端方之间的争端所做的决定，"只要涉及该缔约国参加的事项"，即对参加的缔约国具有拘束力。

有人提出了一个问题，即提出参加请求的权利与第二十条的立法历史之间的关系，即第三十一条和第三十二条是否根据第三〇五条第 1 款（f）项适用于公约的国际组织缔约方。在海洋法会议第 184 次会议上，欧洲经济共同体代表提到了许通美主席关于参加会议的报告（见上文第 305.17 段）指出"附件六第三十一条和第三十二条适用于公约的缔约组织"，但并不矛盾。㉞

第三十二条　对解释或适用案件的参加权利

1. 无论何时，如对本公约的解释或适用发生疑问，书记官长应立即通知所有缔约国。

2. 无论何时，如依照本附件第二十一或第二十二条对一项国际协定的解释或适用发生疑问，书记官长应通知该协定的所有缔约方。

3. 第 1 和第 2 款所指的每一方均有参加程序的权利；如该方行使此项权利，判决书中所作解释即对该方同样地有拘束力。

A. VI. 156. 第三十二条与经适当修改的《国际法院规约》第六十三条相对应。特别是，与公约第二七九条和第二八六条相呼应的第 1 款和第 2 款中提及的"解释或适用"与《国际法院规约》第六十三条仅限于"公约的解释"相比，可能会扩大此条的一般范围。

在海洋法会议主席的第一个案文中（资料来源九，第三十三条），它没有标题，但在非正式综合协商案文第四部分第一次修订稿中（资料来源 12，第三十三条），它的标题是"关于公约的解释或适用的案件的通知"。在非正式综合协商案文第四部分中（资料来源 13，第三十四条），标题被缩短为"解释或适用的案件"。根据起草委员会的建

㉞　见丹麦代表的发言，《正式记录》第十七卷第 5 页，第 11 段。

议（资料来源 23），在标题中增加了"参加权利"一词，使标题更加具体。这澄清了内容，并将此条与第三十一条区别开来，此条针对的是参加的权利，而第三十一条针对的是参加的斟酌决定权。

A. VI. 157. 第 1 款要求在对公约的解释或适用有疑问时，包括根据第三一八条涉及附件的解释或适用的争端时，向所有缔约国发出通知。这种通知通常是[35]对根据此附件第二十四条第 3 款提出诉讼通知的补充。尽管根据第二八六条，解决争端机关的管辖权仅限于与公约的解释或适用有关的争端，但在海洋法法庭提起诉讼的文件可能并不总是表明某一争端中存在对公约的解释或适用的问题。第三十二条规定的通知不一定与第二十四条第 3 款规定的通知相同，但书记官长一旦意识到对公约的解释或适用有疑问，就必须立即通知所有缔约国。

A. VI. 158. 第 2 款将这一原则扩大到海洋法法庭根据此附件第二十一条或第二十二条根据其他国际协定行使管辖权的案件。在这种情况下，应通知该协定的所有缔约方（关于"国际协定"的含义，见上文第 288. 3、A. VI. 115 和 A. VI. 117 段）。

A. VI. 159. 按照第 3 款，根据第 1 款或第 2 款通知的每一方都有权参加程序。在这方面，虽然第 1 款关于本公约的解释或适用限制了缔约国（其含义见本公约第一条第 2 款）的参加权，但第 2 款关于任何其他国际协定是指该协定的所有缔约方。其中可能包括政府间国际组织，但尚不清楚这是否适用于其他实体（另见上文 A. VI. 155 段中欧洲经济共同体的声明）。

A. VI. 160. 第 3 款涉及参加权问题。就公约而言，这项权利赋予缔约国。就其他国际协定而言，似乎参加权是给予作为有关协定缔约方的所有实体的。参加方受海洋法法庭作出的解释的拘束，其程度与主要缔约方相同（见上文第 A. VI. 155 段）。

A. VI. 161. 海洋法会议主席的第一个案文（资料来源 9，第三十三条）的表述如下：

> 1. 无论何时，如对本公约的解释或适用有疑问，书记官长应立即通知所有缔约方。
>
> 2. 如此通知的每一缔约方都有权参加诉讼程序；但如果它使用这一权利，判决所作的解释将对它具有同等拘束力。

第 1 款实际上与后来成为最终案文的 1 款完全相同，只包含了一些细微的文体上的差异。第 2 款得到保留，与此条第 3 款基本相同。

---

[35] 关于国际法院援引《联合国宪章》时通知联合国会员国的做法，见施韦贝尔法官在《在尼加拉瓜境内和针对尼加拉瓜的军事和准军事活动案》中的不同意见，《参加声明》，1984 年国际法院《判决、咨询意见和命令汇编》第 215、233 页。

这个案文在海洋法会议主席的第一个案文和最后一个案文的主要区别是插入了第2款。起草委员会（资料来源23）提议将"construction（解释）"第3款改为"interpretation（解释）"，纯属起草文字上的改动，与《国际法院规约》第六十三条的法文文本相对应。在第1款所指的情况下，它指对此公约的解释，在第2款所指的情况下，指有关的国际协定。

A. Ⅵ. 162. 此条第2款第一次出现在订正的单一协商案文第四部分中（资料来源13，第三十四条第2款），内容如下：

> 2. 无论何时，如对国际协定的解释或适用有疑问时，书记官长应通知协定的所有缔约方。

同时对第2款（现为第3款）的开头语做了适当修改。

在非正式综合协商案文中（资料来源14，第三十四条），对新的第2款做了修改，增加了对《法院规约》第二十三和第二十四条（现为第二十一条和第二十二条）的相互参照。这样做的效果是，在属于这两条的情况下，只限制国际协定缔约方的参加权。

非正式综合协商案文第一次修订稿（资料来源17，第三十三条）没有进一步的修改，只是把第1款中的"the present Convention（本公约）"改为了"this Convention（本公约）"，第2款中所指的条款编号与附件五（现为附件六）的新编号一致。该条是根据起草委员会的建议定稿的（资料来源23）。需要指出的是第3款措辞上的变化，即"construction（解释）"（取自《法院规约》第六十三条）一词改为了"interpretation（解释）"。这种语言上的变化使英文文本与该条文的其他语言文本保持一致。

第三十三条 裁判的确定性和拘束力

1. 法庭的裁判是有确定性的，争端所有各方均应遵行。

2. 裁判除在当事各方之间及对该特定争端外，应无拘束力。

3. 对裁判的意义或范围发生争端时，经当事任何一方的请求，法庭应予解释。

A. Ⅵ. 163. 第1款部分对应于《国际法院规约》第六十条，部分对应于《联合国宪章》第九十四条第1款。第2款与《国际法院规约》第五十九条相对应，第3款与《国际法院规约》第六十条第二句相对应（资料来源9）。在海洋法会议主席的第一个案文中，第三十一条和第三十四条处理了这一问题。它们在订正的单一协商案文第四部分（资料来源13，第三十五条）中合并在了一起（见下文第 A. Ⅵ. 165 段）。

A. Ⅵ. 164. 第1款规定，海洋法法庭的裁决是终局的，争端各方均应遵守。这不应解释为排除中间判决，或仅限于以判决形式作出的裁定。第 1 款还含有争端各方遵守该裁定的义务，解释了《公约》第二九六条。

公约没有与《宪章》第九十四条第 2 款相对应的规定，遵守义务的规定留给了第二九六条，该条规定，如果案件的当事一方不履行海洋法法庭（或除国际法院以外的任何其他解决争端机关）的决定所规定的义务，则不可能再向任何其他国际机构求助。然而，根据第一六二条第 2 款（2）项和第一六五条第 2 款（j）项，连同附件六第十五条第 5 款一并解读，关于海底争端分庭的判决还存在一种执行的可能性〔另见附件六，第三十九条（在缔约国领土内的执行）〕。

与《国际法院规约》第六十条不同的是，第三十三条第 1 款没有具体规定海洋法法庭的裁定是"不得上诉"的。公约没有关于上诉的规定；但是，这不会阻止赋予海洋法法庭管辖权的其他一些条约载有关于可能上诉的规定。

第 2 款紧紧遵循第二九六条第 2 款，只是稍做修改，在英文文本中删去了"parties（当事方）"和"in respect of（关于）"之间的"and（和）"一词，而这显然与第二九六条第 2 款（和《国际法院规约》第五十九条）不一致，这是起草委员会提出的（资料来源 23），该委员会实际上提议对此条所有语言文本进行一系列修改。记录中没有关于这一变化的解释，但应当指出的是，第二九六条是海洋法会议于 1981 年通过的（见对第二九六条的评注，资料来源 10 和资料来源 11），而附件六是在 1982 年海洋法会议上通过的，而且时间限制（加上"重新审议"的程序问题）妨碍了对《公约》第十五部分进一步的审查。第 2 款最后一个词（指英文文本——译者注）是"dispute（争端）"，是遵循了附件六倾向于使用"dispute（争端）"一词，而不是遵循《国际法院规约》第五十九条所用的"case（案件）"。

第 3 款允许海洋法法庭应原案件任何一方的请求，就任何决定的含义或范围的任何争议作出裁决。

A. VI. 165. 如上文第 A. VI. 163 段所述，海洋法会议主席的第一个案文（资料来源 9）载有两条，内容如下：

第三十一条

法庭的决定除对当事各方之间及对特定争端外，没有拘束力。

第三十四条

判决是终局的，不得上诉。如果对判决的含义或范围有争议，法庭应根据任何一方的请求加以解释。

第三十一条几乎与此条第 2 款相同，只是在起草时做了一些小的修正。非正式单一协商案文第四部分第一次修订稿（资料来源 12，第三十一条）仍然采用这种形式，标题为"裁判的拘束力"。第三十四条，标题为"裁判的确定性"，实际上涵盖了此条第 1 款的部分理由。该条第二句的措辞与此条第 3 款的措辞相近。此条在非正式单一协商案文第四部分第一次修订稿中也一直保持不变（资料来源 12，第三十四条）。

当这两个条款在订正的单一协商案文第四部分（资料来源 13，第三十五条）中合并时，在现在的标题下，先前的第三十四条的第一句被拆开并修改成为综合条款。第三十四条第二句成为综合条款的第 3 款，形式也相同，只是将"judgement（判决）"一词改为了"decision（裁判）"。综合条款还包括第 2 款，稍加修改后，重复了先前草案的第三十一条。综合案文如下：

裁判的确定性和拘束力

1. 法庭的裁判是有确定性的，争端所有各方均应遵行。
2. 此种裁判除在当事各方之间及对该特定争端外，应无拘束力。
3. 对裁判的意义或范围发生争端时，经当事任何一方的请求，法庭应予解释。

此条的最后案文是根据起草委员会的建议确定的（资料来源 23）。

A. VI. 166. 订正的单一协商案文第一部分（资料来源 11，附件三，第 26 段）包含一篇相当详尽的条款。它不仅涉及海底法庭的判决，而且还涉及命令，声称这些判决是终局的，具有拘束力；因此，标题为"判决和命令具有拘束力"。它还处理有关判决或命令的含义和范围的争议，条件是任何一方都可以要求其作出解释。它在第 2 款中以与第 1 款所述海洋法法庭的判决和命令类似的方式处理特别分庭的判决和命令。它还规定，解释问题应提交同一特别分庭，如果该分庭不能重新组织，则可向海洋法法庭提出请求。该条还有第 3 款，规定了"当事各方应遵守和服从判决或命令的条款"。当第一部分和第四部分的争端解决条款合并时，这些条款消失了（见上文第 A. VI. 7 ~ A. VI. 9 段）；但是，在第一六二条第 2 款（2）项和第一六五条第 2 款（j）项中可以找到这一案文的痕迹。

第三十四条　费用

除法庭另有裁定外，费用应由当事各方自行负担。

A. VI. 167. 第三十四条对应于《国际法院规约》第六十四条。它首先以与最后文本相同的形式出现在海洋法会议主席的第一个案文中（资料来源 9，第三十五条），并在单一协商案文第四部分第一次修订稿（资料来源 12，第三十五条）中被赋予目前的标题。在后来对协商案文的修订没有做任何改动，只是在不同的修订中改变了该条的编号。

A. VI. 168. 订正的单一协商案文第一部分（关于"区域"）载有一项几乎相同的条款（资料来源 11，附件三，第 31 段）。其中不仅提到拟议的海底法庭，而且还提到一个"特别分庭"。该条后来在决定于海洋法法庭内设立海底争端分庭时被删除（见上文第 A. VI. 9 段）。

A. VI. 169. 此条规定，除非海洋法法庭另有裁定，各方应自行承担费用，这符合国际程序法的一项基本原则。在国际法院中，没有任何关于费用判决的案例。但是，本公约强制性争端解决条款的范围很广，加上第二九四条等一些新的特点，为海洋法法庭在这一问题上发展自己的适当判例开辟了道路。[36] 这方面的一个相关因素是，海底争端分庭将对与"区域"内活动有关的合同性质的争端拥有管辖权［根据第一八七条（c），（d）和（e）款］。合同纠纷不同于与公约解释有关的纠纷，其本质是由于不履行或违反作为诉讼标的的商业合同而涉及直接的金钱问题。因此，由败诉的一方向胜诉的一方支付费用并非是不可能的情况。这些费用可能是最后裁定的重要组成部分。由于所有这些原因，关于费用的这一规定可能对争端各方都很重要。

然而，在国际诉讼费用评估方面没有国际经验。[37]

第四节　海底争端分庭

A. VI. 170. 第四节由六条组成，涉及海底争端分庭的组成和其他事项。该节反映了对 1976 年就两种不同意见所达成的折中方案。一种意见希望分设一个独立的法庭来处理与"区域"内活动有关的争端；另一种意见认为就本公约而言一个单独的法庭应该足够。联合国大会 1970 年 12 月 17 日第 2749（XXV）号决议通过的《关于国家管辖范围以外海床和洋底及其底土的原则宣言》（第一卷，第 173、176 页）第 15 段特别声明：

> 有关该地域及其资源之活动之任何争端当事方面，应按照《联合国宪章》第三十三条所列办法，及行将建立之国际制度中可能议定之解决争端程序，解决此种争端。

作为回应，提交给海底委员会的各种提案载有关于设立处理海底问题的特别司法

---

[36]　关于个人索赔人案件中费用问题的国际法原则的讨论，见《行政法庭第 158 号判决复审申请书》（Fasla 案）咨询意见，1973 年国际法院《判决、咨询意见和命令汇编》第 166 号，第 199–201 页和第 211–212 页（第 68–70 段和 97–99 段）。

[37]　另一方面，伊朗/美国索赔法庭以及其他国际索赔委员会和仲裁法庭已在适当案件中将费用判给个人索赔人。见 D. P. Steward 和 L. B. Sherman，"伊朗–美国索赔法庭的发展"，R. B. Lillich 编，伊朗–美国索赔法庭。1981—1983 年，第 1、35 页（1984 年）；M. Whiteman，"国际法中的损害赔偿"，第 2024–2031 页（1943 年）。

机构的建议（资料来源 3 至资料来源 5，以及上文第 A. VI. 3 段）。按照这种形式，海底委员会第一小组委员会㊳讨论了这一专题，提交海洋法会议第一委员会审议（资料来源 7）。在海洋法会议第三期会议上（1975 年），第一委员会讨论这一议题后，㊴该委员会主席将有关海洋法法庭是国际海底管理局的主要机关之一的规定（第二十四条第 1 款和第三十二至第三十四条）列入了非正式单一协商案文第一部分（资料来源 8）。该期会议结束后，海洋法会议主席提交了第一个案文（资料来源 9）。该案文载有《海洋法法庭规约》（附件一 C），其中载有一项规定，授权海洋法法庭设立一个分庭，处理与海底勘探和开发有关的争端（第十四条第 2 款）。这类争端应由这个分庭审理和裁定，"除非当事一方要求海洋法法庭审议这一争端"（同上，第 4 款）。这些规定保留在非正式单一协商案文第四部分第一次修订稿（资料来源 12）。

同时，海洋法会议主席指出，作为拟议的国际海底管理局的一部分，将为一个行将建立的海洋法法庭制定类似的规定。而且"会议有必要决定是否应为解决与管理局管辖范围内事项有关的争端单独作出规定"（资料来源 9，介绍性说明）。海洋法会议主席在非正式单一协商案文第四部分第一次修订稿（资料来源 12，第 186 页脚注）和第一委员会主席在非正式单一协商案文第一部分（资料来源 11，第 132 页脚注）中也都做了类似的提醒说明（另见上文第 A. VI. 5 段）。

公约第一条第 1 款第（3）项对"'区域'内活动"一词做了解释（见上文第 312. 17 段）。

A. VI. 171. 订正的单一协商案文第一部分（资料来源 11）载有两套关于海底争端法庭的重叠条款：一套是列入第一部分（第二十四条第 1 款和第三十三至第四十条）的主要案文，体现了对海洋法法庭权力和职能的阐述和扩大；另一套是以一个单独的"海底争端解决制度规约"的形式，共三十九条。该规约更详细地介绍了海洋法法庭的组织、管辖权和程序，同时规定应争端任何一方的请求，为每一争端设立一个由三名法官组成的特别分庭。事实上，这些分庭更多的是仲裁法庭的性质，由法庭十一名法官组成（资料来源 11，附件三，第七条）（另见上文第 A. VI. 7 段）。

在海洋法会议第五期会议（1976 年）非正式全体会议上，在详细讨论了非正式单一协商案文第四部分第一次修订稿之后（资料来源 12），海洋法会议主席编写了非正式

㊳　见 A/AC. 138/L. 18/Add. 3，转载于 1972 年《海底委员会报告》，附件二，第 81、108 页（第一工作组）；和 A/AC. 138/94/Add. 1（国际规则和机制工作组，说明协议和分歧领域的案文），转载于《1973 年科学委员会第二次报告》，附件六，附录三，第 21 号，第 69 页和第 37 号，第 130-136 页。另见 L. Sohn，前注③，第 259-263 页（1972 年）。

㊴　见特立尼达和多巴哥代表在海洋法会议第三期会议（1974 年）期间在第一委员会的发言，第 21 次会议，第 9 段，《正式记录》第四卷第 60 页；美国，同上，第 20 段，同上，第 61 页；肯尼亚，同上，第 26-28 段，同上，第 62 页；希腊，同上，第 57 段，同上，第 64 页；以色列，同上，第 65 和 72 段，同上，第 65 页；德意志联邦共和国，第 22 次会议，第 13 段，同上，第 67-68 页；澳大利亚，同上，第 41 段，同上，第 69-70 页。

单一协商案文第四部分（资料来源 13）。本案文反映了赞成合并两个法庭的讨论趋势。[40]他在《海洋法法庭规约》中增加了一条新的条文，其中载有关于这一问题的一些最低限度的规定。该条强调了与第一部分的必要联系，但明确规定设立一个对"与解释或适用本公约第一部分或根据本公约制定的任何规则或规章有关的争端或根据该条订立的或与该条目的有关的任何合同、协议或安排具有管辖权的海洋法法庭海底争端分庭"。分庭由"按本公约第一部分规定的方式选出"的十一名法官组成，分庭的"管辖权、权力和职能"以及诉诸该分庭，将受该部分规定的管辖。

在海洋法会议第六期会议上（1977 年），第一委员会主席指出，分庭的业务涉及两大类争端：公约执行的争端，主要是合同争端和行政争端，包括有关管理局机关所采取措施的合法性的问题；以及涉及对公约条文的解释以及缔约国的权利和义务的争端。[41]在后来的发言中，他还提请注意"在全体会议和本会议其他地方讨论全面争端解决制度时出现的事态发展"，以及一些代表团表示倾向于"将解决海底争端的机制从海底管理局的体制安排中删除，并将其列入单一协商案文第四部分。"[42]他的关于这两个问题都应在非正式讨论中加以研究的建议得到第一委员会的核可。[43]

这些非正式讨论导致达成了合并两个法庭的一致意见，该一致意见已纳入了非正式综合协商案文（资料来源 14）（见上文第 A. VI. 9 段）。第一部分构成海底争端解决制度的特别法庭不再是管理局的主要司法机关，取而代之的是作为海洋法法庭（the Law of the Sea Tribunal）的一部分（当时是这样称的）设立的一个更独立的海底争端分庭。海洋法会议主席在其对非正式综合协商案文的介绍性说明中提请注意必须与实质性条款保持密切联系（资料来源 15，第 70 页）。他解释道：

> 协商表明，各方广泛同意，接受海底争端分庭对解决"区域"内活动引起的冲突的管辖权，不应意味着接受海洋法法庭对其他争端的管辖权。第二八七条第 2 款为此增加了一项规定。附件五［现为附件六］（第十五条和第三十七条至第四十一条）以及附件六［现为附件七］（第十三条）涵盖了解决与"区域"内活动有关的争端的体制安排。

---

⑩ 海洋法会议主席在第五期会议开始时指出，关于关键问题的进一步协商"必须在明确了解为解决争端所作安排的情况下进行"，特别是，关于海底活动的协定"显然取决于建立一个制度，以解决管理局与缔约方之间的争端，不论是国家争端还是私人争端、自然争端还是法律争端"。A/CONF. 62/L. 12/Rev. 1（1976 年），第 19 段，《正式记录》第六卷第 122、124 页。关于他后来考虑到"修订案文的明显趋势"的发言，见资料来源 12，导言。

⑪ 见 A/CONF. 62/C. 1/L. 20（1977 年），第三节，《正式记录》第七卷第 74、76 页（第一委员会主席），及其在第一委员会第 38 次会议上（1977 年）的发言，同上，第 32 页，第 12 段。

⑫ 见 A/CONF. 62/C. 1/L. 21（1977 年），第三节，《正式记录》第七卷第 78、83 页（第一委员会主席）。

⑬ 第一委员会，第 40 次会议（1977 年），第 1–3 段，《正式记录》第七卷第 34 页。另见资料来源 15，第 66 页。

A. VI. 172. 由于这一折中方案，新的第 4 款列入了非正式综合协商案文（资料来源 14，第三十七至第四十一条）。它由 5 个条款组成，分别涉及海底争端分庭的组成（包括其法官的挑选方法）、诉诸海底争端分庭（比诉诸海洋法法庭本身更广泛）、适用法律（不仅包括公约而且还包括其他新的来源）、海底争端分庭裁决在缔约国领土上的执行情况（与最高国家法院的执行方式相同）以及此附件其他章节的适用性。这些规定在非正式综合协商案文第一次修订稿中只是略有改动（资料来源 17，第三十六条至第四十条）。

A. VI. 173. 在海洋法会议第八期会议开始时（1979 年），会议的注意力被吸引到非正式综合协商案文中关于解决与"区域"有关的争端的规定，其性质不令人满意。⑭在与海洋法会议主席协商后，第一委员会主席设立了一个由第一委员会副主席哈里·温舍（Harry Wuensche）大使（德意志民主共和国）主持下的法律专家小组。该小组的职权范围包括与解决争端有关的几类问题，这些问题属于非正式全体会议和第一委员会的任务范围（资料来源 16，第 1 段）。因此，该小组的报告提交给海洋法会议主席和第一委员会主席，以便"在适当的论坛"进行进一步审查（同上）。法律专家组要研究的问题是：

（a）属于海底争端分庭或任何其他法院管辖的争端类型；

（b）咨询意见；

（c）有权诉诸此类程序的当事方；

（d）与合同事项有关的争端的解决问题；

（e）这些决定及其执行或实施的确定性和拘束力。

法律专家组主席提交了一系列报告（资料来源 16、资料来源 18、资料来源 19 和资料来源 28 至资料来源 34），导致对第十一部分第五节（本系列丛书第三卷审查的第一八六至第一九一条）和附件六第四节（此处审查的第三十五条至第四十条）进行了重要修改。这些变化都纳入了非正式综合协商案文第二次修订稿（资料来源 20，第三十六条至第四十一条）。

此后，第三十五条至第四十条案文中唯一的改动是起草委员会建议的细微的起草措辞上的改动（资料来源 23）。

第三十五条　组成

1. 本附件第十四条所指的海底争端分庭，应由海洋法法庭法官以过半数从法庭选任法官中选派法官十一人组成。

---

⑭　以色列的发言，第 110 次全体会议（1979 年），第 34-37 段，《正式记录》第十一卷第 5 页。

2. 在选出分庭法官时，应确保能代表世界各主要法系和公平地区分配。管理局大 会可就这种代表性和分配提出一般性的建议。

3. 分庭法官应每三年改选一次，连选可连任一次。

4. 分庭应从其法官中选出庭长，庭长应在分庭当选的任期内执行职务。

5. 如果选出分庭的任何三年任期终了时仍有案件尚在进行，该分庭应按原来的组成完成该案件。

6. 如果分庭法官出缺，法庭应从其选任法官中选派继任法官，继任法官应任职至其前任法官任期届满时为止。

7. 法庭选任法官七人应为组成分庭所需的法定人数。

A. VI. 174. 两个法庭的合并和海底争端分庭作为常设机构的设立，正如关于第十一部分所设各机构组成的协商一样，导致了协商的困难和持久。所达成的折中方案包括由海洋法法庭本身从海洋法法庭选任法官中选出海底争端分庭法官（第1款），并授权管理局大会（见第三卷，第一五九条和第一六〇条）有权通过与世界主要法系的代表性和海底争端分庭法官的公平地域分配有关的一般性建议（第2款）。（关于管理局大会的权力和职能的第一六〇条没有具体提及附件六，因此这一事项属于该条规定的管理局一般权限范围。）这是海底争端分庭与管理局之间唯一的正式联系。由于必须从海洋法法庭法官中选出海底争端分庭法官，因此必须假定海洋法法庭法官的提名和选举都将考虑到海底争端分庭的组成。第三十五条接着涉及任期、补缺、选举和庭长的任期和法定人数，所有这些都有特别规定。

A. VI. 175. 除了海洋法法庭与第三十五条第2款所设管理局之间的正式联系外，公约还保留了它们之间的其他一些联系。根据此附件第十九条，管理局必须分担海洋法法庭本身的费用（见上文第 A. VI. 108 段）。第一五九条第10款和第一九一条涉及管理局大会或理事会要求海底争端分庭提供咨询意见的问题。[45]第一六二条第2款（u）项[46]和一六五条第2款（i）项涉及代表管理局在海底争端分庭提起诉讼的问题，关于根据海底争端分庭有关决定应采取的措施的建议载于第一六二条第2款（v）项[47]和第一六五条第2款（j）项。最后，此附件第四十一条第2款规定，对第4款的修正只能根据第三一四条通过（见下文第 A. VI. 206 段）。

A. VI. 176. 第1款规定，海底争端分庭由十一名法官组成，由海洋法法庭法官以过半数从该海洋法法庭选任法官中任命。使用的措辞似乎意味着这些选任法官中的绝

---

[45] 关于在管理局大会投票的问题，见第一五九条，该条未说明一项征求意见决定是程序性的还是实质性的。关于管理局大会投票见第一六一条第8款（b）项。

[46] 关于就此进行的表决见第一六一条第8款（c）项。

[47] 同上，第8（b）段。

对多数（百分之五十加一），即通常至少有十一名法庭法官。非正式单一协商案文第一部分设想了一个由九名法官组成的海底争端分庭（资料来源 8，第三十二条第 4 款）；纳入订正的单一协商案文第一部分将法官增加到十一名（资料来源 11，第三十三条）。同时，订正的单一协商案文第四部分将原先提议的十五名海洋法法庭法官（与国际法院法官相同）增加到二十一名（资料来源 13，第二条）。（见上文第 A. VI. 21 段。）

A. VI. 177. 在第一委员会主席最初的提议中（资料来源 8），海底法庭的法官由国际海底管理局大会选举，海底法庭被设想为管理局的一个机关（资料来源 8 和资料来源 11）。另一方面，订正的单一协商案文第四部分规定（资料来源 13，第十五条），在海底法庭与海洋法法庭合并后，海底争端分庭的法官应从海洋法法庭的法官中"以本公约第一条规定的方式"选出（见上文第 A. VI. 9 段），这些规定合并在《法庭规约》第三十五条中。海底争端分庭与国际海底管理局分开，因此它不再被列为非正式综合协商案文第一五六条中（资料来源 14）管理局的一个机关，而是成为海洋法法庭的一个组成部分。然而，大会保留其在挑选（而不是"选举"）海底争端分庭法官方面的作用，其选择仅限于海洋法法庭法官。选举应以非正式综合协商案文第一五七条第 6 款规定的实质性事项多数（即以出席并参加表决的法官的三分之二多数）进行，但这种多数至少应包括参加管理局大会该届会议的法官人数的过半数。

根据关于解决与第十一部分有关的争端的法律专家组的建议，分庭法官的挑选从管理局大会转到海洋法法庭法官。正如法律专家组主席所解释的那样，有人认为，"由于海洋法法庭法官是由〔公约〕缔约国选举产生的，因此要求所有缔约国都有代表参加的大会第二次确认分庭法官的程序可能是不必要的。"（资料来源 16，第 111 页，第 14 段）。后来，管理局的作用改为就世界主要法系的代表性和法官的公平地域分配提出一般性建议。这项规定现载于此条第 2 款，虽然第一五九条没有具体提及这一方面，但据推测这是一个实质性问题。

A. VI. 178. 第 1 款关于海洋法法庭选任法官的提法是根据起草委员会的建议插入的（资料来源 23），它澄清了（如果有任何疑问的话）海洋法法庭专案法官在这一选择中没有发言权。

A. VI. 179. 第 2 款规定的挑选过程应与第四条规定的整个海洋法法庭的选举过程相区别。没有正式的提名程序。此附件第三条第 2 款规定，联合国大会设立的每个地理区域集团至少应有三名海洋法法庭法官，因此，从一个地理区域集团中选择分庭法官有时可能必须由不超过三名法官组成，而这一选择必须与代表世界主要法系的要求同时作出。在实践中，这可能会大大减少选择海底争端分庭法官的因素。

所有这些要求的累积效果是，在某些情况下，可能仅限于一名来自某一特定地理区域集团并代表某一特定法系的法庭法官。在这种情况下，选择实际上是自动的。同样可以预见的情况是，必须从某一特定地理区域集团中选出法庭三名法官中的两名作为海底争端分庭法官，以确保其适当组成。在必须表示任何倾向的情况下，将由海洋法法庭大多数选任法官作出决定，大概包括那些希望成为海底争端分庭法官的人（除非海洋法法庭内部规则另有规定）。

A. VI. 180. 挑选的概念首先出现在订正的单一协商案文第四部分（资料来源13，第十五条），该部分规定，海底争端分庭的法官将按照订正的单一协商案文第一部分规定的方式从海洋法法庭法官中挑选（资料来源11）。因此，预计该报告第一部分将规定管理局大会从整个海洋法法庭的法官中挑选出海底争端分庭法官的方式。这一概念在非正式综合协商案文中得到了重复（资料来源14，第三十七条），其中再次提到"被选出的法官"，但进一步明确指出，将由管理局大会作出选择。过了很久以后，在非正式综合协商案文第二次修订稿中（资料来源20，第三十六条），根据法律专家组的建议，作出了由海洋法法庭法官自己挑选分庭法官的规定（资料来源18，第90页），但再次保留了"挑选"的提法。

A. VI. 181. 第3款规定，海底争端分庭每一名法官的任期为三年，法官有资格被推选连任（尽管显然不超过三年）。该款没有规定第二个任期必须紧跟在第一个任期之后。海底争端分庭法官的挑选周期与三年一次的海洋法法庭法官三分之一选举制度一致。在九年任期内，海洋法法庭法官可以担任海底争端分庭法官，时间不超过六年，从而确保海底争端分庭法官之间的轮换。尚不清楚重新当选为第二任期（附件六，第五条）的海洋法法庭法官，以及曾经担任过两期海底争端分庭法官的海洋法法庭法官，是否有资格在其海洋法法庭法官第二任期（或任何后来的任期）内担任海底争端分庭法官。

A. VI. 182. 第4款涉及海底争端分庭庭长的选举，其条款与此附件第十二条第1款（关于海洋法法庭庭长的选举）的条款密切相关。海洋法法庭庭长的任期是三年。因为没有规定"多数"资格，可假定海底争端分庭庭长将由选举时在场的海底争端分庭法官的简单多数选举产生，而不是由海底争端分庭法官的绝对多数选举产生。与第十二条第1款不同，第三十五条对海洋法法庭庭长的连任资格没有作出规定。在非正式综合协商案文第二次修订稿之前，海底争端分庭庭长一词使用的是"Chairman"；后来根据起草委员会的建议做了其他文体上的改动（资料来源23）。

尽管海底争端分庭庭长的职责可能变得繁重，但附件中没有关于给予该庭长与第十八条第2款规定的海洋法法庭庭长特别津贴相当的特别津贴的规定。如果有必要，缔约国可以根据第十八条第5款提供特别津贴。

A. VI. 183. 第5款对于整个海底争端分庭适用《国际法院规约》第十三条第3款和此附件第五条第3款所载的原则。也就是说，即使法律专家组的任期已经届满，其法官也应完成其最初参与的任何程序。第五条第3款的另一句话似乎也适用于海底争端分庭（根据附件第四十条第1款）。因此，海底争端分庭法官应继续履行其职责，直至其职位得到填补。

A. VI. 184. 第6款与附件第六条第2款相对应。虽然没有特别说明，但应考虑到第 2 款的规定填补空缺。如果海底争端分庭的空缺同时是海洋法法庭的空缺，则第六条的时限将适用于填补海洋法法庭的空缺，而海底争端分庭空缺的填补又取决于该时限。

A. VI. 185. 第 7 款规定，在被选为海底争端分庭法官的十一名海洋法法庭选任法官中，必须有七名法官构成分庭的法定人数。这一款是根据起草委员会的建议修改的（资料来源 23），并明确规定海底争端分庭的专案法官不在法定人数之列。

A. VI. 186. 关于审理案件的海底争端分庭法官的国籍，第十七条根据其第 4 款适用。

A. VI. 187. 由于海底争端分庭法官都是海洋法法庭法官，第七条和第八条以海底争端分庭法官的身份适用于他们，但不一定影响他们作为海洋法法庭法官的地位。如果对此事有任何疑问，可援引第四十条第 1 款。出于同样的原因，在不影响关于在适当情况下继续履行职责的第五条第 3 款的情况下，海洋法法庭法官资格的继续似乎是海底争端分庭法官资格继续的一个条件。因此，海洋法法庭法官资格的终止自动导致海底争端分庭法官资格的终止。

A. VI. 188. 在将法律专家组编写的案文插入非正式综合协商案文第二次修订稿之后（资料来源 20），只对起草委员会的建议做了一些起草措辞上的改动（资料来源 23）。

第三十六条　专案分庭

1. 海底争端分庭为处理按照第一八八条第 1 款（b）项向其提出的特定争端，应成立专案分庭，由其法官三人组成。这种分庭的组成，应由海底争端分庭在得到当事各方同意后决定。

2. 如果争端各方不同意专案分庭的组成，争端每一方应指派法官一人，第三名法官则应由双方协议指派。如果双方不能达成协议，或如任何一方未能作出这种指派，海底争端分庭庭长应于同争端各方协商后，迅速从海底争端分庭法官中作出这种指派。

3. 专案分庭的法官必须不属争端任何一方的工作人员，或其国民。

A. VI. 189. 一些早期草案设想了设立一个专案分庭处理与第十一部分的解释或适用有关的争端的可能性（见下文第 A. VI. 194 段）。根据公约第一八八条第 1 款（b）项，缔约国之间的此类争端可"应争端任何一方的请求"提交海底争端分庭专案分庭。因此，第三十六条涉及这些专案分庭的组成。

A. VI. 190. 第 1 款规定，海底争端分庭专案分庭应由海底争端分庭三名法官组成。组成应由海底争端分庭"经当事各方同意"决定。当事各方同意的必要性将限制海底争端分庭在决定其法官组成专案分庭时的行动自由。第三十六条没有具体设想某一争端可能有两个以上当事方的可能性，如果不能根据第十七条第 5 款达成解决办法，就不可能诉诸三人专案分庭。

第 2 款涉及争端各方对海底争端分庭专案分庭的组成意见不一致的情况。在这种情况下，每一方将指派一名法官，第三名法官将由当事各方协议指派。未达成协议或者当事一方未作出指派的，海底争端分庭庭长应当与当事各方协商，及时作出指派。在当事各方不同意海底争端分庭专案分庭的组成的情况下，海底争端分庭本身根本没有任何作用。第 2 款的职责仅属于海底争端分庭庭长的职权范围。第 2 款在概念上类似于附件五、附件七和附件八的条文，以防止因当事一方未能作出必要的指派而使程序受挫。

第 3 款规定，海底争端分庭专案分庭法官不得为争端任何一方的工作人员或为其国民。

A. VI. 191. 根据第十五条第 2 款，海底争端分庭专案分庭必须与海洋法法庭专案分庭区别开来，海洋法法庭专案分庭可根据第一八八条第 1 款（a）项，应争端方的请求设立。

设立海底争端分庭专案分庭的可能性是与那些对有关第十一部分的解释或适用的争端倾向于仲裁而非司法解决的代表团达成折中方案的一部分，这必须与会议期间为确保第十一部分的解释与适用在法理上统一而表达的强烈愿望相结合。就"区域"内活动建立的制度是新的、与众不同的和没有先例的，需要通过司法判例的一致性予以加强。如果类似的法庭——国际法院、法庭和一般或特别仲裁法庭——都对有关第十一部分的解释或适用的争端拥有同等的管辖权，尽管第十五部分一般适用于公约的其余部分，这种一致性是不可能实现的。为了确保司法判例的一致性，对涉及第十一部分的解释或适用的争端的专属管辖权必须授予一个机构。这一趋势导致提议设立一个海底争端分庭，作为国际海洋法法庭的一个独立的且有区别的组成部分，其法官要拥有必要的专门知识。

在与第十一部分有关的争端解决法律专家组中，与倾向于仲裁的各方达成的折中方案是，与第十一部分有关的争端的各方有义务应争端任何一方的请求［如公约第一八八条第 1 款（b）项所规定］设立一个海底争端分庭专案分庭，同时要求所有争端各方批准分庭的组成（如第三十六条第 1 款所规定）。这使争端各方在选择专案分庭法官方面有有限的自由——这种选择仅限于海底争端分庭法官。

虽然专案分庭的组成需要得到当事各方的批准，但可以单方面诉诸该分庭，这违反了第十五条第 4 所阐明的一般原则。第一八八条第 1 款（b）项对此十分明确。

设立海底争端分庭专案分庭的规定并不意味着贬低该分庭的地位。其根本目的是适应本公约解决争端程序组织的所有不同做法。不可将专案分庭强加于当事各方；但是，如果当事一方在同意诉诸该分庭后未能作出其指派，或当事各方已同意诉诸这一程序，而因指派陷入僵局，无论是整个专案分庭（根据第 1 款）还是专案分庭庭长（根据第 2 款）都无法解决僵局，那么案件只有交由海底争端分庭自己处理。历史表明，第三十六条是对公约第一八七条和此附件第三十五条一般性的例外。

A. VI. 192. 此条源于将海底法庭与海洋法法庭合并的决定（见上文第 A. VI. 9 段）。在此之前，关于海底问题的订正的单一协商案文第一部分（资料来源 11，附件三，第 7 段）载有一项类似的条文，供拟议的海底法庭特别分庭使用。这些特别分庭打算应争端任何一方的请求，行使海底法庭的争端管辖权。当时设想的设立专案分庭的程序与此条规定的程序非常相似。

海洋法会议主席的第一个案文（资料来源 9）、非正式单一协商案文第四部分第一次修订稿（资料来源 12）、订正的单一协商案文第四部分（资料来源 13）和非正式综合协商案文（资料来源 14）都没有重复这一规定。1977 年，全体会议只审议了海底争端分庭的概念，并将其纳入了非正式综合协商案文（资料来源 14，第十五条和第三十七条至第四十一条）。

在关于公约第十一部分的法律专家组中，一些代表团希望保留对所有争端，包括与第十一部分有关的争端进行仲裁的选择。其他人坚持由海底争端分庭专属管辖。所达成的折中方案是允许诉诸于专门设立的海底争端分庭专案分庭，该专案分庭仅由当事一方诉诸即可（资料来源 18，第 91 页，第 2 段）。法律专家组主席报告所附的工作文件载有关于设立一个专案分庭的第三十七条之二草案，该草案已提交工作组，但未经工作组讨论。[48] 这项提案比最后列入非正式综合协商案文第二次修订稿的案文（资料来源 20，第三十七条）详细得多。它规定设立一个由五名法官组成的专案分庭，其中一名法官将由双方各自指派，其余三名法官将由双方协议指派。如果未能在规定的时间内达成协议，则每一方将再任命一名法官，从而规定每一方任命两名法官，第五名法官将由海底争端分庭庭长（当时称为"Chairman"）任命。

这份工作文件也包含非常具体的时间段，而且相当复杂。法律专家组在第八期会议续会（1979 年）后来的会议上进一步精简了这一提案，并由第一委员会二十一国工作组审查，该工作组核准了法律专家组的订正建议（资料来源 18，附录 A，第三十六条之二，第 90 页）。它们还包括了第一八八条的相关案文（第三卷，第一八八条评注）。

第一委员会和全体会议核准了这些案文。这些建议提供了一个更简单的程序，并创造了一个更精简的条款（与目前在附件六第三十六条中见到的内容几乎相同）。后来在非正式综合协商案文第三次修订稿中纳入了一些微小的起草措辞上的改动（资料来源 21，第三十七条）；后来又根据起草委员会的建议做了进一步改动（资料来源 23）。

---

[48] 见资料来源 16，第 110 页，第 10 段和第 111 页，第 13 段；另见资料来源 32，第 119 页，导言，第 5 段和第 120 页，第三十七条之二。

精简工作的结果是，专案分庭从五名法官减为三名法官，并删除了几项指派的时限。然而，这些时间段删除后留下了某种程度的不确定性，即需要过多长时间海底争端分庭及其庭长才能确定当事一方未作出指派或当事双方无法就第三名法官达成协议。

第三十七条　申诉机会

分庭应对各缔约国、管理局和第十一部分第五节所指的实体开放。

A. VI. 193. 根据公约第一八七条，各缔约国、管理局、企业部和自然人或法人均可诉诸海底争端分庭。因此，根据《国际法院规约》第三十四条和第三十五条，或根据附件六第二十条，可以更广泛地向海底争端分庭申诉。

A. VI. 194. 从一开始，在海底委员会和海洋法会议晚些时候，曾设想，对于可能产生的与"区域"内活动和合同事项有关的争端，管理局、其企业部和自然人或法人将要求求助于、受保护于和服从于公约将设立的争端解决机制（资料来源6，第90页，第7项）。第三十七条符合这些要求。

A. VI. 195. 考虑到这些建议，在公约的参与问题得到澄清之前（见上文第A. VI. 112段），海洋法会议主席的第一个案文（资料来源9，第二十一条）载有一条提议

　　法庭对缔约方、其他国家、以观察员身份参加第三次联合国海洋法会议的领土、政府间国际组织、自然人或法人开放。

这里所指的政府间国际组织包括管理局和企业部，而"自然人或法人"则包括非国家的其他实体。在这一阶段，有人认为，海洋法法庭本身不仅将处理公约的一般问题，而且还将处理与"区域"内活动有关的争端。

这一提法也普遍存在于非正式单一协商案文第四部分第一次修订稿（资料来源12，第二十一条），其中仍然提到上述组织和个人的提法，尽管不再提到"领土"。

A. VI. 196. 同时，关于海底活动的订正的单一协商案文第一部分载有一项规定，其中确定了公约该部分下的争端的可能当事方（资料来源11，附件三，第19段）。这项规定是为海底法庭提出的规约的一部分。所提及的当事方不仅包括缔约国和自然人或法人，还包括它们的集团、管理局、企业部和技术委员会，它们都有权诉诸海底法庭。

订正的单一协商案文第四部分首次尝试将两个法庭合并（见上文第A. VI. 171段），规定设立海底争端分庭（资料来源13，第十五条）。诉诸海底争端分庭的权利在订正的单一协商案文中由第一部分管辖（现为公约第十一部分）。此外，订正的单一协商案文第四部分保留了一项关于诉诸海洋法法庭的平行规定（资料来源13，第二十二条第1

款），允许缔约方以外的实体在公约或根据赋予其管辖权并为争端各方所接受的任何其他协议有此规定时诉诸该法庭（见上文第 A. VI. 120 段）。从那时起，这种两分法就一直存在。

非正式综合协商案文包含了整整一节关于海底争端分庭的更为详细的规定（资料来源 14，第三十七条至第四十一条），比公约第四部分所载的内容更为详细。在该案文中添加了一个新的条款，标题为"申诉机会"（第三十八条）。它确定缔约国、管理局和缔约国国民可以诉诸该法庭，但只能根据公约关于"区域"内活动部分的争端解决规定［非正式综合协商案文（资料来源 14），第十一部分，第六节，第一八七条至第一九二条］。

A. VI. 197. 与第十一部分有关的争端解决法律专家组特别要求审查"有权诉诸此种程序的当事方"的问题，以及解决与合同事项有关的争端的问题（见上文第 A. VI. 173 段）。所提及的程序是与第十一部分有关的属于海底争端分庭或任何其他法院的管辖范围的解决争端程序以及咨询意见。关于合同事项，应在解决此类争端时审议申诉问题。

关于"区域"内活动的非正式综合协商案文（资料来源 14）现有的争端解决条款的审查范围为，谁可能是诉讼中的当事方、争端的类别、谁可以提起诉讼以及谁可以请求咨询意见（资料来源 28，第 111~113 页）。工作组内部的讨论表明，缔约国将是司法程序的主要当事方，在国家参与权方面没有提出任何问题。在当事方的等级中，管理局将在缔约国之后，最后是自然人和法人。管理局作为诉讼程序当事一方的想法也得到广泛接受，但给予其机关的地位将取决于有关的机关。管理局和企业部必须具有独立的法律行为能力，从而能够提起诉讼或作为被告或以其他方式参与诉讼。其他机关可能需要提起诉讼，但这样做将代表管理局行事，在某些情况下，管理局可指定其为被告。与会者还认为，国有企业以及自然人和法人需要进入诉讼程序，但有一项限制，即他们只能参与与合同事项有关的诉讼，包括与预期合同有关的诉讼（资料来源 29）。

法律专家组关于申诉权问题的结论已纳入现在的第一八七条和第一八八条，事实上附件六第三十七条与这两条相互参照（见第三卷，第一八七条和第一八八条评注）。

第三十八条　可适用的法律

除第二九三条的规定以外，分庭应：

（a）适用按照本公约制订的管理局的规则、规章和程序；和

（b）对有关"区域"内活动的合同的事项，适用这种合同的条款。

A. VI. 198. 此附件第三十八条与关于海洋法法庭本身的第二十三条一样，要与第二九三条的规定相互参照。此外，它要求海底争端分庭适用管理局根据公约对解决争

端通过的规则、规章和程序，以及支配"区域"内活动的与这些合同有关的合同条款。

公约第一条第 1 款第（3）项对"'区域'内活动"一词做了解释（见上文第 312.17 段）。

A. VI. 199. 关于与"区域"内活动有关的争端中适用法律的特别规定，在订正的单一协商案文第一部分（资料来源 11，附件三，第十八条）第一次提到，其中提到《公约》及其附件、管理局的规则、规章和程序、任何重要合同的条款，以及公认的国际法的任何有关规则。此外，该案文第 2 段强调必须确保海底法庭的判例一致性，特别是海洋法法庭与其特别分庭之间的判例的一致性。

在两个法庭合并后（见上文第 A. VI. 9 段），除了非正式综合协商案文第一次修订稿中（资料来源 17，第三十八条）的一些正式改动，以及在最后阶段根据起草委员会的建议所做的改动外，非正式综合协商案文的文字（资料来源 14，第三十九条）的形式与第三十八条的最后的文字基本相同（资料来源 23）。

A. VI. 200. 根据第三○八条第 4 款（见上文第 308.10 段），分庭适用的规则、规章和程序将包括筹备委员会根据《最后文件》附件一决议一和决议二通过并由管理局临时适用的规则、规章和程序（第一卷，第 423、425 页）。在海洋法会议第 184 次会议上，英国代表指出，这是起草委员会在第三十八条案文中所做修改的结果，[49]他可能已经考虑到了（a）项中的变化，其中提到由"管理局大会或理事会通过的规则、规章和程序"改成了"管理局根据本公约制定的规则、规章和程序"。

第三十九条　分庭裁判的执行

分庭的裁判应以需要在其境内执行的缔约国最高级法院判决或命令的同样执行方式，在该缔约国领土内执行。

A. VI. 201. 公约第二九六条第 1 款规定，缔约方有义务遵守根据公约具有管辖权的任何法院或法庭作出的任何裁定。附件六第三十三条第 1 款将这项义务具体扩展到国际海洋法法庭，该附件第十五条第 5 款也将其扩展到该法庭的所有分庭（见上文第 A. VI. 86 和 A. VI. 164 段）。然而，关于公约第十一部分的协商表明，还需要规定海底争端分庭的裁决作为缔约国领土内的国内事项的可执行性。在执行国际裁定方面几乎是没有经验的。[50]第三十九条仅仅规定，分庭的裁定——根据第十五条第 5 款，将包括

---

[49]　见英国代表在第 184 次全体会议上（1984 年）的发言，第 12 段，《正式记录》第十七卷第 5 页。

[50]　参见《索科贝尔基诉希腊国家和银行案》，《国际法杂志》第 79 卷第 244 页（1952 年），摘要在《美国国际法期刊》第 47 卷第 508 页（1953 年）；和《国际法评论》第 18 卷第 3 页（1951 年）。另见 Sh. Rosenne，《国际法院的法律与实践》，第 129 页（1965 年、1985 年）；C. Brown，"美国法院对法律和惯例的执行"，《马里兰国际法与贸易杂志》第 11 卷第 73 页（1987 年）。

海底争端分庭的任何专案分庭或其他分庭的裁定——应与被请求执行的缔约国领土内执行最高法院的判决或命令相同的方式在缔约国内执行。

A. VI. 202. 订正的单一协商案文第一部分（资料来源 11，第三十七条）中首先包含了类似的规定：

> 1. 法庭判决和命令是确定的，具有拘束力。在管理局成员的领土上，这些判决或命令应与该成员国最高法院的判决或命令相同。
> 2. 如果一缔约国不履行法庭判决所规定的义务，争端他方或多方可将此事提交理事会，理事会应决定为执行判决而采取的措施。

当两个法庭合并，海底争端分庭与管理局分开时（见上文第 A. VI. 9 段），没有制度化的强制执行成为可能，在非正式综合协商案文中（资料来源 11，第四十条），订正的单一协商案文第一部分第 2 款的案文被删除。同时，对第 1 款进行了修订，成为非正式综合协商案文第四十条，其新措辞朝着最后文本的方向发展。除根据起草委员会的建议通过的文体上的改动外（资料来源 23）（其中一项在下文第 A. VI. 203 段中的讨论），在后来的修订中，该条基本上保持不变。

A. VI. 203. 关于与第十一部分有关的争端解决法律专家组在其职权范围内讨论了就与第十一部分有关的争端作出的决定的确定性和拘束力以及"这些决定的执行或实施"问题［资料来源 16，第 16 段 1（e）项和上文第 VI. 173 段］。该小组注意到，这一问题不仅涉及非正式综合协商案文附件五第四十条（资料来源 14）（现为附件六第三十九条），而且还涉及非正式综合协商案文附件二涉及适用法律的第 15 款（资料来源 14，第 54 页），其中规定了"管理局和承包者的权利和义务应在各缔约国的领土具有有效性和可执行性"（资料来源 28，第九节）。公约附件三中（第二十一条第 2 款）该条款的最后文本与附件六第三十九条的联系更为密切，该条规定"根据本公约有管辖权的法院或法庭对管理局和承包者的权利和义务所做的任何确定性的裁定，在每一缔约国领土内均应执行。"（见第三卷，附件三，第二十一条，评注）。这一规定似乎意味着附件六第三十九条的主要目的是"以需要在其境内执行的缔约国最高级法院判决或命令的同样执行方式"执行这类裁决。

在讨论这些规定时（资料来源 31，F 节），有人提出，非正式综合协商案文第四十条（现为第三十九条）中提及"territories（境内）"是不适当的。起草委员会后来对此进行了补救，建议将此条最后一句从"where the enforcement is sought（寻求执行的地方）"改为"in whose territory the enforcement is sought（寻求在其境内执行的）"（资料来源 23，第 39 页），从而消除了一国可能拥有若干领土的可能含义。

有人质疑关于"最高法院"的提法是否合适，这"取决于有关国家的法律制度，在某些情况下，最高法院可能不是执行判决的法院"（资料来源31，F节）。[51]

还有人指出，可能有必要进行旷日持久的诉讼，以执行这项裁定。在这方面，也可能涉及《建立欧洲经济共同体条约》，因为第一九二条第4款赋予有关国家法院对"关于正在以不正常方式执行的申诉"的管辖权，从而延长了执行程序。

法律专家组在这次讨论中没有提出任何建议。

第四十条　本附件其他各节的适用

1. 本附件中与本节不相抵触的其他各节的规定，适用于分庭。

2. 分庭在执行其有关咨询意见的职务时，应在其认为可以适用的范围内，受本附件中关于法庭程序的规定的指导。

A. VI. 204. 第1款是一项笼统的剩余规定，大意是附件六中与第四节不相抵触的其他章节适用于海底争端分庭。海底争端分庭必须以任何适当的形式决定此附件的某一规定是否与此节不相抵触。此外，鉴于国家以外的实体可以诉诸于海底争端分庭，可能有必要偏离附件的程序规定。

以《国际法院规约》第六十八条为范本的第2款规定，在行使与咨询意见有关的职能时（根据公约第一五九条第10款和第一九一条），海底争端分庭应以附件六中关于海洋法法庭程序的规定为指导，只要它承认这些规定适用。海洋法法庭的程序载于此附件第二十四条至第三十四条。

由于海洋法法庭本身没有咨询管辖权，海底争端分庭的咨询管辖权仅限于只能由管理局大会或理事会在其活动范围内提交的法律问题，而且不涉及作为海洋法法庭议事规则主要对象的国家之间的争端，可能需要为海底争端分庭制定一套不同的议事规则，以处理咨询意见的请求。

A. VI. 205. 按照此条最后案文的思路拟定的一项规定最初出现在非正式综合协商案文中（资料来源14，第四十一条），当时第四条已列入《法庭规约》（见上文第A. VI. 172段）。根据起草委员会的建议，最后案文只做了一些微小的文体上的改动（资料来源23）。

---

[51] 《建立欧洲共同体条约》规定，根据执行该条约的国家现行的民事诉讼规则，通过直接向主管当局提出经适当见证的决定，执行其法院的判决。《建立欧洲经济共同体条约》（1957年），第一八七条和第一九二条，《联合国条约集》第298卷第11、78－79页（1958年）；经修正的条约（1972年）见《联合王国条约集》第15卷（1979年），《英王敕令》第7460号。

第五节　修正案

第四十一条　修正案

1. 对本附件的修正案，除对其第四节的修正案外，只可按照第三一三条或在按照本公约召开的一次会议上，以协商一致方式通过。

2. 对本附件第四节的修正案，只可按照第三一四条通过。

3. 法庭可向缔约国发出书面通知，对本规约提出其认为必要的修正案，以便依照第 1 和第 2 款加以审议。

A. VI. 206. 《联合国宪章》第一百零八条今天通常被视为体现了关于修正国际组织组成文书的一般原则。根据这项原则，修正案一旦正式通过，并在必要时获得必要多数批准，将对该国际组织所有成员国具有拘束力，而不论它们在讨论修正案时如何投票，或如果该修正案须经批准，它们是否已批准。这项原则与管理局有关，已纳入公约第三一四条，并由附件六第四十一条第 2 款扩大到海底争端分庭。除非条约载有这种特别修正程序，修正对不接受修正程序的国家不具拘束力，不愿意成为修正文书缔约国的国家可以退出该文书。

A. VI. 207. 第四十一条反映了这两项原则，并将其适用于海洋法法庭。第 1 款适用于整个附件，但第 4 款除外（第三十五条至第四十条）。公约第三一三条涉及按该条规定的简化程序进行的修正，并意味着对拟议的修正案没有异议。"协商一致"一词在第一六一条第 8 款（e）项（关于管理局理事会的表决）中被定义为"没有任何正式的反对意见"。虽然在正常使用中，该词的定义的适用范围有限，但它大体上符合国际惯例，在第四十一条中可以赋予它同样的含义。（关于第三一三条和第四十一条第 1 款和第 2 款之间可能的区别，见上文第三一二条评注，注⑭）。

第 2 款规定，对本公约专门与"区域"内活动有关的规定（载于第三一四条）的更严格的修正规则，应适用于对附件六第四节（关于海底争端分庭）的修正。根据其规定，第 2 款仅适用于第四节，而不适用于对海底争端分庭的其他规定（见此附件第十四条、第十五条和第十七条）。仅限于这些规定的修正必须按照第四十一条第 1 款进行；但是，如果这些规定与第 4 款有内在的联系，则必须按照第 2 款进行。根据任何其他解释，对第四节的修正可能会变得不可能，尽管有明确的意图不要求对其达成协商一致。

第 3 款与《国际法院规约》第七十条相对应，并赋予海洋法法庭对附件六任何部分的修正的主动权。为此，海洋法法庭向缔约国发出书面通知，以便它们考虑通过拟议的修正案。

A. VI. 208. 根据第 1 款和第 3 款拟订的一项规定首次出现在海洋法会议主席的第一个案文中（资料来源 9，第三十六条），未经任何实质性讨论而予以保留。该案文文字如下：

> 1. 对本规约的修正，应按照海洋法公约为修正该公约而规定的同样程序进行。
>
> 2. 法庭有权根据本条第 1 款的规定，通过书面通知各缔约方，提出其认为必要的对本规约的修正案，以供审议。

最后案文的第 2 段是 1980 年非正式全体会议就解决争端和最后条款进行协商后产生的。[52]该款以下列措辞列入了非正式综合协商案文第三次修订稿（资料来源 21，第四十二条）：

> 2. 对本附件第四节的修正只能由专门与"区域"内活动有关的修正所适用的程序通过。

根据起草委员会的建议，通过了最后案文的文体上的改动（资料来源 23）。

---

[52] 见海洋法会议主席关于解决争端的报告，文件 A/CONF. 62/L. 59（1980 年），第 9（i）款，《正式记录》第十四卷第 130 页；关于最后条款的初步报告，文件 A/CONF. 62/L. 60（1980 年），同上，第 132 页。

附件七　仲　裁

资料来源

1. A/CONF. 62/WP. 9（非正式单一协商案文，第四部分，1975 年），附件一 B，《正式记录》第五卷，第 111、116 页（海洋法会议主席）。

2. A/CONF. 62/WP. 9/Rev. 1（非正式单一协商案文，第四部分第一次修订稿，1976 年），附件一 B，《正式记录》第五卷，第 185、192 页（海洋法会议主席）。

3. A/CONF. 62/WP. 9/Rev. 2（订正的单一协商案文，第四部分，1976 年），附件三，《正式记录》第六卷，第 144、153 页（海洋法会议主席）。

4. A/CONF. 62/WP. 10（非正式综合协商案文，1977 年），附件六，《正式记录》第八卷，第 1、61 页。

5. A/CONF. 62/WP. 10/Rev. 1（非正式综合协商案文第一次修订稿，1979 年，油印本），附件六，转载于《第三次联合国海洋法会议文件集》第一卷，第 375、532 页。

6. A/CONF. 62/WP. 10/Rev. 2（非正式综合协商案文第二次修订稿，1980 年，油印本），附件七，转载于《第三次联合国海洋法会议文件集》第二卷，第 3、166 页。

7. A/CONF. 62/WP. 10/Rev. 3*（非正式综合协商案文第三次修订稿，1980 年，油印本），附件七，转载于《第三次联合国海洋法会议文件集》第二卷，第 179、351 页。

8. A/CONF. 62/L. 78（公约草案，1981 年），附件七，《正式记录》第十五卷，第 172、238 页。

起草委员会

9. A/CONF. 62/L. 152/Add. 20（1982 年，油印本）。

10. A/CONF. 62/L. 152/Add. 27（1982 年，油印本）。

11. A/CONF. 62/L. 160（1982 年），《正式记录》第十七卷，第 225 页（起草委员会主席）。

非正式文件

12. SD. GP/2nd Session/No. 1/Rev. 5（1975 年，油印本），附件一 B；作为 A/CONF. 62/Background Paper 1 号文件再次印发（1976 年，油印本），附件一 B（关于解决争端小组的联合主席）。转载于《第三次联合国海洋法会议文件集》第十二卷，第

108、194 页。

评　注

A. VII. 1. 附件七的协商专门讨论仲裁程序的实际问题，没有引起太多争议。诚然，在公约解决争端的制度中，仲裁地点本身就是一些困难的根源。在公约规定的制度确定之前，进行了长时间的讨论和案文交流，但这些都与公约第十五部分本身有关（特别是第二八七条）。这些讨论表明，与会者都强烈倾向于将仲裁作为解决争端的剩余手段。

附件七条款的容易程度部分是由于解决争端的国际文书的存在（见上文第 A. V. 2 段），部分是参考国际法委员会于 1958 年完成并提请成员国注意供其审议和使用的仲裁程序示范规则。

根据联合国大会 1958 年 11 月 14 日第 1262（XIII）号决议，从当时各方同意将其提交仲裁之日起，国际法委员会已经充分采纳了本程序的方法和步骤，因此任何谈判人员都可以委托其工作并将其纳入正在谈判的条约。[①]

1974 年在加拉加斯和 1975 年在日内瓦由关于解决争端问题的非正式工作组编写的附件七草案（资料来源 12）的初稿与草案最后一稿之间有许多不同之处，但这些草案大多涉及形式问题或文字的结构调整，没有实质性结果，仅出现了下列实质性修改或补充：①经海洋法会议和 1976 年非正式全体会议辩论后在订正的单一协商案文（资料来源 3）中提出的预先确定的仲裁员名单（第二条）；②在订正的单一协商案文中也提出了上诉的可能性问题（第十一条）；以及③订正的单一协商案文中提出的缔约国以外的实体诉诸仲裁程序的问题（第十三条）（资料来源 4）。最后两个问题在某种程度上与公约本身所处理的事项有关。此外，公约第十五部分的若干规定，特别是第二节，影响了附件七的仲裁程序。

A. VII. 2. 在总结公约所确立的仲裁制度时，需要做两项初步说明。应注意第二八七条所列 4 种解决争端办法中的仲裁地点。根据该条款，仲裁有两种形式。它可以是一种任择程序，作为解决争端的 4 种手段之一，当事各方可以通过根据该条第 1 款作出的声明来选择。[②]它也是一种剩余程序，如果当事各方没有接受同一程序，就有义务根据第二八七条第 5 款诉诸仲裁，除非另有协议（见第二八七条评注）。

在后一种情况下，仲裁对当事各方来说是强制性的，不需要特别协定（*compromis*）

---

① 参见 L. Sohn，"仲裁在最近的国际多边条约中的作用"，《弗吉尼亚国际法评论》第二十三卷第 171、178 页（1983 年）。

② 截至 1987 年 12 月 31 日，下列国家正式选择了仲裁：白俄罗斯苏维埃社会主义共和国、埃及、德意志民主共和国、乌克兰苏维埃社会主义共和国和苏联。见"交存秘书长的多边条约：截至 1987 年 12 月 31 日的状况"，第二十一章第 6 段，第 735 页［ST/LEG/SER. E/6（1988 年）］。

（没有提及这类文书），而且根据有关仲裁法庭的结构、任命和组织的确切规则，仲裁是在没有任何漏洞的情况下生效的。实质上，有 3 项基本规则：①仲裁法庭由五名法官组成，其中两名为当事方的国民（每一方一名），另三名为非当事方国民（其中一名为庭长）；②由联合国秘书长拟订和保存一份可能的仲裁员名单，与常设仲裁法院使用的清单类似；以及③拒绝或忽略他方任命的仲裁法庭法官，并在任命其他三名法官方面遇到任何困难，可由国际海洋法法庭庭长依职权任命。受 1907 年《海牙第一公约》③和后来各项文书的先例启发，公约建立了一个有点复杂的仲裁制度，旨在防止仲裁程序受到蓄意阻挠。

然而，这个过程是灵活的，并遵循经典的路线。同时，为了确保这一进程的系统有效性，还列入了一些处理办法。特别是规定，如果当事一方不到仲裁法庭出庭，争端他方可以要求继续进行仲裁程序（附件七，第九条）。这样设立的组织被认为是充分有效的，公约可以允许仲裁法庭参加根据第二九〇条采取临时措施的程序，并根据第二九二条迅速释放船只和船员。此外，附件七的仲裁制度也向公约缔约国以外的实体开放（通过实施公约第二九一条和第三〇五条以及附件第十三条）（关于国际组织，也见附件九第七条），正如公约协商国所打算的那样。但是，这不包括国有企业和第一五三条第 2 款（b）项所列自然人或法人在"区域"内的活动。这些都属于第一八六条至第一九一条的范围，其中没有提及第二九一条第 1 款（参见下文第 2 款，A. VII. 20 段）。

还应指出，附件八所载关于特定类别争端的特别仲裁法庭的程序，主要以附件七的程序为基础（见附件八第四条）。

另一方面，公约承认，涉及"区域"内活动的某些争端，如果不属于国际海洋法法庭或海底争端分庭的管辖范围（见附件六），可提交商业仲裁。这种商业仲裁是以《联合国国际贸易法委员会仲裁规则》④为基础的。该程序与附件七的程序有很大不同，其规则载于第一八八条第 2 款、附件三第五条第 4 款和第十三条第 15 款以及决议二第 5（c）段和（d）段。在这里不讨论这种性质的商业仲裁。

第一条　程序的提起

在第十五部分限制下，争端任何一方可向争端他方发出书面通知，将争端提交本附件所规定的仲裁程序。通知应附有一份关于其主张及该主张

---

③ 《和平解决国际争端海牙公约》（1907 年），《条约大全》第 205 卷第 233 页（1907 年）；C. I. Bevans 编《1776—1949 年美国条约和其他国际协定》第一卷第 575 页（1968 年）；《美国海洋法杂志》第 2 卷，增刊，正式文件，第 43 页（1908 年）。

④ 联合国国际贸易法委员会第九届会议工作报告（A/31/17），第五章，《贸易法委员会年鉴》1976 年，第 22 页（联合国，1977 年）。转载于《国际法资料》第 15 卷第 701 页（1976 年）。

所依据的理由的说明。

A. VII. 3. 这一条的标题强调，作为附件五第一条的对应标题，它不是将处理的职责授予一个现已经存在的主体，而是在第二八七条的基础上提出的分为 3 个阶段的仲裁过程中迈出的第一步（参看上文第 A. V. 5 段）。在这一点上，当事一方向当事他方发出的书面通知，根据第三条（b）款的规定，包括指派一名仲裁员就足够了。该通知是"在第十五部分限制下"发出的，即考虑到该部分的规定。此外，在公约草案本身中（资料来源 8），该短语作为附件第三条（b）款出现，并因起草委员会的建议而移到现在的位置（资料来源 9）。这一声明代替了一项特别协定（compromis）。

第二条　仲裁员名单

1. 联合国秘书长应编制并保持一份仲裁员名单。每一缔约国应有权提名四名仲裁员，每名仲裁员均应在海洋事务方面富有经验并享有公平、才干和正直的最高声誉。这样提名的人员的姓名应构成该名单。

2. 无论何时如果一个缔约国提名的仲裁员在这样构成的名单内少于四名，该缔约国应有权按需要提名增补。

3. 仲裁员经提名缔约国撤回前仍应列在名单内，但被撤回的仲裁员仍应继续在被指派服务的任何仲裁法庭中工作，直到该仲裁法庭处理中的任何程序完成时为止。

A. VII. 4. 第二条涉及仲裁员名单。这也许标志着当时在 1975 年关于解决争端问题的非正式工作组在其报告中（资料来源 12）没有就预先确定的仲裁员名单提出建议。如果有必要，希望诉诸仲裁的国家必须在国际海洋法法庭庭长的协助下，逐案任命仲裁员。然而，应当指出的是，在 1974 年关于解决海洋法争端的工作文件中几处地方都提到了合格人员名单。⑤ 在海洋法会议第四期和第五期会议的讨论之后（均在 1976 年；第五期会议，在非正式全体会议上），订正的单一协商案文（资料来源 3）才首次提出名单的想法。当时出现的真正问题涉及仲裁法庭的组成（见下文第 A. VII. 5 段）。

另一方面，第二条有两个方面需要具体评论。①被提名列入仲裁员名单的人员所需的资格；②他们的任期，即在此期间他们的名字将一直保留在名单上。附件七要求两种资格。一是专业性，即海洋工作经验；二是道德，即公平、才干和正直的最高声誉。这两种类型的资格无论哪一种都有先例（参见上文第 A. VI. 23 段）。

---

⑤　文件 A/CONF. 62/L. 7（1974 年），《正式记录》第三卷第 85 页（澳大利亚等）。另参见常设仲裁法院，自 1899 年成立至今。

在任期方面，很少有人愿意遵守 1907 年《海牙公约》规定五年的固定任期。然而，除了 1976 年夏季非正式全体会议讨论期间的少数代表团外，大多数代表团始终倾向于无限期任期，随时可以退出的想法，但有一项谅解，即在撤回仲裁的情况下，仲裁员"应继续在被指派服务的任何仲裁法庭中工作，直到该仲裁法庭处理中的任何程序完成时为止"（第 3 款）。

附件七的其他规定在其他条约所遇到的清单制度中显得不那么重要或几乎是例行公事的——由联合国秘书长保存清单，并在出现空缺时由各国再提名其他仲裁员。

第三条　仲裁法庭的组成

为本附件所规定程序的目的，除非争端各方另有协议，仲裁法庭应依下列规定组成：

（a）在（g）项限制下，仲裁法庭应由仲裁员五人组成。

（b）提起程序的一方应指派一人，最好从本附件第二条所指名单中选派，并可为其本国国民。这种指派应列入本附件第一条所指的通知。

（c）争端他方应在收到本附件第一条所指通知三十天内指派一名仲裁员，最好从名单中选派，并可为其国民。如在该期限内未作出指派，提起程序的一方，可在该期限届满后两星期内，请求按照（e）项作出指派。

（d）另三名仲裁员应由当事各方间以协议指派。他们最好从名单中选派，并应为第三国国民，除非各方另有协议。争端各方应从这三名仲裁员中选派一人为仲裁法庭庭长。如果在收到本附件第一条所指通知后六十天内，各方未能就应以协议指派的仲裁法庭一名或一名以上仲裁员的指派达成协议，或未能就指派庭长达成协议，则经争端一方请求，所余指派应按照（e）项作出。这种请求应于上述六十天期间届满后两星期作出。

（e）除非争端各方协议将本条（c）和（d）项规定的任何指派交由争端各方选定的某一人士或第三国作出，否则应由国际海洋法法庭庭长作出必要的指派。如果庭长不能依据本项办理，或为争端一方的国民，这种指派应由可以担任这项工作并且不是争端任何一方国民的国际海洋法法庭年资次深法官作出。本项所指的指派，应于收到请求后三十天期间内，在与当事双方协商后，从本附件第二条所指名单中作出。这样指派的仲裁员应属不同国籍，且不得为争端任何一方的工作人员，或其境内的通常居民或其国民。

（f）任何出缺应按照原来的指派方法补缺。

（g）利害关系相同的争端各方，应通过协议共同指派一名仲裁员。如果争端若干方利害关系不同，或对彼此是否利害关系相同，意见不一致，则争端每一方应指派一名仲裁员。由争端各方分别指派的仲裁员，其人数应始终比由争端各方共同指派的仲裁员少一人。

（h）对于涉及两个以上争端各方的争端，应在最大可能范围内适用（a）至（f）项的规定。

A. VII. 5. 关于仲裁法庭组成的第三条，对于坚持（除非当事各方另有协议）由五人组成的仲裁法庭（如果争端的当事双方超过两人，仲裁法庭总是有可能更大）而不是由一名仲裁员或由三名仲裁员组成的仲裁法庭是至关重要的。同样重要的是，每一争端方只包括一名国民（而不是两名），第五名仲裁员将担任庭长，并将是海洋法法庭中唯一一名非争端方指派的仲裁员。[6]

还有一个重要的事实是，对于当事一方未能采取必要行动而可能使仲裁程序受挫的问题没有留有任何余地。在这方面，该案文提出了一个显然毫无瑕疵的程序，即由第三方在固定时限内指派仲裁员和庭长。应当补充一点，除了对起草委员会 1982 年提出的案文做了一些文体上的澄清外（资料来源 9），该条自非正式单一协商案文以来没有发生任何实质性变化（资料来源 1）。

应该指出，仲裁法庭仲裁员的最低人数是固定的，提起诉讼的争端方将在正式书面通知中指定其仲裁员，以提起第一条所要求的诉讼。此外，除非争端各方另有协议，否则有关仲裁法庭组成的所有问题均应按照此条解决。提起诉讼的一方指定的仲裁员最好从名单中选出，并可以是其国民［（b）项］。

另一当事方可在三十天内指派其仲裁员，根据同一规则，该人最好从名单中选出，并可具有该方的国籍。如果在三十天期限内没有作出指派，提起程序的一方可在该期限届满后两星期内，请求国际海洋法法庭庭长作出指派。然而，当事方可同意由其选定的人或第三国作出指派，而不是由该法庭庭长作出指派［（e）项］。

A. VII. 6. 起初，由国际海洋法法庭庭长指派并不被普遍接受。有些人本来希望由联合国秘书长、国际法院院长或常设仲裁法院秘书长指派。但是，没有人提出任何正式修正案。[7]如果海洋法法庭庭长不能行事或其为争端一方的国民，则应由可以担任这项工作并且不是争端任何一方国民的国际海洋法法庭资深法官指派。海洋法法庭庭长自收到指派仲裁员的请求之日起三十天内，必须与各方协商，从名单中作出选择。如此指派的仲裁员"不得为争端任何一方的工作人员，或其境内的通常居民或其国民"

---

⑥　Sohn，前注①，第 179 页，讨论了这种安排的优点和潜在问题，并表示他更喜欢这种类型的小组，由于争端各方任命的法官从未超过仲裁法庭其他法官的数目，因此附件八所列特别仲裁法庭的组成不接受这一特殊安排（见下文附件八第三条第 A. VIII. 5 段）。

⑦　在非正式工作组的报告中（资料来源 12），这一问题一直悬而未决。

〔（e）项〕。

仲裁法庭其余三名仲裁员的指派是（d）项的主题。通常，这些仲裁员将由争端各方协议选出，最好是从预先确定的名单中选出，并且将是第三国国民，除非有关争端各方另有协议。此外，双方将从这三名仲裁员中选择一名担任仲裁法庭庭长。在最初通知提起仲裁之日起后六十天内，未能指派三名仲裁员和仲裁法庭庭长，除非当事各方同意由其选定的某一人士或第三国提名，否则将由提起程序的一方在该期限届满后两周内诉诸国际海洋法法庭庭长。海洋法法庭庭长指派仲裁员的规则与上文关于指派国家仲裁员的规则相同，即为期三十天，与有关各方协商，从名单中挑选和指定争端各方以外的其他国籍的人。此外，这三名仲裁员不得为争端任何一方工作，或其境内的常驻居民或任何一方的国民。

同样的规则也适用于填补法庭的任何空缺（不论是法官还是庭长）的情况〔第（f）项〕。

A. VII. 7. 第三条最后两款处理存在争端多方的案件。如果两个或两个以上争端方具有相同的利害关系，它们应通过协议共同指派一名仲裁员。但是，如果争端若干方利害关系不同，或对彼此是否利害关系相同意见不一致，则争端每一方应指派一名仲裁员。在这种情况下，由于属于争端一方的国民的仲裁员的人数必须始终少于联合提名的人数，该仲裁法庭可由七名、九名或更多的仲裁员组成。在所有案件中，该仲裁法庭必须根据第三条组成。在非正式单一协商案文第一次修订稿（资料来源2）附件一B第二条第7款中，有关相应条款的适用性的争端本应由国际海洋法法庭裁决。在1976年非正式全体会议讨论之后，这一点在订正的单一协商案文（资料来源3）中被删除。

A. VII. 8. 通常，当事各方必须遵守第三条规定的时限，否则，必须重新开始整个程序。尽管如此，当事各方似乎总是可以通过协议延长这些时限。或者，同样地，当事一方可以同意延长争端他方的时限。

在这方面，可能会出现几种情况。首先，如果一方请求国际海洋法法庭庭长为他方指派仲裁员〔（c）项〕、仲裁法庭其他三名法官或仲裁法庭庭长〔（d）项〕，海洋法法庭庭长该怎么办，而该争端方已超过授予海洋法法庭庭长处理的时限〔在（c）项的案件中，自提起程序之日起三十日后两周，在（d）项的案件中，自提起程序之日起六十日后两周〕，海洋法法庭庭长又该怎么办？鉴于海洋法法庭庭长必须与当事各方协商，他显然将与不到案的争端方协商。如果任何一方反对仲裁法庭庭长的指派或保持沉默，海洋法法庭庭长将无法启动程序，提起程序的一方将不得不重新开始，严格遵守时限。

另一种情况可能出现，被正常授予处理职责的海洋法法庭庭长本人没有尽职尽责。这是一个理论性很强的问题，在实践中不太可能发生。更有可能的是，如果海洋法法庭庭长没有在时限内采取行动（也许是因为协商进展缓慢），而且他有能力继续进行，他就有权这样做，因为海洋法法庭庭长的任何拖延都会使程序崩溃，这在程序中是不正常的。

然而，有人建议，如果违约方后来改变主意并希望继续进行其指派，则应根据具体情况是否涉及①由海洋法法庭庭长指派一名本应由当事一方指派的仲裁员［（c）项］；或②作出区分其他三名仲裁员或仲裁法庭庭长的指派，他们应根据（d）项得到当事各方的共同同意。如果双方在海洋法法庭庭长采取行动之前达成协议，则以双方的意愿为准。

A. VII. 9. 然而，也可能发生另一种情况，即尽管国际海洋法法庭庭长已经采取了需要他所采取的行动，但当事一方在允许其行动的时限过去之后改变主意，迟迟不决定指派其仲裁员，或宣布愿意与更勤勉的一方一道，通过协议指派仲裁员。而仲裁法庭事先已正式成立。但问题是，在这种情况下作出让步是否不利于程序的成功结果。因为所涉及的不是仲裁法庭组成的空缺，而是仲裁员的过剩。

为了解决这一冲突，必须区分这两种情况。一种情况是，海洋法法庭庭长指派的仲裁员通常应是由当事方延迟选出的人，而当事方希望在期限届满后提名另一人。在这种情况下，当事方的选择应优先于海洋法法庭庭长的选择，海洋法法庭庭长指派的人应退出。同样，如果海洋法法庭庭长指派的人员是本应经协议或仲裁法庭庭长选定的三人，并且当事各方后来达成协议，则仲裁法庭庭长指派的人员应退出。

总之，就最后期限之后作出的指派而言，该制度没有漏洞；相反，它高度复杂，必须有规律地运用（但具有灵活性），以便在当事各方之间达成最高水平的协议，并避免当事一方从一开始就可能声称海洋法法庭构成不当的情况。

第四条　仲裁法庭职务的执行

依据本附件第三条组成的仲裁法庭，应按照本附件及本公约的其他规定执行职务。

A. VII. 10. 第四条规定，根据第三条正式组成的仲裁法庭应按照公约附件七和其他规定履行职能。这样做的结果是使整个公约，特别是第二八六条至第二九九条得以适用，从而使仲裁法庭有权解决与公约的解释或适用有关的所有争端。这样做的前提是，仲裁法庭对该事项具有管辖权，同时要顾及争端的性质，特别是考虑到第二九七条和第二九八条所载的限制和例外的情况。

尤其是根据案情，仲裁法庭必须根据关于适用法律的第二九三条，即公约和与公约不抵触的其他国际法规则作出裁决。如果当事方同意，它可以就一个案件作出公正与和睦的裁决（见上文第293.3段）。

在1976年非正式全体会议审议这一规定时，秘鲁提议增加以下内容：

1. 当事各方应当在仲裁承诺书中写明适用的法律或者授权仲裁法庭作出裁决的法律。

2. 当事方应能够以公平和善良的方式赋予仲裁法庭仲裁员按公平和善良的方式解决争端的权力。⑧

该条后来以现在的形式在订正的单一协商案文中获得通过（资料来源3）。

第五条　程序

除非争端各方另有协议，仲裁法庭应确定其自己的程序，保证争端每一方有陈述意见和提出其主张的充分机会。

A. VII. 11. 第五条相当简单。在双方达成任何协议的前提下，仲裁法庭应确定其自己的程序，确保各方有机会进行听证和陈述案情。在非正式单一协商案文（资料来源1）和非正式单一协商案文第一次修订稿（资料来源2）附件一B第三条中，该条文内容如下：

> 如果争端各方之间没有相反的协议，仲裁法庭应制定自己的程序，保证每一方都有充分的机会进行听证和陈述案情。如法庭未能就其议事规则达成协议，则应适用1907年《和平解决国际争端海牙公约》第四部分。

在1976年的非正式全体会议上，表示反对参照1907年公约，并建议将该短语改为"法庭可根据1907年《和平解决国际争端海牙公约》第四部分第三章所载的议事规则"，⑨然而，这也没有被接受，于是，非正式综合协商案文删除了对1907年公约的提法（资料来源4）。

第五条这种不限成员名额的措辞产生了若干后果。议事规则可允许对解决争端有利害关系的第三国参加，从而使第三国也有可能对海洋法法庭的裁决提出异议。公约第二八九、二九〇条和第二九二条使海洋法法庭能够就专家、临时措施和迅速释放船只和船员制定规则。事实上，在此附件的早期版本中（资料来源1至资料来源3），第四条明确赋予仲裁法庭规定临时措施的权力，但在订正的单一协商案文附件三第五条中（资料来源3），这一权利被删除，由第四部分第十二条（现为公约第二九〇条）取而代之。

另一个后果是，仲裁法庭可以根据情况制定同时交换书状或其连续交存的规则，

---

⑧　见 Platzöder, Dokumente, IV New Yorker Sessionen 1976年，第1056页（秘鲁）。

⑨　同上。

以及书状的数量。另一方面，没有关于当事各方在仲裁法庭上的代表权的规定，如果议事规则中没有涉及这一事项，则将其留给当事各方处理（见第 A. V. 18 段关于调解的情形和第 A. VI. 133 段关于国际海洋法法庭的情形）。

第六条　争端各方的责任

争端各方应便利仲裁法庭的工作，特别应按照其本国法律并用一切可用的方法：

（a）向法庭提供一切有关文件、便利和情报；并

（b）使法庭在必要时能够传唤证人或专家和收受其证据，并视察同案件有关的地点。

A. VII. 12. 第六条要求争端各方为仲裁法庭的工作提供便利。特别是，根据其法律并利用其所掌握的一切手段，当事各方应向该仲裁法庭提供一切文件、设施和资料，使该仲裁法庭能够传唤证人或专家视察与案件有关的地方。这是国际诉讼程序中的一项正常规定，但必须与此附件第九条一起解读，即关于不到案的规定。这方面的规定均载于此附件从 1975 年关于解决争端问题的非正式工作组报告（资料来源 12）的所有版本中，后来的调整只是做了一些文字上的修改，并未产生任何实质性变化。

非正式工作组报告附件一、B 第五条（资料来源 12）曾使仲裁法庭能够在必要时进入当事各方的领土，并听取证人的证词和视察有关地点。同样的想法出现在非正式单一协商案文附件一、B 第五条及其修改稿中（资料来源 1 和资料来源 2）。在 1976 年的非正式全体会议上，有人对此表示反对，并建议使用"便利"一词。另一项建议，即插入"进入其领土以便进行目视检查"一语，未获接受。⑩

第七条　开支

除非仲裁法庭因案情特殊而另有决定，法庭的开支，包括仲裁员的报酬，应由争端各方平均分担。

A. VII. 13. 第七条是直截了当的，规定除非仲裁法庭因案件的特殊情况另有决定，仲裁法庭的所有费用，包括其法官的报酬，应由争端各方平等承担。

第八条　作出裁决所需要的多数

仲裁法庭的裁决应以仲裁员的过半数票作出。不到半数的仲裁员缺席

---

⑩　同上，第 1057 页（厄瓜多尔）。

或弃权，应不妨碍法庭作出裁决，如果票数相等，庭长应投决定票。

A. VII. 14. 第八条规定，仲裁法庭的所有裁决（应由人数不均衡的仲裁员组成）均应以多数票作出，在这方面，就没有必要进行评论了。为了防止由于故意缺席（自1945 年以来已发生过几次）而可能使程序受挫，该条接着规定，不到半数的仲裁员缺席或弃权不应构成仲裁法庭作出裁决的障碍。据理解，此处的"缺席"是指缺席作出裁定的仲裁法庭会议，"弃权"是指投弃权票，这在这些仲裁法庭看来是可以接受的。

尽管原则上仲裁法庭应由人数不均衡的仲裁员组成，但由于缺席，仲裁法庭在某一特定时刻组成的仲裁员人数可能为偶数，或通过弃权，投票可能导致平局，因此有必要规定，在票数相等的情况下，仲裁法庭庭长有权投决定性的一票。曾经有人认为，"投决定票"的英语短语"casting vote"与法语"voix prépondérante"的表达之间在形式上是有区别的，但因为此附件的所有版本最初都是用英语起草的，因此可以假定此处使用的是英语表达，即国际法院对其规约第五十五条第 2 款中的相应措辞。这意味着，如果在所有仲裁员投票后，一旦出现平局，仲裁法庭庭长就有第二次投票的机会（因此是决定票）。

关于仲裁法庭仲裁员的个人意见，见此附件第十条（见下文第 A. VII. 16 段）。

第九条　不到案

如争端一方不出庭或对案件不进行辩护，他方可请求仲裁法庭继续进行程序并作出裁决。争端一方缺席或不对案件进行辩护，应不妨碍程序的进行。仲裁法庭在作出裁决前，必须不但查明对该争端确有管辖权，而且查明所提要求在事实上和法律上均确有根据。

A. VII. 15. 第九条的案文与附件六《国际海洋法法庭规约》第二十八条的文字基本相同。

第一句是对《国际法院规约》第五十三条稍加扩充的版本。这句话没有出现在非正式单一协商案文附件一 B 第八条或非正式单一协商案文第一次修订稿中（资料来源 1和资料来源 2）。然而，在 1976 年非正式全体会议讨论之后，它被列入了订正的单一协商案文（资料来源 3）。

第二句出现在此附件的所有版本中；不过，"妨碍"一词英文使用"bar"代替了"impediment"，该词是根据起草委员会的建议于 1982 年修改的（资料来源 9）。这似乎是用一个技术性法律术语代替一个描述性术语，因为在许多情况下，当事一方不出庭可能会妨碍仲裁法庭的工作，但不会妨碍它采取行动。

至于第三句话，在先前的案文中，仲裁法庭不仅必须使自己确信它有管辖权，而且还必须使裁决在事实上和法律上都有充分的根据。从"award（裁决）"改为

"claim（主张）"是1980年非正式全体会议上作出的，并列入非正式综合协商案文第三次修订稿（资料来源7）。海洋法会议主席介绍说这是一个"微小的起草措辞上的改动"。⑪

相应规定见附件五第十二条和附件六第二十八条。

第十条　裁决书

仲裁法庭的裁决书应以争端的主题事项为限，并应叙明其所根据的理由。裁决书应载明参与作出裁决的仲裁员姓名以及作出裁决的日期。任何仲裁员均可在裁决书上附加个别意见或不同意见。

A. VII. 16. 关于裁决，第十条含有4项规定，除第一项外，均符合国际诉讼的标准。

裁决仅限于争议的主题。作为管辖权的标题中的正式说明，这可被视为一种创新，不清楚它是否适用于决定的全文还是仅适用于其执行条款。它是在1976年非正式全体会议讨论后插入的，但它对含有明显服从命令的裁决的有效性的影响无法评价（见下文第 A. VII. 18 段）。

裁决书要说明它所依据的理由。这与《国际法院规约》第五十六条相对应，也与《国际海洋法法庭规约》（附件六）第三十条第1款相同。

裁决书应注明日期，并载有参加裁决的仲裁员的姓名。这是《国际法院规约》第五十六条第2款和1978年《国际法院规则》第九十五条第1款的结合。《国际海洋法法庭规约》第三十条第2款也提到了参与裁决的仲裁员。这项规定也是在1976年非正式全体会议辩论后增加的。⑫

国际仲裁员附加个别意见的权利，这些意见可以是单独的（同意的）或不同意的，现在已经得到充分的确立，尽管可以通过明示协议排除，但是，在附件七规定的仲裁程序中（与任何其他管辖依据相反），这似乎排除了当事方拒绝仲裁员这一权利。

第十一条　裁决的确定性

除争端各方事前议定某种上诉程序外，裁决应有确定性，不得上诉，争端各方均应遵守裁决。

A. VII. 17. 关于裁决的确定性，第十一条重复了公约第二九六条的实质内容，但

---

⑪　海洋法会议主席关于海洋法会议关于解决争端问题非正式全体会议工作报告，A/CONF. 62/L. 59（1980年），第11段，《正式记录》第十四卷第130页。

⑫　前注⑩（巴西）。

在根据附件七进行仲裁的情况下，当事方可以事先商定上诉（或同等）程序。

尽管这是公约中提及上诉程序的唯一规定，但上诉程序的问题始终存在。非正式工作组报告（资料来源 12）第十条第 1 款（c）项设想了为某些特定目的的上诉程序。非正式单一协商案文及其修订本第四部分第十条重复了这一点（资料来源 1 和资料来源 2），但在订正的单一协商案文中（资料来源 3），这一点从公约正文中删去，并插在成为附件七的现在的地方。

A. VII. 18. 虽然关于仲裁裁决确定性的规定是普遍的，但国际法始终承认，仲裁裁决可能会被废除，这一点体现在 1958 年国际法委员会通过的《仲裁程序示范规则》第三十五条至第三十七条（见上文第 A. V. VII. 1 段）。在这方面，可以回顾一下，即使是国际法院或国际海洋法法庭的判决的确定性，也可能是相对的，因为二者都可能需要进一步的解释程序（《国际法院规约》第六十条；《国际海洋法法庭规约》第三十三条第 3 款）或正在修订（《国际法院规约》第六十一条）。此外，此附件第十条中提到的裁决"仅限于争端的主题事项"超出了裁决的其他要求，这些要求是严格的、正式的和程序性的，并可提出实质性要求，从而为可能对裁决的有效性提出质疑留有余地（如上述第 A. VIII. 16 段所述）。公约中没有任何内容表明如何处理第十条和第十一条这一部分之间可能出现的不一致，除非这会引起原当事方之间的新争端。从性质上讲，这类争端将是有关公约的解释或适用的争端，因此属于第十五部分的范围。

第十二条　裁决的解释或执行

1. 争端各方之间对裁决的解释或执行方式的任何争议，可由任何一方提请作出该裁决的仲裁法庭决定。为此目的，法庭的任何出缺，应按原来指派仲裁员的方法补缺。

2. 任何这种争执，可由争端所有各方协议，提交第二八七条所规定的另一法院或法庭。

A. VII. 19. 第十二条再次提出了对根据附件七作出的仲裁裁定提出申诉的可能性（参见上文第 A. V. VII. 16 段）。只要它涉及对裁决的解释的任何争议（controversy）〔不同于《国际法院规约》，该规约在相应的条文中使用"争端（dispute）"一词〕，第十二条遵循一种标准模式。另一方面，提及"执行方式"（反映《国际法院规约》的"范围"）似乎是有创意的；但是，国际法院就判决的含义或范围的解释所裁定的少数争端表明，关于解释上的争端很容易具体化为对判决执行方式的争端。[13]几乎没有

---

[13]　例如，见《庇护案》（解释）（哥伦比亚诉秘鲁），1950 年国际法院《判决、咨询意见和命令汇编》第 395 页；又见《1982 年 2 月 24 日判决的修正和解释的申请》（突尼斯诉阿拉伯利比亚民众国），1985 年同上，第 192 页。

这项规定的立法历史为第十三条提供解释性材料或指导。

非正式工作组报告（资料来源 12）附件一 B 第十一条规定，争端各方之间就裁决的解释或执行可能产生的任何争议，可由任何一方提交作出裁决的仲裁法庭作出决定，如果无法作出决定，则去另一个为此目的而设立的其方式与原仲裁法庭相同的仲裁法庭。这一点作为非正式单一协商案文及其修订本（资料来源 1 和资料来源 2）附件一 B 第十一条逐字重复。然而，在订正的单一协商案文中（资料来源 3），修订为：

> 1. 争端各方之间可能就裁决的解释或执行方式产生的任何争议，可由任何一方提交作出裁决的仲裁法庭作出决定。为此目的，法庭的任何空缺均应按照法庭法官最初任命中规定的方式填补。
> 2. 任何此类争端可根据本部分第九条［第四部分，现为公约第二八七条］经争端各方同意提交另一法院或法庭。

该案文反映了 1976 年非正式全体会议上提出的修改。一个代表团建议，关于第十条，如果所有当事方事先同意，可以向国际海洋法法庭提出上诉。除了提及法庭外，这一想法在附件七第十一条中还以某种不同的形式保留，但也可能被视为对第十二条的违反。另一个代表团建议将"execution（执行）"改为"the manner in which it［the award］is to be complied with（遵守方式）"（这可能是对原文西班牙文的快速翻译，由秘书处编写并列入一份提供给非正式全体会议的无编号文件)[14]有人建议对草案做其他修改，但没有进一步说明对此条的解释。因此，订正的单一协商案文文字在《公约》中保持不变。

尽管如此，由于缺乏明确性，第十二条似乎确实赋予了根据附件七办理的仲裁法庭在必要时核查其裁决执行是否符合要求的权限。

偶尔有人认为，这项规定与《建立欧洲经济共同体的罗马条约》第一七七条有些相似。[15]根据这项规定，欧洲经济共同体法院有权就某些问题和某些案件作出所谓的"初步裁决"。然而，这种比较似乎很遥远，因为第一七七条具体涉及"初步裁决"（这一概念在公约第一八八条第 2 款中得到了呼应），而附件七第十二条设想仲裁法庭在作出裁决之后采取某种形式的控制。

第十三条　对缔约国以外的实体的适用

本附件应比照适用涉及缔约国以外的实体的任何争端。

---

[14]　前注⑧。

[15]　《建立欧洲经济共同体条约》（1957 年），第一七七条，《联合国条约集》第 298 卷第 11、76 页（1958 年）；经修正的该条约（1972 年），见《联合王国条约集》第 15 页（1979 年），《英王敕令》第 7460 号。

A. VII. 20. 第十三条涉及附件七对涉及缔约国以外实体的任何争端的适用，附件的规定比照适用于此类争端。根据第一条第 2 款、第三〇五条第 1 款（f）项，"缔约国"一词已经包括某些政府间组织（见上文第 305.11 ff 段）以及附件九（见下文第 A. IX. 2 ff 段）。关于附件七第十三条规定的仲裁，扩大了公约第二九一条第 2 款，即第十五部分规定的解决争端程序应仅依公约具体规定对缔约国以外的实体开放。这项规定于 1977 年在非正式综合协商案文中提出（资料来源 4），当时某些国际组织的参与被视为一种可能性。

本规定不适用于涉及"'区域'内活动"的任何实体之间的争端［见第一条第 1 款第（3）项］，这些争端属于第一八七条规定的海底争端分庭专属管辖范围。在这方面，还应指出，只有船旗国（见第二卷，第九十一条评注）可以根据第二九二条申请迅速释放船只或船员。简而言之，第二九一条和附件七第十三条规定，缔约国以外的实体是否可以成为根据附件七提交仲裁的争端的缔约方（而不是任何其他类型的仲裁）的问题，应由公约的明示条款决定。鉴于公约的范围很广，现阶段不可能再进一步探讨。

附件八 特别仲裁

资料来源

1. A/CONF. 62/L. 7（1974 年），《正式记录》第三卷，第 85 页（澳大利亚等）。

2. A/CONF. 62/WP. 9（非正式单一协商案文，第四部分，1975 年），附件二 A、附件二 B 和附件二 C，《正式记录》第五卷，第 111、120 页（海洋法会议主席）。

3. A/CONF. 62/WP. 9/Rev. 1（非正式单一协商案文，第四部分第一次修订稿，1976 年），附件二，《正式记录》第五卷，第 185、197 页（海洋法会议主席）。

4. A/CONF. 62/WP. 9/Rev. 2（订正的单一协商案文，第四部分，1976 年），附件四，《正式记录》第六卷，第 144、155 页（海洋法会议主席）。

5. A/CONF. 62/WP. 10（非正式综合协商案文，1977 年），附件七，《正式记录》第八卷，第 1、62 页。

6. A/CONF. 62/WP. 10/Rev. 1（非正式综合协商案文第一次修订稿，1979 年，油印本），附件七。转载于《第三次联合国海洋法会议文件集》第一卷，第 375、535 页。

7. A/CONF. 62/WP. 10/Rev. 2（非正式综合协商案文第二次修订稿，1980 年，油印本），附件八。转载于《第三次联合国海洋法会议文件集》第二卷，第 3、169 页。

8. A/CONF. 62/WP. 10/Rev. 3[*]（非正式综合协商案文第三次修订稿，1980 年，油印本），附件八。转载于《第三次联合国海洋法会议文件集》第二卷，第 179、354 页。

9. A/CONF. 62/L. 78（公约草案，1981 年），附件八，《正式记录》第十五卷，第 172、239 页。

起草委员会

10. A/CONF. 62/L. 152/Add. 20（1982 年，油印本）。

11. A/CONF. 62/L. 152/Add. 26（1982 年，油印本）。

12. A/CONF. 62/L. 152/Add. 27（1982 年，油印本）。

13. A/CONF. 62/L. 160（1982 年），《正式记录》第十七卷，第 225 页（起草委员会主席）。

非正式文件

14. SD. Gp/2nd Session/No. 3（1975 年，油印本）。转载于《第三次联合国海洋法

会议文件集》第二卷，第 134 页（法国）。

15. SD. Gp/2nd Session/No. 1/Rev. 5（1975 年，油印本），附件二；作为 A/CONF. 62/Background Paper 1 号文件再次印发（1976 年，油印本），附件二（关于解决争端小组的联合主席）。转载于《第三次联合国海洋法会议文件集》第十二卷，第 108、194 页。

评 注

A. VIII. 1. 附件八反映了人们关切的两个问题。一方面，它承认在解决某些争端时必须考虑科学和技术因素。另一方面，当然并非不重要，它承认事实的确立可以作为解决争端的基础。因此，确立事实的机制可以构成解决争端的初步步骤。第一个考虑是建立一个利用专家的适当国际程序，第二个考虑是事实调查程序。在这两种情况下，程序都是剩余的。法官从来没有义务接受专家的意见，而 1907 年《海牙第一公约》第三十五条规定调查委员会的报告"仅限于确定事实"，绝不具有仲裁裁决的性质。双方完全有权对由此确定的事实采取何种行动。①

在与渔业有关的养护措施方面，人们特别感到充分考虑科学和技术数据的重要性，这导致在处理这一问题的条约中列入了解决争端的特别规定。因此，1958 年《渔业和养护公海生物资源公约》②载有一套解决该公约下可能产生的争端的特别规定，这些规定是强制性的，不属于 1958 年《解决争端任择议定书》③ 的范围。这一程序是以双方商定的五名委员组成的特设委员会为基础的。如果不能达成协议，委员会委员将由联合国秘书长与争端国、国际法院院长和联合国粮食及农业组织（粮农组织）总干事协商后指派。委员将"视所需解决之争端性质，在为渔业上法律、行政或科学问题专家而其录籍国与争端无涉之合格人士中指派之"。特设委员会的决定对有关国家具有拘束力。

1958 年《关于捕捞和养护公海生物资源的公约》第十条列出了特设委员会将适用的一系列科学和技术标准。该公约特别规定，不得对这些条款提出保留。在这些科学标准中，可以提到的要求是，科学调查结论表明有必要采取养护措施，具体措施以科

---

① 《和平解决国际争端海牙公约》（1907 年），《条约大全》第 205 卷第 233 页（1907 年）；C. I. Bevans 编《1776—1949 年美国条约和其他国际协定》第一卷第 575 页（1968 年）；《美国国际法期刊》第二卷，增刊，正式文件第 43、56 页（1908 年）。

② 文件 A/CONF. 13/L. 54（1958 年），第一次联合国海洋法会议，《正式记录》第二卷 139 页；《联合国条约集》第 559 卷第 285 页（1966 年）；《美国条约和其他国际协定》第 17 卷 138 页（1966 年）；美国《条约和其他国际条例汇编》，第 5969 页。

③ 《关于强制解决争端的任择议定书》，A/CONF. 13/L. 57（1958 年），第一次海洋法会议，《正式记录》第二卷第 145 页；《联合国条约集》第 450 卷第 169 页（1963 年）。

学调查结论为基础，切实可行，而且这些措施在形式上或事实上不歧视其他国家的渔民。

出于这一双重考虑，为了有一个更具结论性的事实调查程序，并正视涉及科学或技术问题的争端问题，导致了 1974 年在加拉加斯举行的关于解决争端问题的非正式工作组审查了它所称的解决争端的"一般和职能办法"之间的关系的争议（资料来源1）。该工作文件第六节备选案文 B.1 建议，在诉诸引起具有拘束力的决定的解决争端程序之前，与捕鱼、污染或科学研究有关的争端应提交一个特别的事实调查程序，在该程序中，所使用的机构的调查结果将被视为结论性的。

会上还提出了几种备选方案。在这方面值得注意的是工作文件的备选方案 C.2，根据该备选方案 C.2，提交海洋法法庭的涉及科学或技术问题的争端将由海洋法法庭提交一个特别专家委员会。如果专家的意见未能解决争端，海洋法法庭将"考虑到委员会的调查结果和所有其他有关资料"着手审议争端的其他方面。一份说明指出，该小组设想，在渔业、海底、海洋污染和科学研究等功能领域可能需要特别规定，公约将具体处理这些问题。

A. VIII. 2. 在海洋法会议第三期会议上（1975 年），该小组再次开会，并收到了一份关于 3 类争端的法国非正式提案，即与渔业、污染和科学研究有关的争端（资料来源14）。工作组题为"特别程序"的报告附件二（资料来源 15）分别载有关于渔业、污染和科学研究的三章。在每一项建议中，都设想成立一个特别委员会，紧紧遵循法国的非正式提案（资料来源 14），3 个委员会之间有适当的差异。例如，在关于污染和科学研究的章节中（但不包括关于渔业的章节），提出了一项更为试探性的建议，内容为：

[7. 当事方可以同意请求委员会进行调查，查明对本章有关规定的解释或者适用产生争议的事实。在这种情况下，委员会的调查结果应被视为结论性的。这时，委员会可提出建议，这些建议在没有效力的决定的情况下，应构成有关各方审查引起争端的问题的基础。]

从渔业一章中删除了类似的建议，解释了从专属经济区的未来存在的普遍不确定性。在这方面，应当指出，非正式单一协商案文第二部分（第二委员会）第一三七条使解决争端的整个问题突出出来。另一方面，在第三部分中（第三委员会），关于解决争端的建议列入了关于保护和保全海洋环境的一章（第四十四条）和关于海洋科学研究的一章（第三十七条）。④

这为非正式单一协商案文第四部分（资料来源 2）奠定了基础，其中包括：关于特别程序的一系列附件，即附件二 A—渔业；附件二 B—污染和附件二 C—科学研究。每个附件的第八条都规定，每个特别委员会的决定对争端各方都有拘束力；第九条都规定，如果要求特别委员会进行事实调查，其调查结果将被视为结论性的。这在非正式单一协商案文的修订版中都重复了（资料来源 3）。在本次修订中，增加了第四个附件（即附件二 D），以涵盖与航行争端有关的特别程序。

在订正的单一协商案文中（资料来源 4），表述已更改。前附件二的四章合并为一条，现为附件四，更名为"特别仲裁程序"。特别领域清单合并为一条（第二条），其中包括渔业、保护和保全海洋环境、海洋科学研究和航行。该案文与附件三（现为附件七）的案文更为一致，其中八项规定以引用方式并入（第四条）。这些与一般程序问题有关。事实上，订正的单一协商案文的附件四与此附件八非常相似。

A. VIII. 3. 这些变化是海洋法会议第四期会议全体会议（1976 年）就解决争端进行正式辩论以及后来第五期会议非正式全体会议（1976 年）讨论的结果，波兰和美国高级代表在会上提交了一份关于渔业特别程序的非正式提案，⑤作为对非正式单一协商案文第四部分第一次修订稿附件二 A 的修正案（资料来源 3）。

关于建立这些解决争端特别机制的建议给一些代表团造成了困难。事实上，这些机构将对沿海国主张行使主权权利或拥有专属管辖权的事项拥有管辖权。当时，关于专属经济区的《公约》第五部分（第五十五条至第七十五条）的范围远未解决——事实上，直到 1978 年才得到充分澄清——因此，进展是很困难的。在第三次海洋法会议第四期会议上关于解决争端的辩论中（《正式记录》第五卷，第 8~54 页），不同的代表团对特别程序的建议即使不是直接拒绝，也是表示忧虑，并不是因为它们的事实调查方面或它们对科学或技术事实的欣赏，而是因为特别委员会有责任对沿海国认为属于其主权权利或专属管辖权范围内的事项采取行动。

因此，需要更多的时间来完成附件八的各项规定，以适用于解决当时设想的各种不同类型的争端。例如，就渔业而言，必须将强制解决只限于某些种类的争端，而就其他争端而言，则只限于某种形式的强制解决办法——诉诸调解是可以接受的（见上文第二九七条评注）。尽管如此，一旦实质性问题得到解决，附件八的协商和起草本身就进行得相对迅速了，并没有引起许多建议或争议。

---

④ 文件 A／CONF. 62／WP. 8／Part II（1975 年），《正式记录》第四卷，第 152、171 页；第三部分（1975 年），同上，第 171、176、177 和 180 页。另见第四卷关于第二六四条的评注。关于这一事项，另见 1980 年 5 月 23 日国际海事组织秘书长给起草委员会主席的信，特别是其中的附件三。弗吉尼亚大学法学院法律图书馆档案室存档的副本。

⑤ Platzöder, Dokumente, IV New Yorker Sessionen 1976 年，第 1060 页（波兰和苏联）。另转载于《第三次联合国海洋法会议文件集》第十二卷第 231 页。

第一条　程序的提起

在第十五部分限制下，关于本公约中有关（1）渔业，（2）保护和保全海洋环境，（3）海洋科学研究和（4）航行，包括来自船只和倾倒造成的污染的条文在解释或适用上的争端，争端任何一方可向争端他方发出书面通知，将该争端提交本附件所规定的特别仲裁程序。通知应附有一份关于其主张及该主张所依据的理由的说明。

A. VIII. 4. 第一条的结构和范围与附件五和附件七第一条相同，并不是指授予海洋法法庭处理的职责，而是指启动一个分 3 个阶段的程序（参看上文第 A. V. 5 段和 A. VII. 3 段）。程序是通过书面通知提起的，并附有一份关于主张及其依据的陈述。这项规定的具体内容是它所涉及的争端类型，即关于公约有关（1）渔业；（2）保护和保全海洋环境；（3）海洋科学研究；或（4）航行的条款的解释或适用的争端，包括船舶污染和倾倒（其中一些术语的定义见第二卷，第一条评注）。

因此，与公约一系列规定有关的争端可在附件八的范围内提出。除注意到附件八的规定是通过第二八七条的实施而发挥作用外，很难界定这方面的参数〔但是，第二九七条第 1 款（a）项使用了"航行自由和权利"一语，因此不同于附件八第一条和第二条的措辞〕。此外，此条的理解必须始终符合第十五部分的规定，如第一条开头所明确规定的。因此，附件八的运作将始终受到对第二八六条至第二九六条适用性的限制。这些限制对于海洋科学研究和专属经济区内的渔业是不同的。

在 1976 年 6 月之前，为了满足某些代表团支持特别仲裁程序的愿望，有人建议增加一类剩余的争议，广义地理解为"不属于四类的任何领域"。但是，由于没有得到足够的支持，订正的单一协商案文（资料来源 4）没有将其纳入。⑥

第二条　专家名单

1. 就（1）渔业，（2）保护和保全海洋环境，（3）海洋科学研究和（4）航行，包括来自船只和倾倒造成的污染四个方面，应分别编制和保持专家名单。

2. 专家名单在渔业方面，由联合国粮食及农业组织；在保护和保全海洋环境方面，由联合国环境规划署；在海洋科学研究方面，由政府间海洋学委员会，在航行方面，包括来自船只和倾倒造成的污染，由国际海事组

---

⑥ D. Vignes 致 Sh. Rosenne 的信函附件，1986 年 11 月 24 日和 1986 年 12 月 5 日。弗吉尼亚大学法学院法律图书馆档案室存档的副本。

织，或在每一情形下由各该组织、署或委员会授予此项职务的适当附属机构，分别予以编制并保持。

3. 每个缔约国应有权在每一方面提名二名公认的法律、科学或技术上确有专长并享有公平和正直的最高声誉的专家。在每一方面这样提名的人员的姓名构成有关名单。

4. 无论何时，如果一个缔约国提名的专家在这样组成的任何名单内少于两名，该缔约国有权按需要提名增补。

5. 专家经提名缔约国撤回前应仍列在名单内，被撤回的专家应继续在被指派服务的特别仲裁法庭中工作，直到该仲裁法庭处理中的程序完毕时为止。

A. VIII. 5. 第二条，拟订专家名单，最早出现在非正式工作组的报告中（资料来源 15），甚至在根据附件七审议仲裁之前。附件八第二条与附件七第二条的相应规定只是略有不同。不是一个清单，而是 4 个，每类争议一个。名单较短，每个缔约国只提名两名专家。名单不是由联合国秘书长保存的，而是由一个适当的职能机构保存的：

渔业	联合国粮食及农业组织（FAO）
海洋环境的保护和保全	联合国环境规划署（UNEP）
海洋科学研究	政府间海洋学委员会（IOC）
航行，包括船只和倾倒物造成的污染	国际海事组织（IMO-前身为国际海事协商组织 IMCO）。

［第四类以前的标题只是"航行"，应国际海事组织的请求改为目前的说法，并在海洋法会议主席和第三委员会主席协商后列入非正式公约草案（资料来源 9)[⑦]］。在每一种情况下，清单也可"由该组织、方案或委员会的有关附属机构保留，它们已将这一职能下放给这些机构"。

提名标准与附件七不同。被提名人被指定为"专家"而不是"仲裁员"，第 3 款强调他们应当是在各自领域"公认的法律、科学或技术上确有专长并享有公平和正直的最高声誉的专家"。[⑧]职位空缺的填补方式与附件七相同。

---

⑦ 海洋法会议主席关于解决争端非正式全体会议工作的报告，文件 A/CONF. 62/L. 54（1980 年），第 10 段，《正式记录》第十四卷第 130 页。第二九七条第 1 款未据此作相应调整。

⑧ 有关人员被指定为"专家"对其作为仲裁法庭法官的权力没有影响。参见加拿大和法国 1985 年 10 月 23 日关于解决"圣劳伦斯湾内鱼片加工争端"的特别协定，法文文本转载于《一般国际公法评论》第 90 卷第 713 页（1986 年）；英文文本尚未出版。同样，这一指定并不使有关人员处于公约第二八九条的管辖范围内。

虽然这里的人被指定为"专家"，而不是"仲裁员"，但他们必须与第二八九条所涉及的专家区别开来。然而，根据第二八九条，需要专家服务的法院或法庭可利用附件八所列名单。

在非正式单一协商案文中（资料来源2），对于渔业争端，每一方可指定六名合格人员，专门从事（a）渔业的法律，（b）行政或（c）科学方面的工作。但是，对于关于污染的争端，只能指定两个人，他们在控制污染和保护海洋环境方面有能力，确有专长并得到普遍承认；同样，在科学研究方面也是如此。然而，由于1976年非正式全体会议的审议，这一点在《国家报告》中大大减少（资料来源4），其中每一缔约方有权在每一指定领域提名两名专家。正是这个方案占了上风。

第三条　特别仲裁法庭的组成

为本附件所规定的程序的目的，除非争端各方另有协议，特别仲裁法庭应依下列规定组成：

（a）在（g）项限制下，特别仲裁法庭应由仲裁员五人组成。

（b）提起程序的一方应指派仲裁员二人，最好从本附件第二条所指与争端事项有关的适当名单中选派，其中一人可为其本国国民。这种指派应列入本附件第1条所指的通知。

（c）争端他方应在收到本附件第1条所指的通知三十天内指派两名仲裁员，最好从名单中选派，其中一人可为其本国国民。如果在该期间内未作出指派，提起程序的一方可在该期间届满后两星期内，请求按照（e）项作出指派。

（d）争端各方应以协议指派特别仲裁法庭庭长，最好从名单中选派，并应为第三国国民，除非缔约方另有协议。如果在收到本附件第一条所指通知之日起三十天内，争端各方未能就指派庭长达成协议，经争端一方请求，指派应按照（e）项作出。这种请求应于上述期间届满后两星期作出。

（e）除非争端各方协议由各方选派的人士或第三国作出指派，应由联合国秘书长于收到根据（c）和（d）项提出的请求后三十天内作出必要的指派。本项所指的指派应从本附件第二条所指名单中与争端各方和有关国际组织协商作出。这样指派的仲裁员应属不同国籍，且不得为争端任何一方的工作人员，或为其领土内的通常居民或其国民。

（f）任何出缺应按照原来的指派方法补缺。

（g）利害关系相同的争端各方，应通过协议共同指派二名仲裁员。如果争端若干方利害关系不同，或对彼此是否利害关系相同意见不一致，则争端一方应指派一名仲裁员。

（h）对于涉及两个以上争端各方的争端，应在最大可能范围内适用（a）至（f）项的规定。

A. VIII. 6. 关于特别仲裁法庭的组成的第三条紧紧遵循附件七第三条（见上文第 A. VII. 5~9 段）。一个主要区别是，根据附件八，每一当事方应指派两名仲裁员，最好从适当的名单中选出，其中只有一名可能是其国民。因此，只有该庭长由双方协议指派。

这一组成可以使特别仲裁法庭庭长相对于特别仲裁法庭其他四名仲裁员处于少数地位。但似乎各方强烈希望能够提名一名被提名的专家担任法律和行政方面的专家，另一名专家担任科学和技术方面的专家，这是影响这一决定的主要因素。

除了这些表述外，在不到庭的情况下，他方提名本国国民仲裁员和庭长的程序以及对这些过程的期限限制与第七条附件第三条所载的程序相同。不同的是，任命的机构是联合国秘书长，而不是国际海洋法法庭庭长，他必须与当事各方（见附件七）和适当的国际组织协商。

第四条　一般规定

附件七第四条至第十三条比照适用于按照本附件的特别仲裁程序。

A. VIII. 7. 关于一般规定的第四条只是规定经适当修改后，附件七第四条至第十三条适用于附件八所规定的特别仲裁程序（见上文第 A. VII. 6~ A. VII. 17 段）。

这一极为弱化的表述，与非正式单一协商案文及其修订稿（资料来源 2 和资料来源 3）中的详细文本形成鲜明对比，形成了订正的单一协商案文（资料来源 4）。先前的许多详细规定已转到公约本身，适用于公约所列举的所有争端的解决方案。

非正式单一协商案文第四部分第一次修订稿（资料来源 3）载有一项关于涉及公约若干系列条款的复杂争端的规定。这将使一个特别委员会（当时称之为特别委员会）能够要求当事各方将这些问题提交公约规定的另一个适当程序。这个想法在订正的单一协商案文中被放弃了（资料来源 4）。虽然这一规定与第二八七条一起可能大大简化了文字，但在解释或适用公约的复杂案件中，特别仲裁法庭的管辖范围问题尚不明确，这些案件不仅仅限于渔业争端、海洋环境的保护和保全、海洋科学研究或航行，而且包括船舶和倾倒物造成的污染。看来，如果在一个特别仲裁法庭面前提出的问题超出某一当事方已接受的管辖权，则该仲裁法庭可能会面临对其管辖权的成功挑战。在这种情况下，当事方将需要求助于第二八七条所述的另一种程序，但不影响第二九七条和第二九八条所载的有关限制和例外。

第五条　事实认定

1. 有关本公约中关于（1）渔业，（2）保护和保全海洋环境，（3）海洋科学研究或（4）航行，包括来自船只和倾倒造成的污染的各项规定在解释或适用上的争端各方，可随时协议请求按照本附件第三条组成的特别仲裁法庭进行调查，以确定引起这一争端的事实。

2. 除非争端各方另有协议，按照第 1 款行事的特别仲裁法庭对事实的认定，在争端各方之间，应视为有确定性。

3. 如经争端所有各方请求，特别仲裁法庭可拟具建议，这种建议并无裁决的效力，而只应构成有关各方对引起争端的问题进行审查的基础。

4. 在第 2 款限制下，除非争端各方另有协议，特别仲裁法庭应按照本附件规定行事。

A. VIII. 8. 第五条是附件八第一个被接受的条款（见上文第 A. VIII. 1 段），因为这似乎是最必要的，也是最没有争议的。它只允许属于附件八范围的当事各方请求特别仲裁法庭进行调查并确定引起争端的事实。这一事实调查职能与附件八设想的其他职能在性质上有所不同。法庭进行调查，以确定争端起因的事实，不再是以具有双重拘束力（强制仲裁和执行裁决的义务）的方式宣布法律的问题，而是经双方同意委托法庭进行的司法任务。在这种情况下，事实的调查结果应被视为双方之间的结论。

公约载有设想进行某种行政调查的其他规定，例如由沿海国根据第二十七条第 1 款、第 3 款和第 5 款在其领海进行调查，或由船旗国或港口国根据第二一七条、第二一八条和第二二六条进行海洋环境保护事项的调查。这种行政调查与附件八的司法调查大不相同。

可提交本事实调查程序的问题与第一条所列设立特别仲裁法庭的问题相同。特别仲裁法庭作为根据第三条成立的事实调查机构，以同样的方式提起事实调查程序。

第五条载有两项特别规定。特别仲裁法庭的事实调查结果将被视为当事各方之间的结论，与 1907 年《海牙第一公约》第三十五条的规定形成鲜明对比（见上文第 A. VIII. 1 段）。此外，根据第五条办理的特别仲裁法庭可应当事各方的请求提出建议，这些建议在没有裁定效力的情况下，应构成当事各方审查引起争议的问题的基础。这一想法一直出现，从非正式单一协商案文第九条（资料来源 2），在这一条中，它与事实调查有些混淆，到订正的单一协商案文（资料来源 4），其在该文件中获得了更独立的地位。在最后案文中，这两个方面分别载于第 2 款和第 3 款这两项单独的规定中，这只是为了强调这两项职能的异质性。其结果是，特别仲裁法庭可以赋予它一项类似于调解委员会的职能。这一点的理由是确立事实对于解决争端可能具有的重要性。

第五条第 4 款规定,除第 2 款另有规定外,特别仲裁法庭应按照附件八的规定办理,除非争端各方另有协议,但该款不区分事实调查和就案情提出的建议。这种模棱两可的因素不利于理解这一规定。

A. VIII. 9. 根据第二八七条,附件八的程序是公约缔约方可选择的程序之一。迄今为止,下列国家已接受附件八特别仲裁程序:比利时、白俄罗斯、德意志民主共和国、乌克兰、苏联。⑨

---

⑨ 见"交存秘书长的多边条约:截至 1987 年 12 月 31 日的状况"所示,第二十一章第 6 节,第 737 页 [ST/LEG/SER. E/6 (1988 年)]。

附件九　国际组织的参加

资料来源

1. A/CONF. 62/L. 86（1982 年），《正式记录》第十六卷，第 197 页（海洋法会议主席）。

2. A/CONF. 62/L. 93（1982 年），《正式记录》第十六卷，第 210 页（执行管理委员会）。

3. A/CONF. 62/L. 119（1982 年），《正式记录》第十六卷，第 226 页［比利时（欧洲共同体）］。

4. A/CONF. 62/L. 132 和 Add. 1（1982 年），《正式记录》第十六卷，第 236 页（海洋法会议主席）。

起草委员会

5. A/CONF. 62/L. 152/Add. 20（1982 年，油印本）。

6. A/CONF. 62/L. 160（1982 年），《正式记录》第十七卷，第 225 页（起草委员会主席）。

非正式文件

7. FC/27（1981 年，油印本）（海洋法会议主席）。转载于《第三次联合国海洋法会议文件集》第十二卷，第 444 页。

8. FC/28（1982 年，油印本）［比利时（欧洲共同体）］。转载于《第三次联合国海洋法会议文件集》第十二卷，第 454 页。

9. FC/29（1982 年，油印本）（埃及）。转载于《第三次联合国海洋法会议文件集》第十二卷，第 457 页。

10. FC/30（1982 年，油印本）（巴西）。转载于《第三次联合国海洋法会议文件集》第十二卷，第 459 页。

评　注

A. IX. 1. 附件九应结合第一条第 2 款和第三〇五条第 1 款（f）项以及许通美主席

在其 1982 年关于参加问题的报告（资料来源 1）中提供的详细解释（全文引述于上文第 305.17 段）一并解读。欧洲经济共同体（EEC）成员国坚持允许欧共体成为《公约》缔约方，导致了欧共体一系列的法律问题以及所遇到的政治困难（见上文第 305.13 和 305.14 段）。这些法律问题主要涉及对公约本身的主体进行必要的调整，以及对公约最后条款（和一般条约法）在欧洲经济共同体参加公约方面的适用，并通过在逻辑上加以延伸至与欧共体性质相似的其他政府间国际组织。考虑到这些问题的技术和细节性质，决定将具体条款集中在一个单独的附件中，成为附件九。第三〇五条第 1 款（f）项具体规定，公约"按照附件九"开放供国际组织参加。

在这些条款的谈判中，很大程度上依赖国际法委员会编写的关于国家与国际组织间或国际组织之间条约法的条款草案，直至 1981 年。这些条款草案于 1982 年完成，此后在 1986 年 3 月 23 日《关于国家和国际组织间或国际组织之间条约法的维也纳公约》①中获得通过。为最实际的目的，这些条款的实质内容与 1969 年《维也纳条约法公约》的实质内容相同。②尽管 1986 年公约尚未生效，但是可以假定，它将被视为政府国际间组织参与国家或其他政府间国际组织加入条约所引起的国际法问题的指南。

第一条　用语

为第三〇五条和本附件的目的，"国际组织"是指由国家组成的政府间组织，其成员国已将本公约所规定的事项的权限，包括就该等事项缔结条约的权限转移给各该组织者。

A. IX. 2. 第一条采用了为参加的目的商定给予"国际组织"一词的限制性含义（见上文第 305.19 段）。这一含义与公约其他地方使用这一术语没有关系。欧洲经济共同体成员国代表在协商的早期阶段所使用的某些哲学用语已被删除。

第二条　签字

一个国际组织如果其过半数成员国为本公约签署国，即可签署本公约。一个国际组织在签署时应作出声明，指明为本公约签署国的各成员国已将本公约所规定的何种事项的权限转移给该组织，以及该项权限的性质和范围。

---

① 国际法委员会的条款草案及其评注，见国际法委员会第三十四届会议报告（A/37/10），《国际法委员会年鉴》第二卷，1982 年，第二部分，特别是第三十六条之二，第 9、17、43~47。1986 年《维也纳公约》的文本载于文件 A/CONF. 129/15（1986 年），转载于《国际法资料》第 25 卷第 543 页（1986 年）。

② 《联合国条约集》第 1155 卷第 331 页；《美国国际法期刊》第 63 卷第 875 页（1969 年）；《国际法资料》，第 8 卷第 679 页（1969 年）。

A. IX. 3. 第二条只涉及签署阶段。③第三条规定了一个合格的国际组织必须满足两个主要条件方可签署公约。（1）大多数成员自身必须是公约的签署国（1984年12月9日前满足的条件，特别是欧洲经济共同体）。（2）该组织在签署公约时，必须作出正式声明，具体说明由作为其成员国的公约签署国将其权限移交给公约管辖的事项，包括该管辖权的性质和范围。这里没有规定在该组织签署后，该组织的新成员不应成为公约的签署国；或者该新国家，不论是否为公约的签署国，都应成为该组织的成员。

第三条　正式确认和加入

1. 一个国际组织如果其过半数成员国交存或已交存其批准书或加入书，即可交存其正式确认书或加入书。

2. 该国际组织交存的这种文书应载有本附件第四和第五条所规定的承诺和声明。

A. IX. 4. 第三条涉及下一阶段，即签署时的批准阶段（由第三○六条规定），或根据第三○五条第2款没有签署时的加入阶段（由第三○七条规定）。按照附件第二条签署公约的组织，如果其大多数成员国（当时）交存或已交存其批准书或加入书，其可着手交存其正式确认书。正式确认书或加入书应载有此附件第四条和第五条所要求的某些承诺和声明。

就国际组织而言，"正式确认书"一语与"批准书"类似，是对国家与国际组织或国际组织之间条约法条款草案第二条第1款（b）项之二的修改，现列入1986年《维也纳公约》第二条第1款（乙）项之二。在这方面，第三次海洋法会议起草委员会更倾向于使用该措辞，而不是"正式确认文件"。④

第四条　参加的限度和权利与义务

1. 一个国际组织所交存的正式确认书或加入书应载有接受本公约就该组织中为本公约缔约国的各成员国向其转移权限的事项所规定的各国权利和义务的承诺。

---

③ 欧洲经济共同体1984年12月7日签署公约时根据此条规定作出的详细声明，见"交存秘书长的多边条约：截至1987年12月31日的状况，"第二十一章第六节，第735、742页［ST/LEG/SER. E/6（1988年）］。国际法委员会关于此附件必要性的意见，见国际法委员会1982年平行条款，关于第三十六条之二的评注，第（9）段，注⑩。国际法委员会报告，前注①，第9、43-47页。

④ 国际法委员会和1986年《维也纳公约》使用了"正式确认文件"一词，理由见第二条评注第（6）-（9）款。（6）1982年国际法委员会条款草案，前注①，第19-21页。

2. 一个国际组织应按照本附件第五条所指的声明、情报通报或通知所具有的权限范围，成为本公约缔约一方。

3. 这一国际组织应就其为本公约缔约国的成员国向其转移权限的事项，行使和履行按照本公约其为缔约国的成员国原有的权利和义务。该国际组织的成员国不应行使其已转移给该组织的权限。

4. 这一国际组织的参加在任何情形下均不应导致其为缔约国的成员国原应享有的代表权的增加，包括作出决定的权利在内。

5. 这一国际组织的参加在任何情形下均不得将本公约所规定的任何权利给予非本公约缔约国的该组织成员国。

6. 遇有某一国际组织根据本公约的义务同根据成立该组织的协定或与其有关的任何文件的义务发生冲突时，本公约所规定的义务应居优先。

A. IX. 5. 第四条比第二条更进一步，要求一组织的正式确认书或加入书应载有接受本公约就该组织中为本公约缔约国的各成员国向其转移权限的事项所规定的各国权利和义务的承诺。在这种情况下，国际组织应在其根据第五条所指的附加"声明、通知和信息通报"的权限范围内成为公约缔约方。如第一条第 2 款第（2）项所述，这似乎意味着对公约的有限参加。除其他外，此附件第五条涉及这些权限的变化。

以这种方式成为公约缔约方的国际组织，应在其作为公约缔约国的成员国已将权限转移给它的有关事项上，行使它们根据公约本应享有的权利和履行它们本应承担的义务。与此相应，该组织成员国不得再行使其转移给该组织的权限。然而，这项规定不涉及有关成员国与本组织之间可能共享权限，或本组织内部关于某一特定情况下的权限是会员国的权限还是已经转移的问题可能存在分歧的可能性。第六条可以间接地涵盖这种情况。

A. IX. 6. 第 4 款和第 5 款特别重要，因为它限制了合格的国际组织参加公约的普遍性。第 4 款规定，尽管本组织是公约缔约国，但这种地位"在任何情况下"都不应增加其作为公约缔约国的成员国本来有权享有的代表权，包括决策权。海洋法会议主席的报告（资料来源 1）第 9 段和第 10 段还指出，一个组织的参与并没有使其非公约缔约国的成员国受益。这似乎可以特别包括第一五五条所述的审查会议和管理局大会（第一五九条）、管理局理事会的组成、程序和表决（第一六一条），以及管理局理事会经济规划委员会及法律和技术委员会（第一六三条至第一六五条）。它还将涵盖第三一二条之下的修正案；根据附件二第二条选举大陆架界限委员会成员；根据附件五、附件七和附件八各自第二条提名调解员和仲裁员；根据附件六第四条、第六条和第十八条提名缔约国的各项权利；以及国际海底管理局和国际海洋法法庭筹备委员会根据决议一作出的决定。后一方面确实受到筹备委员会议事规则的保护，该议事规则仔细区分了"国家"和"成员"。⑤

第 5 款代表了问题的另一面，具体规定，这种国际组织参加公约在"任何情况下"都不得将公约规定的任何权利授予非公约缔约国的成员国。当然，这将不影响这些国家根据习惯国际法享有的权利，而不论公约或其他有关多边或双边文书中是否有这一表述。⑥

在其最初形式（资料来源 1，第 10 段和附件一），附件九第四条本应包含一个第 6 款，涉及就该组织中为此公约缔约国的各成员国向其转移权限的事项（向其成员国国民）相互给予国民待遇或其他特别待遇的问题。尽管这一问题在整个会议期间都有人提出，但在第 160 次全体会议上（《正式记录》第十六卷，第 26 页，第 2 段），比利时代表以欧洲共同体成员国的名义说，该条款已没有必要，事实上可能导致误解，公约缔约国的利益已由第 4 款和第 7 款适当地保障了。因此，提议并通过了删除第 6 款和后来重新对第 7 款编号（资料来源 3 和资料来源 4）。

前第 6 款的撤回也反映了公约缔约国和非缔约国在地位上的这种差异。人们发现该款与此附件第四条第 5 款相抵触。

A. IX. 7. 在其概念和结构上，现在的第 6 款与《联合国宪章》第一百零三条极为相似，规定一国际组织在本公约下的义务与该组织所建立协定下的义务发生冲突时应优先适用公约或与之有关的任何文件。如《宪章》第一百零三条所述，这不是公约对国际组织组成文书至高无上的一般规定。它仅限于本组织所承担的两套义务之间发生冲突的情况。在这种情况下，应以公约规定的义务为准。

第五条　声明、通知和通报

1. 一个国际组织的正式确认书或加入书应包括一项声明，指明关于本

---

⑤　该《议事规则》第一条规定，筹备委员会成员包括签署或加入公约的国家的代表和由联合国纳米比亚理事会代表的纳米比亚代表。本规则称之为"成员"。第五十五条，题为"各实体的成员资格"，规定"成员"一词也指公约第三○五条所指的已签署或加入公约的实体的代表，第三○五条第 1 款（f）项所述实体应按照附件九的规定取得成员资格。"见文件 LOS/PCN/28 和 Corr. 1 和 2（1983 年，油印本）。关于各种语言中"实体"的含义，见起草委员会法语小组协调员在海洋法会议第 184 次会议（1982 年）上的发言，第 10 段，《正式记录》第十七卷第 51 页。

⑥　欧洲经济共同体的文件中偶尔会发现这样的观点，即这一条款有损于共同体的法律，似乎有可能引发严重的法律问题。一国际组织参加公约而不给予非公约缔约国的成员国根据公约规定的任何权利。其结果可能是，共同体公民将享有公约规定的权利，而成员国没有。见欧洲议会，1982—1983 年工作文件，第 1–793–82 号文件，代表法律事务委员会起草的关于签署和批准《海洋法公约》的报告（1982 年 11 月 3 日，海洋环境部）。另见《欧洲共同体公报，欧洲议会辩论》，1982—1983 年会议，第 1–292 号，第 6、95 页。进一步见 M. J. F. Dolmans，《混合协议问题：欧共体内部权力的划分和第三国的权利》第 65 页（1985 年），其中声明第 5 款"适用于权利（和义务），而不适用于好处（和不利）"［着重处为作者所加］。关于好处（和含蓄的缺点），见海洋法会议主席关于参加公约问题的报告（资料来源 1），第 9 段和第 10 段（引用于上文第 305. 17 段）。

公约所规定的何种事项的权限已由其为本公约缔约国的成员国转移给该组织。

2. 一个国际组织的成员国，在其批准或加入本公约或在该组织交存其正式确认书或加入书时（以后发生的为准），应作出声明，指明关于本公约所规定的何种事项的权限已转移给该组织。

3. 缔约国如属为本公约缔约一方的一个国际组织的成员国，对于本公约所规定的尚未经有关国家根据本条特别以声明、通知或通报表示向该组织转移权限的一切事项，应假定其仍具有权限。

4. 国际组织及其为本公约缔约国的成员国应将第1和第2款规定的声明所指权限分配的任何变更，包括权限的新转移，迅速通知公约保管者。

5. 任何缔约国可要求某一国际组织及其为缔约国的成员国提供情报，说明在该组织与其成员国间何者对已发生的任何特定问题具有权限。该组织及其有关成员国应于合理期间内提供这种情报。国际组织及其成员国也可主动提供这种情报。

6. 本条所规定的声明、通知和情报通报应指明所转移权限的性质和范围。

A. IX. 8. 第五条更详细地述及国际组织在交存（或后来交存）正式确认书或加入书时，以及该组织成员国在交存（或后来交存）其相应文书时所需作出的各种声明、通知和通报。根据第三一九条第2款（b）项，联合国秘书长除了作为保管者的职能外，还应将这些文书通知国际海底管理局。本组织及其作为公约缔约方的个别成员国所做的这些声明、通知和通告涉及转移给该组织的权限及其任何变动。此条还使公约的任何缔约国有权要求该组织和属于该组织成员的公约缔约国提供资料。

第六条 责任

1. 根据本附件第五条具有权限的缔约各方对不履行义务或任何其他违反本公约的行为，应负责任。

2. 任何缔约国可要求某一国际组织或其为缔约国的成员国提供情报，说明何者对特定事项负有责任。该组织及有关成员国应提供这种情报。未在合理期限内提供这种情报或提供互相矛盾的情报者，应负连带责任。

A. IX. 9. 第六条涉及未能遵守"义务或任何其他违反本公约行为"的国际责任问题。基本原则是，根据第五条所做的声明、通信和通报确定责任方。第2款还增加了这一点，为正式交流关于具体责任问题的信息开了一条路。它规定，未能在一段合理的时间内提供所要求的信息——这段时间没有界定，因此将取决于具体情况——或在责任问题上提供相互矛盾的信息，将导致"连带赔偿责任"，这一短语也出现在第一三九条中，尽管可能不具有相同的含义。

在这方面，国际法委员会自 1955 年以来就一直在讨论国家责任问题和自 1978 年以来就一直讨论国际法不加禁止的行为的损害性后果的国际责任（有时称为"绝对责任"）问题（见上文第 304. 3 段）。在这两种情况下，国际法委员会的注意力都集中在国家的责任和赔偿责任上。它尚未将注意力转向这些标题下的国际组织的责任和赔偿责任问题，更没有转向第六条第 2 款⑦提到的"连带赔偿责任"所涉及的问题（关于英文文本中的"responsibility and liability"一词，见上文第 304. 2 段）。

第七条　争端的解决

1. 一个国际组织在交存其正式确认书或加入书时，或在其后任何时间，应有自由用书面声明的方式选择第二八七条第 1 款（a）、（c）或（d）项所指的一个或一个以上方法，以解决有关本公约的解释或适用的争端。

2. 第十五部分比照适用于争端一方或多方是国际组织的本公约缔约各方间的任何争端。

3. 如果一个国际组织或其一个或一个以上成员国为争端同一方，或为利害关系相同的各方，该组织应视为与成员国一样接受关于解决争端的同样程序；但成员国如根据第二八七条仅选择国际法院，该组织和有关成员国应视为已按照附件七接受仲裁，除非争端各方另有协议。

A. IX. 10. 正如许通美主席在第十一期会议上（1982 年）所解释的那样，第七条反映了国际组织参加公约问题折中解决方案的核心内容之一（资料来源 1，第 13 段）。它被描述为包括"根据公约就其缔约组织解决争端的整个制度"。然而，由于会议结束阶段的时间限制，无法彻底审查是否确实做到了这一点，丹麦代表以其欧洲共同体成员国名义回顾该发言，认为附件六第三十一条和第三十二条并没有相抵触，适用于公约缔约国组织（这些条款涉及《法庭规约》承认的两种参加形式）。⑧主要的修改是：（1）排除国际法院作为根据第二八七条第 1 款（b）项与国际组织发生争端的国家可利用的程序，反映了这样一种观点，即根据《国际法院规约》，由国家组成的政府间国际

---

⑦　参考 John E. Noyes 和 Brian D. Smith，"国家责任和连带赔偿责任原则"，《耶鲁大学国际法杂志》第 13 卷第 225 页（1988 年）。

⑧　第 184 次全体会议（1982 年），第 11 段，《正式记录》第十七卷第 5 页。

组织不能成为该法院审理的有争议案件的当事方；因此（2）在第七条中重申仲裁是解决争端的剩余机制，相当于第二八七条第 5 款。

第八条　第十七部分的适用性

第十七部分比照适用于一个国际组织，但对下列事项除外：

（a）在适用第三〇八条第 1 款时，国际组织的正式确认书或加入书应不计算在内；

（b）

（1）一个国际组织，只要根据本附件第五条对修正案整个主题事项具有权限，应对第三一二至第三一五条的适用具有专属行为能力；

（2）国际组织对一项修正案的正式确认书或加入书，在该国际组织根据本附件第五条对修正案整个主题事项具有权限的情况下，为了适用第三一六条第 1、第 2 和第 3 款的目的，应将其视为作为缔约国的每一成员国的批准书或加入书；

（3）对于其他一切修正案，该国际组织的正式确认书或加入书适用第三一六条第 1 和第 2 款不应予以考虑；

（c）

（1）一个国际组织的任一成员国如为缔约国，同时该国际组织继续具备本附件第一条所指的资格时，不得按照第三一七条退出本公约；

（2）一个国际组织当其成员国无一为缔约国，或当该国际组织不再具备本附件第一条所指的资格时，应退出本公约，这种退出应立即生效。

A. IX. 11. 第八条涉及对国际组织适用最后条款的问题。根据第三〇八条使公约生效所需的法定缔约方数目中不包括国际组织。在根据第三一二条至第三一五条进行修正的问题上，国际组织应在其根据此附件第五条具有权限的范围内，对修正的整个主题事项具有排他性的能力。此外，正式确认或加入此种修正案的文书应视为公约缔约国的成员国的批准书，目的是为了计算是否已收到必要数量的修正案批准书或加入书，与关于计算使公约生效所需的类似文书数量的规则迥然不同。但是，这不适用于其他修正案。还应指出的是，决议一和决议二在使用"各国"和"缔约国"这两个词时十分谨慎，前者不包括非公约缔约国的实体。这是根据第一条第 2 款第（1）项作出的。

（c）项还涉及国际组织退出公约的问题，这是对第三一七条的减损。作为公约缔约方的国际组织，如果其任何一个成员是公约缔约方，并且该组织继续履行附件九第一条所要求的资格，则不得退出公约。另一方面，该组织有义务在其成员均不是公约缔约方或不再符合第一条规定的资格时退出公约。退约立即生效，但据推测，在所有其他方面均须遵守第三一七条。

根据第三一九条第 2 款（b）项，秘书长除履行保管职能外，还应将这种退约通知管理局。

第三次联合国海洋法会议最后文件

附件一

决 议 一
国际海底管理局和国际海洋法法庭
筹备委员会的建立

第三次联合国海洋法会议，

通过了《海洋法公约》，其中规定建立国际海底管理局和国际海洋法法庭，

决定采取一切可能的措施，确保使管理局和法庭在不致有不当稽延的情况下有效开展业务并为开始执行其职责而作出必要安排，

决定为实现上述目的成立一个筹备委员会，

决议如下：

1. 兹成立国际海底管理局和国际海洋法法庭的筹备委员会。委员会应由联合国秘书长于五十个国家签署或加入《公约》之日起最早六十天后最迟九十天内召集。

2. 委员会由签署或加入《公约》的国家和纳米比亚（由联合国纳米比亚理事会代表）的代表组成。《最后文件》签署国的代表可以观察员身份充分参加委员会的审议，但无权参加作出决定。

3. 委员会应选举其主席和其他高级职员。

4. 委员会议事规则的制订应比照适用第三次联合国海洋法会议议事规则。

5. 委员会应：

（a）拟定大会第一届会议和理事会的临时议程，并于适当时提出关于议程上各个项目的建议；

（b）拟定大会和理事会的议事规则草案；

（c）就管理局第一个财政期间的预算提出建议；

（d）就管理局和联合国及其他国际组织间的关系提出建议；

（e）按照《公约》有关规定提出关于管理局秘书处的建议；

（f）必要时就管理局总部的设立进行研究，并就此提出建议；

（g）按需要拟订规则、规章和程序草案，包括拟订关于管理局财政管理和内部行政的规章草案，使管理局能够开始执行职责；

（h）行使关于预备性投资的第三次联合国海洋法会议决议二授予委员会的权力和职责；

（i）对于因"区域"矿物的生产而可能受到最严重影响的发展中陆上生产国所遭遇的问题进行研究，以期尽量减轻它们的困难，帮助它们作出必要的经济调整，其中包括设置补偿基金，并就此向管理局提出建议。

6. 委员会应有为根据本决议执行其职责并实现其目标所必要的法律行为能力。

7. 委员会可设立为执行其职责所必要的附属机构，并应确定其职责和议事规则。委员会也可于适当时按照联合国的惯例利用外界的专家知识，以促进为此设立的机构的工作。

8. 委员会应为企业部设立一个特别委员会，交付给它关于预备性投资的第三次联合国海洋法会议决议二第 12 段所指的职责。特别委员会应采取一切必要措施使企业部早日有效地展开业务。

9. 委员会应就因"区域"矿物的生产而可能受到最严重影响的发展中陆上生产国所将遭遇的问题成立一个特别委员会，交付给它第 5 段（i）分段所指的职责。

10. 委员会应编制一份报告，其中载列就成立国际海洋法法庭的实际安排向按照公约附件六第四条召开的缔约国会议提出的各项建议。

11. 除第 10 段所规定者外，委员会应就其任务范围内的一切事项编制一份最后报告，提交大会第一届会议。根据报告采取的任何行动，必须符合公约关于交付给管理局有关机构的权力和职责的规定。

12. 在设施具备的情形下，委员会应在管理局所在地开会；委员会应为迅速执行其职责的需要而经常召开会议。

13. 委员会在大会第一届会议结束前应继续存在；大会第一届会议结束时，委员会的财产和记录应移交给管理局。

14. 委员会的费用应由联合国经常预算支付，但须经联合国大会核可。

15. 联合国秘书长应向委员会提供必要的秘书处服务。

16. 联合国秘书长应将本决议特别是第 14 和第 15 段提请大会注意，以便采取必要的行动。

资料来源

1. A/AC.138/88（1973 年，油印本）（秘书处）。

2. A/CONF.62/WP.8/Part I（非正式单一协商案文，1975 年），第五部分，第

七十三条，《正式记录》第六卷，第 137、148 页（第一委员会主席）。

3. A/CONF. 62/WP. 8/Rev. 1/Part I（订正的单一协商案文，1976 年），第六十三条，《正式记录》第五卷，第 125、139 页（第一委员会主席）。

4. A/CONF. 62/L. 13（1976 年），第五节，《正式记录》第十四卷，第 125 页（秘书长）。

5. A/CONF. 62/L. 55（1980 年），《正式记录》第十三卷，第 90 页（海洋法会议主席）。

6. A/CONF. 62/104（1980 年），第 5 段，《正式记录》第十四卷，第 110 页（非洲统一组织）。

7. A/CONF. 62/L. 91（1982 年），第 12～15 段，《正式记录》第十六卷，第 204 页（第一委员会主席）。

8. A/CONF. 62/L. 94（1982 年），《正式记录》第十六卷，第 213 页（执行管理委员会）。

9. A/CONF. 62/L. 116（1982 年），《正式记录》第十六卷，第 225 页（秘鲁）。

10. A/CONF. 62/L. 121（1982 年），《正式记录》第十六卷，第 226 页（比利时等）。

11. A/CONF. 62/L. 125（1982 年），《正式记录》第十六卷，第 233 页（苏联）。

12. A/C0NF. 62/L. 132 和 Add. 1（1982 年），附件三，《正式记录》第十六卷，第 236 页（海洋法会议主席）。

13. A/CONF. 62/L. 137（1982 年），《正式记录》第十六卷，第 244 页（海洋法会议主席）。

14. A/CONF. 62/C. 1/L. 30（1982 年），《正式记录》第十六卷，第 271 页（二十一国工作组协调员）。

起草委员会

15. A/CONF. 62/L. 142/Add. 1（1982 年，油印本）。

16. A/CONF. 62/L. 147（1982 年），《正式记录》第十六卷，第 254 页（起草委员会主席）。

17. A/CONF. 62/L. 152/Add. 26（1982 年，油印本）。

18. A/CONF. 62/L. 160（1982 年），《正式记录》第十七卷，第 225 页（起草委员会主席）。

非正式文件

19. FC/8 和 Add. 1/Corr. 1（1979 年，油印本）（秘书长）。转载于《第三次联合国海洋法会议文件集》第十二卷，第 363、371 页。

20. GLE/FC/17（1980 年，油印本）（未署名）。转载于《第三次联合国海洋法会议文件集》第十二卷，第 487 页。

21. GLE/FC/18（1980 年，油印本）（法律专家组主席）。转载于《第三次联合国海洋法会议文件集》第十二卷，第 488 页。

22. FC/20（1980 年，油印本）（法律专家组主席）。转载于《第三次联合国海洋法会议文件集》第十二卷，第 397 页。

23. PC/1（1980 年），转载为 A/CONF. 62/L. 55 文件的附件一（1980 年），《正式记录》第十三卷，第 90、92 页（海洋法会议主席）。

24. PC/2 和 Corr. 1（1980 年），转载为 A/CONF. 62/L. 55 文件的附件二（1980 年），《正式记录》第十三卷，第 90、93 页（海洋法会议主席）。

25. WG. 21/Informal Paper 15（1981 年，油印本）（海洋法会议主席和第一委员会主席）。转载于《第三次联合国海洋法会议文件集》第六卷，第 271 页。

26. WG. 21/Informal Paper 16（1981 年，油印本）（七十七国集团）。转载于《第三次联合国海洋法会议文件集》第六卷，第 273 页。

27. WG. 21/Informal Paper 17（1981 年，油印本）（海洋法会议主席和第一委员会主席）。转载于《第三次联合国海洋法会议文件集》第六卷，第 275 页。

28. TPIC/2（1982 年，油印本）（德意志联邦共和国等）。转载于《第三次联合国海洋法会议文件集》第八卷，第 341 页。

29. TPIC/3（1982 年，油印本）（七十七国集团）。转载于《第三次联合国海洋法会议文件集》第八卷，第 345 页。

30. TPIC/4（1982 年，油印本）（法国）。转载于《第三次联合国海洋法会议文件集》第八卷，第 347 页。

31. TPIC/5（1982 年，油印本）（澳大利亚等）。转载于《第三次联合国海洋法会议文件集》第八卷，第 348 页。

注：这项决议是在非正式全体会议（资料来源 5）和筹备委员会（第一委员会及其二十一国工作组）关于生效的议题（第三〇八条）上进行谈判的结果（第三卷，决议二）。

评　注

R. I. 1. 海底委员会首先讨论了如何处理《公约》开放供签署至生效之间的时间问题。应委员会的要求，秘书长于 1973 年提交了一份报告，题为"在多边条约，特别是建立了国际组织和（或）制度的条约生效之前临时适用这些条约的例子"。①委员会对该报告没有采取行动；但是，与会者普遍认为，这是有益的，"可在制定新的海洋法工作的以后阶段加以考虑。"②

R. I. 2. 1979 年 6 月 29 日，即海洋法会议第八期会议续会开幕前 1 个月，海洋法会议主席致函各代表团，提请注意设立筹备委员会与公约生效之间的联系。他在大会第 117 次会议上的发言中提到了这一点（《正式记录》第十二卷，第 3 页，第 3 段和第 12 段）。在他建议设立法律专家组审议最后条款的技术方面和设立筹备委员会时，法律专家组的职权范围涵盖了这两个议题。③

法律专家组未能在 1979 年完成成立筹备委员会的工作，④但其文件载有关于筹备委员会职能的一些初步意见（资料来源 19 至资料来源 21）。在本阶段，七十七国集团最后条款问题联络组主席向海洋法会议主席指出，这个问题并不完全涉及最后条款的主题和问题，因此应在非正式全体会议上作为一个单独的议题处理。

R. I. 3. 这一行动在第九期会议上（1980 年）正式开始。海洋法会议主席在给非正式全体会议的介绍性说明（资料来源 23）中阐述了他的初步想法。他指出，从该问题主要是行政问题而不是法律问题的出发点来看，非正式全体会议只审查了影响公约生效问题的那些方面，包括是否有可能暂时或部分适用公约，它拒绝了⑤（如上文第 308.4 段所解释的那样）。在 1979 年关于设立国际组织筹备机构的文书的报告中（资料来源 19），秘书处列入了联合国筹备机构惯例中除临时安排外最相关的先例。

海洋法会议主席将设立筹备委员会的主要目标界定为使管理局及其主要机关能够在公约生效后尽快运作 [资料来源 5，第 4 (a) 和 21 段，第 3 (a) 段]（见第三卷，第一五八条评注）。在这方面，他特别提到管理局大会和理事会，以及海洋法法庭和海底争端分庭（附件六，第三十五条至第四十条），并提到需要分别执行附件五、附件七和附件八关于调解、仲裁和特别仲裁程序的规定。

他提到了关于拟议的筹备委员会成员的几种可能性，列举了《最后文件》的签署国、公约的签署国和同意受公约拘束的其他国家 [资料来源 23，第 3 (b) 段]。"成员

---

① 资料来源 1，随后分发给会议。关于秘书长的职权范围，见 A/AC. 138/SC. I/L. 20，转载于 1973 年《海底委员会报告》第 8 页第 29 段。在这次会议上，还汇编了设立国际组织筹备机构的文书的一些条款（资料来源 19）。

② 1973 年《海底委员会报告》，附件一，第 35 段，第 20 页。

③ FC/2（1979 年，油印本）（海洋法会议主席）。转载于《第三次联合国海洋法会议文件集》第十二卷第 352 页。实际上，早在 1978 年，秘书处就已经开始工作，美国国务卿塞勒斯·万斯（Cyrus Vance）在其 1979 年 2 月 16 日的信中提到了这一点，该信发表在《国会记录》第 125 卷第四部分，第 4277 页（1979 年 3 月 7 日）。

④ FC/16（1979 年），载于文件 A/CONF. 62/91（1979 年），《正式记录》第十二卷第 71、109 页（关于最后条款的法律专家组主席）。

⑤ FC/9（1979 年，油印本）（海洋法会议主席）。转载于《第三次联合国海洋法会议文件集》第十二卷第 379 页。

资格必须在［公约］生效之前公开。"

该委员会的设立可采取以下几种方式之一：通过海洋法会议的一项决议、作为一项单独的文书或通过公约本身的规定［同上，第 3（c）段］。他强调，委员会的运作不应等待公约生效，而应"在公约通过后立即进行，以便委员会能够毫不拖延地开始工作"。

关于筹备委员会的结构，海洋法会议主席认为可能需要一个执行机构来促进和加快该委员会的工作，特别是在不可能引起整个筹备委员会注意的每一个细节方面［同上，第 3（d）段］。

筹备委员会的职能分为两类［同上，第 3（e）段］：（1）任何新的国际组织筹备工作所必需的通常职能；以及（2）决定建立管理局而产生的具有第十一部分和附件三规定的权力和职责的其他特别职能（这方面现已部分列入决议二）。海洋法会议主席认为大部分职能都属于第一类。第二类将包括编制管理局大会的议事规则和管理局理事会的职权，编制财务规章草案，并准备第十七条附件三所规定的规章制度草案，这些规则和规章在管理局存在的初期阶段将是必不可少的。他指出，这项工作将具有高度的技术性，筹备委员会可能必须确定该条中提到的规则、规章和程序中的哪一个在管理局存在的初期是必不可少的。海洋法会议主席增加了一个一般性的全能性条款，后来证明这一条款对"任何其他被认为适当的职能"都是必要的。

关于执行机构的问题，两个主要问题是它的组成问题及其程序性规则［见同上，第 3（f）段］。值得审议的事项包括执行机构应在多大程度上反映管理局理事会的成员模式和组成（第一六一条），包括理事会的组成、组织和议事规则、其职能以及附属专家机构或专家的使用。此外，还必须审查与筹备委员会及其执行机构会议的频率和地点有关的问题［同上，第 3（g）段］。也有人建议，委员会继续存在，至少应在《公约》生效前，直至召开管理局大会和理事会的第一届会议为止。

关于筹备委员会经费的筹措和秘书处服务的提供，海洋法会议主席回顾说，根据联合国的惯例，这些费用是由联合国根据未来组织偿还贷款的安排提供的贷款支付的［同上，第 3（i）段］。这些安排还要求联合国秘书长为筹备委员会提供服务。此外，在资金不足的情况下，政府对该组织今后的捐缴预付款也是有先例的。

最后，海洋法会议主席说，由于这些建议不涉及需要法律专家注意的法律技术问题，非正式全体会议本身可以处理整个问题（同上，第 4 段）。

R. I. 4. 在该说明的基础上，非正式全体会议对该议题进行了初步审查。后来，海洋法会议主席就关于筹备委员会的决议草案提出了以下非正式提案（资料来源 24）：

会议将通过的为建立国际海底管理局
和海洋法法庭提供临时安排的决议

出席在加拉加斯举行的第三次联合国海洋法会议的国家，

今天通过了《海洋法公约》，并

因此决定设立一个名为国际海底管理局的国际组织，并

决定将采取一切可能措施，迅速完成国际海底管理局的有效投入运作，并为其开始履行职责作出必要的安排，

决定为此目的，它们还将采取一切可能措施，组建海洋法法庭，并设立公约规定的其他机关，使管理局有效运作，并

决定在公约生效、设立国际海底管理局和召开海洋法法庭会议之前，应设立一个筹备委员会，以履行某些职能和职责，

同意如下：

1. 兹成立国际海底管理局筹备委员会，负责为大会第一届会议和理事会作出安排；设立秘书处和召集海洋法法庭。

2. 委员会应由公约每一签署国和已加入或以其他方式接受公约的每一国家的一名代表组成。

3. 委员会应选举其主席和其他主席团成员，并应在考虑到第三次联合国海洋法会议议事规则的情况下，确定自己的议事规则。

4. 委员会应：

（a）召集管理局大会第一届会议，并拟订临时议程和有关所有项目的建议；

（b）拟订理事会第一届会议临时议程和与议程上所有项目有关的建议；

（c）为大会和理事会拟订议事规则草案和财务条例草案；

（d）就管理局第一个财政期间的预算进行研究并提出建议；

（e）拟订关于建立与联合国、联合国专门组织和机构与管理局之间关系的建议；

（f）就管理局秘书处的安排，包括工作人员条例草案，拟订建议；及

（g）必要时对管理局总部的设立进行研究，并拟订有关建议。

5. 委员会应研究并拟订与公约附件二［三］第十六条有关的，其认为使管理局能够在国际海底区域开展活动必要的规则、规章和程序草案。

6. 委员会可设立其认为履行其职能所必需的附属委员会，并应确定其职能和议事规则。它还可以利用具有专门知识和经验的人，为这样设立的任何技术委员会或专门委员会的工作提供便利。

7. 委员会应作出安排，召集海洋法法庭，并作出根据公约附件四、附件六和附件七［现为附件五、附件七和附件八］的规定可能需要的其他安排，以确定调解人和仲裁员名单。

8. 委员会可处理属于其行动范围内的任何其他事项，包括……

9. 委员会应编写一份最后报告，提交大会第一届会议。为编写最后报告，委员会应审查其编写的研究报告、建议和规则、规章和程序草案，并应通过上文第5段所述的规则、规章和程序草案以及委员会认为对启动管理局的业务至关重要的任何其他规则、规章和程序草案。这些规则、规章和程序草案应连同报告一起转交管理局。

10. 委员会应在公约开放供签署之日起六十天，但至少有五十个国家已签署、批准、加入或以其他方式接受公约，否则，应在收到公约第五十个签署、批准书、加入书或接受书三十天后，尽快召开会议。委员会应尽量经常举行会议，并确定自己的会议地点。

R. I. 5. 在第十期会议上（1981年）注意到筹备委员会与第十一部分的规定之间的密切关系，会议决定，应首先在第一委员会进行一般性讨论（该问题已在海底委员会第一小组委员会中提出），然后在"全体会议和第一委员会联席会议"上进行，"由海洋法会议主席和第一委员会主席共同主持"。⑥第一委员会后来在第50次和第51次会议上（《正式记录》第十五卷，第71~78页）进行了一般性讨论。当时商定设立筹备委员会是可取的，阿梅拉辛格主席的报告（资料来源5）应为协商提供基础，未解决的问题将在非正式协商中讨论。后来，为了避免重复，协商工作由海洋法会议主席和第一委员会主席联合主持，采用了二十一国工作组的制度。

这个阶段的讨论使人们普遍同意，应通过会议的一项决议设立筹备委员会，并将其列入《最后文件》。筹备委员会成立的总目标得到了广泛承认，有人提到，委员会的目标之一是安排建立企业部。筹备委员会的名称被认为是适当的。阿梅拉辛格主席关于委员会成员的建议遇到了困难，七十七国集团准备接受一种折中办法，即只签署最后文件的国家享有观察员地位，从而给予它们充分参与委员会审议的权力，但剥夺它们有权参与决策程序的权利。关于筹备委员会的决策过程和议事规则的讨论没有结果。关于筹备委员会的任务，对企业部的设立有不同意见，因为这个问题与关于初步投资保护的建议相联系。与会者普遍同意，应授权联合国秘书长召开委员会会议，可以接受先前关于筹备委员会第一次会议时间安排和成员要求的提议（资料来源5），筹备委员会的存在不应过度延长。另一方面，筹备委员会的经费筹措问题引起了一些问题，没有得出任何结论。⑦（通过二十一国工作组制度产生的各种草案载于资料来源25至资料来源27）。

---

⑥ 文件 A/CONF. 62/110（1981年），第7段，《正式记录》第十五卷第95页（海洋法会议主席）；总务委员会，第59次会议（1981年），第7段，同上，第49页；第145次全体会议（1981年），第2-88段，同上，第7页。

⑦ A/CONF. 62/L. 70（1981年），第7-20段，《正式记录》第十五卷第148页（第一委员会主席）。

R. I. 6. 在第十一期会议上（1982 年），继续在同一框架内进行密集的协商，同时就如何处理预备性投资进行协商。这些协商导致通过了决议一和决议二，并在第三〇八条中增加了第 4 款和第 5 款。二十一国工作组协调员提交第一委员会的报告和第一委员会主席提交海洋法会议的报告详细叙述了这些问题。⑧这些报告导致将成为执行部分第 9 段的内容列入决议，以满足某些发展中国家对公约所载生产政策的关注（资料来源 9）。这是秘书长提交第十一期会议的初步报告的主题。⑨

在起草委员会第一次审查决议草案案文之后，执行管理委员会核准将该决议草案列入最后文件（资料来源 8 和资料来源 15）。工业化国家（资料来源 10）和苏联（资料来源 11）提出了另一套修正案，但这些修正案未经表决。提及联合国纳米比亚问题理事会的内容与第三〇五条第 1 款（b）项（资料来源 13）的最后文本一致（见上文第 305.7 段）。

在第 182 次全体会议上，公约草案和决议一至决议四经记录表决以 130 票赞成、4 票反对和 17 票弃权获得通过（《正式记录》第十六卷，第 155 页）。起草委员会提出了进一步的修改意见（资料来源 17），并将其纳入最后文本（资料来源 18）。

R. I. 7. 根据第 16 段，秘书长在会议结束前提请联合国大会第三十七届会议注意决议一。这导致了 1982 年 12 月 3 日第 37/66 号决议（第一卷，第 201 页），其中除其他外，授权秘书长召开筹备委员会，联合国大会核准由联合国经常预算为筹备委员会筹措经费。大会在通过该决议时（以 3 票赞成、134 票反对和 7 票弃权）否决了土耳其和美国的提案（A/37/L.15/Rev.1），该提案大意是筹备委员会经费的筹措应由签字国承担。⑩

R. I. 8. 1982 年 12 月 10 日，公约的签署达到了必要的数目，秘书长宣布筹备委员

---

⑧　资料来源 7、资料来源 12 和资料来源 14；第 157 次全体会议（1982 年），第 5-7 段，《正式记录》第十六卷第 8 页。

⑨　A/CONF.62/L.84 和 Add.1（1982 年），《正式记录》第十六卷第 177 页（秘书长）。

⑩　《联大正式记录》第 37 卷，第 28 项议程（A/37/561）。

会将于 1983 年 3 月 15 日在牙买加金斯敦举行第一次会议。⑪

R. I. 9. 根据该决议第 13 段，委员会在管理局理事会第一届会议结束之前要一直存在。因此，管理局大会和筹备委员会都将存在一个重叠的时期，该期间的持续时间将取决于管理局大会。当筹备委员会不再存在时，其财产和记录将移交给管理局，然后将属于公约第十一部分第四节 G 分节的管辖范围（第一七六条至第一八三条）。

R. I. 10. 决议二，关于多金属结核先驱活动的预备性投资（第三卷），筹备委员会从开始运作之日起就被赋予重要任务。该决议第 13 段要求管理局及其机关承认和履行该决议和筹备委员会根据该决议作出的决定所产生的权利和义务。这是通过第三〇八条第 4 款纳入公约的。英国还指出，根据附件六第三十八条，海洋法法庭海底争端分庭适用的法律将包括筹备委员会根据第三〇八条第 4 款通过的规则、规章和程序。⑫

R. I. 11. 根据第三〇八条第 1 款，自第六十份批准书或加入书交存之日起至公约生效之日止的十二个月期间——这是一段超长的时间——应使筹备委员会根据决议一完成所有未完成的工作。

---

⑪　第 193 次全体会议（1982 年），第 41 段，《正式记录》第十七卷第 135 页。以 LOS/PCN/-文件标志印发的筹备委员会文件。委员会的组织结构于 1983 年 9 月 8 日通过。其在全体会议上的职能涉及：（i）决议一第 5（g）段；（ii）根据决议一第 5（h）段执行决议二；（iii）决议二中所述最后报告（包括特别委员会和其他附属机构的报告）；（iv）一般业务运作，包括协调各机关和附属机构的工作，并根据总务委员会的建议提出关于工作安排的所有问题；和（v）提交关于设立法庭的安排和为此目的召开的缔约国会议的报告。

筹备委员会设立了 4 个地位平等的特别委员会，具体情况如下：（i）第一特别委员会，讨论发展中的陆地生产国可能遇到的问题，这些国家很可能受到"区域"矿物生产的最严重影响［决议一，第 5（i）段］；（ii）第二特别委员会，涉及企业部，采取一切必要措施使企业部早日有效运作（决议一，第 8 段和决议二第 12 段）；（iii）第三特别委员会，制定"区域"勘探和开发规则、规章和程序（海底采矿法）［决议一，第 5（g）段］；（iv）第四特别委员会，就设立海洋法法庭的实际安排提出建议（决议一，第 10 段）。根据决议一第 7 段，筹备委员会保留为有效行使其职能而设立其他必要附属机构并确定这些机构的权限和组成的权力。

总务委员会——由筹备委员会主席［前坦桑尼亚联合共和国总理兼第三次海洋法会议第一副主席约瑟夫·瓦里奥巴（Joseph S. Warioba），1987 年 4 月 10 日辞职，由佛得角的约瑟夫·路易斯·耶苏斯（José Luis Jesus）接替］组成，以及委员会和特别委员会的其他成员将担任委员会执行决议二的机构，并负责就与工作安排有关的所有问题向委员会提出建议。见文件 LOS/PCN/27（1983 年，油印本）。筹备委员会的议事规则见文件 LOS/PCN/28 和 Corr. 1 和 2（1983 年和 1984 年，油印本）。见 T. Treves，"国际海底管理局筹备委员会'签署最后文件的观察员'"，《德国国际法年鉴》第 27 卷第 303 页（1984 年）。

⑫　第 184 次全体会议（1982 年），第 12 段，《正式记录》第十七卷第 5 页。

决议三 *

第三次联合国海洋法会议，

考虑到《海洋法公约》，

并念及《联合国宪章》，特别是第七十三条，

1. 兹宣告：

（a）在其人民尚未取得完全独立或尚未取得联合国所承认的某种其他自治地位的领土或在殖民统治下的领土的情形下，公约关于权利和利益的规定应为该领土人民的利益而实施，以期促进其福利和发展。

（b）如果各国间对本决议适用的领土的主权发生争端，而联合国已就这项争端提出具体的解决办法，缔约各方应就（a）分段所指权利的行使进行协商。在进行这种协商时，有关领土人民的利益应作为基本的考虑因素。这些权利的行使均应考虑到联合国的有关决议，并应不妨害争端任何一方的地位。有关国家应竭尽一切努力，达成切合实际的临时安排，且不应妨害或阻碍达成最终解决争端的办法。

2. 请联合国秘书长提请联合国所有会员国和会议的其他参加者，以及联合国各主要机关注意这项决议，并请其予以遵守。

----

* 编者注：本决议的正式标题是"非自治领土或有争议领土人民的权利"。

资料来源

1. A/AC.138/SC.II/L.10，第十条，转载于 1972 年《海底委员会报告》，第 180 页（肯尼亚）。

2. A/AC.138/SC.II/L.40，第十一条，转载于 1973 年《海底委员会报告》第三卷，第 87 页（阿尔及利亚等）。

3. A/CONF.62/33（1974 年），第 10 段，《正式记录》第三卷，第 63 页（非洲统一组织）。

4. A/CONF.62/L.6（1974 年），《正式记录》第三卷，第 83 页（密克罗尼西亚）。

5. A/CONF.62/L.8/Rev.1（1974 年），附录一（A/CONF.62/C.2/WP.1），条文第二四〇条，《正式记录》第三卷，第 93、107、140 页（第二委员会）。

6. A/CONF.62/C.2/L.30（1974 年），《正式记录》第三卷，第 210 页（斐济等）。

7. A/CONF.62/C.2/L.38（1974 年），第十条，《正式记录》第三卷，第 214 页

（保加利亚等）。

8. A/CONF. 62/C. 2/L. 55（1974 年），第三条，《正式记录》第三卷，第 230 页（土耳其）。

9. A/CONF. 62/C. 2/L. 58（1974 年），《正式记录》第三卷，第 232 页（阿根廷等）。

10. A/CONF. 62/C. 2/L. 62/Rev. 1（1974 年），第五条，《正式记录》第三卷，第 232 页（阿根廷等）。

11. A/CONF. 62/C. 2/L. 82（1974 年），第十一条，《正式记录》第三卷，第 240 页（冈比亚等）。

12. A/CONF. 62/WP. 8/Part II（非正式单一协商案文，1975 年），第一三六条，《正式记录》第六卷，第 137、152、171 页（第二委员会主席）。

13. A/CONF. 62/WP. 8/Rev. 1/Part II（订正的单一协商案文，1976 年），过渡性条款，《正式记录》第五卷，第 125、151、172 页（第二委员会主席）。

14. A/CONF. 62/WP. 10（非正式综合协商案文，1977 年），过渡性条款，《正式记录》第八卷，第 1、49 页。

15. A/CONF. 62/WP. 10/Rev. 1（非正式综合协商案文第一次修订稿，1979 年，油印本），过渡性条款。转载于《第三次联合国海洋法会议文件集》第一卷，第 375、498 页。

16. A/CONF. 62/WP. 10/Rev. 2（非正式综合协商案文第二次修订稿，1980 年，油印本），过渡性条款。转载于《第三次联合国海洋法会议文件集》第二卷，第 1、125 页。

17. A/CONF. 62/WP. 10/Rev. 3 *（非正式综合协商案文第三次修订稿，1980 年，油印本），过渡性条款。转载于《第三次联合国海洋法会议文件集》第二卷，第 179、309 页。

18. A/CONF. 62/L. 78（公约草案，1981 年），过渡性条款，《正式记录》第十五卷，第 172、224 页。

19. A/CONF. 62/L. 86（1982 年），第 19、20 段，《正式记录》第十六卷，第 197 页（海洋法会议主席）。

20. A/CONF. 62/L. 94（1982 年），《正式记录》第十六卷，第 213 页（执行管理委员会）。

21. A/CONF. 62/L. 109（1982 年），《正式记录》第十六卷，第 223 页（西班牙）。

起草委员会

22. A/CONF. 62/L. 142/Add. 1（1982 年，油印本）。

23. A/CONF. 62/L. 147（1982 年），《正式记录》第十六卷，第 254 页（起草委员

会主席）。

非正式文件

24. Informal Working Paper No. 13 （1974 年，油印本），条文二（第二委员会）。转载于《第三次联合国海洋法会议文件集》第三卷，第 517 页。

25. Informal Working Paper No. 13/Rev. 1 （1974，油印本），条文二（第二委员会）。转载于《第三次联合国海洋法会议文件集》第三卷，第 523 页。

26. Informal Working Paper No. 13/Rev. 2 （1974，油印本），条文二（第二委员会）。转载于《第三次联合国海洋法会议文件集》第三卷，第 530 页。

27. C. 2/Blue Paper No. 12 （1975 年，油印本）（未署名）。转载于《第三次联合国海洋法会议文件集》第四卷，第 153 页。

28. 七十七国集团 （1975 年，油印本），第三条。转载于《第三次联合国海洋法会议文件集》第四卷，第 205 页。

29. Proposal for Provisions 239-243 （1975 年，油印本）（未署名）。转载于《第三次联合国海洋法会议文件集》第四卷，第 221 页。

30. Working Paper on the Exclusive Economic Zone by the Group 77 （1975 年，油印本），第三条。转载于《第三次联合国海洋法会议文件集》第四卷，第 227 页。

31. Group of Arab States （1976 年，油印本）。转载于《第三次联合国海洋法会议文件集》第四卷，第 355 页。

32. 法国 （1976 年，油印本）。转载于《第三次联合国海洋法会议文件集》第四卷，第 356 页。

33. 荷兰 （1976 年，油印本）。转载于《第三次联合国海洋法会议文件集》第四卷，第 356 页。

34. 美国 （1976 年，油印本）。转载于《第三次联合国海洋法会议文件集》第四卷，第 356 页。

35. 美国 （1976 年，油印本），建议的修正案，订正的单一协商案文二，过渡性条款。转载于《第三次联合国海洋法会议文件集》第四卷，第 357、369 页。

36. FC/11 （1979 年，油印本），第 3 段（海洋法会议主席）。转载于《第三次联合国海洋法会议文件集》第十二卷，第 383 页。

[注：本决议是在第二委员会关于外国统治领土的协商中产生的，作为主题和问题清单①议题项目 19 （岛屿制度）和关于参加《公约》的非正式全体会议议题的一部分。]

---

① 见 A/CONF. 62/28 （1974 年），《正式记录》第三卷第 57 页（总务委员会）；另见 A/CONF. 62/29 （1974 年），同上，第 59 页。

评　注

R. III. 1. 与决议一和决议二不同，本决议没有标题。它涉及外国占领下的领土。

尽管严格地说，本决议所涉专题与《海洋法公约》无关，更与参加这一公约无关，在第三次联合国海洋法会议上，这一问题在政治上成为一个高度敏感的问题。虽然它起源于海底委员会第二小组委员会（资料来源 1 和资料来源 2），并在第三次海洋法会议第二委员会（资料来源 3、资料来源 4、资料来源 6 至资料来源 11 和资料来源 23 至资料来源 34）中进行了讨论，但在该会议经过一段曲折的过程后，在参加方面最终得到了解决（资料来源 19 和资料来源 35）。此外，这将导致阿根廷拒绝接受《最后文件》，尽管该国后来签署了该公约——但这是一个不寻常的、可能是史无前例的行动。

R. III. 2. 直到 1974 年，在题为"岛屿制度：（a）殖民地依赖或外国统治或控制下的岛屿"的议题项目 19（a）范围内讨论了这一议题。海底委员会对这一议题没有多少兴趣，但在第三次海洋法会议上发生了变化。1974 年第二委员会第 38～40 次会议（《正式记录》第 278～289 页）讨论了这个项目本身。当时就分项目 19（a）提交了 8 套单独的提案（资料来源 3、资料来源 4 和资料来源 6 至资料来源 11）。在后来举行的非正式会议上，第二委员会的非正式文件 13（资料来源 24 至资料来源 26）提出了这一专题，导致第二委员会的主要趋势工作文件（资料来源 5）产生了条文第二四〇条，其中有 4 个方案（A、B、C 和 D）。

在海洋法会议第三期会议上（1975 年），在第二委员会的框架内设立了一个岛屿问题不限成员名额协商小组，在两次会议上，该小组成功地将这 4 个方案缩减为一个单一的案文（资料来源 27），作为第一三六条（资料来源 12）列入了非正式单一协商案文第二部分。这是当时称为"第十部分：外国占领或殖民统治下的领土"的单一条款，即在这种情况下，原先对岛屿的提议的限制已改为领土而没有任何解释。该案文第一三六条改为：

1. 本公约承认或确立的对在其人民尚未取得完全独立或尚未取得联合国所承认的某种其他自治地位的领土或在外国占领或殖民统治下的领土、联合国托管领土或联合国管理的领土的资源的权利，应归属该领土的居民，由他们为自己的利益并根据自己的需要和要求行使。

2. 在外国占领或殖民统治领土存在主权争端的情况下，在按照《联合国宪章》的宗旨和原则解决之前，不应行使第 1 款所指的权利。

3. 在任何情况下，管理或占领该领土或意图管理或占领该领土的宗主国或外国不得行使、获利于或以任何方式侵犯第 1 款所述的权利。

R. III. 3. 在第四期会议上（1976 年），当在非正式会议上逐条阅读非正式单一协商案文时，第一三六条遭到了强烈反对。在第二委员会主席（委内瑞拉的安德尔菲斯·阿吉拉尔（Andrés Aguilar）编写的订正的单一协商案文第二部分中（资料来源 13），第一三六条从编号的条款中删除，在文字几乎未变的情况下，被指定为"过渡性条款"，放在第二部分末尾，在所有编号的条款之后。海洋法会议主席在其介绍性说明中写道（资料来源 13，第 153 页，第 20 段）：

> 关于外国占领或殖民统治下领土的条款在委员会引起了长时间的辩论。在反思辩论之后，我觉得我不应该从现有案文中增加或删除主要内容，除非以不太绝对的条款重新起草第 2 款。另一方面，必须承认，该条提出的问题超出了海洋法的范围。我把它单独列为一项过渡性条款，通过了一项解决办法，这绝不意味着该条款所处理的事项是永久性的和不可改变的。

R. III. 4. 在第六期会议上（1977 年），当订正的单一协商案文的文本被合并到非正式综合协商案文时（资料来源 14），这一过渡性条款再次被放在整个文本的末尾、认证之后和附件之前，海洋法会议主席对放在该位置没有任何评论，它不再仅仅与第二委员会编写的条款有关，而是适用于整个公约草案，如前所述，这是一个根本性但无法解释的变化。在这种情况下，过渡性条款并不是正式辩论的主题。然而，1979 年非正式全体会议在最后规定的范围内讨论了这一问题——海洋法会议主席以其惯常方式总结了这一辩论（资料来源 36，第 12 段）。这一问题显然变得极具争议，阿梅拉辛格主席试图将其排除在关于最后条款的讨论之外。然而，不可能继续忽视适用于第三〇五条第 1 款（c）、（d）和（e）项所指实体之间的政治联系，某些民族解放运动的参与要求，过渡性条款，特别是七十七国集团试图在公约的编号条款中恢复过渡性条款，建议在适当修改过渡性条款第 2 款的措辞后，将其改为决议。[②]后来在许通美主席指导下进行的磋商中，关于在适当改写过渡性条款第 2 款之后将其改为决议的建议为摆脱这一威胁性僵局提供了一条出路（资料来源 19，第 19 段）。西班牙进一步试图修正折中解决办法，将决议草案第 2 段改为原来的过渡条款第 2 款（资料来源 21，第 5 段），但海洋法会议主席后来宣布，西班牙代表团不会坚持对该提案进行表决。[③]这样，一个曾一度威胁破坏会议的分裂性很强的问题得到了解决，但可能没有一个人满意。

在缺乏经验的情况下，不可能试图预测这项决议执行部分仅限于国家间关系的决议将如何在实践中适用。

---

② 七十七国集团提出了新的第三〇四条之二。转载于《第三次联合国海洋法会议文件集》第十二卷第 348 页。

③ 第 175 次全体会议（1982 年），第 3 段，《正式记录》第十六卷第 131 页。

决议四 *

第三次联合国海洋法会议，

考虑到已按照会议议事规则第 62 条邀请民族解放运动以观察员身份参加海洋法会议，

决定参加第三次联合国海洋法会议的民族解放运动应有权以观察员的身份签署会议的《最后文件》。

资料来源

1. A/CONF. 62/L. 26（1978 年），《正式记录》第九卷，第 182 页（阿尔及利亚等）。

2. A/CONF. 62/L. 86（1982 年），第 14~18 段，《正式记录》第十六卷，第 197 页（海洋法会议主席）。

3. A/CONF. 62/L. 94（1982 年），《正式记录》第十六卷，第 213 页（执行管理委员会）。

4. A/CONF. 62/L. 101（1982 年），《正式记录》第十六卷，第 218 页（伊拉克）。

5. A/CONF. 62/L. 132 和 Add. 1（1982 年），《正式记录》第十六卷，第 236 页（海洋法会议主席）。

——————————————

*编者按：该决议的适当标题是"授权某些民族解放运动以观察员身份签署会议最后文件"。

非正式文件

6. FC/12（1979 年，油印本）（阿尔及利亚等）。转载于《第三次联合国海洋法会议文件集》第十二卷，第 385 页。

7. FC/17（1979 年，油印本）（海洋法会议主席）。转载于《第三次联合国海洋法会议文件集》第十二卷，第 393 页。

8. FC/23/Corr. 1（1981 年，油印本）（海洋法会议主席）。转载于《第三次联合国海洋法会议文件集》第十二卷，第 426 页。

9. FC/25（1981 年，油印本）（海洋法会议主席）。转载于《第三次联合国海洋法会议文件集》第十二卷，第 431 页。

10. FC/26（1981 年，油印本）（海洋法会议主席）。转载于《第三次联合国海洋法会议文件集》第十二卷，第 438 页。

评　论

R. Ⅳ. 1. 与决议三一样，这项没有标题（和未经起草委员会审查）的决议涉及非洲统一组织和阿拉伯国家联盟在各自区域承认的民族解放运动相对于公约的地位，并通过公约与筹备委员会和公约设立的其他机构进行交流。因此，它与第一五六条第 3 款和第三一九条第 3 款直接相关（见上文第 319. 11 段）。它产生于关于参加公约的讨论，特别是第三〇五条和第三〇七条，其中列出了先前的资料来源。

R. Ⅳ. 2. 虽然在第三次海洋法会议的早期阶段曾零星提到某些民族解放运动作为缔约方参加公约的问题，但在第七期会议（1978 年）上（第 95~98 次会议关于序言和最后条款的一般性辩论中，这个问题首先以具体形式提出，《正式记录》第九卷，第 28~46 页）。海洋法会议第二期会议（1974 年）决定邀请非洲统一组织和阿拉伯国家联盟在各自区域承认的民族解放运动作为观察员参加其工作，并在《议事规则》中做了适当规定。①联合国大会在 1974 年 12 月 17 日第 3334（XXIX）号决议（第一卷，第 191 页）注意到会议的这一决定。考虑到参加外交会议与由此产生的参加条约之间传统上存在的关系，很明显，这些民族解放运动作为观察员参加会议迟早会导致对其参加公约可能的困难问题。

R. Ⅳ. 3. 在 1978 年关于最后条款的辩论中，阿拉伯国家联盟二十个成员国就新的第三〇三条之二提交了以下提案（资料来源 1）：

> 联合国承认并应邀以观察员身份参加第三次联合国海洋法会议工作的解放运动可以加入本公约；联合国今后承认的解放运动也有权加入本公约。

巴林代表团在介绍这项提案时解释说，会议正在拟订一项普遍文书，预计将继续有效多年。很有可能，在公约有效期内，一些解放运动将成为独立国家的政府，因此应允许它们签署该文书。②这项一般认为首先考虑到的是巴勒斯坦解放组织的提案，证明在会议结束和在第 184 次全体会议上通过《最后文件》时，引起了极大的争议和分歧，在第 182 次和第 184 次会议上产生了两次记录表决，③以色列在签署《最后文件》

---

① 第 38 次全体会议（1974 年），第 99-116 段，《正式记录》第一卷第 165 页；以及第 40 次全体会议（1974 年），第 58-63 段，同上，第 176 页。

② 第 97 次全体会议（1978 年），第 32 段，《正式记录》第九卷第 38 页。

③ 《正式记录》第十六卷第 152 页，第 2-6 段，《正式记录》第十七卷第 10 页，分别在第 81-83 段。

时做了正式声明。④

    R. IV. 4. 在第八期会议续会上（1979 年）的非正式全体会议期间，提出对该提案进行修订（资料来源 6）。其主要特点是试图在半独立和有争议领土的参加（现为第三〇五条第 1 款（c）、（d）和（e）项以及决议三的主题）与联合国承认的民族解放运动和有关区域组织的参加之间建立正式联系。海洋法会议主席在一份说明中概述了辩论的情况（资料来源 7）。在该说明与第十期会议（1981 年）恢复讨论期间，该问题在亚非法律协商委员会（一个参加海洋法会议的政府间组织）闭会期间会议上进行了讨论。该委员会赞成民族解放运动的参加。⑤

    R. IV. 5. 许通美主席在第十期会议（1981 年）接手讨论了这一问题（辩论摘要见资料来源 8，第 7 段；资料来源 9，第 8 段和资料来源 10，第 10~12 段）。辩论表明存在一个近乎僵局的局面，但这个僵局被海洋法会议主席的建议打破了，该建议认为，考虑到不具备国家法律和其他属性的实体的利益，似乎有必要寻求最终解决方案。他在对反对意见的总结中提到了重申和发展适用于武装冲突中的国际人道主义法律的外交会议（1974—1977 年）的最后文件，其中允许民族解放运动在单独一页上签署最后文件（资料来源 10，第 12 段）。⑥进一步讨论的结果是，民族解放运动不符合参加《公约》的必要标准，但尚未找到具体的解决办法。

    R. IV. 6. 在第十一期会议上（1982 年）恢复了协商，当时，许通美主席根据以下 5 点提出了一项折中方案（资料来源 2，第 16 段），内容如下：

    （1）参加第三次联合国海洋法会议的民族解放运动有权以观察员身份签署会议最后文件；

    （2）参加第三次联合国海洋法会议并签署会议最后文件的民族解放运动应具有筹备委员会观察员地位；

    （3）参加第三次联合国海洋法会议并签署会议最后文件的民族解放运动应具有国际海底管理局大会观察员地位；

    （4）参加第三次联合国海洋法会议并签署会议最后文件的民族解放运动可以观察员身份出席公约缔约方的任何会议；

    （5）保管者送交公约缔约国的任何通知也应送交参加了第三次联合国海洋法会议并签署了会议的最后文件的民族解放运动。

---

④   第 190 次全体会议（1982 年），第 24 段，《正式记录》第十七卷第 85 页。

⑤   联合国工作文件 UN Job Nos 81-07315 和 81-07794 号（亚非法律协商委员会）。

⑥   见该会议正式记录，第一卷，第一部分，最后文件，标题为"有关区域组织承认并受会议邀请参加我们的工作的民族解放运动"一节。

他提议将这些内容纳入会议的一项决定，大意是，那些参加了第三次海洋法会议的民族解放运动应有权以观察员身份签署会议的最后文件。根据决议一执行部分第2段，这将使他们能够作为观察员参加筹备委员会的工作。对第一五六条和第三一九条提出了其他相应的修正。

报告接着解释说，在这种情况下，民族解放运动将能够作为观察员参加筹备委员会和管理局。这将使他们能够提出他们所代表的人民的意见，并要求采取适当措施保护这些人民的利益，直到他们获得自治或独立。伊拉克提出了一些具体涉及第一五六条第3款和第三一九条第3款的进一步修正案，并将海洋法会议的决定转变为一项决议（资料来源3和资料来源4），这项修正案作为一揽子计划的一部分列入了第182次会议的单一表决（《正式记录》第十六卷，第153页，第20~28段），在就这一内容进行单独表决后，海洋法会议主席裁定不可受理，对这一裁决的质疑被驳回（同上，第152页，第2~9段）。⑦

R. IV. 7. 决议四以及第一五六条和第三一九条有关规定的适用在一个主要方面与第三〇五条的规定有区别。第三次联合国海洋法会议关于民族解放运动的折中方案仅限于那些被邀请参加会议工作并签署了《最后文件》的运动。因此，无论非洲统一组织还是阿拉伯国家联盟是否承认它们在各自区域的存在，这一折中方案不能延伸适用于未来的民族解放运动。筹备委员会的解释是，这并不排除在各自区域内得到非洲统一组织或阿拉伯国家联盟承认、尚未签署第三次海洋法会议《最后文件》的民族解放运动作为观察员参加筹备委员会。但是，他们这样做不是出于权利，而是在委员会主席或特别委员会之一的倡议下。这种参与仅限于这些民族解放运动职权范围内的问题，不延伸到做决定。⑧

R. IV. 8. 这是第一次在联合国或任何其他重要的国际外交会议上提出正式建议使民族解放运动成为国家间普遍国际条约的缔约方，并参照某些条约的可能性，包括本公约在内，设想非自治或半独立领土能够成为该条约的缔约方，或默示或明确拥有该条约的权利。甚至1974—1977年关于重申和发展适用于武装冲突中的国际人道主义法律的外交会议也没有取得进展。它所做的最多的是在第一号附加议定书中插入了一项规定（第九十六条第3款），使代表从事反对殖民统治和外国占领、反对种族主义政权、行使自决权的武装冲突的人民的当权者能够为了保证适用该附加议定书和《关于

---

⑦ 这一事件阻碍了对"一揽子计划"任何部分进行单独表决的所有可能性。见第182次会议（1982年），第7段，《正式记录》第十六卷第153页。后来扩大到《最后文件》，见184次会议（1982年），第81段，《正式记录》第十七卷第10页。

⑧ 筹备委员会，《议事规则》，第三条第1款（d）项、第2款和第3款。文件LOS/PCN/28和Corr. 1和2（1983年，油印本）。

保护战争受难者的 1949 年日内瓦四公约》中与第三〇五条第 1 款（f）项有关的冲突，⑨这一想法将在第三次联合国海洋法会议中以完全不同的背景重新出现（见上文第 305.13 段）。

签署《最后文件》的民族解放运动有南非非洲国民大会、巴勒斯坦解放组织、阿扎尼亚泛非主义者大会和西南非洲人民组织。在协商最激烈的时候，《最后文件》附录中记录了 8 个民族解放运动作为观察员参加了海洋法会议的前几期会议（事实上，根据海洋法会议第一期和第二期会议的活动说明，这一数字更高，⑩ 但许多有代表性的民族在海洋法会议进行期间获得了独立）。

---

⑨ 1949 年 8 月 12 日《日内瓦公约附加议定书》（第一号议定书）（1977 年），联合国文件 A/32/144（1977 年）。转载于《国际法资料》第 16 卷第 1391、1431 页（1977 年）和《美国国际法期刊》第 72 卷第 457、500 页（1978 年）。参见 M. Bothe，K. Partsch 和 W. Solf，《武装冲突受害者的新规则》，第 555 页（1981 年）；和 Sh. Rosenne，《参加日内瓦公约（1864—1949 年）和 1977 年附加议定书》，载于 Ch. Swinarski 编《为纪念让·皮克泰而进行的国际人道主义法和红十字原则研究和论文》803、809（1984 年）。另见红十字国际委员会，1949 年 8 月 12 日日内瓦四公约 1977 年 6 月 8 日附加议定书评注，第 1088 段。3759-3775 页（1987 年）。

⑩ A/CONF.62/L8/Rev.1（1974 年），第 38 段，《正式记录》第三卷第 96 页。

英文版索引

公约第二七九条至第三二〇条、附件五至附件九以及《最后文件》附件一决议一、决议三、决议四的主题索引是根据联合国在《海洋法：联合国海洋法公约》（联合国出版物出售品编号：E.83.V.5）中使用的索引改编，并做了一些小的修改，作为本卷所载《公约》条款和《最后文件》决议的主题索引，但不包括其评注。

公约条款的引文以条、款和项的序号表示。例如，298（1）（a）（iii）是指第二九八条第1款a项（3）目。

附件中条款的引文用大写字母"A"加附件编号（如A5至A9）以及条、款和项序号表示。例如，A9/8（b）（ii）表示附件九第八条b款第（2）项。

《最后文件》决议一、决议三和决议四的引文用大写字母"R"加决议编号以及段落和分段序号表示。例如，R3/1（b）表示决议三第1段b分段。

"该词出现在（occurrence of the term）"用于表示在公约、附件或决议中出现一个或多个特定词的情况；在这些情况下，没有细分为实质性分类。

"用语"一词一般指《公约》、附件或决议中使用的一个或多个用语的定义。

如果一个术语出现在一条的所有段落中，则只给出条的编号。

Abuse

of legal process: 294(1)

of rights: 300

Access

settlement of disputes: 291; A6/20; A6/37

Accession

Convention: 307; 308(1); 308(2); R1/1

Convention amendments: 315; 316

international organizations: A9/3(1); A9/4(1); A9/5(1); A9/5(2); A9/7(1); A9/8 (a); A9/8(b)(ii); A9/8(b)(iii)

***Ad hoc* chamber of the Sea-Bed Disputes Chamber**

(see also Sea-Bed Disputes Chamber)

occurrence of the term: A6/36

Advisory opinion

(see also Sea-Bed Disputes Chamber) A6/40(2)

Agreement

（see also arrangements；co-operation）bilateral, regional, subregional：282；298（1）（a）
（iii）

occurrence of the term：284（2）；288（2）；290（5）；292（1）；297（3）（e）；298（1）（a）
（i）；298（1）（a）（ii）；298（1）（a）（iii）；298（5）；299（1）；303（4）；311（2）；312
（2）；319（2）（c）；A5/3（g）；A5/7（1）；A5/10；A6/20（2）；A6/21；A6/22；A6/24
（1）；A6/24（2）；A6/32（2）；A6/36（2）；A7/2（g）；A7/3（d）；A7/12（2）；A8/3
（d）；A8/3（g）；A9/4（6）

Allowable catch：297（3）（a）；297（3）（b）（ii）

Amendments

accession to：A9/8(b)

circulation and notification：319（2）（b）；319（2）（d）；319（3）（a）（iii）

conference to deal with：312

entry into force：316

exclusion of：311（6）

relating exclusively to activities in the Area：314；316（5）

signature：315（1）

simplified procedure：313

Statute of the International Tribunal for the Law of the Sea：A6/41

to the Convention：312；313；314；315；316

Applicable

law：293；A6/23；A6/38

rules and standards：297（1）（c）

Arbitral tribunal

（see generally Annex VII，Annex VIII；see also proceedings；provisional measures；special
arbitral tribunal）

award：A7/9；A7/10；A7/11；A7/12

constitution：A7/3；A8/3

decision-making procedures：A7/8

default of appearance：A7/9

functions：A7/4

list of arbitrators：A7/2；A8/2

procedure：287（1）（c）；A7/5；A7/6

remuneration and expenses: A7/7

vacancy: A7/12(1)

Arbitration

(generally see Annex VII, Annex VIII; see also special arbitration)

resort to: 287(3); 287(5); A8/4; A9/7(3)

Arbitrators

(see arbitral tribunal)

Archaeological and historical objects: 303

Arrangements

(see agreement; co-operation)

occurrence of the term: A6/27; R1/1; R1/10; R3/1(b)

Assembly (of the International Sea-Bed Authority)

election of the Council: 308(3)

powers and functions: A6/35(2)

report of the Preparatory Commission: R1/11

rules of procedure: R1/5(b)

sessions: 308(3)

Authentic texts: 315; 320

Authority

establishment: R1 Preamble; R1/1

secretariat: R1/5(e)

Award

(see also arbitral tribunal)

arbitral tribunal: A7/9; A7/10; A7/11; A7/12

Bar

to proceedings: A5/12; A6/28; A7/9

to reaching a decision: A7/8

Bays

disputes involving "historic bays": 298(1)(a)(i)

Binding decision

(see also arbitration; binding force)

occurrence of the term: 282; A6/33(2)

Binding force

occurrence of the term: 297(2); A6/31(3); A6/33

Bond or other financial security: 292(1); 292(4)

Budget

Authority: R1/5(c)

preparatory Commission: R1/14

Cables and pipelines(submarine)

settlement of disputes: 297(1)(a)

Chambers

(see *ad hoc* chamber; court; Sea-Bed Disputes Chamber; special chamber; Tribunal)

Charter(United Nations): 279; 298(1)(c); 301

Claims

disputes: 294(1); A5/6; A6/28; A7/1; A7/9; A8/1

Commission for the Enterprise(Special)

(see also Preparatory Commission) establishment: R1/8

Commission on the problems which would be encountered by developing land-based producer States(Special): R1/9

Common heritage of mankind

occurrence of the term: 311(6)

Communications

by States Parties: 312(1); 313; 314(1)

by the Tribunal: A6/41(3)

competence of international organizations: A9/4(2); A9/5(6)

Compensation

members of the Tribunal: A6/18(4); A6/18(5); A6/18(8)

Compensation fund(for land-based producers of minerals)

occurrence of the term: R1/5(i)

Compulsory procedures

(see arbitration; settlement of disputes)

Conciliation

(generally see Annex V; see also conciliation commission)

submission of a dispute to: 284; 297(2)(b); 297(3)(b); 298(1)(a)(i)

Conciliation commission

competence: A5/13

compulsory submission: A5/11

constitution: A5/3

Danger

pollution of the marine environment: 297(3)(b)(i)

Decision, binding force: 296; A6/33

Decision-making procedure

amendment conference: 312(2)

Declarations

(see also settlement of disputes)

by States signing, ratifying or acceding to the Convention: 310

international organizations: A9/2; A9/3(2); A9/4(2); A9/5(1); A9/5(2); A9/5(4); A9/5(6); A9/7(1)

settlement of disputes: 287(1); 287(2); 287(3); 287(6); 287(7); 287(8); 298; 299

solem declarations by members of the Tribunal: A6/11

Default

non-appearance before the arbitral tribunal: A7/9

non-appearance before the Tribunal: A6/28

Delimitation

disputes regarding: 298(1)(a)(i); 298(1)(a)(iii)

Denunciation(of the Convention)

by international organizations: A9/8(c)

by States: 317

notification: 319(2)(b)

Depositary functions

Secretary-General of the United Nations: 287(6); 287(8); 298(6); 306; 307; 311(4); 316(1); 316(3); 316(5); 319(1); 319(2)(c); 320; A5/7(1); A9/3(1); A9/5(4)

Detention

vessels: 292(1)

Diplomatic conference(pollution)

occurrence of the term: 297(1)(c)

Discretion

(see also discretionary power)

coastal State *re* fisheries: 297(3)(c)

coastal State *re* marine scientific research: 297(2)(a)(i);

Discretionary power

(see also discretion)

coastal State *re* fisheries: 297(3)(a)

Dispute settlement

(see settlement of disputes)

Dumping

special arbitration: A8/1; A8/2(1); A8/2(2); A8/5(1)

Enforcement

coastal State: 298(1)(b)

settlement of disputes: 298(1)(b); A6/39

Entities

(see also natural or juridical person)

occurrence of the term: A7/13; 291(2); 306; 307; A6/20(2); A6/37; A7/13

Entry into force

(see also amendments)

amendments to the Convention on the Law of the Sea: 316(2); 316(4); 316(6)

Convention on the Law of the Sea: 308

occurrence of the term: 298(1)(a)(i); 308(3); 312(1); A6/4(3)

Equitable geographical distribution

Tribunal: A6/2(2); A6/35(2)

Evidence

taking of evidence in a case: A6/27; A7/6(b)

Ex aequo et bono

occurrence of the term: 293(2)

Exceptions(to the Convention): 309

Exclusive economic zone

settlement of disputes *re* living resources: 297(3)(a); 297(3)(b)(i)

Experts

giving of evidence by: A7/6(b)

lists of: A8/2(1); A8/2(2); A8/2(3); A8/2(4); A8/3(e)

marine scientific research: A8/2(1)

pollution: A8/2(1)

sitting with a court or tribunal: 289

Fact-finding: A8/5

Fees

conciliation commission: A5/9

Final Act

signatories: R1/2; R4

signature by national liberation movements: R4

Final provisions

(generally see articles 305 to 320)

Financial management by the Authority: R1/5(g)

Financial rules, regulations and procedures of the Authority: R1/5(g)

Fishing

settlement of disputes: 297(3)

Flag State

request to the coastal State: 292(2)

Food and Agriculture Organization of the United Nations: A8/2(2)

Formal confirmation

by international organizations: 306; 319(2)(b); A9/3(1); A9/4(1); A9/5(1); A9/5(2); A9/7(1); A9/8(a); A9/8(b)(ii); A9/8(b)(iii)

Freedoms of navigation and overflight

high seas: 297(1)(a)

Functions

(see powers and functions)

Funds

compensation fund for land-based producers of minerals: R1/5(i)

Geneva Conventions on the Law of the Sea: 311(1)

Good faith

occurrence of the term: 300

Harvesting capacity of a coastal State: 297(3)(a); 297(3)(b)(ii)

Hearing

(see also settlement of disputes)

of a dispute: A6/17(2); A6/17(3); A6/26

Historic bays: 298(1)(a)(i)

Historic title: 298(1)(a)(i)

Historical objects

(see archaeological and historical objects)

Institution of proceedings

arbitration: A7/1; A8/1

conciliation: A5/1; A5/3(b); A5/3(c); A5/11

Interests

security: 302

separate: A5/3(g); A5/3(h); A7/3(g); A8/3(g)

Intergovernmental Oceanographic Commission: A8/2(2)

International agreements

(see agreement; arrangements)

International Court of Justice

(see Court)

International law

rules of: 293(1); 295; 297(1)(b); 303(4); 317(3)

International Maritime Organization: A8/2(2)

International organizations

(generally see Annex IX; see also diplomatic conference; regional organizations)

appropriate: 297(3)(d); A8/3(e)

competent: 297(1)(c)

co-operation with the Authority: R1/5(d)

obligations under this Convention: A9/4; A9/4(1); A9/4(3); A9/4(6); A9/6(1)

signature of the Convention: 305(1)(f); A9/2

use of the term: A9/1

International Tribunal for the Law of the Sea

(see Tribunal)

Interpretation or application

of the Convention: 279; 280; 281(1); 282; 283(1); 284(1); 286; 287(1); 288(1); 288
(2); 295; 297(1); 297(2)(a); 297(3)(a); 298(1)(a)(i); A6/32(1); A8/1;
A8/5(1); A9/7(1)

Intervene(right or request to)

(see proceedings)

Judgment

（see also award）

special chambers and the Sea-Bed Disputes Chamber：A6/15（5）

Tribunal：A6/30

Jurisdiction

court or tribunal：286；287（2）；287（7）；288；289；290（1）；290（5）；293（1）；293（2）；
296（1）；297（1）；298（1）（b）；A7/9

Sea-Bed Disputes Chamber：A6/14

Tribunal：A6/20（2）；A6/21；A6/28

Land-based miners

occurrence of the term；R1/5（i）

**Land -based producer States（Special Commission on the problems which would be en-
countered by developing land-based producer States）**：R1/5（i）；R1/9

Law

（see also applicable；international law；laws and regulations；regulations）

internal：A7/6

occurrence of the term：A5/7（1）；A6/28；A7/9

of salvage：303（2）

Laws and regulations

（see also applicable；international law；violations）

contiguous zone：303（2）

Law of the Sea Conference（Third United Nations）

occurrence of the term：308（5）；R1/4；R1/5（h）；R1/8；R3/2；R4

Lists

of arbitrators：A7/2；A7/3（b）；A7/3（c）；A7/3（d）；A7/3（e）

of candidates：A6/4（1）；A6/4（2）

of conciliators：A5/2；A5/3（b）；A5/3（d）；A5/3（e）

of experts：289；A8/2；A8/2（1）；A8/3（b）；A8/3（c）；A8/3（d）；A8/3（e）

Living resources

allowable catch：297（3）（b）（ii）

conservation of：297（3）（a）

disputes concerning：297（3）（b）（ii）

harvesting capacity：297（3）（a）；297（3）（b）（ii）

management of: 297(3)(a)

surplus: 297(3)(a)

Majority

(see also quorum)

arbitral tribunal: A7/8

conciliation commission: A5/4

election of membership of the Sea-Bed Disputes Chamber: A6/35(1)

election to membership of the Tribunal: A6/4(4)

international organizations: A9/2; A9/3(1)

Tribunal decisions: A6/7(3); A6/8(4); A6/29(1)

Management of living resources

(see living resources)

Marine environment

settlement of disputes: 290; 297(2); A8/5(1)

Marine scientific research

coastal State consent: 297(2)(b)

research project: 297(2)(a)(ii)

settlement of disputes: 297(2)(a); 297(2)(b); A8/1; A8/2(1)

suspension or cessation of the project by the coastal State: 297(2)(a)(ii)

Measures

(see provisional measures)

Membership

(see *ad hoc* chamber; arbitral tribunal; Sea-Bed Disputes Chamber; special arbitral
tribunal; special chamber; Tribunal)

Military

disputes relating to military activities: 298(1)(b)

Namibia

(see United Nations Council for Namibia)

Nationality

ad hoc chamber; A6/36(3)

members of the arbitral tribunal: A7/3(d); A7/3(e)

members of the special arbitral tribunal: A8/3(e)

members of the Tribunal: A6/3(1); A6/17(1); A6/17(2); A6/17(3); A6/17(4)

Navigation

special arbitration concerning：A8/1；A8/2(1)；A8/2(2)；A8/5(1)

Notification

by international organizations：A9/4(2)；A9/5(4)；A9/5(6)

by States Parties denouncing the Convention：317(1)

by States Parties *re* arbitral tribunal：A7/1；A7/3(b)；A7/3(c)；A7/3(d)

by States Parties *re* conciliation procedure：A5/1；A5/3(b)；A5/3(c)；A5/8；A5/11(1)；
   A5/12

by States Parties *re* dispute before the Tribunal：A6/24(1)

by States Parties *re* special arbitral tribunal：A8/1；A8/3(b)；A8/3(c)；A8/3(d)

by the Registrar of the Tribunal：A6/24(3)；A6/32(1)；A6/32(2)

by the Secretary−General of the United Nations to States Parties：313(2)；313(3)；319
   (2)(c)；319(3)(a)(ii)

of ratification and formal confirmation：319(2)(b)

Observers

at meetings of States Parties：319(3)(b)

Authority：319(3)(a)

Preparatory Commission：R1/2

Organizations

(see international organizations)

Overflight

settlement of disputes：297(1)(a)

Parties to a dispute

(see settlement of disputes)

Peaceful means

settlement of disputes by：279；280；281(1)；283(1)

Powers and functions

occurrence of the term：A6/14；R1/5(h)；R1/11

Preparatory Commission

(generally see Resolution I)

budget：R1/14

composition：R1/2

decisions under Resolution II：308(5)

Quorum

Sea-Bed Disputes Chamber of the Tribunal: A6/35(7)

Tribunal: A6/4(4); A6/13(1); A6/25(2)

Ratification

(see also accession; entry into force; formal confirmation)

amendments to the Convention: 315; 316(2); 316(3); 316(5); 319(2)(b); 319(2)(d)

Convention on the Law of the Sea: 306; 308(1); 308(2); 316(1)

Registrar of the Tribunal

(see notification; Tribunal)

Remuneration

members of the arbitral tribunal: A7/7

members of the Tribunal: A6/18

Reservations to the Convention: 309

Resolution of conflicts

(see settlement of disputes)

Responsibility and liability

for damage: 304

of international organizations: A9/6

Review Conference

occurrence of the term: 314(2)

Rules of procedure

Preparatory Commission: R1/4

subsidiary bodies of the Preparatory Commission: R1/7

Tribunal: A6/16

Rules, regulations and procedures of the Authority

occurrence of the term: A6/38(a)

Sea-Bed Disputes Chamber (of the Tribunal)

(see also fact finding; institution of proceedings; judgment; Tribunal)

access: A6/37

ad hoc chamber: A6/36

advisory opinions for the Authority: A6/40(2)

composition: A6/35

decisions: A6/39

State Party or States Parties:

occurrence of the term:280;281(1),282;283(1);284(1);285;287(2);287(3);287 (8);290(4);291(1);291(2);292(1);295;297(3)(e);298(2);298(3);298 (4);298(6);300;301;302;311(1);311(2);311(3);311(4);311(6);312(1); 313(1);313(3);315(1);316(1);316(3);316(4)(b);316(5);317(1);317 (3);319(2)(a);319(2)(c);319(2)(d);319(2)(e);319(3)(b);A5/2;A5/ 4;A6/4(1);A6/4(2);A6/4(4);A6/6(1);A6/18(5);A6/18(6);A6/18(7); A6/19(1);A6/19(2);A6/20(1);A6/20(2);A6/24(3);A6/31(1);A6/31(3); A6/32(1);A6/37;A6/39;A6/41(3);A7/2(1);A7/2(2);A7/2(3);A7/13;A8/ 2(3);A8/2(4);A8/2(5);A9/4(4);A9/4(5);A9/5(3);A9/5(4);´A9/5(5); A9/6(2);A9/8(b)(ii);A9/8(c)(i);A9/8(c)(ii);R1/10

Statute

of the Tribunal:Annex VI

Stocks

settlement of disputes:297(3)(b)(ii)

Subsidiary bodies

Preparatory Commission:R1/7

Surplus

disputes concerning living resources:297(3)(a);297(3)(b)(iii)

Taxes

Tribunal:A6/18(8)

Terms and conditions

occurrence of the term:297(3)(a);297(3)(b)(iii)

Territories which enjoy full internal self-government:305(1)(e)

Third States

occurrence of the term:A7/3(d);A7/3(e);A8/3(d);A8/3(e)

Threat or use of force

against sovereignty,territorial integrity or political independence of a State:301

Tribunal(International Tribunal for the Law of the Sea)

(generally see Annex VI;see also applicable law;court or tribunal;*ex aequo et bono*;Reg- istrar;Sea-Bed Disputes Chamber of the the Tribunal;special chamber)

access:A6/20

appointment of Registrar and other officers:A6/12(2)

conflict of interest of members:A6/7;A6/8

UNESCO

(see Intergovernmental Oceanographic Commission)

United Nations Council for Namibia

Preparatory Commission: R1/2

signature of the Convention: 305(1) (b)

United Nations Environment Programme:

A8/2

Use of force

Occurrence of the term: 301

Uses of the sea

Occurrence of the term: 297(1) (a)

Vessel-source pollution

Pollution from: A8/1; A8/2(1); A8/2(2); A8/5(1)

Vessels

Prompt release: 292

Vice-President

(see Tribunal)

Violations

By States Parties: 297(1)